U0930166

2016
辽宁统计年鉴
LIAONING STATISTICAL YEARBOOK

辽宁省统计局　编

图书在版编目（CIP）数据

辽宁统计年鉴. 2016 / 辽宁省统计局编. -- 北京 : 中国统计出版社, 2016.10

ISBN 978-7-5037-7900-8

Ⅰ. ①辽… Ⅱ. ①辽… Ⅲ. ①统计资料－辽宁－2016－年鉴 Ⅳ. ①C832.31-54

中国版本图书馆 CIP 数据核字(2016)第 192241 号

辽宁统计年鉴-2016

作　　者/辽宁省统计局
责任编辑/佘竞雄
封面设计/李　静
出版发行/中国统计出版社
通信地址/北京市丰台区西三环南路甲 6 号　邮政编码/100073
电　　话/邮购（010）63376907　书店（010）68783172
网　　址/http://www.zgtjcbs.com/
印　　刷/河北鑫宏源印刷包装有限责任公司
经　　销/新华书店
开　　本/880×1230 毫米　1/16
字　　数/1100 千字
印　　张/36.25
版　　别/2016 年 10 月第 1 版
版　　次/2016 年 10 月第 1 次印刷
定　　价/390.00 元

本书附同版本 CD-ROM 一张，光盘内容以书面文字为准。
如有印装差错，由本社发行部调换。

《辽宁统计年鉴—2016》编委会和编辑出版人员

编辑委员会

主　　编　魏红江

副 主 编　张兆臣　姜海波　王　宏　王洪奇　王利印
郑　坚　孙武军

编辑委员　（以姓氏笔划为序）

马建伟　田　冰　巩士宏　乔智媛　刘灵杰
肖继双　张旭东　张建华　张振刚　金　萍
赵　荣　魏静艳

编辑工作人员

总 编 辑　王洪奇

副总编辑　张旭东　徐　凡

编辑人员　徐蓉蓉　刘锦程　王　甜　王　方

编者说明

一、《辽宁统计年鉴—2016》是一部信息高度密集的大型资料性年刊。本书收录了全省和各市、县、区 2015 年经济、社会、科技等方面的统计数据，以及重要年份和改革开放以来的主要统计数据。

二、全书分为二十四个部分，即：1. 行政区划和自然资源；2. 综合；3. 国民经济核算；4. 人口；5. 就业人员和职工工资；6. 固定资产投资；7. 能源；8. 财政；9. 物价；10. 人民生活；11. 城市概况；12. 环境保护；13. 农业；14. 工业；15. 建筑业；16. 运输和邮电；17. 国内贸易；18. 对外经济贸易；19. 旅游；20. 金融业；21. 服务业、22. 教育和科技；23. 文化、体育、卫生；24. 其他社会活动。另附辽宁省与有关省市经济指标对比及各市、县、区主要经济指标。

三、本年鉴中所使用的计量单位均采用国际统一标准计量单位。

四、本年鉴中的资料大部分来自年度统计报表，部分数据使用年度快报数。全国及分省资料来自国家统计局出版的有关统计资料。

五、本年鉴中部分数据的合计数或相对数由于单位取舍不同产生的计算误差均未作机械调整。

六、本年鉴中凡带续表的资料，如有注解均加在最后一张续表下面，请使用时注意。

七、本年鉴表中的符合使用说明："…"表示数据不足本表最小单位数；"空格"表示该项统计指标数据不详或无该项数据；"#"表示其中的主要项。

目　录

一、行政区划和自然资源
Chapter 1　Administrative Division and Natural Resources

二、综合
Chapter 2　General Survey

三、国民经济核算
Chapter 3　National Economy Accounting

四、人口
Chapter 4 Population

五、就业人员和职工工资
Chapter 5　Employment and Wage

六、固定资产投资

Chapter 6 Investment in Fixed Assets

七、能源
Chapter 7 Energy

八、财政
Chapter 8 Government Finance

九、物价
Chapter 9 Price Indices

十、人民生活

Chapter 10 People's Living Conditions

十一、城市概况
Chapter 11 General Survey of Cities

十二、环境保护
Chapter 12 Environment Protection

十三、农业
Chapter 13 Agriculture

十四、工业
Chapter 14　Industry

十五、建筑业
Chapter 15　Construction

十六、运输和邮电

Chapter 16 Transport, Post and Telecommunication Services

十七、国内贸易

Chapter 17　Domestic Trade

十八、对外经济贸易

Chapter 18 Foreign Trade and Economy Cooperation

十九、旅游
Chapter 19 Tourism

二十、金融业
Chapter 20 Financial Intermediation

二十一、服务业
Chapter 21　Service

二十二、教育和科技
Chapter 22 Education, Science and Technology

二十三、文化、体育和卫生
Chapter 23　Culture, Sports and Public Health

二十四、其他社会活动

Chapter 24 Others Social Activities

附录
Appendix

一、行政区划和自然资源

Chapter 1 Administrative Division and Natural Resources

1-1 行政区划

(2015年末)

地 区	县级市	县	自治县	区	镇	乡	街道
全 省	**16**	**19**	**8**	**57**	**648**	**213**	**671**
沈 阳	1	3		9	55	18	141
大 连	2	1		7	35	20	108
鞍 山	1	1	1	4	52	3	61
抚 顺		1	2	4	26	21	37
本 溪			2	4	18	5	35
丹 东	2		1	3	59	5	26
锦 州	2	2		3	55	12	49
营 口	2			4	35	3	34
阜 新		1	1	5	58	7	30
辽 阳	1	1		5	30	6	26
盘 锦		2		2	29		27
铁 岭	2	3		2	78	11	14
朝 阳	2	2	1	2	81	47	43
葫 芦 岛	1	2		3	37	55	40

1-2 县区一览表

地 区	县(市)	区
沈 阳	新民市、辽中县、康平县、法库县	和平、沈河、大东、皇姑、铁西、东陵、苏家屯、沈北新区、于洪
大 连	瓦房店市、普兰店市、庄河市、长海县	中山、西岗、沙河口、甘井子、旅顺口、金州
鞍 山	海城市、台安县、岫岩县(满)	铁东、铁西、立山、千山
抚 顺	抚顺县、新宾县(满)、清原县(满)	新抚、东洲、望花、顺城
本 溪	本溪县(满)、桓仁县(满)	平山、溪湖、明山、南芬
丹 东	东港市、凤城市、宽甸县(满)	元宝、振兴、振安
锦 州	凌海市、北镇市、义县、黑山县	古塔、凌河、太和
营 口	大石桥市、盖州市	站前、西市、老边、鲅鱼圈
阜 新	阜新县(蒙)、彰武县	海州、新邱、太平、细河、清河门
辽 阳	辽阳县、灯塔市	白塔、文圣、宏伟、弓长岭、太子河
盘 锦	盘山县、大洼县	双台子、兴隆台
铁 岭	调兵山市、开原市、铁岭县、西丰县、昌图县	银州、清河
朝 阳	北票市、凌源市、朝阳县、建平县、喀左县(蒙)	双塔、龙城
葫芦岛	兴城市、绥中县、建昌县	连山、南票、龙港

1-3 自然状况及资源

指　标	2015年
一、自 然 状 况	
1.经　纬　度	
东　　经	118°53′～125°46′
北　　纬	38°43′～43°26′
2.气　　候	
平均降水量	586.9毫米
平 均 气 温	10.0摄氏度
平均日照时数	2494.7小时
二、土地资源	
土地总面积	14.84万平方公里
山　　地	8.6万平方公里
平　　地	4.9万平方公里
其　　他	1.3万平方公里
农业用地面积	1123.0万公顷
1.耕地面积	408.5万公顷
2.园地面积	59.7万公顷
3.林地面积	569.9万公顷
4.牧草地面积	34.9万公顷
5.其他农业用地	50.0万公顷
建设用地面积	151.98万公顷
1.居民点和工矿用地面积	115.2万公顷
2.交通用地面积	9.1万公顷
3.水利设施用地	14.8万公顷
未利用地面积	518.5万公顷
三、海洋、水产资源	
海岸线总长度	3034公里
大陆岸线长度	2110公里
岛屿岸线长度	924公里
海水养殖面积	933.068千公顷
滩 涂 面 积	131.984千公顷
海 上 面 积	714.060千公顷
其　　他	87.024千公顷
内陆水域养殖面积	219.085千公顷
水 库 面 积	108.183千公顷
池 塘 面 积	48.307千公顷
其 他 面 积	62.595千公顷
四、水　资　源	
省内流域面积	14.55万平方公里
# 辽　河	6.92万平方公里
鸭 绿 江	1.66万平方公里
沿海诸河	5.75万平方公里
第二松花江	0.05万平方公里
滦河及冀东沿海	0.17万平方公里
地 表 水:	
河川径流量	152.05亿立方米
# 辽　河	56.14亿立方米
鸭 绿 江	47.74亿立方米
沿海诸河	46.77亿立方米
第二松花江	0.75亿立方米
滦河及冀东沿海	0.65亿立方米
地 下 水:	
资　源　量	83.17亿立方米
水资源总量	178.96亿立方米

注：本表土地资源数据，由于第二次国土资源调查数据国土资源部没有确定，因此除土地总面积(仅总值数)、建设用地面积(仅总值数)为2011年数据外，其他均为2008年数据。

1-4 主要城市平均气温

(2015年) 单位：摄氏度

城 市	1月	2月	3月	4月	5月	6月	7月	8月	9月	10月	11月	12月	年平均
沈 阳	-10.1	-5.7	2.5	11.9	17.9	21.5	24.8	23.9	18.7	9.8	-1.6	-5.5	9.0
大 连	-1.7	0.1	5.1	11.9	17.4	21.5	24.6	25.2	21.8	14.5	3.4	1.3	12.1
鞍 山	-5.7	-2.3	4.9	13.3	19.2	22.8	26.0	25.4	20.9	12.3	-0.1	-2.5	11.2
抚 顺	-12.3	-7.9	0.5	10.2	16.4	20.2	23.6	22.4	17.2	8.0	-2.0	-7.2	7.4
本 溪	-8.8	-5.0	2.4	11.4	17.6	20.9	24.0	23.3	18.4	9.9	-1.0	-4.9	9.0
丹 东	-5.9	-3.3	1.7	10.0	15.5	19.7	23.0	23.3	19.1	10.7	3.4	-2.7	9.5
锦 州													
营 口	-6.1	-2.8	3.6	10.9	17.2	22.0	25.0	25.0	19.9	12.2	-0.4	-2.8	10.3
阜 新													
辽 阳	-8.0	-3.6	3.8	13.0	19.0	22.5	25.8	25.1	20.1	11.2	-0.4	-3.7	10.4
盘 锦	-6.6	-3.1	3.1	11.2	17.4	22.2	25.1	25.0	19.8	11.4	-1.1	-4.0	10.0
铁 岭													
朝 阳	-5.9	-2.9	4.8	12.9	19.7	21.7	25.0	25.1	19.9	11.6	-1.4	-4.8	10.5
葫芦岛	-5.9	-3.0	3.3	11.4	17.8	21.1	24.4	24.5	19.5	11.9	-1.0	-3.5	10.0

1-5 主要城市平均相对湿度

(2015年) 单位：%

城 市	1月	2月	3月	4月	5月	6月	7月	8月	9月	10月	11月	12月	年平均
沈 阳	66	64	50	45	48	68	68	75	64	59	66	69	62
大 连	59	58	51	53	53	70	75	76	63	61	71	62	63
鞍 山	55	51	39	41	42	62	62	69	56	50	63	59	54
抚 顺	71	69	59	50	54	73	72	80	71	66	71	76	68
本 溪	63	59	49	46	45	66	68	75	67	59	71	70	62
丹 东	58	61	63	57	62	79	78	84	72	69	71	68	69
锦 州													
营 口	64	62	54	59	58	70	74	79	70	60	71	66	66
阜 新													
辽 阳	61	57	44	45	46	68	67	75	65	61	71	69	61
盘 锦	61	58	53	56	57	71	74	80	68	60	61	63	64
铁 岭													
朝 阳	44	41	28	41	40	67	64	62	56	45	56	56	50
葫芦岛	59	56	48	54	54	77	74	80	68	54	71	59	63

1-6 主要城市降水量

(2015年)

单位：毫米

城 市	1月	2月	3月	4月	5月	6月	7月	8月	9月	10月	11月	12月	全年
沈 阳	10.2	21.7	18.6	47.4	106.7	124.4	56.4	80.1	10.9	58.2	17.3	21.3	573.2
大 连	20.3	26.6		59.2	41.1	40.8	73.5	182.7	28.8	37.1	65.1	6.4	581.6
鞍 山	14.5	21.2	6.2	31.1	78.3	103.0	100.7	90.1	20.8	73.3	35.3	7.8	582.3
抚 顺	7.3	23.0	24.7	42.8	96.5	147.2	60.3	97.0	39.1	55.9	24.5	27.2	645.5
本 溪	10.8	23.2	14.3	55.1	74.2	122.0	187.0	140.3	33.6	74.0	41.6	21.9	798.0
丹 东	11.5	45.2	5.1	66.0	69.2	129.7	133.0	194.5	30.1	129.4	91.5	19.3	924.5
锦 州													
营 口	7.3	19.1	3.3	55.5	67.2	45.4	188.7	106.3	48.0	31.3	26.0	10.4	608.5
阜 新													
辽 阳	14.6	20.7	10.3	37.6	75.8	91.0	153.8	78.5	14.9	73.0	34.1	15.5	619.8
盘 锦	6.6	10.8	6.1	37.3	61.2	95.3	138.5	29.7	25.1	27.8	13.9	2.7	455.0
铁 岭													
朝 阳	1.1	6.8	0.1	44.7	31.4	113.1	70.0	12.5	11.2	22.7	12.7	2.1	328.4
葫芦岛	4.7	13.2	2.2	40.5	33.1	80.5	34.3	81.4	12.6	9.9	26.1	0.2	338.7

1-7 主要城市日照时数

(2015年)

单位：小时

城 市	1月	2月	3月	4月	5月	6月	7月	8月	9月	10月	11月	12月	全年
沈 阳	164.4	183.1	244.6	243.4	266.5	225.0	225.7	205.1	236.9	207.8	93.2	117.1	2412.8
大 连	189.0	181.6	260.1	263.3	310.7	274.2	238.3	244.5	258.8	196.6	105.7	151.2	2674.0
鞍 山	172.9	188.6	251.4	237.7	293.4	238.9	244.9	245.2	267.6	237.0	118.6	137.5	2633.7
抚 顺	173.8	184.7	250.3	249.9	273.7	224.2	234.5	212.7	248.4	218.2	95.2	125.5	2491.1
本 溪	193.3	212.9	279.4	273.9	302.1	219.6	251.8	228.4	290.8	264.2	118.4	131.6	2766.4
丹 东	202.7	177.5	234.8	233.1	309.8	192.4	195.1	209.8	261.2	202.2	111.2	138.9	2468.7
锦 州													
营 口	187.0	184.2	256.7	240.6	307.4	259.8	245.6	261.4	239.5	230.4	117.6	148.6	2678.8
阜 新													
辽 阳	146.1	161.4	222.3	219.2	266.7	219.3	208.8	223.7	245.6	205.8	84.4	106.6	2309.9
盘 锦	163.1	163.9	216.0	231.4	241.8	176.3	216.7	246.5	224.9	126.3	75.4	123.4	2205.7
铁 岭													
朝 阳	162.6	185.3	237.2	235.6	251.6	181.6	256.5	265.6	232.0	227.8	107.9	154.9	2498.6
葫芦岛	160.9	186.9	225.2	238.4	228.7	171.5	213.1	205.8	207.1	186.5	115.1	162.3	2301.5

主要统计指标解释

森林面积　指生长着乔木和竹林，郁闭度在 0.3 以上(不包括 0.3)的林地面积，即有林地面积。它是反映森林资源总面积的重要指标。森林面积包括天然林面积和人工林面积。但不包括灌木林地和疏林面积。

森林覆盖率　通常是指森林面积占土地总面积之比，一般用百分数表示。但国家规定在计算森林覆盖率时，森林面积还包括灌木林面积、农田林网树占地面积以及四旁树木的覆盖面积。森林覆盖率，是反映一个国家或地区森林资源和绿化水平的重要指标。计算公式:

森林覆盖率(%)=（森林面积／土地总面积）×100%

本《年鉴》内所列森林覆盖率是按有林地面积计算的。

活立木总蓄积量　指全部土地上树木蓄积的总量。包括森林蓄积、疏林蓄积、散生木蓄积和四旁树蓄积。

森林蓄积量　指森林面积上生长着的林木树干材积总量。它是反映一个国家或地区森林资源总规模和水平的重要指标。

草地面积　指牧区和农区用于放牧牲畜或割草，植被盖度在 5%以上的草原、草坡、草山等面积。包括天然的和人工种植或改良的草地面积。

矿产保有储量　指探明的矿产储量(包括工业储量和远景储量)扣除已开采部分和地下损失量后的年底实有储量。它反映全省矿产资源的现状。

二、综合

Chapter 2 General Survey

2-1 平均每天主要社会经济活动

指　　标	单位	2005年	2009年	2010年	2011年	2012年	2013年	2014年	2015年
一、全省每天创造财富									
地区生产总值(现价)	亿元	22.05	41.68	50.57	60.90	68.07	74.56	78.43	78.55
农业总产值	亿元	4.58	7.41	8.51	9.96	11.13	11.92	12.32	12.84
地区财政收入	亿元	5.17	12.64	18.43	21.52	21.21	22.71	19.82	14.63
地方财政一般预算收入	亿元	1.85	4.36	5.49	7.24	8.51	9.16	8.75	5.83
布	万米	156.00	137.00	197.26	197.26	126.03	112.33	186.30	95.89
纸及纸板	万吨	0.20	0.20	0.20	0.21	0.20	0.13	0.11	0.10
卷　烟	亿支	1257.00	0.70	0.70	0.75	0.76	0.76	0.80	0.80
啤　酒	万升	5058.00	676.70	679.50	717.81	723.65	745.21	745.21	663.01
发电量	亿千瓦小时	2.48	3.18	3.55	3.75	3.98	4.15	4.40	4.46
原　油	万吨	3.45	2.74	2.60	2.74	2.74	2.74	2.80	2.84
钢	万吨	8.38	13.10	14.25	14.86	14.19	17.42	17.83	16.15
水　泥	万吨	7.34	12.89	13.11	15.87	15.91	16.62	16.10	13.02
二、全省每天消费量									
城乡居民消费总额	万元	82164.40	159249.30	186564.40	219277.30	253605.48	288340.77	323099.01	349967.08
每人平均消费额	元	19.70	37.50	43.90	51.55	59.67	67.98	76.18	82.60
三、其他经济活动量									
货物运输总量	万吨	267.80	382.30	447.41	521.45	583.44	581.66	634.91	571.40
旅客运输总量	万人	166.02	263.48	280.11	272.13	285.24	253.78	261.27	205.59
港口货物吞吐量	万吨	82.76	152.09	186.17	214.72	242.47	269.46	284.04	287.28
邮寄函件	万件	34.15	20.51	21.92	24.11	20.27	18.90	28.49	18.90
四、人口变动和婚姻									
出　生	人	899	883	1020	862	956	732	781	813
死　亡	人	667	797	1272	827	1110	736	748	906
结　婚	对	704	1046	882	1021	1022	1013	945	868
离　婚	对	218	278	273	305	310	339	346	347

注：2007年及以前卷烟产量的计量单位为万箱，啤酒产量的计量单位为万吨。

2-2 国民经济和社会

指 标	单位	总量指标						
		2009年	2010年	2011年	2012年	2013年	2014年	2015年
人口与就业								
人 口								
年底总人口	万人	4256.0	4251.7	4255.0	4244.8	4238.0	4244.2	4229.7
男性人口	万人	2149.9	2144.7	2143.6	2136.5	2131.4	2132.2	2122.7
女性人口	万人	2106.1	2107.0	2111.4	2108.3	2106.6	2112.0	2107.0
就 业								
从业人员数	万人	2277.1	2317.5	2364.9	2423.8	2518.9	2562.2	2409.9
# 职工人数	万人	572.1	572.8	557.2	572.3	648.1	626.9	583.5
城镇登记失业人数	万人	41.6	39.5	39.4	38.1	39.6	41.0	46.2
宏观经济								
地区生产总值(现价)	**亿元**	**15212.5**	**18457.3**	**22226.7**	**24846.4**	**27213.2**	**28626.6**	**28669.0**
第一产业	亿元	1414.9	1631.1	1915.6	2155.8	2216.2	2285.8	2384.0
第二产业	亿元	7906.3	9976.8	12152.2	13230.5	13963.9	14384.6	13042.0
第三产业	亿元	5891.3	6849.4	8159.0	9460.1	11033.1	11956.2	13243.0
人均地区生产总值	**元**	**35149**	**42355**	**50760**	**56649**	**61996**	**65201**	**65354**
固定资产投资								
全社会固定资产投资总额	亿元	12292.6	16043.0	17726.3	21836.3	25107.7	24730.8	17917.9
# 国有经济	亿元	2845.6	3875.5	3718.6	4492.9	5160.3	4944.7	3319.9
集体经济	亿元	480.7	504.4	457.9	505.3	363.2	290.7	246.6
私营个体	亿元	4108.3	5437.5	6637.7	8402.8	10214.2	10607.7	8186.4
其他经济	亿元	4858.0	6225.7	6912.1	8435.3	9369.9	8887.7	6165.0
财 政								
地方财政一般预算收入	亿元	1591.2	2004.8	2643.2	3105.4	3343.8	3192.8	2127.4
地方财政一般预算支出	亿元	2682.4	3195.8	3905.9	4558.6	5197.4	5080.5	4481.6
物价总指数(上年=100)								
商品零售价格总指数	%	99.8	103.2	105.0	102.2	101.6	101.0	100.5
居民消费价格总指数	%	100.0	103.0	105.2	102.8	102.4	101.7	101.4
产 业								
农 业								
乡村从业人员	万人	1180.4	1208.5	1223.1	1217.8	1217.1	1222.0	1214.8
农林牧渔业总产值(现价)	亿元	2704.6	3106.5	3633.6	4062.4	4349.7	4498.4	4686.7
主要农产品产量								
粮 食	万吨	1591.0	1765.4	2035.5	2070.5	2195.6	1753.9	2002.5
棉 花	吨	956.0	655.0	736.0	560.0	999.0	100.0	154.0
油 料	万吨	55.3	99.6	119.8	120.9	113.6	63.7	46.1
甜 菜	万吨	6.2	4.9	7.8	9.7	17.1	10.1	5.2
水 果	万吨	477.2	521.6	574.4	632.9	661.4	592.1	601.5
肉 类	万吨	389.2	406.7	408.2	418.7	420.3	429.2	429.4
水 产 品	万吨	534.7	429.1	453.9	480.8	504.9	515.7	523.7

注：1.本表总量指标中的价值量指标除邮电业务总量指标外均按当年价格计算。
2.本表速度指标中，地区生产总值和三次产业及人均生产总值、农林牧渔业总产值、邮电业务总量指标均按可比价格计算。
3.住房面积为新口径住户调查汇总指标，与2013年数据不可比。
4.2014年城镇居民和农村居民数据为实施城乡住户调查一体化改革之后发布的新口径数据，城乡居民收入均为人均可支配收入，相关指标定义与2013年及之前有所不同，数据不可比。2013年之前农村居民收入数据为农村居民人均纯收入。下同。

发展总量与速度指标

速度指标(%)								
指数(2015为以下各年)						平均增长速度		
2009年	2010年	2011年	2012年	2013年	2014年	2006-2010年	2003-2012年	2010-2015年
99.4	99.5	99.4	99.6	99.8	99.7	0.3	0.2	-0.1
98.7	99.0	99.0	99.4	99.6	99.6	0.2	0.1	-0.2
100.0	100.0	99.8	99.9	100.0	99.8	0.4	0.3	0.0
105.8	104.0	101.9	99.4	95.7	94.1	1.8	1.8	0.9
102.0	101.9	104.7	102.0	90.0	93.1	-1.2	-1.8	0.3
110.9	116.8	117.1	121.1	116.6	112.6	-8.1	-6.6	1.7
166.2	**145.5**	**129.7**	**118.5**	**109.0**	**103.0**	**14.0**	**12.8**	**8.8**
131.4	124.2	116.6	111.0	106.1	103.8	5.1	6.0	4.7
167.0	143.0	125.3	114.2	104.9	99.7	16.7	15.0	8.9
172.5	153.4	138.2	125.5	114.9	107.2	12.7	11.9	9.5
164.0	**144.6**	**129.5**	**118.3**	**109.0**	**103.1**	**13.2**	**12.4**	**8.6**
171.6	131.5	101.2	82.1	71.4	72.5	30.5	32.0	9.4
152.3	111.8	89.2	73.9	64.3	67.1	25.5	24.6	7.3
61.2	58.3	53.8	48.8	67.8	84.8	-0.9	13.2	-7.9
218.2	164.8	123.5	97.5	80.2	77.2	46.0	44.0	13.9
127.1	99.1	89.3	73.2	65.9	69.4	30.5	31.6	4.1
133.7	106.1	80.5	68.5	63.6	66.6	24.3	22.8	5.0
167.1	140.2	114.7	98.3	86.2	88.2	21.6	20.8	8.9
114.2	110.7	105.4	103.1	101.5	100.5	2.8	2.2	2.2
117.7	114.2	108.6	105.6	103.1	101.4	2.8	2.8	2.7
102.9	100.5	99.3	99.8	99.8	99.4	1.7	2.1	0.5
130.4	123.2	116.2	110.8	106.3	103.8	5.3	6.0	4.5
125.9	113.4	98.4	96.7	91.2	114.2	0.2	3.2	3.9
16.1	23.5	20.9	27.5	15.4	154.0	-24.6	-15.4	-26.2
83.4	46.3	38.5	38.2	40.6	72.4	22.0	7.9	-3.0
84.0	106.3	66.8	53.5	30.5	51.4	-4.6	-13.1	-2.9
126.0	115.3	104.7	95.0	90.9	101.6	9.6	10.4	3.9
110.3	105.6	105.2	102.5	102.2	100.0	3.3	4.5	1.7
97.9	122.0	115.4	108.9	103.7	101.6	0.2	2.5	-0.3

2-2 续表 1

指 标	单位	总量指标						
		2009年	2010年	2011年	2012年	2013年	2014年	2015年
工 业								
主要工业产品产量								
布	亿米	5.0	7.2	7.2	4.6	4.1	6.8	3.5
机制纸及纸板	万吨	77.2	88.5	76.2	73.3	48.8	41.2	36.0
糖	万吨	5.6	6.1	2.3	5.4	4.1	4.5	8.3
家用电冰箱	万台	96.2	87.8	102.2	101.5	84.8	157.0	147.1
彩色电视机	万台	441.4	576.9	557.5	500.4	440.6	338.2	287.9
原 油	万吨	1000.0	950.0	1000.0	1000.0	1001.0	1021.9	1037.1
发 电 量	亿千瓦小时	1162.5	1295.1	1369.9	1453.1	1516.0	1607.0	1626.8
钢	万吨	4783.2	5202.7	5424.8	5178.4	6356.5	6507.8	5894.1
成品钢材	万吨	4943.4	5669.4	5761.1	5924.2	6863.0	6962.2	6337.6
水 泥	万吨	4704.8	4785.8	5791.1	5809.0	6066.3	5875.6	4751.6
全部规模以上工业企业主要指标								
固定资产原价	亿元	15419.8	18742.1	19977.7	21748.4	25688.1	26848.3	24422.9
利润总额	亿元	1382.0	2371.4	2511.2	2435.7	2976.2	2107.6	1069.7
建 筑 业								
建筑业企业人数	万人	132.6	165.8	171.7	203.2	197.9	174.4	135.2
建筑业总产值	亿元	3384.6	4690.3	6218.3	7543.3	8629.7	7851.1	5413.8
施工房屋面积	万平方米	18760.5	26807.0	34906.3	40040.9	42289.0	47861.0	28937.1
竣工房屋面积	万平方米	9228.4	13003.3	16692.1	17466.1	19786.4	16514.4	10399.3
交 通 运 输								
货运量合计	万吨	139541	163303	190329	212957	212306	231743	208563
铁 路	万吨	18262	18622	18716.2	17388	17817	19103	14541
公 路	万吨	105088	127361	151773	174355	172923	189174	172140
水 运	万吨	9651	10434	11632	12631	13379	13810	13439
空 运	万吨	9.5	10.2	8.87	9.6	9.6	12.0	13.5
管 道	万吨	6531	6876	8198.93	8573	8177	9644	8429
客运量合计	万人	96172	102241	99328.4	104113	92629	95364	75039
铁 路	万人	13336	13298	12016.4	12018	13012	12820	12911.8
公 路	万人	81585	87699	86013	90650	78168	80789	60269
水 运	万人	543	490	549	588	534	542	504
空 运	万人	708	754	750	857	915	1213	1354
沿海主要港口货物吞吐量	万吨	55513	67952	78374	88501.9996	98354	103675	104859
邮 电 通 信 业								
函 件	亿件	0.8	0.8	0.9	0.7	0.7	1.0	0.7
报刊期发数	万份	356.1	383.7	554.6	404.0	365.9	327.0	422.2
国 内 商 业								
社会消费品零售总额	亿元	5812.6	6809.6	8003.6	9256.6	10524.4	11793.1	12773.8
对 外 贸 易								
进出口总额	亿美元	629.2	806.7	959.6	1039.9	1142.8	1139.6	960.9
进口额	亿美元	294.8	375.5	449.2	460.4	497.4	552.0	452.5
出口额	亿美元	334.4	431.2	510.4	579.5	645.4	587.6	508.4
国 际 旅 游								
接待旅游人数	万人	293.2	361.8	410.3	473.1	503.1	260.7	264.0
旅游外汇收入	亿美元	18.6	22.6	27.1	31.8	34.8	16.2	16.8
金 融								
金融机构各项存款余额	亿元	22758.6	27372.5	30832.4	35303.5	39418.0	42053.1	47758.2
金融机构各项贷款余额	亿元	15549.6	18689.8	22831.7	26306.5	29722.0	33023.5	36282.8
教育、科技、文化								

速度指标(%)								
指数(2015为以下各年)						平均增长速度		
2009年	2010年	2011年	2012年	2013年	2014年	2006-2010年	2003-2012年	2010-2015年
70.0	48.6	48.6	76.1	85.4	51.5	4.8	-0.8	-5.8
46.6	40.7	47.2	49.1	73.8	87.4	1.2	3.5	-11.9
148.2	136.1	360.9	155.1	202.4	184.4	7.7	2.5	6.8
152.9	167.5	143.9	144.9	173.5	93.7	-6.1	7.0	7.3
65.2	49.9	51.6	57.5	65.3	85.1	1.0	2.1	-6.9
103.7	109.2	103.7	103.7	103.6	101.5	-5.5	-3.0	0.6
139.9	125.6	118.8	112.0	107.3	101.2	7.5	7.2	5.8
123.2	113.3	108.7	113.8	92.7	90.6	11.2	10.3	3.5
128.2	111.8	110.0	107.0	92.3	91.0	11.9	11.0	4.2
101.0	99.3	82.1	81.8	78.3	80.9	12.3	10.5	0.2
158.4	130.3	122.3	112.3	95.1	91.0	18.0	12.8	8.0
77.4	45.1	42.6	43.9	35.9	50.8	46.1	31.6	-4.2
101.9	81.5	78.7	66.5	68.3	77.5	12.6	7.9	0.3
160.0	115.4	87.1	71.8	62.7	69.0	25.9	24.6	8.1
154.2	107.9	82.9	72.3	68.4	60.5	21.3	12.7	7.5
112.7	80.0	62.3	59.5	52.6	63.0	20.5	10.8	2.0
149.5	127.7	109.6	97.9	98.2	90.0	10.8	9.8	6.9
79.6	78.1	77.7	83.6	81.6	76.1	5.5	2.9	-3.7
163.8	135.2	113.4	98.7	99.5	91.0	11.2	10.5	8.6
139.2	128.8	115.5	106.4	100.4	97.3	12.7	15.2	5.7
142.1	132.4	152.2	141.2	140.6	112.5	1.6	1.7	6.0
129.1	122.6	102.8	98.3	103.1	87.4	18.5	10.1	4.3
78.0	73.4	75.5	72.1	81.0	78.7	11.0	6.7	-4.1
96.8	97.1	107.5	107.4	99.2	100.7	7.0	2.2	-0.5
73.9	68.7	70.1	66.5	77.1	74.6	11.9	7.6	-4.9
92.8	102.9	91.8	85.7	94.4	93.0	-5.5	-0.6	-1.2
191.3	179.6	180.6	158.0	148.0	111.6	7.3	6.5	11.4
188.9	154.3	133.8	118.5	106.6	101.1	17.6	18.2	11.2
86.3	86.3	78.4	93.2	98.6	69.0	-9.3	-8.0	-2.4
118.6	110.0	76.1	104.5	115.4	129.1	2.5	-0.3	2.9
219.8	187.6	159.6	138.0	121.4	108.3	17.8	15.2	14.0
152.7	119.1	100.1	92.4	84.1	84.3	14.5	16.9	7.3
153.5	120.5	100.7	98.3	91.0	82.0	16.4	17.3	7.4
152.0	117.9	99.6	87.7	78.8	86.5	13.0	16.7	7.2
90.0	73.0	64.3	55.8	52.5	101.3	22.7	17.7	-1.7
90.5	74.5	62.1	52.9	48.4	104.0	25.0	19.2	-1.7
209.8	174.5	154.9	135.3	121.2	113.6	18.0	16.6	13.1
233.3	194.1	158.9	137.9	122.1	109.9	18.6	15.5	15.2

2-2 续表 2

指　　标	单位	总量指标						
		2009年	2010年	2011年	2012年	2013年	2014年	2015年
教　　育								
专任教师数								
普通高等学校	万人	5.6	5.7	5.9	6.1	6.3	6.4	6.5
中等学校	万人	14.5	14.5	14.7	14.8	14.8	14.8	14.9
小　学	万人	15.0	14.7	14.5	14.5	14.3	14.1	14.0
在校学生数								
普通高等学校	万人	85.2	88.0	90.2	93.4	96.8	99.8	100.6
中等学校	万人	207.8	198.8	190.9	183.1	173.9	170.8	164.8
小　学	万人	225.6	218.3	216.8	213.0	204.4	198.5	200.0
科　　技								
科技活动人数	万人	23.5	21.9	23.8	25.5	27.6	28.2	25.6
研究与发展经费支出	亿元	241.1	287.5	363.8	390.9	445.9	435.2	363.4
技术市场成交额	亿元	119.8	130.7	159.7	230.7	180.0	250.9	292.0
家庭、生活、环境								
家　　庭								
家庭总户数	万户	1473.3	1488.8	1498.7	1508.8	1505.5	1515.1	1512.1
城镇居民平均每户家庭人口	人	2.7	2.7	2.6	2.7	2.5	2.5	2.5
农村居民平均每户家庭人口	人	3.2	3.2	3.2	3.2	3.0	2.8	2.8
婚　　姻								
结 婚 数	万对	38.2	32.2	37.3	37.3	37.0	34.5	31.7
离 婚 数	万对	10.1	10.0	11.1	11.3	12.4	12.6	12.7
居　　住								
城市居民人均住宅建筑面积	平方米	26.6	26.9	27.3	27.3	28.8	29.0	29.0
农村居民人均住房面积	平方米	27.0	27.3	29.0	29.5	30.8	32.0	32.6
生　　活								
城镇常住居民人均可支配收入	元	15761.4	17712.6	20466.8	23222.7	25578.0	29081.7	31125.7
农村常住居民人均可支配收入	元	5958.0	6908.0	8297.5	9383.7	10523.0	11191.5	12056.9
城乡储蓄存款余额	亿元	12030.9	13690.3	15529.6	17967.4	19857.9	21396.8	23995.8
工资和福利								
职工工资总额	亿元	1552.5	1771.8	2171.6	2466.9	3078.3	3135.9	3179.0
在岗职工平均工资	元	31104	35057	38713	42503	46310	49110	53458
卫　　生								
医疗机构数	个	3711	3879	4001	4171	4743	4810	4841
医　　生	万人	9.2	9.4	9.9	10.1	10.3	10.2	10.5
医疗床位数	万张	19.2	20.4	21.7	23.4	24.2	25.6	26.7
市政建设								
自来水供应量	亿吨	28.9	26.2	26.6	27.5	27.9	27.3	25.1
排水管道长度	公里	13350	14070	14906	15944.74	16420	16783	17074
城市煤气和天然气供气量	亿立方米	11.4	12.1	13.4	14.6	15.7	19.1	22.7
道路长度	公里	12866	14238	14468	15513.3	16244	16692	16914
园林绿地面积	公顷	84145	92751	95968	118297	120514	121982	124193
环境、灾害								
工业固体废物综合利用量	万吨	8240.7	8417.5	10747.8	11861.8	11742.3	10719.2	10028.9
交通事故发生数	起	6973	6758	6446	5979	5778	5656	5899
交通事故损失	万元	3145.6	3061.8	2745.2	2917.8	2887	2024.9	2017.7

速度指标(%)								
指数(2015为以下各年)						平均增长速度		
2009年	2010年	2011年	2012年	2013年	2014年	2006-2010年	2003-2012年	2010-2015年
116.4	114.3	111.0	107.7	103.5	101.5	5.3	5.9	2.6
102.6	102.4	101.0	100.4	100.6	100.7	0.1	0.4	0.4
93.3	95.2	96.2	96.8	97.9	99.3	-2.2	-1.9	-1.1
118.0	114.3	111.5	107.7	103.9	100.7	6.0	7.6	2.8
79.3	82.9	86.3	90.0	94.8	96.5	-3.0	-2.7	-3.8
88.6	91.6	92.2	93.9	97.8	100.8	-3.9	-3.6	-2.0
108.9	116.9	107.6	100.4	92.8	90.8	3.3	4.9	1.4
150.7	126.4	99.9	93.0	81.5	83.5	18.1	19.9	7.1
243.7	223.4	182.8	126.6	162.2	116.4	8.6	16.3	16.0
102.6	101.6	100.9	100.2	100.4	99.8	1.2	1.2	0.4
94.4	94.4	96.5	95.4	101.5	101.1	-0.7	-1.2	-1.0
87.6	88.2	87.6	88.9	92.3	100.1	-1.3	-1.1	-2.2
83.0	98.4	85.0	85.0	85.7	91.9	4.6	4.7	-3.1
125.6	126.8	114.3	112.0	102.3	100.5	4.6	10.7	3.9
108.9	107.7	106.2	106.1	100.7	99.8	4.1	3.5	1.4
120.7	119.3	112.3	110.4	105.9	101.7	1.7	2.5	3.2
189.0	168.2	145.6	128.3	116.5	107.0	14.2	13.5	11.2
209.4	180.6	150.3	132.9	118.6	107.7	13.4	13.1	13.1
199.5	175.3	154.5	133.6	120.8	112.1	14.5	14.4	12.2
204.8	179.4	146.4	128.9	103.3	101.4	15.5	14.5	12.7
171.9	152.5	138.1	125.8	115.4	108.9	15.1	13.8	9.4
130.5	124.8	121.0	116.1	102.1	100.6	2.3	2.0	4.5
113.7	111.2	105.6	103.8	101.5	98.8	3.5	2.2	2.2
139.1	130.9	123.0	113.9	110.3	104.5	2.8	3.0	5.6
86.9	95.8	94.4	91.3	90.0	91.9	-1.5	-0.2	-2.3
127.9	121.4	114.5	107.1	104.0	101.7	6.0	6.0	4.2
199.1	187.6	169.4	155.5	144.6	118.8	3.9	4.7	12.2
131.5	118.8	116.9	109.0	104.1	101.3	6.2	4.6	4.7
147.6	133.9	129.4	105.0	103.1	101.8	4.5	6.8	6.7
121.7	119.1	93.3	84.5	85.4	93.6	14.6	14.2	3.3
84.6	87.3	91.5	98.7	102.1	104.3	-8.1	-3.6	-2.7
64.1	65.9	73.5	69.2	69.9	99.6	-12.3	-4.0	-7.1

2-3 国民经济主要比例关系

单位：%

指　　标	2005年	2009年	2010年	2011年	2012年	2013年	2014年	2015年
地区生产总值产业比例								
第一产业	11.0	9.3	8.8	8.7	8.7	8.1	8.0	8.3
第二产业	48.1	52.0	54.1	55.2	53.2	51.3	50.2	45.5
第三产业	41.0	38.7	37.1	36.1	38.1	40.5	41.8	46.2
就业人数产业比例								
第一产业	34.1	30.6	30.4	29.6	28.7	27.1	26.8	28.6
第二产业	28.1	27.2	27.7	27.3	26.9	28.8	27.7	26.4
第三产业	37.8	42.2	42.0	43.1	44.5	44.1	45.4	45.0
固定资产投资总额资金来源比例								
国家预算	4.1	4.2	2.9	5.2	4.1	4.2	4.2	3.6
国内贷款	12.2	13.9	15.5	15.2	14.5	13.7	13.8	13.0
利用外资	2.9	2.9	1.8	1.7	1.5	1.1	0.7	0.6
自筹和其他	80.8	79.0	79.8	77.9	79.9	81.0	81.3	82.8
农业总产值中五业比例								
农　　业	38.3	33.8	36.7	36.0	37.9	38.5	38.5	44.1
林　　业	2.7	2.6	2.7	3.0	3.2	3.1	3.4	3.5
牧　　业	38.1	43.3	40.9	41.9	39.9	38.5	38.2	33.3
渔　　业	18.3	16.3	15.8	15.4	15.2	15.8	15.6	14.7
农林牧渔服务业	2.6	4.0	3.9	3.8	3.8	4.0	4.3	4.3
工业总产值中分行业比例								
国有企业	12.7	9.6	8.5	6.2	5.5	2.3	2.3	2.5
集体企业	3.4	2.6	2.5	2.2	2.2	1.6	1.5	1.1
其他经济类型企业	83.9	87.8	89.0	91.6	92.3	96.0	96.2	96.4
货运周转总量比例								
铁　　路	35.1	16.7	15.4	14.7	12.0	11.1	9.6	7.6
公　　路	12.2	19.9	21.3	22.3	23.0	23.2	24.9	24.2
水　　运	51.1	62.8	62.8	62.4	64.4	65.2	64.6	67.5
民　　航	0.1	0.1	0.1	0.1	0.1	0.1	0.02	0.0
管　　道	1.5	0.5	0.5	0.6	0.5	0.4	0.9	0.7
客运周转总量比例								
铁　　路	56.7	51.4	50.3	51.5	49.3	53.3	51.5	54.0
公　　路	31.2	37.2	38.3	37.5	38.9	33.8	31.8	28.0
民　　航	1.2	0.7	0.6	0.7	0.7	0.6	0.6	0.5
民　　航	10.9	10.6	10.7	10.3	11.1	12.3	16.1	17.5

2-4 按总人口平均的国民经济主要指标

指　标	单位	2005年	2009年	2010年	2011年	2012年	2013年	2014年	2015年
农业总产值(现价)	元／人	3998	6362	7303	8543	9559	10255	10607	11062
固定资产投资总额	元／人	10127	28916	37715	41677	51381	59197	58312	42290
公共财政预算收入	元／人	1615	3743	4713	6214	7307	7884	7528	5021
公共财政预算支出	元／人	2881	6310	7513	9183	10726	11978	12255	10578
粮食产量	公斤／人	417.6	374.3	415.0	478.6	487.2	517.7	413.5	472.6
油料产量	公斤／人	8.8	13.0	23.4	28.2	28.4	26.8	15.0	10.9
棉花产量	公斤／人	0.1	0.02	0.02	0.02	0.01	0.02	0.002	0.004
猪牛羊肉产量	公斤／人	57	63	65	65	66	67	68.9	65.1
水产品产量	公斤／人	101.7	125.8	100.9	106.7	113.1	119.0	121.6	123.6
水果产量	公斤／人	78.8	112.3	122.6	135.0	148.9	155.9	139.6	142.0
布产量	米／人	13.6	11.8	16.9	16.9	10.8	9.7	16.0	8.3
纸及纸板产量	公斤／人	19.9	18.2	20.8	17.9	17.2	11.5	9.7	8.5
卷烟产量	支／人	11.0	612.0	624.0	645.4	650.4	657.6	684.7	686.1
钢产量	公斤／人	732	1125	1223	1275	1218	1498.7	1534.5	1391.1
发电量	千瓦小时／人	2162	2735	3045	3221	3419	3574.4	3789.2	3839.7
原油产量	公斤／人	302	235	223	235	235	236.0	240.9	244.8
水泥产量	公斤／人	641	1107	1125	1362	1367	1430.3	1385.4	1121.5
社会消费品零售总额	元／人	7173	13673	16008	18817	21781	24814	27807	30149
出口总额	美元／人	561	787	1014	1200	1364	1522	1385	1200
高等学校在校学生	人／万人	158.0	200.8	206.8	279.0	289.5	300.20	303.8	297.6
普通中学在校学生	人／万人	655.8	588.4	561.4	569.2	544.0	512.20	501.3	480.1
医院床位数	张／万人	42.5	45.1	48.0	51.0	52.8	57.1	60.3	60.9
卫生技术人员数	人／万人	49.9	52.2	53.7	55.8	57.9	60.1	60.4	62.4
医生	人／万人	21.8	21.6	22.0	23.3	23.7	24.4	24.0	24.7
储蓄存款余额	元／人	16591	28301	32184	36512	42277	46819	50451	56635

注：2005年及以后各年医生数为执业医师和执业助理医师。

主要统计指标解释

可比价格 指在不同时期的价值指标对比时，扣除了价格变动的因素，以确切反映物量的变化。按可比价格计算有两种方法：一种是直接用产品产量乘某一年的不变价格计算；另一种是用价格指数换算。

不变价格 指用同类产品的年平均价格作为固定价格，来计算各年产品价值。按不变价格计算的产品价值消除了价格变动因素，不同时期对比可以反映生产的发展速度。新中国成立后，随着工农业产品价格水平的变化，国家统计局先后五次制定了全国统一的工业产品不变价格和农业产品不变价格，从 1949 年到 1957 年使用 1952 年工(农)业产品不变价格，从 1957 年到 1971 年使用 1957 年不变价格，从 1971 年到 1981 年使用 1970 年不变价格，从 1981 年到 1990 年使用 1980 年不变价格，从 1990 年开始使用 1990 年不变价格。

平均每年增长速度 在我国计算平均增长速度有两种方法，一种是习惯上经常使用的“水平法”，又称几何平均法，是以间隔期最后一年的水平同基期水平对比来计算平均每年增长(或下降)速度。另一种是“累计法”，又称代数平均法或方程法，是以间隔期内各年水平的总和同基期水平对比来计算平均每年增长(或下降)速度。

在一般正常情况下，两种方法计算的平均每年增长速度比较接近，但在经济发展不平衡，出现大起大落时，两种方法计算的结果差别较大。

本《年鉴》内所列的平均每年增长速度均用“水平法”计算。从某年到某年平均增长速度的年份，均不包括基期年在内。如建国四十三年的平均增长速度是以 1949 年为基期计算的，则写为 1950—1992 年平均增长速度，余类推。

各个计划时期 表内所用各个“时期”代表的年份如下：恢复时期为 1950 年到 1952 年；第一个五年计划时期(简称一五时期)为 1953 年到 1957 年；第二个五年计划时期(简称二五时期)为 1958 年到 1962 年；第三个五年计划时期(简称三五时期)为 1966 年到 1970 年；第四个五年计划时期(简称四五时期)为 1971 年到 1975 年；第五个五年计划时期(简称五五时期)为 1976 年到 1980 年；第六个五年计划时期(简称六五时期)为 1981 年到 1985 年；第七个五年计划时期(简称七五时期)为 1986 年到 1990 年；第八个五年计划时期(简称八五时期)为 1991 到 1995 年；第九个五年计划时期(简称九五时期)为 1996 年到 2000 年。

企业(单位)登记注册类型 是以在工商行政管理机关登记注册的各类企业为划分对象，以工商行政管理部门对企业登记注册的类型为依据，将企业登记注册类型分为内资企业、港澳台商投资企业和外商投资企业三大类。内资企业包括国有企业、集体企业、股份合作企业、联营企业、有限责任公司、股份有限公司、私营公司和其他企业；港澳台商投资企业和外商投资企业分别包括合资经营企业、合作经营企业、独资经营企业和股份有限公司。对不在工商行政管理部门进行登记注册的行政机关、事业单位和社会团体，主要按其经费来源和管理方式进行划分。

国有企业 指企业全部资产归国家所有，并按《中华人民共和国企业法人登记管理条例》规定登记注册的非公司制的经济组织。不包括有限责任公司中的国有独资公司。

集体企业 指企业资产归集体所有，并按《中华人民共和国企业法人登记管理条例》规定登记注册的经济组织。

股份合作企业 指以合作制为基础，由企业职工共同出资入股，吸收一定比例的社会资产投资组建，实行自主经营，自负盈亏，共同劳动，民主管理，按劳分配与按股分红相结合的一种集体经济组织。

联营企业 指两个及两个以上相同或不同所有制性质的企业法人或事业单位法人，按自愿、平等、互利的原则，共同投资组成的经济组织。联营企业包括国有联营企业、集体联营企业、国有与集体联营企业和其他联营企业。

有限责任公司 指根据《中华人民共和国公司登记管理条例》规定登记注册，由两个以上、五十个以下的股东共同出资，每个股东以其所认缴的出资额对公司承担有限责任，公司以其全部资产对其债务承担责任的经济组织。有限责任公司包括国有独资公司以及其他有限责任公司。

(1)国有独资公司：指国家授权的投资机构或者国家授权的部门单独投资设立的有限责任公司。

(2)其他有限责任公司：指国有独资公司以外的有限责任公司。

股份有限公司 指根据《中华人民共和国公司登记管理条例》规定登记注册，其全部注册资本由等额股份构成并通过发行股票筹集资本，股东以其认购的股份对公司承担有限责任，公司以其全部资产对其债务承担责任的经济组织。

私营企业 指由自然人投资设立或由自然人控股，以雇佣劳动为基础的营利性经济组织。包括按照《公司法》、《合伙企业法》、《私营企业暂行条例》规定登记注册的私营有限责任公司、私营股份有限公司、私营合伙企业和私营独资企业。

(1)私营独资企业：指按《私营企业暂行条例》的规定，由一名自然人投资经营，以雇佣劳动为基础，投资者对企业债务承担无限责任的企业。

(2)私营合伙企业：指按《合伙企业法》或《私营企业暂行条例》的规定，由两个以上自然人按照协议共同投资、共同经营、共负盈亏，以雇佣劳动为基础，对债务承担无限责任的企业。

(3)私营有限责任公司：指按《公司法》、《私营企业暂行条例》的规定，由两个以上自然人投资或由单个自然人控股的有限责任公司。

(4)私营股份有限公司：指按《公司法》的规定，由五个以上自然人投资，或由单个自然人控股的股份有限公司。

其他内资企业 指上述企业之外的其他内资经济组织。

政府对生产单位的单方面收入转移，因此视为负生产税处理，包括政府亏损补贴、粮食系统价格补贴、外贸企业出口退税收入等。

固定资产折旧 固定资产折旧是指一定时期内为弥补固定资产损耗按照核定的固定资产折旧率提取的固定资产折旧，或按国民经济核算统一规定的折旧率虚拟计算的固定资产折旧。它反映了固定资产在当期生产中的转移价值。各种类型企业和企业化管理的事业单位的固定资产折旧指实际计提并计入成本费用中的折旧费；不计提折旧的单位，如政府机关、非企业化管理的事业单位和居民住房的固定资产折旧则是按照统一规定的折旧率和固定资产原值计算的虚拟折旧。原则上，固定资产折旧应按固定资产的重置价值来计算，但是我国目前尚不具备对全社会固定资产进行重估的基础，所以暂时只能采用上述方法来计算。

营业盈余 营业盈余是指常住单位创造的增加值扣除劳动者报酬、生产税净额和固定资产折旧后的余额。它相当于企业的营业利润加上生产补贴，但要扣除从利润中开支的工资和福利等。

三、国民经济核算

Chapter 3 National Economy Accounting

3-1 生产总值

单位：亿元

年 份	生产总值	第一产业	第二产业	第三产业	人均生产总值（元）
1978	229.2	32.4	162.9	33.9	680
1979	245.0	40.7	166.4	37.9	717
1980	281.0	46.1	192.3	42.6	811
1981	288.6	49.1	187.5	51.9	823
1982	315.1	54.7	199.7	60.7	884
1983	364.0	72.2	219.7	72.1	1012
1984	438.2	80.4	268.2	89.6	1203
1985	518.6	74.9	328.1	115.6	1413
1986	605.3	92.9	357.8	154.6	1633
1987	719.1	109.5	417.0	192.6	1917
1988	881.0	141.9	492.5	246.6	2285
1989	1003.8	141.9	545.1	316.9	2574
1990	1062.7	168.6	540.8	353.3	2698
1991	1200.1	180.8	590.1	429.2	3027
1992	1473.0	194.6	741.9	536.5	3693
1993	2010.8	260.8	1039.3	710.8	5015
1994	2461.8	319.0	1259.1	883.8	6103
1995	2793.4	392.2	1390.0	1011.2	6880
1996	3157.7	474.1	1537.7	1145.9	7730
1997	3582.5	474.4	1743.9	1364.2	8725
1998	3881.7	531.5	1855.2	1495.1	9415
1999	4171.7	520.8	2001.5	1649.4	10086
2000	4669.1	503.4	2344.4	1821.2	11177
2001	5033.1	544.4	2440.6	2048.1	12015
2002	5458.2	590.2	2609.9	2258.2	13000
2003	6002.5	615.8	2898.9	2487.9	14270
2004	6672.0	798.4	3061.6	2812.0	15835
2005	8047.3	882.4	3869.4	3295.5	18983
2006	9304.5	939.4	4566.8	3798.3	21914
2007	11164.3	1133.4	5544.2	4486.7	26057
2008	13668.6	1302.0	7158.8	5207.7	31739
2009	15212.5	1414.9	7906.3	5891.3	35149
2010	18457.3	1631.1	9976.8	6849.4	42355
2011	22226.7	1915.6	12152.1	8159.0	50760
2012	24846.4	2155.8	13230.5	9460.1	56649
2013	27213.2	2216.2	13963.9	11033.1	61996
2014	28626.6	2285.8	14384.6	11956.2	65201
2015	28669.0	2384.0	13042.0	13243.0	65354

注：1.1999年初进行了第三产业快速调查，本表中1997、1998年生产总值使用的是快速调查数，以前年度未进行调整。下同。
2.2000年以后的人均生产总值按常住人口计算。
3.2004年以前数据未与经济普查数据衔接。下同。
4.2005-2008年数据已根据2008年第二次经济普查数据进行了修订。下同。
5.2013年及以后年份的三次产业分类执行《三次产业划分规定(2012)》，与之前年份分类标准不同。由于最新产业分类标准中第二产业已非工业与建筑业合计，故将原表式中属于第二产业下的工业、建筑业两列删除，以免误读。下同。

3-2 生产总值指数

(上年=100)

年 份	生产总值				人均生产总值
		第一产业	第二产业	第三产业	
1978	110.7	96.9	115.4	103.4	109.3
1979	104.9	106.9	103.3	111.2	103.6
1980	109.2	103.8	110.0	109.9	107.6
1981	98.4	98.1	94.0	119.4	97.2
1982	105.3	106.6	102.5	113.8	103.7
1983	113.3	128.3	108.8	115.2	112.3
1984	116.8	105.0	119.5	119.5	115.4
1985	113.3	84.0	118.7	120.5	112.4
1986	108.3	111.7	103.5	120.5	107.2
1987	114.1	106.0	111.4	124.8	112.7
1988	111.7	106.9	111.7	113.7	108.7
1989	103.1	95.7	101.6	109.3	101.9
1990	100.9	114.5	97.0	104.8	100.1
1991	106.1	104.2	104.0	110.2	105.4
1992	112.1	104.2	113.6	113.6	111.4
1993	114.9	110.7	116.6	114.3	114.3
1994	111.2	102.1	113.8	111.1	111.2
1995	107.1	104.9	107.1	107.8	106.4
1996	108.6	112.6	107.8	108.4	107.9
1997	108.9	101.3	110.5	109.2	108.7
1998	108.3	113.0	107.6	107.9	107.9
1999	108.2	105.1	108.5	108.9	107.9
2000	108.9	98.4	110.7	109.6	108.6
2001	109.0	106.7	107.5	111.5	108.7
2002	110.2	108.4	109.8	111.3	110.0
2003	111.5	107.2	112.3	111.7	111.3
2004	112.8	107.9	116.0	110.7	112.6
2005	112.3	107.9	114.4	112.1	112.6
2006	113.8	106.3	117.1	112.9	113.5
2007	115.0	104.0	117.8	114.5	114.0
2008	113.4	106.3	116.1	111.6	112.8
2009	113.1	103.1	115.6	112.1	112.5
2010	114.2	105.8	116.8	112.5	113.4
2011	112.2	106.5	114.0	111.0	111.7
2012	109.5	105.1	109.8	110.1	109.4
2013	108.7	104.6	108.9	109.2	108.6
2014	105.8	102.2	105.2	107.2	105.7
2015	103.0	103.8	99.7	107.2	103.1

注：本表按可比价计算。

3-3 生产总值指数

(1952年=100)

年 份	生产总值				人均生产总值
		第一产业	第二产业	第三产业	
1952	100.0	100.0	100.0	100.0	100.0
1957	212.8	113.8	297.2	174.9	171.9
1965	251.2	134.7	353.4	203.4	172.3
1970	382.9	168.5	588.5	260.9	237.3
1975	578.8	192.8	955.5	359.7	335.3
1978	665.8	173.9	1178.8	380.1	373.7
1979	698.4	185.9	1217.7	422.7	387.2
1980	762.7	193.0	1339.5	464.5	416.6
1981	750.5	189.3	1259.1	554.6	405.0
1982	790.3	201.8	1290.6	631.2	419.9
1983	895.4	258.9	1404.1	727.1	471.6
1984	1045.8	271.8	1677.9	868.9	544.2
1985	1184.9	228.4	1991.7	1047.0	611.7
1986	1283.2	255.1	2061.4	1261.6	655.7
1987	1464.1	270.4	2296.4	1574.5	739.0
1988	1635.4	289.0	2565.1	1790.2	803.3
1989	1686.1	276.6	2606.1	1956.7	818.6
1990	1701.3	316.7	2528.0	2050.6	819.4
1991	1805.1	330.0	2629.1	2259.8	863.6
1992	2023.5	343.9	2986.6	2567.1	962.1
1993	2325.0	380.7	3482.4	2934.2	1099.7
1994	2585.4	388.7	3963.0	3259.9	1222.9
1995	2768.9	407.7	4244.3	3514.2	1301.1
1996	3007.2	459.1	4575.4	3809.4	1403.9
1997	3274.8	465.1	5055.8	4159.9	1526.0
1998	3546.7	525.6	5440.1	4488.5	1646.6
1999	3837.5	552.4	5902.5	4888.0	1776.7
2000	4179.0	543.6	6534.1	5357.2	1929.5
2001	4555.1	580.0	7024.2	5973.3	2097.4
2002	5019.7	628.7	7712.6	6648.3	2307.1
2003	5596.0	673.8	8657.8	7423.3	2567.8
2004	6312.0	726.9	10041.4	8214.6	2891.3
2005	7113.6	784.3	11487.4	9208.6	3255.6
2006	8123.8	833.7	13451.7	10396.5	3695.1
2007	9342.3	867.1	15846.1	11904.0	4212.4
2008	10594.2	921.7	18397.3	13284.8	4751.6
2009	11982.0	950.3	21267.3	14892.3	5345.6
2010	13683.4	1005.4	24840.2	16753.8	6061.9
2011	15352.8	1070.8	28317.8	18596.7	6771.1
2012	16811.3	1125.4	31092.9	20475.0	7407.6
2013	18273.9	1177.1	33860.2	22358.7	8044.7
2014	19333.8	1203.0	35620.9	23968.5	8503.2
2015	19913.8	1248.8	35514.1	25694.2	8766.0

注：本表按可比价计算。

3-4 生产总值构成

单位：%

年 份	生产总值	第一产业	第二产业	第三产业
1952	100.0	29.0	48.3	22.7
1953	100.0	23.3	49.5	27.2
1957	100.0	20.3	59.3	20.4
1965	100.0	19.6	60.7	19.7
1970	100.0	20.8	62.4	16.8
1975	100.0	18.1	66.9	15.0
1978	100.0	14.1	71.1	14.8
1979	100.0	16.6	67.9	15.5
1980	100.0	16.4	68.4	15.2
1981	100.0	17.0	65.0	18.0
1982	100.0	17.4	63.4	19.2
1983	100.0	19.9	60.3	19.8
1984	100.0	18.3	61.2	20.5
1985	100.0	14.4	63.3	22.3
1986	100.0	15.3	59.1	25.6
1987	100.0	15.2	58.0	26.8
1988	100.0	16.1	55.9	28.0
1989	100.0	14.1	54.3	31.6
1990	100.0	15.9	50.9	33.2
1991	100.0	15.1	49.2	35.7
1992	100.0	13.2	50.4	36.4
1993	100.0	13.0	51.7	35.3
1994	100.0	13.0	51.1	35.9
1995	100.0	14.0	49.8	36.2
1996	100.0	15.0	48.7	36.3
1997	100.0	13.2	48.7	38.1
1998	100.0	13.7	47.8	38.5
1999	100.0	12.5	48.0	39.5
2000	100.0	10.8	50.2	39.0
2001	100.0	10.8	48.5	40.7
2002	100.0	10.8	47.8	41.4
2003	100.0	10.3	48.3	41.4
2004	100.0	12.0	45.9	42.1
2005	100.0	11.0	48.1	41.0
2006	100.0	10.1	49.1	40.8
2007	100.0	10.2	49.7	40.2
2008	100.0	9.5	52.4	38.1
2009	100.0	9.3	52.0	38.7
2010	100.0	8.8	54.1	37.1
2011	100.0	8.6	54.7	36.7
2012	100.0	8.7	53.2	38.1
2013	100.0	8.1	51.3	40.6
2014	100.0	8.0	50.2	41.8
2015	100.0	8.3	45.5	46.2

3-5 分行业增加值

单位：亿元

行业	2005年	2008年	2009年	2010年	2011年	2012年	2013年	2014年	2015年
总 计	**8047.26**	**13668.58**	**15212.49**	**18457.27**	**22226.70**	**24846.43**	**27213.22**	**28626.58**	**28669.02**
按产业分类									
第一产业	882.41	1302.02	1414.9	1631.08	1915.57	2155.82	2216.15	2285.75	2384.03
第二产业	3869.4	7158.84	7906.34	9976.82	12152.15	13230.49	13963.95	14384.64	13041.97
第三产业	3295.45	5207.72	5891.25	6849.37	8158.98	9460.12	11033.12	11956.19	13243.02
按行业分类									
农林牧渔业	882.41	1302.02	1414.9	1631.08	1915.57	2155.82	2321.64	2403.17	2505.13
工业	3401.8	6359.43	6925.63	8789.27	10696.54	11605.07	12300.70	12656.83	11270.82
建筑业	467.6	799.41	980.71	1187.55	1455.61	1625.42	1806.97	1875.69	1881.32
交通运输、仓储和邮政业	493.75	734.13	790.56	926.81	1143.17	1297.18	1396.68	1488.93	1702.80
批发和零售业	820.35	1257.5	1410.33	1651.66	1960.33	2191.19	2412.95	2653.65	2968.98
住宿和餐饮业	180.81	275.86	318.8	369.61	436.13	487.49	536.39	568.77	620.27
金融业	232.85	455.07	560.2	639.27	755.57	969.37	1249.71	1482.17	1869.46
房地产业	256.77	500.81	605.27	733.37	876.12	1050.03	1191.23	1145.70	1169.67
其他服务业	1310.92	1984.35	2206.09	2528.65	2987.66	3464.86	3996.95	4351.67	4680.57

3-6 三次产业贡献率

单位：%

年份	生产总值			
		第一产业	第二产业	第三产业
1991	100.0	13.8	41.2	45.0
1992	100.0	6.4	64.2	29.4
1993	100.0	12.1	63.3	24.6
1994	100.0	2.7	63.3	34.0
1995	100.0	8.6	55.7	35.7
1996	100.0	18.0	50.2	31.8
1997	100.0	1.9	64.7	33.4
1998	100.0	17.7	50.2	32.1
1999	100.0	7.4	56.0	36.6
2000	100.0	-2.0	65.4	36.6
2001	100.0	8.0	42.2	49.8
2002	100.0	8.6	47.5	43.9
2003	100.0	6.5	51.0	42.5
2004	100.0	6.4	57.0	36.6
2005	100.0	6.5	53.0	40.5
2006	100.0	2.1	53.6	44.3
2007	100.0	2.7	57.4	39.9
2008	100.0	4.3	60.1	35.6
2009	100.0	2.0	60.7	37.3
2010	100.0	3.2	61.6	35.2
2011	100.0	4.7	62.1	33.2
2012	100.0	4.5	56.5	39.0
2013	100.0	4.1	54.7	41.2
2014	100.0	2.8	47.9	49.3
2015	100.0	9.1	-4.5	95.4

注：产业贡献率指各产业增加值增量与GDP增量之比。

3-7 三次产业对生产总值增长的拉动

单位：百分点

年 份	生产总值	第一产业	第二产业	第三产业
1991	6.1	0.8	2.5	2.7
1992	12.1	0.8	7.8	3.6
1993	14.9	1.8	9.4	3.7
1994	11.2	0.3	7.1	3.8
1995	7.1	0.6	4.0	2.5
1996	8.6	1.6	4.3	2.7
1997	8.9	0.2	5.8	3.0
1998	8.3	1.5	4.2	2.7
1999	8.2	0.6	4.6	3.0
2000	8.9	-0.2	5.8	3.3
2001	9.0	0.7	3.8	4.5
2002	10.2	0.9	4.8	4.5
2003	11.5	0.7	5.9	4.9
2004	12.8	0.8	7.3	4.7
2005	12.7	0.8	6.7	5.2
2006	14.2	0.3	7.6	6.3
2007	15.0	0.4	8.6	6.0
2008	13.4	0.5	8.1	4.8
2009	13.1	0.3	7.9	4.9
2010	14.2	0.5	8.7	5.0
2011	12.2	0.6	7.6	4.1
2012	9.5	0.4	5.4	3.7
2013	8.7	0.4	4.7	3.6
2014	5.8	0.2	2.8	2.8
2015	3.0	0.3	-0.1	2.8

注：产业拉动指GDP增长速度与各产业贡献率之乘积。

3-8 各地区生产总值

(2015年)

地 区	生产总值(亿元)				人均生产总值(元)	构成(%)			指数(上年=100)			
		第一产业	第二产业	第三产业		第一产业	第二产业	第三产业	生产总值	第一产业	第二产业	第三产业
沈 阳	7272.31	341.43	3474.18	3456.69	87734	4.7	47.8	47.5	103.4	103.5	100.2	106.8
大 连	7731.64	453.25	3348.74	3929.64	110682	5.9	43.3	50.8	104.2	103.0	99.6	109.2
鞍 山	2337.00	136.54	1102.87	1097.59	64710	5.8	47.2	47.0	103.2	122.0	100.4	104.8
抚 顺	1216.48	98.02	594.47	523.99	58597	8.1	48.9	43.1	102.0	104.4	98.4	107.1
本 溪	1164.69	67.02	599.02	498.65	67656	5.8	51.4	42.8	103.6	103.7	101.6	106.8
丹 东	984.90	156.67	402.94	425.28	40850	15.9	40.9	43.2	97.0	104.8	91.2	101.5
锦 州	1327.33	211.36	568.78	547.19	43207	15.9	42.9	41.2	101.1	103.2	97.5	104.9
营 口	1513.75	110.80	727.32	675.62	61925	7.3	48.0	44.6	104.5	102.2	103.1	106.6
阜 新	525.54	118.28	200.81	206.45	29491	22.5	38.2	39.3	94.0	96.4	89.5	98.6
辽 阳	1028.58	72.62	568.47	387.50	55674	7.1	55.3	37.7	103.9	104.3	101.8	107.5
盘 锦	1256.54	121.07	671.99	463.48	87351	9.6	53.5	36.9	104.0	104.5	103.1	105.3
铁 岭	740.90	205.11	235.51	300.28	27885	27.7	31.8	40.5	93.8	96.6	87.3	100.1
朝 阳	854.73	220.61	259.57	374.55	28852	25.8	30.4	43.8	93.6	103.0	81.1	105.2
葫芦岛	720.17	104.35	296.29	319.52	28176	14.5	41.1	44.4	100.1	107.0	95.6	103.3

3-9 生产总值(支出法)

单位：亿元

年 份	生产总值	最终消费支出	资本形成总额	货物和服务净流出	消费率%	投资率%
1978	229.20	109.37	62.33	57.50	47.72	27.19
1980	281.00	157.43	56.82	66.75	56.02	20.22
1981	288.61	177.41	53.80	57.40	61.47	18.64
1982	315.07	185.21	67.87	61.99	58.78	21.54
1983	364.02	208.15	86.81	69.06	57.18	23.85
1984	438.17	236.89	127.59	73.69	54.06	29.12
1985	518.59	276.19	174.24	68.16	53.26	33.60
1986	605.33	314.75	215.95	74.63	52.00	35.67
1987	719.12	371.81	256.83	90.48	51.70	35.71
1988	881.24	459.39	335.39	86.24	52.13	38.06
1989	1003.81	543.60	356.47	103.74	54.15	35.51
1990	1062.74	574.24	392.74	95.76	54.03	36.96
1991	1200.10	640.51	452.62	106.97	53.37	37.72
1992	1472.95	769.94	561.81	141.20	52.27	38.14
1993	2010.82	962.51	901.26	147.05	47.87	44.82
1994	2461.78	1239.61	1024.66	197.51	50.35	41.62
1995	2793.37	1501.84	1046.60	244.93	53.76	37.47
1996	3148.23	1728.74	1076.26	343.23	54.91	34.19
1997	3582.46	1943.35	1146.95	491.66	54.25	32.02
1998	3881.73	2128.05	1225.99	527.69	54.82	31.58
1999	4171.69	2330.53	1284.31	556.85	55.87	30.79
2000	4669.06	2587.52	1471.61	609.93	55.42	31.52
2001	5033.08	2828.09	1625.50	579.49	56.19	32.30
2002	5458.22	3031.47	1835.54	591.21	55.54	33.63
2003	6002.54	3102.51	2333.67	566.36	51.69	38.88
2004	6672.00	3248.30	3161.08	262.62	48.69	47.38
2005	8047.26	3688.94	4580.40	-222.08	45.84	56.92
2006	9304.52	4054.93	5519.65	-270.06	43.58	59.32
2007	11164.30	4717.14	6646.09	-198.93	42.25	59.53
2008	13668.59	5595.95	8547.81	-475.17	40.94	62.54
2009	15212.49	6311.05	9412.02	-510.58	41.49	61.87
2010	18457.27	7374.14	11521.78	-438.65	39.95	62.42
2011	22226.70	8867.21	13930.21	-570.72	39.89	62.67
2012	24846.43	10073.26	15492.08	-718.91	40.54	62.35
2013	27213.22	11214.85	16944.62	-946.25	41.21	62.27
2014	28626.58	12192.71	17469.07	-1035.20	42.59	61.02
2015	28669.02	13019.47	12605.61	3043.93	45.41	43.97

3-10 生产总值结构(支出法)

年 份	资本形成总额		最终消费支出			
	固定资本形成总额	存货增加	居民消费支出	农村居民	城镇居民	政府消费支出
一、绝对数(亿元)						
1985	130.91	43.33	225.51	90.99	134.52	50.68
1986	158.58	57.37	257.88	100.04	157.84	56.87
1987	210.23	46.60	296.93	113.00	183.93	74.88
1988	260.30	75.09	379.61	131.15	248.46	79.78
1989	241.89	114.58	434.09	148.43	285.66	109.51
1990	262.39	130.35	450.76	140.60	310.16	123.48
1991	323.66	128.96	502.22	156.02	346.20	138.29
1992	405.18	156.63	614.28	200.54	413.74	155.66
1993	731.60	169.66	770.19	240.22	529.97	192.32
1994	887.99	136.67	965.96	302.29	663.67	273.65
1995	884.95	161.65	1177.59	350.38	827.21	324.25
1996	920.66	155.60	1327.68	408.76	918.92	401.06
1997	976.45	170.50	1485.79	425.90	1059.89	458.06
1998	1069.57	156.42	1578.49	462.27	1116.22	549.56
1999	1115.82	168.49	1707.30	491.98	1215.32	623.23
2000	1293.92	177.69	1867.36	535.84	1331.52	720.16
2001	1444.15	181.35	2001.97	566.95	1435.02	826.12
2002	1627.56	207.98	2141.47	590.27	1551.20	890.00
2003	2102.10	231.57	2172.06	487.16	1684.90	930.45
2004	2925.14	235.94	2316.03	486.35	1829.68	932.27
2005	4279.75	300.65	2719.91	553.24	2166.67	969.03
2006	5272.12	247.53	2940.79	612.97	2327.82	1114.14
2007	6297.19	348.90	3399.14	653.15	2745.99	1318.00
2008	8098.60	449.21	4172.81	766.60	3406.21	1423.14
2009	8906.44	505.58	4720.31	867.91	3852.40	1590.74
2010	11079.59	442.19	5672.33	1006.04	4666.29	1701.81
2011	13474.62	455.59	6846.44	1167.53	5678.91	2020.77
2012	15049.60	442.48	7894.45	1333.83	6560.62	2178.81
2013	16479.80	464.82	8847.41	1552.40	7295.01	2367.44
2014	16927.43	541.64	9773.63	1777.92	7995.71	2419.08
2015	12098.91	506.70	10393.91	1972.32	8421.60	2625.56
二、比重(%)						
1985	75.13	24.87	81.65	40.35	59.65	18.35
1986	73.43	26.57	81.93	38.79	61.21	18.07
1987	81.86	18.14	79.86	38.06	61.94	20.14
1988	77.61	22.39	82.63	34.55	65.45	17.37
1989	67.86	32.14	79.85	34.19	65.81	20.15
1990	66.81	33.19	78.50	31.19	68.81	21.50
1991	71.51	28.49	78.41	31.07	68.93	21.59
1992	72.12	27.88	79.78	32.65	67.35	20.22
1993	81.18	18.82	80.02	31.19	68.81	19.98
1994	86.66	13.34	77.92	31.29	68.71	22.08
1995	84.55	15.45	78.41	29.75	70.25	21.59
1996	85.54	14.46	76.80	30.79	69.21	23.20
1997	85.13	14.87	76.46	28.66	71.34	23.57
1998	87.24	12.76	74.18	29.29	70.71	25.82
1999	86.88	13.12	73.26	28.82	71.18	26.74
2000	87.93	12.07	72.17	28.70	71.30	27.83
2001	88.84	11.16	70.79	28.32	71.68	29.21
2002	88.67	11.33	70.64	27.56	72.44	29.36
2003	90.08	9.92	70.01	22.43	77.57	29.99
2004	92.54	7.46	71.30	21.00	79.00	28.70
2005	93.44	6.56	73.73	20.34	79.66	26.27
2006	95.52	4.48	72.52	20.84	79.16	27.48
2007	94.75	5.25	72.06	19.22	80.78	27.94
2008	94.74	5.26	74.57	18.37	81.63	25.43
2009	94.63	5.37	74.79	18.39	81.61	25.21
2010	96.16	3.84	76.92	17.74	82.26	23.08
2011	96.73	3.27	77.21	17.05	82.95	22.79
2012	97.14	2.86	78.37	16.90	83.10	21.63
2013	97.26	2.74	78.89	17.55	82.45	21.11
2014	96.90	3.10	80.16	18.19	81.81	19.84
2015	95.98	4.02	79.83	18.98	81.02	20.17

3-11 三大需求对生产总值增长的贡献率和拉动

年 份	最终消费支出		资本形成总额		货物和服务净流出	
	贡献率(%)	拉动(百分点)	贡献率(%)	拉动(百分点)	贡献率(%)	拉动(百分点)
1991	62.3	3.8	37.0	2.3	0.7	
1992	62.1	7.5	36.3	4.4	1.7	0.2
1993	40.2	6.0	60.1	8.9	-0.3	
1994	56.3	6.3	52.7	5.9	-9.0	-1.0
1995	80.4	5.7	-14.1	-1.0	33.7	2.4
1996	51.4	4.4	9.3	0.8	39.3	3.4
1997	50.2	4.5	19.4	1.7	30.4	2.7
1998	54.5	4.5	30.0	2.5	15.5	1.3
1999	65.5	5.4	16.2	1.3	18.3	1.5
2000	56.8	5.1	35.1	3.1	8.2	0.7
2001	61.6	5.5	35.2	3.2	3.2	0.3
2002	53.0	5.4	37.1	3.8	9.9	0.5
2003	31.6	3.6	67.5	7.8	0.9	0.1
2004	33.8	4.1	58.6	7.0	7.6	0.9
2005	33.9	4.3	73.0	9.3	-6.9	-0.9
2006	34.4	4.9	73.1	10.4	-7.5	-1.1
2007	36.1	5.4	74.1	11.1	-10.3	-1.5
2008	41.7	5.6	75.7	10.1	-17.4	-2.3
2009	41.5	5.4	76.6	10.0	-18.1	-2.4
2010	39.6	5.6	71.7	10.2	-11.3	-1.6
2011	41.3	5.0	70.4	8.6	-11.7	-1.4
2012	42.2	4.0	71.5	6.8	-13.7	-1.3
2013	41.6	3.6	69.3	6.0	-10.9	-0.9
2014	47.4	2.8	38.3	2.2	14.3	0.8
2015	89.8	2.7	-417.6	-12.5	427.8	12.8

注：1.贡献率指三大需求增量与支出法国内生产总值增量之比。
2.拉动指国内生产总值增长速度与三大需求贡献率的乘积。

3-12 居民消费水平

年 份	居民消费水平(元/人)			城镇与农村消费水平对比
	全体居民	农村居民	城镇居民	
1978	267	173	476	2.75∶1
1980	355	235	573	2.44∶1
1981	400	264	632	2.39∶1
1982	410	270	641	2.37∶1
1983	443	301	669	2.22∶1
1984	510	362	735	2.03∶1
1985	605	414	880	2.13∶1
1986	686	454	1012	2.23∶1
1987	780	508	1160	2.28∶1
1988	985	589	1530	2.60∶1
1989	1113	662	1722	2.60∶1
1990	1144	622	1849	2.97∶1
1991	1267	687	2045	2.98∶1
1992	1540	884	2407	2.72∶1
1993	1921	1065	3021	2.84∶1
1994	2397	1348	3704	2.75∶1
1995	2900	1566	4540	2.90∶1
1996	3250	1826	4975	2.72∶1
1997	3619	1906	5665	2.97∶1
1998	3828	2073	5897	2.84∶1
1999	4128	2209	6366	2.88∶1
2000	4490	2403	6903	2.87∶1
2001	4789	2540	7366	2.90∶1
2002	5095	2643	7874	2.98∶1
2003	5159	2630	7147	2.72∶1
2004	5492	2621	7748	2.96∶1
2005	6447	3175	8749	2.76∶1
2006	6926	3508	9317	2.66∶1
2007	7934	3727	10845	2.91∶1
2008	9690	4409	13265	3.01∶1
2009	10906	5039	14786	2.93∶1
2010	13016	5955	17488	2.94∶1
2011	15635	7221	20560	2.85∶1
2012	17999	8652	23065	2.67∶1
2013	20156	10417	25161	2.42∶1
2014	22260	12178	27282	2.24∶1
2015	23693	13707	28567	2.08∶1

3-13 居民消费水平指数

年 份	以上年为100			以1952年为100		
	全体居民	农村居民	城镇居民	全体居民	农村居民	城镇居民
1978	108.5	97.6	116.3	170.1	143.4	160.2
1980	107.2	119.1	95.2	210.2	187.3	173.4
1981	108.1	109.1	105.5	227.4	204.2	182.9
1982	101.1	100.8	100.2	229.8	205.9	183.2
1983	106.1	108.6	103.1	243.9	223.6	188.9
1984	111.8	115.9	107.1	272.6	259.1	202.3
1985	106.3	104.7	105.8	289.7	271.3	214.1
1986	107.6	105.7	108.5	311.7	286.6	232.2
1987	106.3	105.1	106.7	331.2	301.1	247.8
1988	107.6	104.6	108.9	356.3	314.8	269.7
1989	122.3	157.4	99.9	435.8	495.7	269.4
1990	83.7	56.8	109.9	364.9	281.7	296.1
1991	105.3	104.5	105.5	384.3	294.4	312.5
1992	112.4	112.9	111.5	431.8	332.5	348.3
1993	108.7	108.9	107.6	469.4	361.9	374.8
1994	108.8	108.9	107.7	476.4	330.8	454.7
1995	106.2	102.3	107.3	505.9	338.4	423.8
1996	106.3	106.1	105.9	537.8	359.0	448.8
1997	110.7	110.2	110.4	595.3	395.6	495.5
1998	107.7	109.9	106.3	641.2	434.8	526.7
1999	108.4	107.0	108.6	749.6	465.2	572.0
2000	108.4	107.9	108.2	695.0	502.0	618.9
2001	107.6	106.1	107.8	747.9	532.6	667.2
2002	108.4	107.2	108.4	810.7	571.0	723.2
2003	105.3	109.1	103.6	853.7	622.9	749.2
2004	106.5	99.7	108.4	909.1	621.0	812.2
2005	111.6	114.2	107.5	1014.6	709.2	873.1
2006	106.6	108.6	106.0	1081.5	770.2	925.5
2007	110.1	100.1	112.4	1190.7	770.9	1040.3
2008	116.9	112.2	117.2	1392.0	865.0	1219.2
2009	112.2	114.0	111.1	1561.8	986.1	1354.5
2010	113.4	112.5	112.4	1771.1	1109.4	1522.5
2011	114.3	107.4	117.2	2024.4	1191.5	1784.3
2012	110.4	114.3	107.7	2234.4	1361.5	1921.3
2013	109.5	117.6	106.7	2445.8	1600.8	2049.2
2014	108.7	115.7	106.6	2658.5	1852.1	2184.5
2015	108.6	113.8	107.1	2887.2	2107.5	2338.9

主要统计指标解释

国内生产总值 是按市场价格计算的国内生产总值的简称。它是一个国家(地区)所有常住单位在一定时期内生产活动的最终成果。国内生产总值有三种表现形态，既价值形态、收入形态和产品形态。从价值形态看，它是所有常住单位在一定时期内所生产的全部货物和服务价值超过同期投入的全部非固定资产货物和服务价值的差额，即所有常住单位的增加值之和；从收入形态看，它是所有常住单位在一定时期内所创造并分配给常住单位和非常住单位的初次分配收入之和；从产品形态看，它是最终使用的货物和服务减去进口货物和服务。在实际核算中，国内生产总值的三种表现形态表现为三种计算方法，即生产法、收入法和支出法。三种方法分别从不同的方面反映国内生产总值及构成。

国民生产总值 是按市场价格计算的国民生产总值的简称。它是一个国家(或地区)所有常住单位在一定时期内收入初次分配的最终成果。一国常住单位从事生产活动所创造的增加值在初次分配过程中主要分配给该国的常住单位，但也有一部分以生产税及进口税(扣除生产和进口补贴)、劳动者报酬和财产收入等形式分配给该国的非常住单位，同时，国外生产所创造的增加值也有一部分以生产税及进口税(扣除生产和进口补贴)、劳动者报酬和财产收入等形式分配给该国的常住单位。从而产生了国民生产总值概念，它等于国内生产总值加上来自国外的初次分配收入净额。与国内生产总值不同，国内生产总值是一个生产概念，而国民生产总值则是个收入概念。

三次产业 根据社会生产活动历史发展的顺序对产业结构的划分，产品直接取自自然界的部门称为第一产业，对初级产品进行再加工的部门称为第二产业。为生产和消费提供各种服务的部门称为第三产业。它是世界上通用的产业结构分类，但各国的划分不尽一致。我国的三次产业划分是:

第一产业：农林牧渔业(包括农业、林业、畜牧业和渔业)。

第二产业：工业(包括采掘业、制造业、电力煤气及水的生产和供应业)、建筑业。

第三产业：除第一、第二产业以外的其他各业。包括农林牧渔服务业、地质勘查业及水利管理业、交通运输仓储及邮电通信业、批发和零售贸易及餐饮业、金融保险业、房地产业、社会服务业、卫生体育和社会福利业、教育文化艺术及广播电影电视业、科学研究和综合技术服务业、国家机关政党机关和社会团体、其他行业。

最终消费 最终消费是指常住单位在一定时期内对于货物和服务的全部最终消费支出，也就是常住单位为满足物质、文化和精神生产的需要，从本国经济领土和国外购买的货物和服务的支出。它不包括非常住单位在本国经济领土内的消费支出。最终消费分为居民消费和政府消费。

居民消费 居民消费指常住住户在一定时期内对于货物和服务的全部最终消费支出。居民消费除了包括直接以货币形式购买的货物和服务的消费支出外，还包括以其他方式获得的货物和服务的消费支出。

政府消费 政府消费指政府部门为全社会提供的公共服务的消费支出和免费或以较低的价格向居民住户提供的货物和服务的净支出，前者等于政府服务的产出价值减去政府单位所获得的经营收入的价值，政府服务的产出价值等于它的经营性业务支出加上固定资产折旧；后者等于政府部门免费或以较低价格向居民住户提供的货物和服务的市场价值减去向住户收取的价值。

资本形成总额 资本形成总额指常住单位在一定时期内对固定资产和存货的投资支出合计，包括固定资产形成总额和存货增加。

(1)固定资产形成总额：指从常住单位在一定时期内购置、转入和资产自用的固定资产，扣除固定资产的销售和转出后的价值。可分为有形固定资本形成总额和无形固定资产形成总额。

(2)存货增加：存货增加指常住单位在一定时期内存货实物量变动的市场价值，即期末价值减期初价值的差额。存货增加可以是正值，也可以是负值，正值表示存货上升，负值表示存货下降。它包括生产单位购进的原材料、燃料和储备物资等存货，以及生产单位生产的产成品、在制品和半成品等存货等。

货物和服务净出口 指货物和服务出口减货物和服务进口的差额。出口包括常住单位向非常住单位出售或无偿转让的各种货物和服务的价值；进口包括常住单位从非常住单位购买或无偿得到的各种货物和服务的价值。由于服务活动的提供与使用同时发生，因此服务的进出口业务并不发生出入境现象，一般把常住单位从国外得到的服务作为进口，非常住单位从本国得到的服务作为出口。货物的出口和进口都按离岸价格计算。

劳动者报酬 劳动者报酬是指劳动者因从事生产活动所获得的全部报酬。它包括劳动者获得的各种形式工资、奖金和津贴，即包括货币形式的，也包括实物形式的，它还包括劳动者所享受的公费医疗和医药卫生费、上下班交通补贴和单位支付的社会保险费等。单位支付的社会保险费，就是单位直接支付给负责社会保险的政府单位(一般指劳动部门)的社会保险金或为本单位职工离退休、发生死亡、伤残、医疗保险等而支付的保险费。对于个体经济来说，其所有者所获得的劳动报酬和经营利润不易区分，这两部分统一作为劳动者报酬处理。

生产税净额 生产税净额是指生产税减生产补贴后的差额。生产税指政府对生产单位生产、销售和从事经营活动以及因从事生产活动使用某些生产要素，如固定资产、土地、劳动力所征收的各种税、附加费和规费。具体包括销售锐金及附加、增值税、管理费中开支的各种税、应交纳的养路费、排污费和水电费附加、烟酒专卖上缴政府的专项收入等。生产补贴与生产税相反，是政府对生产单位的单方面收入转移，因此视为负生产税处理，包括政策亏损补贴、粮食系统价格补贴、外贸企业出口退税收入等。

固定资产折旧 固定资产折旧是指一定时期内为弥补固定资产损耗按照核定的固定资产折旧率提取的固定资产折旧，或按国民经济核算统一规定的折旧率虚拟计算的固定资产折旧。它反映了固定资产在当期生产中的转移价值。各种类型企业和企业化管理的事业单位的固定资产折旧指实际计提并计入成本费用中的折旧费；不计提折旧的单位，如政府机关、非企业化管理的事业单位和居民住房的固定资产折旧则是按照统一规定的折旧率和固定资产原值计算的虚拟折旧。原则上，固定资产折旧应按固定资产的重置价值来计算，但是我国目前尚不具备对全社会固定资产进行重估价的基础，所以暂时只能采用上述方法来计算。

营业盈余 营业盈余是指常住单位创造的增加值扣除劳动者报酬、生产税净额和固定资产折旧后的余额。它相当于企业的营业利润加上生产补贴，但要扣除从利润中开支的工资和福利等。

四、人口

Chapter 4 Population

4-1 人口数

单位：万人

年 份	年末总人口	按性别分	
		男	女
1978	3394.0	1735.3	1658.7
1980	3486.9	1779.2	1707.7
1981	3534.8	1803.2	1731.6
1982	3592.1	1832.0	1760.1
1983	3629.1	1852.9	1776.2
1984	3654.8	1866.6	1788.2
1985	3686.2	1883.2	1803.0
1986	3726.0	1904.1	1821.9
1987	3777.4	1930.4	1847.0
1988	3825.5	1955.5	1870.0
1989	3876.0	1979.5	1896.5
1990	3917.3	1999.1	1918.2
1991	3938.5	2009.8	1928.7
1992	3957.9	2018.9	1939.0
1993	3982.9	2031.6	1951.3
1994	4007.2	2043.6	1963.6
1995	4034.0	2056.9	1977.1
1996	4056.8	2067.5	1989.3
1997	4077.1	2076.9	2000.2
1998	4090.4	2083.1	2007.3
1999	4103.2	2088.4	2014.8
2000	4135.3	2103.3	2032.0
2001	4147.0	2109.1	2037.9
2002	4155.4	2111.6	2043.8
2003	4161.6	2113.2	2048.4
2004	4172.8	2117.3	2055.5
2005	4189.2	2123.4	2065.8
2006	4210.4	2132.5	2077.9
2007	4231.7	2141.5	2090.2
2008	4246.1	2146.9	2099.2
2009	4256.0	2149.9	2106.1
2010	4251.7	2144.7	2107.0
2011	4255.0	2143.6	2111.4
2012	4244.8	2136.5	2108.3
2013	4238.0	2131.4	2106.6
2014	4244.2	2132.2	2112.0
2015	4229.7	2122.7	2107.0

注：本表至4-6表为公安户籍统计数。

4-2 人口构成

单位：%

年 份	总人口	按性别分	
		男	女
1978	100	51.2	48.8
1980	100	51.0	49.0
1981	100	51.0	49.0
1982	100	51.0	49.0
1983	100	51.1	48.9
1984	100	51.1	48.9
1985	100	51.1	48.9
1986	100	51.1	48.9
1987	100	51.1	48.9
1988	100	51.1	48.9
1989	100	51.1	48.9
1990	100	51.0	49.0
1991	100	51.0	49.0
1992	100	51.0	49.0
1993	100	51.0	49.0
1994	100	51.0	49.0
1995	100	51.0	49.0
1996	100	51.0	49.0
1997	100	50.9	49.1
1998	100	50.9	49.1
1999	100	50.9	49.1
2000	100	50.9	49.1
2001	100	50.9	49.1
2002	100	50.8	49.2
2003	100	50.1	49.9
2004	100	50.7	49.3
2005	100	50.7	49.3
2006	100	50.6	49.4
2007	100	50.6	49.4
2008	100	50.6	49.4
2009	100	50.5	49.5
2010	100	50.4	49.6
2011	100	50.4	49.6
2012	100	50.3	49.7
2013	100	50.3	49.7
2014	100	50.2	49.8
2015	100	50.2	49.8

4-3 人口出生率、死亡率、自然增长率

单位：‰

年 份	出生率	死亡率	自然增长率
1978	18.0	5.3	12.7
1980	14.1	5.4	8.7
1981	16.6	5.3	11.3
1982	18.9	5.4	13.5
1983	13.4	5.0	8.4
1984	10.8	5.0	5.8
1985	11.9	5.3	6.6
1986	14.8	5.2	9.6
1987	17.3	5.3	12.0
1988	15.4	5.2	10.2
1989	14.6	5.2	9.4
1990	14.5	5.7	8.8
1991	9.9	5.2	4.7
1992	10.2	5.4	4.8
1993	10.0	5.6	4.4
1994	10.7	5.8	4.9
1995	9.9	5.5	4.4
1996	9.5	5.8	3.7
1997	8.9	5.7	3.2
1998	7.9	5.8	2.1
1999	8.0	6.0	2.0
2000	10.7	6.7	4.0
2001	7.1	5.3	1.8
2002	7.5	5.4	2.1
2003	6.2	5.6	0.6
2004	7.7	6.5	1.2
2005	7.8	5.8	2.0
2006	7.8	5.5	2.3
2007	8.2	5.8	2.4
2008	7.9	6.5	1.4
2009	7.6	6.8	0.8
2010	8.8	10.9	-2.1
2011	7.4	7.1	0.3
2012	8.1	9.4	-1.3
2013	7.6	8.1	-0.5
2014	9.0	7.1	1.9
2015	7.0	7.8	-0.8

4-4 各地区年末总户数及总人口

单位：万户、万人

地区	总户数			总人口			男性人口			女性人口		
	2013年	2014年	2015年	2013年	2014年	2015年	2013年	2014年	2015年	2013年	2014年	2015年
全省	**1505.5**	**1515.1**	**1512.1**	**4238.0**	**4244.2**	**4229.7**	**2131.4**	**2132.2**	**2122.7**	**2106.6**	**2112.0**	**2107.0**
沈阳	260.2	263.0	265.2	727.1	730.8	730.4	360.8	362.2	361.4	366.3	368.6	369.0
大连	211.8	213.0	213.0	591.4	594.3	593.6	295.3	296.2	295.4	296.1	298.1	298.2
鞍山	119.6	119.7	115.9	349.8	348.2	346.0	176.6	175.6	174.2	173.2	172.6	171.8
抚顺	81.9	84.8	84.9	218.0	217.4	215.8	108.9	108.5	107.5	109.1	108.9	108.3
本溪	56.9	56.9	56.8	152.3	152.0	151.2	76.2	76.0	75.5	76.1	76.0	75.7
丹东	84.3	84.7	84.2	239.6	239.5	238.1	120.3	120.2	119.3	119.3	119.3	118.8
锦州	103.9	103.7	103.4	305.9	305.3	302.6	153.6	153.1	151.7	152.3	152.2	150.9
营口	88.0	88.4	88.7	232.5	233.3	232.6	118.0	118.2	117.8	114.5	115.1	114.8
阜新	68.3	68.5	67.4	191.1	191.0	189.5	95.2	95.1	94.2	95.9	95.9	95.3
辽阳	67.8	68.3	68.3	180.0	179.9	179.0	91.1	90.9	90.4	88.9	89.0	88.6
盘锦	46.5	46.2	46.7	129.0	129.2	129.5	64.8	64.7	64.8	64.2	64.5	64.7
铁岭	105.9	106.4	106.2	301.9	302.0	300.4	153.2	153.1	152.1	148.7	148.9	148.3
朝阳	113.1	113.3	112.9	339.5	340.6	340.9	174.1	174.6	174.7	165.4	166.0	166.2
葫芦岛	97.3	98.2	98.5	279.9	280.7	280.1	143.3	143.8	143.7	136.6	136.9	136.4

4-5 各地区人口自然变动情况

地区	平均人口(万人)			人口出生率(‰)			人口死亡率(‰)			人口自然增长率(‰)		
	2013年	2014年	2015年	2013年	2014年	2015年	2013年	2014年	2015年	2013年	2014年	2015年
全省	**4241.4**	**4241.1**	**4236.9**	**7.6**	**9.0**	**7.0**	**8.1**	**7.1**	**7.8**	**-0.5**	**1.9**	**-0.8**
沈阳	726.0	729.0	730.6	8.0	9.9	6.7	7.9	7.9	8.3	0.1	2.0	-1.6
大连	590.9	592.9	593.9	8.1	11.1	8.9	7.9	7.7	8.7	0.2	3.4	0.2
鞍山	350.0	349.0	347.1	7.3	8.1	5.8	8.1	9.0	8.8	-0.8	-0.9	-3.0
抚顺	218.6	217.6	216.6	6.2	7.2	5.5	9.2	8.1	7.6	-3.0	-0.9	-2.1
本溪	152.7	152.2	151.6	6.2	7.2	5.9	8.9	6.7	7.6	-2.7	0.5	-1.7
丹东	240.1	239.5	238.8	6.2	7.9	5.7	8.9	7.8	7.8	-2.7	0.1	-2.1
锦州	306.9	305.6	303.9	6.6	7.2	5.5	10.1	7.2	8.6	-3.5		-3.1
营口	233.8	232.9	233.0	8.4	9.2	6.7	10.9	6.3	6.7	-2.5	2.9	
阜新	191.3	191.0	190.2	6.4	7.9	6.3	7.6	6.6	11.3	-1.2	1.3	-5.0
辽阳	180.2	179.9	179.4	6.3	7.0	5.5	6.1	5.9	6.8	0.2	1.1	-1.3
盘锦	128.9	129.1	129.4	7.6	8.9	7.4	5.5	5.5	5.4	2.1	3.4	2.0
铁岭	302.0	302.0	301.2	6.6	7.8	5.5	5.8	5.7	6.4	0.8	2.1	-0.9
朝阳	340.0	340.1	340.8	9.6	10.7	11.7	9.1	5.2	5.8	0.5	5.5	5.9
葫芦岛	280.0	280.3	280.4	9.0	9.9	7.6	7.1	5.9	6.7	1.9	4.0	0.9

4-6 各地区分年龄人口数

(2015年) 单位：万人

地　区	总人口	0-17岁	18-34岁	35-59岁	60岁及以上
全　省	**4229.7**	**561.5**	**925.5**	**1825.2**	**917.5**
沈　阳	730.4	92.4	160.9	315.5	161.6
大　连	593.6	75.1	132.0	250.4	136.1
鞍　山	346.0	46.3	74.6	149.9	75.2
抚　顺	215.8	23.4	44.6	98.4	49.4
本　溪	151.2	16.4	32.2	68.6	34.0
丹　东	238.1	29.1	49.1	105.4	54.5
锦　州	302.6	38.8	63.0	129.1	71.7
营　口	232.6	30.8	56.5	97.3	48.0
阜　新	189.5	24.4	41.2	85.2	38.7
辽　阳	179.0	22.9	36.9	78.8	40.4
盘　锦	129.5	18.4	28.9	57.0	25.2
铁　岭	300.4	40.1	64.6	133.0	62.7
朝　阳	340.9	57.0	76.4	143.7	63.8
葫芦岛	280.1	46.4	64.6	112.9	56.2

4-7 全省历年人口变动抽样调查推算数

年　份	总人口 (万人)	出生率 (‰)	死亡率 (‰)	自然增长率 (‰)	文盲率 (%)	家庭户规模 (人/户)
1990	3946	15.60	6.01	9.59	11.51	3.59
1991	3990	12.10	6.64	5.46		3.60
1992	4016	12.57	6.11	6.46		3.57
1993	4042	12.43	6.11	6.32		3.53
1994	4067	12.26	6.03	6.23	10.46	3.48
1995	4092	12.17	6.15	6.02	9.31	3.49
1996	4116	12.15	6.20	5.95	8.86	3.44
1997	4138	11.78	6.38	5.40	8.21	3.31
1998	4157	11.39	6.81	4.58	8.17	3.27
1999	4171	10.38	7.05	3.33	7.18	3.24
2000	4184	8.46	6.06	2.40	5.79	3.15
2001	4194	7.74	6.10	1.64	5.16	3.12
2002	4203	7.38	6.04	1.34	5.16	3.14
2003	4210	6.90	5.83	1.07	4.74	3.10
2004	4217	6.51	5.60	0.91	4.03	3.13
2005	4221	7.32	6.06	1.26	4.75	2.92
2006	4271	6.40	5.30	1.10	4.17	2.95
2007	4298	6.89	5.36	1.53	3.76	2.91
2008	4315	6.32	5.22	1.10	3.45	2.85
2009	4341	6.06	5.09	0.97	3.29	2.87
2010	4375	6.68	6.26	0.42	2.18	2.78
2011	4383	5.71	6.05	-0.34	2.37	2.72
2012	4389	6.15	6.54	-0.39	2.30	2.70
2013	4390	6.09	6.12	-0.03	1.99	2.70
2014	4391	6.49	6.23	0.26	1.92	2.64
2015	4382	6.17	6.59	-0.42	1.91	2.77

注：文盲率是指15岁及15岁以上人口中，文盲和半文盲人口所占比例。

4-8 全省历年人口变动抽样调查年龄构成指数

单位：%

年 份	0-14岁占总人口比重	15-64岁占总人口比重	65岁及以上占总人口比重	总负担系数	负担少儿系数	负担老年系数
1990	23.22	71.10	5.68	40.65	32.66	7.99
1991	23.33	70.48	6.19	41.88	33.10	8.78
1992	22.78	70.62	6.60	41.60	32.25	9.35
1993	22.00	71.21	6.79	40.44	30.90	9.54
1994	22.26	71.20	6.54	40.45	31.27	9.18
1995	21.37	71.61	7.02	40.15	29.96	10.19
1996	20.61	72.47	6.92	37.98	28.44	9.54
1997	19.12	73.63	7.25	36.62	25.95	10.67
1998	18.51	73.94	7.55	35.24	25.03	10.21
1999	18.48	73.71	7.81	35.67	25.07	10.60
2000	17.68	74.44	7.88	34.34	23.75	10.59
2001	17.68	74.44	7.88	34.34	23.75	10.59
2002	15.70	76.20	8.10	31.23	20.60	10.63
2003	15.90	75.60	8.50	32.27	21.03	11.24
2004	14.50	76.60	8.90	30.55	18.93	11.62
2005	14.18	76.08	9.74	31.44	18.64	12.80
2006	12.61	76.85	10.54	30.13	16.41	13.72
2007	12.68	76.69	10.63	30.40	16.54	13.86
2008	12.03	76.56	11.41	30.62	15.72	14.90
2009	11.14	77.43	11.43	29.15	14.38	14.77
2010	11.42	78.27	10.31	27.76	14.59	13.17
2011	11.09	78.26	10.65	27.78	14.17	13.61
2012	10.80	78.04	11.16	28.15	13.84	14.31
2013	10.62	77.86	11.52	28.43	13.63	14.80
2014	10.53	77.37	12.10	29.26	13.62	15.64
2015	10.39	76.79	12.82	30.22	13.52	16.70

主要统计指标解释

人口数 指一定时点、一定地区范围内的有生命的个人的总和。

年度统计的年末人口数是指每年 12 月 31 日 24 时的人口数。

出生率(又称粗出生率) 指在一定时期内(通常为一年)平均每千人所出生的人数的比率，一般用千分率表示。计算公式:

出生率=（年出生人数／年平均人数）×1000‰

出生人数是指活产婴儿，即胎儿脱离母体时(不管怀孕月数)，有过呼吸或其他生命现象。

年平均人数是指年初、年末人口数的平均数，也可用年中人口数代替。

死亡率(又称粗死亡率) 指在一定时期内(通常为一年)某地区的死亡人数与同期平均人数(或期中人数)之比，一般用千分率表示。计算公式:

死亡率=（年死亡人数／年平均人数）×1000‰

人口自然增长率 指在一定时期内(通常为一年)人口自然增加数(出生人数减死亡人数)与该时期内平均人数(或期中人数)之比，一般用千分率表示。计算公式:

人口自然增长率=（本年出生人数-本年死亡人数／年平均人数）×1000‰

人口自然增长率=人口出生率-人口死亡率

五、就业人员和职工工资

Chapter 5   Employment and Wage

5-1 就业基本情况

指标	单位	2007年	2008年	2009年	2010年	2011年	2012年	2013年	2014年	2015年
年末就业人员	**万人**	**2180.7**	**2198.2**	**2277.1**	**2317.5**	**2364.9**	**2423.8**	**2518.9**	**2562.2**	**2409.9**
第一产业	万人	705.7	700.7	697.5	703.6	699.9	694.7	683.8	687.9	689.4
第二产业	万人	601.4	605	619.2	641.5	645.1	651.1	724.2	710.5	635.2
第三产业	万人	873.6	892.5	960.4	972.4	1019.9	1078.0	1110.9	1163.9	1085.3
按城乡分就业人员										
城镇就业人员	万人	1027	1033.5	1096.6	1109	1141.8	1206.0	1301.8	1340.2	1195.1
国有单位	万人	336.8	338.1	313.7	312.1	303.8	310.3	292.5	292.5	280.2
城镇集体单位	万人	90.6	83.9	74.6		34.1	35.1	36.7	33.5	28.5
其他内资	万人	118	128.2	149.3	154.9	165.7	177.4	272.5	256.5	234.6
外商投资单位	万人	44.1	44.7	41	41.8	53.0	51.9	60.1	57.1	50.8
港澳台投资单位	万人	11.5	10.8	11.5	11.9	15.1	15.1	19.5	18.5	18.0
其他	万人	3.9	5	6.5	6.9	7.9	9.0	7.7	7.1	6.2
私营企业	万人	202.9	206.1	240.7	271.6	303.3	318.7	337.0	380.3	240.5
个体	万人	219.2	216.6	259.2	239.9	259.0	288.6	275.7	294.8	336.2
乡村就业人员	万人	1153.6	1164.7	1180.5	1208.5	1223.1	1217.8	1217.1	1222.0	1214.8
在岗职工人数	万人	582.4	585.6	572.1	572.8	557.2	572.3	648.1	626.9	583.5
国有单位	万人	327.7	327.2	303.2	300.4	294.6	298.8	279.8	281.2	268.9
城镇集体单位	万人	89.6	82.3	72.9	68.5	32.1	33.0	34.6	31.5	26.9
其他单位	万人	165.1	176.1	196.1	204	230.5	240.6	333.7	314.2	287.8
城镇当年就业(再就业)人数	万人	122.4	112.6	114	115.6	105.4	103.7	102.2	101.7	83.9
城镇登记失业人数	万人	44.5	39	41.6	39.5	39.4	38.1	39.6	41.0	46.2
#失业女性	万人	23.4	18.6	19.4	20.5	19.7	18.3	18.2	20.0	22.0
城镇登记失业率	%	4.4	3.8	3.9	3.7	3.7	3.6	3.4	3.4	3.4

5-2 按三次产业分的就业人员

(年末数)

年份	就业人员合计(万人)				构成(%,以合计为100)		
		第一产业	第二产业	第三产业	第一产业	第二产业	第三产业
1978	1254.1	595.3	433.4	225.4	47.4	34.6	18.0
1980	1441.7	597.1	564.7	279.9	41.4	39.2	19.4
1985	1769.1	634.3	726.4	408.4	35.9	41.0	23.1
1986	1799.2	640.4	735.3	423.5	35.6	40.9	23.5
1987	1835.4	630.7	770.7	434.0	34.4	42.0	23.6
1988	1858.6	625.1	784.2	449.3	33.6	42.2	24.2
1989	1874.8	638.2	777.1	459.5	34.0	41.5	24.5
1990	1897.3	646.0	778.2	473.1	34.0	41.0	25.0
1991	1938.3	666.3	788.5	483.5	34.4	40.7	24.9
1992	1957.8	652.6	797.4	507.8	33.3	40.7	26.0
1993	2006.1	640.3	827.4	538.4	31.9	41.3	26.8
1994	2009.3	627.7	773.3	608.3	31.2	38.5	30.3
1995	2027.8	632.7	787.5	607.6	31.2	38.8	30.0
1996	2031.8	644.7	751.8	635.3	31.7	37.0	31.3
1997	1967.1	639.7	716.7	610.7	32.5	36.4	31.1
1998	1958.8	657.9	684.7	616.2	33.6	35.0	31.4
1999	1994.4	651.5	658.3	684.6	32.7	33.0	34.3
2000	2052.0	685.4	649.6	717.0	33.4	31.7	34.9
2001	2069.3	686.7	625.9	756.7	33.2	30.2	36.6
2002	2025.3	697.6	580.6	747.1	34.4	28.7	36.9
2003	2018.9	700.8	568.8	749.3	34.7	28.2	37.1
2004	2097.3	721.2	586.8	789.3	34.4	28.0	37.6
2005	2120.3	722.1	596.0	802.2	34.1	28.1	37.8
2006	2128.1	716.2	590.2	821.7	33.7	27.7	38.6
2007	2180.7	705.7	601.4	873.6	32.4	27.6	40.1
2008	2198.2	700.7	605.0	892.5	31.9	27.5	40.6
2009	2277.1	697.5	619.2	960.4	30.6	27.2	42.2
2010	2317.5	703.6	641.5	972.4	30.3	27.7	42.0
2011	2364.9	699.9	645.1	1019.9	29.6	27.3	43.1
2012	2423.8	694.7	651.1	1078.0	28.7	26.9	44.5
2013	2518.9	683.8	724.2	1110.9	27.1	28.8	44.1
2014	2562.2	687.9	710.5	1163.9	26.8	27.7	45.4
2015	2409.9	689.4	635.2	1085.3	28.6	26.4	45.0

5-3 各地区按三次产业分的就业人员

(2015年末)

地区	就业人员合计(万人)				构成(%,以合计为100)		
		第一产业	第二产业	第三产业	第一产业	第二产业	第三产业
全省	**2409.9**	**689.4**	**635.2**	**1085.3**	**28.6**	**26.4**	**45.0**
沈阳	395.8	73.3	123.5	199.0	18.5	31.2	50.3
大连	338.2	60.8	101.7	175.7	18.0	30.1	51.9
鞍山	173.3	48.0	60.1	65.3	27.7	34.7	37.7
抚顺	114.2	31.2	28.6	54.4	27.3	25.1	47.7
本溪	77.3	14.2	27.8	35.3	18.4	35.9	45.7
丹东	128.0	45.5	31.4	51.1	35.6	24.5	39.9
锦州	178.9	68.4	35.6	74.9	38.2	19.9	41.9
营口	191.6	37.1	39.8	114.8	19.4	20.7	59.9
阜新	109.6	38.8	24.2	46.7	35.4	22.1	42.6
辽阳	90.6	31.9	26.2	32.5	35.2	29.0	35.8
盘锦	105.9	40.4	23.1	42.4	38.1	21.8	40.0
铁岭	149.3	61.9	31.2	56.2	41.4	20.9	37.6
朝阳	194.5	79.7	47.8	67.0	41.0	24.6	34.5
葫芦岛	148.9	58.3	33.0	57.6	39.1	22.2	38.7

5-4 各地区分行业城镇非私营单位就业人数

(2015年末)

单位：人

行业	沈阳	大连	鞍山	抚顺	本溪	丹东	锦州
总计	**1390719**	**1136838**	**559614**	**274466**	**276433**	**257797**	**317006**
农、林、牧、渔业	2117	4139	3046	4353	815	5441	9893
采矿业	25111	1843	2667	33502	13008	2697	4770
制造业	305084	431173	197078	61918	80081	50206	63483
电力、燃气及水的生产和供应业	30440	15995	13160	11083	7997	8170	11167
建筑业	289454	101418	77504	37565	45058	42110	46479
批发和零售业	83814	49954	34865	10075	5736	7420	12564
交通运输、仓储及邮政业	44741	71507	27364	9704	13721	8586	14514
住宿和餐饮业	22053	18532	4301	1364	1408	2613	1503
信息转输、软件和信息技术服务业	25184	62504	3695	2534	4344	4182	6670
金融业	57663	64334	17100	10755	11244	9746	16400
房地产业	27027	44505	9514	4119	3367	11494	6032
租赁和商务服务业	28587	26306	10429	7691	6934	2128	6515
科学研究和技术服务业	61634	20863	18205	5052	2875	9259	10440
水利、环境和公共设施管理业	42587	14791	15901	8307	6859	10834	6036
居民服务、修理和其他服务业	3932	2819	3143	666	468	813	1466
教育	146703	84987	49322	23596	19512	31341	39695
卫生和社会工作	88868	46751	25480	14099	28478	21580	20125
文化、体育和娱乐业	15305	10872	4037	2432	1766	2125	3258
公共管理、社会保障和社会组织	90415	63545	42803	25651	22762	27052	35996
国际组织							

5-4 续表

单位：人

行业	营口	阜新	辽阳	盘锦	铁岭	朝阳	葫芦岛
总计	**244473**	**192556**	**173529**	**464428**	**244774**	**266727**	**247957**
农、林、牧、渔业	607	3208	2854	165623	16750	2232	2794
采矿业	437	43641	304	99980	46250	4295	8858
制造业	68710	15160	54471	40552	25162	35898	74653
电力、燃气及水的生产和供应业	7892	7639	3286	4762	8465	9478	6316
建筑业	23696	20672	22631	32835	21506	34078	33219
批发和零售业	7961	5352	3414	9324	10003	10603	5260
交通运输、仓储及邮政业	24109	4983	4445	6963	6632	8391	7600
住宿和餐饮业	2295	664	735	2515	408	1043	1756
信息转输、软件和信息技术服务业	3920	5254	2197	2150	3032	3501	3413
金融业	13283	9226	6875	9928	6763	15395	11384
房地产业	3077	2630	3622	5719	4100	4482	2565
租赁和商务服务业	4092	1383	2113	10643	2521	3083	4523
科学研究和技术服务业	3549	2684	2897	4856	6128	5283	4527
水利、环境和公共设施管理业	7928	6129	7995	8944	7330	9361	5971
居民服务、修理和其他服务业	639	394	604	761	429	4436	952
教育	21826	24822	17908	18142	29085	45616	26854
卫生和社会工作	12351	12964	11339	8803	14468	17846	12814
文化、体育和娱乐业	1638	1579	1487	1916	1498	1697	956
公共管理、社会保障和社会组织	36463	24172	24352	30012	34244	50009	33542
国际组织							

5-5 各地区城镇非私营单位就业人员

（年末数）

单位：万人

地区	2012年			2013年			2014年			2015年		
	单位全部就业人员	全部职工	其他就业人员	单位全部就业人员	全部职工	其他就业人员	单位全部就业人员	全部职工	其他就业人员	单位全部就业人员	全部职工	其他就业人员
全省	**598.7**	**572.3**	**26.4**	**689.1**	**648.1**	**40.9**	**665.2**	**626.9**	**38.3**	**618.4**	**583.5**	**34.9**
沈阳	112.8	107.1	5.7	144.2	133.1	11.1	145.4	134.2	11.2	139.1	128.9	10.2
大连	111.5	106.7	4.8	131.4	125.1	6.3	121.3	114.7	6.5	113.7	106.9	6.8
鞍山	55.2	51.9	3.2	62.9	59.3	3.6	61.3	57.7	3.6	56.0	52.7	3.2
抚顺	30.9	29.9	1.0	32.8	31.5	1.4	30.7	29.6	1.1	27.4	26.4	1.1
本溪	28.0	26.3	1.6	31.7	29.1	2.6	32.7	29.9	2.8	27.6	25.9	1.8
丹东	26.9	26.2	0.6	31.8	29.0	2.8	28.8	27.1	1.7	25.8	24.2	1.5
锦州	29.2	28.4	0.8	32.1	29.8	2.2	32.8	30.9	1.9	31.7	30.3	1.4
营口	28.0	27.7	0.3	29.1	28.7	0.5	27.2	26.8	0.4	24.4	24.0	0.4
阜新	21.7	19.9	1.8	22.7	20.5	2.2	21.5	19.5	2.0	19.3	17.6	1.7
辽阳	18.0	17.8	0.2	19.9	19.5	0.4	18.5	18.2	0.4	17.4	17.0	0.4
盘锦	46.9	44.2	2.7	49.8	46.8	3.0	48.3	46.2	2.1	46.4	44.5	2.0
铁岭	23.0	22.2	0.8	28.2	27.0	1.2	25.4	24.6	0.8	24.5	23.3	1.2
朝阳	30.9	28.7	2.2	30.4	28.6	1.8	30.3	28.5	1.7	26.7	25.2	1.5
葫芦岛	20.4	19.9	0.6	27.2	25.3	1.9	26.5	24.7	1.8	24.8	23.1	1.6

5-6 各地区个体从业人员

单位：户、万人

地区	2005年		2012年		2013年		2014年		2015年	
	户数	从业人数	户数	从业人数	户数	从业人数	户数	从业人数	户数	从业人数
全省	**1274219**	**288.3**	**1677398**	**385.4**	**1704510**	**402.7**	**1806437**	**443.6**	**2006318**	**545.6**
沈阳	191639	56.9	248109	57.8	261272	61.3	272201	63.9	317919	69.1
大连	250925	42.1	301268	45.4	312773	47.9	337901	52.6	373228	57.9
鞍山	91430	24.6	102302	17.3	93192	14.2	104439	15.8	118597	18.2
抚顺	73769	23.9	100944	27.4	96903	24.2	97541	31.3	105666	32.6
本溪	38906	12.2	54063	12.4	50323	16.6	49453	15.3	57967	17.4
丹东	79254	20.3	88857	16.0	89530	19.1	97792	18.8	105323	20.5
锦州	89065	18.5	134019	30.9	130724	40.8	137610	49.3	153319	51.8
营口	72557	11.6	129371	53.4	139403	59.6	148877	66.2	158704	147.6
阜新	59160	16.2	74591	23.8	77912	19.6	81564	15.3	91309	17.5
辽阳	47225	16.3	74311	27.9	61522	12.0	62166	12.3	69455	14.2
盘锦	42745	8.6	71051	10.4	67918	10.2	75665	11.4	84307	13.0
铁岭	87135	14.0	113012	24.4	121560	21.5	125361	26.0	133006	27.0
朝阳	80647	13.4	91425	20.0	97833	20.0	100521	17.5	114604	20.4
葫芦岛	69762	9.6	94075	18.3	103645	35.8	115346	47.7	122914	38.4

数据来源于省工商局

5-7 各地区私营企业从业人员

单位：户、万人

地区	2005年		2012年		2013年		2014年		2015年	
	户数	从业人数	户数	从业人数	户数	从业人数	户数	从业人数	户数	从业人数
全省	**165217**	**252.1**	**374024**	**421.6**	**390953**	**435.7**	**458812**	**483.7**	**538559**	**344.8**
沈阳	47703	54.2	108938	81.9	112173	88.8	132530	90.6	153805	90.6
大连	56056	90.2	100970	171.9	106582	182.8	125156	220.3	150804	56.0
鞍山	11482	11.0	22007	15.4	21493	14.9	24014	16.1	28325	20.2
抚顺	5294	14.6	14684	12.0	15840	12.4	18176	13.1	21218	14.4
本溪	3821	7.4	7746	7.6	8113	7.6	9052	7.7	11720	13.5
丹东	6556	9.9	17409	12.6	17798	13.2	20181	14.7	23692	16.4
锦州	6243	6.9	14865	13.5	15837	13.6	21428	16.0	24916	18.6
营口	6218	8.6	22404	30.0	23152	17.4	27311	21.1	26607	19.8
阜新	2834	9.6	10316	12.3	11555	17.3	12754	13.4	15076	15.6
辽阳	4744	11.2	12302	13.9	12991	14.6	14378	15.2	16431	15.9
盘锦	3108	6.2	8950	9.6	10135	10.4	11480	11.1	14187	12.7
铁岭	3891	7.1	11994	11.1	12637	11.2	15291	11.1	17837	13.3
朝阳	3644	10.0	10905	16.0	11555	17.3	13724	18.2	17179	21.5
葫芦岛	3623	5.2	10534	13.7	11092	14.2	13337	15.2	16762	16.3

数据来源于省工商局

5-8 分行业在岗职工人数(一)

单位：万人

行　　业	2007年	2008年	2009年	2010年	2011年	2012年	2013年	2014年	2015年
总　　计	**473.0**	**485.7**	**485.0**	**493.4**	**557.2**	**572.3**	**648.1**	**626.9**	**583.5**
农、林、牧、渔业	29.8	30.9	27.2	27.6	26.1	24.5	22.7	23.1	22.1
采　　矿　　业	29.6	33.3	35.3	35.0	32.8	31.6	33.2	30.6	28.1
制　　造　　业	138.9	140.4	139.2	140.0	164.6	165.6	175.9	163.6	148.0
电力、燃气及水的生产和供应业	16.8	16.7	16.0	16.3	16.7	16.0	15.8	15.4	14.2
建　　筑　　业	26.7	27.2	28.2	29.1	44.2	55.1	94.5	87.0	73.1
批发和零售业	13.8	14.9	16.6	16.4	21.1	20.0	26.4	25.2	24.0
交通运输、仓储及邮政业	32.7	32.7	31.0	29.5	32.4	32.3	37.0	37.1	35.5
住宿和餐饮业	6.1	6.2	6.4	6.0	7.0	7.0	7.8	7.0	6.5
信息转输、计算机服务和软件业	5.4	5.9	5.9	6.7	8.2	8.8	12.2	12.6	12.7
金 融 业	14.2	14.7	15.0	15.3	17.3	18.3	18.7	19.2	19.0
房　地　产　业	5.6	6.0	7.0	8.4	11.0	11.8	13.3	13.9	12.6
租赁和商务服务业	7.9	9.9	8.3	10.4	12.3	9.2	12.7	11.9	10.9
科学研究和技术服务业	9.3	9.7	10.4	11.3	13.1	15.1	16.1	15.9	15.2
水利、环境和公共设施管理业	11.0	10.3	10.2	11.0	12.7	13.1	13.6	14.1	14.1
居民服务、修理和其他服务业	1.8	1.9	2.2	2.8	2.9	2.6	2.7	2.7	2.5
教育	50.2	49.1	49.4	50.7	53.3	55.8	56.8	57.8	56.0
卫生和社会工作	21.8	23.1	23.3	24.2	26.8	29.1	31.7	32.7	31.7
文化、体育和娱乐业	4.8	4.8	5.3	4.9	5.1	4.9	5.4	5.1	4.9
公共管理、社会保障和社会组织	46.7	47.7	48.1	47.7	49.2	51.3	51.8	52.1	52.4

注：本表到5-17表2011年、2012年、2013年、2014年均为含劳务派遣人数。

5-9 分行业在岗职工人数(二)

单位：万人

行　　业	2012年			2013年			2014年			2015年		
	在岗职工	#国有单位	#集体单位	在岗职工	#国有单位	#集体单位	在岗职工	#国有单位	#集体单位	在岗职工	#国有单位	#集体单位
总　　计	**572.3**	**298.8**	**33.0**	**648.1**	**279.8**	**34.6**	**626.9**	**281.2**	**31.5**	**583.5**	**268.9**	**26.9**
农、林、牧、渔业	24.5	23.8	0.1	22.7	22.1	0.1	23.1	22.5	0.1	22.1	21.6	0.0
采　　矿　　业	31.6	13.4	1.4	33.2	6.7	0.8	30.6	5.9	1.3	28.1	5.6	0.9
制　　造　　业	165.6	30.1	12.5	175.9	21.5	12.0	163.6	20.7	10.8	148.0	19.0	9.2
电力、燃气及水的生产和供应业	16.0	9.5	0.4	15.8	8.0	0.2	15.4	7.6	0.2	14.2	7.0	0.1
建　　筑　　业	55.1	14.8	8.9	94.5	11.3	10.6	87.0	13.2	9.2	73.1	10.9	7.4
批发和零售业	20.0	3.8	1.3	26.4	3.7	1.2	25.2	3.4	1.1	24.0	3.1	0.9
交通运输、仓储及邮政业	32.3	22.8	0.6	37.0	22.8	1.6	37.1	22.6	1.3	35.5	20.5	1.2
住宿和餐饮业	7.0	1.9	0.4	7.8	2.2	0.4	7.0	2.0	0.3	6.5	1.8	0.3
信息转输、软件和信息技术服务业	8.8	2.5		12.2	1.7		12.6	1.9	0.0	12.7	1.8	0.0
金 融 业	18.3	7.7	2.4	18.7	7.6	2.3	19.2	7.5	2.3	19.0	7.3	2.5
房　地　产　业	11.8	2.7	0.3	13.3	1.9	0.2	13.9	2.0	0.2	12.6	1.7	0.2
租赁和商务服务业	9.2	4.7	1.5	12.7	5.9	2.1	11.9	5.4	2.0	10.9	4.8	1.6
科学研究和技术服务业	15.1	12.0	0.3	16.1	11.4	0.6	15.9	11.4	0.4	15.2	10.9	0.4
水利、环境和公共设施管理业	13.1	12.0	0.3	13.6	12.3	0.4	14.1	12.8	0.3	14.1	12.8	0.2
居民服务、修理和其他服务业	2.6	1.7	0.3	2.7	1.5	0.2	2.7	1.7	0.2	2.5	1.6	0.2
教育	55.8	53.8	0.4	56.8	55.0	0.4	57.8	55.6	0.3	56.0	53.8	0.3
卫生和社会工作	29.1	26.4	1.6	31.7	28.8	1.4	32.7	29.7	1.4	31.7	28.8	1.2
文化、体育和娱乐业	4.9	4.5		5.4	4.3	0.1	5.1	4.0	0.1	4.9	3.9	0.1
公共管理、社会保障和社会组织	51.3	50.9	0.1	51.8	51.3	0.1	52.1	51.6	0.1	52.4	51.9	0.1
国际组织												

5-10 各地区在岗职工人数

单位：人

地区	2012年				2013年			
	合计	国有单位	城镇集体单位	其他单位	合计	国有单位	城镇集体单位	其他单位
全 省	**5723311**	**2987820**	**329914**	**2405577**	**6481415**	**2798453**	**346190**	**3336772**
沈 阳	1070957	542630	53365	474962	1331298	511320	53348	766630
大 连	1067340	304735	25396	737209	1251468	294945	34428	922095
鞍 山	519451	317853	55454	146144	593092	318047	67961	207084
抚 顺	299262	115253	19124	164885	314594	108580	19902	186112
本 溪	263358	188838	23549	50971	290866	107933	19802	163131
丹 东	262136	147501	15022	99613	290106	145602	14918	129586
锦 州	283585	167191	26756	89638	298123	164614	23301	110208
营 口	277057	119954	16694	140409	286564	109738	16583	160243
阜 新	198886	142064	17926	38896	204930	90744	10511	103675
辽 阳	177950	91078	14793	72079	195356	94502	19035	81819
盘 锦	442194	306675	7408	128111	468051	313717	4139	150195
铁 岭	222237	132532	20371	69334	269888	138977	20372	110539
朝 阳	287390	141951	11166	134273	286350	142730	10873	132747
葫芦岛	198552	116609	22890	59053	253456	109731	31017	112708

5-10 续表

单位：人

地区	2014年				2015年			
	合计	国有单位	城镇集体单位	其他单位	合计	国有单位	城镇集体单位	其他单位
全 省	**6268735**	**2812051**	**314607**	**3142077**	**5835086**	**2688598**	**268769**	**2877719**
沈 阳	1341739	547743	40954	753042	1288601	531373	37088	720140
大 连	1147373	285615	26832	834926	1069146	275516	21391	772239
鞍 山	576973	312440	58194	206339	527484	294360	54827	178297
抚 顺	296239	105177	18930	172132	263562	98879	12531	152152
本 溪	299274	120646	18147	160481	258715	98372	15588	144755
丹 东	270554	134100	11600	124854	242373	123101	10711	108561
锦 州	308935	169511	28927	110497	303060	159399	26379	117282
营 口	268255	111404	13161	143690	240323	105350	10094	124879
阜 新	194535	92602	10948	90985	175761	88155	7039	80567
辽 阳	181687	88389	16285	77013	169781	82108	13496	74177
盘 锦	461880	309714	4017	148149	444795	302392	4127	138276
铁 岭	245717	131812	17882	96023	232932	130834	15777	86321
朝 阳	285378	146499	10709	128170	251760	153296	9663	88801
葫芦岛	246911	113114	38021	95776	231481	110151	30058	91272

5-11 各地区分行业在岗职工人数

(2015年末)

单位：人

行业	沈阳	大连	鞍山	抚顺	本溪	丹东	锦州
总计	**1288601**	**1069146**	**527484**	**263562**	**258715**	**242373**	**303060**
农、林、牧、渔业	2065	4024	2998	4336	815	2591	9867
采矿业	24654	1843	2579	33389	12973	2697	4767
制造业	300389	419387	193344	61421	79073	49281	63004
电力、燃气及水的生产和供应业	30004	15675	12570	11073	7207	7790	11104
建筑业	245296	93780	68589	36039	37484	35051	39216
批发和零售业	81848	45885	34369	7815	5583	6821	9979
交通运输、仓储及邮政业	43673	69580	26835	9670	13336	8455	14299
住宿和餐饮业	21219	17628	4266	1276	1363	2407	1503
信息转输、软件和信息技术服务业	25041	60511	3683	2518	3631	3649	6608
金融业	33360	40568	16721	9096	8429	9355	16362
房地产业	26779	40594	8703	4040	3317	11315	5901
租赁和商务服务业	27703	25711	10267	7611	6852	2088	6459
科学研究和技术服务业	59097	19984	16033	4884	2796	9213	10356
水利、环境和公共设施管理业	38422	13314	12872	6304	5306	9859	5762
居民服务、修理和其他服务业	3828	2686	2851	642	413	808	1458
教育	140814	80851	42708	23350	19132	31252	39347
卫生和社会工作	83403	44436	22442	13580	27579	21363	18452
文化、体育和娱乐业	14886	10519	3992	2272	1621	1899	2997
公共管理、社会保障和社会组织	86120	62170	41662	24246	21805	26479	35619
国际组织							

5-11 续表

单位：人

行业	营口	阜新	辽阳	盘锦	铁岭	朝阳	葫芦岛
总计	**240323**	**175761**	**169781**	**444795**	**232932**	**251760**	**231481**
农、林、牧、渔业	607	3208	2854	165223	16643	2170	2677
采矿业	436	38759	304	99143	46250	4295	8627
制造业	68568	14895	53458	39861	24428	35533	74288
电力、燃气及水的生产和供应业	7705	7585	3258	4672	8086	9056	5997
建筑业	22792	17862	21685	29551	17218	32400	25989
批发和零售业	7877	4563	3381	9309	8821	7551	5138
交通运输、仓储及邮政业	23947	4714	4442	6820	6411	8233	7358
住宿和餐饮业	2262	664	735	2432	392	1042	1707
信息转输、软件和信息技术服务业	3919	4362	1842	2147	3032	2838	2792
金融业	11187	6710	6769	6451	6373	10266	8500
房地产业	3054	2204	3586	5519	3313	4392	2489
租赁和商务服务业	4066	1326	2034	3790	2518	3046	4352
科学研究和技术服务业	3499	2646	2850	4536	5922	4935	4412
水利、环境和公共设施管理业	7917	4767	7995	8940	6886	8639	4514
居民服务、修理和其他服务业	639	367	589	754	413	4394	950
教育	21702	24690	17799	17314	28932	45394	26312
卫生和社会工作	12197	11383	10566	8304	13098	16837	12561
文化、体育和娱乐业	1583	1521	1478	1898	1466	1673	904
公共管理、社会保障和社会组织	36366	23535	24156	28131	32730	49066	31914
国际组织							

5-12 分细行业在岗职工人数

(2015年末) 单位：人

项 目	在岗职工人数合计	国有经济单位	城镇集体经济单位	其他经济单位
全省总计	**5835086**	**2688598**	**268769**	**2877719**
按隶属关系分组				
中 央		558983		
省 属		279006		
市 属		615915		
县及县以下		1195862		
其 他		38832		
按企、事业和机关分组				
企 业	4145231	1042047	250437	2852747
#地 方		545699		
事 业	1213677	1186085	15749	11843
#地 方		1148468		
机 关	459129	456365	949	1815
#地 方		431882		
按国民经济行业分组				
农、林、牧、渔业	**220906**	**216137**	**353**	**4416**
农 业	198006	197225	84	697
林 业	10818	10747	50	21
畜牧业	779	544	2	233
渔 业	4606	1064	123	3419
农、林、牧、渔服务业	6697	6557	94	46
采矿业	**280819**	**56278**	**9260**	**215281**
煤炭开采和洗选业	148691	1270	3320	144101
石油和天然气开采业	44408			44408
黑色金属矿采选业	13256	1039	1849	10368
有色金属矿采选业	10376	551	282	9543
非金属矿采选业	8999	248	3809	4942
开采辅助活动	54743	53067		1676
其他采矿业	346	103		243
制造业	**1479578**	**190337**	**92064**	**1197177**
农副食品加工业	61313	4722	172	56419
食品制造业	21379	661	188	20530
酒、饮料和精制茶制造业	20612	82	162	20368
烟草制品业	2051		104	1947
纺织业	13685	671	421	12593
纺织服装、服饰业	53035	609	976	51450
皮革、毛皮、羽毛及其制品和制鞋业	4744	230	203	4311
木材加工和木、竹、藤、棕、草制品业	12056	265	476	11315
家具制造业	14086	26	109	13951
造纸和纸制品业	8640	673	480	7487
印刷和记录媒介复制业	10074	3414	1800	4860
文教、工美、体育和娱乐用品制造业	7596	52	1496	6048
石油加工、炼焦和核燃料加工业	98861	18927	11416	68518
化学原料和化学制品制造业	61551	7819	7432	46300

5-12 续表 1

单位：人

项　　目	在岗职工人数合计	国有经济单位	城镇集体经济单位	其他经济单位
医药制造业	29854	886	30	28938
化学纤维制造业	2869	5	99	2765
橡胶和塑料制品业	44357	224	4082	40051
非金属矿物制品业	56372	3975	6021	46376
黑色金属冶炼和压延加工业	267897	116062	9057	142778
有色金属冶炼和压延加工业	35143	1096	790	33257
金属制品业	65436	3002	11631	50803
通用设备制造业	156790	7225	9301	140264
专用设备制造业	92798	3154	2579	87065
汽车制造业	111474	1671	959	108844
铁路、船舶、航空航天和其他运输设备制造业	70808	8243	11844	50721
电气机械和器材制造业	64292	559	3058	60675
计算机、通信和其他电子设备制造业	59807	2238	4155	53414
仪器仪表制造业	18347	249	534	17564
其他制造业	6887	3379	648	2860
废弃资源综合利用业	2764	109	393	2262
金属制品、机械和设备修理业	4000	109	1448	2443
电力、热力、燃气及水生产和供应业	**141782**	**69740**	**1469**	**70573**
电力、热力生产和供应业	98319	46283	971	51065
燃气生产和供应业	13661	3029	128	10504
水的生产和供应业	29802	20428	370	9004
建筑业	**731423**	**109279**	**73689**	**548455**
房屋建筑业	383116	49174	38017	295925
土木工程建筑业	208783	46304	15841	146638
建筑安装业	95837	8639	19243	67955
建筑装饰和其他建筑业	43687	5162	588	37937
批发和零售业	**240194**	**31104**	**9330**	**199760**
批发业	91638	21143	3575	66920
零售业	148556	9961	5755	132840
交通运输、仓储和邮政业	**355373**	**205421**	**11564**	**138388**
铁路运输业	113155	107974	475	4706
道路运输业	130924	56652	9687	64585
水上运输业	39497	4683	27	34787
航空运输业	19705	8911	39	10755
管道运输业	3227	1252		1975
装卸搬运和运输代理业	17917	1491	1106	15320
仓 储 业	10513	5172	185	5156
邮政业	20435	19286	45	1104
住宿和餐饮业	**64600**	**17791**	**2592**	**44217**
住宿业	43329	16574	2287	24468
餐饮业	21271	1217	305	19749
信息传输、软件和信息技术服务业	**126880**	**17934**	**217**	**108729**
电信、广播电视和卫星传输服务	66134	15434	179	50521
互联网和相关服务	2419	392	34	1993
软件和信息技术服务业	58327	2108	4	56215

5-12 续表 2

单位：人

项　目	在岗职工人数合计	国有经济单位	城镇集体经济单位	其他经济单位
金融业	**190168**	**72717**	**24960**	**92491**
货币金融服务业	151065	66130	23791	61144
资本市场服务业	2929	841		2088
保险业	35265	5480	885	28900
其他金融业	909	266	284	359
房地产业	**125765**	**17485**	**2014**	**106266**
房地产开发经营	54238	2868	219	51151
物业管理	56623	7937	1180	47506
房地产中介服务	6981	983	426	5572
租赁和商务服务业	**109299**	**47912**	**15966**	**45421**
租赁业	810	147	22	641
商务服务业	108489	47765	15944	44780
科学研究、技术服务业	**151997**	**108706**	**3743**	**39548**
研究和试验发展	33429	29215	204	4010
专业技术服务业	101817	67503	2984	31330
科技推广和应用服务业	16751	11988	555	4208
水利、环境和公共设施管理业	**141497**	**127572**	**2416**	**11509**
水利管理业	23084	20325	344	2415
生态保护和环境治理业	6368	5744	123	501
公共设施管理业	112045	101503	1949	8593
居民服务、修理和其他服务业	**24888**	**16366**	**1964**	**6558**
居民服务业	13588	9931	733	2924
机动车、电子产品和日用产品修理业	3127	902	500	1725
其他服务业	8173	5533	731	1909
教育	**560005**	**538254**	**2939**	**18812**
初等教育	151431	149195	348	1888
中等教育	239676	232701	892	6083
高等教育	105552	103836	156	1560
卫生和社会工作	**316803**	**287979**	**12464**	**16360**
卫生	294089	266360	12013	15716
社会工作	22714	21619	451	644
文化、体育和娱乐业	**49110**	**39042**	**602**	**9466**
新闻和出版业	10729	7106	379	3244
广播、电视、电影和影视录音制作业	14199	12705	50	1444
文化艺术业	17956	16923	67	966
体育	2867	1750	15	1102
娱乐业	3359	558	91	2710
公共管理、社会保障和社会组织	**523999**	**518544**	**1163**	**4292**
中国共产党机关	23892	23892		
国家机构	470129	470129		
人民政协、民主党派	3259	3259		
社会保障	7573	7573		
群众社团、社会团体和其他成员组织	14390	13353	32	1005

5-13 国有单位分行业在岗职工人数

单位：万人

行　　业	2007年	2008年	2009年	2010年	2011年	2012年	2013年	2014年	2015年
总　　计	**289.4**	**292.8**	**271.2**	**271.6**	**294.6**	**298.8**	**279.8**	**281.2**	**268.9**
农、林、牧、渔业	28.8	30.1	26.4	26.6	25.0	23.8	22.1	22.5	21.6
采　矿　业	17.1	20.8	8.2	8.3	14.6	13.4	6.7	5.9	5.6
制　造　业	33.8	34.2	30.7	29.4	31.0	30.1	21.5	20.7	19.0
电力、燃气及水的生产和供应业	10.8	10.4	9.5	9.9	9.6	9.5	8.0	7.6	7.0
建　筑　业	8.7	9.2	9.2	10.1	13.4	14.8	11.3	13.2	10.9
批发和零售业	4.1	3.8	4.6	3.7	3.9	3.8	3.7	3.4	3.1
交通运输、仓储及邮政业	27.5	25.5	23.6	21.6	23.4	22.8	22.8	22.6	20.5
住宿和餐饮业	1.6	1.4	1.4	1.6	2.0	1.9	2.2	2.0	1.8
信息转输、软件和信息技术服务业	1.9	2.1	2.0	2.1	2.4	2.5	1.7	1.9	1.8
金 融 业	6.0	6.6	6.6	6.5	7.2	7.7	7.6	7.5	7.3
房 地 产 业	2.7	2.5	2.3	2.4	3.2	2.7	1.9	2.0	1.7
租赁和商务服务业	5.7	6.0	4.7	4.7	6.1	4.7	5.9	5.4	4.8
科学研究和技术服务业	8.1	8.2	8.7	9.2	10.4	12.0	11.4	11.4	10.9
水利、环境和公共设施管理业	10.4	9.8	9.6	10.3	11.7	12.0	12.3	12.8	12.8
居民服务、修理和其他服务业	1.1	1.2	1.4	2.0	2.0	1.7	1.5	1.7	1.6
教育	49.9	48.5	48.5	49.3	51.2	53.8	55.0	55.6	53.8
卫生和社会工作	20.3	20.5	21.0	21.9	24.2	26.4	28.8	29.7	28.8
文化、体育和娱乐业	4.5	4.5	4.9	4.5	4.6	4.5	4.3	4.0	3.9
公共管理、社会保障和社会组织	46.5	47.6	47.9	47.5	48.8	50.9	51.3	51.6	51.9
国际组织									

5-14 各地区国有单位分行业在岗职工人数

(2015年末)

单位：人

行　　业	沈阳	大连	鞍山	抚顺	本溪	丹东	锦州
总　　计	**531373**	**275516**	**294360**	**98879**	**98372**	**123101**	**159399**
农、林、牧、渔业	2057	575	2332	4316	667	2568	9696
采　矿　业				99	194	547	83
制　造　业	10491	18802	119355	6319	895	1626	5311
电力、燃气及水的生产和供应业	11468	2474	9491	5426	2964	5732	7850
建　筑　业	46979	6453	4674	1655	1803	6711	5518
批发和零售业	8488	2799	2497	1497	1710	1547	1496
交通运输、仓储及邮政业	19417	12916	13729	5831	3394	5161	8240
住宿和餐饮业	4422	2349	1318	691	266	752	531
信息转输、软件和信息技术服务业	4187	796	2018	413	1366	734	3966
金 融 业	19108	12676	3519	1553	6095	4175	6101
房 地 产 业	152	2532	2411	526	1185	996	1850
租赁和商务服务业	12879	10075	6217	2202	798	1186	2385
科学研究和技术服务业	44347	8871	10140	2449	2423	7321	7420
水利、环境和公共设施管理业	37132	8341	11984	5730	4609	8356	4907
居民服务、修理和其他服务业	2036	889	572	256	411	424	1051
教育	134543	75969	40212	21822	19000	29058	38074
卫生和社会工作	76874	39981	18905	12714	27198	18619	16575
文化、体育和娱乐业	10681	7003	3738	1134	1618	1808	2726
公共管理、社会保障和社会组织	86112	62015	41248	24246	21776	25780	35619
国际组织							

5-14 续表

单位：人

行　　业	营口	阜新	辽阳	盘锦	铁岭	朝阳	葫芦岛
总　　计	**105350**	**88155**	**82108**	**302392**	**130834**	**153296**	**110151**
农、林、牧、渔业	607	3148	2854	165175	16643	2081	2590
采　　矿　　业				53067	197	1035	953
制　　造　　业	369	516	9230	1462	3343	1102	8868
电力、燃气及水的生产和供应业	4471	4552	775	1045	3672	5777	4043
建　　筑　　业	8511	1922	1016	7911	4301	750	2604
批发和零售业	997	1228	513	817	3650	1052	1559
交通运输、仓储及邮政业	2807	3554	2481	2322	5690	6374	5905
住宿和餐饮业	151	468	63	607	35	308	126
信息转输、软件和信息技术服务业	1029	446	3	381	1299	919	70
金 融 业	4843	3199	1163	1756	2109	3656	2743
房　地　产　业	668	582	1159	626	1826	1786	627
租赁和商务服务业	1867	1115	597	3123	1800	1488	704
科学研究和技术服务业	2948	2502	2583	2787	5720	4145	4216
水利、环境和公共设施管理业	7067	4767	6824	8505	6426	8442	4482
居民服务、修理和其他服务业	467	146	265	316	408	4305	724
教育	21456	24388	17421	16981	28587	44291	26044
卫生和社会工作	10754	10662	9586	7991	11173	15057	11288
文化、体育和娱乐业	1422	1433	1454	1754	1302	1673	895
公共管理、社会保障和社会组织	34916	23527	24121	25766	32653	49055	31710
国际组织							

5-15　城镇集体单位分行业在岗职工人数

单位：万人

行　　业	2007年	2008年	2009年	2010年	2011年	2012年	2013年	2014年	2015年
总　　计	**34.4**	**32**	**30.3**	**29.6**	**32.1**	**33.0**	**34.6**	**31.5**	**26.9**
农、林、牧、渔业	0.2	0.2	0.2	0.1	0.1	0.1	0.1	0.1	0.0
采　　矿　　业	1.7	1.4	1.2	1.2	1.4	1.4	0.8	1.3	0.9
制　　造　　业	14.8	13.6	12.7	11.9	12.5	12.5	12.0	10.8	9.2
电力、燃气及水的生产和供应业	0.4	0.4	0.3	0.2	0.4	0.4	0.2	0.2	0.1
建　　筑　　业	7.1	6.3	5.9	6.0	7.6	8.9	10.6	9.2	7.4
批发和零售业	1.8	1.5	1.5	1.8	1.8	1.3	1.2	1.1	0.9
交通运输、仓储及邮政业	1.4	0.9	0.9	0.8	0.7	0.6	1.6	1.3	1.2
住宿和餐饮业	0.3	0.3	0.3	0.3	0.3	0.4	0.4	0.3	0.3
信息转输、软件和信息技术服务业	0.1								
金 融 业	2.6	2.5	2.3	2.3	2.4	2.4	2.3	2.3	2.5
房　地　产　业	0.2	0.2	0.2	0.2	0.2	0.3	0.2	0.2	0.2
租赁和商务服务业	1.4	2.1	1.9	2.0	1.6	1.5	2.1	2.0	1.6
科学研究和技术服务业	0.3	0.3	0.4	0.3	0.3	0.3	0.6	0.4	0.4
水利、环境和公共设施管理业	0.3	0.3	0.2	0.2	0.3	0.3	0.4	0.3	0.2
居民服务、修理和其他服务业	0.3	0.3	0.3	0.3	0.4	0.3	0.2	0.2	0.2
教育	0.2	0.2	0.2	0.2	0.5	0.4	0.4	0.3	0.3
卫生和社会工作	1.2	1.3	1.5	1.4	1.4	1.6	1.4	1.4	1.2
文化、体育和娱乐业							0.1	0.1	0.1
公共管理、社会保障和社会组织	0.1	0.1	0.1	0.1	0.1	0.1	0.1	0.1	0.1
国际组织									

5-16 各地区集体单位分行业在岗职工人数

(2015年末)

单位：人

行 业	沈阳	大连	鞍山	抚顺	本溪	丹东	锦州
总 计	**37088**	**21391**	**54827**	**12531**	**15588**	**10711**	**26379**
农、林、牧、渔业		125	67	20	42	18	
采 矿 业			727	786	1497	109	4121
制 造 业	9184	7325	20918	4517	6672	1738	9291
电力、燃气及水的生产和供应业	297	16	149	448	25	159	151
建 筑 业	14408	4279	15792	3052	4540	3206	4932
批发和零售业	2284	656	1145	452	439	668	1244
交通运输、仓储及邮政业	355	548	8622	43	364	281	160
住宿和餐饮业	347	727	105	26	30	143	137
信息转输、软件和信息技术服务业	12			26		85	
金 融 业	2398	251	1640	1198	1063	820	4294
房 地 产 业	303	712	121	40	10	512	133
租赁和商务服务业	3792	4193	1040	727	186	423	524
科学研究和技术服务业	1769	374	438	105	28	243	188
水利、环境和公共设施管理业	90	117	636	30	163	385	469
居民服务、修理和其他服务业	480	327	484	98	2	56	129
教育	515	1004	445	6	132	404	118
卫生和社会工作	807	722	2425	593	381	1431	488
文化、体育和娱乐业	47	15	55	364	3	19	
公共管理、社会保障和社会组织			18		11	11	
国际组织							

5-16 续表

单位：人

行 业	营口	阜新	辽阳	盘锦	铁岭	朝阳	葫芦岛
总 计	**10094**	**7039**	**13496**	**4127**	**15777**	**9663**	**30058**
农、林、牧、渔业		60		10		11	
采 矿 业	57	1667	213			53	30
制 造 业	2800	1183	4259	830	5074	1302	16971
电力、燃气及水的生产和供应业	55		82	51			36
建 筑 业	2155	906	6372	1513	3869	2786	5879
批发和零售业	381	645	82	628	460	49	197
交通运输、仓储及邮政业	40	240	204	60	191	406	50
住宿和餐饮业		160	12	231	3	9	662
信息转输、软件和信息技术服务业	72						22
金 融 业	296	1283	1208	357	3760	3406	2986
房 地 产 业	71			25	72	15	
租赁和商务服务业	1668	120	418	8	639	307	1921
科学研究和技术服务业	128	50	116	78	116	11	99
水利、环境和公共设施管理业	39		137	71	247		32
居民服务、修理和其他服务业	28	66	10	7	5	46	226
教育	5	8		35	267		
卫生和社会工作	1166	563	383	222	1074	1262	947
文化、体育和娱乐业	10	88		1			
公共管理、社会保障和社会组织	1123						
国际组织							

5-17 其他经济单位分行业在岗职工人数

单位：万人

行　业	2007年	2008年	2009年	2010年	2011年	2012年	2013年	2014年	2015年
总　计	**149.2**	**160.9**	**183.5**	**192.3**	**230.5**	**240.6**	**333.7**	**314.2**	**287.8**
农、林、牧、渔业	0.7	0.6	0.6	0.9	1.0	0.6	0.5	0.5	0.4
采　矿　业	10.9	11.1	25.9	25.5	16.8	16.7	25.6	23.5	21.5
制　造　业	90.3	92.6	95.8	98.7	121.1	123.0	142.5	132.1	119.7
电力、燃气及水的生产和供应业	5.7	5.9	6.2	6.1	6.7	6.2	7.7	7.6	7.1
建　筑　业	10.9	11.7	13.0	13.0	23.3	31.4	72.6	64.7	54.8
批发和零售业	7.9	9.6	10.6	10.9	15.5	14.9	21.6	20.8	20.0
交通运输、仓储及邮政业	3.8	6.3	6.4	7.2	8.3	8.9	12.6	13.1	13.8
住宿和餐饮业	4.2	4.5	4.7	4.1	4.8	4.7	5.2	4.7	4.4
信息转输、软件和信息技术服务业	3.3	3.8	3.9	4.6	5.8	6.3	10.5	10.6	10.9
金 融 业	5.6	5.5	6.1	6.5	7.7	8.3	8.8	9.4	9.2
房　地　产　业	2.7	3.3	4.6	5.8	7.6	8.8	11.2	11.7	10.6
租赁和商务服务业	0.8	1.8	1.7	3.7	4.6	3.0	4.6	4.5	4.5
科学研究和技术服务业	0.9	1.2	1.4	1.8	2.4	2.8	4.1	4.2	4.0
水利、环境和公共设施管理业	0.3	0.3	0.4	0.4	0.7	0.8	1.0	1.0	1.2
居民服务、修理和其他服务业	0.4	0.4	0.4	0.5	0.6	0.6	1.0	0.9	0.7
教育	0.1	0.5	0.6	1.2	1.7	1.5	1.5	1.9	1.9
卫生和社会工作	0.3	1.3	0.8	0.9	1.2	1.2	1.4	1.6	1.6
文化、体育和娱乐业	0.3	0.3	0.3	0.4	0.4	0.4	1.0	1.0	0.9
公共管理、社会保障和社会组织			0.1	0.1	0.3	0.3	0.3	0.4	0.4
国际组织									

5-18 城镇登记失业人数及失业率

(年末数)

年　份	城镇登记失业人数(万人)	#女性	女性占城镇登记失业人数(%)	失业率(%)
1980	44.7			
1985	19.7			1.9
1986	20.2			2.0
1987	25.4			2.4
1988	25.8			2.4
1989	28.3			3.3
1990	23.7			2.7
1991	24.9			2.2
1992	26.7			2.4
1993	28.5			2.6
1994	30.0			2.5
1995	30.4			2.6
1996	40.8	22.5	55.1	3.6
1997	43.5	23.4	53.8	3.7
1998	40.0	21.0	52.5	3.4
1999	39.8	21.5	54.0	3.5
2000	40.8	21.6	52.9	3.7
2001	55.5	29.2	52.6	4.8
2002	75.5	39.1	51.8	6.8
2003	72.0	46.0	63.9	6.7
2004	68.2	44.2	64.8	6.3
2005	60.4	35.3	58.4	5.7
2006	53.9	28.1	52.1	5.1
2007	44.5	23.4	52.6	4.4
2008	39.0	18.6	47.7	3.8
2009	41.6	19.4	46.6	3.9
2010	39.5	20.5	51.9	3.7
2011	39.4	19.7	50.0	3.7
2012	38.1	18.3	48.0	3.6
2013	39.6	18.2	46.0	3.4
2014	41.0	20.0	48.8	3.4
2015	46.2	22.0	47.6	3.4

5-19 各地区城镇登记失业人数及失业率

地 区	年末城镇登记失业人数(万人)					城镇登记失业率(%)				
	2011年	2012年	2013年	2014年	2015年	2011年	2012年	2013年	2014年	2015年
全 省	**39.4**	**38.1**	**39.6**	**41.0**	**46.2**	**3.7**	**3.6**	**3.4**	**3.4**	**3.4**
沈 阳	7.6	7.7	9.1	9.5	10.4	3.1	3.0	3.0	3.0	3.2
大 连	8.0	8.5	9.5	9.1	9.6	2.9	2.6	2.6	2.7	2.8
鞍 山	2.0	2.0	2.2	2.8	3.1	2.0	2.0	2.0	2.7	2.9
抚 顺	3.7	3.6	2.4	2.1	2.8	4.2	3.9	2.5	2.8	3.1
本 溪	2.7	2.7	3.0	2.8	2.7	4.2	3.9	4.0	2.9	4.1
丹 东	2.3	2.3	1.5	1.6	2.1	4.2	4.3	2.8	2.9	4.0
锦 州	1.3	1.1	1.4	2.2	2.8	3.8	2.3	2.1	3.5	4.3
营 口	1.7	1.2	1.3	1.6	1.7	3.1	2.0	2.0	2.5	2.7
阜 新	2.0	2.0	2.0	1.6	1.7	3.9	4.0	3.9	3.4	3.5
辽 阳	1.0	0.9	1.2	1.1	1.6	2.6	2.3	2.5	2.5	3.3
盘 锦	1.8	1.7	1.7	1.9	1.7	2.9	2.7	2.7	2.8	2.6
铁 岭	1.9	1.4	1.1	1.3	1.5	3.6	2.7	2.7	3.2	3.5
朝 阳	1.7	1.3	1.0	1.4	1.8	3.8	2.9	1.9	3.1	3.7
葫芦岛	1.7	1.6	1.5	1.5	2.1	3.7	3.1	2.9	3.2	4.0

注：铁岭、葫芦岛不含昌图和绥中两县。

5-20 职工工资总额及指数

年份、地区	绝对数(亿元)				指数(上年=100)			
	合计	国有经济单位	城镇集体经济单位	其他经济单位	合计	国有经济单位	城镇集体经济单位	其他经济单位
1990	217.8	158.1	55.3	4.4	112.3	113.6	108.2	122.2
1991	242.1	174.8	61.6	5.7	111.2	110.6	111.4	129.5
1992	282.0	204.1	70.1	7.8	116.5	116.8	113.8	136.8
1993	342.5	248.5	79.1	14.9	121.5	121.8	112.8	191.0
1994	439.7	319.4	90.4	29.9	128.4	128.5	114.3	200.7
1995	496.9	368.1	97.2	31.6	113.0	115.2	107.5	105.7
1996	525.3	394.2	94.6	36.5	105.7	107.1	97.3	115.4
1997	544.5	408.1	92.4	44.0	103.6	103.5	97.6	120.6
1998	521.3	384.9	71.7	64.7	95.7	94.3	197.6	147.0
1999	529.6	388.9	62.1	78.6	101.6	101.0	86.6	121.5
2000	553.1	404.2	57.1	91.8	104.4	103.9	91.9	116.8
2001	595.9	425.3	51.9	118.7	107.7	105.2	90.9	129.3
2002	635.9	437.8	43.7	154.4	106.7	102.9	84.1	130.1
2003	680.6	455.6	41.3	183.7	107.0	104.1	94.5	118.9
2004	759.8	501.0	40.8	218.1	111.6	110.0	98.8	118.7
2005	862.9	566.4	39.7	256.8	113.6	113.1	97.3	117.7
2006	973.0	631.9	44.0	297.1	112.8	111.6	110.8	115.7
2007	1143.0	745.1	46.4	351.5	117.5	117.9	105.5	118.3
2008	1396.4	892.0	53.7	450.7	122.2	119.7	115.8	128.2
2009	1552.5	912.5	56.4	583.6	111.2	102.3	105.0	129.5
2010	1771.8	1013.0	63.4	695.5	114.1	111.0	112.3	119.2
2011	2171.6	1186.5	83.5	901.6	122.6	117.1	131.7	129.6
2012	2466.9	1320.7	99.3	1046.9	113.6	111.3	119.0	116.1
2013	3078.3	1303.4	118.9	1656.0	124.8	98.7	119.7	158.2
2014	3135.9	1362.2	110.9	1662.9	101.9	104.5	93.2	100.4
2015	3179.0	1470.6	98.9	1609.5	101.4	108.0	89.2	96.8
沈　阳	782.5	342.4	18.3	421.8	104.3	109.9	104.6	100.2
大　连	751.0	227.2	9.8	514.0	102.2	110.5	91.8	99.1
鞍　山	240.3	148.5	15.6	76.3	96.4	98.9	89.4	93.2
抚　顺	138.5	51.1	4.3	83.1	96.8	112.8	73.8	90.3
本　溪	113.3	46.8	4.5	62.0	91.6	110.1	95.4	81.1
丹　东	86.4	46.9	2.8	36.8	99.1	104.7	91.2	93.4
锦　州	145.4	77.7	9.5	58.2	110.6	113.7	109.9	106.9
营　口	118.5	54.8	3.3	60.4	104.1	111.9	89.1	98.8
阜　新	83.2	45.2	2.0	36.0	101.4	113.0	63.6	92.5
辽　阳	89.4	37.8	6.5	45.1	98.7	101.3	69.9	102.6
盘　锦	187.8	95.4	1.5	90.8	100.8	99.8	113.7	101.6
铁　岭	102.5	54.5	5.0	43.0	99.9	114.0	79.6	88.7
朝　阳	121.0	73.6	6.6	40.8	95.8	116.3	80.0	74.4
葫芦岛	109.7	59.3	9.1	41.3	105.1	115.8	83.9	97.7

5-21 在岗职工平均工资及指数

年份、地区	在岗职工平均工资(元)				指数(上年=100)			
	合计	国有经济单位	城镇集体经济单位	其他经济单位	合计	国有经济单位	城镇集体经济单位	其他经济单位
1990	2180	2388	1740	2300	111.0	111.7	108.6	108.6
1991	2371	2582	1904	2741	108.8	108.1	109.4	119.2
1992	2715	2975	2134	3265	114.5	115.2	112.1	119.1
1993	3305	3593	2568	4071	121.7	120.8	120.3	124.7
1994	4269	4766	2940	5717	129.2	132.6	114.5	140.4
1995	4877	5434	3333	6349	114.2	114.0	113.4	111.1
1996	5269	5894	3462	6648	108.0	108.5	103.9	104.7
1997	5591	6226	3583	7266	106.1	105.6	103.5	109.3
1998	7161	7604	4972	8285	128.1	122.1	138.8	114.0
1999	7895	8370	5161	9122	110.2	110.1	103.8	110.1
2000	8811	9221	5721	10196	111.6	110.2	110.9	111.8
2001	10145	10609	6354	11258	115.1	115.1	111.1	110.4
2002	11659	12239	7094	12214	114.9	115.4	111.6	108.5
2003	13008	13603	7629	13665	111.6	111.1	107.5	111.9
2004	14922	15716	8466	15301	114.7	115.5	111.0	112.0
2005	17331	18360	9161	17550	116.1	116.8	108.2	114.7
2006	19624	20681	10888	19797	113.2	112.6	118.9	112.8
2007	23202	24748	12242	22834	118.2	119.7	112.4	115.3
2008	27729	29456	15365	27163	119.5	119.0	125.5	119.0
2009	31104	32572	17369	31266	112.2	110.6	113.0	115.1
2010	35057	36371	20237	35527	112.7	111.7	116.5	113.6
2011	38713	40553	24591	38462	110.4	111.5	121.5	108.3
2012	42503	44062	28634	42559	109.8	108.7	116.4	110.7
2013	46310	46890	32417	47305	109.0	106.4	113.2	111.2
2014	49110	48701	33418	51061	106.0	103.9	103.1	107.9
2015	53458	54738	35208	54024	108.9	112.4	105.4	105.8
沈 阳	60653	66155	48296	57416	109.6	112.3	114.7	107.0
大 连	69390	82466	46060	65437	109.1	115.0	116.3	106.2
鞍 山	43652	48508	28160	40320	101.4	101.7	94.2	101.7
抚 顺	50225	51277	31488	51146	111.0	119.3	104.0	106.6
本 溪	43269	47473	28614	42023	106.2	135.7	112.7	90.0
丹 东	35790	38069	26483	34098	109.9	113.8	102.6	105.7
锦 州	47416	49509	36021	47178	114.4	120.5	119.4	105.8
营 口	48978	52389	32189	47522	116.1	118.7	113.9	113.2
阜 新	45939	51270	28816	41880	110.9	119.1	102.5	101.1
辽 阳	50716	44891	40446	59359	109.2	108.3	97.5	111.4
盘 锦	41579	31875	35748	61375	104.2	103.0	108.3	105.7
铁 岭	42473	41681	31410	45446	106.7	115.4	89.0	100.8
朝 阳	43950	47705	41150	38860	108.5	110.9	96.8	103.0
葫芦岛	47048	53631	29940	44794	111.3	118.3	105.6	101.3

注：1990-1997年为全部职工平均工资。

5-22 按登记注册类型分在岗职工平均工资

单位：元

年份、地区	合计	国有经济单位	城镇集体经济单位	股份合作单位	联营单位	有限责任公司	股份有限公司	其他经济单位	港澳台商投资单位	外商投资单位
1995	4877	5434	3333							
1996	5269	5894	3462							
1997	5591	6226	3583							
1998	7161	7604	4972	5381	5547	7875	7946	5684	9133	9951
1999	7895	8370	5161	5817	6578	8534	8517	6380	10060	11487
2000	8811	9221	5721	6422	6460	9816	10003	4828	10539	12109
2001	10145	10609	6354	6584	8877	10826	11441	5643	12505	12766
2002	11659	12239	7094	8122	9173	11206	13960	9186	12805	14277
2003	13008	13603	7629	8685	8810	12839	16165	8422	13846	15060
2004	14922	15716	8466	10132	10439	14489	19009	9828	15902	15821
2005	17331	18360	9161	11364	10646	17148	21874	10163	17164	17448
2006	19624	20681	10888	13261	11843	19056	25312	10053	18959	19556
2007	23202	24748	12242	14640	15471	22074	29851	12089	21520	21826
2008	27729	29456	15365	18305	19166	26826	34466	17202	25307	26388
2009	31104	32572	17369	19927	20288	29670	39677	19546	29123	29626
2010	35057	36371	20237	23099	22486	33368	46281	23092	31241	34121
2011	38713	40553	24591	27409	27636	36064	51237	25964	36018	38513
2012	42503	44062	28634	32169	30429	39161	56226	30671	40261	44633
2013	46310	46890	32417	35876	41436	42822	59752	33430	46243	53836
2014	49110	48701	33418	38997	46224	45288	63899	34136	51234	60607
2015	53458	54738	35208	37630	51042	47358	67494	36212	54301	65640
沈　阳	60653	66155	48296	41900	46701	49084	69095	47499	61280	76704
大　连	69390	82466	46060	46484	52673	59594	90330	44027	56053	67940
鞍　山	43652	48508	28160	28579	26208	39612	50829	27188	39632	43796
抚　顺	50225	51277	31488	57592	18000	46162	67713	54555	38082	47500
本　溪	43269	47473	28614	26143		40352	46207	34739	41276	32847
丹　东	35790	38069	26483	27351	24090	35164	41363	23374	29454	30725
锦　州	47416	49509	36021	38594	38055	41052	70335	48564	38106	49294
营　口	48978	52389	32189	29433	71551	46264	55110	29807	41976	44104
阜　新	45939	51270	28816	87273	37273	40734	51564	33337	34157	51663
辽　阳	50716	44891	40446	27265		49573	78529	26953	72971	48299
盘　锦	41579	31875	35748	33751		46239	75737	22997	58366	60910
铁　岭	42473	41681	31410	27584	32467	44765	38137	35235	66566	50322
朝　阳	43950	47705	41150	36613	76789	37085	53256	27617	39255	83922
葫芦岛	47048	53631	29940	100821	52282	41579	51521	31837	31532	49592

注：1995-1997年为全部职工平均工资。

5-23 分细行业在岗职工平均工资

(2015年)

单位：元

项目	在岗职工合计	国有经济单位	城镇集体经济单位	其他经济单位
全省总计	**53458**	**54738**	**35208**	**54024**
按隶属关系分组				
中央		78026		
省属		68730		
市属		49632		
县及县以下		42932		
其他		58683		
按企、事业和机关分组				
企业	53235	55135	35025	54174
#地方		34800		
事业	55015	55475	37650	31423
#地方		54116		
机关	51742	51865	51112	21115
#地方		50965		
按国民经济行业分组				
农、林、牧、渔业	**14286**	**13518**	**38997**	**46819**
农业	11330	11270	28929	25997
林业	37328	37343	40760	21333
畜牧业	24107	24706	11000	22804
渔业	46263	25908	26433	52620
农、林、牧、渔服务业	39215	38991	64358	19217
采矿业	**57084**	**70517**	**29568**	**54933**
煤炭开采和洗选业	46830	24385	24750	47495
石油和天然气开采业	84909			84909
黑色金属矿采选业	47477	29935	31267	52196
有色金属矿采选业	34705	45228	33473	34102
非金属矿采选业	34833	15827	32820	37087
开采辅助活动	72744	73154		60403
其他采矿业	48510	75982		36813
制造业	**51678**	**53568**	**29427**	**53076**
农副食品加工业	42314	58130	38405	40995
食品制造业	40382	26888	24061	40979
酒、饮料和精制茶制造业	48718	28024	24543	48993
烟草制品业	123674		129615	123351
纺织业	29962	27598	27133	30182
纺织服装、服饰业	36276	18637	22591	36741
皮革、毛皮、羽毛及其制品和制鞋业	42491	33283	17803	44050
木材加工和木、竹、藤、棕、草制品业	37086	24336	27228	37845
家具制造业	44288	29500	28798	44431
造纸和纸制品业	38483	33988	26057	39552
印刷和记录媒介复制业	38091	38464	31567	40317
文教、工美、体育和娱乐用品制造业	38165	37269	40247	37657
石油加工、炼焦和核燃料加工业	73889	78355	26478	80745
化学原料和化学制品制造业	47541	45681	50874	47314

5-23 续表 1 单位：元

项　　目	在岗职工合计			
		国有经济单位	城镇集体经济单位	其他经济单位
医药制造业	48591	35771	31733	48999
化学纤维制造业	26568	42000	27111	26522
橡胶和塑料制品业	47387	38770	28679	49309
非金属矿物制品业	37683	30006	27914	39596
黑色金属冶炼和压延加工业	49139	51331	27516	48591
有色金属冶炼和压延加工业	47722	66460	38553	47330
金属制品业	41168	37253	17943	46696
通用设备制造业	50243	61848	28762	51091
专用设备制造业	60592	32389	25084	62606
汽车制造业	75804	41354	25265	76826
铁路、船舶、航空航天和其他运输设备制造业	61062	79082	29709	65607
电气机械和器材制造业	45368	25094	32924	46178
计算机、通信和其他电子设备制造业	52363	50982	36019	53676
仪器仪表制造业	46079	50560	26108	46625
其他制造业	42042	47076	30601	38681
废弃资源综合利用业	34786	22200	29701	36240
金属制品、机械和设备修理业	31424	36469	24387	35483
电力、热力、燃气及水生产和供应业	**66521**	**70865**	**28361**	**63059**
电力、热力生产和供应业	75973	89666	24243	64724
燃气生产和供应业	52583	37158	21078	57415
水的生产和供应业	42363	34440	41668	60285
建筑业	**43183**	**43732**	**34837**	**44218**
房屋建筑业	41690	35517	34879	43497
土木工程建筑业	47128	53903	36270	46143
建筑安装业	41423	41630	33715	43613
建筑装饰和其他建筑业	43465	37336	30383	44436
批发和零售业	**46999**	**64146**	**29666**	**45142**
批发业	56970	78869	32278	51396
零售业	40881	33413	28056	42003
交通运输、仓储和邮政业	**65559**	**67918**	**41197**	**64092**
铁路运输业	80868	81350	25977	75408
道路运输业	40526	35636	43851	44312
水上运输业	86044	100943	57821	84034
航空运输业	115746	119475	110694	112687
管道运输业	53025	32162		65995
装卸搬运和运输代理业	65381	68375	20949	68368
仓 储 业	52703	50998	46182	54691
邮政业	61820	62262	34667	54731
住宿和餐饮业	**37544**	**44477**	**35987**	**34814**
住宿业	39563	45398	37493	35756
餐饮业	33438	32211	24472	33653
信息传输、软件和信息技术服务业	**85250**	**67579**	**34180**	**88276**
电信、广播电视和卫星传输服务	77768	67651	37218	80999
互联网和相关服务	65429	61432	15412	67045
软件和信息技术服务业	94596	68201	57750	95614

5-23 续表 2

单位：元

项 目	在岗职工合计	国有经济单位	城镇集体经济单位	其他经济单位
金融业	**100595**	**114815**	**56492**	**101359**
货币金融服务业	107063	117769	56746	115139
资本市场服务业	163397	221963		139413
保险业	68933	65371	49160	70198
其他金融业	62822	53286	58007	74388
房地产业	**50990**	**42763**	**46065**	**52430**
房地产开发经营	70761	56119	31632	71767
物业管理	32265	31162	34644	32388
房地产中介服务	52233	46919	92683	50084
租赁和商务服务业	**42873**	**39992**	**31352**	**50019**
租赁业	60421	66428	35273	59921
商务服务业	42743	39912	31347	49876
科学研究、技术服务业	**66794**	**63353**	**65593**	**76096**
研究和试验发展	75541	75544	39049	77335
专业技术服务业	67216	61234	71877	79243
科技推广和应用服务业	46769	45585	40869	50909
水利、环境和公共设施管理业	**34148**	**33937**	**27848**	**37829**
水利管理业	40215	39724	24401	46591
生态保护和环境治理业	38287	37172	34598	51992
公共设施管理业	32685	32615	28031	34587
居民服务、修理和其他服务业	**37127**	**41425**	**29206**	**28855**
居民服务业	33601	32734	34170	36344
机动车、电子产品和日用产品修理业	29492	36993	26968	26289
其他服务业	45809	57512	25953	19640
教育	**62116**	**62788**	**43834**	**45159**
初等教育	58062	58222	58281	45060
中等教育	59250	59565	51880	47975
高等教育	80045	80413	53846	58539
卫生和社会工作	**57764**	**59704**	**36525**	**39979**
卫生	59499	61655	37025	40333
社会工作	35349	35722	23334	31361
文化、体育和娱乐业	**50848**	**49790**	**32540**	**56356**
新闻和出版业	60603	49764	37318	87317
广播、电视、电影和影视录音制作业	50868	51037	28860	50185
文化艺术业	48878	48655	22254	54627
体育	45600	53581	81667	31711
娱乐业	34133	44883	13878	32571
公共管理、社会保障和社会组织	**51314**	**51597**	**30328**	**22680**
中国共产党机关	52743	52743		
国家机构	51607	51607		
人民政协、民主党派	60453	60453		
社会保障	47584	47584		
群众社团、社会团体和其他成员组织	48405	49596	27781	33216

5-24 各地区在岗职工平均工资

单位：元

地区	2012年				2013年				2014年				2015年			
	合计	国有单位	集体单位	其他单位	合计	国有单位	集体单位	其他单位	合计	国有单位	集体单位	其他单位	合计	国有单位	集体单位	其他单位
全省	**42503**	**44062**	**28634**	**42559**	**46310**	**46890**	**32417**	**47305**	**49110**	**48701**	**33418**	**51061**	**53458**	**54738**	**35208**	**54024**
沈阳	48835	54455	35081	43817	51344	57771	38042	48270	55365	58915	42106	53678	60653	66155	48296	57416
大连	54820	66860	42564	50337	59061	68095	47286	56689	63611	71701	39608	61626	69390	82466	46060	65437
鞍山	34527	39412	22799	28322	40263	45033	26856	37287	43039	47692	29879	39659	43652	48508	28160	40320
抚顺	38757	38342	24559	40745	42527	41345	28862	44450	45233	42983	30276	47962	50225	51277	31488	51146
本溪	38766	41795	21727	35462	41277	39572	23354	44406	40724	34993	25381	46714	43269	47473	28614	42023
丹东	28630	32977	23304	22932	32179	33073	25345	32016	32571	33444	25810	32271	35790	38069	26483	34098
锦州	37703	37055	29202	41090	39752	39414	28864	42163	41444	41073	30169	44583	47416	49509	36021	47178
营口	36028	39826	27160	33944	39615	44050	27058	37936	42193	44126	28251	41973	48978	52389	32189	47522
阜新	38558	43216	25603	27686	40035	40727	23564	41190	41413	43036	28119	41420	45939	51270	28816	41880
辽阳	40244	35194	38198	47124	43053	39102	38807	48729	46453	41440	41468	53291	50716	44891	40446	59359
盘锦	33947	26234	18727	52926	37760	29697	22588	54397	39903	30948	33000	58052	41579	31875	35748	61375
铁岭	36479	31185	20453	50640	39763	35304	31834	46287	39808	36121	35308	45099	42473	41681	31410	45446
朝阳	36281	41783	36188	31307	39091	42326	44295	35551	40506	43003	42508	37710	43950	47705	41150	38860
葫芦岛	35031	34738	24285	39638	39724	42401	28424	40426	42276	45332	28363	44231	47048	53631	29940	44794

5-25 分行业在岗职工工资总额

单位：万元

行业	2012年				2013年			
	合计	国有单位	集体单位	其他单位	合计	国有单位	集体单位	其他单位
总计	**24668874**	**13206768**	**993036**	**10469070**	**30783095**	**13034309**	**1189056**	**16559729**
农、林、牧、渔业	300071	270911	2551	26609	296404	270620	2050	23733
采矿业	1713796	716153	35417	962226	1911145	425472	19196	1466476
制造业	6566700	1282840	301397	4982464	8045419	1077873	340693	6626852
电力、燃气及水的生产和供应业	839912	511155	10292	318466	864384	460117	4443	399824
建筑业	2227315	703373	334392	1189550	4477179	500314	433762	3543103
批发和零售业	722204	164424	28005	529776	1084220	201097	27132	855991
交通运输、仓储及邮政业	1652739	1197445	13117	442178	2067875	1323104	61587	683184
住宿和餐饮业	212863	67680	9694	135490	256944	83439	10033	163472
信息转输、软件和信息技术服务业	578477	137158	865	440455	893682	103508	935	789238
金融业	1426188	631795	110906	683486	1532328	664268	114233	753826
房地产业	442151	102396	6869	332886	603348	67084	6546	529719
租赁和商务服务业	302034	162716	39721	99597	451263	194072	56838	200354
科学研究和技术服务业	829309	653892	17656	157761	940494	621211	28836	290447
水利、环境和公共设施管理业	392061	361484	7844	22733	414320	375441	8701	30178
居民服务、修理和其他服务业	89905	64342	8842	16721	94603	59478	6148	28977
教育	2702375	2626435	13706	62234	2842078	2766091	12221	63766
卫生和社会工作	1310108	1217798	48334	43976	1544353	1437424	50541	56388
文化、体育和娱乐业	216100	198953	893	16254	254331	204423	1873	48035
公共管理、社会保障和社会组织	2144566	2135821	2536	6209	2208729	2199274	3290	6166

5-25 续表

单位：万元

行业	2014年				2015年			
	合计	国有单位	集体单位	其他单位	合计	国有单位	集体单位	其他单位
总　　计	**31359227.8**	**13621500**	**1108534**	**16629194**	**31790272**	**14706366**	**988784**	**16095121**
农、林、牧、渔业	299441	271213	1667	26561	316136	292135	1396	22604
采　矿　业	1823710	415244	33033	1375433	1628968	376610	25449	1226909
制　造　业	8151535	1176399	310478	6664658	7827622	1083784	275927	6467911
电力、燃气及水的生产和供应业	898386	474773	4283	419331	933987	487492	4161	442335
建　筑　业	4141968	595180	382296	3164492	3539922	492684	294681	2752558
批发和零售业	1126109	206215	28393	891501	1133227	200076	27774	905377
交通运输、仓储及邮政业	2233999	1411434	53013	769552	2347969	1413056	48675	886239
住宿和餐饮业	265832	84241	10216	171374	244485	80405	9486	154593
信息转输、软件和信息技术服务业	1006524	120405	699	885420	1060362	119055	742	940566
金 融 业	1684826	690192	123063	871571	1908771	832248	141054	935469
房 地 产 业	664376	74851	6990	582535	643914	74766	9333	559815
租赁和商务服务业	458163	190032	56791	211339	466149	191947	49662	224539
科学研究和技术服务业	987733	635974	23030	328729	1006147	677000	24597	304550
水利、环境和公共设施管理业	435606	391228	7298	37081	481605	431270	6828	43507
居民服务、修理和其他服务业	95646	62041	5509	28097	92746	67871	5719	19157
教育	2925917	2835573	11148	79196	3413562	3320257	12353	80953
卫生和社会工作	1631759	1522005	45695	64059	1815881	1705284	45462	65135
文化、体育和娱乐业	240509	188670	1909	49930	248189	192996	1959	53234
公共管理、社会保障和社会组织	2287188	2275829	3023	8336	2680630	2667432	3527	9671

5-26 各地区在岗职工工资总额

单位：万元

地区	2012年				2013年			
	合计	国有单位	集体单位	其他单位	合计	国有单位	集体单位	其他单位
全　省	**24668874**	**13206768**	**993036**	**10469070**	**30783095**	**13034309**	**1189056**	**16559729**
沈　阳	5232527	2988493	185412	2058622	6999368	2878560	202102	3918705
大　连	5865315	2018662	104930	3741724	7427139	1976027	164420	5286692
鞍　山	1800411	1259356	127215	413840	2441401	1458842	181421	801139
抚　顺	1181234	440073	50073	691089	1470479	448375	60739	961365
本　溪	1031904	796589	51824	183491	1242888	430334	46185	766370
丹　东	744578	484672	34814	225093	926547	480866	40537	405144
锦　州	1118828	635308	76945	406575	1241447	630234	68004	543209
营　口	1024707	477203	44876	502628	1139923	479954	45504	614465
阜　新	766280	611122	43693	111464	834667	363659	26658	444350
辽　阳	759703	320944	90236	348523	897437	370637	105846	420955
盘　锦	1494837	796457	13886	684494	1778419	926168	9365	842886
铁　岭	821112	411783	41923	367407	1115273	491549	66233	557491
朝　阳	1149256	590527	70430	488299	1239660	604403	78571	556686
葫 芦 岛	709920	407318	56779	245823	1001364	467619	93472	440273

5-26 续表

单位：万元

地区	2014年				2015年			
	合计	国有单位	集体单位	其他单位	合计	国有单位	集体单位	其他单位
全　省	**31359228**	**13621500**	**1108534**	**16629194**	**31790272**	**14706366**	**988784**	**16095121**
沈　阳	7501203	3114668	175399	4211136	7824867	3423729	183415	4217722
大　连	7350070	2055791	107207	5187072	7510398	2272281	98408	5139709
鞍　山	2494077	1501105	174099	818874	2403314	1484883	155611	762820
抚　顺	1430883	452795	57976	920112	1384624	510713	42774	831137
本　溪	1236733	424762	47138	764834	1133296	467870	44987	620439
丹　东	872139	447533	30566	394039	864368	468623	27873	367872
锦　州	1313890	683386	86063	544441	1453727	777092	94582	582053
营　口	1138099	489864	36998	611237	1184847	548161	32975	603712
阜　新	820330	399717	32005	388608	831585	451590	20352	359643
辽　阳	906131	373248	93415	439468	894268	378143	65268	450858
盘　锦	1863271	956179	13197	893896	1877790	954374	15007	908409
铁　岭	1025765	477826	63367	484572	1024869	544690	50448	429731
朝　阳	1263131	632602	82622	547907	1209974	735975	66116	407884
葫芦岛	1043539	512057	108484	422999	1097021	592920	90968	413133

5-27 分行业在岗职工平均工资

单位：元

行业	2012年				2013年			
	合计	国有单位	集体单位	其他单位	合计	国有单位	集体单位	其他单位
总　计	**42503**	**44062**	**28634**	**42559**	**46310**	**46890**	**32417**	**47305**
农、林、牧、渔业	12213	11372	29563	40256	13195	12368	32904	45606
采　矿　业	54578	54480	25544	57040	56807	64589	22295	55985
制　造　业	39467	42348	24072	40321	45372	48482	28194	46340
电力、燃气及水的生产和供应业	52372	54021	27155	51398	56246	59312	26683	53712
建　筑　业	34788	42067	31122	32537	39621	43561	34432	39847
批发和零售业	35950	43282	21768	35310	41011	54558	22595	39720
交通运输、仓储及邮政业	51433	52780	20075	50287	56132	58419	37916	54365
住宿和餐饮业	30743	35246	24659	29386	33169	37789	26437	31687
信息转输、软件和信息技术服务业	67171	55219	26694	72257	74059	60320	36252	76437
金融业	78577	83090	46841	83569	83404	88083	49529	88430
房地产业	36462	34124	22066	37767	45946	34695	34111	48129
租赁和商务服务业	33282	34674	27898	33665	35564	32848	27010	42844
科学研究和技术服务业	55775	55584	53601	56843	60182	56102	49436	73136
水利、环境和公共设施管理业	29896	30220	23691	27682	31194	31439	23728	30996
居民服务、修理和其他服务业	33021	36917	26060	26106	34995	39037	29558	29821
教育	48562	48973	33960	38583	50771	51060	35027	43819
卫生和社会工作	45675	46836	31119	38965	49340	50459	35844	40194
文化、体育和娱乐业	44102	44327	20664	44109	47401	48053	34302	45454
公共管理、社会保障和社会组织	42099	42281	26719	18742	42985	43175	31478	18087

5-27 续表

单位：元

行　业	2014年				2015年			
	合计	国有单位	集体单位	其他单位	合计	国有单位	集体单位	其他单位
总　计	**49110**	**48701**	**33418**	**51061**	**53458**	**54738**	**35208**	**54024**
农、林、牧、渔业	12962	12070	29508	46105	14286	13518	38997	46819
采　矿　业	58595	71590	27459	57023	57084	70517	29568	54933
制　造　业	49572	55778	28475	50321	51678	53568	29427	53076
电力、燃气及水的生产和供应业	60510	63130	27039	58502	66521	70865	28361	63059
建　筑　业	41219	42488	34884	41903	43183	43732	34837	44218
批发和零售业	44207	59765	26583	42544	46999	64146	29666	45142
交通运输、仓储及邮政业	60420	62476	40028	58933	65559	67918	41197	64092
住宿和餐饮业	37410	42093	32691	35762	37544	44477	35987	34814
信息转输、软件和信息技术服务业	80021	63652	30671	83030	85250	67579	34180	88276
金 融 业	88942	93184	54804	93811	100595	114815	56492	101359
房　地　产　业	47466	37327	35465	49390	50990	42763	46065	52430
租赁和商务服务业	38722	35613	28329	47054	42873	39992	31352	50019
科学研究和技术服务业	63178	57145	61908	79538	66794	63353	65593	76096
水利、环境和公共设施管理业	31208	30937	27727	35348	34148	33937	27848	37829
居民服务、修理和其他服务业	35128	37244	27571	32777	37127	41425	29206	28855
教育	51900	52267	37918	43264	62116	62788	43834	45159
卫生和社会工作	51107	52564	32020	41438	57764	59704	36525	39979
文化、体育和娱乐业	47733	47078	31812	51421	50848	49790	32540	56356
公共管理、社会保障和社会组织	43995	44217	30200	19990	51314	51597	30328	22680

5-28　各地区分行业在岗职工平均工资

(2015年)

单位：元

行　业	沈阳	大连	鞍山	抚顺	本溪	丹东	锦州
总　计	**60653**	**69390**	**43652**	**50225**	**43269**	**35790**	**47416**
农、林、牧、渔业	39225	54437	23580	28568	42976	47455	14108
采　矿　业	49259	50419	54629	52198	42781	30156	34560
制　造　业	60122	58275	43456	55481	41119	29086	42458
电力、燃气及水的生产和供应业	74693	73424	61647	57614	60908	46110	51183
建　筑　业	46092	52402	36747	36705	41266	41331	43729
批发和零售业	46894	61093	43560	39835	34921	36663	38862
交通运输、仓储及邮政业	63502	85589	43131	41103	34343	32334	46897
住宿和餐饮业	36821	40449	26783	25736	26066	27991	31652
信息转输、软件和信息技术服务业	92617	96920	66350	65833	54464	58650	64621
金 融 业	168706	134843	67661	77194	60872	44261	66474
房　地　产　业	71080	58324	42539	37276	38232	24378	44054
租赁和商务服务业	43772	54088	30252	39468	45998	24357	34139
科学研究和技术服务业	74932	95912	55609	73434	43942	31963	62495
水利、环境和公共设施管理业	37701	49125	33293	31290	34300	26024	38016
居民服务、修理和其他服务业	35289	48134	24255	29820	36726	24744	36125
教育	65765	89042	48755	58183	55167	41824	59685
卫生和社会工作	74454	88091	42349	48286	37064	34187	46748
文化、体育和娱乐业	55330	60827	37917	46053	39492	41903	44761
公共管理、社会保障和社会组织	56512	73662	42856	54876	49134	37828	50078

5-28 续表

单位：元

行　　业	营口	阜新	辽阳	盘锦	铁岭	朝阳	葫芦岛
总　　计	**48978**	**45939**	**50716**	**41579**	**42473**	**43950**	**47048**
农、林、牧、渔业	24893	28729	13776	10477	14885	42432	26377
采　　矿　　业	45165	41867	31685	78559	48768	33730	27210
制　　造　　业	42506	34742	61779	55359	30327	42671	46391
电力、燃气及水的生产和供应业	64729	66759	87042	68499	60433	69354	88195
建　　筑　　业	41612	35247	41706	43010	43760	34245	33950
批发和零售业	43171	43607	48350	36169	41441	38249	36549
交通运输、仓储及邮政业	49332	38978	43849	61547	31903	45563	37097
住宿和餐饮业	35312	23753	22077	36363	30457	30826	29987
信息转输、软件和信息技术服务业	55104	59935	73250	67340	68958	70761	71623
金 融 业	90272	62102	79577	87215	42551	63146	82609
房　地　产　业	44829	30278	36100	41631	41536	28924	39203
租赁和商务服务业	34731	43698	34514	31140	34996	31639	35022
科学研究和技术服务业	56644	42791	44455	57595	44682	46803	52320
水利、环境和公共设施管理业	28784	28912	30152	30088	28312	28448	28026
居民服务、修理和其他服务业	41939	61526	34418	34880	43512	14534	32198
教育	62381	61188	52620	54607	54023	52191	57153
卫生和社会工作	51292	46739	45105	42432	43535	49073	47910
文化、体育和娱乐业	46452	44933	39771	43555	43854	42892	44254
公共管理、社会保障和社会组织	48989	49435	41548	47653	43658	45147	48123

5-29 国有单位分行业职工工资总额

单位：万元

行　　业	2007年	2008年	2009年	2010年	2011年	2012年	2013年	2014年	2015年
总　　计	**7451021**	**8614665**	**9125030**	**10129558**	**11865251**	**13206768**	**13034309**	**13621500**	**14706366**
农、林、牧、渔业	205179	209295	229049	251731	265099	270911	270620	271213	292135
采　　矿　　业	516551	819843	208675	221642	703659	716153	425472	415244	376610
制　　造　　业	1058849	1143282	1216148	1249490	1317555	1282840	1077873	1176399	1083784
电力、燃气及水的生产和供应业	356931	367542	365902	468089	479497	511155	460117	474773	487492
建　　筑　　业	214970	242402	303917	371666	544472	703373	500314	595180	492684
批发和零售业	103330	102246	149227	142834	150366	164424	201097	206215	200076
交通运输、仓储及邮政业	762695	741406	809326	884354	1025582	1197445	1323104	1411434	1413056
住宿和餐饮业	26148	25707	29716	39897	54609	67680	83439	84241	80405
信息转输、软件和信息技术服务业	77464	81674	93996	102840	124866	137158	103508	120405	119055
金 融 业	265188	365367	395474	473440	555412	631795	664268	690192	832248
房　地　产　业	52707	54283	56972	69316	95389	102396	67084	74851	74766
租赁和商务服务业	94424	117169	132464	145834	162509	162716	194072	190032	191947
科学研究和技术服务业	246864	283124	357649	432281	556603	653892	621211	635974	677000
水利、环境和公共设施管理业	170072	196485	247954	282774	332004	361484	375441	391228	431270
居民服务、修理和其他服务业	20962	25211	34276	53274	61949	64342	59478	62041	67871
教育	1323509	1579923	1897978	2101899	2293052	2626435	2766091	2835573	3320257
卫生和社会工作	507023	593094	726596	850639	1009339	1217798	1437424	1522005	1705284
文化、体育和娱乐业	119276	138153	182261	174210	193796	198953	204423	188670	192996
公共管理、社会保障和社会组织	1328879	1528459	1687451	1813348	1939494	2135821	2199274	2275829	2667432

5-30 城镇集体单位分行业职工工资总额

单位：万元

行业	2007年	2008年	2009年	2010年	2011年	2012年	2013年	2014年	2015年
总计	**464149**	**513765**	**564377**	**633720**	**834721**	**993036**	**1189056**	**1108534**	**988784**
农、林、牧、渔业	3646	2861	3349	2965	3237	2551	2050	1667	1396
采矿业	24057	21292	20853	23021	33614	35417	19196	33033	25449
制造业	180203	201521	208171	222885	257035	301397	340693	310478	275927
电力、燃气及水的生产和供应业	5611	7470	6423	4994	9066	10292	4443	4283	4161
建筑业	99303	110885	122143	140216	252843	334392	433762	382296	294681
批发和零售业	22459	17662	21646	34000	38938	28005	27132	28393	27774
交通运输、仓储及邮政业	18582	11415	13073	12678	12483	13117	61587	53013	48675
住宿和餐饮业	3939	4016	5548	6566	5937	9694	10033	10216	9486
信息转输、软件和信息技术服务业	2715	269	373	363	575	865	935	699	742
金融业	50868	56847	70345	80549	90799	110906	114233	123063	141054
房地产业	2625	4082	3747	4932	5530	6869	6546	6990	9333
租赁和商务服务业	20345	34439	32696	35710	35922	39721	56838	56791	49662
科学研究和技术服务业	5386	8015	10649	12338	14838	17656	28836	23030	24597
水利、环境和公共设施管理业	2999	3054	3919	4436	5230	7844	8701	7298	6828
居民服务、修理和其他服务业	4109	4836	5954	5985	8886	8842	6148	5509	5719
教育	2084	3007	4489	5803	14192	13706	12221	11148	12353
卫生和社会工作	13456	20045	28518	33568	42084	48334	50541	45695	45462
文化、体育和娱乐业	174	344	476	452	603	893	1873	1909	1959
公共管理、社会保障和社会组织	1588	1706	2005	2259	2912	2536	3290	3023	3527

5-31 其它单位分行业职工工资总额

单位：万元

行业	2007年	2008年	2009年	2010年	2011年	2012年	2013年	2014年	2015年
总计	**3515195**	**4393707**	**5835691**	**6954732**	**9015665**	**10469070**	**16559729**	**16629194**	**16095121**
农、林、牧、渔业	15924	19108	15728	28976	32984	26609	23733	26561	22604
采矿业	299490	354712	1047349	1218527	869541	962226	1466476	1375433	1226909
制造业	1929735	2340636	2686378	3187697	4417126	4982464	6626852	6664658	6467911
电力、燃气及水的生产和供应业	173102	192945	229511	251388	283178	318466	399824	419331	442335
建筑业	217824	286419	374188	418731	842378	1189550	3543103	3164492	2752558
批发和零售业	161097	215881	279667	320051	482880	529776	855991	891501	905377
交通运输、仓储及邮政业	100362	198480	233744	281841	380884	442178	683184	769552	886239
住宿和餐饮业	53718	67996	82665	86156	121626	135490	163472	171374	154593
信息转输、软件和信息技术服务业	148811	207003	232379	269227	355104	440455	789238	885420	940566
金融业	260294	260667	334872	415993	537980	683486	753826	871571	935469
房地产业	55500	81550	123943	166214	248888	332886	529719	582535	559815
租赁和商务服务业	20312	43583	46380	111637	161614	99597	200354	211339	224539
科学研究和技术服务业	52034	78131	83136	105741	135564	157761	290447	328729	304550
水利、环境和公共设施管理业	6891	7233	8896	10466	17553	22733	30178	37081	43507
居民服务、修理和其他服务业	6207	6964	8324	10872	15090	16721	28977	28097	19157
教育	1976	13591	18957	33791	54637	62234	63766	79196	80953
卫生和社会工作	6543	12391	21354	25825	39900	43976	56388	64059	65135
文化、体育和娱乐业	5266	6049	7532	10768	14117	16254	48035	49930	53234
公共管理、社会保障和社会组织	110	370	689	834	4624	6209	6166	8336	9671

主要统计指标解释

劳动力资源总数 指在劳动年龄内，具有劳动能力，在正常情况下，可能或实际参加社会劳动的人口数。

从业人员 指从事一定社会劳动并取得劳动报酬或经营收入的全部劳动力。包括:

(1)全部职工

(2)城镇私营企业从业人员

(3)城镇个体劳动者

(4)农村社会劳动者

(5)其他社会劳动者

这一指标反映了一定时期内全部劳动力资源的实际利用情况，是研究国情国力的重要指标。

各单位的从业人员是指在各级国家机关、政党机关、社会团体及企业、事业单位中工作，并取得劳动报酬的全部人员。包括职工、再就业的离退休人员、民办教师以及在各单位中工作的外方人员和港、澳、台方人员。

各单位的从业人员反映了各单位实际参加生产或工作的全部劳动力。

在岗职工 是指在本单位工作并由单位支付劳动报酬的在岗职工。

在岗职工可分为在岗长期职工和在岗临时职工。包括由单位派出学习、劳务及病伤产假并由单位支付劳动报酬的人员。

使用的农村劳动力 指国有经济、城镇集体经济、联营经济、股份制经济、外商和港、澳、台投资经济、其他经济单位的职工中，现仍保留农村户籍关系的人员。

在岗长期职工 指用工期限在一年以上(含一年)的职工。包括原固定职工、合同制职工、长期临时工以及国有单位使用的城镇集体所有制单位的人员和其他使用期限在一年以上的原计划外用工。

在岗临时职工 指用工期限不超过一年的职工。包括各单位根据国家有关规定招用的，签订一年以内的劳动合同或使用期不超过一年的临时性、季节性用工。

其他从业人员 指劳动统计制度规定不作职工统计，但实际参加社会劳动并取得劳动报酬的人员。

各单位的其他从业人员是指单位中除职工以外的全部参加本单位生产或工作并取得劳动报酬的人员。包括再就业的离退休人员、民办教师以及在各单位中工作的外方人员和港、澳、台方人员。

离岗职工(离开本单位仍保留劳动关系的职工) 指由于各种原因已离开本人的生产或工作岗位，并已不在本单位从事其他工作，但仍与用人单位保留劳动关系的职工。

城镇集体经济单位职工 指在城镇集体经济单位及其管理部门工作，并由其支付工资的各类人员。

其他经济单位职工 指在联营经济、股份制经济、外商投资经济、港、澳、台投资经济单位工作，并由其支付工资的各类人员。

城镇个体劳动者 指经工商行政管理部门核准登记，领取营业执照，参加生产经营活动，户口在城镇的全部人员。

农村社会劳动者 指农村人口中经常参加合作经济组织〔包括乡(镇)办企业事业单位〕和家庭副业生产劳动的劳动力。凡是由合作经济组织分配劳动任务或承包各种生产任务，并从中直接取得实物、现金收入和从承包的生产任务中获得实物、现金收入的劳动力，不管从事何种劳动，都要统计为农村社会劳动者。国家从乡(村)调用的建勤民工；由集体经费支付工资或补贴的乡(村)脱产管理干部；乡(村)劳动力到国有经济单位或城镇集体经济单位工作，其收入交给合作经济组织，并从中取得实物或现金收入的合同工、临时工、亦工亦农人员；自行外出，但户口没有转出的劳动力，都应包括在内。

城镇登记失业人员 指有非农业户口，在一定的劳动年龄内(16 岁以上及男 50 岁以下、女 45 岁以下)，有劳动能力，无业而要求就业，并在当地就业服务机构进行求职登记的人员。

城镇登记失业率 是城镇登记失业人数与城镇从业人数与城镇失业人数之和的比。计算公式为:

城镇登记失业率=（城镇登记失业人数／城镇从业人数+城镇登记失业人数）×100%

从业人员劳动报酬 指各单位在一定时期内直接支付给本单位全部从业人员的劳动报酬总额。包括职工工资总额和本单位其他从业人员劳动报酬两部分。

在岗职工工资总额 指各单位在一定时期内直接支付给本单位全部在岗职工的劳动报酬总额。

在岗工资总额的计算原则应以直接支付给在岗职工的全部劳动报酬为根据。各单位支付给在岗职工的劳动报酬以及其他根据有关规定支付的工资，不论是计入成本的还是不计入成本的，不论是按国家规定列入计征奖金税项目的，还是未列入计征奖金税项目的，不论是以货币形式支付的还是以实物形式支付的，均包括在在岗职工工资总额内。

计时工资 指按计时工资标准(包括地区生活费补贴)和工作时间支付给个人的劳动报酬，以及根据国家法律、法规和政策规定，因病、工伤、产假、计划生育假、婚丧假、事假、探亲假、定期休假、停工学习、执行国家或社会义务等原因按计时工资标准或计时工资标准的一定比例支付的工资。

计件标准工资 是指实行计件工资制的单位按照批准的计件单价和规定的劳动定额或工作量应支付给计件工人的劳动报酬。

计件超额工资 是计件工资的一部分，指计件工人超额完成定额任务后所得的工资。即计件工人实得的全部计件工资减去应得的计件标准工资后的数额。某些企业的工人由于从事生产的工作物等级高于本人工资等级，因而其计件标准工资高于本人标准工资，其计件超额工资也应是全部工资减去应得的计件标准工资后的数额。

奖金 指支付给职工的超额劳动报酬和增收节支的劳动报酬。

津贴和补贴 指为了补偿职工特殊或额外的劳动消耗和因其他特殊原因支付给职工的津贴，以及为了保证职工工资水平不受物价影响支付给职工的物价补贴。

离岗生活费(离开本单位仍保留劳动关系的职工生活费) 指离开本单位仍保留劳动关系的职工，在离开本单位仍保留劳动关系期间从单位领取的生活费。

其他从业人员劳动报酬 指各单位在一定时期内直接支付给本单位其他从业人员的全部劳动报酬。

在岗职工平均工资 指企业、事业、机关单位的在岗职工在一定时期内平均每人所得的货币工资额。它表明一定时期在岗职工工资收入的高低程度，是反映在岗职工工资水平的主要指标。计算公式为:

在岗职工平均工资=（报告期实际支付的全部在岗职工工资总额／报告期全部在岗职工平均人数）

在岗职工平均实际工资 指扣除物价变动因素后的在岗职工平均工资。计算公式为:

在岗职工平均实际工资=（报告期在岗职工平均工资／报告期在岗职工生活费价格指数）

六、固定资产投资

Chapter 6　Investment in Fixed Assets

6-1 全社会固定资产投资

指　　标	2008年	2009年	2010年	2011年	2012年	2013年	2014年	2015年
投资总额(亿元)	**10019.1**	**12292.6**	**16043.0**	**17726.3**	**21836.3**	**25107.7**	**24730.8**	**17917.9**
1.按经济类型分								
国 有 经 济	2496.8	2845.6	3875.5	3718.6	4492.9	5160.3	4944.7	3319.9
集 体 经 济	442.1	480.7	504.4	457.9	505.3	363.2	290.7	246.6
私营个体经济	3140.7	4108.3	5437.5	6637.7	8402.8	10214.2	10607.7	8186.4
其 他 经 济	3939.4	4858.0	6225.7	6912.1	8435.3	9369.9	8887.7	6165.0
2.按投资渠道分								
建设项目投资	6821.2	8964.6	11640.6	11927.7	14468.2	16404.6	19125.5	14081.7
房地产开发投资	2060.8	2640.6	3465.8	4487.6	5455.8	6450.8	5301.3	3558.6
3.按资金来源分								
国家预算内资金	448.1	518.3	472.5	928.4	898.7	1064.5	1048.9	647.8
国 内 贷 款	1153.7	1705.1	2485.7	2691.3	3172.2	3437.2	3409.7	2336.6
利 用 外 资	372.4	350.5	280.9	293.8	330.2	264.2	167.3	102.4
自 筹 投 资	7238.2	8803.6	11843.5	12215.6	15469.9	18232.5	18348.1	12533.1
其 他 投 资	806.7	915.1	960.4	1597.2	1965.2	2109.2	1756.8	2298.0
4.按 构 成 分								
建筑安装工程	6208.1	7891.1	10348.8	11597.3	14008.2	17262.7	17813.3	13303.5
设备、工具、器具购置	2574.2	3007.6	3756.0	3740.9	4953.0	5469.6	5045.4	3365.4
其 他 费 用	1236.9	1393.9	1938.3	2388.1	2875.1	2375.4	1872.1	1249.0
5.按建设性质分								
# 新　　建	4691.7	5666.6	8174.8	9281.0	12060.7	14126.4	15079.7	10638.1
扩　　建	1277.2	1344.6	1217.0	1852.4	2038.4	2157.7	2144.4	1640.1
改　　建	1238.8	1764.5	2206.5	1266.9	1359.9	1323.2	1218.7	1178.6
6.按 产 业 分								
第 一 产 业	325.1	322.6	358.3	537.0	601.4	526.8	566.1	436.7
第 二 产 业	4833.1	5833.7	7498.1	7468.9	9424.1	10303.2	10365.2	7439.6
第 三 产 业	4860.8	6136.3	8186.7	9720.4	11810.8	14277.7	13799.5	10041.6
7.按 城 乡 分								
城　　镇	8882.0	11605.2	15106.3	16415.3	19924.0	22855.4		
农　　村	1137.1	687.4	936.7	1311.0	1912.3	2252.3		
8.按主要行业分								
# 农　　业	325.1	322.6	358.3	537.0	601.4	575.5	662.2	510.3
工　　业	4764.4	5704.5	7302.6	7221.3	8954.7	10105.9	10258.3	7471.7
# 能源工业	541.2	726.8	972.3	767.1	1173.0	1221.1	1097.0	776.5
运输邮电业	804.2	757.6	1080.8	907.5	1068.6	1603.1	1808.5	1263.6
本年新增固定资产(亿元)	**6087.6**	**7508.6**	**10150.4**	**10071.2**	**13177.7**	**15029.8**	**17494.8**	**15238.4**
房屋建筑面积(万平方米)								
施 工 面 积	29420.1	33861.3	49050.4	60774.2	68320.2	71452.5	68646.2	50479.7
# 住　　宅	15741.3	18429.9	24867.6	31734.3	34069.7	35972.2	32316.7	24045.6
竣 工 面 积	12909.2	12731.0	13603.7	15210.7	16867.6	18807.6	16931.0	13225.1
# 住　　宅	6879.9	7152.5	7504.3	9161.0	9103.7	8902.9	8176.7	4971.8

注：从2011年开始统计范围为500万元的建设项目投资。

6-2 按登记注册类型分全社会固定资产投资

年 份	总计	国有经济	集体经济	私营个体	其他经济
投资额(亿元)					
1985	142.18	110.41	15.73	16.04	
1990	262.88	217.94	22.13	22.81	
1991	317.96	261.15	21.61	35.19	
1992	436.85	362.88	43.19	30.78	
1993	718.25	476.47	98.54	36.66	106.58
1994	887.98	592.97	98.62	41.11	155.28
1995	884.95	584.39	95.46	49.53	155.57
1996	876.07	548.54	102.83	59.83	164.88
1997	953.69	603.76	97.36	54.22	198.35
1998	1052.57	651.21	119.26	95.20	186.90
1999	1102.32	662.95	111.44	132.84	195.10
2000	1267.69	649.42	154.14	149.10	315.02
2001	1420.96	690.71	158.49	179.08	392.68
2002	1605.55	648.90	173.54	240.19	542.92
2003	2082.70	712.23	229.49	336.18	804.81
2004	3000.11	928.20	341.26	589.66	1140.99
2005	4234.06	1245.53	526.28	819.75	1642.50
2006	5689.64	1700.33	185.30	1486.56	2317.45
2007	7435.23	2051.43	278.71	2091.58	3013.50
2008	10019.07	2496.84	442.12	3140.67	3939.44
2009	12292.59	2845.55	480.72	4108.29	4858.03
2010	16043.03	3875.48	504.36	5437.46	6225.73
2011	17726.29	3718.57	457.93	6637.67	6912.12
2012	21836.28	4492.91	505.33	8402.81	8435.23
2013	25107.66	5160.31	363.17	10214.24	9369.94
2014	24730.80	4944.70	290.70	10607.70	8887.70
2015	17917.89	3319.85	246.59	8186.42	6165.03
比上年增长速度(%)					
1985	47.1	50.7	48.3	25.2	
1990	3.7	8.3	23.3	-33.4	
1991	21.0	19.8	-2.4	54.3	
1992	37.4	39.0	99.9	-12.5	
1993	64.4	31.3	128.2	19.1	
1994	23.6	24.5	0.1	12.2	45.7
1995	-0.3	-1.4	-3.2	20.5	0.6
1996	-1.0	-6.1	7.7	20.8	6.0
1997	8.9	10.1	-5.3	-9.4	20.3
1998	10.4	7.9	21.3	75.6	-5.8
1999	4.7	1.8	-8.4	39.5	4.4
2000	15.0	-2.0	38.3	12.2	61.5
2001	12.1	6.4	2.8	20.1	24.7
2002	13.0	-6.1	9.5	34.1	38.3
2003	29.7	9.8	32.2	40.0	48.2
2004	44.0	30.3	48.7	75.4	41.8
2005	41.1	34.2	54.2	39.0	44.0
2006	34.4	36.5	-64.8	81.3	41.1
2007	30.7	20.6	50.4	40.7	30.0
2008	34.8	21.7	58.6	50.2	30.7
2009	22.7	14.0	8.7	30.8	23.3
2010	30.5	36.2	4.9	32.4	28.2
2011	30.0	25.3	8.4	33.5	11.0
2012	23.2	20.8	10.3	26.6	22.0
2013	15.0	14.9	-28.1	21.6	11.1
2014	-1.5	-4.2	-20.0	3.9	-5.1
2015	-27.5	-32.9	-15.2	-22.8	-30.6

6-3 按资金来源和构成分全社会固定资产投资

年 份	按资金来源分				按构成分		
	国家投资	国内贷款	利用外资	自筹和其他资金	建筑安装工程	设备工具器具购置	其他费用
投资额(亿元)							
1985	21.14	29.97	1.07	90.00	91.21	38.47	12.50
1990	17.32	54.30	21.61	169.65	162.77	73.21	26.90
1991	16.98	81.18	31.04	188.76	192.75	92.58	32.63
1992	17.20	113.21	25.05	281.39	275.78	108.42	52.65
1993	22.50	149.72	66.74	479.30	462.57	178.46	77.22
1994	16.41	186.28	119.81	565.49	546.98	234.77	106.24
1995	21.78	178.34	112.43	572.40	536.18	223.31	125.46
1996	19.67	151.26	92.58	612.56	531.29	212.99	131.79
1997	29.35	163.36	133.47	627.50	583.67	231.47	138.55
1998	36.63	190.03	94.61	731.30	642.00	273.72	136.85
1999	71.10	216.50	70.62	744.10	718.77	248.24	135.31
2000	72.25	252.22	73.23	869.98	801.57	301.08	165.04
2001	112.21	264.50	53.44	990.80	885.71	325.90	209.34
2002	108.29	279.92	72.16	1145.18	969.71	348.08	287.76
2003	89.35	372.14	58.55	1562.66	1222.23	472.60	387.87
2004	114.00	390.01	90.00	2406.10	1791.86	728.97	479.29
2005	173.74	516.84	124.49	3418.99	2490.04	1050.16	693.86
2006	258.78	640.95	132.44	4657.47	3437.55	1367.37	884.72
2007	363.11	967.00	203.91	5901.21	4703.50	1703.47	1028.26
2008	448.05	1153.72	372.41	8044.89	6208.05	2574.14	1236.88
2009	518.33	1705.09	350.45	9718.72	7891.13	3007.54	1393.92
2010	472.50	2485.74	280.91	12803.88	10348.82	3755.95	1938.26
2011	928.42	2691.33	293.75	13812.79	11597.33	3740.88	2388.08
2012	898.74	3172.24	330.19	17435.11	14008.24	4952.97	2875.07
2013	1064.47	3437.22	264.22	20341.75	17262.71	5469.56	2375.39
2014	1048.90	3409.69	167.31	20104.90	17813.32	5045.41	1872.08
2015	647.76	2336.61	102.44	14831.09	13303.55	3365.37	1248.98
构成(%)							
1985	14.9	21.1	0.7	63.3	64.1	27.1	8.8
1990	6.6	20.7	8.2	64.5	61.9	27.8	10.3
1991	5.3	25.5	9.8	59.4	60.6	29.1	10.3
1992	3.9	25.9	5.7	64.5	63.1	24.8	12.1
1993	3.1	20.8	9.3	66.8	64.4	24.8	10.8
1994	1.8	21.0	13.5	63.7	61.6	26.4	12.0
1995	2.5	20.2	12.7	64.6	60.6	25.2	14.2
1996	2.2	17.3	10.6	69.9	60.6	24.3	15.1
1997	3.1	17.1	14.0	65.8	61.2	24.3	14.5
1998	3.5	18.1	9.0	69.4	61.0	26.0	13.0
1999	6.5	19.6	6.4	67.5	65.2	22.5	12.3
2000	5.7	19.9	5.8	68.6	63.2	23.8	13.0
2001	7.9	18.6	3.8	69.7	62.3	22.9	14.8
2002	6.7	17.4	4.5	71.4	60.4	21.7	17.9
2003	4.3	17.9	2.8	75.0	58.7	22.7	18.6
2004	3.8	13.0	3.0	80.2	59.7	24.3	16.0
2005	4.1	12.2	2.9	80.8	58.8	24.8	16.4
2006	4.5	11.3	2.3	81.9	60.4	24.0	15.5
2007	4.9	13.0	2.7	79.4	63.3	22.9	13.8
2008	4.5	11.5	3.7	80.3	62.0	25.7	12.3
2009	4.2	13.9	2.9	79.0	64.2	24.5	11.3
2010	2.9	15.5	1.8	79.8	64.5	23.4	12.1
2011	5.2	15.2	1.7	77.9	65.4	21.1	13.5
2012	4.1	14.5	1.5	79.9	64.2	22.7	13.1
2013	4.2	13.7	1.1	81.0	68.8	21.8	9.4
2014	4.2	13.8	0.7	81.3	72.0	20.4	7.6
2015	3.6	13.0	0.6	82.8	74.2	18.8	7.0

6-4 全社会固定资产投资及构成

(2015年)

指　标	总计	建设项目投资	房地产开发投资	农户个人投资
一、绝　对　数				
1.投资总额(亿元)	17917.9	14081.7	3558.6	277.5
# 住　宅	2775.3	38.3	2603.3	133.7
(1)按资金来源分				
国家预算内投资	647.8	647.8		
国内贷款	2336.6	1872.9	462.6	1.1
债　券				
利用外资	102.4	70.4	32.0	
自筹投资	12533.1	10350.1	1907.4	275.6
其他投资	2298.0	1140.6	1156.6	0.8
(2)按构成分				
建筑安装工程	13303.5	9996.1	3109.8	197.7
设备工器具购置	3365.4	3269.2	44.1	52.1
其他费用	1249.0	816.5	404.7	27.8
2.本年新增固定资产(亿元)	15238.4	13746.4	1311.9	180.1
3.房屋建筑面积(万平方米)				
施工面积	50479.7	18091.3	29278.2	3110.2
竣工面积	13225.1	7103.9	3237.5	2883.6
# 住　宅	4971.8	145.9	2529.3	2296.6
二、构　成(%)				
(1)按资金来源分				
国家预算内投资	3.6	4.6		
国内贷款	13.0	13.3	13.0	0.4
债　券				
利用外资	0.6	0.5	0.9	
自筹投资	69.9	73.5	53.6	99.3
其他投资	12.8	8.1	32.5	0.3
(2)按构成分				
建筑安装工程	74.2	71.0	87.4	71.2
设备工具器具购置	18.8	23.2	1.2	18.8
其他费用	7.0	5.8	11.4	10.0

6-5 各地区全社会固定资产投资

(2015年)

单位：万元

地 区	总计	建设项目投资	房地产开发投资	农户个人投资
全 省	**179178936**	**140817277**	**35586421**	**2775238**
沈 阳	53260443	39883811	13376632	
大 连	45592792	36618197	8974595	
鞍 山	15817652	13619811	2060841	137000
抚 顺	5973980	5199596	774384	
本 溪	5845316	5081350	763966	
丹 东	5834554	4979230	855324	
锦 州	7821466	6681160	1140306	
营 口	9062156	8012857	1049299	
阜 新	2077740	1645054	432686	
辽 阳	4749371	3855089	688119	206163
盘 锦	9830605	7435194	2395411	
铁 岭	3974859	2757315	1217544	
朝 阳	5001466	4115595	885871	
葫芦岛	1904461	933018	971443	

注：分市数据由各市提供。全省农户个人投资由国家统计局辽宁调查总队提供。

6-6 各地区按经济类型分全社会固定资产投资

(2015年)

单位：万元

地 区	总计	国有经济	集体经济	私营个体		联营经济	股份制经济	外商投资经济	港澳台商投资经济	其他经济
					#农户					
全 省	**179178936**	**33198513**	**2465871**	**81864244**	**2775238**	**139839**	**43421186**	**4720038**	**6447578**	**6921667**
沈 阳	53260443	6025037	746625	23103203		72856	15744480	2862931	2657427	2047884
大 连	45592792	12954988	1251872	15757555			9812893	1528039	1864706	2422739
鞍 山	15817652	146862	37703	745260	137000	11700	1146682	27054	47666	13654725
抚 顺	5973980	675495	8069	3296365			1707978	28524	35454	222095
本 溪	5845316	1588767	96936	2671872			1268388	39604	29430	150319
丹 东	5834554	1182853	85501	3287595		18935	1148864	21552	10177	79077
锦 州	7821466	1019831	71063	4740854			1595417	27178	226587	140536
营 口	9062156	1733343		6021329			1084645	82597	107209	33033
阜 新	2077740	415189	9255	807177		2685	734565	61316	44105	3448
辽 阳	4749371	660862	100787	2714719	206163	18398	591500		298806	364299
盘 锦	9830605	3434830		3959128			1769583	90088	504192	72784
铁 岭	3974859	970867	1351	1978299			791470	9074	201574	22224
朝 阳	5001466	873439		3077920		15265	955475	9917	11984	57466
葫芦岛	1904461	419747	32650	1017416			414287	4780	10484	5097

6-7 各地区按隶属关系和构成分全社会固定资产投资

(2015年)

单位：万元

地　区	总计	按隶属关系分		按构成分		
		中央项目	地方项目	建安工程投资	设备工器具购置	其他费用
全　省	**179178936**	**5158655**	**174020281**	**133035457**	**33653695**	**12489784**
沈　阳	53260443	1106008	52154435	40470130	9729312	3061001
大　连	45592792	1750612	43842180	38007086	4744946	2840760
鞍　山	15817652	173106	15644546	10579764	3462342	1775546
抚　顺	5973980	76495	5897485	3227014	2472072	274894
本　溪	5845316	22584	5822732	3716432	1214488	914396
丹　东	5834554	424103	5410451	4066307	1499922	268325
锦　州	7821466	72122	7749344	4250760	2181609	1389097
营　口	9062156	431403	8630753	6043162	2619575	399419
阜　新	2077740	229800	1847940	1500825	502941	73974
辽　阳	4749371	47867	4701504	2856306	1363624	529441
盘　锦	9830605	710261	9120344	8865708	881170	83727
铁　岭	3974859	14726	3960133	3110713	695566	168580
朝　阳	5001466	132056	4869410	3064265	1614751	322450
葫芦岛	1904461	38116	1866345	1474826	253055	176580

6-8 各地区按主要行业分全社会固定资产投资

单位：亿元

年份、地区	合计	农林牧渔业	采矿业	制造业	电力、燃气及水的生产和供应业	建筑业	交通运输仓储和邮政业	信息传输、计算机服务和软件业	批发和零售业	住宿和餐饮业
2003	2082.70	93.65	101.75	576.18	98.38	61.98	208.95		91.02	
2004	3000.11	94.28	147.42	942.49	110.20	63.66	237.76	50.60	100.99	47.96
2005	4234.06	143.83	226.44	1588.86	144.32	53.14	308.81	41.28	132.04	44.19
2006	5689.64	155.55	256.09	2088.88	215.46	83.96	561.26	97.21	141.67	60.86
2007	7435.23	197.99	334.92	2839.84	342.66	55.61	592.75	67.05	200.15	91.85
2008	10019.07	325.14	400.48	3917.72	446.24	68.67	804.23	116.42	243.21	119.82
2009	12292.59	322.59	388.20	4637.55	678.73	129.24	757.62	132.56	393.60	177.41
2010	16043.03	358.28	635.72	5838.22	828.65	195.49	1080.82	146.51	323.93	210.19
2011	17726.29	536.95	547.44	5975.61	698.28	247.58	907.53	105.46	532.03	323.74
2012	21836.28	601.39	684.21	7494.21	776.31	469.39	1068.60	133.13	763.10	428.46
2013	25107.66	575.50	650.27	8632.10	823.53	253.02	1603.14	122.53	1019.71	498.25
2014	24730.80	662.18	617.38	8869.11	771.83	149.13	1808.53	213.07	1059.98	406.75
2015	17917.89	510.29	382.83	6568.31	520.56	22.84	1263.56	202.57	848.67	296.40
沈　阳	5326.04	75.12	2.46	1980.13	129.03	7.92	450.83	227.20	102.37	132.62
大　连	4559.28	150.40	4.07	1300.68	129.80		395.81	44.63	95.67	48.22
鞍　山	1581.77	36.87	29.95	883.64	29.94	2.78	61.68	3.90	81.45	37.98
抚　顺	597.40	2.45	29.04	297.25	24.64		10.99	4.77	16.50	12.16
本　溪	584.53	12.35	42.42	204.46	11.83	0.08	6.19	76.63	8.70	2.60
丹　东	583.46	10.81	27.92	180.84	13.46	3.14	153.97	1.68	31.12	10.75
锦　州	782.15	9.64	37.64	392.26	29.36		42.09	4.41	33.39	16.67
营　口	906.22	10.99	5.65	477.06	27.81	0.33	46.44	2.03	51.09	20.14
阜　新	207.77	17.90	12.99	53.13	11.99	0.10	12.82	0.00	7.41	11.48
辽　阳	474.94	8.02	38.83	221.98	22.74		13.48	13.76	21.80	
盘　锦	983.06	30.43	81.71	253.39	39.34		149.30	2.04	25.91	4.56
铁　岭	397.49	6.15	0.25	131.44	18.01		32.62		7.89	1.31
朝　阳	500.15	47.74	69.66	154.16	25.27	0.09	17.77	1.66	11.99	1.25
葫芦岛	190.45	2.83	2.20	45.01	8.47		11.64	2.25	0.61	0.09

6-8 续表

单位：亿元

年份、地区	金融业	房地产业	租赁和商务服务业	科学研究、技术服务和地质勘查业	水利、环境和公共设施管理业	居民服务和其他服务业	教育	卫生、社会保障和社会福利业	文化、体育和娱乐业	公共管理和社会组织
2003	4.57	516.43	5.38	14.92	16.85	101.63		11.90	68.44	110.68
2004	4.13	797.30	25.86	25.27	168.33	13.27	68.24	19.46	32.90	49.84
2005	17.49	981.30	38.87	27.16	274.38	13.58	89.60	23.31	36.05	49.41
2006	10.36	1318.95	58.39	36.75	318.23	27.19	92.43	30.07	60.16	76.17
2007	20.81	1701.06	87.66	49.30	541.95	41.37	101.18	44.66	57.92	66.50
2008	47.20	2306.87	128.74	63.31	684.55	39.87	110.70	54.25	64.34	77.31
2009	41.06	2861.99	158.40	95.04	899.34	59.94	129.12	84.35	132.16	213.68
2010	32.53	3755.53	340.84	122.30	1377.03	89.87	132.68	86.84	186.60	301.00
2011	56.68	4884.53	410.43	107.78	1489.28	156.53	178.05	92.99	184.26	291.14
2012	63.88	5828.43	547.80	161.23	1677.42	210.09	196.22	161.89	282.61	287.93
2013	159.48	6910.35	400.48	194.94	2233.35	208.13	236.20	144.80	280.69	161.19
2014	105.96	5789.74	557.73	261.03	2459.34	211.88	254.42	127.35	253.98	151.42
2015	71.65	3797.26	343.48	246.71	2081.88	138.90	178.43	125.47	181.67	136.44
沈　阳	28.24	1373.37	120.28	131.72	350.71	50.97	60.86	57.88	28.74	15.59
大　连	29.45	918.62	58.75	43.50	1167.20	31.18	47.08	20.63	58.40	15.19
鞍　山	6.21	207.87	34.76	28.40	47.47	19.98	18.16	13.37	15.62	21.74
抚　顺	1.06	79.66	37.68	0.61	50.64	4.82	2.26	3.48	14.99	4.39
本　溪		81.55	29.30	4.21	61.46	1.26	19.44	2.86	10.04	9.14
丹　东	0.73	85.53	16.69	3.39	12.71	4.89	5.49	3.51	5.01	11.82
锦　州	1.00	116.67	8.09	10.84	41.64	4.25	5.94	2.87	5.17	20.23
营　口	2.66	108.25	19.15	14.14	84.05	3.67	5.61	7.79	7.23	12.11
阜　新		51.74	0.19	1.54	18.24		2.10	2.03	2.87	1.23
辽　阳	2.42	79.32		0.46	32.59	0.31	1.01	2.53	0.71	14.96
盘　锦		252.91	9.22	1.84	108.52	7.33	3.02	1.91	9.63	1.99
铁　岭		121.75		1.83	60.00	0.95	4.24	2.77	7.03	1.24
朝　阳		89.34	3.61	1.44	45.58	1.82	2.01	3.94	15.97	6.84
葫芦岛	2.38	101.53	5.82	2.80	2.48	0.49	1.24			0.61

6-9 各地区全社会住宅投资

单位：亿元

年份、地区	合计	建设项目	房地产	农村	
					#农户
2000	317.00	252.03	181.29	64.98	53.19
2001	323.49	275.79	227.57	47.71	43.55
2002	376.31	323.76	275.89	52.55	45.06
2003	439.70	388.10	343.47	51.60	43.37
2004	608.55	535.75	494.28	72.80	53.49
2005	751.79	685.11	614.54	66.68	57.44
2006	1041.86	929.38	838.90	112.48	92.59
2007	1380.53	1256.50	1165.89	124.03	101.26
2008	1768.62	1639.17	1579.21	129.45	121.15
2009	2128.39	1984.13	1933.92	144.26	142.35
2010	2724.15	2562.10	2481.35	162.05	158.73
2011	3691.60	3511.95	3410.49	179.65	177.49
2012	4201.12	4020.31	3961.95	180.81	178.30
2013	4874.19	4689.77	4664.99	184.41	181.76
2014	4077.20	44.08	3844.26		188.85
2015	2775.31	38.26	2603.32		133.74
沈　阳	939.62	4.65	934.97		
大　连	695.09	12.91	682.18		
鞍　山	167.94	2.04	164.26		1.63
抚　顺	54.41	1.29	53.12		
本　溪	58.67	0.92	57.75		
丹　东	73.09	0.52	72.56		
锦　州	89.39		89.39		
营　口	89.77	8.49	81.28		
阜　新	28.38	4.70	23.68		
辽　阳	55.35		48.60		6.75
盘　锦	176.00		176.00		
铁　岭	89.35	2.60	86.75		
朝　阳	66.41	0.14	66.27		
葫芦岛	32.38		32.38		

注：2013年之前的年度数据为城镇口径。

6-10 各地区全社会施工、竣工房屋面积

单位：万平方米

年份、地区	施工房屋建筑面积	#住宅	竣工房屋建筑面积	#住宅
1990	4353.9		3049.0	2112.1
1991	5267.0		3640.4	2678.8
1992	6123.7		3772.8	2531.6
1993	7379.4		3972.3	2633.3
1994	7756.6		4058.2	2614.5
1995	6844.0	4002.8	3648.6	2477.7
1996	6172.0	3652.3	3536.0	2407.3
1997	5705.7	3447.4	3254.1	2314.4
1998	5816.4	3321.1	3469.5	2144.5
1999	6347.2	3850.9	4002.4	2686.2
2000	7986.4	5449.2	5202.0	3920.1
2001	8877.8	5871.3	5519.0	4033.8
2002	10359.3	6552.0	6309.8	4221.1
2003	11820.7	7017.8	6949.9	4352.1
2004	13594.0	7865.5	7799.1	4846.6
2005	15881.9	8595.4	8177.5	4762.5
2006	19863.9	10863.3	10241.7	5960.0
2007	25805.9	13503.7	11279.3	6189.6
2008	29420.1	15741.3	12909.2	6879.9
2009	33861.3	18429.9	12731.0	7152.5
2010	49050.4	24867.6	13603.7	7504.3
2011	60774.2	31734.3	15210.7	9161.0
2012	68320.2	34069.7	16867.6	9103.7
2013	71452.5	35972.2	18807.6	8902.9
2014	68646.2	32316.7	16931.0	8176.7
2015	50479.7	24045.6	13225.1	4971.8
沈　阳	13812.8	5885.9	2910.4	770.8
大　连	7786.0	3720.2	936.4	247.6
鞍　山	5596.0	1823.2	2673.4	309.4
抚　顺	2380.3	1083.9	192.2	88.5
本　溪	1329.7	744.0	299.3	155.0
丹　东	1653.3	848.6	386.6	72.2
锦　州	1834.0	833.6	725.5	132.0
营　口	3592.1	1522.5	695.4	84.9
阜　新	1825.3	826.6	449.5	153.1
辽　阳	807.8	469.0	152.2	107.1
盘　锦	1674.1	1150.2	353.3	257.3
铁　岭	1773.4	860.5	328.5	168.2
朝　阳	1694.1	969.2	198.3	126.3
葫芦岛	1691.7	1047.2	118.2	78.7

6-11 按构成和建设性质分的固定资产投资

单位：亿元

年份、地区	投资额	按构成分			按建设性质分	
		建筑安装工程	设备、工器具购置	其他费用	#新建	#改、扩建
2000	1067.10	676.69	246.37	144.04	249.66	489.24
2001	1203.74	772.27	257.44	174.03	278.91	545.87
2002	1364.04	839.45	276.04	248.55	307.31	600.27
2003	1777.57	1065.42	375.51	336.64	511.82	687.51
2004	2600.80	1579.60	593.60	427.60	807.55	941.98
2005	3672.87	2167.63	882.14	623.09	1388.41	1224.34
2006	3015.85	1164.71	797.28	1976.40	888.65	689.09
2007	6576.05	4176.03	1459.18	940.84	3073.58	1657.19
2008	8881.95	5526.65	2229.01	1126.29	4144.82	2203.95
2009	11605.17	7473.49	2813.46	1318.22	5399.68	2946.08
2010	15106.33	9775.50	3477.08	1853.75	7724.28	3236.78
2011	16415.32	10790.42	3384.03	2240.86	8548.16	2872.64
2012	19924.01	12788.70	4440.28	2695.03	10859.91	3008.00
2013	22855.39	15848.50	4816.44	2190.44	12645.16	3077.30
2014	24426.83	17597.01	4986.40	1843.43	15079.68	3363.13
2015	17640.37	13105.89	3313.27	1221.21	10638.12	2818.68
沈　阳	5326.04	4047.01	972.93	306.10	2392.28	1201.65
大　连	4559.28	3800.71	474.49	284.08	3186.92	317.93
鞍　山	1568.07	1052.93	341.88	173.25	1138.32	212.17
抚　顺	597.40	322.70	247.21	27.49	392.58	125.57
本　溪	584.53	371.64	121.45	91.44	387.74	119.98
丹　东	583.46	406.63	149.99	26.83	337.57	143.18
锦　州	782.15	425.08	218.16	138.91	461.26	191.66
营　口	906.22	604.32	261.96	39.94	714.22	72.18
阜　新	207.77	150.08	50.29	7.40	141.46	22.90
辽　阳	454.32	273.23	130.44	50.65	304.43	74.93
盘　锦	983.06	886.58	88.12	8.37	654.01	89.46
铁　岭	397.49	311.07	69.56	16.86	241.33	32.30
朝　阳	500.15	306.43	161.48	32.25	214.12	193.36
葫芦岛	190.45	147.48	25.31	17.66	71.87	21.43

注：2013年之前的年度数据为城镇口径。

6-12 按资金来源和隶属关系分固定资产投资

单位：亿元

年份、地区	按资金来源分					按隶属关系分	
	国家预算资金	国内贷款	利用外资	自筹资金	其他投资	中央项目	地方项目
2000	65.63	245.25	69.30	511.43	175.48	283.93	783.07
2001	107.69	256.03	51.33	592.83	195.86	302.20	901.54
2002	100.68	265.02	65.80	726.20	206.34	269.85	1094.19
2003	82.89	345.98	49.35	1051.91	247.44	250.90	1526.67
2004	105.02	359.85	79.61	1676.65	379.67	363.65	2237.14
2005	164.74	489.57	117.64	2447.25	453.67	476.68	3196.19
2006	252.39	618.77	127.01	3376.11	603.56	606.17	4371.67
2007	355.49	917.52	199.76	4394.80	708.48	861.29	5714.76
2008	422.62	1117.03	367.31	6198.79	776.20	1073.03	7808.91
2009	510.98	1677.54	348.16	8159.79	908.70	815.50	10789.67
2010	465.62	2417.01	278.85	10996.13	948.72	994.90	14111.43
2011	917.24	2581.58	289.69	11040.79	1586.02	799.57	15615.75
2012	853.62	3040.78	323.91	13755.63	1950.07	779.27	19144.74
2013	1033.49	3126.40	258.42	16348.29	2088.79	782.41	22072.98
2014	1048.90	3408.59	167.33	18046.00	1756.01	742.74	23684.09
2015	838.76	2349.24	92.38	13108.61	1251.38	515.87	17124.50
沈　阳	248.07	632.59	20.76	4183.64	464.41	110.60	5215.44
大　连	350.87	909.04	36.21	2722.23	536.71	175.06	4384.22
鞍　山	9.42	260.24	2.40	1305.25	96.51	17.31	1550.75
抚　顺	40.25	36.26	0.20	495.35	40.83	7.65	589.75
本　溪	4.35	10.40	1.59	555.77	26.58	2.26	582.27
丹　东	98.64	50.60		414.66	50.82	42.41	541.05
锦　州	6.62	64.74	3.48	689.41	49.29	7.21	774.93
营　口	8.86	59.81	0.91	808.82	26.56	43.14	863.08
阜　新	8.21	26.13		173.48	5.62	15.92	191.85
辽　阳	2.39	92.83	0.10	356.38	21.24	4.79	449.53
盘　锦		173.75	23.90	654.57	57.38	71.03	912.03
铁　岭	34.81	63.19	7.16	268.37	32.47	1.47	396.01
朝　阳	5.33	14.04	0.42	474.33	25.25	13.21	486.94
葫芦岛	3.92	5.07		140.00	34.21	3.81	186.63

注：本表资金来源分市数据为本年到位资金。投资额：2013年之前的年度数据为城镇口径。

6-13 按行业分固定资产投资额

(2015年) 单位：万元

行业	投资额	建筑安装工程投资	设备工器具购置	其他费用
全省合计	**176403698**	**131058930**	**33132670**	**12212098**
农、林、牧、渔业	**4193371**	**3120052**	**785916**	**287403**
农业	1455423	1079990	311640	63793
林业	280830	228856	32308	19666
畜牧业	1031521	657700	281138	92683
渔业	689947	581226	45041	63680
农、林、牧、渔服务业	735650	572280	115789	47581
采矿业	**3828263**	**2436952**	**1236031**	**155280**
煤炭开采和洗选业	247827	129762	110820	7245
石油和天然气开采业	850310	743766	101487	5057
黑色金属矿采选业	1366933	727906	574778	64249
有色金属矿采选业	341143	261873	59488	19782
非金属矿采选业	865789	444953	367489	53347
开采辅助活动	126365	110216	11349	4800
其他采矿业	29896	18476	10620	800
制造业	**65655309**	**40224895**	**21113611**	**4316803**
农副食品加工业	5435141	3437209	1638704	359228
食品制造业	1527852	1085233	387411	55208
酒、饮料和精制茶制造业	1125381	720944	341722	62715
烟草制品业	10776	3141	5285	2350
纺织业	607081	418023	155663	33395
纺织服装、服饰业	1336192	811528	382457	142207
皮革、毛皮、羽毛及其制品和制鞋业	287944	165862	96284	25798
木材加工和木、竹、藤、棕、草制品业	1259302	717538	491643	50121
家具制造业	832337	483578	297077	51682
造纸和纸制品业	783112	459377	292869	30866
印刷和记录媒介复制业	553512	289930	240797	22785
文教、工美、体育和娱乐用品制造业	546763	352359	175167	19237
石油加工、炼焦和核燃料加工业	1461387	856886	514595	89906
化学原料和化学制品制造业	4727665	2916818	1556696	254151
医药制造业	1319709	966398	272056	81255
化学纤维制造业	206726	164648	27283	14795
橡胶和塑料制品业	2483932	1660428	658400	165104
非金属矿物制品业	7740657	4548677	2495893	696087
黑色金属冶炼和压延加工业	1206192	569466	488319	148407
有色金属冶炼和压延加工业	2233736	1184887	761414	287435
金属制品业	4082375	2434905	1392221	255249
通用设备制造业	8573245	5339315	2816499	417431

6-13 续表 1

单位：万元

行　业	投资额	建筑安装工程投资	设备工器具购置	其他费用
专用设备制造业	5359661	3276039	1765057	318565
汽车制造业	2714101	1494408	921958	297735
铁路、船舶、航空航天和其他运输设备制造业	1126029	830952	272665	22412
电气机械和器材制造业	3841895	2393494	1226761	221640
计算机、通信和其他电子设备制造业	2273176	1326071	880266	66839
仪器仪表制造业	810512	510514	267800	32198
其他制造业	410572	244542	113067	52963
废弃资源综合利用业	355348	254574	65655	35119
金属制品、机械和设备修理业	422998	307151	111927	3920
电力、热力、燃气及水生产和供应业	**5205561**	**3236929**	**1628422**	**340210**
电力、热力生产和供应业	3750529	2045971	1418971	285587
燃气生产和供应业	695190	546249	120593	28348
水的生产和供应业	759842	644709	88858	26275
建筑业	**116668**	**45588**	**70603**	**477**
房屋建筑业	5873	2965	2700	208
土木工程建筑业	21549	6889	14430	230
建筑安装业	47123	14574	32510	39
建筑装饰和其他建筑业	42123	21160	20963	
批发和零售业	**8269836**	**6314312**	**1480434**	**475090**
批发业	4435970	3327477	853664	254829
零售业	3833866	2986835	626770	220261
交通运输、仓储和邮政业	**12553369**	**8864021**	**2764493**	**924855**
铁路运输业	2423421	1367933	633476	422012
道路运输业	4305467	3480851	643106	181510
水上运输业	2081458	1319573	641558	120327
航空运输业	298734	196625	99249	2860
管道运输业	94171	50016	34739	9416
装卸搬运和运输代理业	776380	563897	198407	14076
仓储业	2543010	1860889	507467	174654
邮政业	30728	24237	6491	
住宿和餐饮业	**2963957**	**2579078**	**269139**	**115740**
住宿业	1843221	1547558	193651	102012
餐饮业	1120736	1031520	75488	13728
信息传输、软件和信息技术服务业	**2025749**	**1718171**	**264252**	**43326**
电信、广播电视和卫星传输服务	497971	412749	83477	1745
互联网和相关服务	200306	139544	56838	3924
软件和信息技术服务业	1327472	1165878	123937	37657

6-13 续表 2

单位：万元

行 业	投资额	建筑安装工程投资	设备工器具购置	其他费用
金融业	**716469**	**613517**	**84200**	**18752**
货币金融服务	209742	145396	57774	6572
资本市场服务	316397	312302	1300	2795
保险业	41422	33904	6862	656
其他金融业	148908	121915	18264	8729
房地产业	**36635212**	**32026701**	**511368**	**4097143**
租赁和商务服务业	**3434816**	**2702173**	**539210**	**193433**
租赁业	201277	125062	71763	4452
商务服务业	3233539	2577111	467447	188981
科学研究和技术服务业	**2467055**	**1948527**	**432223**	**86305**
研究和试验发展	854931	739855	97554	17522
专业技术服务业	844072	613266	198300	32506
科技推广和应用服务业	768052	595406	136369	36277
水利、环境和公共设施管理业	**20818836**	**19018250**	**904055**	**896531**
水利管理业	1613715	1564983	41001	7731
生态保护和环境治理业	431529	323136	78795	29598
公共设施管理业	18773592	17130131	784259	859202
居民服务、修理和其他服务业	**1302093**	**1073707**	**177365**	**51021**
居民服务业	707259	633536	45352	28371
机动车、电子产品和日用产品修理业	444174	332558	89419	22197
其他服务业	150660	107613	42594	453
教育	**1784324**	**1545798**	**160006**	**78520**
卫生和社会工作	**1254657**	**1000452**	**210012**	**44193**
卫生	895412	669780	187175	38457
社会工作	359245	330672	22837	5736
文化、体育和娱乐业	**1813789**	**1407019**	**347304**	**59466**
新闻和出版业	28981	12765	9576	6640
广播、电视、电影和影视录音制作业	58710	34818	19406	4486
文化艺术业	634640	533972	89168	11500
体育	277785	208234	61783	7768
娱乐业	813673	617230	167371	29072
公共管理、社会保障和社会组织	**1364364**	**1182788**	**154026**	**27550**
中国共产党机关	14096	14096		
国家机构	1059926	910311	123584	26031
人民政协、民主党派				
社会保障	15529	15327		202
群众团体、社会团体和其他成员组织	136714	124166	11401	1147
基层群众自治组织	138099	118888	19041	170

6-14 按行业、隶属关系和注册类型分固定资产投资

(2015年)

单位：万元

行业	投资额						
		中央	地方	内资	港澳台商投资	外商投资	个体经营
全省合计	**176403698**	**5158655**	**171245043**	**164579871**	**6447578**	**4720038**	**656211**
农、林、牧、渔业	**4193371**		**4193371**	**4092216**	**29337**	**17593**	**54225**
农业	1455423		1455423	1446223	9200		
林业	280830		280830	271930			8900
畜牧业	1031521		1031521	977976	20137	14793	18615
渔业	689947		689947	672797			17150
农、林、牧、渔服务业	735650		735650	723290		2800	9560
采矿业	**3828263**	**729570**	**3098693**	**3721978**	**99585**	**6700**	
煤炭开采和洗选业	247827		247827	245827		2000	
石油和天然气开采业	850310	657997	192313	755618	94692		
黑色金属矿采选业	1366933	55584	1311349	1366933			
有色金属矿采选业	341143	15989	325154	336443		4700	
非金属矿采选业	865789		865789	860896	4893		
开采辅助活动	126365		126365	126365			
其他采矿业	29896		29896	29896			
制造业	**65655309**	**670613**	**64984696**	**62816520**	**652484**	**2109883**	**76422**
农副食品加工业	5435141		5435141	5385762	26353	14526	8500
食品制造业	1527852		1527852	1394631	120713	7389	5119
酒、饮料和精制茶制造业	1125381		1125381	1115721	660	9000	
烟草制品业	10776		10776	10776			
纺织业	607081		607081	590256	5625	9000	2200
纺织服装、服饰业	1336192		1336192	1316282	10100	7449	2361
皮革、毛皮、羽毛及其制品和制鞋业	287944		287944	287944			
木材加工和木、竹、藤、棕、草制品业	1259302		1259302	1249394		8500	1408
家具制造业	832337		832337	792381		35956	4000
造纸和纸制品业	783112		783112	778562		4550	
印刷和记录媒介复制业	553512	16209	537303	553512			
文教、工美、体育和娱乐用品制造业	546763		546763	517283	18500	9000	1980
石油加工、炼焦和核燃料加工业	1461387	328228	1133159	1335630		125757	
化学原料和化学制品制造业	4727665	31591	4696074	4610797	18350	90043	8475
医药制造业	1319709		1319709	1274679		45030	
化学纤维制造业	206726		206726	206726			
橡胶和塑料制品业	2483932		2483932	2430219	22098	31615	
非金属矿物制品业	7740657		7740657	7696079	180	33088	11310
黑色金属冶炼和压延加工业	1206192	91010	1115182	1190992		15200	
有色金属冶炼和压延加工业	2233736	5191	2228545	1926818	245938	60980	
金属制品业	4082375		4082375	3790981	24712	263782	2900
通用设备制造业	8573245	51288	8521957	8351836	48101	165343	7965

6-14 续表 1

单位：万元

行业	投资额						
		中央	地方	内资	港澳台商投资	外商投资	个体经营
专用设备制造业	5359661	8226	5351435	5206337	82200	64028	7096
汽车制造业	2714101	1269	2712832	1817130		896971	
铁路、船舶、航空航天和其他运输设备制造业	1126029	132991	993038	1027319		98710	
电气机械和器材制造业	3841895	4610	3837285	3767137	12000	49650	13108
计算机、通信和其他电子设备制造业	2273176		2273176	2215977	3650	53549	
仪器仪表制造业	810512		810512	801377		9135	
其他制造业	410572		410572	399640	9300	1632	
废弃资源综合利用业	355348		355348	355348			
金属制品、机械和设备修理业	422998		422998	418994	4004		
电力、热力、燃气及水生产和供应业	**5205561**	**1386251**	**3819310**	**5018440**	**125060**	**62061**	
电力、热力生产和供应业	3750529	1373520	2377009	3638724	111805		
燃气生产和供应业	695190	4725	690465	632879	250	62061	
水的生产和供应业	759842	8006	751836	746837	13005		
建筑业	**116668**		**116668**	**116668**			
房屋建筑业	5873		5873	5873			
土木工程建筑业	21549		21549	21549			
建筑安装业	47123		47123	47123			
建筑装饰和其他建筑业	42123		42123	42123			
批发和零售业	**8269836**	**32000**	**8237836**	**7928225**	**202301**	**43835**	**95475**
批发业	4435970		4435970	4318897	53091	18729	45253
零售业	3833866	32000	3801866	3609328	149210	25106	50222
交通运输、仓储和邮政业	**12553369**	**878761**	**11674608**	**12197463**	**128160**	**211122**	**16624**
铁路运输业	2423421	721959	1701462	2324341	99080		
道路运输业	4305467	104250	4201217	4253015		45704	6748
水上运输业	2081458	11700	2069758	2072388		9070	
航空运输业	298734		298734	298734			
管道运输业	94171	28105	66066	88371	5800		
装卸搬运和运输代理业	776380		776380	758169		18211	
仓储业	2543010	12747	2530263	2371717	23280	138137	9876
邮政业	30728		30728	30728			
住宿和餐饮业	**2963957**		**2963957**	**2762029**	**36962**	**23236**	**141730**
住宿业	1843221		1843221	1780298	31282	11736	19905
餐饮业	1120736		1120736	981731	5680	11500	121825
信息传输、软件和信息技术服务业	**2025749**	**225943**	**1799806**	**1723720**	**269068**	**21931**	**11030**
电信、广播电视和卫星传输服务	497971	221233	276738	254807	221233	21931	
互联网和相关服务	200306		200306	200306			
软件和信息技术服务业	1327472	4710	1322762	1268607	47835		11030

6-14 续表 2

单位：万元

行　业	投资额						
		中央	地方	内资	港澳台商投资	外商投资	个体经营
金融业	**716469**	**79900**	**636569**	**685043**	**29749**	**1677**	
货币金融服务	209742	70000	139742	208065		1677	
资本市场服务	316397		316397	286648	29749		
保险业	41422	9900	31522	41422			
其他金融业	148908		148908	148908			
房地产业	**36635212**	**460722**	**36174490**	**29631270**	**4743558**	**2186713**	**73671**
租赁和商务服务业	**3434816**	**19018**	**3415798**	**3394840**	**16300**	**3600**	**20076**
租赁业	201277		201277	201277			
商务服务业	3233539	19018	3214521	3193563	16300	3600	20076
科学研究和技术服务业	**2467055**	**142521**	**2324534**	**2444877**	**9958**	**2210**	**10010**
研究和试验发展	854931	104159	750772	854931			
专业技术服务业	844072	25515	818557	829104	9958		5010
科技推广和应用服务业	768052	12847	755205	760842		2210	5000
水利、环境和公共设施管理业	**20818836**	**247399**	**20571437**	**20761172**	**47829**	**9835**	
水利管理业	1613715	11524	1602191	1613715			
生态保护和环境治理业	431529	14150	417379	423496	8033		
公共设施管理业	18773592	221725	18551867	18723961	39796	9835	
居民服务、修理和其他服务业	**1302093**	**49700**	**1252393**	**1243787**		**7637**	**50669**
居民服务业	707259		707259	662180		7637	37442
机动车、电子产品和日用产品修理业	444174		444174	430947			13227
其他服务业	150660	49700	100960	150660			
教育	**1784324**	**185980**	**1598344**	**1722940**	**6000**		**55384**
卫生和社会工作	**1254657**	**550**	**1254107**	**1186310**	**36890**	**1150**	**30307**
卫生	895412	550	894862	882950		1150	11312
社会工作	359245		359245	303360	36890		18995
文化、体育和娱乐业	**1813789**	**19826**	**1793963**	**1774509**	**14337**	**4355**	**20588**
新闻和出版业	28981		28981	28981			
广播、电视、电影和影视录音制作业	58710		58710	54355		4355	
文化艺术业	634640	14726	619914	618023	9887		6730
体育	277785	5100	272685	275485			2300
娱乐业	813673		813673	797665	4450		11558
公共管理、社会保障和社会组织	**1364364**	**29901**	**1334463**	**1357864**		**6500**	
中国共产党机关	14096	4300	9796	14096			
国家机构	1059926	25601	1034325	1053426		6500	
人民政协、民主党派							
社会保障	15529		15529	15529			
群众团体、社会团体和其他成员组织	136714		136714	136714			
基层群众自治组织	138099		138099	138099			

6-15 各地区按主要行业分固定资产投资

单位：万元

年份、地区	合计	农林牧渔业	采矿业	制造业	电力、燃气及水的生产和供应业	建筑业	交通运输仓储和邮政业	信息传输、计算机服务和软件业	批发和零售业	住宿和餐饮业
2003	17775685	234325	915589	4699166	943523	111335	1929401		796023	
2004	26007969	253367	1288067	7734975	1087657	250849	2194541	503526	970188	416317
2005	36728695	341531	1829455	13593118	1386721	246171	2805633	411454	1190215	379739
2006	49778419	383657	2120810	17907431	2077061	578028	5264691	963092	1276364	561116
2007	65760474	548289	2815200	24505157	3363528	386305	5478029	657518	1876047	850319
2008	88819463	867756	3106769	34622302	4321872	464902	7483593	1149446	2245410	1108692
2009	116051706	1485099	3417380	44368986	6524871	1126099	7214713	1321260	3887762	1726569
2010	151063279	2163769	5643295	55032705	7870743	1717387	10482028	1464595	3098954	1965858
2011	164153167	2655814	4827510	54688918	6669618	2141251	8601729	1046901	4925353	2969173
2012	199240096	2555682	5931491	66438142	7013792	4118104	7238927	10015472	3813846	1296904
2013	228553853	2263570	5449925	75191426	7578787	2231390	9668155	14832606	4686058	1210159
2014	244268339	5724310	6173831	88663513	7718301	1367482	10375930	18008991	4067536	2130734
2015	176403698	4193371	3828263	65655309	5205561	116668	8269836	12553369	2963957	2025749
沈　阳	53260443	751211	24618	19801338	1290259	79231	4508290	2271999	1023715	1326180
大　连	45592792	1504041	40729	13006784	1298021		956674	3958108	482229	446278
鞍　山	15680652	324711	296648	8833615	297899		810025	593949	378426	38824
抚　顺	5973980	24476	290423	2972524	246433		109906	164958	121612	47678
本　溪	5845316	123465	424197	2044630	118327	800	61939	766286	86962	26014
丹　东	5834554	108146	279210	1808418	134572	31382	311222	1539666	107457	16816
锦　州	7821466	96448	376416	3922607	293599		333855	420869	166650	44105
营　口	9062156	109918	56492	4770595	278112	3317	510915	464393	201402	20317
阜　新	2077740	178959	129898	531254	119911	1000	74131	128229	114822	26
辽　阳	4543208	76728	371469	2123461	217576		128922	131627	208546	
盘　锦	9830605	304309	817143	2533905	393414		259120	1493001	45562	20400
铁　岭	3974859	61501	2500	1314445	180082		78870	326195	13100	
朝　阳	5001466	477358	696570	1541620	252695	938	119864	177711	12545	16601
葫芦岛	1904461	52100	21950	450113	84661		6103	116378	929	22510

6-15 续表 单位：万元

年份、地区	金融业	房地产业	租赁和商务服务业	科学研究、技术服务和地质勘查业	水利、环境和公共设施管理业	居民服务和其他服务业	教育	卫生、社会保障和社会福利业	文化、体育和娱乐业	公共管理和社会组织
2003	43986	5014438	53077	143409	105645	960830		108821	637396	1078721
2004	41271	7424980	241364	252248	1654275	101378	610905	188193	324261	468059
2005	173555	9232250	370072	268299	2591290	110551	851655	214137	330560	402289
2006	101482	12236920	571007	345972	3016699	187220	888807	284697	532540	480825
2007	208014	15938297	861383	458820	4992339	354511	964571	390367	536500	575280
2008	471310	21885701	1239833	608542	6180492	327680	1048700	510951	580516	594996
2009	410232	27246609	1574604	945500	8834138	547760	1258501	833296	1288585	2039742
2010	325279	35995812	3336478	1219997	13134381	827292	1319221	848511	1812590	2804384
2011	566805	47040827	4022261	1050982	14267792	1451001	1758492	894835	1788613	2785292
2012	630261	58134809	3619489	1587629	16046049	1990149	1809012	1588693	2739483	2672162
2013	1570515	67211868	3955968	1843694	21459000	1938476	2001481	1378555	2628562	1453658
2014	1059566	56289436	5577277	2610300	24593350	2038913	2544183	1273451	2537006	1514229
2015	716469	36635212	3434816	2467055	20818836	1302093	1784324	1254657	1813789	1364364
沈　阳	282377	13733660	1202816	1317244	3507079	509711	608604	578817	287381	155913
大　连	294497	9186154	587472	434959	11672007	311834	470767	206332	584014	151892
鞍　山	62088	2067142	347090	283956	474677	182717	181630	133708	156172	217375
抚　顺	10559	796617	376837	6098	506436	48236	22565	34840	149932	43850
本　溪		815509	292976	42147	614621	12600	194432	28593	100388	91430
丹　东	7253	855324	166884	33887	127138	48881	54939	35074	50062	118223
锦　州	9980	1166703	80870	108422	416402	42473	59371	28656	51723	202317
营　口	26557	1082512	191465	141429	840522	36699	56146	77929	72316	121120
阜　新		517449	1900	15398	182429		20982	20348	28660	12344
辽　阳	23158	758744		4425	311748	3000	9700	24156	6800	143148
盘　锦		2529135	92203	18400	1085154	73346	30232	19091	96340	19850
铁　岭		1217544		18300	600004	9500	42442	27740	70261	12375
朝　阳		893371	36103	14432	455815	18164	20143	39373	159740	68423
葫芦岛		1015348	58200	27958	24804	4932	12371			6104

注：2013年之前的年度数据为城镇口径。

6-16 固定资产投资各行业资金来源和新增固定资产

(2015年) 单位：万元

行业	本年资金来源小计	国家预算内资金	国内贷款	利用外资	自筹资金
全省合计	**180276916**	**8217315**	**23986891**	**971311**	**132422506**
农、林、牧、渔业	**4039707**	**95408**	**591296**	**5400**	**3314701**
农业	1425869	36990	163283	4500	1207686
林业	280929	32695	10611		233481
畜牧业	1001230	1310	158418	600	830475
渔业	689177	1440	215195		469869
农、林、牧、渔服务业	642502	22973	43789	300	573190
采矿业	**3846136**	**9225**	**242851**	**92540**	**3481002**
煤炭开采和洗选业	248400	5155	55646		187599
石油和天然气开采业	850801		9600	79000	760201
黑色金属矿采选业	1349530		79727	1309	1266553
有色金属矿采选业	340630		36200	10452	284881
非金属矿采选业	896921	4070	61678	1779	821914
开采辅助活动	128551				128551
其他采矿业	31303				31303
制造业	**64469103**	**142747**	**7832152**	**256576**	**55989954**
农副食品加工业	5340002	4300	459964	5230	4850962
食品制造业	1579949		133215		1444581
酒、饮料和精制茶制造业	1072995		45732		998153
烟草制品业	10776		1900		8876
纺织业	601616	100	51047	7000	541063
纺织服装、服饰业	1307058		163214		1137476
皮革、毛皮、羽毛及其制品和制鞋业	289763		66192		223571
木材加工和木、竹、藤、棕、草制品业	1230863		124107	8500	1097406
家具制造业	863422		100864		762558
造纸和纸制品业	797914		111380		682434
印刷和记录媒介复制业	557940		78286		477974
文教、工美、体育和娱乐用品制造业	541948		84250	13000	438725
石油加工、炼焦和核燃料加工业	1386196	10000	106777	92000	1152296
化学原料和化学制品制造业	4419366	1526	968619		3433508
医药制造业	1377862		57061		1320301
化学纤维制造业	206974		23300		183674
橡胶和塑料制品业	2377417		223888		2148946
非金属矿物制品业	7718340	1986	1392062	15750	6272969
黑色金属冶炼和压延加工业	1162848		61500		1101348
有色金属冶炼和压延加工业	2184922	2935	435251		1746736
金属制品业	4093821		459741		3627930
通用设备制造业	8216448	500	989647	36500	7174378

6-16 续表 1

单位：万元

行　业	本年资金来源小计	国家预算内资金	国内贷款	利用外资	自筹资金
专用设备制造业	5388748		524851	16446	4833368
汽车制造业	2769700		276533		2443227
铁路、船舶、航空航天和其他运输设备制造业	951673		88217	5000	858456
电气机械和器材制造业	3780470	8900	480857	28000	3254313
计算机、通信和其他电子设备制造业	2334657		101938	18000	2214719
仪器仪表制造业	833651	500	69725	4750	758676
其他制造业	419313		45734	6400	367179
废弃资源综合利用业	356723		15600		341123
金属制品、机械和设备修理业	295728	112000	90700		93028
电力、热力、燃气及水生产和供应业	**5108363**	**214251**	**1356012**	**15900**	**3342402**
电力、热力生产和供应业	3738191	51010	1278625		2351600
燃气生产和供应业	668336	630	56610	15900	572896
水的生产和供应业	701836	162611	20777		417906
建筑业	**116668**		**2000**		**114668**
房屋建筑业	5873				5873
土木工程建筑业	21549				21549
建筑安装业	47123		2000		45123
建筑装饰和其他建筑业	42123				42123
批发和零售业	**8293173**	**4800**	**825058**	**171101**	**7248673**
批发业	4502079	4300	466212	31490	3986132
零售业	3791094	500	358846	139611	3262541
交通运输、仓储和邮政业	**12507611**	**1989698**	**3466894**	**25000**	**6965462**
铁路运输业	2446552	1228141	645658		572253
道路运输业	4370900	559068	1108014		2648777
水上运输业	2057077	1710	1122545		932822
航空运输业	307080	189000	9100		108980
管道运输业	74340		7484		66856
装卸搬运和运输代理业	801309		48700	25000	727609
仓储业	2419619	11779	525393		1877431
邮政业	30734				30734
住宿和餐饮业	**2958938**	**14044**	**352648**	**7500**	**2580788**
住宿业	1834497	9147	236004		1587846
餐饮业	1124441	4897	116644	7500	992942
信息传输、软件和信息技术服务业	**1999883**	**57900**	**256552**	**11100**	**1666331**
电信、广播电视和卫星传输服务	476676		12100		464576
互联网和相关服务	196898		4000		184898
软件和信息技术服务业	1326309	57900	240452	11100	1016857

6-16 续表 2

单位：万元

行业	本年资金来源小计	国家预算内资金	国内贷款	利用外资	自筹资金
金融业	**471795**	**3000**	**7600**		**461195**
货币金融服务	203630		4000		199630
资本市场服务	71651		2600		69051
保险业	40714	3000	1000		36714
其他金融业	155800				155800
房地产业	**43274721**	**15698**	**5601583**	**376069**	**23523792**
租赁和商务服务业	**3431073**	**1910**	**405379**		**3020456**
租赁业	200166		37103		163063
商务服务业	3230907	1910	368276		2857393
科学研究和技术服务业	**2444260**	**20364**	**528273**	**1000**	**1894623**
研究和试验发展	841193	500	197263		643430
专业技术服务业	832371	19864	163625		648882
科技推广和应用服务业	770696		167385	1000	602311
水利、环境和公共设施管理业	**19950945**	**4867883**	**1752575**		**13122056**
水利管理业	1627732	721155	197875		696820
生态保护和环境治理业	404218	110210	28605		264693
公共设施管理业	17918995	4036518	1526095		12160543
居民服务、修理和其他服务业	**1224546**	**36546**	**210912**		**977088**
居民服务业	706929	15503	109255		582171
机动车、电子产品和日用产品修理业	440296	2414	89958		347924
其他服务业	77321	18629	11699		46993
教育	**1879245**	**465922**	**120873**		**1282473**
卫生和社会工作	**1213802**	**84776**	**98417**		**1008002**
卫生	846620	27222	81221		723170
社会工作	367182	57554	17196		284832
文化、体育和娱乐业	**1664578**	**68622**	**192047**		**1397232**
新闻和出版业	29016	5500			23516
广播、电视、电影和影视录音制作业	61011		4000		57011
文化艺术业	622062	49995	51435		520632
体育	274344	13127	6500		254717
娱乐业	678145		130112		541356
公共管理、社会保障和社会组织	**1382369**	**124521**	**143769**	**9125**	**1031608**
中国共产党机关	14096				14096
国家机构	1070039	105687	127679	9125	763666
人民政协、民主党派					
社会保障	17839	2000	920		14919
群众团体、社会团体和其他成员组织	142242	13804	10570		111658
基层群众自治组织	138153	3030	4600		127269

6-16 续表 3

单位：万元

行　业	其他资金	投资额	新增固定资产	固定资产交付使用率(%)
全省合计	**14678893**	**176403698**	**150582883**	**98.10**
农、林、牧、渔业	**32902**	**4193371**	**4044132**	**96.44**
农业	13410	1455423	1481191	101.77
林业	4142	280830	286440	102.00
畜牧业	10427	1031521	927893	89.95
渔业	2673	689947	636280	92.22
农、林、牧、渔服务业	2250	735650	712328	96.83
采矿业	**20518**	**3828263**	**4286132**	**111.96**
煤炭开采和洗选业		247827	256750	103.60
石油和天然气开采业	2000	850310	878491	103.31
黑色金属矿采选业	1941	1366933	1702388	124.54
有色金属矿采选业	9097	341143	430339	126.15
非金属矿采选业	7480	865789	872865	100.82
开采辅助活动		126365	126365	100.00
其他采矿业		29896	18934	63.33
制造业	**247674**	**65655309**	**64478772**	**98.21**
农副食品加工业	19546	5435141	5097519	93.79
食品制造业	2153	1527852	1340998	87.77
酒、饮料和精制茶制造业	29110	1125381	1018222	90.48
烟草制品业		10776	10847	100.66
纺织业	2406	607081	673015	110.86
纺织服装、服饰业	6368	1336192	1351686	101.16
皮革、毛皮、羽毛及其制品和制鞋业		287944	328904	114.22
木材加工和木、竹、藤、棕、草制品业	850	1259302	1184942	94.10
家具制造业		832337	792943	95.27
造纸和纸制品业	4100	783112	679690	86.79
印刷和记录媒介复制业	1680	553512	452289	81.71
文教、工美、体育和娱乐用品制造业	5973	546763	540909	98.93
石油加工、炼焦和核燃料加工业	25123	1461387	957646	65.53
化学原料和化学制品制造业	15713	4727665	3782008	80.00
医药制造业	500	1319709	1187614	89.99
化学纤维制造业		206726	112942	54.63
橡胶和塑料制品业	4583	2483932	2646984	106.56
非金属矿物制品业	35573	7740657	8255730	106.65
黑色金属冶炼和压延加工业		1206192	1410053	116.90
有色金属冶炼和压延加工业		2233736	1367316	61.21
金属制品业	6150	4082375	4361235	106.83
通用设备制造业	15423	8573245	9420000	109.88

6-16 续表 4

单位：万元

行　业	其他资金	投资额	新增固定资产	固定资产交付使用率(%)
专用设备制造业	14083	5359661	5838548	108.94
汽车制造业	49940	2714101	2341609	86.28
铁路、船舶、航空航天和其他运输设备制造业		1126029	760899	67.57
电气机械和器材制造业	8400	3841895	3869724	100.72
计算机、通信和其他电子设备制造业		2273176	2558901	112.57
仪器仪表制造业		810512	1098755	135.56
其他制造业		410572	444959	108.38
废弃资源综合利用业		355348	387473	109.04
金属制品、机械和设备修理业		422998	204412	48.32
电力、热力、燃气及水生产和供应业	**179798**	**5205561**	**4562631**	**87.65**
电力、热力生产和供应业	56956	3750529	3091963	82.44
燃气生产和供应业	22300	695190	765374	110.10
水的生产和供应业	100542	759842	705294	92.82
建筑业		**116668**	**115553**	**99.04**
房屋建筑业		5873	5873	100.00
土木工程建筑业		21549	21549	100.00
建筑安装业		47123	46008	97.63
建筑装饰和其他建筑业		42123	42123	100.00
批发和零售业	**43541**	**8269836**	**9356988**	**113.15**
批发业	13945	4435970	5530849	124.68
零售业	29596	3833866	3826139	99.80
交通运输、仓储和邮政业	**60557**	**12553369**	**11786609**	**93.89**
铁路运输业	500	2423421	2430464	100.29
道路运输业	55041	4305467	3540104	82.22
水上运输业		2081458	2041492	98.08
航空运输业		298734	215689	72.20
管道运输业		94171	159730	169.62
装卸搬运和运输代理业		776380	838864	108.05
仓储业	5016	2543010	2535738	99.71
邮政业		30728	24528	79.82
住宿和餐饮业	**3958**	**2963957**	**3135276**	**105.78**
住宿业	1500	1843221	2043810	110.88
餐饮业	2458	1120736	1091466	97.39
信息传输、软件和信息技术服务业	**8000**	**2025749**	**1828402**	**90.26**
电信、广播电视和卫星传输服务		497971	505304	101.47
互联网和相关服务	8000	200306	232518	116.08
软件和信息技术服务业		1327472	1090580	82.15

6-16 续表 5

单位：万元

行 业	其他资金	投资额	新增固定资产	固定资产交付使用率(%)
金融业		**716469**	**392257**	**54.75**
货币金融服务		209742	199925	95.32
资本市场服务		316397	63573	20.09
保险业		41422	40752	98.38
其他金融业		148908	88007	59.10
房地产业	**13757579**	**36635212**	**14201290**	**38.76**
租赁和商务服务业	**3328**	**3434816**	**3438179**	**100.10**
租赁业		201277	185070	91.95
商务服务业	3328	3233539	3253109	100.61
科学研究和技术服务业		**2467055**	**2707700**	**109.75**
研究和试验发展		854931	1087793	127.24
专业技术服务业		844072	811106	96.09
科技推广和应用服务业		768052	808801	105.31
水利、环境和公共设施管理业	**208431**	**20818836**	**18474424**	**88.74**
水利管理业	11882	1613715	2046636	126.83
生态保护和环境治理业	710	431529	447138	103.62
公共设施管理业	195839	18773592	15980650	85.12
居民服务、修理和其他服务业		**1302093**	**1290476**	**99.11**
居民服务业		707259	659703	93.28
机动车、电子产品和日用产品修理业		444174	455322	102.51
其他服务业		150660	175451	116.45
教育	**9977**	**1784324**	**1769135**	**99.15**
卫生和社会工作	**22607**	**1254657**	**1383152**	**110.24**
卫生	15007	895412	1043361	116.52
社会工作	7600	359245	339791	94.58
文化、体育和娱乐业	**6677**	**1813789**	**2088052**	**115.12**
新闻和出版业		28981	53981	186.26
广播、电视、电影和影视录音制作业		58710	63797	108.66
文化艺术业		634640	666187	104.97
体育		277785	253250	91.17
娱乐业	6677	813673	1050837	129.15
公共管理、社会保障和社会组织	**73346**	**1364364**	**1243723**	**91.16**
中国共产党机关		14096	14096	100.00
国家机构	63882	1059926	976915	92.17
人民政协、民主党派				
社会保障		15529	15459	99.55
群众团体、社会团体和其他成员组织	6210	136714	107135	78.36
基层群众自治组织	3254	138099	130118	94.22

6-17 各地区固定资产投资施工、竣工房屋面积

单位：万平方米

年份、地区	施工房屋建筑面积	#住宅	竣工房屋建筑面积	#住宅
2000	5693.4	3553.2	3017.0	2092.1
2001	6120.1	3869.7	2991.0	2116.3
2002	7237.3	4429.0	3209.8	2116.1
2003	8254.7	4809.1	3667.4	2214.0
2004	10437.4	5653.5	4711.0	2646.9
2005	12381.8	6329.8	5032.3	2539.0
2006	15104.0	7805.5	6164.4	2950.1
2007	20932.3	10350.5	6847.7	3130.4
2008	23875.5	12389.6	7988.8	3568.3
2009	29221.2	14886.9	8397.8	3638.4
2010	44138.5	21222.0	9245.7	3865.9
2011	54173.3	27752.4	10527.7	5475.6
2012	61131.9	30093.9	11838.7	5407.2
2013	63544.9	31903.4	13418.0	5155.1
2014	64532.5	28953.3	13246.9	5070.2
2015	47374.5	21780.8	10341.5	2675.2
沈　阳	13812.8	5885.9	2910.4	770.8
大　连	7786.0	3720.2	936.4	247.6
鞍　山	5566.3	1800.5	2643.7	286.8
抚　顺	2380.3	1083.9	192.2	88.5
本　溪	1329.7	744.0	299.3	154.9
丹　东	1653.3	848.6	386.6	72.2
锦　州	1834.0	833.6	725.5	132.0
营　口	3592.1	1522.5	695.4	84.9
阜　新	1825.3	826.6	447.6	153.1
辽　阳	761.4	424.8	106.0	63.4
盘　锦	1674.1	1150.2	353.3	257.3
铁　岭	1773.4	860.5	328.5	168.2
朝　阳	1694.1	969.2	198.3	126.3
葫芦岛	1691.7	1110.4	118.2	69.1

注：2013年之前的年度数据为城镇口径。

6-18 各地区按行业分固定资产投资新增固定资产

单位：万元

年份、地区	合计	农林牧渔业	采矿业	制造业	电力、燃气及水的生产和供应业	建筑业	交通运输仓储和邮政业	信息传输、计算机服务和软件业	批发和零售业	住宿和餐饮业
2005	23785868	278332	1466943	9828630	956830	188933	1416108	359388	923303	401408
2006	27641611	354483	1944056	11027672	948659	324995	1756914	394289	1059344	421746
2007	36316002	477202	2100599	14261494	2353587	285779	2493073	319701	1445176	584539
2008	50566948	770661	2355216	21893841	2192069	406054	2328227	618041	1799541	973428
2009	68569660	1151381	2295717	29092046	3411559	938757	4058862	864654	3229421	1261212
2010	94292140	1384973	4126137	35728460	3762066	1134045	4108876	958593	1883003	1080068
2011	90101829	2066201	2964006	34722047	3052749	1429403	4192201	576606	2250995	1194100
2012	115723387	1685006	4524880	45738723	4571954	2425923	4398017	5230732	2093167	924977
2013	133161083	1776515	3792500	53042468	5591912	1396815	5594601	9068492	3593408	833118
2014	172553622	4647370	4662320	70546698	7168286	1027723	8474821	12517577	3304060	1510192
2015	150582883	4044132	4286132	64478772	4562631	115553	9356988	11786609	3135276	1828402
沈　阳	43434026	839269	53379	19175504	1353306	79231	4027788	1701107	1045391	1263292
大　连	32712095	1428761	40729	11529470	650503		1341636	2376907	522048	313998
鞍　山	19210196	317762	523217	11764519	307960		2208982	707059	538253	38824
抚　顺	5048817	23146	292184	2791259	246086		74528	158583	122364	8102
本　溪	6645249	127168	561090	1798399	241284	800	61529	1781768	66665	79114
丹　东	5149897	108813	408204	1600777	62213	30267	362465	1508579	111844	9124
锦　州	5770021	82727	316932	3212506	254275		271258	249268	65701	6120
营　口	9495408	116519	29095	4982025	157446	3317	625600	1023861	318454	20817
阜　新	3161839	161242	162648	552812	209737	1000	66379	165341	69305	
辽　阳	3652039	60419	371219	1515072	136604		87912	131627	206646	
盘　锦	8274349	284248	817043	2412255	658758		124919	1391122	45562	20400
铁　岭	3221057	64923	2500	1459309	109837		43870	312199	13100	
朝　阳	3646082	332135	687462	1187678	171592	938	57772	181327	9943	16601
葫芦岛	1161808	97000	20430	497187	3030		2350	97861		52010

6-18 续表 单位：万元

年份、地区	金融业	房地产业	租赁和商务服务业	科学研究、技术服务和地质勘查业	水利、环境和公共设施管理业	居民服务和其他服务业	教育	卫生、社会保障和社会福利业	文化、体育和娱乐业	公共管理和社会组织
2005	98925	4623591	297858	206698	1313070	106320	608380	180826	213179	317146
2006	53810	5801680	348341	166703	1450509	134351	588452	177265	336290	352052
2007	93356	6552689	392885	330772	2710649	250160	708908	282776	290804	381853
2008	219398	9863600	747145	477847	3731698	317367	669226	334031	390321	479237
2009	215985	11230393	848711	581705	5841711	485911	726414	594542	511926	1228753
2010	125389	13411205	1640555	322560	6987561	276354	14752804	620434	779497	1209560
2011	504351	22398101	1772265	537061	8073340	583466	726459	503195	684118	1871165
2012	357002	24793921	1911086	1027945	9294834	1092993	1580444	861322	1531331	1679130
2013	1276918	23964455	2738600	1323299	11077181	1352353	1604392	1079079	2497186	1557791
2014	642717	27149765	4133268	2161256	16647921	1781631	2025684	1061246	1898740	1192347
2015	392257	14201290	3438179	2707700	18474424	1290476	1769135	1383152	2088052	1243723
沈　阳	256419	5539799	1309750	1319128	3368327	526691	526977	598387	286319	163962
大　连	48817	2333540	395704	650874	8674036	250916	577541	271034	1191589	113992
鞍　山	26365	694355	371920	269916	625309	222452	185255	108467	87475	212106
抚　顺	10559	293261	341713	6098	475970	34417	28285	33912	62660	45690
本　溪		683995	211477	43622	478886	12600	199034	177843	48185	71790
丹　东	6254	364639	132982	33737	160900	60480	51743	29069	33665	74142
锦　州	9980	426076	72697	103422	381957	40745	21056	22916	43831	188554
营　口	10705	431762	345766	205609	880972	35399	62351	23400	47620	174690
阜　新		678235	1900		1007914		15044	19780	38586	11916
辽　阳	23158	357640		4425	602776	3000	7900	28148	6800	108693
盘　锦		1142772	89501	10362	1040596	73346	30232	18433	96340	18460
铁　岭		593296	79350	18117	352521	9500	42442	14890	92828	12375
朝　阳		398376	20778	14432	400730	15998	19440	36873	52154	41853
葫芦岛		263544	64641	27958	23530	4932	1835			5500

注：2013年之前的年度数据为城镇口径。

6-19 按构成和建设性质分的建设项目投资

单位：亿元

年份、地区	投资额	按构成分			按建设性质分	
		建筑安装工程	设备、工器具购置	其他费用	#新建	#改、扩建
2000	784.42	462.30	239.86	82.25	249.66	489.24
2001	873.10	529.57	252.15	91.38	278.91	545.87
2002	969.01	560.24	268.07	140.70	307.31	600.27
2003	1279.14	733.57	368.64	176.92	511.82	687.51
2004	1875.04	1082.72	584.61	207.70	807.55	941.98
2005	2792.27	1570.08	868.22	353.97	1388.41	1224.34
2006	3835.65	2250.14	1153.40	432.10	1976.40	1577.74
2007	5078.47	3009.83	1442.12	626.52	3073.58	1657.19
2008	6821.15	3956.06	2193.86	671.23	4144.82	2203.95
2009	8964.61	5388.60	2777.61	798.39	5399.68	2946.08
2010	11640.57	7100.08	3422.75	1117.75	7724.28	3236.78
2011	11927.76	7183.68	3264.08	1480.00	8548.16	2872.64
2012	14468.19	8527.51	4327.53	1613.15	10859.91	3008.00
2013	16404.63	10540.93	4685.31	1178.40	12645.16	3077.30
2014	19125.53	13072.03	4876.09	1177.41	15079.68	3363.13
2015	14081.73	9996.10	3269.16	816.47	10638.12	2818.68
沈　阳	3988.38	2823.61	959.23	205.54	2392.28	1201.65
大　连	3661.82	3068.35	468.88	124.59	3186.92	317.93
鞍　山	1361.98	868.54	335.83	157.61	1138.32	212.17
抚　顺	519.96	259.47	247.04	13.45	392.58	125.57
本　溪	508.14	308.38	118.93	80.83	387.74	119.98
丹　东	497.92	329.20	149.28	19.44	337.57	143.18
锦　州	668.12	336.23	216.80	115.08	461.26	191.66
营　口	801.29	507.65	260.58	33.06	714.22	72.18
阜　新	164.51	112.93	49.52	2.05	141.46	22.90
辽　阳	385.51	220.04	129.61	35.86	304.43	74.93
盘　锦	743.52	660.04	83.47	0.01	654.01	89.46
铁　岭	275.73	202.99	68.41	4.33	241.33	32.30
朝　阳	411.56	229.47	159.91	22.18	214.12	193.36
葫芦岛	93.30	69.18	21.69	2.43	71.87	21.43

6-20 按资金来源和隶属关系分的建设项目投资

单位：亿元

年份、地区	按资金来源分					按隶属关系分	
	国家预算内资金	国内贷款	利用外资	自筹资金	其他投资	中央项目	地方项目
2000	65.13	184.98	64.15	420.69	67.25	277.40	524.80
2001	107.51	192.97	46.36	479.35	54.48	300.40	580.27
2002	99.49	190.62	59.92	572.13	53.56	266.19	709.54
2003	82.59	229.86	44.51	853.85	80.37	245.37	1045.80
2004	104.88	251.74	71.32	1372.45	74.65	358.04	1516.99
2005	164.74	374.16	108.90	2016.02	128.44	474.18	2318.09
2006	252.39	480.22	102.80	2852.19	148.06	603.41	3232.23
2007	355.49	761.77	121.88	3656.50	182.82	856.53	4221.94
2008	422.62	858.00	260.66	5125.31	154.56	1059.69	5761.46
2009	510.98	1255.05	268.94	6813.10	116.54	787.41	8177.20
2010	465.62	1862.49	209.53	8916.68	186.25	930.91	10709.66
2011	917.25	1908.44	155.06	8707.26	239.75	702.25	11225.51
2012	853.62	2271.51	225.70	10885.87	231.49	702.46	13765.73
2013	1033.49	2345.86	213.26	12600.40	211.62	707.37	15697.26
2014	1048.90	2760.02	103.77	15014.68	198.16	661.84	18463.69
2015	838.76	1885.53	60.76	11200.26	96.42	472.64	13609.09
沈　阳	248.07	508.50	10.81	3230.89	23.92	86.33	3902.05
大　连	350.87	661.07	20.00	2293.68	38.44	159.77	3502.05
鞍　山	9.42	247.47	2.31	1114.45	21.39	15.55	1346.43
抚　顺	40.25	27.99		459.36		7.65	512.31
本　溪	4.35	4.06	1.59	497.64	0.571	2.26	505.88
丹　东	98.64	45.87		361.74	0.50	40.81	457.11
锦　州	6.62	31.09	3.48	645.33	3.86	7.21	660.90
营　口	8.86	53.13	0.91	714.21		43.14	758.15
阜　新	8.21	25.04		139.19		15.61	148.89
辽　阳	2.39	75.86	0.10	311.92		4.79	380.72
盘　锦		107.60	19.90	514.86		71.03	672.49
铁　岭	34.81	43.89		211.47	0.38	1.47	274.26
朝　阳	5.33	13.24	0.42	397.42	3.40	13.21	398.35
葫芦岛	3.92	2.44		80.77	2.00	3.81	89.49

注：本表资金来源分市数据为本年到位资金。

6-21 按行业分的建设项目投资额

(2015年)

单位：万元

行　业	投资额	#新建	#扩建	#改建	建筑安装工程投资	设备工器具购置	其他费用
全省合计	**140817277**	**106381171**	**16401050**	**11785724**	**99961016**	**32691588**	**8164673**
农、林、牧、渔业	**4193371**	**3333364**	**637041**	**199906**	**3120052**	**785916**	**287403**
农业	1455423	1244648	185776	24999	1079990	311640	63793
林业	280830	207838	66202	4180	228856	32308	19666
畜牧业	1031521	873792	124254	26619	657700	281138	92683
渔业	689947	490923	57047	136550	581226	45041	63680
农、林、牧、渔服务业	735650	516163	203762	7558	572280	115789	47581
采矿业	**3828263**	**2036397**	**1038793**	**723528**	**2436952**	**1236031**	**155280**
煤炭开采和洗选业	247827	28396	150885	68546	129762	110820	7245
石油和天然气开采业	850310	810953	3107	36250	743766	101487	5057
黑色金属矿采选业	1366933	439036	397081	515056	727906	574778	64249
有色金属矿采选业	341143	175392	126451	34900	261873	59488	19782
非金属矿采选业	865789	459906	332407	64091	444953	367489	53347
开采辅助活动	126365	121680		4685	110216	11349	4800
其他采矿业	29896	1034	28862		18476	10620	800
制造业	**65655309**	**47198550**	**9908878**	**4259799**	**40224895**	**21113611**	**4316803**
农副食品加工业	5435141	3579583	1289326	265904	3437209	1638704	359228
食品制造业	1527852	1170745	261742	44159	1085233	387411	55208
酒、饮料和精制茶制造业	1125381	858348	129730	41982	720944	341722	62715
烟草制品业	10776	1000	9776		3141	5285	2350
纺织业	607081	437344	146533	12375	418023	155663	33395
纺织服装、服饰业	1336192	888312	244880	54238	811528	382457	142207
皮革、毛皮、羽毛及其制品和制鞋业	287944	216582	38041	7000	165862	96284	25798
木材加工和木、竹、藤、棕、草制品业	1259302	784760	289542	107036	717538	491643	50121
家具制造业	832337	623440	120419	12914	483578	297077	51682
造纸和纸制品业	783112	550201	129139	55170	459377	292869	30866
印刷和记录媒介复制业	553512	312965	101393	36951	289930	240797	22785
文教、工美、体育和娱乐用品制造业	546763	379010	87143	21900	352359	175167	19237
石油加工、炼焦和核燃料加工业	1461387	1095791	146038	212078	856886	514595	89906
化学原料和化学制品制造业	4727665	3473661	668735	431071	2916818	1556696	254151
医药制造业	1319709	953468	260137	61262	966398	272056	81255
化学纤维制造业	206726	190106	2720	9900	164648	27283	14795
橡胶和塑料制品业	2483932	1722160	479339	169803	1660428	658400	165104
非金属矿物制品业	7740657	5582531	1323169	606917	4548677	2495893	696087
黑色金属冶炼和压延加工业	1206192	694023	109619	353696	569466	488319	148407
有色金属冶炼和压延加工业	2233736	1888844	211844	82799	1184887	761414	287435
金属制品业	4082375	2852646	625242	233012	2434905	1392221	255249
通用设备制造业	8573245	6014156	1167427	583889	5339315	2816499	417431

6-21 续表 1

单位：万元

行 业	投资额	#新建	#扩建	#改建	建筑安装工程投资	设备工器具购置	其他费用
专用设备制造业	5359661	3893921	554085	298036	3276039	1765057	318565
汽车制造业	2714101	2221538	231225	146612	1494408	921958	297735
铁路、船舶、航空航天和其他运输设备制造业	1126029	814257	127932	67792	830952	272665	22412
电气机械和器材制造业	3841895	2866620	516196	189101	2393494	1226761	221640
计算机、通信和其他电子设备制造业	2273176	1882615	172974	59030	1326071	880266	66839
仪器仪表制造业	810512	635242	47505	35578	510514	267800	32198
其他制造业	410572	269313	63855	30020	244542	113067	52963
废弃资源综合利用业	355348	295619	38722	12750	254574	65655	35119
金属制品、机械和设备修理业	422998	49749	314450	16824	307151	111927	3920
电力、热力、燃气及水生产和供应业	**5205561**	**3935259**	**338335**	**862374**	**3236929**	**1628422**	**340210**
电力、热力生产和供应业	3750529	2814744	207131	659061	2045971	1418971	285587
燃气生产和供应业	695190	582637	53240	59313	546249	120593	28348
水的生产和供应业	759842	537878	77964	144000	644709	88858	26275
建筑业	**116668**	**28542**	**26820**	**3800**	**45588**	**70603**	**477**
房屋建筑业	5873	2073		3800	2965	2700	208
土木工程建筑业	21549	7832			6889	14430	230
建筑安装业	47123	11460	10899		14574	32510	39
建筑装饰和其他建筑业	42123	7177	15921		21160	20963	
批发和零售业	**8269836**	**4961844**	**1186217**	**1604502**	**6314312**	**1480434**	**475090**
批发业	4435970	2322693	856496	899833	3327477	853664	254829
零售业	3833866	2639151	329721	704669	2986835	626770	220261
交通运输、仓储和邮政业	**12553369**	**10737358**	**874726**	**399091**	**8864021**	**2764493**	**924855**
铁路运输业	2423421	2361432	49103	12886	1367933	633476	422012
道路运输业	4305467	3140454	633267	310672	3480851	643106	181510
水上运输业	2081458	1903094	4232	16105	1319573	641558	120327
航空运输业	298734	298734			196625	99249	2860
管道运输业	94171	94171			50016	34739	9416
装卸搬运和运输代理业	776380	655704	29740	9498	563897	198407	14076
仓储业	2543010	2269631	157134	36930	1860889	507467	174654
邮政业	30728	14138	1250	13000	24237	6491	
住宿和餐饮业	**2963957**	**1808903**	**321849**	**822626**	**2579078**	**269139**	**115740**
住宿业	1843221	1234531	179816	421665	1547558	193651	102012
餐饮业	1120736	574372	142033	400961	1031520	75488	13728
信息传输、软件和信息技术服务业	**2025749**	**1568752**	**107169**	**280007**	**1718171**	**264252**	**43326**
电信、广播电视和卫星传输服务	497971	455930	29446	12595	412749	83477	1745
互联网和相关服务	200306	145376		38519	139544	56838	3924
软件和信息技术服务业	1327472	967446	77723	228893	1165878	123937	37657

6-21 续表 2

单位：万元

行 业	投资额	#新建	#扩建	#改建	建筑安装工程投资	设备工器具购置	其他费用
金融业	**716469**	**506244**	**72071**	**115899**	**613517**	**84200**	**18752**
货币金融服务	209742	123222	17725	68795	145396	57774	6572
资本市场服务	316397	271258	25558	19581	312302	1300	2795
保险业	41422	18684		15418	33904	6862	656
其他金融业	148908	93080	28788	12105	121915	18264	8729
房地产业	**1048791**	**973685**	**26337**	**31440**	**928787**	**70286**	**49718**
租赁和商务服务业	**3434816**	**2528507**	**344404**	**408524**	**2702173**	**539210**	**193433**
租赁业	201277	82462	32345	27288	125062	71763	4452
商务服务业	3233539	2446045	312059	381236	2577111	467447	188981
科学研究和技术服务业	**2467055**	**1779552**	**215761**	**303616**	**1948527**	**432223**	**86305**
研究和试验发展	854931	704086	38682	85782	739855	97554	17522
专业技术服务业	844072	543428	66552	142827	613266	198300	32506
科技推广和应用服务业	768052	532038	110527	75007	595406	136369	36277
水利、环境和公共设施管理业	**20818836**	**19093006**	**482983**	**1179800**	**19018250**	**904055**	**896531**
水利管理业	1613715	1525885	30157	46731	1564983	41001	7731
生态保护和环境治理业	431529	308406	57565	65558	323136	78795	29598
公共设施管理业	18773592	17258715	395261	1067511	17130131	784259	859202
居民服务、修理和其他服务业	**1302093**	**962505**	**149475**	**135883**	**1073707**	**177365**	**51021**
居民服务业	707259	501488	90965	104710	633536	45352	28371
机动车、电子产品和日用产品修理业	444174	321404	58510	24373	332558	89419	22197
其他服务业	150660	139613		6800	107613	42594	453
教育	**1784324**	**1417860**	**230393**	**107599**	**1545798**	**160006**	**78520**
卫生和社会工作	**1254657**	**921811**	**124693**	**122745**	**1000452**	**210012**	**44193**
卫生	895412	603486	106733	108435	669780	187175	38457
社会工作	359245	318325	17960	14310	330672	22837	5736
文化、体育和娱乐业	**1813789**	**1474448**	**156559**	**138820**	**1407019**	**347304**	**59466**
新闻和出版业	28981	24005			12765	9576	6640
广播、电视、电影和影视录音制作业	58710	25911		17983	34818	19406	4486
文化艺术业	634640	452716	108470	63484	533972	89168	11500
体育	277785	247586	10946	9553	208234	61783	7768
娱乐业	813673	724230	37143	47800	617230	167371	29072
公共管理、社会保障和社会组织	**1364364**	**1114584**	**158546**	**85765**	**1182788**	**154026**	**27550**
中国共产党机关	14096			14096	14096		
国家机构	1059926	854130	134801	65526	910311	123584	26031
人民政协、民主党派							
社会保障	15529	15529			15327		202
群众团体、社会团体和其他成员组织	136714	107720	23443	5551	124166	11401	1147
基层群众自治组织	138099	137205	302	592	118888	19041	170

6-22 按行业、隶属关系和注册类型分建设项目投资

(2015年) 单位：万元

行业	投资额	中央	地方	内资	港澳台商投资	外商投资	个体经营
全省合计	**140817277**	**4726396**	**136090881**	**135761656**	**1800897**	**2672184**	**582540**
农、林、牧、渔业	**4193371**		**4193371**	**4092216**	**29337**	**17593**	**54225**
农业	1455423		1455423	1446223	9200		
林业	280830		280830	271930			8900
畜牧业	1031521		1031521	977976	20137	14793	18615
渔业	689947		689947	672797			17150
农、林、牧、渔服务业	735650		735650	723290		2800	9560
采矿业	**3828263**	**729570**	**3098693**	**3721978**	**99585**	**6700**	
煤炭开采和洗选业	247827		247827	245827		2000	
石油和天然气开采业	850310	657997	192313	755618	94692		
黑色金属矿采选业	1366933	55584	1311349	1366933			
有色金属矿采选业	341143	15989	325154	336443		4700	
非金属矿采选业	865789		865789	860896	4893		
开采辅助活动	126365		126365	126365			
其他采矿业	29896		29896	29896			
制造业	**65655309**	**670613**	**64984696**	**62816520**	**652484**	**2109883**	**76422**
农副食品加工业	5435141		5435141	5385762	26353	14526	8500
食品制造业	1527852		1527852	1394631	120713	7389	5119
酒、饮料和精制茶制造业	1125381		1125381	1115721	660	9000	
烟草制品业	10776		10776	10776			
纺织业	607081		607081	590256	5625	9000	2200
纺织服装、服饰业	1336192		1336192	1316282	10100	7449	2361
皮革、毛皮、羽毛及其制品和制鞋业	287944		287944	287944			
木材加工和木、竹、藤、棕、草制品业	1259302		1259302	1249394		8500	1408
家具制造业	832337		832337	792381		35956	4000
造纸和纸制品业	783112		783112	778562		4550	
印刷和记录媒介复制业	553512	16209	537303	553512			
文教、工美、体育和娱乐用品制造业	546763		546763	517283	18500	9000	1980
石油加工、炼焦和核燃料加工业	1461387	328228	1133159	1335630		125757	
化学原料和化学制品制造业	4727665	31591	4696074	4610797	18350	90043	8475
医药制造业	1319709		1319709	1274679		45030	
化学纤维制造业	206726		206726	206726			
橡胶和塑料制品业	2483932		2483932	2430219	22098	31615	
非金属矿物制品业	7740657		7740657	7696079	180	33088	11310
黑色金属冶炼和压延加工业	1206192	91010	1115182	1190992		15200	
有色金属冶炼和压延加工业	2233736	5191	2228545	1926818	245938	60980	
金属制品业	4082375		4082375	3790981	24712	263782	2900
通用设备制造业	8573245	51288	8521957	8351836	48101	165343	7965

6-22 续表 1

单位：万元

行　业	投资额						
		中央	地方	内资	港澳台商投资	外商投资	个体经营
专用设备制造业	5359661	8226	5351435	5206337	82200	64028	7096
汽车制造业	2714101	1269	2712832	1817130		896971	
铁路、船舶、航空航天和其他运输设备制造业	1126029	132991	993038	1027319		98710	
电气机械和器材制造业	3841895	4610	3837285	3767137	12000	49650	13108
计算机、通信和其他电子设备制造业	2273176		2273176	2215977	3650	53549	
仪器仪表制造业	810512		810512	801377		9135	
其他制造业	410572		410572	399640	9300	1632	
废弃资源综合利用业	355348		355348	355348			
金属制品、机械和设备修理业	422998		422998	418994	4004		
电力、热力、燃气及水生产和供应业	**5205561**	**1386251**	**3819310**	**5018440**	**125060**	**62061**	
电力、热力生产和供应业	3750529	1373520	2377009	3638724	111805		
燃气生产和供应业	695190	4725	690465	632879	250	62061	
水的生产和供应业	759842	8006	751836	746837	13005		
建筑业	**116668**		**116668**	**116668**			
房屋建筑业	5873		5873	5873			
土木工程建筑业	21549		21549	21549			
建筑安装业	47123		47123	47123			
建筑装饰和其他建筑业	42123		42123	42123			
批发和零售业	**8269836**	**32000**	**8237836**	**7928225**	**202301**	**43835**	**95475**
批发业	4435970		4435970	4318897	53091	18729	45253
零售业	3833866	32000	3801866	3609328	149210	25106	50222
交通运输、仓储和邮政业	**12553369**	**878761**	**11674608**	**12197463**	**128160**	**211122**	**16624**
铁路运输业	2423421	721959	1701462	2324341	99080		
道路运输业	4305467	104250	4201217	4253015		45704	6748
水上运输业	2081458	11700	2069758	2072388		9070	
航空运输业	298734		298734	298734			
管道运输业	94171	28105	66066	88371	5800		
装卸搬运和运输代理业	776380		776380	758169		18211	
仓储业	2543010	12747	2530263	2371717	23280	138137	9876
邮政业	30728		30728	30728			
住宿和餐饮业	**2963957**		**2963957**	**2762029**	**36962**	**23236**	**141730**
住宿业	1843221		1843221	1780298	31282	11736	19905
餐饮业	1120736		1120736	981731	5680	11500	121825
信息传输、软件和信息技术服务业	**2025749**	**225943**	**1799806**	**1723720**	**269068**	**21931**	**11030**
电信、广播电视和卫星传输服务	497971	221233	276738	254807	221233	21931	
互联网和相关服务	200306		200306	200306			
软件和信息技术服务业	1327472	4710	1322762	1268607	47835		11030

6-22 续表 2

单位：万元

行业	投资额						
		中央	地方	内资	港澳台商投资	外商投资	个体经营
金融业	**716469**	**79900**	**636569**	**685043**	**29749**	**1677**	
货币金融服务	209742	70000	139742	208065		1677	
资本市场服务	316397		316397	286648	29749		
保险业	41422	9900	31522	41422			
其他金融业	148908		148908	148908			
房地产业	**1048791**	**28463**	**1020328**	**813055**	**96877**	**138859**	
租赁和商务服务业	**3434816**	**19018**	**3415798**	**3394840**	**16300**	**3600**	**20076**
租赁业	201277		201277	201277			
商务服务业	3233539	19018	3214521	3193563	16300	3600	20076
科学研究和技术服务业	**2467055**	**142521**	**2324534**	**2444877**	**9958**	**2210**	**10010**
研究和试验发展	854931	104159	750772	854931			
专业技术服务业	844072	25515	818557	829104	9958		5010
科技推广和应用服务业	768052	12847	755205	760842		2210	5000
水利、环境和公共设施管理业	**20818836**	**247399**	**20571437**	**20761172**	**47829**	**9835**	
水利管理业	1613715	11524	1602191	1613715			
生态保护和环境治理业	431529	14150	417379	423496	8033		
公共设施管理业	18773592	221725	18551867	18723961	39796	9835	
居民服务、修理和其他服务业	**1302093**	**49700**	**1252393**	**1243787**		**7637**	**50669**
居民服务业	707259		707259	662180		7637	37442
机动车、电子产品和日用产品修理业	444174		444174	430947			13227
其他服务业	150660	49700	100960	150660			
教育	**1784324**	**185980**	**1598344**	**1722940**	**6000**		**55384**
卫生和社会工作	**1254657**	**550**	**1254107**	**1186310**	**36890**	**1150**	**30307**
卫生	895412	550	894862	882950		1150	11312
社会工作	359245		359245	303360	36890		18995
文化、体育和娱乐业	**1813789**	**19826**	**1793963**	**1774509**	**14337**	**4355**	**20588**
新闻和出版业	28981		28981	28981			
广播、电视、电影和影视录音制作业	58710		58710	54355		4355	
文化艺术业	634640	14726	619914	618023	9887		6730
体育	277785	5100	272685	275485			2300
娱乐业	813673		813673	797665	4450		11558
公共管理、社会保障和社会组织	**1364364**	**29901**	**1334463**	**1357864**		**6500**	
中国共产党机关	14096	4300	9796	14096			
国家机构	1059926	25601	1034325	1053426		6500	
人民政协、民主党派							
社会保障	15529		15529	15529			
群众团体、社会团体和其他成员组织	136714		136714	136714			
基层群众自治组织	138099		138099	138099			

6-23 各地区按主要行业分建设项目投资

单位：亿元

年份、地区	合计	农林牧渔业	采矿业	制造业	电力、燃气及水的生产和供应业	建筑业	交通运输仓储和邮政业	信息传输、计算机服务和软件业	批发和零售业	住宿和餐饮业
2003	1291.17	23.43	91.56	469.92	94.35	11.13	192.94		79.60	
2004	1880.05	25.34	128.81	773.50	108.77	25.08	219.45	50.35	97.02	41.63
2005	2798.62	34.15	182.95	1359.31	138.67	24.62	280.56	41.15	119.02	37.97
2006	3835.65	38.37	212.08	1790.74	207.71	57.80	526.47	96.31	127.64	56.11
2007	5078.47	54.83	281.52	2450.52	336.35	38.63	547.80	65.75	187.60	85.03
2008	6821.15	86.78	310.68	3462.23	432.19	46.49	748.36	114.94	224.54	110.87
2009	8964.61	148.51	341.74	4436.90	652.49	112.61	721.47	132.13	388.78	172.66
2010	11640.57	216.38	564.33	5503.27	787.07	171.74	1048.20	146.46	309.90	196.59
2011	11927.76	265.58	482.75	5468.89	666.96	214.13	860.17	104.69	492.54	296.92
2012	14468.19	255.57	593.15	6643.81	701.38	411.81	723.89	1001.55	381.38	129.69
2013	16404.63	226.36	544.99	7519.14	757.88	223.14	966.82	1483.26	468.61	121.02
2014	19125.53	572.43	617.38	8866.35	771.83	136.75	1037.59	1800.90	406.75	213.07
2015	14081.73	419.34	382.83	6565.53	520.56	11.67	826.98	1255.34	296.40	202.57
沈　阳	3988.38	75.12	2.46	1980.13	129.03	7.92	450.83	227.20	102.37	132.62
大　连	3661.82	150.40	4.07	1300.68	129.80		95.67	395.81	48.22	44.63
鞍　山	1361.98	32.47	29.66	883.36	29.79		81.00	59.39	37.84	3.88
抚　顺	519.96	2.45	29.04	297.25	24.64		10.99	16.50	12.16	4.77
本　溪	508.14	12.35	42.42	204.46	11.83	0.08	6.19	76.63	8.70	2.60
丹　东	497.92	10.81	27.92	180.84	13.46	3.14	31.12	153.97	10.75	1.68
锦　州	668.12	9.64	37.64	392.26	29.36		33.39	42.09	16.67	4.41
营　口	801.29	10.99	5.65	477.06	27.81	0.33	51.09	46.44	20.14	2.03
阜　新	164.51	17.90	12.99	53.13	11.99	0.10	7.41	12.82	11.48	0.00
辽　阳	385.51	7.67	37.15	212.35	21.76		12.89	13.16	20.85	
盘　锦	743.52	30.43	81.71	253.39	39.34		25.91	149.30	4.56	2.04
铁　岭	275.73	6.15	0.25	131.44	18.01		7.89	32.62	1.31	
朝　阳	411.56	47.74	69.66	154.16	25.27	0.09	11.99	17.77	1.25	1.66
葫芦岛	93.30	5.21	2.20	45.01	8.47		0.61	11.64	0.09	2.25

6-23 续表

单位：亿元

年份、地区	金融业	房地产业	租赁和商务服务业	科学研究、技术服务和地质勘查业	水利、环境和公共设施管理业	居民服务和其他服务业	教育	卫生、社会保障和社会福利业	文化、体育和娱乐业	公共管理和社会组织
2003	4.40	15.05	5.31	14.34	10.56	96.08		10.88	63.74	107.87
2004	4.13	21.75	24.14	25.22	165.43	10.14	61.09	18.82	32.43	46.81
2005	17.36	48.97	37.01	26.83	259.13	11.06	85.17	21.41	33.06	40.23
2006	10.15	81.50	57.10	34.60	301.67	18.72	88.88	28.47	53.25	48.08
2007	20.80	96.25	86.14	45.88	499.23	35.45	96.46	39.04	53.65	57.53
2008	47.13	127.77	123.98	60.85	618.05	32.77	104.87	51.10	58.05	59.50
2009	41.02	84.10	157.46	94.55	883.41	54.78	125.85	83.33	128.86	203.97
2010	32.53	133.83	333.65	122.00	1313.44	82.73	131.92	84.85	181.26	280.44
2011	56.68	216.52	402.23	105.10	1426.78	145.10	175.85	89.48	178.86	278.53
2012	63.03	357.66	361.95	158.76	1604.60	199.01	180.90	158.87	273.95	267.22
2013	157.05	270.44	395.60	184.37	2145.90	193.85	200.15	137.86	262.86	145.37
2014	105.96	327.64	557.73	261.03	2459.34	203.89	254.42	127.35	253.70	151.42
2015	71.65	104.88	343.48	246.71	2081.88	130.21	178.43	125.47	181.38	136.44
沈　阳	28.24	35.70	120.28	131.72	350.71	50.97	60.86	57.88	28.74	15.59
大　连	29.45	21.16	58.75	43.50	1167.20	31.18	47.08	20.63	58.40	15.19
鞍　山	6.21	0.63	34.71	28.40	47.47	18.27	18.16	13.37	15.62	21.74
抚　顺	1.06	2.22	37.68	0.61	50.64	4.82	2.26	3.48	14.99	4.39
本　溪		5.15	29.30	4.21	61.46	1.26	19.44	2.86	10.04	9.14
丹　东	0.73		16.69	3.39	12.71	4.89	5.49	3.51	5.01	11.82
锦　州	1.00	2.64	8.09	10.84	41.64	4.25	5.94	2.87	5.17	20.23
营　口	2.66	3.32	19.15	14.14	84.05	3.67	5.61	7.79	7.23	12.11
阜　新		8.48	0.19	1.54	18.24		2.10	2.03	2.87	1.23
辽　阳	2.32	7.06		0.44	31.17	0.30	0.97	2.42	0.68	14.31
盘　锦		13.37	9.22	1.84	108.52	7.33	3.02	1.91	9.63	1.99
铁　岭				1.83	60.00	0.95	4.24	2.77	7.03	1.24
朝　阳		0.75	3.61	1.44	45.58	1.82	2.01	3.94	15.97	6.84
葫芦岛		4.39	5.82	2.80	2.48	0.49	1.24			0.61

6-24 建设项目投资各行业资金来源和新增固定资产

(2015年)

单位：万元

行　业	本年资金来源小计	国家预算内资金	国内贷款	利用外资	自筹资金
全省合计	**137959086**	**8217315**	**18472565**	**595242**	**109729290**
农、林、牧、渔业	**4039707**	**95408**	**591296**	**5400**	**3314701**
农业	1425869	36990	163283	4500	1207686
林业	280929	32695	10611		233481
畜牧业	1001230	1310	158418	600	830475
渔业	689177	1440	215195		469869
农、林、牧、渔服务业	642502	22973	43789	300	573190
采矿业	**3846136**	**9225**	**242851**	**92540**	**3481002**
煤炭开采和洗选业	248400	5155	55646		187599
石油和天然气开采业	850801		9600	79000	760201
黑色金属矿采选业	1349530		79727	1309	1266553
有色金属矿采选业	340630		36200	10452	284881
非金属矿采选业	896921	4070	61678	1779	821914
开采辅助活动	128551				128551
其他采矿业	31303				31303
制造业	**64469103**	**142747**	**7832152**	**256576**	**55989954**
农副食品加工业	5340002	4300	459964	5230	4850962
食品制造业	1579949		133215		1444581
酒、饮料和精制茶制造业	1072995		45732		998153
烟草制品业	10776		1900		8876
纺织业	601616	100	51047	7000	541063
纺织服装、服饰业	1307058		163214		1137476
皮革、毛皮、羽毛及其制品和制鞋业	289763		66192		223571
木材加工和木、竹、藤、棕、草制品业	1230863		124107	8500	1097406
家具制造业	863422		100864		762558
造纸和纸制品业	797914		111380		682434
印刷和记录媒介复制业	557940		78286		477974
文教、工美、体育和娱乐用品制造业	541948		84250	13000	438725
石油加工、炼焦和核燃料加工业	1386196	10000	106777	92000	1152296
化学原料和化学制品制造业	4419366	1526	968619		3433508
医药制造业	1377862		57061		1320301
化学纤维制造业	206974		23300		183674
橡胶和塑料制品业	2377417		223888		2148946
非金属矿物制品业	7718340	1986	1392062	15750	6272969
黑色金属冶炼和压延加工业	1162848		61500		1101348
有色金属冶炼和压延加工业	2184922	2935	435251		1746736
金属制品业	4093821		459741		3627930
通用设备制造业	8216448	500	989647	36500	7174378

6-24 续表 1

单位：万元

行业	本年资金来源小计	国家预算内资金	国内贷款	利用外资	自筹资金
专用设备制造业	5388748		524851	16446	4833368
汽车制造业	2769700		276533		2443227
铁路、船舶、航空航天和其他运输设备制造业	951673		88217	5000	858456
电气机械和器材制造业	3780470	8900	480857	28000	3254313
计算机、通信和其他电子设备制造业	2334657		101938	18000	2214719
仪器仪表制造业	833651	500	69725	4750	758676
其他制造业	419313		45734	6400	367179
废弃资源综合利用业	356723		15600		341123
金属制品、机械和设备修理业	295728	112000	90700		93028
电力、热力、燃气及水生产和供应业	**5108363**	**214251**	**1356012**	**15900**	**3342402**
电力、热力生产和供应业	3738191	51010	1278625		2351600
燃气生产和供应业	668336	630	56610	15900	572896
水的生产和供应业	701836	162611	20777		417906
建筑业	**116668**		**2000**		**114668**
房屋建筑业	5873				5873
土木工程建筑业	21549				21549
建筑安装业	47123		2000		45123
建筑装饰和其他建筑业	42123				42123
批发和零售业	**8293173**	**4800**	**825058**	**171101**	**7248673**
批发业	4502079	4300	466212	31490	3986132
零售业	3791094	500	358846	139611	3262541
交通运输、仓储和邮政业	**12507611**	**1989698**	**3466894**	**25000**	**6965462**
铁路运输业	2446552	1228141	645658		572253
道路运输业	4370900	559068	1108014		2648777
水上运输业	2057077	1710	1122545		932822
航空运输业	307080	189000	9100		108980
管道运输业	74340		7484		66856
装卸搬运和运输代理业	801309		48700	25000	727609
仓储业	2419619	11779	525393		1877431
邮政业	30734				30734
住宿和餐饮业	**2958938**	**14044**	**352648**	**7500**	**2580788**
住宿业	1834497	9147	236004		1587846
餐饮业	1124441	4897	116644	7500	992942
信息传输、软件和信息技术服务业	**1999883**	**57900**	**256552**	**11100**	**1666331**
电信、广播电视和卫星传输服务	476676		12100		464576
互联网和相关服务	196898		4000		184898
软件和信息技术服务业	1326309	57900	240452	11100	1016857

6-24 续表 2

单位：万元

行业	本年资金来源小计	国家预算内资金	国内贷款	利用外资	自筹资金
金融业	**471795**	**3000**	**7600**		**461195**
货币金融服务	203630		4000		199630
资本市场服务	71651		2600		69051
保险业	40714	3000	1000		36714
其他金融业	155800				155800
房地产业	**956891**	**15698**	**87257**		**830576**
租赁和商务服务业	**3431073**	**1910**	**405379**		**3020456**
租赁业	200166		37103		163063
商务服务业	3230907	1910	368276		2857393
科学研究和技术服务业	**2444260**	**20364**	**528273**	**1000**	**1894623**
研究和试验发展	841193	500	197263		643430
专业技术服务业	832371	19864	163625		648882
科技推广和应用服务业	770696		167385	1000	602311
水利、环境和公共设施管理业	**19950945**	**4867883**	**1752575**		**13122056**
水利管理业	1627732	721155	197875		696820
生态保护和环境治理业	404218	110210	28605		264693
公共设施管理业	17918995	4036518	1526095		12160543
居民服务、修理和其他服务业	**1224546**	**36546**	**210912**		**977088**
居民服务业	706929	15503	109255		582171
机动车、电子产品和日用产品修理业	440296	2414	89958		347924
其他服务业	77321	18629	11699		46993
教育	**1879245**	**465922**	**120873**		**1282473**
卫生和社会工作	**1213802**	**84776**	**98417**		**1008002**
卫生	846620	27222	81221		723170
社会工作	367182	57554	17196		284832
文化、体育和娱乐业	**1664578**	**68622**	**192047**		**1397232**
新闻和出版业	29016	5500			23516
广播、电视、电影和影视录音制作业	61011		4000		57011
文化艺术业	622062	49995	51435		520632
体育	274344	13127	6500		254717
娱乐业	678145		130112		541356
公共管理、社会保障和社会组织	**1382369**	**124521**	**143769**	**9125**	**1031608**
中国共产党机关	14096				14096
国家机构	1070039	105687	127679	9125	763666
人民政协、民主党派					
社会保障	17839	2000	920		14919
群众团体、社会团体和其他成员组织	142242	13804	10570		111658
基层群众自治组织	138153	3030	4600		127269

6-24 续表 3

单位：万元

行　业	其他资金	投资额	新增固定资产	固定资产交付使用率(%)
全省合计	**944674**	**140817277**	**137463555**	**97.62**
农、林、牧、渔业	**32902**	**4193371**	**4044132**	**96.44**
农业	13410	1455423	1481191	101.77
林业	4142	280830	286440	102.00
畜牧业	10427	1031521	927893	89.95
渔业	2673	689947	636280	92.22
农、林、牧、渔服务业	2250	735650	712328	96.83
采矿业	**20518**	**3828263**	**4286132**	**111.96**
煤炭开采和洗选业		247827	256750	103.60
石油和天然气开采业	2000	850310	878491	103.31
黑色金属矿采选业	1941	1366933	1702388	124.54
有色金属矿采选业	9097	341143	430339	126.15
非金属矿采选业	7480	865789	872865	100.82
开采辅助活动		126365	126365	100.00
其他采矿业		29896	18934	63.33
制造业	**247674**	**65655309**	**64478772**	**98.21**
农副食品加工业	19546	5435141	5097519	93.79
食品制造业	2153	1527852	1340998	87.77
酒、饮料和精制茶制造业	29110	1125381	1018222	90.48
烟草制品业		10776	10847	100.66
纺织业	2406	607081	673015	110.86
纺织服装、服饰业	6368	1336192	1351686	101.16
皮革、毛皮、羽毛及其制品和制鞋业		287944	328904	114.22
木材加工和木、竹、藤、棕、草制品业	850	1259302	1184942	94.10
家具制造业		832337	792943	95.27
造纸和纸制品业	4100	783112	679690	86.79
印刷和记录媒介复制业	1680	553512	452289	81.71
文教、工美、体育和娱乐用品制造业	5973	546763	540909	98.93
石油加工、炼焦和核燃料加工业	25123	1461387	957646	65.53
化学原料和化学制品制造业	15713	4727665	3782008	80.00
医药制造业	500	1319709	1187614	89.99
化学纤维制造业		206726	112942	54.63
橡胶和塑料制品业	4583	2483932	2646984	106.56
非金属矿物制品业	35573	7740657	8255730	106.65
黑色金属冶炼和压延加工业		1206192	1410053	116.90
有色金属冶炼和压延加工业		2233736	1367316	61.21
金属制品业	6150	4082375	4361235	106.83
通用设备制造业	15423	8573245	9420000	109.88

6-24 续表 4

单位：万元

行　　业	其他资金	投资额	新增固定资产	固定资产交付使用率(%)
专用设备制造业	14083	5359661	5838548	108.94
汽车制造业	49940	2714101	2341609	86.28
铁路、船舶、航空航天和其他运输设备制造业		1126029	760899	67.57
电气机械和器材制造业	8400	3841895	3869724	100.72
计算机、通信和其他电子设备制造业		2273176	2558901	112.57
仪器仪表制造业		810512	1098755	135.56
其他制造业		410572	444959	108.38
废弃资源综合利用业		355348	387473	109.04
金属制品、机械和设备修理业		422998	204412	48.32
电力、热力、燃气及水生产和供应业	**179798**	**5205561**	**4562631**	**87.65**
电力、热力生产和供应业	56956	3750529	3091963	82.44
燃气生产和供应业	22300	695190	765374	110.10
水的生产和供应业	100542	759842	705294	92.82
建筑业		**116668**	**115553**	**99.04**
房屋建筑业		5873	5873	100.00
土木工程建筑业		21549	21549	100.00
建筑安装业		47123	46008	97.63
建筑装饰和其他建筑业		42123	42123	100.00
批发和零售业	**43541**	**8269836**	**9356988**	**113.15**
批发业	13945	4435970	5530849	124.68
零售业	29596	3833866	3826139	99.80
交通运输、仓储和邮政业	**60557**	**12553369**	**11786609**	**93.89**
铁路运输业	500	2423421	2430464	100.29
道路运输业	55041	4305467	3540104	82.22
水上运输业		2081458	2041492	98.08
航空运输业		298734	215689	72.20
管道运输业		94171	159730	169.62
装卸搬运和运输代理业		776380	838864	108.05
仓储业	5016	2543010	2535738	99.71
邮政业		30728	24528	79.82
住宿和餐饮业	**3958**	**2963957**	**3135276**	**105.78**
住宿业	1500	1843221	2043810	110.88
餐饮业	2458	1120736	1091466	97.39
信息传输、软件和信息技术服务业	**8000**	**2025749**	**1828402**	**90.26**
电信、广播电视和卫星传输服务		497971	505304	101.47
互联网和相关服务	8000	200306	232518	116.08
软件和信息技术服务业		1327472	1090580	82.15

6-24 续表 5

单位：万元

行 业	其他资金	投资额	新增固定资产	固定资产交付使用率(%)
金融业		**716469**	**392257**	**54.75**
货币金融服务		209742	199925	95.32
资本市场服务		316397	63573	20.09
保险业		41422	40752	98.38
其他金融业		148908	88007	59.10
房地产业	**23360**	**1048791**	**1081962**	**103.16**
租赁和商务服务业	**3328**	**3434816**	**3438179**	**100.10**
租赁业		201277	185070	91.95
商务服务业	3328	3233539	3253109	100.61
科学研究和技术服务业		**2467055**	**2707700**	**109.75**
研究和试验发展		854931	1087793	127.24
专业技术服务业		844072	811106	96.09
科技推广和应用服务业		768052	808801	105.31
水利、环境和公共设施管理业	**208431**	**20818836**	**18474424**	**88.74**
水利管理业	11882	1613715	2046636	126.83
生态保护和环境治理业	710	431529	447138	103.62
公共设施管理业	195839	18773592	15980650	85.12
居民服务、修理和其他服务业		**1302093**	**1290476**	**99.11**
居民服务业		707259	659703	93.28
机动车、电子产品和日用产品修理业		444174	455322	102.51
其他服务业		150660	175451	116.45
教育	**9977**	**1784324**	**1769135**	**99.15**
卫生和社会工作	**22607**	**1254657**	**1383152**	**110.24**
卫生	15007	895412	1043361	116.52
社会工作	7600	359245	339791	94.58
文化、体育和娱乐业	**6677**	**1813789**	**2088052**	**115.12**
新闻和出版业		28981	53981	186.26
广播、电视、电影和影视录音制作业		58710	63797	108.66
文化艺术业		634640	666187	104.97
体育		277785	253250	91.17
娱乐业	6677	813673	1050837	129.15
公共管理、社会保障和社会组织	**73346**	**1364364**	**1243723**	**91.16**
中国共产党机关		14096	14096	100.00
国家机构	63882	1059926	976915	92.17
人民政协、民主党派				
社会保障		15529	15459	99.55
群众团体、社会团体和其他成员组织	6210	136714	107135	78.36
基层群众自治组织	3254	138099	130118	94.22

6-25 各地区建设项目施工、竣工房屋面积

单位：万平方米

年份、地区	施工房屋建筑面积	#住宅	竣工房屋建筑面积	#住宅
2000	2125.80	822.50	1132.20	568.50
2001	2019.30	717.10	1018.70	493.50
2002	2368.00	625.40	1110.40	363.90
2003	2830.70	564.50	1417.80	378.20
2004	3633.90	424.80	1898.50	256.60
2005	5250.70	725.60	2516.20	343.40
2006	6525.20	1110.60	3275.60	503.70
2007	9317.20	995.40	3717.70	445.30
2008	8970.97	653.96	4162.71	303.62
2009	10642.16	360.00	4366.03	243.64
2010	17307.47	544.66	4748.32	174.51
2011	19809.01	1107.47	4204.95	250.35
2012	22629.89	808.97	5400.50	274.91
2013	21919.33	486.85	7266.07	129.38
2014	25915.62	428.72	7099.93	129.68
2015	18091.34	374.08	7103.95	145.90
沈　阳	5471.52	17.43	1873.39	2.05
大　连	2874.51	34.92	647.07	14.12
鞍　山	3207.59	108.58	2410.12	104.63
抚　顺	854.01	7.85	79.97	
本　溪	404.59	13.07	122.18	7.07
丹　东	564.73	0.75	297.33	0.75
锦　州	811.55		565.93	
营　口	1596.06	41.30	580.72	2.32
阜　新	699.54	111.39	251.66	14.95
辽　阳	102.65		22.35	
盘　锦	116.09		63.88	
铁　岭	728.19	37.34	139.22	
朝　阳	408.68	1.44	21.67	
葫芦岛	251.63		28.45	

6-26 各地区按行业分建设项目新增固定资产

单位：万元

年份、地区	合计	农林牧渔业	采矿业	制造业	电力、燃气及水的生产和供应业	建筑业	交通运输仓储和邮政业	信息传输、计算机服务和软件业	批发和零售业	住宿和餐饮业
2005	19464179	278332	1466943	9828630	956830	188933	1416108	359388	923303	401408
2006	22422137	354483	1944056	11027672	948659	324995	1756914	394289	1059344	421746
2007	30472909	477202	2100599	14261494	2353587	285779	2493073	319701	1445176	584539
2008	41978223	770661	2355216	21893841	2192069	406054	2328227	618041	1799541	973428
2009	58021883	1151381	2295717	29092046	3411559	938757	4058862	864654	3229421	1261212
2010	81599523	1384973	4126137	35728460	3762066	1134045	4108876	958593	1883003	1080068
2011	68713502	2066201	2964006	34722047	3052749	1429403	4192201	576606	2250995	1194100
2012	92568783	1685006	4524880	45738723	4571954	2425923	4398017	5230732	2093167	924977
2013	111037073	1776515	3792500	53042468	5591912	1396815	5594601	9068492	3593408	833118
2014	148003856	4647370	4662320	70546698	7168286	1027723	8474821	12517577	3304060	1510192
2015	137463555	4044132	4286132	64478772	4562631	115553	9356988	11786609	3135276	1828402
沈　阳	38341575	839269	53379	19175504	1353306	79231	4027788	1701107	1045391	1263292
大　连	30596075	1428761	40729	11529470	650503		1341636	2376907	522048	313998
鞍　山	18550313	317762	523217	11764519	307960		2208982	707059	538253	38824
抚　顺	4777544	23146	292184	2791259	246086		74528	158583	122364	8102
本　溪	6000308	127168	561090	1798399	241284	800	61529	1781768	66665	79114
丹　东	4785258	108813	408204	1600777	62213	30267	362465	1508579	111844	9124
锦　州	5370342	82727	316932	3212506	254275		271258	249268	65701	6120
营　口	9096859	116519	29095	4982025	157446	3317	625600	1023861	318454	20817
阜　新	2529110	161242	162648	552812	209737	1000	66379	165341	69305	
辽　阳	3365024	60419	371219	1515072	136604		87912	131627	206646	
盘　锦	7265301	284248	817043	2412255	658758		124919	1391122	45562	20400
铁　岭	2627761	64923	2500	1459309	109837		43870	312199	13100	
朝　阳	3255316	332135	687462	1187678	171592	938	57772	181327	9943	16601
葫芦岛	902769	97000	20430	497187	3030		2350	97861		52010

6-26 续表

单位：万元

年份、地区	金融业	房地产业	租赁和商务服务业	科学研究、技术服务和地质勘查业	水利、环境和公共设施管理业	居民服务和其他服务业	教育	卫生、社会保障和社会福利业	文化、体育和娱乐业	公共管理和社会组织
2005	98925	301902	297858	206698	1313070	106320	608380	180826	213179	317146
2006	53810	582206	348341	166703	1450509	134351	588452	177265	336290	352052
2007	93356	709596	392885	330772	2710649	250160	708908	282776	290804	381853
2008	219398	1274875	747145	477847	3731698	317367	669226	334031	390321	479237
2009	215985	682616	848711	581705	5841711	485911	726414	594542	511926	1228753
2010	125389	718588	1640555	322560	6987561	276354	14752804	620434	779497	1209560
2011	504351	1009774	1772265	537061	8073340	583466	726459	503195	684118	1871165
2012	357002	1639317	1911086	1027945	9294834	1092993	1580444	861322	1531331	1679130
2013	1276918	1840445	2738600	1323299	11077181	1352353	1604392	1079079	2497186	1557791
2014	642717	2599999	4133268	2161256	16647921	1781631	2025684	1061246	1898740	1192347
2015	392257	1081962	3438179	2707700	18474424	1290476	1769135	1383152	2088052	1243723
沈　阳	256419	447348	1309750	1319128	3368327	526691	526977	598387	286319	163962
大　连	48817	217520	395704	650874	8674036	250916	577541	271034	1191589	113992
鞍　山	26365	34472	371920	269916	625309	222452	185255	108467	87475	212106
抚　顺	10559	21988	341713	6098	475970	34417	28285	33912	62660	45690
本　溪		39054	211477	43622	478886	12600	199034	177843	48185	71790
丹　东	6254		132982	33737	160900	60480	51743	29069	33665	74142
锦　州	9980	26397	72697	103422	381957	40745	21056	22916	43831	188554
营　口	10705	33213	345766	205609	880972	35399	62351	23400	47620	174690
阜　新		45506	1900		1007914		15044	19780	38586	11916
辽　阳	23158	70625		4425	602776	3000	7900	28148	6800	108693
盘　锦		133724	89501	10362	1040596	73346	30232	18433	96340	18460
铁　岭			79350	18117	352521	9500	42442	14890	92828	12375
朝　阳		7610	20778	14432	400730	15998	19440	36873	52154	41853
葫芦岛		4505	64641	27958	23530	4932	1835			5500

6-27 各地区建设项目500万元以上施工、投产项目个数

年份、地区	施工项目（个）	新开工项目（个）	全部建成投产项目（个）	项目建成投产率（%）
2003	8200	6809	5420	66.1
2004	10485	8632	6244	59.6
2005	14339	10535	10068	70.2
2006	13477	10904	9670	71.8
2007	13193	10413	9157	69.4
2008	14749	12544	11710	79.4
2009	19388	16998	14519	74.9
2010	10263	8053	6684	65.1
2011	14690	10624	9063	61.7
2012	14698	9336	9485	64.5
2013	13000	8900	8308	63.9
2014	16642	11624	12190	73.3
2015	16235	12401	13693	84.3
沈　阳	5027	4287	4571	90.9
大　连	2939	2176	2108	71.7
鞍　山	1579	1089	1481	93.8
抚　顺	780	587	738	94.6
本　溪	422	277	323	76.5
丹　东	896	637	851	95.0
锦　州	919	714	776	84.4
营　口	844	558	707	83.8
阜　新	403	213	265	65.8
辽　阳	367	286	356	97.0
盘　锦	780	691	581	74.5
铁　岭	291	214	252	86.6
朝　阳	882	610	608	68.9
葫芦岛	106	62	76	71.7

6-28 按行业分建设项目500万元以上施工、投产项目个数

(2015年)

行业	施工项目(个)	#新开工	全部建成投产项目(个)	项目建成投产率(%)
全省合计	**16235**	**12401**	**13693**	**84.3**
农、林、牧、渔业	**790**	**621**	**580**	**73.4**
农业	236	194	173	73.3
林业	70	53	57	81.4
畜牧业	245	178	178	72.7
渔业	104	87	72	69.2
农、林、牧、渔服务业	135	109	100	74.1
采矿业	**567**	**366**	**475**	**83.8**
煤炭开采和洗选业	49	40	44	89.8
石油和天然气开采业	23	19	15	65.2
黑色金属矿采选业	234	139	198	84.6
有色金属矿采选业	67	33	57	85.1
非金属矿采选业	183	128	152	83.1
开采辅助活动	7	4	6	85.7
其他采矿业	4	3	3	75.0
制造业	**7606**	**5689**	**6523**	**85.8**
农副食品加工业	880	686	724	82.3
食品制造业	210	160	179	85.2
酒、饮料和精制茶制造业	144	109	124	86.1
烟草制品业	3	1	2	66.7
纺织业	104	69	92	88.5
纺织服装、服饰业	198	160	172	86.9
皮革、毛皮、羽毛及其制品和制鞋业	49	36	44	89.8
木材加工和木、竹、藤、棕、草制品业	190	145	174	91.6
家具制造业	101	83	89	88.1
造纸和纸制品业	100	79	89	89.0
印刷和记录媒介复制业	59	49	55	93.2
文教、工美、体育和娱乐用品制造业	92	62	85	92.4
石油加工、炼焦和核燃料加工业	126	91	94	74.6
化学原料和化学制品制造业	403	286	331	82.1
医药制造业	109	83	84	77.1
化学纤维制造业	18	11	15	83.3
橡胶和塑料制品业	400	301	344	86.0
非金属矿物制品业	920	633	799	86.9
黑色金属冶炼和压延加工业	119	47	86	72.3
有色金属冶炼和压延加工业	118	75	101	85.6
金属制品业	536	406	457	85.3
通用设备制造业	935	737	825	88.2

6-28 续表 1

行 业	施工项目(个)	#新开工	全部建成投产项目(个)	项目建成投产率(%)
专用设备制造业	638	493	556	87.2
汽车制造业	205	137	157	76.6
铁路、船舶、航空航天和其他运输设备制造业	99	67	72	72.7
电气机械和器材制造业	445	369	407	91.5
计算机、通信和其他电子设备制造业	198	159	183	92.4
仪器仪表制造业	94	73	91	96.8
其他制造业	60	44	52	86.7
废弃资源综合利用业	39	25	27	69.2
金属制品、机械和设备修理业	14	13	13	92.9
电力、热力、燃气及水生产和供应业	**527**	**390**	**439**	**83.3**
电力、热力生产和供应业	322	241	263	81.7
燃气生产和供应业	82	67	75	91.5
水的生产和供应业	123	82	101	82.1
建筑业	**20**	**12**	**20**	**100.0**
房屋建筑业	3	2	3	100.0
土木工程建筑业	3	3	3	100.0
建筑安装业	8	2	8	100.0
建筑装饰和其他建筑业	6	5	6	100.0
批发和零售业	**1150**	**972**	**1060**	**92.2**
批发业	651	565	614	94.3
零售业	499	407	446	89.4
交通运输、仓储和邮政业	**832**	**558**	**645**	**77.5**
铁路运输业	27	8	15	55.6
道路运输业	390	266	329	84.4
水上运输业	81	36	43	53.1
航空运输业	5	2	4	80.0
管道运输业	12	6	6	50.0
装卸搬运和运输代理业	40	27	37	92.5
仓储业	270	208	205	75.9
邮政业	7	5	6	85.7
住宿和餐饮业	**418**	**338**	**373**	**89.2**
住宿业	247	184	210	85.0
餐饮业	171	154	163	95.3
信息传输、软件和信息技术服务业	**176**	**145**	**162**	**92.1**
电信、广播电视和卫星传输服务	19	14	16	84.2
互联网和相关服务	25	22	24	96.0
软件和信息技术服务业	132	109	122	92.4

6-28 续表 2

行　业	施工项目（个）	#新开工	全部建成投产项目（个）	项目建成投产率（%）
金融业	**68**	**52**	**60**	**88.2**
货币金融服务	31	24	27	87.1
资本市场服务	15	10	13	86.7
保险业	8	7	8	100.0
其他金融业	14	11	12	85.7
房地产业	**75**	**40**	**65**	**86.7**
租赁和商务服务业	**379**	**305**	**339**	**89.5**
租赁业	30	28	26	86.7
商务服务业	349	277	313	89.7
科学研究和技术服务业	**310**	**252**	**282**	**91.0**
研究和试验发展	94	70	88	93.6
专业技术服务业	111	96	96	86.5
科技推广和应用服务业	105	86	98	93.3
水利、环境和公共设施管理业	**2151**	**1739**	**1702**	**79.1**
水利管理业	186	142	156	83.9
生态保护和环境治理业	61	44	51	83.6
公共设施管理业	1904	1553	1495	78.5
居民服务、修理和其他服务业	**201**	**157**	**179**	**89.1**
居民服务业	111	85	96	86.5
机动车、电子产品和日用产品修理业	72	63	70	97.2
其他服务业	18	9	13	72.2
教育	**310**	**246**	**249**	**80.3**
卫生和社会工作	**186**	**141**	**149**	**80.1**
卫生	129	91	102	79.1
社会工作	57	50	47	82.5
文化、体育和娱乐业	**193**	**149**	**153**	**79.3**
新闻和出版业	4	3	4	100.0
广播、电视、电影和影视录音制作业	11	8	9	81.8
文化艺术业	76	63	61	80.3
体育	34	23	23	67.7
娱乐业	68	52	56	82.4
公共管理、社会保障和社会组织	**276**	**229**	**238**	**86.2**
中国共产党机关	4	4	4	100.0
国家机构	214	180	182	85.1
人民政协、民主党派				
社会保障	3	3	3	100.0
群众团体、社会团体和其他成员组织	30	20	25	83.3
基层群众自治组织	25	22	24	96.0

6-29 各地区按经济类型分建设项目投资

(2015年)

单位：万元

地　区	总计	国有经济	集体经济	私营个体	联营经济	股份制经济	外商投资经济	港澳台商投资经济	其他经济
全　省	**140817277**	**31984226**	**2409553**	**68715867**	**139839**	**26246715**	**2672184**	**1800897**	**6847996**
沈　阳	39883811	5895023	746625	20674029	72856	8684426	1161923	601045	2047884
大　连	36618197	12628844	1251872	13113932		5722480	1179983	355724	2365362
鞍　山	13619811	1089773	30059	6646355	11700	4368455	27054	47666	1398749
抚　顺	5199596	675495	6379	3047282		1220762	27583	10625	211470
本　溪	5081350	1541733	96936	2564722		747144	39604	9350	81861
丹　东	4979230	1182853	79384	2805805	18935	799447	10074	3655	79077
锦　州	6681160	999138	54255	4279914		962828	27178	217311	140536
营　口	8012857	1688609		5412038		768152	44740	70056	29262
阜　新	1645054	394030	9255	505162	2685	644023	42346	44105	3448
辽　阳	3855089	629052	100787	1852247	18398	591500		298806	364299
盘　锦	7435194	3034844		3314162		819746	90088	130570	45784
铁　岭	2757315	931646	1351	1476350		316670	9074		22224
朝　阳	4115595	873439		2586509	15265	565538	9917	11984	52943
葫芦岛	933018	419747	32650	437360		35544	2620		5097

6-30 农户个人固定资产投资和建房

年份、地区	投资总额（万元）		竣工房屋建筑面积（万平方米）	
		#住宅		#住宅
2000	820527	531850	1750.0	1711.0
2001	829920	435463	2061.5	1841.1
2002	927219	450638	2273.0	2013.0
2003	1044548	433702	2273.0	2013.0
2004	1188251	534916	2207.8	2083.4
2005	1328935	574375	2276.9	2153.2
2006	1473789	925869	3042.0	2878.7
2007	1670728	1012628	3276.0	2981.0
2008	2016553	1211542	3595.8	3282.6
2009	2281262	1423481	3904.0	3508.5
2010	2493851	1587274	4068.1	3638.1
2011	2948251	1774916	4132.6	3674.9
2012	3009086	1782976	4176.1	3690.2
2013	3162550	1817636	4259.0	3747.2
2014	3039691	1888523	3684.1	3106.5
2015	2775238	1337350	2883.6	2296.6
沈　阳				
大　连				
鞍　山	137000	16333	29.7	22.6
抚　顺				
本　溪				
丹　东				
锦　州				
营　口				
阜　新				
辽　阳	206163	67496	46.1	43.7
盘　锦				
铁　岭				
朝　阳				
葫芦岛				

注：本表为抽样调查推算数，分市数据由各市统计局提供。

6-31 房地产开发主要指标

指　标	单位	2008年	2009年	2010年	2011年	2012年	2013年	2014年	2015年
土地购置									
本年土地购置面积	万平方米	2953.8	2086.8	3134.6	3446.3	3199.5	2502.3	1670.8	957.0
本年完成投资额	**万元**	**20607952**	**26405639**	**34657562**	**44875610**	**54558196**	**64507513**	**53013051**	**35586421**
土地开发投资额	万元	1254806	1316844						
配套工程投资	万元	1019087	709545	738642	630488	744553	885946		
#住　宅	万元	15792147	19339201	24813478	34104876	39619482	46649928	38442622	26033152
#经济适用房屋	万元	495296	637407	503756					
本年资金来源小计	**万元**	**22029829**	**32684449**	**50708103**	**55650848**	**63287555**	**74489873**	**58909738**	**42317830**
#国内贷款	万元	2769112	4737260	6483457	7671009	8507560	8476357	7207044	5514326
利用外资	万元	1140114	1149245	1742831	1920617	1178814	619242	706300	376069
自筹资金	万元	11475416	15800648	27857536	27758717	33105096	40901661	33685015	22693216
房屋建筑面积									
施工面积	万平方米	14904.6	18579.1	26831.1	34364.3	38502.0	41625.6	38616.9	29283.2
竣工面积	万平方米	3826.1	4031.7	4497.4	6322.8	6438.2	6152.0	6147.0	3237.5
本年新开工面积	万平方米	6761.9	8305.4	12647.9	12444.3	13828.9	13444.5	8192.2	4699.4
#住　宅	万平方米	5563.3	6639.9	9870.4	9910	10644.0	10141.7	6137.7	3604.7
#经济适用房屋	万平方米	214	281.6	252.8					
商品房屋销售额	**万元**	**15376463**	**21685950**	**30633172**	**35691155**	**43627815**	**47592106**	**30920972**	**22549726**
#住　宅	万元	13338922	18834702	25876571	30092300	36112089	39418642	25188711	19076264
#经济适用房屋	万元	288019	300723	205561					
商品房屋销售面积	**万平方米**	**4091.2**	**5375.5**	**6800.5**	**7541.5**	**8827.9**	**9292.3**	**5754.8**	**3916.2**
#住　宅	万平方米	3731.2	4864.2	6013.5	6624.1	7655.4	8014.8	4932.1	3477.3
#经济适用房屋	万平方米	137.5	138.3	67.1					

6-32 房地产开发企业(单位)的土地购置

年份、地区	本年购置土地面积 (万平方米)	本年土地成交价款 (万元)
2000	1019.3	
2001	1107.1	
2002	1384.7	
2003	1668.7	1395759
2004	2256.9	1779227
2005	2432.8	2034432
2006	2316.9	2065722
2007	3323.6	2899565
2008	2953.8	3080834
2009	2086.9	2936827
2010	3134.6	4878841
2011	3446.3	5312808
2012	3199.5	4918076
2013	2502.3	5668331
2014	1670.8	4112281
2015	957.0	2460688
沈　阳	223.0	730757
大　连	170.8	736065
鞍　山	51.0	107969
抚　顺	31.6	111677
本　溪	26.2	36110
丹　东	41.6	74638
锦　州	41.2	121668
营　口	41.9	74874
阜　新	23.7	19298
辽　阳	51.6	133464
盘　锦	20.5	33243
铁　岭	116.9	77679
朝　阳	74.1	139010
葫芦岛	42.9	64236

6-33 按用途分的房地产开发建设投资

单位：万元

年份、地区	本年完成投资额	住宅	#经济适用房屋	办公楼	商业营业用房	其他
2000	2649062	1812920	250726	155384	445326	235432
2001	3230692	2275667	289402	155329	511287	288409
2002	3883147	2758906	317602	182161	632742	309338
2003	4863947	3434716	234820	131670	866730	430831
2004	7207433	4942767	170802	221662	1253815	789189
2005	8742525	6145405	154200	258764	1502775	835581
2006	11421948	8388987	574098	376442	1539711	1116808
2007	14975793	11658892	509414	391338	1946253	979310
2008	20607952	15792147	495296	668581	3006798	1140426
2009	26405639	19339201	637407	867569	4321470	1877399
2010	34657562	24813478	503756	1029344	5886469	2928271
2011	44875610	34104876		929622	6753253	3087859
2012	54558196	39619482		1633776	8627741	4677197
2013	64507513	46649928		1557668	10979210	5320707
2014	53013051	38442622		1792155	9507965	3270309
2015	35586421	26033152		1166064	6086438	2300767
沈　阳	13376632	9349724		432463	2889991	704454
大　连	8974595	6821807		489322	806291	857175
鞍　山	2060841	1642639		14785	320035	83382
抚　顺	774384	531212		6210	166228	70734
本　溪	763966	577531		29752	107299	49384
丹　东	855324	725641		9245	105732	14706
锦　州	1140306	893908		33979	157991	54428
营　口	1049299	812800		12101	179917	44481
阜　新	432686	236762		7189	119702	69033
辽　阳	688119	485989		1024	94029	107077
盘　锦	2395411	1759969		99102	463444	72896
铁　岭	1217544	867519		11835	282727	55463
朝　阳	885871	662716		18476	139417	65262
葫芦岛	971443	664935		581	253635	52292

6-34 按构成分房地产开发建设投资

单位：万元

年份、地区	建筑安装工程	设备、工具器具购置	其他费用	
				#土地购置费
2000	1966063	65137	617862	347314
2001	2351326	52831	826535	516854
2002	2724912	79696	1078539	581343
2003	3198149	68635	1597163	1024229
2004	4918594	89875	2198964	1267595
2005	5912043	139201	2691281	1682273
2006	7657084	113123	3651741	2021204
2007	11662016	170600	3143177	1971841
2008	15705901	351522	4550529	3002435
2009	20848847	358489	5198303	3606763
2010	26754213	543356	7359993	5080384
2011	36067442	1199549	7608619	5225988
2012	42611906	1127517	10818773	7405576
2013	53075712	1311337	10120464	5695472
2014	45249782	1103095	6660174	5351452
2015	31097914	441082	4047425	3081600
沈　阳	12233987	137050	1005595	817684
大　连	7323602	56157	1594836	1214149
鞍　山	1843924	60561	156356	103029
抚　顺	632305	1714	140365	110357
本　溪	632653	25234	106079	35928
丹　东	774327	7086	73911	45129
锦　州	888433	13605	238268	198441
营　口	966630	13818	68851	34563
阜　新	371477	7694	53515	43907
辽　阳	531874	8372	147873	104637
盘　锦	2265327	46507	83577	81237
铁　岭	1080796	11474	125274	109524
朝　阳	769561	15656	100654	69309
葫芦岛	783018	36154	152271	113706

6-35 房地产开发企业(单位)的资金来源

单位：万元

年份、地区	本年资金来源小计	国内贷款	利用外资	自筹资金	其他资金	
						#定金及预收款
2000	2837089	645522	55167	971842	1159178	910460
2001	3532286	689515	54351	124710	1545785	1179279
2002	4180547	800959	63316	1658685	1644787	1234539
2003	5582992	1332891	55561	2273464	1917688	1578904
2004	8490919	1366702	82619	3496051	3544047	2740905
2005	9372018	1267527	89308	4586225	3428958	2531636
2006	13002851	1728346	242602	5924162	5107741	3266026
2007	18703917	2598871	924053	8429379	6751614	4520319
2008	22029829	2769112	1140114	11475416	6645187	4543873
2009	32684449	4737260	1149245	15800648	10997296	7506860
2010	50708103	6483457	1742831	27857536	14624279	9666914
2011	55650848	7671009	1920617	27758717	18300505	10950702
2012	63287555	8507560	1178814	33105096	20496085	13905878
2013	74489873	8476357	619242	40901661	24492613	15809722
2014	58909738	7207044	706300	33685015	17311379	10962875
2015	42317830	5514326	376069	22693216	13734219	9089005
沈　阳	15272847	1240909	99527	9527449	4404962	3185964
大　连	11909869	2479658	162070	4285480	4982661	3090314
鞍　山	2787785	127699	877	1908000	751209	539814
抚　顺	852893	82658	2000	359942	408293	307136
本　溪	904835	63483		581238	260114	160521
丹　东	1079732	47277		529225	503230	302867
锦　州	1231617	336505		440757	454355	299754
营　口	1278464	66753		946128	265583	170702
阜　新	409923	10900		342848	56175	42242
辽　阳	826636	169702		444559	212375	126940
盘　锦	2672365	661471	40000	1397114	573780	423825
铁　岭	1154444	192919	71595	569050	320880	184525
朝　阳	995670	8032		769108	218530	99545
葫芦岛	940750	26360		592318	322072	154856

6-36 房地产开发建设房屋建筑面积和竣工率

年份、地区	施工房屋面积（万平方米）	竣工房屋面积（万平方米）	房屋建筑面积竣工率（%）	竣工房屋价值（万元）
2000	3301.8	1618.9	49.0	1507495
2001	3971.2	1842.7	46.4	1818229
2002	4754.1	1984.3	41.7	2061219
2003	5314.1	2139.7	40.3	2301203
2004	6294.6	2303.6	36.6	2805817
2005	7058.9	2443.9	34.6	2931979
2006	8615.5	2907.8	33.8	3885888
2007	11615.1	3129.9	26.9	4453006
2008	14904.6	3826.1	25.7	6399392
2009	18579.1	4031.7	21.7	7524878
2010	26831.1	4497.4	16.8	9711392
2011	34364.3	6322.8	18.4	15176420
2012	38502.0	6438.2	16.7	15937814
2013	41625.6	6152.0	14.0	14908128
2014	38616.9	6147.0	15.9	15484701
2015	29278.2	3237.5	11.1	9101806
沈　阳	8341.3	1037.0	12.4	3450320
大　连	4906.5	289.3	5.9	1153772
鞍　山	2358.7	233.6	9.9	515051
抚　顺	1526.3	112.2	7.4	252323
本　溪	925.1	177.1	19.1	521756
丹　东	1088.6	89.3	8.2	188814
锦　州	1022.4	159.5	15.6	357899
营　口	1996.0	114.7	5.7	225299
阜　新	1125.7	196.0	17.4	445533
辽　阳	658.7	83.7	12.7	245210
盘　锦	1558.0	289.4	18.6	830165
铁　岭	1045.2	189.3	18.1	349749
朝　阳	1285.5	176.6	13.7	360637
葫芦岛	1440.1	89.8	6.2	205278

6-37 各地区房地产开发企业基本情况

年份、地区	开发公司个数（个）					年末从业人员人数（人）
		#国有经济	#集体经济	#外商投资经济	#港澳台投资经济	
2000	1417	293	161	73	109	42098
2001	1545	209	106	79	103	44612
2002	1635	158	81	70	94	47284
2003	1800	127	61	78	93	49497
2004	2303	121	65	105	126	53579
2005	2744	134	77	136	157	51692
2006	2771	113	56	150	165	56411
2007	2981	104	50	163	184	57032
2008	4841	142	96	261	254	70435
2009	3920	130	59	203	226	73829
2010	4181	126	57	211	245	79346
2011	3647	97	39	155	229	76248
2012	3961	105	39	142	256	92574
2013	4082	73	14	143	268	90809
2014	4021	66	12	141	263	97510
2015	3513	64	9	115	233	79235
沈　阳	605	9		44	71	19493
大　连	828	13	1	38	89	21269
鞍　山	303	7	3	12	18	4919
抚　顺	152	3	1	2	8	2488
本　溪	111	7			3	2594
丹　东	210	2	2	6	5	4184
锦　州	98	1	1		5	2180
营　口	272	5		6	6	4030
阜　新	160	6		1	3	2042
辽　阳	108	1			1	2133
盘　锦	160	2		3	14	3969
铁　岭	130	6			6	2872
朝　阳	187	1				3261
葫芦岛	189	1	1	3	4	3801

6-38 各地区房地产开发经营情况

单位：万元

年份、地区	主营业务收入					主营业务税金及附加	利润总额
		土地转让收入	商品房屋销售收入	房屋出租收入	其他收入		
2000	2339911	33981	2156412	10251	139267	129169	3473
2001	2573462	15737	2408399	13501	135825	141554	-10552
2002	2882505	27624	2763036	13909	77936	173135	-22649
2003	3675534	43475	3518507	15173	98379	217110	-32804
2004	5347879	91369	5075229	76381	104900	339651	88536
2005	6144218	20145	6025782	31680	66611	376911	198983
2006	7223740	41758	7036720	42193	103069	486136	282916
2007	8761740	68877	8575020	20793	97050	636021	488180
2008	11731198	102669	11439215	52501	136813	792186	1087841
2009	15404024	25404	15193794	44263	140563	1064018	1269888
2010	20597959	73968	20159693	135406	228891	1421464	1865672
2011	22947376	190599	22177928	204193	374656	1710041	2753903
2012	24747923	122510	24038626	169517	417271	2046951	2336588
2013	27519657	27437	26830178	240002	422040	2296795	3042733
2014	23276385	17870	22442900	362048	453567	1928645	1542985
2015	21030246	29793	20209384	432443	358625	1611816	415876
沈　阳	7395262	1338	7152775	102298	138852	609265	298962
大　连	7239073	6901	6821514	281391	129267	548552	198462
鞍　山	903181	6160	863957	5975	27089	73154	38691
抚　顺	579789		577412	388	1989	39514	-57950
本　溪	325797	10	313589	1222	10976	22203	-25668
丹　东	650421	10	625197	2720	22494	46251	21101
锦　州	399814	1919	397788	25	82	29073	11480
营　口	815772	780	830117	711		61788	20586
阜　新	312577	1919	307672	125	2861	21932	-18054
辽　阳	321847		318430	2400	1018	21674	-11039
盘　锦	551096		533185	2851	15061	43195	-43982
铁　岭	487323	10213	424857	29931	22322	28085	-6697
朝　阳	490167	151	488640	758	619	29864	28167
葫芦岛	558128	392	554253	1651	1832	37267	-38184

6-39 按用途分的商品房屋实际销售面积

单位：万平方米

年份、地区	商品房销售面积	住宅	#经济适用房	办公楼	商业营业用房	其他
2000	948.7	804.4	146.8	20.3	114.3	9.7
2001	1165.7	994.7	179.2	27.1	128.4	15.5
2002	1277.5	1120.4	133.3	20.7	127.7	8.7
2003	1499.1	1320.3	110.4	25.9	133.6	19.3
2004	2013.5	1798.4	72.3	17.2	164.0	33.9
2005	2564.5	2340.4	71.4	16.1	182.6	25.3
2006	3026.4	2749.9	151.7	24.1	201.6	50.8
2007	3830.4	3545.6	114.4	19.1	220.4	45.3
2008	4091.2	3731.2	137.5	35.9	268.0	56.1
2009	5375.5	4864.2	138.3	30.1	394.0	87.2
2010	6800.5	6013.5	67.1	64.7	510.0	212.2
2011	7541.5	6624.1		52.4	583.5	281.5
2012	8827.9	7655.4		79.1	775.9	317.5
2013	9292.3	8014.8		53.6	859.0	364.9
2014	5754.8	4932.1		71.2	522.8	228.7
2015	3916.2	3477.3		37.5	311.6	89.8
沈　阳	1065.1	949.9		17.3	85.5	12.4
大　连	637.3	596.7		5.5	20.8	14.4
鞍　山	314.0	273.6			31.7	8.8
抚　顺	113.5	94.1		3.0	11.5	4.9
本　溪	128.7	112.8		3.8	11.9	0.2
丹　东	190.7	172.4		2.2	13.6	2.4
锦　州	164.4	151.9		0.3	10.0	2.3
营　口	161.4	149.9		0.1	9.6	1.8
阜　新	89.0	76.0		0.2	12.4	0.4
辽　阳	124.0	94.6			26.4	3.0
盘　锦	327.4	281.5		3.6	29.9	12.5
铁　岭	292.5	258.1		0.3	26.0	8.1
朝　阳	203.6	171.9		0.8	12.6	18.3
葫芦岛	104.5	94.0		0.4	9.8	0.3

6-40 按用途分的商品房屋实际销售额

单位：万元

年份、地区	商品房销售额	住宅	#经济适用房	办公楼	商业营业用房	其他
2000	1969468	1514151	213338	81327	350835	23155
2001	2478449	1988320	261222	78822	387466	23841
2002	2732993	2231000	199616	83089	398162	20742
2003	3434521	2813999	185315	87307	488483	44732
2004	4866124	4165674	138291	50524	564718	85208
2005	7174340	6205959	150932	61993	829475	76913
2006	9278590	7909896	340400	131269	1073899	163526
2007	13368797	11893975	278991	90342	1208087	176393
2008	15376463	13338922	288019	171558	1647920	218063
2009	21685950	18834702	300723	187058	2356123	308067
2010	30633172	25876571	205561	524527	3328874	903200
2011	35691155	30092300		307547	4078586	1212722
2012	43627815	36112089		763539	5464026	1288161
2013	47592106	39418642		363416	6365457	1444591
2014	30920972	25188711		414546	4173247	1144468
2015	22549726	19076264		334753	2656383	482326
沈　阳	7306985	6094456		195573	965119	51837
大　连	5691046	5197509		69616	253011	170910
鞍　山	1447742	1191443			210100	46199
抚　顺	509163	385048		15873	97475	10767
本　溪	518626	440110		16500	61069	947
丹　东	917119	773878		11232	108507	23502
锦　州	731981	638503		2031	81198	10249
营　口	696967	628142		275	59628	8922
阜　新	342383	275417		764	64747	1455
辽　阳	557047	382831			164019	10197
盘　锦	1442699	1130306		16758	242456	53179
铁　岭	1140788	963945		1438	135202	40203
朝　阳	726201	572470		3448	97031	53252
葫芦岛	520979	402206		1245	116821	707

6-41 房地产开发企业(单位)施工、销售情况

(2015年)

指　标	单位	合计	住宅	#90平米以下住房	144平米以上住房	别墅、高档公寓	办公楼	商业营业用房	其他
房屋施工面积	万平方米	29278.2	21405.8	10968.4	2769.9	647.0	648.8	4767.1	2456.6
#新开工面积	万平方米	4699.4	3604.7	2090.7	366.0	84.4	55.0	693.1	346.5
房屋竣工面积	万平方米	3237.5	2529.3	1331.6	175.4	66.3	22.4	483.4	202.4
#不可销售面积	万平方米	192.5	58.8	50.2	2.0		5.9	51.2	76.7
竣工房屋价值	亿元	910.2	707.2	350.0	51.5	30.7	5.3	150.4	47.3
出租房屋面积	万平方米	43.4	7.6	1.5	0.1	1.2	3.5	29.0	3.4
商品房销售面积	万平方米	3916.2	3477.3	1839.3	343.5	65.4	37.5	311.6	89.8
#现房销售面积	万平方米	1326.5	1115.8	631.9	124.6	29.2	19.6	143.3	47.9
期房销售面积	万平方米	2589.6	2361.5	1207.4	218.9	36.2	17.9	168.4	41.9
商品房销售额	亿元	2255.0	1907.6	915.7	272.6	62.0	33.5	265.6	48.2
#现房销售额	亿元	710.9	570.8	303.8	92.9	23.8	18.9	101.0	20.1
期房销售额	亿元	1544.1	1336.8	611.9	179.7	38.3	14.5	164.6	28.1

6-42 房地产开发企业(单位)投资、资金和土地情况

单位：万元

指　标	2008年	2009年	2010年	2011年	2012年	2013年	2014年	2015年
计划总投资	75407081	91859648	144692113	184107428	227292321	258901273	260882757	231204544
自开始建设累计完成投资	42097592	55564174	83464409	113205599	145384135	178526342	193134053	174022996
本年完成投资	20607952	26405639	34657562	44875610	54558196	64507513	53013051	35586421
土地开发投资额	1254806	1316844						
配套工程投资额	1019087	709545	738642	630488	744553	885946		
按构成分:								
建筑工程	14396878	18662694	24417347	32471278	38281458	47339656	39678415	27625346
安装工程	1309023	2186153	2336866	3596164	4330448	5736056	5571367	3472568
设备工器具购置	351522	358489	543356	1199549	1127517	1311337	1103095	441082
其他费用	4550529	5198303	7359993	7608619	10818773	10120464	6660174	4047425
#旧建筑物购置费	202965	173395	296701	252364	313691	407444	71755	34195
土地购置费	3002435	3606763	5080384	5225988	7405576	5695472	5351452	3081600
按工程用途分:								
住　宅	15792147	19339201	24813478	34104876	39619482	46649928	38442622	26033152
经济适用房	495296	637407	503756					
别墅、高档公寓	1232710	1528912	1915220	2067588	1811848	2435467	2493355	1156492
办公楼	668581	867569	1029344	929622	1633776	1557668	1792155	1166064
商业营业用房	3006798	4321470	5886469	6753253	8627741	10979210	9507965	6086438
其　他	1140426	1877399	2928271	3087859	4677197	5320707	3270309	2300767
本年新增固定资产	8588725	10547777	12692617	21388327	23154604	22124010	24549766	13119328
本年购置土地面积(万平米)	2953.8	2086.9	3134.6	3446.3	3199.5	2502.3	1670.8	957.0237
本年土地成交价款	3080834	2936827	4878841	5312808	4918076	5668331	4112281	2460688

主要统计指标解释

全社会固定资产投资 固定资产投资是社会固定资产再生产的主要手段。通过建造和购置固定资产的活动，国民经济不断采用先进技术装备，建立新兴部门，进一步调整经济结构和生产力的地区分布，增强经济实力，为改善人民物质文化生活创造物质条件。这对我国的社会主义现代化建设具有重要意义。

固定资产投资额是以货币表现的建造和购置固定资产活动的工作量，它是反映固定资产投资规模、速度、比例关系和使用方向的综合性指标。全社会固定资产投资包括国有经济单位投资、城乡集体经济单位投资、各种经济类型的单位投资和城乡居民个人投资。按照我国现行计划管理体制，国有经济单位固定资产投资总额分为基本建设、更新改造、商品房屋建设投资和其他固定资产投资四个部分；城乡集体经济单位投资包括城镇集体所有制单位投资和农村集体所有制单位投资；各种经济类型的单位投资包括联营经济、股份制经济、中外合资经营、中外合作经营、外资、与大陆合资经营、与大陆合作经营、港澳台独资及其他经济类型的单位投资。城镇居民个人投资包括城市、县城、镇、工矿区所辖范围内的个人建房和农村个人建房及购买生产性固定资产的投资。

基本建设投资 基本建设是国有企业、事业单位以扩大生产能力或工程效益为主要目的的新建、扩建工程及有关工作。包括工厂、矿山、铁路、桥梁、港口、农田水利、商店、住宅、学校、医院等工程的建造和机器设备、车辆、船舶、飞机等的购置。

基本建设投资额是以货币表现的基本建设完成的工作量，是反映一定时期内基本建设规模和建设进度的综合性指标。它是根据工程的实际进度按预算价格(预算价格是编制施工图预算时所用的价格)计算的工作量，没有形成工程实体的建筑材料和没有开始安装的设备，都不计算投资完成额。

更新改造投资 更新改造是指国有企业、事业单位对原有设施进行固定资产更新和技术改造，以及相应配套的工程和有关工作(不包括大修理和维护工程)。更新改造投资是以货币表现的更新改造完成的工作量。根据我国现行统计制度，基本建设和更新改造的划分是：(1)列入基本建设计划的项目作为基本建设投资，列入更新改造计划的项目作为更新改造投资；(2)更新改造计划与基本建设计划结合安排的项目及未列入计划的项目，根据工程性质分别作为基本建设投资或更新改造投资。属于对企业、事业单位原有设施进行技术改造或更新的项目和增建主要生产车间、分厂等，其新增生产能力或效益尚未达到大中型标准的项目，以及由于城市环境保护和安全生产的需要而进行的迁建工程，作为更新改造投资。

其他固定资产投资 是指按照国家规定不纳入基本建设和更新改造计划管理，其总投资在五万元以上的固定资产投资。具体包括：国有经济单位用油田维护费和石油开发基金进行的油田维护和开发工程；煤炭、铁矿、森林工业等采掘采伐业用维检费进行的开拓延伸工程；交通部门用公路养路费对原有公路、桥梁进行改建的工程；商业部门用简易建筑费建造的仓库工程。

固定资产投资的资金来源 根据固定资产投资的资金来源不同，分为上年末结余资金、本年资金来源小计和各项应付款。其中本年资金来源小计又分为国家预算内资金、国内贷款、股票、债券、利用外资、自筹资金和其他资金来源七种：

(1)国家预算内资金指国家预算、地方财政、主管部门和国家专业投资公司拨给或委托银行贷给建设单位的基本建设拨款和中央基本建设基金，拨给企业单位的更新改造拨款，以及中央财政安排的专项拨款中用于基本建设的资金。

(2)国内贷款指报告期企、事业单位向银行及非银行金融机构借入的用于固定资产投资的各种国内借款。国内贷款包括：银行利用自有资金及吸收的存款发放的贷款、上级主管部门拨入的国内贷款、国家专项贷款(包括煤代油贷款、劳改煤矿专项贷款等)，地方财政专项资金安排的贷款、国内储备贷款、周转贷款等。

(3)股票是股份制企业通过发行股票筹集到的，用于固定资产投资的资金。

(4)债券是企业(公司)或金融机构通过发行各种债券筹集到的用于固定资产投资的资金，包括由银行代理国家专业投资公司发行的重点企业债券和重点建设债券。

(5)利用外资指报告期收到的用于固定资产投资的国外资金，包括统借统还、自借自还的国外贷款，中外合资项目中的外资，以及无偿捐赠等。其中，国家统借统还的外资，是指由我国政府出面同外国政府、团体或金融组织签订贷款协议、并负责偿还本息的国外贷款。

(6)自筹资金指建设单位报告期收到的，用于进行固定资产投资的上级主管部门、地方和本单位自筹资金。

(7)其他资金来源指报告期收到的除以上各种拨款、借款、自筹资金之外，其他用于固定资产投资的资金。

固定资产投资按国民经济行业分 建设项目归哪个行业，按其建成投产后的主要产品或主要用途及社会经济活动性质来确定。基本建设按建设项目划分国民经济行业，更新改造、国有经济单位其他固定资产投资及城镇集体投资根据整个企业、事业单位所属的行业来划分。一般情况下，一个建设项目或一个企业、事业单位只能属于一种国民经济行业。为了更准确地反映国民经济各行业之间的比例关系，联合企业(总厂)所属分厂属于不同行业的，原则上按分厂划分行业。

固定资产投资按建设性质分 建设项目的性质一般分为新建、扩建、改建、迁建、恢复。基本建设按建设项目划分建设性质，更新改造、国有经济单位其他固定资产投资及城镇集体投资按整个企业、事业单位的建设情况确定建设性质。目前基本建设和更新改造是根据我国现行的计划管理体制区分的，所以基本建设和更新改造都可以分别按新建、扩建等划分。

(1)新建一般是指从无到有、“平地起家”新开始建设单位。有的单位原有的基础很小，经过建设后其新增加的固定资产价值超过原有固定资产价值(原值)三倍以上的也算新建。

(2)扩建一般是指为扩大原有产品的生产能力，在厂内或其他地点增建主要生产车间(或主要工程)、独立的生产线或总厂之下的分厂的企业；事业单位和行政单位在原单位增建业务用房(如学校增建教学用房、医院增建门诊部或病床用房、行政机关增建办公楼等)也作为扩建。

(3)改建一般是指现有企业、事业单位为了技术进步，提高产品质量，增加花色品种，促进产品升级换代、降低消耗和成本，加强资源综合利用和三废治理、劳保安全等，采用新技术、新工艺、新设备、新材料等对现有设施、工艺条件进行技术改造或更新(包括相应配套的辅助性生产、生活福利设施)。有的企业为充分发挥现有生产能力，进行填平补齐而增建不增加本单位主要产品生产能力的车间等，也属于改建。

固定资产投资按用途分 固定资产投资按工程的经济用途分为用于第一产业、第二产业、第三产业和住宅四部分的建设，是研究不同用途的固定资产投资之间比例关系的重要指标。基本建设投资、国有经济单位其他固定资产投资及城镇集体投资的用途按单项工程确定，现有企业、事业单位更新改造投资的用途按更新改造项目确定。

固定资产投资按构成分 固定资产投资活动按其工作内容和实现方式分为建筑安装工程，设备、工具、器具购置，其他费用三个部分。

(1)建筑安装工程(建筑工作量)指各种房屋、建筑物的建造工程和各种设备、装置的安装工程。包括各种房屋建造工程，各种用途设备基础和各种工业窑炉的砌筑工程；为施工而进行的各种准备工作和临时工程以及完工后的清理工作等；铁路、道路的铺设，矿井的开凿及石油管道的架设等；水利工程；防空地下建筑等特殊工程；以及各种机械设备的安装工程；为测定安装工程质量，对设备进行的试行工作。在安装工程中，不包括被安装设备本身的价值。

(2)设备、工具、器具购置指购置或自制达到固定资产标准的设备、工具、器具的价值，固定资产的标准按财务部门规定。新建单位、扩建单位的新建车间按照设计和计划要求购置或自制的全部设备、工具、器具，不论是否达到固定资产标准均计入“设备、工具、器具购置中”。

(3)其他费用指除建筑安装工程和设备、工具、器具购置以外的投资完成额。它包括两种性质的费用，一种是属于增加固定资产的费用，主要有：建设单位管理费，土地、青苗等补偿费和安置补助费、勘察设计费，研究实验费、农林单位牲畜购置费、各种经济林木的营造费、办公和生活家具、器具购置费、引进技术和进口设备项目的其他费用、联合试运转费等；一种是属于不增加固定资产的费用，主要有：施工机械转移费、生产职工培训费、农业开荒费用及报废工程损失费等。

基本建设项目按大中小型划分 基本建设划分大中小型项目原则上应按照上级批准的设计任务书或初步设计所确定的总规模或总投资划分，没有正式批准设计任务书或初步设计的，按国家或省、自治区、直辖市年度基本建设投资计划中所列的总规模或总投资划分。上述两条均不具备的，按本年计划施工工程的建设总规模或总投资划分。生产单一产品的工业项目，按产品的设计能力划分的；生产多种产品的工业项目，按其主要产品的设计能力划分。品种繁多，难以按生产能力划分的，按全部计划投资额划分。划分标准以国家颁发的《大中小型建设项目划分标准》依据。国家曾在1958年、1962年、1977年和1979年先后五次修订《大中小型建设项目划分标准》，因此各历史时期的大中型项目数不完全可比。

施工项目 指报告期内曾进行建筑或安装工程施工活动的建设项目。包括报告期内新开工项目、报告期以前开工跨入报告期继续施工的项目以及报告期施过工并在报告期内全部建设投产或停缓建的项目。

全部建成投产项目 工业项目是指设计文件规定形成生产能力的主体工程及其相应配套的辅助设施全部建成，经负荷试运转，证明具备生产设计规定合格产品的条件，并经过验收鉴定合格或达到竣工验收标准，与生产性工程配套的生产福利设施可以满足近期正常生产的需要，正式移交生产的建设项目。非工业项目是指设计文件规定的主体工程和相应的配套工程全部建成，能够发挥设计规定的全部效益，经验收鉴定合格或达到竣工验收标准，正式移交使用的建设项目。

新增生产能力 指通过固定资产投资活动而增加的设计能力或工程效益，它是用实物形态表示的固定资产投资的成果。新增生产能力的计算，是以能独立发挥生产能力或效益的单项工程(或项目)为对象，当单项工程(或项目)建成，经有关部门鉴定合格，正式移交投入生产，即可计算新增生产能力。

新增生产能力或工程效益有以下几种表现形式：

(1)以建设项目或单项工程建成后的年产能力表示。如煤炭开采、石油开采等。

(2)以建设项目或单项工程建成后处理原料的能力表示。如选矿工程的年处理矿石能力，洗煤厂年洗原煤能力等。

(3)以新增的主要设备数量或容量表示。如棉纺绽枚数、发电机组容量等。

(4)以建筑物容积、容量、面积或长度表示。如水库容量、铁路公路里程等。

新增生产能力的数量一般按设计能力计算。设计能力是指设计文件中规定的在正常情况下能够达到的生产能力，而不论投产后的实际产量如何。以设备数量、建筑物容积、面积、长度等表示的新增生产能力(或效益)，则按建成的实际数量计算。

施工和竣工房屋建筑面积 房屋建筑面积是从房屋外墙线算起的各层平面面积的总和，包括房屋结构(如柱、墙)占用的面积和地下室面积。多层建筑按各自然层面积总和计算，包括房屋内的楼隔层，突出墙面的眺望间、门斗、有柱雨罩的面积。不包括突出墙面结构的构件、艺术装饰等所占的面积，如台阶等。凹阳台、挑阳台按其水平投影面积一半计算建筑面积。

竣工面积 指在报告期内房屋建筑按照设计要求已全部完工，达到住人和使用条件，经验收鉴定合格，正式移交使用单位的建筑面积。

房屋建筑面积竣工率 指一定时间内房屋竣工面积占同期房屋施工面积的比率。它是从房屋建筑施工速度的角度反映投资效果和建筑业经济效益的指标。

新增固定资产 指通过投资活动所形成的新的固定资产价值。包括已经建成投入生产或交付使用的工程价值和达到固定资产标准的设备、工具、器具的价值及有关应摊入的费用。它是以价值形式表示的固定资产投资成果的综合性指标，可以综合反映不同时期、不同部门、不同地区的固定资产投资成果。

建设项目投资率 指一定时期内全部建成投入生产项目个数占同期正式施工项目个数的比率。它是从项目建设速度的角度反映投资效果的指标。

固定资产交付使用率 指一定时期新增固定资产与同期完成投资额的比率。它是反映各个时期固定资产动用速度，衡量建设过程中投资效果的一个综合性指标。

未完工程占用率 指年末未完工程累计完成投资额占全年实际完成投资额的比率。它反映未完工程的相对规模，并可从资金占用的角度反映固定资产投资效果。由于未完工程是指已经开工，但尚未建成交付使用的工程，有个跨年度问题，因此未完工程占用率会出现大于 1 的情况。

七、能源

Chapter 7 Energy

7-1 能源生产总量及构成

年 份	能源生产总量（万吨标准煤）	占能源生产总量的%			
		原煤	原油	天然气	水电、核电、其他能发电
1978	3890.7	78.9	14.0	5.6	1.5
1980	3765.8	70.8	20.2	6.3	2.7
1985	4953.2	66.2	26.6	4.1	3.1
1986	5011.4	63.4	29.1	4.0	3.5
1987	5094.9	60.5	32.1	4.1	3.3
1988	5410.9	60.6	33.5	4.0	2.0
1989	5766.6	61.7	33.3	4.0	2.0
1990	5958.9	61.1	32.8	3.9	2.2
1991	6082.4	61.4	32.3	3.9	2.4
1992	6233.4	61.8	31.8	4.5	1.9
1993	6327.2	62.8	32.1	4.6	0.5
1994	6384.8	61.6	33.6	4.4	0.4
1995	6239.3	59.5	35.6	4.1	0.8
1996	6610.8	63.0	32.5	3.6	0.9
1997	6638.7	63.3	32.4	3.8	0.5
1998	6422.5	64.3	32.3	2.9	0.5
1999	5649.5	60.4	36.2	3.0	0.4
2000	5380.5	59.1	37.2	3.3	0.3
2001	5376.8	59.4	36.8	3.3	0.5
2002	5809.8	63.6	33.2	2.8	0.4
2003	6288.3	66.7	30.3	2.6	0.4
2004	6749.9	70.3	27.1	1.9	0.7
2005	6219.8	67.4	29.0	2.5	1.1
2006	6513.4	69.8	26.9	2.4	0.9
2007	6311.2	69.2	28.0	1.9	0.9
2008	6257.5	69.7	27.4	1.8	1.1
2009	6037.8	73.3	23.7	1.8	1.2
2010	6769.5	73.9	22.2	1.6	1.9
2011	6890.0	75.5	20.7	1.4	1.9
2012	6393.3	72.8	22.4	1.5	2.8
2013	5521.1	65.7	25.9	2.0	5.4
2014	5147.7	62.1	28.4	2.1	6.4
2015	5071.5	60.8	29.2	1.7	7.0

注：本表中2013年、2014年是第三次经济普查调整后数据，以前年度未进行调整。

7-2 能源消费总量及构成

年 份	能源消费总量（万吨标准煤）	占能源消费总量的%			
		煤炭	石油	天然气	水电、核电、其他能发电
1978	5261.5	64.6	30.2	4.2	1.0
1980	5272.1	67.8	25.8	4.5	1.9
1985	6325.1	78.7	15.2	3.7	2.4
1986	6360.3	79.4	14.6	3.2	2.8
1987	6475.8	81.5	12.7	3.2	2.6
1988	6824.6	83.0	12.3	3.1	1.6
1989	7000.1	83.1	12.8	3.3	0.8
1990	7170.8	82.2	12.8	3.3	1.7
1991	7218.0	83.0	11.7	3.3	2.0
1992	7191.6	83.7	10.7	3.9	1.7
1993	8695.5	74.6	21.8	3.3	0.3
1994	9204.6	76.0	20.9	2.9	0.2
1995	9381.7	77.1	19.6	2.7	0.6
1996	9417.6	79.6	17.3	2.5	0.6
1997	9191.6	82.0	14.9	2.7	0.4
1998	8873.7	82.5	14.6	2.6	0.3
1999	8869.9	80.5	16.7	2.6	0.2
2000	9877.2	77.5	19.8	2.5	0.2
2001	10356.9	73.8	23.7	2.2	0.3
2002	10333.5	77.8	19.8	2.2	0.2
2003	11430.7	78.6	18.8	2.3	0.3
2004	12454.0	79.2	19.0	1.5	0.3
2005	12883.3	71.3	24.1	1.5	0.6
2006	14228.0	71.4	24.3	1.2	0.4
2007	15757.9	73.2	22.6	1.2	0.4
2008	16925.7	73.1	22.7	1.3	0.4
2009	18172.5	73.0	22.5	1.2	0.4
2010	19856.4	67.9	27.3	1.3	0.6
2011	21492.1	65.3	29.0	2.4	0.6
2012	22313.9	61.3	31.6	3.8	0.8
2013	20499.6	62.5	28.2	5.0	1.5
2014	20585.7	62.1	28.2	5.4	1.6
2015	20522.1	61.2	31.0	3.6	1.7

注：本表中2013年、2014年是第三次经济普查调整后数据，以前年度未进行调整。

7-3 能源生产弹性系数

年 份	能源生产比上年增长 %	电力生产比上年增长 %	生产总值比上年增长 %	能源生产弹性系数	电力生产弹性系数
1985	10.3	8.8	13.3	0.84	0.72
1990	3.3	3.6	1.1	3.30	3.60
1991	2.1	3.0	6.1	0.50	0.70
1992	0.5	9.5	12.1	0.40	0.80
1993	11.0	5.2	14.9	0.75	0.35
1994	0.9	-2.2	11.2	0.08	
1995	-2.1	1.3	7.1		0.18
1996	6.0	8.4	8.6	0.70	0.98
1997	0.4	8.9	8.9	0.45	1.00
1998	-3.3	-8.5	8.3		
1999	-12.0	-3.5	8.2		
2000	-4.8	5.3	8.9		0.59
2001	-0.1	2.5	9.0		0.27
2002	8.1	14.5	10.2	0.79	1.42
2003	8.2	10.7	11.5	0.71	0.93
2004	7.3	4.2	12.8	0.57	0.33
2005	0.3	4.0	12.3	0.02	0.33
2006	1.9	10.8	13.8	0.14	0.78
2007	-5.6	10.2	14.5		0.70
2008	-0.9	2.4	13.4		0.18
2009	-3.5	4.9	13.1		0.37
2010	12.1	12.2	14.2	0.85	0.86
2011	1.8	6.2	12.2	0.15	0.51
2012	-7.2	4.5	9.5		0.47
2013	-12.1	5.7	8.7		
2014	-6.8	2.8	5.8		0.48
2015	-1.5	0.1	3.0		0.03

7-4 能源消费弹性系数

年 份	能源消费比上年增长 %	电力消费比上年增长 %	生产总值比上年增长 %	能源消费弹性系数	电力消费弹性系数
1985	6.8	7.6	13.3	0.55	0.62
1990	1.4	2.6	1.1	1.40	2.60
1991	0.6	6.0	6.1	0.10	1.30
1992	1.0	10.0	12.1	0.10	0.90
1993	11.0	10.6	14.9	0.75	0.72
1994	8.2	-1.8	11.2	0.73	
1995	2.5	4.8	7.1	0.35	0.68
1996	0.4	8.4	8.6	0.04	0.98
1997	-2.5	7.6	8.9		0.85
1998	-3.5	-5.2	8.3		
1999	0.1	12.1	8.2	0.14	1.47
2000	14.1	4.8	8.9	1.58	0.54
2001	1.3	2.0	9.0	0.14	0.22
2002	-0.2	6.0	10.2		0.59
2003	7.2	5.5	11.5	0.63	0.48
2004	12.4	16.5	12.8	0.96	1.28
2005	12.0	5.0	12.3	0.97	0.40
2006	10.8	10.6	13.8	0.78	0.77
2007	9.9	10.7	14.5	0.68	0.74
2008	7.6	3.9	13.1	0.58	0.30
2009	7.4	5.4	13.1	0.56	0.41
2010	9.6	15.3	14.2	0.68	1.08
2011	8.4	8.5	12.2	0.69	0.70
2012	3.6	2.1	9.5	0.38	0.22
2013	3.7	5.7	8.7	0.43	0.66
2014	0.4	1.5	5.8	0.07	0.26
2015	-0.3	-2.6	3.0		

7-5 分行业主要能源品种消费量

(2015年)

行　业	煤炭消费量(万吨)	焦炭消费量(万吨)	原油消费量(万吨)	汽油消费量(万吨)	煤油消费量(万吨)	柴油消费量(万吨)	燃料油消费量(万吨)	天然气消费量(亿立方米)	电力消费量(亿千瓦小时)
消费总量	**17336.4**	**3187.56**	**6439.87**	**742.72**	**29.97**	**1109.26**	**311.24**	**53.98326**	**1984.89**
农、林、牧、渔业	**23.00**			**60.58**		**96.73**			**32.44**
采矿业	**1371.71**	**12.94**	**51.72**	**2.51**	**0.57**	**62.72**	**22.88**	**15.12**	**124.24**
煤炭开采和洗选业	1248.02	0.01		0.59	0.57	4.04			29.51
石油和天然气开采业			15.56	0.45		0.57	20.69	14.94	22.22
黑色金属矿采选业	21.67	8.47		0.4		25.44			42.63
有色金属矿采选业	24.8	3.74		0.15		20.69	1.5		17.35
非金属矿采选业	48.98	0.69		0.29		7.44			9.24
开采辅助活动	28.24	0.03	36.16	0.63		4.54	0.69	0.18	3.26
其他采矿业									0.03
制造业	**6788.56**	**3172.86**	**6368.15**	**54.65**	**3.95**	**92.46**	**92.76**	**27.46**	**992.68**
农副食品加工业	120.72	0.35		5.2	0.02	8.28	0.13	0.06	29.77
食品制造业	15.77	0.02		0.61		0.89	0.02	0.26	6.21
酒、饮料和精制茶制造业	24.52			0.96		1.41	0.04	0.12	5.68
烟草制品业	0.47					0.14		0.04	0.3
纺织业	12.37	0.5		0.54		0.4		0.03	7.01
纺织服装、服饰业	8.95			0.66		0.5	0.01	0.01	4.58
皮革、毛皮、羽毛及其制品和制鞋业	0.41			0.28		0.23			1.07
木材加工及木、竹、藤、棕、草制品业	5.37			0.97		0.99		0.02	5.45
家具制造业	2.1			0.55		0.75			3.25
造纸及纸制品业	24.73			0.53		0.7		0.07	5.28
印刷和记录媒介复制业	0.66			0.36		0.31		0.01	0.96
文教、工美、体育和娱乐用品制造业	1.29			0.44		0.34			0.9
石油加工、炼焦和核燃料加工业	932.94		6368.15	0.47		0.49	65.05	8.32	92.54
化学原料和化学制品制造业	488.32	2.95		3.11	0.42	3.51	10.06	4.47	68.55
医药制造业	47.74			0.68		0.52	0.18	0.12	6.21
化学纤维制造业	40.75			0.02		0.01	0.03		4.3
橡胶和塑料制品业	53.42	0.06		2.28		2.19	0.18	0.21	20.62
非金属矿物制品业	918.8	311.47		4.44	0.21	16.6	15.37	10.11	94.03
黑色金属冶炼和压延加工业	3907.86	2789.66		2.85		14.37	0.43	1.39	396.45
有色金属冶炼和压延加工业	52.25	20.25		0.61		1.75	0.33	0.4	99.6
金属制品业	11.99	0.44		5.61		2.34	0.18	0.24	20.79
通用设备制造业	48.82	9.85		8.79	1.64	22.93	0.13	0.16	36.26
专用设备制造业	18.59	34.35		6.07	1.54	6.29	0.08	0.16	25.97
汽车制造业	17.56	2.73		2.23	0.01	1.61	0.04	0.76	25.54
铁路、船舶、航空航天和其他运输设备制造业	6.53	0.11		0.53	0.1	1.29	0.49	0.02	4.89
电气机械和器材制造业	20.26	0.12		4.68	0.01	2.34	0.01	0.45	15.41
通信设备、计算机和其他电子设备制造业	1.34			0.43		0.27		0.03	6.87
仪器仪表制造业	0.49			0.32		0.25			1.72
其他制造业	0.4			0.11		0.17			0.65
废弃资源综合利用业	2.89			0.03		0.34			1.16
金属制品、机械和设备修理业	0.25			0.29		0.25			0.66
电力、燃气及水的生产和供应业	**8413.72**	**1.74**		**2.84**	**0.04**	**1.47**	**0.46**	**0.94326**	**307.97**
电力、热力的生产和供应业	8389.98			2.12	0.04	1.16	0.45	0.01	289.22
燃气生产和供应业	20.57	1.74		0.17		0.06		0.93326	4.88
水的生产和供应业	3.17			0.55		0.25	0.01		13.87
建筑业	**4.45**			**0.76**	**0.7**	**25.06**	**0.1**	**0.05**	**27.28**
房屋和土木工程建筑业				0.04		21.43		0.05	23
建筑安装业	4.34			0.37	0.7	3.24	0.1		0.87
建筑装饰业									2.67
其它建筑业	0.11			0.35		0.39			0.74
交通运输储运业和邮政业	**89.95**	**0.02**	**20**	**312.28**	**24.06**	**590.39**	**194.49**	**3.27**	**46.74**
铁路运输业	75.45	0.02		0.4		20.51		0.08	33.76
道路运输业	1.58			310.48		536.9	1.62	0.9	2.22
水上运输业	11.19			0.6		29.29	94.37	2.25	0.06
航空运输业	0.3			0.09	24.06	0.25	95.9		2.45
管道运输业	1.37		20	0.02		0.01			2.34
装卸搬运及其他运输服务业	0.06			0.69		3.43	2.6	0.02	0.04
仓储业									5.28
邮政业								0.02	0.59
批发、零售业和住宿、餐饮业	**53.11**			**17.01**	**0.1**	**10.04**	**0.23**	**0.05**	**89.41**
其他行业	**150.06**			**135.17**	**0.55**	**169.9**	**0.32**	**0.01**	**133.92**
城乡居民生活	**441.8**			**156.92**		**60.49**		**7.08**	**230.21**

7-6 能源加工转换效率

单位：%

年 份	总效率	发电及电站供热	炼焦	炼油
1985	79.1	37.2	94.5	98.6
1990	82.7	48.1	97.1	98.0
1991	82.2	49.1	98.5	98.9
1992	81.0	48.3	97.5	86.3
1993	80.6	48.1	83.0	99.0
1994	75.2	46.0	72.6	97.0
1995	80.2	50.3	98.6	97.4
1996	77.6	46.0	90.6	98.0
1997	75.9	43.8	91.7	97.8
1998	76.9	44.9	96.0	99.6
1999	76.0	44.8	97.1	95.6
2000	75.3	41.9	93.2	96.7
2001	73.5	43.8	92.8	89.9
2002	76.8	42.8	98.1	98.0
2003	73.3	39.9	98.1	96.2
2004	72.4	38.2	92.3	96.6
2005	74.7	42.1	98.9	92.4
2006	74.1	43.0	96.7	93.6
2007	75.4	43.3	97.3	95.5
2008	75.9	43.5	97.8	95.0
2009	75.6	43.4	98.1	94.4
2010	77.4	46.2	97.3	95.2
2011	76.9	46.5	97.5	94.7
2012	78.6	47.5	97.4	95.7
2013	80.9	52.7	95.8	95.1
2014	81.9	52.8	96.5	97.0
2015	81.2	53.4	96.5	96.2

注：本表中2013年、2014年是第三次经济普查调整后数据，以前年度未进行调整。

7-7 平均每天能源消费量

能源品种	单位	2007年	2008年	2009年	2010年	2011年	2012年	2013年	2014年	2015年
煤 炭	万吨	41.71	42.05	43.92	46.32	49.46	49.91	49.67	49.32	47.50
焦 炭	万吨	6.30	6.69	7.66	8.67	9.28	9.43	8.77	9.03	8.73
原 油	万吨	16.15	16.29	16.09	17.97	18.37	19.18	17.75	17.44	17.64
燃料油	万吨	0.61	1.04	0.82	0.98	1.04	1.16	0.99	0.99	0.85
汽 油	万吨	1.21	1.12	1.27	1.63	1.94	2.14	1.81	1.93	2.03
煤 油	万吨	0.10	0.07	0.06	0.06	0.04	0.09	0.08	0.08	0.08
柴 油	万吨	1.90	2.13	2.22	2.64	3.02	3.35	2.80	2.90	3.04
天然气	亿立方米	0.04	0.04	0.05	0.05	0.11	0.17	0.14	0.15	0.15
电 力	亿千瓦小时	3.72	3.87	4.08	4.70	5.10	5.21	5.50	5.59	5.44

注：本表中2013年、2014年是第三次经济普查调整后数据，以前年度未进行调整。

7-8 综合能源平衡表

单位：万吨标准煤

指　标	2005年	2008年	2009年	2010年	2011年	2012年	2013年	2014年	2015年
一、可供本地区消费的能源量	**12883.32**	**16925.68**	**18172.45**	**19856.39**	**21492.07**	**22313.93**	**20499.56**	**20585.67**	**20522.12**
1.年初库存量	1066.82	1456.92	1572.40	1474.50	1670.64	1907.08	1725.08	1778.87	1124.47
2.一次能源生产量	6219.88	6257.47	6037.79	6769.52	6889.99	6393.34	5521.10	5147.66	5071.45
3.外省(区、市)调入量	11124.33	13665.53	12946.55	14076.39	17776.98	17124.83	15284.65	18102.45	18122.24
4.进　口　量	1188.15	2187.54	2947.55	3099.70	2665.47	3485.17	6342.11	4454.40	5510.26
5.境内轮船和飞机在境外加油量	24.78	51.80	47.80	59.43	75.80	82.09	59.53	56.49	47.79
6.本省(区、市)调出量(-)	-5018.42	-5749.84	-4336.85	-3933.12	-4884.43	-4264.85	-5821.08	-6861.03	-6446.71
7.出口量(-)	-353.65	-381.40	-795.18	-974.54	-726.50	-571.30	-785.01	-923.19	-1275.64
8.境外轮船和飞机在境内加油量(-)	-108.77	-95.19	-93.91	-92.16	-84.07	-76.76	-46.09	-45.09	-45.59
9.年末库存量(-)	-1340.71	-1481.48	-1516.50	-1638.51	-1891.80	-1765.67	-1780.73	-1124.89	-1586.14
二、加工转换投入(-)产出(+)量	**-4060.09**	**-4537.95**	**-4661.20**	**-4496.71**	**-4450.23**	**-4277.36**	**-2906.01**	**-2507.35**	**-2505.13**
1.火力发电	-2389.89	-2886.08	-2916.90	-2813.32	-2941.65	-2938.61	-2391.30	-2392.16	-2321.01
2.供　热	-372.14	-516.80	-521.81	-475.59	-483.23	-452.82	-439.18	-433.50	-496.08
3.洗选煤	-673.11	-672.78	-698.50	-700.73	-799.94	-721.06	-530.41	-469.41	-477.82
4.炼　焦	-18.28	-47.39	-43.22	-61.70	-62.58	-68.38	-114.03	-96.49	-91.65
5.炼　油	-577.62	-407.06	-447.83	-233.92	-297.45	-298.89	214.87	442.60	-63.64
6.制　气	-28.99	513.73	363.66	-2.01	-1.53	-5.64	-23.31	-30.12	-11.69
7.天然气液化								-0.70	-1.32
8.煤制品加工					-2.79	-1.78	-0.01	-0.30	-1.62
9.回收能					340.18	351.24	1079.00	1214.93	1259.52
三、损失量	**118.82**	**87.25**	**103.73**	**203.89**	**201.80**	**202.01**	**209.36**	**192.24**	**155.07**
#运输和输配损失	118.82	87.25	103.73	203.89	201.80	202.01	209.36	192.24	155.07
四、终端消费量	**8704.41**	**12300.47**	**13407.52**	**15155.78**	**16840.05**	**17834.56**	**17384.18**	**17886.08**	**17861.92**
(一)第一产业	215.59	244.14	249.85	266.73	284.55	287.59	283.99	287.54	288.33
(二)第二产业	6176.60	8885.83	9833.29	11112.25	12378.85	13014.25	12624.12	12784.46	12643.04
工　业	6093.39	8775.85	9708.30	10966.99	12217.15	12835.51	12344.40	12494.22	12358.69
建筑业	83.21	109.98	124.99	145.26	161.70	178.75	279.72	290.24	284.35
(三)第三产业	1323.69	1960.00	2088.74	2348.51	2614.63	2819.72	2772.44	2994.96	2973.21
交通运输、仓储及邮电通讯业	1031.92	1374.72	1445.64	1597.03	1746.40	1879.08	1775.40	1919.24	1926.87
批发和零售贸易业、餐饮业	85.04	135.16	154.11	170.34	203.95	216.58	237.15	249.48	245.94
其　他	206.73	450.12	488.99	581.15	664.28	724.06	759.88	826.25	800.40
(四)生活消费	988.53	1210.50	1235.64	1428.30	1562.02	1713.00	1703.64	1819.12	1957.33
城　镇	772.71	993.67	1023.37	1175.58	1276.00	1393.40	1412.93	1508.33	1634.13
乡　村	215.81	216.84	212.27	252.72	286.02	319.60	290.71	310.79	323.20
五、平衡差额									

注：1.本表中2013年、2014年是第三次经济普查调整后数据，以前年度未进行调整。
2.能源消费量按照电热当量计算法计算。

主要统计指标解释

能源生产总量 指一定时期内全省一次能源生产量的总和，是观察全省能源生产水平、规模、构成和发展速度的总量指标。一次能源生产量包括原煤、原油、天然气、水电及其他动力能(如风能、地热能等)发电量。不包括低热值燃料生产量、生物质能、太阳能等的利用和由一次能源加工转换而成的二次能源产量。

能源消费总量 指一定时期内全省物质生产部门、非物质生产部门和生活消费的各种能源的总和，是观察能源消费水平、构成和增长速度的总量指标，能源消费总量包括原煤和原油及其制品、天然气、电力。不包括低热值燃料、生物质能和太阳能等的利用。能源消费总量分为三部分，即终端能源消费量、能源加工转换损失量和损失量。

(1)终端能源消费量指一定时期内全省物质生产部门、非物质生产部门和生活消费的各种能源在扣除了用于加工转换二次能源消费量和损失量以后的数量。

(2)能源加工转换损失量指一定时期内全省投入加工转换的各种能源数量之和与产出各种能源产品之和的差额。它是观察能源在加工转换过程中损失量变化的指标。

(3)能源损失量指一定时期内能源在输送、分配、储存过程中发生的损失和由客观原因造成的各种损失量。不包括各种气体能源放空、放散量。

能源生产弹性系数 是研究能源生产量的增长与国民经济增长之间关系的指标。计算公式:

能源生产弹性系数=（能源生产总量年平均增长速度／国民经济年平均增长速度）

国民经济年平均增长速度，可根据不同的目的或需要，用国内生产总值等指标来计算，本资料是采用国内生产总值指标计算的。

电力生产弹性系数 是研究电力生产量的增长与国民经济增长之间关系的指标。一般来说，电力的发展应当快于国民经济的发展，也就是说电力应超前发展。计算公式:

电力生产弹性系数=（电力生产量年平均增长速度／国民经济年平均增长速度）

能源消费弹性系数 是反映能源消费增长速度与国民经济增长速度之间的比例关系的指标。计算公式:

能源消费弹性系数=（能源消费量年平均增长速度／国民经济年平均增长速度）

电力消费弹性系数 是反映电力消费增长速度与国民经济增长速度之间比例关系的指标。计算公式:

电力消费弹性系数=（电力消费量年平均增长速度／国民经济年平均增长速度）

能源加工转换效率 指一定时期内能源经过加工转换后，产出的各种能源产品的数量与同期内投入加工转换的各种能源数量的比率。它是观察能源加工转换装置和生产工艺先进与落后、管理水平高低等的重要指标。计算公式:

能源加工转换效率=（加工转换产出量／加工转换投入量）×100%

八、财政

Chapter 8 Government Finance

8-1 地区财政收入

单位：亿元

年 份	地区财政收入合计	预算收入			财政专户管理资金收入		
			中央	地方		中央	地方
1981	146.8	97.5	18.0	79.5	49.3	9.6	39.7
1982	155.1	96.9	17.0	79.9	58.2	15.7	42.5
1983	185.3	114.6	46.7	67.9	70.7	20.7	50.0
1984	215.3	127.7	50.6	77.1	87.6	27.0	60.6
1985	288.4	162.2	77.0	85.2	126.2	37.3	88.9
1986	309.2	172.9	74.0	98.9	136.3	34.6	101.7
1987	338.4	185.6	77.6	108.0	152.8	45.8	107.0
1988	366.0	192.8	76.9	115.9	173.2	53.3	119.9
1989	400.5	212.2	78.3	133.9	188.3	62.2	126.1
1990	399.2	196.8	67.5	129.3	202.4	65.1	137.3
1991	491.5	256.8	95.3	161.5	234.7	90.2	144.5
1992	519.5	229.3	77.7	151.6	290.2	136.8	153.4
1993	387.3	292.8	79.1	213.7	94.5	6.8	87.7
1994	443.8	336.8	183.1	153.7	107.0	8.3	98.7
1995	500.6	369.1	184.7	184.4	131.5	11.5	120.0
1996	558.7	410.6	198.9	211.7	148.1	7.6	140.5
1997	584.1	458.9	230.7	228.2	125.2	8.6	116.6
1998	682.9	551.3	251.4	299.9	131.6	13.1	118.5
1999	727.3	579.2	265.0	314.2	148.1	18.5	129.6
2000	830.4	659.1	323.5	335.6	171.3	15.6	155.7
2001	1010.1	816.4	386.9	429.5	193.7	22.6	171.1
2002	1119.1	914.4	423.3	491.1	204.7	20.5	184.2
2003	1283.0	1063.2	491.2	572.0	219.8	25.1	194.7
2004	1572.9	1335.4	631.6	703.8	237.5	26.2	211.3
2005	1888.8	1639.5	723.9	915.6	249.3	10.5	238.8
2006	2332.8	2068.4	898.3	1170.1	264.4	11.9	252.5
2007	3153.8	2824.8	1137.2	1687.6	329.0	12.2	316.8
2008	3716.3	3452.6	1262.6	2190.0	263.7	19.8	243.9
2009	4615.2	4363.9	1460.5	2903.3	251.4	37.9	213.5
2010	6728.2	6546.0	1991.3	4554.7	182.2	33.4	148.8
2011	7824.2	7719.4	2196.3	5523.1	104.8	8.8	96.0
2012	7741.4	7621.0	2408.9	5212.1	120.4	27.5	92.9
2013	8289.0	8179.8	2379.1	5800.7	109.2	16.7	92.5
2014	7235.1	7122.5	2342.4	4780.1	112.6	18.2	94.4
2015	5341.2	5241.6	2186.0	3055.6	99.6	11.6	88.0

注：1.本表中不含债务类收入。

2.2003年以前中央预算收入为国地税上缴中央收入合计，2003年后为人民银行国库收入。

8-2 历年公共财政预算收入

单位：亿元

年 份	公共财政预算收入	各项税收	国有资本经营收入	国有企业计划亏补	其他各项收入
1980	86.9	41.6	43.3		2.0
1985	85.2	102.3	1.4	-20.2	1.7
1986	98.9	107.1	1.4	-13.3	3.7
1987	108.0	115.5	1.4	-14.8	5.9
1988	115.9	128.4	1.7	-24.9	10.7
1989	133.9	145.6	1.6	-29.7	16.4
1990	129.3	140.3	2.0	-31.0	18.0
1991	161.5	155.7	1.6	-30.2	34.4
1992	151.6	158.6	1.5	-24.5	16.0
1993	213.7	220.0	1.9	-24.8	16.6
1994	153.7	147.5	0.8	-17.3	22.7
1995	184.4	174.0	0.6	-18.0	27.8
1996	211.7	195.8	0.7	-17.1	32.3
1997	228.2	215.1	1.0	-16.6	28.7
1998	264.6	233.5	2.6	-13.1	41.6
1999	279.6	247.5	2.5	-11.2	40.8
2000	295.6	266.4	3.7	-9.7	35.2
2001	370.4	320.0	3.5	-4.7	51.6
2002	399.7	333.0	6.7	-3.5	63.5
2003	447.0	361.4	9.1	-3.3	79.8
2004	529.6	411.5	13.0	-2.9	108.0
2005	675.3	528.4	24.5	-3.0	125.4
2006	817.7	626.2	40.9	-3.0	153.6
2007	1082.7	815.7	57.8	-	209.2
2008	1356.1	1017.1	92.9	-	246.1
2009	1591.2	1184.0	145.7	-	261.5
2010	2004.8	1516.7	131.2	-	356.9
2011	2643.2	1974.9	142.8	-	525.5
2012	3105.4	2317.2	157.4	-	630.8
2013	3343.8	2521.6	180.9	-	641.3
2014	3192.8	2330.6	199.7	-	662.5
2015	2127.4	1650.4	23.0	-	453.9

注：1.本表财政收入为当年财政决算数据。
2.各项税收1983年利改税以后含企业所得税，1994年以后为新税制收入。
3.国有资产经营收益1998年以前指国企上缴利润，1983年前含企业上缴的基本折旧。
4.其他各项收入指行政性收费、罚没收入、海域场地矿区使用费收入、专项收入和其他各项收入。
5.国有资本经营收入2007年以前为“国有资产经营收益”。

8-3 公共财政预算收入

单位：亿元

项　目	2007年	2008年	2009年	2010年	2011年	2012年	2013年	2014年	2015年
合　计	**1082.69**	**1356.08**	**1591.22**	**2004.84**	**2643.15**	**3105.38**	**3343.81**	**3192.78**	**2127.39**
一、各项税收小计	**815.67**	**1017.10**	**1183.98**	**1516.65**	**1974.85**	**2317.19**	**2521.62**	**2330.57**	**1650.45**
增值税	149.11	172.76	163.56	188.84	218.32	216.70	248.41	291.33	286.17
营业税	252.01	304.00	363.94	453.75	556.20	606.49	657.00	562.24	471.30
企业所得税	108.06	142.44	125.09	174.06	227.16	242.39	250.68	252.18	235.26
个人所得税	45.78	51.73	48.94	64.20	76.94	60.92	64.15	70.28	72.43
资源税	24.26	28.25	32.65	46.45	68.12	109.30	142.05	102.14	37.63
城市维护建设税	51.58	58.71	57.69	71.62	102.79	108.41	119.25	118.22	117.56
房产税	29.86	35.38	41.09	45.91	55.87	64.17	72.35	82.20	82.37
印花税	12.66	16.38	16.67	22.81	27.71	28.15	30.28	30.53	25.98
城镇土地使用税	49.42	66.03	85.18	108.05	145.75	221.92	246.28	248.05	125.41
土地增值税	18.24	24.78	47.99	77.59	128.80	190.38	190.21	177.57	46.14
车船税	3.02	11.11	9.80	12.28	14.98	19.90	23.59	26.31	28.81
耕地占用税	5.97	24.33	69.56	96.43	140.40	225.20	239.92	203.89	15.07
契税	64.74	78.15	116.89	152.94	209.84	217.47	235.55	163.84	105.05
烟叶税	0.46	0.53	0.83	0.53	0.83	1.07	1.45	1.47	1.08
其他税收收入	0.51	2.07	4.10	1.20	1.13	4.73	0.45	0.32	0.19
二、非税收入小计	**267.03**	**338.98**	**407.24**	**488.18**	**668.30**	**788.19**	**822.20**	**862.21**	**476.94**
专项收入	50.85	50.67	45.67	55.02	99.28	110.53	107.12	105.53	161.04
行政事业性收费收入	96.54	117.17	93.76	131.92	158.64	194.59	198.04	182.46	112.81
罚没收入	32.91	35.91	41.89	60.10	69.96	88.06	78.94	69.63	76.64
国有资本经营收入	57.79	92.93	145.66	131.19	142.77	157.43	180.86	199.73	22.99
国有资源有偿使用收入	25.63	39.03	69.46	97.84	171.42	206.29	225.58	257.46	87.45
其他收入	3.32	3.27	10.80	12.10	26.23	31.31	31.66	47.39	16.01

8-4 地区各项税收及附加收入

单位：亿元

税种分类	2005年	2008年	2009年	2010年	2011年	2012年	2013年	2014年	2015年
收入合计	**1270.34**	**2295.04**	**2651.89**	**3504.61**	**4216.10**	**4749.42**	**4963.68**	**4822.58**	**3914.74**
一、税收合计	**1244.35**	**2256.94**	**2605.57**	**3445.44**	**4125.00**	**4646.47**	**4856.03**	**4717.13**	**3812.02**
1.增值税	517.03	861.83	816.22	1091.61	1208.15	1307.98	1353.13	1430.91	1143.29
#国内增值税	455.11	694.15	677.09	821.27	914.36	919.74	977.66	988.94	953.69
2.消费税	67.39	112.76	392.64	495.03	493.84	557.48	525.59	525.02	652.53
#国内消费税	62.80	99.56	366.23	443.31	435.76	532.49	478.12	480.10	613.67
3.营业税	164.69	303.99	363.94	453.83	556.25	606.74	655.91	562.40	471.36
4.个人所得税	82.02	129.32	122.36	160.51	192.36	152.30	159.83	174.23	180.08
5.外商外国企业所得税	31.46		82.30	128.22	158.05	167.16	183.80	199.49	184.41
6.企业所得税	160.64	373.50	222.42	303.72	407.03	432.10	432.17	424.54	380.43
7.资源税	12.05	28.33	32.73	46.43	68.08	109.16	141.91	101.99	37.54
8.投资方向调节税	0.20	0.45	0.05			0.03			
9.城市维护建设税	39.92	58.71	74.35	95.09	125.00	136.11	141.71	141.16	139.01
10.房产税	24.83	35.38	41.08	45.92	55.87	64.17	72.35	82.20	82.38
11.印花税	7.51	16.38	16.67	22.81	27.71	28.15	30.26	30.47	25.94
12.城镇土地使用税	9.76	66.03	85.18	108.05	145.75	221.92	246.28	248.05	125.41
13.土地增值税	5.95	24.78	47.99	77.59	128.80	190.37	190.21	177.57	46.14
14.车船使用税	1.68	11.11	9.80	12.28	14.98	19.90	23.59	26.31	28.81
15.耕地占用税	3.69	24.33	69.56	96.43	140.40	225.20	239.92	203.71	15.07
16.契税	38.93	78.12	116.89	152.94	209.84	217.47	235.55	163.84	105.05
17.车辆购置税	22.64	39.19	44.72	66.46	78.35	80.38	91.17	94.20	84.20
18.烟叶税		0.53	0.83	0.53	0.83	1.07	1.45	1.47	1.08
19.关税	52.80	90.02	61.89	86.80	112.80	125.66	129.16	129.16	109.10
20.其他税收	1.16	2.18	3.95	1.20	0.91	3.12	2.03	0.40	0.19
二、其他收入	**25.99**	**38.10**	**46.32**	**59.17**	**91.10**	**102.95**	**107.65**	**105.45**	**102.72**
1.教育费附加	17.35	27.13	33.52	42.95	55.90	60.76	63.26	63.07	61.39
2.文化事业建设费	0.91	1.27	1.27	1.53	1.87	2.02	1.47	0.24	0.21
3.地方教育费收入	5.41	8.72	10.74	13.15	32.58	39.76	42.57	41.75	40.83
4.矿区使用费	0.33								
5.罚没收入	1.43	0.30	0.20	0.85	0.45	0.34	0.28	0.27	0.24
6.其他收入	0.56	0.68	0.58	0.69	0.30	0.07	0.07	0.12	0.04

注：1.本表按1994年新税制改革以来的地区实际税收收入整理。
2.增值税和消费税含海关代征，不含出口退税绝对值；国内增值税和国内消费税不含海关代征，含出口退税绝对值。

8-5 各地区地方公共财政预算收入

(2015年) 单位：万元

项　目	沈阳	大连	鞍山	抚顺	本溪	丹东	锦州
合　计	**6062411**	**5799130**	**1290742**	**739969**	**537680**	**664264**	**755188**
一、各项税收小计	**4923696**	**4731042**	**1027261**	**567109**	**387857**	**489394**	**585538**
增值税	794252	816688	171498	131841	88873	72909	97246
营业税	1464885	1470537	270453	124518	92203	145625	160252
企业所得税	771604	758770	100810	50187	27750	86644	79473
个人所得税	232562	287610	24971	19483	11242	14199	18608
资源税	19899	77124	75292	12910	36796	6917	13127
城市维护建设税	333902	347321	60149	58726	24713	25226	47863
耕地占用税	72525	38880	67	4623	1942	2178	7459
契税	294898	260412	69453	40147	19578	35529	58665
烟叶税	-	-	-	-	-	-	-
其他税收收入	162324	156974	37839	17063	13543	19764	21233
二、非税收入小计	**1138715**	**1068088**	**263481**	**172860**	**149823**	**174870**	**169650**
专项收入	321995	379468	75838	66640	42306	33345	59437
行政事业性收费收入	232437	196711	59910	54340	47279	67541	47465
罚没收入	150892	273239	31361	26313	31290	28144	22242
国有资本经营收入	125664	6477	55121	2846	4412	1704	-918
国有资源有偿使用收入	300146	184241	30163	21859	23471	42592	33880
其他收入	7581	27952	11088	862	1065	1544	7544

8-5 续表 单位：万元

项　目	营口	阜新	辽阳	盘锦	铁岭	朝阳	葫芦岛
合　计	**1040689**	**371524**	**676847**	**950464**	**502848**	**547334**	**571361**
一、各项税收小计	**835319**	**279926**	**515274**	**775881**	**376584**	**387411**	**441867**
增值税	152204	55983	99593	149498	63289	54768	76537
营业税	240845	88646	113256	177360	110008	121882	132493
企业所得税	100249	30693	54838	38132	32871	40023	42745
个人所得税	24077	8271	16371	27640	12878	12316	13996
资源税	4515	3765	36857	51840	6849	27481	2908
城市维护建设税	68685	17218	44564	61038	20443	18495	42820
耕地占用税	5126	1239	7365	-6270	12595	6033	-3058
契税	41477	19805	32594	75007	30467	28706	43733
烟叶税	-	-	-	-	-	-	-
其他税收收入	28809	13202	15081	27611	15369	16135	14160
二、非税收入小计	**205370**	**91598**	**161573**	**174583**	**126264**	**159923**	**129494**
专项收入	67607	21646	63637	67964	29142	37952	46514
行政事业性收费收入	68476	32906	40016	47385	52233	48326	28445
罚没收入	31232	18817	17758	30231	27047	21292	28873
国有资本经营收入	2478	-	11348	-	5009	6380	9405
国有资源有偿使用收入	33033	8267	27555	27403	11058	43826	16066
其他收入	2544	9962	1259	1600	1775	2147	191

8-6 地方公共财政预算支出

单位：亿元

行　业	2007年	2008年	2009年	2010年	2011年	2012年	2013年	2014年	2015年
合　计	**1764.28**	**2153.43**	**2682.39**	**3195.82**	**3905.85**	**4558.59**	**5197.42**	**5080.49**	**4481.61**
一般公共服务	271.16	307.65	329.16	352.40	415.23	485.71	501.34	436.29	356.51
国　　防	5.89	5.38	7.49	7.58	11.43	13.75	11.99	11.97	7.90
公 共 安 全	126.77	147.58	154.16	191.29	210.29	228.80	244.57	235.67	256.72
教　　育	252.13	306.36	346.73	405.39	544.09	728.79	669.48	604.49	610.24
科 学 技 术	38.69	49.02	57.49	68.90	87.20	101.24	118.99	108.82	68.92
文化体育与传媒	24.80	29.94	76.25	56.76	68.60	79.25	95.34	92.60	88.59
社会保障和就业	402.98	469.97	518.07	579.84	657.36	727.71	824.03	895.91	995.10
医疗卫生	66.60	83.90	163.32	151.36	182.07	200.19	229.50	273.61	281.96
节能环保	28.07	48.18	55.71	77.44	74.20	93.27	108.59	106.10	116.79
城乡社区事务	171.78	217.22	289.66	360.31	442.58	595.19	807.26	849.50	494.34
农林水事务	121.80	149.29	240.71	289.00	329.20	405.02	466.52	443.85	446.07
交通运输	26.92	37.25	106.60	140.29	220.53	256.10	302.51	310.89	269.98
工业商业金融等事务	150.22	221.28	211.64	441.88	298.81	315.94	366.59	288.56	172.55
其他支出	76.48	80.40	125.40	73.38	364.26	327.63	450.71	422.23	315.94

8-7 各地区地方公共财政预算支出

(2015年) 单位：万元

行　业	沈阳	大连	鞍山	抚顺	本溪	丹东	锦州
合　计	**8085751**	**9106922**	**2444766**	**1647545**	**1322787**	**1804257**	**2095553**
一般公共服务	760086	637198	235375	116996	120017	126531	143066
国　防	7825	13159	4970	2534	1187	2080	3999
公共安全	481987	516494	140140	90571	93188	104435	108634
教　育	1075909	1094058	299048	166412	193262	277084	295806
科学技术	234542	182829	23040	15072	12273	14259	8827
文化体育与传媒	177922	129923	28014	14828	30132	44137	35767
社会保障和就业	1693044	1768332	692487	603389	340569	420987	517931
医疗卫生	493741	535852	202218	109681	81005	128631	172852
环境保护(节能环保)	286628	177525	51136	55493	70938	46052	54273
城乡社区事务	1310952	1648475	264043	95194	51928	124606	215985
农林水事务	478931	593255	158814	159841	130873	234878	348985
交通运输	370921	529307	82969	29262	35625	136529	68970
商业服务业金融等事务	421672	529142	77912	56860	60659	30492	24235
其他支出	291591	751373	184600	131412	101131	113556	96223

8-7 续表 单位：万元

行　业	营口	阜新	辽阳	盘锦	铁岭	朝阳	葫芦岛
合　计	**1720004**	**1299934**	**1482810**	**1732799**	**2083146**	**1940641**	**1658146**
一般公共服务	156879	103051	141265	145637	198268	143668	147566
国　防	3138	1061	1333	2078	1199	3007	1413
公共安全	113510	73758	84242	75242	109936	92367	96899
教　育	203930	213963	187956	191571	297144	310194	283185
科学技术	8490	3969	9107	11933	10511	5144	6462
文化体育与传媒	24476	24522	16133	23113	25202	26030	22928
社会保障和就业	494339	315258	355135	325922	328896	456962	415038
医疗卫生	128464	107188	105228	97299	149604	184093	133219
环境保护(节能环保)	10556	31680	18346	38364	74728	83290	28643
城乡社区事务	211495	89257	131714	174148	446844	72685	101045
农林水事务	137261	223530	142439	201574	272821	384659	247393
交通运输	43259	27719	31925	30632	34392	31624	51788
商业服务业金融等事务	76512	33759	74132	86927	30603	30703	34434
其他支出	107695	51219	183855	328359	102998	116215	88133

主要统计指标解释

财政总收入 指国家财政参与社会产品分配所取得的收入，是实现国家职能的财力保证。财政收入所包括的内容几经变化，目前主要包括:

（1）**税收收入** 包括增值税、营业税、企业所得税、个人所得税、资源税、固定资产投资方向调节税、城市维护建设税、房产税、印花税、城镇土地使用税、土地增值税、车船税、耕地占用税、契税、烟叶税、其他税收收入。

（2）**非税收入** 包括专项收入、行政事业性收费收入、罚没收入、国有资本经营收入、国有资源有偿使用收入、其他收入。

财政总支出 国家财政将筹集起来的资金进行分配使用，以满足经济建设和各项事业的需要，主要包括以下各项支出:

（1）**一般公共服务** 反映政府提供一般公共服务的支出。

（2）**公共安全** 反映政府维护社会公共安全方面的支出，有关事务包括武装警察、公安、国家安全、检察、法院、司法行政、监狱、劳教、国家保密、缉私警察等。

（3）**教育支出** 反映政府教育事务支出。有关具体教育事务包括教育行政管理、学前教育、小学教育、初中教育、普通高中教育、普通高等教育、初等职业教育、中专教育、技校教育、职业高中教育、高等职业教育、广播电视教育、留学生教育、特殊教育、干部继续教育、教育机关服务等。

（4）**科学技术** 反映政府用于科学技术方面的支出。

（5）**文化体育与传媒** 反映政府在文化、文物、体育、广播电视、新闻出版等方面的支出。

（6）**社会保障和就业** 反映政府在社会保障与就业方面的支出。有关事项包括社会保障与就业管理事务、民政管理事务、财政对社会保险基金的补助、补充全国社会保障基金、行政事业单位离退休、企业改革补助、就业补助、抚恤、退役安置、社会福利、残疾人事业、城市居民最低生活保障、其他城镇社会救济、农村社会救济、自然灾害生活补助、红十字事务等。

（7）**医疗卫生** 反映政府医疗卫生方面的支出。具体包括医疗卫生管理事务支出、医疗服务支出、医疗保障支出、疾病预防控制支出、卫生监督支出、妇幼保健支出、农村卫生支出等。

（8）**环境保护** 反映政府环境保护支出。具体包括: 环境保护管理事务支出、环境监测与监察支出、污染治理支出、自然生态保护支出、天然林保护工程支出、退耕还林支出、风沙荒漠治理支出、退牧还草支出、已垦草原退耕还草支出。

（9）**城乡社区事务** 反映政府城乡社区事务支出。具体包括: 城乡社区管理事务支出、城乡社区规划与管理支出、城乡社区公共设施支出、城乡社区住宅支出、城乡社区环境卫生支出、建设市场管理与监督支出等

（10）**农林水事务** 反映政府农林水事务方面的支出。具体包括农业、林业、水利、扶贫支出、农业综合开发支出等。

（11）**交通运输** 反映政府交通运输方面的支出。包括公路运输支出、水路运输支出、铁路运输支出、民用航空运输支出等。

（12）**工业商业金融等事务** 反映政府工业、商业、金融等事务支出。具体包括: 采掘业支出、制造业支出、电力支出、信息产业支出、旅游业支出、涉外发展支出、粮油事务支出、商业流通事务支出、物资储备支出、金融保险支出、烟草事务支出、安全生产支出、国有资产监督支出、中小企业发展支出、清

洁生产支出等。

（13）**其他支出** 反映不能划分到上述功能科目的其他政府支出。包括预备费、年初预留、住房改革支出以及其他支出。

中央财政和地方财政 财政是国家为了实现其职能，凭借政治权力，对一部分社会产品进行分配和再分配的经济活动。中央财政和地方财政，是指财政体制上划分中央政府和地方政府以及地方各级政府之间财政管理权限的一项根本制度，它是经济管理体制的重要组成部分，它在财政管理体制中居于主导地位。它具体规定了各级政府筹集资金、支配使用资金的权力、范围和责任，使各级政府在财政管理上有责有权。这对于正确处理中央和地方之间，以及地方各级之间的分配关系，充分发挥各级政府的积极性，更好地完成国家财政收支任务，促进社会主义建设的发展有着极其重要的意义。中央财政收入和地方财政收入，是指中央和地方各级负责组织征收的收入，不是按财政体制计算的收入分成数。其收入中还包括了国外借款。

预算外资金 是指不纳入国家财政预算，由各地方、各部门、各企业、事业、行政单位，按国家规定范围自行筹集和使用的资金。它是国家财政预算内资金的补充财力。

九、物价

Chapter 9 Price Indices

9-1 各种价格指数

(上年=100)

年 份	居民消费价格指数	城市居民消费价格指数	农村居民消费价格指数	商品零售价格指数	工业生产者出厂价格指数	工业生产者购进价格指数	固定资产投资指数
1980		104.4		105.9			
1985	110.7	111.4	106.7	110.0			
1986	106.7	107.0	105.0	106.0			
1987	108.6	109.8	105.6	109.0			
1988	119.3	119.6	115.9	119.3	122.4	133.9	
1989	118.2	117.2	120.1	118.4	121.2	133.3	
1990	103.3	103.1	104.1	102.7	103.8	117.6	105.9
1991	105.6	106.0	104.2	104.1	119.2	108.1	108.2
1992	106.7	108.1	102.3	106.0	112.1	116.6	120.9
1993	115.2	116.7	110.9	113.5	138.4	149.9	136.4
1994	124.3	126.1	120.9	120.6	119.9	118.2	117.4
1995	116.1	116.1	116.0	114.0	109.9	114.2	104.9
1996	107.9	108.2	106.8	105.4	102.8	103.7	102.2
1997	103.1	103.8	102.1	101.0	100.1	103.1	102.3
1998	99.3	99.8	98.7	97.6	95.8	99.3	99.8
1999	98.6	98.7	98.3	96.1	102.0	99.0	100.0
2000	99.9	100.0	99.7	98.4	108.8	103.9	101.1
2001	100.0	99.9	100.2	99.4	98.6	100.0	100.4
2002	98.9	98.9	98.7	97.4	97.8	98.3	100.7
2003	101.7	101.2	103.7	98.9	103.6	105.1	102.5
2004	103.5	102.8	106.3	101.9	107.1	112.1	104.8
2005	101.4	100.8	104.0	100.1	105.1	108.1	102.8
2006	101.2	101.1	101.6	101.3	104.1	104.2	102.1
2007	105.1	104.6	107.0	104.4	104.4	104.8	104.3
2008	104.6	104.4	105.5	105.3	110.9	111.5	109.1
2009	100.0	100.0	100.3	99.8	94.0	93.3	97.0
2010	103.0	102.8	104.0	103.2	107.4	108.6	103.3
2011	105.2	105.1	105.5	105.0	106.5	108.3	106.6
2012	102.8	102.9	102.5	102.2	99.9	99.0	101.0
2013	102.4	102.4	102.4	101.6	99.0	98.5	100.0
2014	101.7	101.8	101.4	101.0	98.2	98.0	99.7
2015	101.4	101.4	101.4	100.5	93.9	93.5	97.9

9-2 各种价格定基指数

年 份	居民消费价格指数(1984=100)	城市居民消费价格指数(1978=100)	农村居民消费价格指数(1984=100)	商品零售价格总指数(1978=100)	工业生产者出厂价格指数(1988=100)	工业生产者购进价格指数(1988=100)	固定资产投资指数(1990=100)
1979		101.7		101.4			
1980		106.2		105.4			
1981		112.3		108.8			
1982		113.9		110.1			
1983		115.8		111.8			
1984		120.0		116.2			
1985	110.7	133.7	106.7	127.8			
1986	118.1	143.1	112.0	135.5			
1987	128.3	157.1	118.3	147.7			
1988	153.0	187.9	137.1	176.2			
1989	180.9	220.2	164.7	208.6	121.2	133.3	
1990	186.8	227.0	171.4	214.3	125.8	156.8	
1991	197.3	240.6	178.6	223.0	150.0	169.5	108.2
1992	210.5	260.1	182.7	236.4	168.1	197.6	130.9
1993	242.5	303.6	202.7	268.3	232.7	296.2	178.6
1994	301.4	382.8	245.0	323.6	279.0	350.1	209.6
1995	350.0	444.4	284.2	368.9	306.6	399.8	219.9
1996	377.6	480.8	303.5	388.8	315.2	414.6	224.7
1997	389.3	499.1	309.9	392.7	315.5	427.4	229.9
1998	386.6	498.1	305.9	383.3	302.2	424.5	229.4
1999	381.2	491.6	305.0	368.4	308.3	420.2	229.4
2000	380.8	491.6	304.1	362.5	335.4	436.6	231.9
2001	380.8	491.1	304.7	360.3	330.7	436.6	232.9
2002	376.6	485.7	300.7	350.9	323.4	429.2	234.5
2003	383.0	494.0	311.9	347.0	335.1	451.1	240.6
2004	396.4	507.8	331.5	353.6	358.9	505.7	252.1
2005	401.9	511.9	344.8	354.0	377.2	546.7	259.2
2006	406.7	517.5	350.3	358.6	392.7	569.7	264.6
2007	427.4	541.3	374.8	374.4	409.9	596.9	275.9
2008	447.2	565.0	395.5	394.4	454.6	665.5	301.0
2009	447.2	565.0	396.7	393.6	427.3	621.0	291.9
2010	460.6	580.8	412.6	406.2	458.9	674.4	301.6
2011	484.6	610.4	435.3	426.5	488.7	730.3	321.5
2012	498.2	628.1	446.2	435.9	488.2	723.0	324.7
2013	510.2	643.2	456.9	442.9	483.3	712.2	324.7
2014	518.9	654.8	463.3	447.3	474.6	698.0	323.7
2015	526.2	664.0	469.8	449.5	445.6	652.6	316.9

9-3 居民消费价格分类指数

(2015年，上年=100)

项　　目	全省	城市	农村
居民消费价格总指数	**101.4**	**101.4**	**101.4**
一、食品	**102.5**	**102.5**	**102.3**
1.粮食	102.1	102.5	101.5
2.淀粉及制品	102.5	103.3	101.2
3.干豆类及豆制品	101.2	101.2	101.4
4.油脂	97.3	97.1	97.7
5.肉禽及其制品	104.4	104.4	104.7
6.蛋	87.7	86.4	91.5
7.水产品	103.8	103.8	103.2
8.菜	109.8	110.3	107.0
9.调 味 品	102.7	103.2	101.4
10.糖	100.8	101.1	100.2
11.茶及饮料	100.8	101.0	99.9
12.干鲜瓜果	101.7	101.5	103.4
13.糕点饼干面包	101.8	102.1	100.4
14.液体乳及乳制品	98.2	98.0	100.2
15.在外用膳食品	101.1	101.0	102.4
16.其他食品	101.4	101.2	102.5
二、烟酒	**103.0**	**102.7**	**103.8**
1.烟草	104.4	103.8	106.6
2.酒	100.9	101.0	100.4
三、衣着	**102.0**	**102.2**	**101.0**
1.服　　装	102.1	102.3	100.9
2.衣着材料	101.0	101.0	100.9
3.鞋袜帽	101.8	102.0	100.9
4.衣着加工服务费	104.6	104.6	104.8
四、家庭设备用品及维修服务	**100.5**	**100.6**	**100.3**
1.耐用消费品	99.8	99.8	99.8
2.室内装饰品	100.3	100.4	99.5
3.床上用品	100.4	100.6	99.4
4.家庭日用杂品	100.4	100.4	100.5
5.家庭服务及加工维修服务	104.8	104.7	105.5
五、医疗保健和个人用品	**101.5**	**101.3**	**102.6**
1.医疗保健	101.7	101.4	103.3
2.个人用品及服务	101.1	101.1	101.0
六、交通和通信	**99.0**	**99.0**	**98.9**
1.交通	98.4	98.4	98.3
2.通信	99.7	99.7	99.6
七、娱乐教育文化用品及服务	**101.1**	**100.9**	**102.0**
1.文娱用耐用消费品及服务	99.6	99.8	98.9
2.教育	102.5	102.5	102.8
3.文化娱乐类	101.0	101.0	100.7
4.旅游	93.4	92.7	100.8
八、居住	**100.3**	**100.3**	**100.1**
1.建房及装修材料	99.3	98.9	100.1
2.住房租金	100.7	100.8	99.6
3.自有住房	100.9	101.0	100.4
4.水、电、燃料	99.5	99.7	98.4

9-4 商品零售价格分类指数

(2015年，上年=100)

项目	全省	城市	农村
商品零售价格总指数	**100.5**	**100.5**	**100.4**
一、食品	**102.6**	**102.6**	**102.5**
1.粮食	102.1	102.4	101.6
2.淀粉及制品	102.5	102.8	101.4
3.干豆类及豆制品	101.4	101.5	101.3
4.油脂	96.7	96.5	97.2
5.肉禽及其制品	104.5	104.5	104.7
6.蛋	87.5	86.6	91.4
7.水产品	103.6	103.6	103.2
8.菜	109.9	110.5	107.4
9.调味品	102.8	103.1	101.4
10.糖	100.9	101.2	99.8
11.干鲜瓜果	101.8	101.6	103.1
12.糕点饼干面包	101.9	102.2	100.3
13.液体乳及乳制品	97.6	97.4	99.9
14.在外用膳食品	101.1	101.0	101.9
15.其他食品	101.4	101.2	102.1
二、饮料、烟酒	**102.1**	**102.1**	**102.4**
1.茶及饮料	100.9	101.1	100.0
2.烟草	103.7	103.5	104.9
3.酒	101.1	101.1	100.6
三、服装、鞋帽	**101.9**	**102.1**	**100.9**
1.服装	102.0	102.2	100.9
2.鞋袜帽	101.8	102.0	101.0
3.其他	101.0	100.9	101.2
四、纺织品	**100.4**	**100.5**	**100.2**
1.衣着材料	101.0	101.0	101.1
2.床上用品	99.9	100.1	99.2
五、家用电器及音像器材	**99.5**	**99.6**	**98.9**
1.家庭设备	99.6	99.7	99.0
2.文娱用耐用消费品	99.3	99.4	98.6
3.专业音像器材	99.5	99.4	100.0
六、文化办公用品	**100.3**	**100.4**	**100.1**
七、日用品	**100.3**	**100.4**	**100.0**
1.日用百货	100.1	100.0	100.1
2.日用杂品	101.0	101.1	100.7
3.洗涤用品	100.2	100.3	99.5
4.其他日用品	100.4	100.4	100.1
八、体育娱乐用品	**100.5**	**100.4**	**100.7**
1.体育用品	100.8	100.8	100.8
2.娱乐用品	100.3	100.2	100.6
九、交通、通信用品	**99.3**	**99.4**	**99.2**
1.交通运输机械	99.7	99.6	100.1
2.通信器材	98.8	98.9	98.1
十、家具	**99.8**	**99.6**	**100.9**
十一、化妆品	**101.4**	**101.7**	**100.1**
十二、金银珠宝	**93.9**	**93.6**	**94.9**
十三、中西药品及医疗保健用品	**102.2**	**102.1**	**102.3**
1.医疗器具及用品	100.4	100.2	101.1
2.中药材及中成药	102.5	102.5	102.4
3.西药	102.4	102.4	102.6
4.保健器具及用品	100.7	100.7	100.4
十四、书报杂志及电子出版物	**102.1**	**102.3**	**101.0**
1.教材及参考书	101.2	101.3	100.9
2.书报杂志	103.6	104.1	101.1
3.电子音像制品	100.3	100.2	101.1
十五、燃料	**89.2**	**88.9**	**90.4**
1.煤炭及制品	94.6	94.4	95.1
2.石油及制品	88.0	88.0	88.3
十六、建筑材料及五金电料	**98.7**	**98.5**	**99.8**
1.建筑装璜材料	98.4	98.1	99.7
2.五金电料	99.4	99.2	100.1

9-5 各市居民消费价格分类指数

(2015年，上年=100)

市名称	居民消费价格指数	食品	#粮食	#油脂	#肉禽及其制品	#蛋类	#水产品	#菜类	#茶和饮料
全省	**101.4**	**102.5**	**102.1**	**97.3**	**104.4**	**87.7**	**103.8**	**109.8**	**100.8**
沈阳	101.2	103.1	103.7	99.0	102.8	85.4	103.6	113.7	100.5
大连	101.6	101.6	103.5	95.8	104.7	85.8	102.4	111.7	102.0
鞍山	101.1	101.1	101.2	99.5	103.0	84.3	107.9	103.5	100.6
抚顺	100.7	101.2	100.6	92.1	103.9	91.4	101.4	108.5	102.4
本溪	100.8	101.7	100.7	99.2	104.2	91.2	103.2	109.3	100.0
丹东	101.3	101.4	105.3	93.6	105.0	93.1	102.2	107.6	100.0
锦州	101.0	102.9	100.6	97.4	105.4	86.3	103.9	114.2	103.2
营口	101.1	103.3	101.4	94.5	104.7	84.9	106.3	108.0	100.2
阜新	101.0	101.2	101.6	98.4	102.7	85.3	105.0	104.7	100.0
辽阳	101.4	102.6	100.5	97.7	105.2	90.9	107.5	106.8	101.2
盘锦	100.2	101.0	100.3	87.6	106.2	86.4	101.9	108.2	100.2
铁岭	101.6	102.9	101.8	98.6	103.8	87.2	102.1	110.0	100.0
朝阳	101.0	101.3	100.1	99.0	104.9	88.3	104.5	105.3	98.7
葫芦岛	101.5	102.1	102.4	98.0	105.9	85.0	101.3	106.3	100.1

9-5 续表

市名称	#干鲜瓜果	#奶及奶制品	烟酒及用品	衣着	家庭设备及服务	医疗保健个人用品	交通和通讯	娱乐教育文化用品	居住
全省	**101.7**	**98.2**	**103.0**	**102.0**	**100.5**	**101.5**	**99.0**	**101.1**	**100.3**
沈阳	108.6	99.3	103.4	102.2	99.7	101.8	97.0	99.3	99.9
大连	96.1	93.7	102.8	103.8	102.1	101.2	98.2	103.5	101.6
鞍山	97.8	102.2	102.6	105.3	101.1	101.0	99.2	100.1	100.1
抚顺	96.9	96.9	100.6	100.0	100.7	101.3	100.0	99.9	100.6
本溪	95.7	100.2	102.6	99.5	100.0	99.9	99.2	100.8	101.2
丹东	94.4	98.2	101.7	102.6	101.5	101.5	98.9	101.0	101.6
锦州	98.3	94.5	102.4	96.6	100.5	101.1	99.5	101.8	100.1
营口	108.2	100.3	102.7	100.6	100.2	100.0	98.7	99.6	99.9
阜新	99.9	100.0	102.4	102.2	100.8	100.1	99.2	105.4	98.1
辽阳	99.2	100.0	103.6	102.1	100.9	100.3	100.6	99.1	101.0
盘锦	95.8	100.6	101.4	100.4	98.5	100.5	99.2	98.5	100.2
铁岭	102.3	98.1	101.4	101.5	100.4	101.1	99.4	102.8	100.2
朝阳	96.5	100.2	101.7	102.0	100.1	101.3	99.8	101.9	99.3
葫芦岛	99.6	100.0	100.8	103.7	100.2	101.3	99.5	103.5	99.5

9-6 农业生产资料价格指数

(上年=100)

项　　目	2007年	2008年	2009年	2010年	2011年	2012年	2013年	2014年	2015年
农业生产资料价格指数	**114.2**	**128.1**	**96.7**	**103.7**	**112.8**	**106.9**	**99.9**	**98.9**	**99.5**
1.农用手工工具	105.6	112.0	102.5	104.9	105.0	106.8	101.8	103.1	100.3
2.饲　　料	109.6	120.9	104.7	112.8	108.1	106.4	103.8	100.7	99.7
3.产　品　畜	196.6	157.9	71.3	99.6	135.5	104.2	91.6	97.9	106.5
4.半机械化农具	102.1	107.2	100.4	102.9	102.2	101.3	100.1	100.1	99.2
5.机械化农具	102.0	106.5	101.4	103.4	103.3	102.0	100.3	101.4	99.0
6.化 学 肥 料	100.9	134.3	94.1	95.3	116.4	108.5	98.0	96.1	99.4
7.农药及农药械	102.0	108.7	103.1	99.0	102.9	102.9	102.0	101.0	100.8
8.农 机 用 油	105.5	114.8	87.3	112.5	111.7	104.4	99.8	97.6	84.9
9.其他农业生产资料	105.4	115.1	101.9	103.6	108.2	111.6	104.2	101.8	100.4
10.农业生产服务	118.1	121.1	112.6	108.4	108.2	106.6	104.0	102.9	101.3

9-7 各地区农村消费价格分类指数

(2015年，上年=100)

项　　目	辽中	瓦房店	海城	新宾	凤城	昌图	建平	北票	绥中
总 指 数	**99.9**	**101.9**	**102.4**	**101.4**	**100.9**	**101.4**	**100.8**	**101.1**	**100.8**
一、食　　品	99.4	104.4	102.1	102.9	101.4	102.0	101.3	101.5	102.1
二、烟 酒 及 用 品	103.9	105.1	104.2	102.8	104.4	103.7	103.4	100.9	102.0
三、衣　着　类	99.8	100.5	101.6	101.7	100.4	101.6	101.6	100.3	101.7
四、家庭设备及服务	98.5	100.9	100.6	100.1	99.9	99.3	100.5	100.5	101.4
五、医疗保健及个人用品	100.7	101.8	107.3	101.9	100.1	100.2	101.0	106.5	102.1
六、交 通 和 通 讯	99.0	99.0	99.1	98.9	99.1	99.5	98.4	98.0	98.8
七、娱乐教育文化	100.6	99.9	106.4	100.1	99.6	104.0	102.8	100.3	102.4
八、居　　住	99.9	100.1	100.2	100.4	101.7	100.8	99.0	99.7	97.5

9-8 工业生产者出厂价格分类指数

(上年=100)

类 别	2005年	2008年	2009年	2010年	2011年	2012年	2013年	2014年	2015年
全部工业产品出厂价格总指数	**105.1**	**110.9**	**94.0**	**107.4**	**106.5**	**99.9**	**99.0**	**98.2**	**93.9**
一、按轻重工业分									
1.轻 工 业	101.7	106.3	98.8	102.9	104.7	101.4	100.0	99.2	98.8
以农产品为原料	100.0	108.9	98.5	103.8	105.5	102.0	100.3	99.2	98.7
以非农产品为原料	102.7	103.6	99.2	102.0	101.7	99.1	98.9	99.0	99.1
2.重 工 业	107.3	112.1	92.2	109.2	106.9	99.6	98.8	97.9	92.9
采 掘 工 业	119.0	114.7	85.8	120.3	110.2	95.5	97.3	96.5	88.2
原 料 工 业	107.5	114.0	91.9	115.2	111.7	101.9	99.0	97.4	87.1
加 工 工 业	103.6	108.9	93.8	103.5	104.6	99.2	98.8	98.3	95.7
二、按两大部类分									
1.生 产 资 料	106.5	111.3	93.2	108.2	107.0	99.7	98.8	98.0	92.9
采 掘 工 业	119.1	115.8	87.6	119.1	110.2	95.5	97.3	96.5	88.2
原 料 工 业	107.2	113.7	91.6	115.8	111.9	101.8	98.9	97.3	87.0
加 工 工 业	103.7	108.1	95.0	103.2	104.7	99.3	99.0	98.4	95.7
2.生 活 资 料	99.7	107.3	98.9	103.0	104.1	101.2	99.8	99.2	98.9
食 品	99.8	110.9	97.6	104.3	106.8	101.9	100.0	99.3	99.3
衣 着	99.6	102.6	101.8	100.8	102.3	102.1	100.7	98.6	97.7
一般日用品	100.0	103.2	97.9	101.5	102.1	99.8	99.6	99.2	97.9
耐用消费品	99.6	100.1	101.0	102.4	100.6	100.1	99.1	99.4	99.3
三、按工业部门分									
1.冶 金 工 业	105.3	117.4	84.9	109.4	108.3	94.6	97.4	95.7	88.8
2.电 力 工 业	103.3	101.8	102.4	102.2	100.8	103.6	100.0	99.4	98.5
3.煤炭及炼焦工业	122.8	120.1	109.0	112.8	109.6	100.1	94.9	94.5	94.2
4.石 油 工 业	117.4	117.1	87.0	125.1	119.4	105.4	99.4	96.7	77.8
5.化 学 工 业	109.6	108.9	94.3	108.4	106.0	98.0	98.4	98.6	94.5
6.机 械 工 业	101.5	102.6	99.9	99.3	102.5	100.1	99.4	99.3	98.9
7.建筑材料工业	102.6	105.0	100.3	102.8	104.4	103.5	100.0	99.4	98.2
8.森 林 工 业	101.3	102.9	99.6	104.1	104.6	103.1	99.5	100.0	98.9
9.食 品 工 业	99.5	112.6	97.3	103.9	106.6	102.1	100.5	99.3	98.8
10.纺 织 工 业	101.7	101.1	97.7	111.2	106.9	98.4	99.9	99.1	98.4
11.缝 纫 工 业	100.8	101.4	101.2	100.5	102.3	102.1	100.7	98.4	97.2
12.皮 革 工 业	95.6	107.3	104.7	103.3	99.2	101.1	100.7	101.2	103.4
13.造 纸 工 业	102.2	107.3	98.0	103.5	103.2	100.4	98.8	98.8	98.4
14.文教艺术用品工业	99.5	100.3	98.5	102.1	99.3	100.1	96.8	98.6	99.0
15.其 他 工 业	102.2	105.2	98.6	103.0	104.3	99.7	96.8	100.9	98.2

9-9 工业生产者购进价格分类指数

(上年=100)

类 别	2005年	2008年	2009年	2010年	2011年	2012年	2013年	2014年	2015年
全部原材料、燃料、动力购进总指数	**108.1**	**111.5**	**93.3**	**108.6**	**108.3**	**99.0**	**98.5**	**98.0**	**93.5**
1.燃 料、动 力 类	112.5	111.7	97.1	112.4	109.6	101.1	97.0	98.1	86.8
2.黑色金属材料类	108.2	120.6	85.5	106.8	108.7	95.9	97.0	96.1	90.0
3.有色金属材料和电线类	112.8	99.1	84.3	111.1	108.9	97.4	95.0	97.1	96.3
4.化 工 原 料 类	110.4	107.1	90.6	108.1	107.3	96.5	97.8	98.9	96.1
5.木材及纸浆类	101.1	106.9	99.0	101.2	104.6	101.8	100.5	100.7	100.1
6.建 筑 材 料 类	105.5	117.1	98.5	105.3	109.4	103.3	99.8	99.5	98.1
7.其它工业原料及半成品类	103.2	108.1	97.5	104.4	103.0	99.7	100.5	97.9	94.5
8.农 副 产 品 类	103.9	115.0	95.6	110.8	114.6	99.3	100.6	98.8	96.6
9.纺 织 原 料 类	102.9	103.5	99.9	105.2	106.3	99.7	99.8	99.3	98.9

主要统计指标解释

商品零售价格指数 商品零售价格，是指工业、商业、餐饮业和其他零售企业向城乡居民、机关团体出售生活消费品和办公用品的价格。商品零售价格指数，是反映一定时期内商品零售价格变动趋势和变动程度的相对数，利用商品零售价格指数，可以全面掌握市场商品零售价格的变动状况，为国家制定经济政策提供参考依据，同时还可在此基础上编制出其他各种派生价格指数，为研究市场流通、进行国民经济核算提供科学依据。

商品零售价格指数的汇总计算公式为加权算术平均公式，权数资料来源于社会消费品销售额统计和重点调查资料。所选商品为十四个大类，必报商品为304种。

居民消费价格指数 居民消费价格，是指城乡居民支付生活消费品和服务项目消费的价格，是社会产品和服务项目的最终价格。居民消费价格指数，是反映一定时期内居民消费价格变动趋势和变动程度的相对数，利用居民消费价格指数，可以全面观察居民消费价格变动对居民生活的影响，为党政领导和决策部门掌握消费价格状况，研究和制定居民消费政策、价格政策、工资政策、货币政策以及进行国民经济核算提供科学依据。

居民消费价格指数还是反映通货膨胀程度的重要指标。

农产品收购价格指数 农产品收购价格，是指各种经济类型的工商企业和其他单位以及个人直接从农民个人和国有农业生产单位收购农产品的价格。农产品收购价格指数，是反映一定时期内农产品收购价格变动趋势和变动程度的相对数，利用这一指数，可以反映农产品收购价格的变动情况及其对农产品生产者、收购者货币收支的影响，为国家制定、检查农产品收购政策，研究收购价格水平，差价政策和比价政策提供科学依据。

农产品收购价格指数的计算公式为加权倒数平均公式，权数资料来源于农村住户主要农村产品出售量、农村住户出售畜禽及渔业产品情况、国家和社会其他农产品收购部门的收购金额或收购量资料、历年农产品收购金额资料等。所选商品为十一个大类，250种商品。

农业生产资料价格指数 农业生产资料价格，是指工商企业、供销合作社和其他单位及个人向农民出售农业生产资料的价格，也是农业生产资料在流通领域中最后一个环节的价格。农业生产资料价格指数，是反映一定时期内农业生产资料价格变动趋势和变动程度的相对数。利用这一指数可以掌握农业生产资料价格的变动情况，为国家制定有关政策，保障农民利益，促进农业发展提供决策参考依据；同时，也为研究市场流通和新国民经济核算体系提供科学依据。1994年以前，农业生产资料价格指数仅仅是商品零售价格指数的一个类别，此后，从商品零售价格指数中单列出来，独立编制。

农业生产资料价格指数的计算公式为加权算术平均公式。权数资料来源于供销合作社等部门的销售统计资料和农村住户调查资料中的农业生产资料购买数量和金额资料。所选商品为十个大类，49种主要商品。

工业品出厂价格指数 是反映工业产品出厂价格水平变动趋势及变动程度的相对数，一般用百分数(%)表示。

原材料、燃料和动力购进价格指数 是反映工业企业作为生产投入，而从物资交易市场和能源、原材料生产企业购买原材料、燃料和动力产品时，所支付的价格水平变动趋势和程度的统计指标，是扣除工业企业物质消耗成本中的价格变动影响的重要依据。

十、人民生活

Chapter 10 People's Living Conditions

10-1 人民物质文化生活提高情况

项　目	单位	2005年	2006年	2008年	2009年	2010年	2011年	2012年	2013年	2014年	2015年
就　　业											
每一农村劳动力负担人数	人	1.34	1.34	1.31	1.30	1.30	1.30	1.30	1.38	1.34	1.32
每一城镇就业者负担人数	人	2.03	2.01	1.97	1.95	1.95	2.03	1.99	1.84	-	-
收　　入											
农村常住居民人均可支配收入	元	3690.2	4090.4	5576.5	5958.0	6908.0	8296.5	9383.7	10522.7	11191.5	12056.9
城镇常住居民人均可支配收入	元	9107.6	10369.6	14392.7	15761.4	17712.6	20466.8	23222.7	25578.2	29081.7	31125.7
在岗职工平均工资	元	17331.0	19624.0	27729.0	31104.0	35057.0	38713.4	42502.9	46309.8	49110.4	53457.9
消 费 水 平											
全省居民消费水平	元	6447	6926	9690	10906	13016	15635	17999	20156	22260	23693
农村居民	元	3175	3508	4409	5039	5955	7221	8652	10417	12178	13707
城镇居民	元	8749	9317	13265	14786	17488	20560	23065	25161	27282	28567
储　　蓄											
城乡居民年底储蓄存款余额	亿元	6950.2	7701.2	10127.3	12030.9	13690.3	15529.6	17967.4	19857.9	21396.8	23995.8
平均每人储蓄存款余额	元	16591.0	18291.0	23891.4	28300.8	32183.6	36511.9	42277.2	46819.3	50451.1	56635.3
住　　房											
农村平均每人住房面积	平方米	25.1	25.2	26.4	27.0	27.3	29.0	29.5	30.8	32.0	32.6
城市平均每人建筑面积	平方米	22.0	23.0	25.7	26.6	26.9	27.3	27.3	28.8	29.0	29.0
交 通、邮 电											
城市每万人拥有公共汽车	辆	8.9	9.7	10.6							
每人每年函件交寄	件	3.0	2.3	2.0	1.8	2.0	2.1	1.7	1.7	2.5	1.6
城 市 公 用 事 业											
自来水普及率	%	93.8	96.7	96.9	97.2	97.4	98.4	98.5	98.8	98.7	98.8
燃气普及率	%	88.1	92.3	92.4	93.7	94.2	95.5	96.0	96.2	96.2	94.8
文　　化											
每百户拥有彩色电视机											
城　　镇	台	122.1	123.5	119.3	121.8	123.1	115.7	114.7	106.9	107.5	108.0
农　　村	台	102.3	106.7	109.8	110.9	111.7	112.1	112.2	109.5	109.8	111.0
教　　育											
学龄儿童入学率	%	99.7	99.8	99.9	99.9	99.9	99.9	99.9	99.9	99.9	99.9
每万人口有大学生	人	158.0	172.0	193.9	200.8	206.8	279.0	289.5	300.2	303.8	297.6
卫　　生											
每万人拥有医院病床	张	42.5	42.9	43.1	45.1	48.0	51.0	52.8	57.1	60.3	60.9
每万人拥有医生	人	21.8	22.4	21.4	21.6	22.0	23.3	23.7	24.4	24.0	24.7

注：1.表中2014-2015年住房面积为新口径住户调查汇总指标，与2013年数据不可比。

2.2014-2015年城镇居民和农村居民数据为实施城乡住户调查一体化改革之后发布的新口径数据，城乡居民收入均为人均可支配收入，相关指标定义与2013年及之前有所不同，数据不可比。2013年之前农村居民收入数据为农村居民人均纯收入。下同。

10-2 城乡居民家庭人均收入及恩格尔系数

年 份	城镇常住居民人均可支配收入(元)	指数(1978=100)	农村常住居民人均可支配收入(元)	指数(1978=100)	城镇居民家庭恩格尔系数(%)	农村居民家庭恩格尔系数(%)
1978	363.3	100.0	185.2	100.0		63.8
1979			235.0	126.9		60.5
1980	493.9	136.0	273.0	147.4		56.3
1981	508.1	139.9	306.6	165.6		53.8
1982	529.4	145.7	334.3	180.5		54.7
1983	548.7	151.0	452.5	244.3		53.0
1984	636.1	175.1	477.4	257.8		54.9
1985	704.3	193.9	485.7	262.3	54.7	51.6
1986	881.9	242.8	533.2	287.9	53.6	51.0
1987	992.4	273.2	599.3	323.6	53.6	50.7
1988	1204.0	331.4	699.6	377.8	50.7	48.5
1989	1417.3	390.1	740.2	399.7	54.3	49.5
1990	1551.0	426.9	836.2	419.2	55.3	54.1
1991	1705.6	469.5	896.7	484.2	55.9	52.6
1992	1936.0	532.9	995.1	537.3	54.4	51.7
1993	2299.5	633.0	1161.0	626.9	50.5	55.1
1994	3047.0	838.7	1423.5	768.6	51.5	58.0
1995	3691.4	1016.1	1756.5	948.4	51.9	60.3
1996	4207.2	1158.1	2150.0	1160.9	50.1	56.5
1997	4518.1	1243.6	2301.5	1242.7	48.1	55.4
1998	4617.2	1270.9	2579.8	1393.0	44.6	52.8
1999	4898.6	1348.4	2501.0	1350.4	43.4	50.6
2000	5357.8	1474.8	2355.6	1271.9	40.7	46.5
2001	5797.0	1595.7	2557.9	1381.2	39.7	45.6
2002	6524.6	1795.9	2751.3	1485.6	38.8	45.0
2003	7240.6	1993.0	2934.2	1584.3	39.4	43.2
2004	8007.6	2204.1	3307.1	1785.7	40.4	46.4
2005	9107.6	2506.9	3690.2	1992.6	38.8	41.6
2006	10369.6	2854.3	4090.4	2208.6	38.8	41.2
2007	12300.4	3385.7	4773.4	2577.4	37.8	39.6
2008	14392.7	3961.7	5576.5	3011.0	39.0	40.6
2009	15761.4	4338.4	5958.0	3217.1	38.0	36.7
2010	17712.6	4875.5	6908.0	3730.0	35.1	38.2
2011	20466.8	5633.6	8297.5	4480.3	35.5	39.1
2012	23222.7	6392.2	9383.7	5066.8	35.0	38.4
2013	25578.2	7040.5	10522.7	5681.8	32.2	32.9
2014	29081.7	—	11191.5	—	28.3	28.3
2015	31125.7	—	12056.9	—	28.3	28.2

注：1.1978年可支配收入为推算数。
2.1978-1984年为全省城市数。

10-3 城镇居民家庭基本情况

指 标	单位	2005年	2008年	2009年	2010年	2011年	2012年	2013年	2014年	2015年
一、平均每户家庭人口	人	**2.85**	**2.75**	**2.73**	**2.71**	**2.64**	**2.67**	**2.51**	**2.52**	**2.55**
二、平均每户就业人口	人	**1.40**	**1.39**	**1.40**	**1.38**	**1.30**	**1.34**	**1.36**	-	-
三、平均每户就业面	%	**49.12**	**50.50**	**51.28**	**50.92**	**49.24**	**50.19**	**54.30**	-	-
四、负担系数	人	**2.03**	**1.98**	**1.95**	**1.96**	**2.03**	**1.99**	**1.84**	-	-
五、平均每人全部年收入	元	**9837.20**	**15836.25**	**17757.70**	**20014.57**	**22879.77**	**25915.72**	**27904.89**		
#可支配收入	元	9107.55	14392.69	15761.38	17712.58	20466.84	23222.67	25578.17	29081.75	31125.73
(一)工资性收入	元	6103.41	9494.59	10420.60	11712.68	13093.86	14846.05	15882.02	16239.60	17126.74
1.工资及补贴收入	元	6003.75	9283.71	10233.65	11563.68	12835.69	14589.80	15653.81		
2.其它劳动收入	元	99.66	210.88	186.95	149.01	258.18	256.25	228.21		
(二)经营净收入	元	486.03	1483.30	1553.18	1797.82	2285.41	2710.30	3009.60	3421.92	3611.94
(三)财产性收入	元	95.60	248.04	239.81	249.59	333.55	493.01	674.17	2147.74	2149.29
1.利息收入	元	13.12	42.94	42.01	49.71	59.60	248.98	211.48		
2.股息与红利收入	元	9.45	58.23	41.41	34.23	33.01	18.36	112.45		
3.保险收益	元	3.57	9.10	7.50	3.02	4.20	7.15	15.42		
4.其它投资收入	元	13.14	64.46	62.40	65.71	81.66	23.66	54.07		
5.出租房屋收入	元	55.29	69.11	75.05	79.84	99.24	182.01	251.79		
6.知识产权收入	元	0.09	0.02	1.78	10.73	49.37	3.96	4.65		
7.其它财产性收入	元	0.93	4.17	9.66	6.36	6.47	8.90	16.96		
(四)转移性收入	元	3152.17	4610.32	5544.11	6254.48	7166.95	7866.35	8339.10	7272.49	8237.76
1.养老金或离退休金	元	2573.62	3865.03	4638.72	5379.14	6160.02	7017.41	6713.28		
2.社会救济收入	元	35.68	53.02	50.57	45.48	65.27	70.65	123.77		
3.辞退金	元	44.24	7.69	6.31	20.68	8.24	1.78	5.35		
4.赔偿收入	元	5.32	15.92	12.11	3.63	5.70	4.28	2.09		
5.保险收入	元	46.31	20.46	17.04	17.06	9.87	14.67	5.24		
#失业保险金	元	42.51	9.92	9.18	11.32	7.37	10.80	5.24		
6.赡养收入	元	82.20	196.29	224.46	172.73	201.86	199.88	616.60		
7.捐赠收入	元	250.35	306.19	385.53	379.87	484.48	237.13	370.01		
8.亲友搭伙费	元	13.07					61.93			
9.提取住房公积金	元	43.82	33.35	77.89	55.53	39.10	221.93	166.11		
10.记帐补贴	元	42.51	79.30	102.67	142.68	135.49	36.68	230.16		
11.其它转移性收入	元	15.05	33.06	28.81	37.68	56.92		106.48		
六、平均每人出售财物收入	元	**164.41**	**267.81**	**222.36**	**349.45**	**274.92**	**137.88**	**185.85**		
1.出售住房收入	元	161.11	257.75	217.88	306.42	242.69	117.13	179.41		
2.出售其它物品收入	元	3.29	10.06	4.47	43.03	32.23	20.75	6.44		
七、平均每人消费性支出	元	**7369.27**	**11231.48**	**12324.58**	**13280.04**	**14789.61**	**16593.60**	**18029.65**	**20519.57**	**21556.72**
1.食品支出	元	2860.98	4378.14	4680.85	4658.00	5254.96	5809.39	5803.90	5816.91	6092.46
2.衣着支出	元	740.83	1187.41	1338.84	1586.81	1854.63	2042.40	2100.71	1987.20	2065.55
3.家庭设备用品及服务	元	304.80	507.40	607.51	785.67	929.37	1069.65	1145.57	1234.80	1359.46
4.医疗保健支出	元	751.16	913.13	1018.44	1079.81	1208.30	1309.62	1343.05	1630.76	1761.91
5.交通和通信支出	元	744.02	1295.70	1493.17	1773.26	1899.06	2323.29	2589.18	2434.29	2768.95
6.教育和文化娱乐服务支出	元	849.53	1145.46	1283.68	1495.90	1614.52	1843.89	2258.46	2275.93	2418.70
7.居住支出	元	792.75	1270.95	1293.00	1314.79	1385.62	1433.28	1936.10	4428.24	4416.13
8.其它商品和服务支出	元	325.18	533.29	609.09	585.78	643.15	762.07	852.69	711.45	673.57

注：表中2014-2015年数据为新口径住户调查汇总指标，与2013年数据不可比，下同。

10-4 城镇居民家庭平均每人可支配收入

(2015年)

指　　标	单位	合计	低收入户	中低收入户	中等收入户	中高收入户	高收入户
可支配收入	**元**	**31125.73**	**12302.02**	**21191.82**	**28242.49**	**36644.72**	**60901.26**
一、工资性收入	元	17126.74	8163.10	12652.34	15318.34	18441.63	32373.16
(一)工资	元	15819.61	7874.60	12082.37	14309.71	16886.67	28616.77
(二)实物福利	元	273.52	72.48	161.47	208.65	344.88	503.40
(三)其他	元	1033.61	216.03	408.50	799.99	1210.08	3252.98
二、经营净收入	元	3611.94	1140.95	1708.62	2376.93	2837.46	8622.90
(一)第一产业经营净收入	元	245.51	121.08	127.44	217.90	228.72	565.21
1.农业	元	145.85	99.35	88.62	103.22	142.98	109.33
2.林业	元	7.54	7.57	0.48	9.96	-0.66	3.60
3.牧业	元	19.38	7.25	28.16	73.67	13.24	4.19
4.渔业	元	72.74	6.90	10.18	31.06	73.16	448.09
(二)第二产业经营净收入	元	314.37	121.90	102.34	116.36	231.53	768.07
(三)第三产业经营净收入	元	3052.06	897.97	1478.84	2042.67	2377.21	7289.62
三、财产净收入	元	2149.29	849.30	1244.59	1730.27	2373.10	4408.81
(一)利息净收入	元	94.88	-10.83	-17.39	58.61	83.59	323.54
(二)红利收入	元	213.56	5.62	19.12	33.53	23.50	551.98
(三)储蓄性保险净收益	元	1.92	0.99		2.27	5.76	14.54
(四)转让承包土地经营权租金净收入	元	16.35	20.36	8.78	18.22	8.61	14.53
(五)出租房屋财产性收入	元	179.65	31.46	87.87	92.92	187.33	370.58
(六)出租机械、专利、版权等资产的收入	元	9.21	31.84	20.47	8.44	14.78	16.69
(七)其他财产净收入	元	15.20	17.85	-2.49	0.43	10.10	46.89
(八)房屋虚拟租金	元	1618.53	752.01	1128.23	1515.86	2039.43	3070.07
四、转移净收入	元	8237.76	2148.67	5586.27	8816.95	12992.53	15496.39
(一)转移性收入	元	10233.91	3462.81	6906.18	10464.97	14872.02	18990.05
1.养老金或离退休金	元	9144.51	2721.87	6248.29	9687.86	13781.81	16149.98
2.社会救济和补助	元	94.01	239.24	54.16	53.85	33.01	93.68
3.政策性生活补贴	元	53.79	12.02	15.59	23.60	72.52	140.97
4.报销医疗费	元	346.32	66.43	130.50	210.06	407.74	1283.34
5.家庭外出从业人员寄回带回收入	元	89.02	69.26	75.41	53.75	53.39	326.09
6.赡养收入	元	331.79	220.72	235.09	263.81	343.62	759.82
7.其他经常转移收入	元	124.79	94.88	107.83	138.20	121.33	196.20
8.从政府和组织得到的实物产品和服务折价	元	39.84	23.85	26.98	31.10	54.34	36.67
9.现金政策性惠农补贴	元	9.85	14.54	12.34	2.76	4.26	3.32
(二)转移性支出	元	1996.15	1314.14	1319.91	1648.02	1879.49	3493.66

10-5 各地区城镇常住居民人均可支配收入

单位：元

地 区	2006年	2008年	2009年	2010年	2011年	2012年	2013年	2014年	2015年
全 省	**10370**	**14393**	**15761**	**17713**	**20467**	**23223**	**25578**	**29082**	**31126**
沈 阳	11651	17013	18475	20541	23326	26431	29074	34233	36643
大 连	13350	17500	19014	21293	24276	27539	30238	33591	35889
鞍 山	10761	15074	16530	18423	21297	24194	26662	27846	29943
抚 顺	9305	12434	13557	15303	18069	20545	22702	25035	26818
本 溪	9478	13311	14705	16775	19752	22466	24960	25972	27720
丹 东	7860	11641	12827	14536	17123	19625	21745	22931	24724
锦 州	9981	13963	15386	17375	20171	22995	25340	25214	27040
营 口	10135	14352	15858	18055	20894	23986	26600	28222	30458
阜 新	7598	10114	11117	12711	14994	17123	19058	21195	22662
辽 阳	9649	13262	14568	16570	19469	22259	24619	24382	26389
盘 锦	12205	17046	18563	21035	24266	27533	30148	30857	32465
铁 岭	7437	10907	12055	13730	16203	18587	20576	19276	20689
朝 阳	7440	10517	11554	12961	14958	17112	18891	19634	21211
葫芦岛	9795	13942	15305	17371	20159	22941	25304	23010	24768

10-6 城镇居民家庭平均每人总支出

(2015年)

单位：元

指　标	合计	低收入户	中低收入户	中等收入户	中高收入户	高收入户
家庭总支出	**31331.74**	**15685.27**	**20499.86**	**25777.25**	**32479.79**	**56672.13**
(一)消费支出	21556.72	10626.36	15122.07	19189.63	24970.61	37655.04
1.食品烟酒	6092.46	3366.28	4816.41	5941.56	7114.26	9021.10
2.衣着	2065.55	865.26	1434.36	1792.76	2354.57	3614.18
3.居住	4416.13	2265.72	3131.00	4069.13	5199.16	7588.10
4.生活用品及服务	1359.46	534.74	785.59	1159.88	1496.00	2725.03
5.交通通信	2768.95	1131.37	1628.13	2140.40	3572.95	5256.23
6.教育文化娱乐	2418.70	1406.61	1938.90	2048.85	2397.64	3784.53
7.医疗保健	1761.91	856.28	1014.12	1526.03	2127.42	4193.61
8.其他用品和服务	673.57	200.10	373.56	511.02	708.61	1472.25
(二)财产性支出	124.62	52.25	82.70	77.49	129.00	213.53
1.生活贷款利息支出	119.23	51.62	77.10	72.84	124.46	195.63
2.其他财产性支出	5.38	0.63	5.60	4.65	4.55	17.90
(三)转移性支出	1996.63	1311.54	1319.90	1647.73	1878.14	3496.52
1.个人所得税	89.15	1.25	3.70	19.94	39.45	337.57
2.社会保障支出	1542.33	1048.13	1145.74	1357.99	1492.41	2513.06
其中：个人缴纳的养老保险	1116.06	797.82	817.90	970.93	1058.35	1790.94
个人缴纳的医疗保险	344.21	220.56	287.66	326.27	344.08	542.74
个人缴纳的失业保险	74.25	14.65	37.89	58.04	83.58	161.00
其他社会保障支出	7.80	15.09	2.29	2.75	6.40	18.38
3.外来从业人员寄给家人的支出	1.17	2.33	0.01	2.87	0.01	0.08
4.赡养支出	230.61	211.85	125.41	193.91	216.72	364.07
5.其他转移性支出	133.38	47.98	45.04	73.03	129.56	281.75
(四)购置资产及非经常性转移支出	3880.08	1817.59	2643.12	3048.72	3886.83	6595.27
1.购置资产支出	1189.70	327.95	598.64	368.02	672.56	2010.53
2.非经常性转移支出	2690.38	1489.64	2044.48	2680.69	3214.28	4584.74

10-7 各地区城市居民平均每人全年消费支出

单位：元

地 区	2005年	2008年	2009年	2010年	2011年	2012年	2013年	2014年	2015年
全 省	**7369.27**	**11231.48**	**12324.58**	**13280.04**	**14789.61**	**16593.60**	**18029.65**	**20519.57**	**21556.72**
沈 阳	7862.83	14667.90	16110.85	16961.44	18146.92	20002.92	24633.69	22519.80	26531.74
大 连	9996.41	14101.38	15329.83	16579.70	18846.40	20417.46	23071.24	24781.60	25824.40
鞍 山	7631.91	11136.03	12065.20	13709.68	14909.06	16388.93	17456.16	16975.10	18537.00
抚 顺	6747.38	8747.72	9265.29	10006.53	12440.24	13767.50	15342.68	17352.58	18060.54
本 溪	6730.90	10166.97	11218.02	12119.39	13981.95	16064.51	17863.27	20134.07	21293.94
丹 东	5909.87	9210.15	10380.10	11322.67	12725.15	14490.39	13773.37	15219.00	16315.20
锦 州	7203.15	9904.18	10795.09	11801.50	13651.75	16967.55	14279.09	15118.29	17629.63
营 口	7254.28	10448.16	11301.20	12223.26	12994.43	16453.15	16467.43	16674.32	18215.40
阜 新	5413.73	7509.61	8384.05	9047.36	11126.98	12796.58	14914.06	15849.16	16574.80
辽 阳	6527.26	9234.49	10459.60	11070.63	12651.18	15090.31	15258.59	15908.24	17319.32
盘 锦	8858.99	12631.38	13486.39	13923.00	15213.02	18152.64	18883.27	18882.00	20322.62
铁 岭	5503.11	8404.29	9366.00	10322.56	12039.06	14385.68	11590.30	12817.00	13820.00
朝 阳	5329.45	8111.40	8634.90	9318.12	10334.12	11375.56	12008.59	12586.00	13219.00
葫芦岛	6694.50	9012.12	10051.28	10969.40	12132.26	12990.57	13344.81	14181.53	15103.33

注：由于居民收支调查一体化改革，2013年消费数据为全省城镇常住居民新口径数据，与2012年以前的老口径数据不匹配。

10-8 城镇居民家庭平均每人消费支出

(2015年) 单位：元

指 标	合计	低收入户	中低收入户	中等收入户	中高收入户	高收入户
消费支出	**21556.72**	**10626.36**	**15122.07**	**19189.63**	**24970.61**	**37655.04**
一、食 品	6092.46	3366.28	4816.41	5941.56	7114.26	9021.10
1.食品	4358.47	2650.72	3619.62	4440.49	5110.25	6034.29
2.烟酒	482.49	271.13	421.09	484.48	567.71	659.93
3.饮料	117.97	57.54	85.04	107.88	146.59	189.07
4.饮食服务	1133.53	386.90	690.67	908.70	1289.70	2137.80
二、衣 着	2065.55	865.26	1434.36	1792.76	2354.57	3614.18
1.衣类	1557.56	626.65	1062.12	1319.20	1761.45	2790.09
2.鞋类	507.99	238.62	372.24	473.56	593.13	824.09
三、生活用品及服务	1359.46	534.74	785.59	1159.88	1496.00	2725.03
1.家具及室内装饰品	230.88	49.23	61.95	150.64	170.32	558.60
2.家用器具	285.62	96.20	161.04	260.83	324.47	593.01
3.家用纺织品	130.05	49.72	81.86	114.92	167.27	241.77
4.家庭日用杂品	389.74	210.51	283.96	357.13	429.84	618.20
5.个人用品	279.48	119.11	172.82	245.09	325.67	522.50
6.家庭服务	43.70	9.96	23.96	31.27	78.43	190.95
四、医疗保健	1761.91	856.28	1014.12	1526.03	2127.42	4193.61
1.医疗器具及药品	861.97	410.61	504.22	790.10	1101.33	1571.74
2.医疗服务	899.94	445.67	509.90	735.93	1026.09	2621.87
五、交通通信	2768.95	1131.37	1628.13	2140.40	3572.95	5256.23
交 通	1737.44	577.24	848.87	1158.26	2366.80	3719.71
通 信	1031.51	554.13	779.26	982.14	1206.15	1536.52
六、教育文化娱乐	2418.70	1406.61	1938.90	2048.85	2397.64	3784.53
1.教育	1264.47	1074.26	1337.59	1146.96	1186.63	1488.16
2.文化娱乐	1154.23	332.34	601.31	901.89	1211.01	2296.37
七、居 住	4416.13	2265.72	3131.00	4069.13	5199.16	7588.10
1.租赁房房租	162.87	132.58	118.80	110.29	151.80	240.32
2.住房维修及管理	399.61	143.35	198.59	392.52	352.83	824.47
3.水电燃料及其他	1254.95	789.57	1018.14	1177.37	1474.22	1736.88
八、其它商品和服务	673.57	200.10	373.56	511.02	708.61	1472.25
1.其他用品	337.29	83.45	177.43	238.64	364.88	801.01
2.其他服务	336.28	116.65	196.13	272.38	343.73	671.25

10-9 城镇居民家庭平均每人消费支出构成

(2015年)

单位：%

指　　标	合计	低收入户	中低收入户	中等收入户	中高收入户	高收入户
消费支出	**100.00**	**100.00**	**100.00**	**100.00**	**100.00**	**100.00**
一、食　　品	28.26	31.68	31.85	30.96	28.49	23.96
1.食品	20.22	24.94	23.94	23.14	20.47	16.03
2.烟酒	2.24	2.55	2.78	2.52	2.27	1.75
3.饮料	0.55	0.54	0.56	0.56	0.59	0.50
4.饮食服务	5.26	3.64	4.57	4.74	5.16	5.68
二、衣　　着	9.58	8.14	9.49	9.34	9.43	9.60
1.衣类	7.23	5.90	7.02	6.87	7.05	7.41
2.鞋类	2.36	2.25	2.46	2.47	2.38	2.19
三、生活用品及服务	6.31	5.03	5.19	6.04	5.99	7.24
1.家具及室内装饰品	1.07	0.46	0.41	0.78	0.68	1.48
2.家用器具	1.32	0.91	1.06	1.36	1.30	1.57
3.家用纺织品	0.60	0.47	0.54	0.60	0.67	0.64
4.家庭日用杂品	1.81	1.98	1.88	1.86	1.72	1.64
5.个人用品	1.30	1.12	1.14	1.28	1.30	1.39
6.家庭服务	0.20	0.09	0.16	0.16	0.31	0.51
四、医疗保健	8.17	8.06	6.71	7.95	8.52	11.14
1.医疗器具及药品	4.00	3.86	3.33	4.12	4.41	4.17
2.医疗服务	4.17	4.19	3.37	3.84	4.11	6.96
五、交通通信	12.84	10.65	10.77	11.15	14.31	13.96
交　　通	8.06	5.43	5.61	6.04	9.48	9.88
通　　信	4.79	5.21	5.15	5.12	4.83	4.08
六、教育文化娱乐	11.22	13.24	12.82	10.68	9.60	10.05
1.教育	5.87	10.11	8.85	5.98	4.75	3.95
2.文化娱乐	5.35	3.13	3.98	4.70	4.85	6.10
七、居　　住	20.49	21.32	20.70	21.20	20.82	20.15
1.租赁房房租	0.76	1.25	0.79	0.57	0.61	0.64
2.住房维修及管理	1.85	1.35	1.31	2.05	1.41	2.19
3.水电燃料及其他	5.82	7.43	6.73	6.14	5.90	4.61
八、其它商品和服务	3.12	1.88	2.47	2.66	2.84	3.91
1.其他用品	1.56	0.79	1.17	1.24	1.46	2.13
2.其他服务	1.56	1.10	1.30	1.42	1.38	1.78

10-10 城镇居民家庭平均每人食品消费情况(含自产自用)

(2015年) 单位：千克

品 名	合计	低收入户	中低收入户	中等收入户	中高收入户	高收入户
小麦	47.10	38.31	41.62	50.36	52.14	50.40
稻谷	54.44	57.00	56.55	56.69	53.04	46.95
猪肉	18.69	14.44	17.16	19.67	19.91	19.68
牛肉	3.03	1.46	2.46	3.04	3.78	4.53
羊肉	1.78	0.77	1.41	1.95	2.30	2.47
鸡	3.75	2.76	3.36	3.90	4.03	3.99
鲜蛋	13.13	10.13	12.44	14.09	14.38	14.81
鱼类	9.76	6.36	8.88	10.63	11.46	12.38
虾贝蟹类	5.28	2.30	4.12	5.28	6.96	9.08
藻类	0.67	0.46	0.56	0.74	0.79	0.92
鲜菜	119.85	94.78	110.18	126.11	132.85	128.35
白酒	2.99	2.39	3.46	3.13	3.09	2.66
啤酒	11.53	7.52	11.72	13.47	14.38	12.15
果酒	0.15	0.06	0.11	0.17	0.22	0.29
茶叶	0.18	0.08	0.13	0.17	0.25	0.26
鲜瓜果	67.93	43.03	56.61	69.55	77.19	85.75
糕点	5.09	3.09	4.13	4.97	6.02	6.62
鲜奶	14.02	7.81	11.70	14.82	17.74	19.76
酸奶	3.53	1.51	2.54	3.33	4.49	5.84
奶粉	0.35	0.17	0.26	0.31	0.44	0.45

10-11 城镇居民家庭平均每百户年末耐用品拥有量

(2015年)

品 名	单位	合计	低收入户	中低收入户	中等收入户	中高收入户	高收入户
1.家用汽车	辆	21.1	8.7	12.2	15.7	22.2	35.4
2.摩托车	辆	8.4	13.8	10.8	8.5	5.7	3.2
3.助力车	台	15.2	20.0	17.0	12.2	11.0	8.6
4.洗衣机	台	91.9	87.6	91.5	91.6	92.7	95.0
5.电冰箱(柜)	台	95.6	89.3	94.4	96.4	97.3	101.8
6.微波炉	台	55.1	32.0	45.5	54.7	65.7	75.5
7.彩色电视机	台	108.0	103.8	107.1	106.4	109.5	112.4
8.其中：接入有线电视	台	91.8	81.9	89.8	90.3	93.2	96.9
9.空调	台	30.5	8.3	18.0	21.4	32.4	53.1
10.热水器	台	72.0	43.9	62.3	72.2	79.2	89.6
11.其中：太阳能热水器	台	11.1	10.0	12.3	11.8	12.0	12.7
12.消毒碗柜	台	4.7	1.1	1.8	3.1	5.3	10.4
13.洗碗机	台	1.1	0.4	0.5	0.1	1.0	3.4
14.排油烟机	台	76.7	58.9	72.5	76.1	81.1	90.3
15.固定电话	线	55.4	50.1	51.1	54.0	56.9	66.7
16.移动电话	部	198.8	188.8	195.9	194.3	189.7	197.2
17.其中：接入互联网	部	88.2	64.6	82.2	80.0	82.4	96.8
18.计算机	台	65.7	46.9	58.9	63.4	67.4	84.3
19.其中：接入互联网	台	56.8	38.5	50.1	52.7	57.4	73.4
20.摄像机	台	9.1	2.3	4.2	7.5	10.1	18.8
21.照相机	台	32.9	11.8	22.9	30.0	38.5	51.0
22.中高档乐器	架	4.6	1.4	3.2	3.3	4.7	9.3
23.健身器材	台	3.5	0.8	1.3	2.1	4.1	6.5
24.组合音响	套	5.3	3.3	3.2	5.1	7.3	9.4

10-12 农民家庭基本情况

指　　标	单位	2005年	2008年	2009年	2010年	2011年	2012年	2013年	2014年	2015年
调查户人口										
1.平均每户常住人口	人	3.37	3.26	3.20	3.18	3.20	3.15	3.04	2.80	2.80
2.平均每户整、半劳动力	人	2.52	2.49	2.46	2.45	2.47	2.42	2.20	2.09	2.12
3.平均每个劳动力负担人口(含本人)	人	1.34	1.31	1.30	1.30	1.30	1.30	1.38	1.34	1.32
平均每人全年收入										
1.总收入	元	6028.30	9346.41	9912.58	10902.52	13898.12	15274.61	17280.05	20135.55	21755.79
2.可支配收入	元	3690.20	5576.48	5958.00	6907.93	8296.54	9383.72	10522.69	11191.49	12056.87
3.现金收入	元	5491.40	8449.53	9219.59	9907.70	12855.16	14171.21	16924.77	19266.85	20612.00
按人均纯收入分组的户数占调查户数比重										
200元以下	%	1.69	1.69	1.75	2.01	2.87	3.80	3.07	2.99	6.70
200—500元	%	1.06	0.63	0.69	0.63	0.69	0.42	0.40	0.21	
500—800元	%	1.43	0.79	0.90	0.85	0.83	0.51	0.56	0.38	
800—1000元	%	1.38	1.06	0.74	0.42	0.37	0.46	1.02	0.74	
1000—1200元	%	2.38	1.38	0.79	0.85	0.32	0.37	0.56	0.41	
1200—1500元	%	4.87	2.06	2.22	1.06	0.74	0.74	0.82	0.93	
1500—1700元	%	4.18	1.75	1.69	1.01	0.83	0.65	0.60	0.86	
1700—2000元	%	6.35	2.75	3.02	1.96	1.25	1.16	1.03	1.09	
2000—2500元	%	10.21	5.50	4.92	4.18	2.31	1.71	1.45	1.15	1.92
2500—3000元	%	11.22	7.25	5.66	4.39	2.96	2.69	1.78	1.89	
3000—3500元	%	8.84	6.77	6.19	4.76	3.70	2.87	3.10	1.86	3.56
3500—4000元	%	9.26	6.19	6.14	4.81	3.52	2.92	2.40	2.94	
4000—4500元	%	8.31	5.50	6.19	5.93	3.98	3.43	2.50	2.93	4.91
4500—5000元	%	5.03	7.09	7.09	5.45	4.35	3.38	3.47	3.14	
5000元以上	%	23.81	49.58	52.01	61.69	71.25	74.91	77.26	78.50	82.91
平均每人全年支出	**元**	**5566.30**	**8289.70**	**9147.74**	**9604.74**	**12241.38**	**13326.99**	**16054.71**	**20783.33**	**22126.83**
家庭经营费用支出	元	2061.20	3386.63	3551.88	3618.78	4833.96	5175.80	6266.44	7840.57	8521.88
购置生产性固定资产支出	元	238.50	240.50	316.35	403.47	609.30	571.16	448.26	865.93	894.43
税费支出	元	6.30	4.60	9.72	1.76	9.41	9.64	0.53	-	-
生活消费支出	元	2699.70	3814.03	4255.61	4489.50	5406.41	5998.39	7158.96	7800.75	8872.84
财产性支出	元	37.10	31.36	61.36	79.80	0.73	22.75	4.27	10.91	27.34
转移性支出	元	521.80	808.18	949.15	1003.41	1371.32	1537.96	2172.19	499.98	568.83

10-13 农民家庭人均总收入与常住居民人均可支配收入

单位：元

指 标	2007年	2008年	2009年	2010年	2011年	2012年	2013年	2014年	2015年
一、人均总收入	**7680.4**	**9346.4**	**9912.6**	**10902.5**	**13898.1**	**15274.6**	**17280.1**	**20135.6**	**21755.8**
(一)工资性收入	1719.7	2035.5	2239.8	2650.0	3179.7	3630.2	4209.4	4362.3	4730.1
在非企业组织中得到收入	398.5	452.6	518.9	543.4	277.3	297.6			
在本乡地域内劳动得到收入	831.3	977.3	1038.0	1195.1	1694.0	2001.4			
外出从业得到收入	489.9	605.6	682.8	911.5	1208.4	1331.3			
(二)家庭经营收入	5394.8	6529.3	6830.1	7383.6	9632.2	10497.2	11873.8	13681.3	14676.4
(三)财产性收入	179.4	201.3	205.5	234.2	244.6	246.2	283.2	249.9	259.1
(四)转移性收入	386.5	580.3	637.2	634.8	841.6	901.0	913.7	1842.1	2090.2
二、人均可支配收入	**4773.4**	**5576.5**	**5958.0**	**6907.9**	**8296.5**	**9383.7**	**10522.7**	**11191.5**	**12056.9**
(一)工资性收入	1719.7	2035.5	2239.8	2650.0	3179.7	3630.2	4209.4	4362.3	4730.1
在非企业组织中得到收入	398.5	452.6	518.9	543.4	277.3	297.6			
在本乡地域内劳动得到收入	831.3	977.3	1038.0	1195.1	1694.0	2001.4			
外出从业得到收入	489.9	605.6	682.8	911.5	1208.4	1331.3			
(二)家庭经营净收入	2592.2	2931.3	3017.3	3486.1	4271.0	4783.4	5160.2	5252.4	5573.7
1.农业	1603.4	1802.5	1823.0	2188.9	2708.0	3219.4	3407.7	3025.4	3166.9
2.林业	22.1	11.1	16.9	18.2	23.8	32.1	67.3	154.7	148.2
3.牧业	587.9	652.3	629.8	665.0	825.7	710.7	758.5	795.4	886.4
4.渔业	33.1	44.7	46.7	52.2	15.1	20.3	59.9	88.8	87.2
5.工业	55.6	61.7	68.9	77.6	109.2	133.6	177.1		
6.建筑业	23.7	46.9	55.8	48.8	65.7	83.0	56.0		
7.交通运输、邮电业	62.6	69.1	77.4	91.7	124.2	148.0	380.0		
8.批零贸易、餐饮业	130.2	148.1	189.7	223.1	295.0	323.0	183.2		
9.社会服务业	32.5	37.2	46.4	53.2	61.6	67.0	42.6		
10.文教卫生业	17.0	22.3	20.9	24.0	31.7	37.1			
11.其他家庭经营	24.3	35.4	42.0	43.5	10.9	9.0	27.9		
(三)财产性净收入	179.4	201.3	205.5	234.2	244.6	246.2	283.2	234.7	231.7
(四)转移性净收入	282.1	408.4	495.4	537.7	601.2	724.0	870.0	1342.1	1521.3

10-13 续表 单位：元

指标	构成(%)								
	2007年	2008年	2009年	2010年	2011年	2012年	2013年	2014年	2015年
一、人均总收入	**100.0**	**100.0**	**100.0**	**100.0**	**100.0**	**100.0**	**100.0**	**100.0**	**100.0**
(一)工资性收入	22.4	21.8	22.6	24.4	22.9	23.8	24.4	21.7	21.7
在非企业组织中得到收入	5.2	4.8	5.2	5.0	2.0	1.9			
在本乡地域内劳动得到收入	10.8	10.5	10.5	11.0	12.2	13.1			
外出从业得到收入	6.4	6.5	6.9	8.4	8.7	8.7			
(二)家庭经营收入	70.2	69.9	68.9	67.7	69.3	68.7	68.7	67.9	67.5
(三)财产性收入	2.3	2.2	2.1	2.1	1.8	1.6	1.6	1.2	1.2
(四)转移性收入	5.0	6.2	6.4	5.8	6.0	5.9	5.3	9.1	9.6
二、人均可支配收入	**100.0**	**100.0**	**100.0**	**100.0**	**100.0**	**100.0**	**100.0**	**100.0**	**100.0**
(一)工资性收入	36.0	36.5	37.6	38.4	38.3	38.7	40.0	39.0	39.2
在非企业组织中得到收入	8.3	8.1	8.7	7.9	3.3	3.2			
在本乡地域内劳动得到收入	17.4	17.5	17.4	17.3	20.4	21.3			
外出从业得到收入	10.3	10.9	11.5	13.2	14.6	14.2			
(二)家庭经营净收入	54.3	52.6	50.6	50.5	51.5	51.0	49.0	46.9	46.2
1.农业	33.6	32.3	30.6	31.7	32.6	34.3	32.4	27.0	26.3
2.林业	.5	0.2	.3	0.3	.3	0.3	.6	1.4	1.2
3.牧业	12.3	11.7	10.6	9.6	10.0	7.6	7.2	7.1	7.4
4.渔业	.7	0.8	.8	0.8	.2	0.2	.6	0.8	0.7
5.工业	1.2	1.1	1.2	1.1	1.3	1.4	1.7		
6.建筑业	.5	0.8	.9	0.7	.8	0.9	.5		
7.交通运输、邮电业	1.3	1.2	1.3	1.3	1.5	1.6	3.6		
8.批零贸易、餐饮业	2.7	2.7	3.2	3.2	3.6	3.4	1.7		
9.社会服务业	.7	0.7	.8	0.8	.7	0.7	.4		
10.文教卫生业	.4	0.4	.4	0.4	.4	0.4			
11.其他家庭经营	.5	0.6	.7	0.6	.1	0.1	.3		
(三)财产性净收入	3.8	3.6	3.4	3.3	3.0	2.6	2.7	2.1	1.9
(四)转移性净收入	5.9	7.3	8.3	7.8	7.2	7.7	8.3	12.0	12.6

10-14 各地区农村常住居民人均可支配收入

单位：元

地 区	2005年	2008年	2009年	2010年	2011年	2012年	2013年	2014年	2015年
全 省	**3690**	**5576**	**5958**	**6908**	**8297**	**9384**	**10523**	**11191**	**12057**
沈 阳	5050	8029	8753	10022	11575	13045	14467	12521	13486
大 连	5903	9818	10725	12317	14213	15990	17717	13547	14667
鞍 山	4750	7291	8094	9250	11146	12617	14207	12093	13117
抚 顺	3743	5560	6146	7203	8780	10062	11310	10971	11766
本 溪	4022	6164	6750	7845	9524	10800	12204	11726	12667
丹 东	4178	6630	7295	8340	10033	11428	12822	11528	12493
锦 州	3730	6089	6627	7756	9447	10788	12137	11723	12599
营 口	4503	6944	7687	8863	10662	12080	13675	12609	13631
阜 新	3090	5030	5382	6372	7615	8772	9939	10566	11109
辽 阳	4133	6423	7076	8095	9844	11183	12379	11156	12036
盘 锦	5067	7701	8479	9750	11437	12935	14462	12723	13763
铁 岭	3756	6050	6585	7739	9271	10569	11869	10888	11683
朝 阳	3002	4900	5170	6142	7536	8689	9949	9754	10514
葫芦岛	3428	5152	5595	6597	7901	8983	9927	9556	10233

10-15 农民家庭人均总支出

单位：元

指标	2007年	2008年	2009年	2010年	2011年	2012年	2013年	2014年	2015年
总支出	**6922.2**	**8289.7**	**9147.7**	**9604.7**	**12241.4**	**13327.0**	**16054.7**	**20783.3**	**22126.8**
(一)家庭经营费用支出	2609.2	3386.6	3551.9	3618.8	4834.0	5175.8	6266.4	7840.6	8521.9
(二)购置生产性固定资产支出	212.3	240.5	316.4	403.5	609.3	571.2	448.3	865.9	894.4
(三)税费支出	6.2	4.6	9.7	1.8	9.4	9.6	0.5		
(四)生活消费支出	3368.2	3814.0	4255.6	4489.5	5406.4	5998.4	7159.0	7800.7	8872.8
1.食品	1334.2	1549.0	1563.3	1714.2	2116.3	2300.0	2518.9	2210.9	2498.8
2.衣着	281.2	298.8	335.9	369.2	446.1	517.9	584.2	531.7	598.6
3.居住	513.1	601.7	795.5	745.0	860.2	979.8	1279.3	1491.7	1666.4
4.家庭设备、用品及服务	142.1	158.9	185.5	185.2	225.4	250.5	299.4	331.7	396.5
5.医疗保健	265.0	283.4	409.6	413.8	482.9	548.8	789.5	1026.4	1064.5
6.交通和通讯	361.8	426.5	416.4	449.0	577.7	668.7	850.3	1049.7	1351.2
7.文教娱乐用品及服务	362.8	388.0	437.8	500.3	550.0	556.6	632.9	1014.5	1122.0
8.其他商品和服务	108.1	107.8	111.5	112.9	147.8	176.2	204.4	144.2	174.8
(五)财产性支出	38.2	31.4	61.4	79.8	0.7	22.8	4.3	10.9	27.3
(六)转移性支出	673.5	808.2	949.2	1003.4	1371.3	1538.0	2172.2	500.0	568.8

10-15 续表

单位：元

指标	构成(%)								
	2007年	2008年	2009年	2010年	2011年	2012年	2013年	2014年	2015年
总支出	**100**	**100**	**100**	**100**	**100**	**100.0**	**100.0**	**100.0**	**100.0**
(一)家庭经营费用支出	37.7	40.9	38.8	37.7	39.5	38.8	39.0	37.7	38.5
(二)购置生产性固定资产支出	3.1	2.9	3.5	4.2	5.0	4.3	2.8	4.2	4.0
(三)税费支出	0.1	0.1	0.1		0.1	0.1	0.0		
(四)生活消费支出	48.7	46.0	46.5	46.7	44.2	45.0	44.6	37.5	40.1
1.食品	19.3	18.7	17.1	17.8	17.3	17.3	15.7	10.6	11.3
2.衣着	4.1	3.6	3.7	3.8	3.7	3.9	3.6	2.6	2.7
3.居住	7.4	7.3	8.7	7.8	7.0	7.4	8.0	7.2	7.5
4.家庭设备、用品及服务	2.1	1.9	2.0	1.9	1.8	1.9	1.9	1.6	1.8
5.医疗保健	3.8	3.4	4.5	4.3	4.0	4.1	4.9	4.9	4.8
6.交通和通讯	5.2	5.1	4.6	4.7	4.7	5.0	5.3	5.1	6.1
7.文教娱乐用品及服务	5.2	4.7	4.8	5.2	4.5	4.2	3.9	4.9	5.1
8.其他商品和服务	1.6	1.3	1.2	1.2	1.2	1.3	1.3	0.7	0.8
(五)财产性支出	0.6	0.4	0.7	0.8	0.0	0.2	0.0	0.1	0.1
(六)转移性支出	9.7	9.7	10.4	10.4	11.2	11.5	13.5	2.4	2.6

10-16 农村居民人均食品消费情况

单位：公斤

指 标	2007年	2008年	2009年	2010年	2011年	2012年	2013年	2014年	2015年
一、谷物和薯类	186.71	192.83	176.14	171.47	169.71	158.50	130.67	138.23	142.99
#小 麦	35.89	34.24	35.92	36.94	38.30	36.13	31.73	41.21	42.30
稻 谷	97.05	98.46	92.44	92.58	103.61	98.36	78.98	80.86	82.51
玉 米	36.51	42.45	31.30	26.72	15.79	16.15	11.65	8.74	9.37
薯 类	2.26	3.06	2.19	1.74	1.03	0.70	2.39	2.29	3.24
二、豆类及豆制品	8.24	9.04	7.66	11.07	6.97	6.20	11.47	6.98	7.41
大 豆	3.60	4.04	3.22	6.21	2.70	1.93	1.81	1.82	1.56
三、蔬菜及菜制品	168.25	162.79	167.92	150.33	111.75	103.09	95.43	101.95	120.05
四、油 脂 类	7.49	7.87	7.57	7.58	9.03	9.27	9.65	9.97	10.48
植 物 油	6.87	7.11	6.89	7.00	8.64	8.78	9.30	9.58	10.19
动 物 油	0.62	0.76	0.68	0.58	0.39	0.50	0.35	0.40	0.30
五、肉禽及其制品	20.14	21.22	22.61	20.46	18.63	19.58	20.72	21.28	22.39
#猪 肉	15.22	15.86	17.80	15.77	14.22	15.17	15.60	16.88	16.90
牛 肉	0.49	0.49	0.38	0.40	0.49	0.46	0.51	0.37	0.47
羊 肉	0.31	0.30	0.34	0.26	0.23	0.25	0.22	0.23	0.51
家 禽	2.58	2.68	2.36	2.01	1.50	1.48	2.27	2.10	2.68
肉禽制品	1.55	1.88	1.74	2.01	2.19	2.22	2.11	-	-
六、蛋类及蛋制品	8.87	10.96	10.23	8.72	8.31	8.48	7.30	7.21	9.22
七、奶及奶制品	3.11	3.05	3.19	2.82	3.68	3.54	4.68	4.36	4.77
八、水 产 品	5.80	5.50	5.20	4.85	5.19	5.21	6.20	5.40	6.01
鱼 类	4.24	4.08	3.82	3.52	3.91	3.81	4.31	3.85	4.13
虾、贝、蟹类	1.02	0.94	0.94	0.86	0.81	0.89	1.22	0.93	1.15
藻 类	0.17	0.15	0.16	0.16	0.15	0.18	0.18	0.17	0.20
其 他	0.36	0.32	0.27	0.30	0.32	0.33	0.49	0.44	0.53
九、食 糖	0.70	0.81	0.77	0.87	0.61	0.68	0.76	0.81	0.93
十、酒	14.21	13.29	13.96	12.78	15.14	15.35	14.61	15.50	17.23
#白 酒	4.32	3.93	3.83	3.57	4.24	4.03	4.15	4.32	4.80
啤 酒	9.79	9.28	10.07	9.15	10.83	11.24	10.42	11.15	12.41
果 酒	0.06	0.06	0.05	0.04	0.04	0.03	0.03	0.03	0.03
十一、糖 果								0.24	0.30
十二、水果及水果制品	23.10	23.27	24.46	21.58	20.96	25.88	13.87	28.77	31.22
十三、坚果及果仁制品	0.64	0.56	0.58	0.54	0.64	0.88	1.25	1.28	1.72

10-17 农民家庭平均每百户年末耐用消费品拥有量

品　名	单位	2005年	2007年	2008年	2009年	2010年	2011年	2012年	2013年	2014年	2015年
洗衣机	台	63.71	67.72	72.28	74.23	76.24	79.03	80.74	76.46	76.53	80.12
电冰箱	台	28.04	38.84	44.44	53.97	58.73	77.87	81.99	77.12	79.94	85.96
空调机	台	0.79	0.58	0.79	1.01	1.01	2.27	2.22	1.75	1.74	2.13
抽油烟机	台	7.35	7.83	8.36	9.79	10.74	10.14	11.25	12.10	9.61	12.46
吸尘器	台	1.48	1.11	1.27	1.38	1.59	0.97	0.97			
微波炉	台	2.70	5.45	5.98	6.77	7.25	7.13	7.78	8.39	7.08	8.74
热水器	台	5.19	5.61	7.35	8.73	10.26	14.12	15.88	13.74	12.02	16.27
自行车	辆	104.29	103.12	102.54	103.12	101.61	79.68	81.81	23.34		
摩托车	辆	45.40	54.60	56.46	57.83	59.21	63.19	64.03	53.48	60.00	63.88
汽车（生活用）	台	0.26	0.48	1.11	1.11	1.43	3.01	3.94	8.00	8.90	11.64
电话机	部	87.25	92.41	91.11	92.35	92.51	80.79	80.69	64.63	71.54	63.66
移动电话	部	53.49	77.94	91.06	107.35	117.72	150.60	158.06	161.83	174.69	191.20
彩色电视机	台	102.28	106.03	109.79	110.90	111.69	112.08	112.18	109.47	109.81	111.00
黑白电视机	台	9.05	4.50	2.65	2.28	2.01	0.42	0.28			
摄像机	台	0.58	0.74	1.11	1.27	1.22	0.97	1.44	0.69	0.49	0.83
影碟机	台	43.54	41.53	41.96	42.28	41.22	29.17	29.58			
照相机	架	6.14	6.72	7.09	7.30	7.30	5.65	5.97	4.85	3.80	4.09
家用计算机	台	2.59	2.43	4.02	5.93	9.95	16.67	20.23	20.14	22.07	28.86
中高档乐器	件	0.69	0.69	0.48	0.74	0.74	0.09	0.14	0.16	0.37	0.39

主要统计指标解释

城镇居民家庭就业人口 指城镇居民从事社会劳动并取得劳动报酬或经营收入的人口。就业人口包括通过国家统筹规划和指导由劳动部门介绍就业，自愿组织起来就业和自谋职业等方式，在国有制、集体所有制、中外合资、中外合作、外资在华独资的企事业单位和私营企业单位工作或从事个体劳动的有固定性职业或临时性职业的人口。被聘用和留用的离退休人员也计入就业人口。本指标可以反映城镇居民的就业情况，是计算就业面、负担系数的重要资料。

城镇居民家庭总收入 指调查户中生活在一起的所有家庭成员在调查期得到的工薪收入、经营净收入、财产性收入、转移性收入的总和，不包括出售财物和借贷收入。

城镇居民可支配收入 指调查户可用于最终消费支出和其它非义务性支出以及储蓄的总和，即居民家庭可以用来自由支配的收入。它是家庭总收入扣除交纳的所得税、个人交纳的社会保障费以及调查户的记账补贴后的收入。

城镇居民工薪收入 指就业人员通过各种途径得到的全部劳动报酬，包括所从事的主要职业的工资以及从事第二职业、其他兼职和零星劳动得到的其它劳动收入。

城镇居家家庭总支出 指家庭除借贷支出外的全部实际支出。包括消费性支出、购房建房支出、转移性支出、财产性支出、社会保障支出。

城镇居民消费支出 指调查户用于本家庭日常生活的全部支出，包括食品、衣着、家庭设备用品及服务、医疗保健、交通和通讯、娱乐教育文化服务、居住、杂项商品和服务八大类等。不包括用于赠送的商品或服务。消费支出按商品(服务)的用途分类。

城镇居民服务性消费支出 指调查户用于本家庭支付社会提供的各种文化和生活方面的非商品性服务费用。不包括为别人付款的服务。服务消费与商品消费不同，其特点在于其劳动过程和消费过程在时间与空间上的统一。

农村居民家庭纯收入 指农村常住居民家庭总收入中，扣除从事生产和非生产经营费用支出、缴纳税款和上交承包集体任务金额以后剩余的，可直接用于进行生产性、非生产性建设投资、生活消费和积蓄的那一部分收入。它是反映农民家庭实际收入水平的综合性的主要指标。农民家庭纯收入，既包括从事生产性和非生产性的经营收入，又包括取自在外人口寄回带回和国家财政救济、各种补贴等非经营性收入，既包括货币收入，又包括自产自用的实物收入。但不包括向银行、信用社和向亲友借款等属于借贷性的收入。

农村居民家庭整半劳动力 指农村常住居民家庭成员中有劳动能力并经常参加实际劳动的人员。是生产的基本要素指标之一，是发展生产增加农民家庭收入的重要源泉。按规定，农村男 18 周岁至 50 周岁、女 18 周岁至 45 周岁为整劳动力；男 16 周岁至 17 周岁、51 周岁至 60 周岁、女 16 周岁至 17 周岁、46 周岁至 55 周岁为半劳动力。农民家庭整半劳动力，既包括在上述规定劳动年龄内和在劳动年龄以外有劳动能力并经常参加实际劳动的男女整半劳动力；也包括农民家庭常住人员中属于职工的劳动力。但不包括在劳动年龄内已丧失劳动能力的人员。

农村居民家庭生活消费支出 指农村常住居民家庭年内用于日常生产的全部开支。它是用来反映和研究农民家庭实际生活消费水平高低的重要指标。农民家庭生活消费支出，包括用于吃、穿、住、烧、用等生活消费品开支和文化、生活服务费用开支两大部分。

农村居民家庭商品性生活消费支出 指农村常住居民家庭用其货币收入，在市场上购买食品、衣着、家庭用家具器皿、日用杂品、燃料、耐用消费品，以及文教卫生用品等生活消费总量。包括向国有商店、集体商店和集市贸易市场以及其他流通渠道购买的全部生活消费品。农民家庭商品性生活消费支出，是农民家庭生活消费支出的一个重要组成部分，是用来反映和分析农民家庭生活消费水平的商品化程度，及其由自给性经济向商品经济发展趋势的重要指标，也是研究和预测农民家庭对市场消费品需求，制定商品供应计划的重要依据。

城乡储蓄存款余额 城乡储蓄存款，包括城镇居民储蓄存款和农民个人储蓄存款两部分。不包括居民的手存现金和工矿企业、部队、机关团体等集团存款。储蓄存款余额，是指城乡居民存入银行及农村信用社储蓄的时点数(存入数扣除取出数的余额)，如月末、季末或年末数额。

十一、城市概况

Chapter 11 General Survey of Cities

11-1 城市公用事业基本情况

指　　标	单位	2005年	2008年	2009年	2010年	2011年	2012年	2013年	2014年	2015年
自来水全年供水总量	亿吨	28.3	18.4	28.9	26.2	26.6	27.5	27.9	27.3	25.1
#生 活 用 水 量	亿吨	10.4	7.1	9.2	9.1	9.9	10.4	10.8	10.7	11.1
人均日生活用水量	升	147.3	125.8	124.2	121.0	126.0	128.1	128.7	131.8	135.5
用 水 普 及 率	%	93.8	96.9	97.2	97.4	98.4	98.5	98.8	98.7	98.8
公共车辆(汽、电车)数	辆	17548	19490	19457	20146	21025				
道 路 长 度	公里	10556	12111	12866	14238	14468	15513	16244	16692	16914
道 路 面 积	万平米	16337	20546	21857	23658	24727	26200	28091	28997	30585
排水管道长度	公里	10519	12192	13350	14070	14906	15945	16420	16783	17074
公用煤气、液化气										
人工煤气全年供气总量	亿立米	6.4	6.2	5.4	5.5	5.7	6.0	5.9	6.4	5.7
#家庭用量	亿立米	4.3	3.7	3.7	3.8	3.8	4.0	4.0	4.1	3.8
煤气管道长度	公里	4897	5033	5081	5476	5580	5465	5567	5835	5428
天然气全年供气总量	亿立米	3.7	5.6	6.0	6.6	7.7	8.6	9.8	12.7	17.0
液化气家庭用量	亿立米	25.1	24.3	24.1	23.6	23.8	25.0	23.1	22.5	21.0
燃气普及率	%	88.1	92.4	93.7	94.2	95.5	96.0	96.2	96.2	94.8
城 市 绿 化										
园林绿地面积	公顷	74583	78841	84145	92751	95968	118297	120514	121982	124193
公园个数	个	259	283	294	316	322	338	347	374	379
公园面积	公顷	8300	9959	10263	11005	11693	12222	12877	13829	13629
清 洁 卫 生										
生活垃圾清运量	万吨	769.0	796.7	813.3	837.3	876.0	929.9	927.1	917.1	933.2
粪便清运量	万吨	148.0	176.3	129.2	124.3	118.5	113.4	98.1	90.4	89.4

注：人均指标按全部城镇人口计算，2000年以前是按城镇人口中的非农人口计算。

11-2 各地区城市设施水平

年份、城市	城市用水普及率 (%)	城市燃气普及率 (%)	人均城市道路面积 (平方米)	人均公园绿地面积 (平方米)
2000	98.20	89.30	6.47	5.72
2001	86.92	76.79	6.91	5.01
2002	87.08	81.96	7.08	5.68
2003	87.88	85.55	7.35	6.25
2004	92.99	87.16	7.67	7.12
2005	93.83	88.11	7.95	7.49
2006	96.74	92.34	8.93	8.32
2007	96.94	91.99	9.61	9.03
2008	96.90	92.40	10.00	9.40
2009	97.23	93.74	10.41	9.76
2010	97.44	94.19	11.19	10.21
2011	98.36	95.46	11.27	10.56
2012	98.45	96.02	11.55	10.89
2013	98.77	96.15	12.09	11.06
2014	98.72	96.19	12.75	11.61
2015	98.84	94.76	13.43	11.52
沈　阳	100.00	100.00	17.61	13.06
大　连	100.00	98.53	13.80	11.11
鞍　山	100.00	100.00	10.78	12.19
抚　顺	98.62	98.47	10.72	10.56
本　溪	99.56	98.94	11.40	10.75
丹　东	100.00	100.00	14.43	9.97
锦　州	100.00	99.52	11.88	13.45
营　口	100.00	53.92	7.62	10.86
阜　新	98.96	84.62	12.40	12.63
辽　阳	100.00	98.62	17.58	10.84
盘　锦	100.00	100.00	13.03	12.34
铁　岭	98.94	97.56	14.09	11.97
朝　阳	99.93	99.28	7.25	10.71
葫芦岛	100.00	100.00	11.44	14.78

11-3 各地区城市建设情况

年份、城市	建成区面积(平方公里)	征用土地面积(平方公里)	城市人口密度(人/平方公里)
2000	1558.6	22.6	1174
2001	1612.4	11.2	1236
2002	1660.4	21.2	1246
2003	1694.6	36.6	1244
2004	1737.3	38.7	1256
2005	1779.9	71.9	1243
2006	1859.6	77.2	2163
2007	1917.6	72.0	1945
2008	1955.5	226.7	1916
2009	2030.7	83.8	1922
2010	2220.5	128.2	1814
2011	2276.5	185.7	1712
2012	2329.1	194.8	1624
2013	2386.5	105.4	1663
2014	2422.0	70.0	1615
2015	2462.0	67.9	1590
沈　阳	465.0	27.3	1484
大　连	395.5	17.7	2820
鞍　山	170.9	4.3	2534
抚　顺	138.0	1.8	2069
本　溪	109.0	1.7	602
丹　东	77.1	4.8	3237
锦　州	77.1	1.1	2163
营　口	110.0		5149
阜　新	76.5		1741
辽　阳	104.9	2.6	1075
盘　锦	74.9		2748
铁　岭	57.0	0.4	2215
朝　阳	57.1		1022
葫芦岛	85.9		883

11-4 各地区城市市政设施情况

年份、城市	年末实有道路长度（公里）	年末实有道路面积（万平方米）	城市桥梁（座）	城市排水管道长度（公里）	城市污水日处理能力（万立方米）	道路照明灯（千盏）
2000	9249	10152	1253	8354	110.7	298
2001	9462	13793	1260	8394	122.9	372
2002	9875	14270	1247	8880	200.4	482
2003	10204	14885	1326	9120	249.0	635
2004	10407	15635	1300	9308	306.1	664
2005	10556	16337	1232	10519	347.1	786
2006	11096	17623	1314	10860	365.6	804
2007	11530	19452	1395	11655	385.6	947
2008	12111	20546	1406	12192	416.8	1270
2009	12866	21857	1462	13350	444.8	1337
2010	14238	23658	1514	14070	503.1	1380
2011	14468	24727	1549	14906	547.2	1446
2012	15513	26200	1612	15945	606.0	1487
2013	16244	28091	1682	16420	748.2	1558
2014	16692	28997	1663	16783	767.7	1562
2015	16914	30585	1637	17074	787.1	1581
沈阳	3826	9071	352	3909	218.6	248
大连	3059	4553	220	2744	110.0	329
鞍山	677	1705	45	940	66.0	66
抚顺	871	1403	92	945	60.0	28
本溪	744	1042	187	362	65.0	29
丹东	499	1056	123	785	10.0	28
锦州	577	1120	46	516	34.0	29
营口	547	720	36	553	20.0	316
阜新	494	967	39	597	20.0	23
辽阳	1091	1376	121	909	39.6	80
盘锦	479	952	58	640	20.0	54
铁岭	287	635	27	395	15.0	44
朝阳	282	422	14	666	16.0	21
葫芦岛	421	580	45	685	15.8	19

11-5 各地区城市供水情况

年份、城市	年末供水综合生产能力(万立方米/日)	年末供水管道长度(公里)	全年供水总量(万立方米)			用水人口(万人)	人均日生活用水量(升)
				#生活用水	#生产用水		
2000	1393	20627	308500	103812	163667	1751	162.4
2001	1351	21708	297247	101406	164091	1734	160.2
2002	1338	21602	279644	95501	136908	1755	149.1
2003	1347	21999	280510	94322	131973	1780	145.2
2004	1357	23636	281080	101877	126676	1896	147.2
2005	1339	23211	282618	103683	130232	1929	147.3
2006	889	22093	193825	73794	45301	1736	134.1
2007	1333	25422	283174	91560	121342	1963	127.9
2008	1384	26850	294792	91717	121806	2001	125.8
2009	1386	27735	288732	92470	120376	2042	124.2
2010	1391	29123	261879	90763	92543	2060	121.0
2011	1355	31487	266033	99151	87156	2158	126.0
2012	1339	32062	274953	104179	97403	2233	128.1
2013	1320	33118	278710	107547	98206	2295	128.7
2014	1338	36706	272641	107482	93146	2246	131.8
2015	1289	38265	251064	110770	87408	2251	135.5
沈阳	189	6762	57167	35365	8306	515	188.1
大连	163	5465	36744	18245	8483	330	151.5
鞍山	170	3022	29129	9330	16609	158	161.6
抚顺	129	2333	18242	3934	9703	129	83.5
本溪	118	1134	25192	3876	19691	91	116.7
丹东	48	1155	6251	2989	1653	73	111.9
锦州	80	1646	13596	4089	6471	94	118.8
营口	56	2765	6563	3332	1468	95	96.5
阜新	35	2040	7343	3740	2315	77	132.8
辽阳	44	1206	6078	2831	1948	78	99.1
盘锦	30	1082	6061	3318	2102	73	124.4
铁岭	22	938	3428	2183	142	45	134.0
朝阳	24	582	4004	1646	795	58	77.5
葫芦岛	38	1146	5099	2455	1824	51	132.5

11-6 各地区城市燃气情况

年份、城市	人工煤气生产能力(万立米/日)	管道长度(公里)			全年供气总量			用气人口(万人)		
		人工煤气	液化石油气	天然气	人工煤气(万立米)	液化石油气(吨)	天然气(万立米)	人工煤气	液化石油气	天然气
2000	163.1	4470	195	2950	81957	379194	24923	422.1	568.8	409.9
2001	201.5	4595	217	3169	58642	387530	30764	458.5	645.8	427.6
2002	218.7	4718	254	3355	61430	377990	30701	511.6	698.5	441.5
2003	230.5	4871	290	4286	69121	432358	30338	541.6	734.4	456.5
2004	214.4	4535	198	5214	61112	456355	37698	474.7	726.8	575.9
2005	190.8	4897	437	4979	63614	402659	36817	531.5	713.1	566.6
2006	168.9	4702	478	5610	54347	487296	53495	474.1	718.5	629.5
2007	273.9	4828	550	5940	55785	456504	54085	486.6	718.7	657.3
2008	293.9	5033	589	6364	61958	396282	57736	503.3	693.7	710.5
2009	293.9	5081	626	6941	54441	398309	60035	523.7	693.6	751.1
2010	321.2	5476	644	7405	55177	395058	66173	542.4	652.1	797.0
2011	313.2	5580	656	9059	56625	504938	76601	573.6	665.9	852.4
2012	254.6	5465	690	10160	59736	516426	85701	556.7	665.7	955.9
2013	335.6	5567	670	12426	59264	495244	97745	573.6	639.4	1021.2
2014	338.0	5835	679	13468	63604	492406	126814	591.3	601.1	995.7
2015	317.0	5428	666	15018	57394	468889	170434	530.9	558.9	1068.0
沈　阳				6018		127590	54847		52.5	462.7
大　连	140.0	2173	416	11	25197	157912		231.9	93.2	
鞍　山	26.0	1810		83	19595	5100	288	146.2	9.0	3.0
抚　顺				812		38374	43489		56.0	72.9
本　溪				823		4358	4059		11.0	79.4
丹　东	61.0	522		315	4170	13680	1249	62.7	2.9	7.6
锦　州	60.0	911	14	180	8333	12	911	88.3	1.0	4.6
营　口				736		3975	2372		11.0	51.0
阜　新				373		5221	4770		17.0	49.0
辽　阳			3	705		11315	8222		35.5	41.7
盘　锦			10	577		13503	2472		19.0	54.1
铁　岭			0	829		2850	4448		10.0	34.0
朝　阳				357		5674	1123		10.0	47.8
葫芦岛			63	925		3383	8845		16.1	46.2

11-7 各地区城市集中供热情况

年份、城市	供热能力		供热总量		管道长度(公里)		供热面积(万平方米)
	蒸汽(吨/小时)	热水(兆瓦)	蒸汽(万吉焦)	热水(万吉焦)	蒸汽	热水	
2000	11569	19154	2201	11388	1303	7211	20030
2001	11435	20564	2747	12888	1659	8617	22048
2002	10911	29269	3437	19616	1722	9679	24963
2003	10975	30874	3999	19719	1707	10927	29669
2004	11844	30488	5269	18729	1711	12376	38150
2005	12583	36051	6435	22508	2312	14093	47621
2006	10967	43765	5936	26157	2143	14770	46773
2007	11718	39717	5886	28036	2023	15387	54118
2008	11612	46395	6253	31218	2228	17057	60990
2009	12013	51183	6479	35643	2294	18129	68464
2010	13186	55770	6521	39613	2302	20599	74526
2011	11544	59855	6599	41926	2283	22694	81581
2012	13038	62826	6320	42748	2259	24787	87108
2013	12787	68631	6521	43494	1357	30493	92109
2014	12776	69158	7505	44083	1373	32045	96587
2015	12933	71834	7208	49005	1561	34298	104543
沈　阳	774	17030	218	12494	220	9516	28000
大　连	5346	12759	3097	6637	302	3545	20089
鞍　山	180	4955	165	3975	12	2550	6460
抚　顺	865	6508	254	2600	5	1280	4836
本　溪		2496		1289		1564	2887
丹　东	2592	1680	1388	836	185	1540	3312
锦　州	1020	2696	83	2160	289	1409	3659
营　口	341	2665	275	2596	8	2510	4102
阜　新		2680		1847		1573	3631
辽　阳		2059		2572		1136	3675
盘　锦		1896		1507		952	3099
铁　岭		1838		1219		812	2006
朝　阳		1662		2040		835	2914
葫芦岛	697	1233	947	1614	50	718	3659

11-8 各地区城市园林绿化情况

年份、城市	城市园林绿地面积(公顷)	#公园绿地	公园(个)	公园面积(公顷)
2000	61432	8977	197	4751
2001	65394	10002	206	5852
2002	61519	11451	212	6083
2003	65211	12654	225	6946
2004	71797	14513	247	7862
2005	74583	15387	259	8300
2006	63535	16426	260	9814
2007	76888	18291	270	10287
2008	78841	19351	283	9959
2009	84145	20501	294	10263
2010	92751	21593	316	11005
2011	95968	23174	322	11693
2012	118297	24710	338	12222
2013	120514	25708	347	12877
2014	121982	26406	374	13829
2015	124193	26233	379	13629
沈　阳	28828	6729	66	3138
大　连	18378	3666	91	2121
鞍　山	6741	1929	11	501
抚　顺	5162	1382	16	842
本　溪	23191	982	13	437
丹　东	3001	730	11	662
锦　州	3145	1268	19	378
营　口	4146	1027	13	654
阜　新	3160	985	18	661
辽　阳	4169	848	11	215
盘　锦	2831	902	8	400
铁　岭	2071	540	11	318
朝　阳	1406	624	8	269
葫芦岛	3117	750	12	444

11-9 各地区城市环境卫生情况

年份、城市	清扫保洁面积(万平方米)	生活垃圾清运量(万吨)	粪便清运量(万吨)	市容环卫专用车辆总数(台)	公共厕所(座)	
						#三类以上
2000	16588	838	160	3009	10523	
2001	16574	768	148	2997	9211	
2002	17772	774	152	3017	10352	
2003	18590	791	144	2920	9529	
2004	18931	779	159	2883	10077	
2005	19588	769	148	3313	9661	
2006	21864	756	132	3381	8321	753
2007	24282	771	152	4058	7889	851
2008	25620	797	176	4134	7868	1041
2009	27546	813	129	4457	6948	1337
2010	28122	837	124	4998	6322	1493
2011	132135	876	119	5200	5863	1653
2012	33403	930	113	5323	5582	1713
2013	35713	927	98	5743	5500	1810
2014	33721	917	90	6097	5353	1896
2015	36637	933	89	6535	5056	1839
沈　阳	8978	272	19	2012	871	563
大　连	5733	123	3	972	518	233
鞍　山	4117	58	8	293	204	164
抚　顺	1662	38	3	413	66	60
本　溪	870	32	1	220	245	72
丹　东	735	21	9	324	78	70
锦　州	1363	31	1	253	151	61
营　口	761	28	4	181	162	19
阜　新	1084	29	3	191	342	59
辽　阳	1075	24	10	247	269	15
盘　锦	986	21	1	139	77	18
铁　岭	1074	15	1	126	12	4
朝　阳	992	33		139	211	98
葫芦岛	636	25	3	55	119	32

主要统计指标解释

年底自来水生产能力 指年底城建部门管理的自来水厂和自备水源的社会单位取水、净化、送水、出厂输水干管等环节的实际生产能力。

年底供水管道长度 指从送水泵到用户水表之间所有管道的长度。

全年供水总量 指公用自来水厂和自备水源的社会单位全年的供水总量，包括有效供水量及损失水量。

生活用水量 指居民日常生活与公共福利设施的用水量。包括居民、饮食店、旅馆、医院、理发店、浴池、洗衣店、游泳池、商店、学校、机关、部队等单位的用水量。

城市人口用水普及率 指城市用水的非农业人口数(不包括临时人口和流动人口)与城市非农业人口总数之比。计算公式:

用水普及率=（城市用水的非农业人口数／城市非农业人口数）×100%

人工煤气生产能力 指城市煤气厂制气、净化、输送等环节的综合实际生产能力。

全年供气总量 指全年售给各类用户的全部煤气量。包括工业用量、家庭用量和其他用量。

城市用气普及率 指使用煤气(包括人工煤气、液化石油气、天然气)的城市非农业人口数(不包括临时人口和流动人口)与城市非农业人口总数之比。计算公式:

城市煤气普及率=（城市用气的非农业人口数／城市非农业人口总数）×100%

城市供热能力 指热电厂、热力公司和达到标准的集中采暖锅炉房向城市输送的供热源的设计能力。每小时向城市输送的蒸汽、热水能力。

城市供热总量 指热电厂、热力公司和达到标准的集中采暖锅炉房全年向城市输送的全部蒸汽、热水量。

城市供热管道长度 指热电厂、热力公司 和达到标准的集中采暖锅炉房管理的集中供热热源到用户之间的全部供气、供热水的管道长度。

年底实有铺装道路长度 指除土路外，路面经过铺装宽度在3.5米以上的道路，包括高级、次高级道路和普通道路。

城市桥梁 指城市范围内，修建在河道上的桥梁和道路与道路立交、道路跨越铁路的立交桥，以及人行天桥，包括永久性桥和半永久性桥，不包括临时性桥、铁路桥、涵洞。

城市下水道总长度 指所有排水总管、干管、支管及暗渠、检查井、连接井进出口等长度之和。

城市污水日处理能力 指污水处理厂每昼夜处理污水量的设计能力。

年末实有公共汽(电)车 指年底可参加营运的全部车辆数，包括年底营运车辆数和库存查封未参加营运的车辆，不包括非营运车辆，如架线车、油罐车、工程车、货车及其他专用车辆和借人的客运车辆。

营运线路长度 指设置的固定营运线路长度，包括郊区营运线路长度。不包括临时行驶的线路长度。

城市园林绿地面积 指城市公共绿地、专用绿地、生产绿地、防护绿地、郊区风景名胜区的全部面积。

公共绿地 指供游览休息的各种公园、动物园、植物园、陵园以及花园、游园和供游览休息用的林荫道绿地、广场绿地。不包括一般栽植的行道树及林荫道的面积。

十二、环境保护

Chapter 12 Environment Protection

12-1 环境保护基本情况

指　标	单位	2007年	2008年	2009年	2010年	2011年
废水排放总量	万吨	220996.73	212021.33	217154.68	215868.50	232247.02
#工业废水排放量	万吨	95196.71	83072.94	75158.59	71284.39	90457.12
生活污水排放量	万吨	125800.02	128948.39	141996.09	144584.11	141698.99
工业废气排放量	万标立方米	239459177	402189043	252111855	270887017	317007874
二氧化硫排放量	万吨	123.38	113.07	105.14	91.40	112.62
#工业	万吨	106.72	100.08	91.88	78.48	104.89
生活	万吨	16.67	12.99	13.26	12.92	7.72
烟粉尘排放量	万吨	71.64	69.20	61.27	61.90	69.32
#工业	万吨	48.72	46.90	40.15	39.79	59.12
生活	万吨	22.92	22.30	21.12	22.11	7.05
一般工业固体废物产生量	万吨	14341.81	15841.42	17221.41	17419.57	28269.61
危险废物产生量	万吨	61.96	91.24	90.98	105.98	78.49
工业固体废物综合利用量	万吨	5710.82	7581.81	8240.68	8417.48	10747.78
工业固体废物综合利用率	%	39.01	46.83	47.19	47.68	37.89
工业固体废物排放量	万吨	4.48	1.16	2.75	2.88	8.18

12-1　续表

指　标	单位	2012年	2013年	2014年	2015年
废水排放总量	万吨	238786.35	234508.18	262878.96	260044.58
#工业废水排放量	万吨	87167.54	78285.60	90630.78	83140.28
生活污水排放量	万吨	151495.12	156106.49	172114.92	176707.20
工业废气排放量	万标立方米	319169877	294434651	345274533	340165250
二氧化硫排放量	万吨	105.87	102.70	99.46	96.88
#工业	万吨	97.90	94.73	92.60	86.93
生活	万吨	7.96	7.97	6.85	9.9
烟粉尘排放量	万吨	72.63	67.05	112.07	100
#工业	万吨	62.63	57.28	95.79	83.67
生活	万吨	6.99	7.06	13.71	13.87
一般工业固体废物产生量	万吨	27279.74	26759.45	28666.32	32434.38
危险废物产生量	万吨	73.21	104.64	98.08	72.27
工业固体废物综合利用量	万吨	11861.83	11742.28	10719.24	10028.87
工业固体废物综合利用率	%	43.37	43.82	37.14	30.69
工业固体废物排放量	万吨	10.40	9.05	5.93	7.54

12-2 各地区废水排放及处理情况

(2015年)

地区	汇总工业企业数(个)	废水治理设施数(套)	工业废水排放总量(万吨)	生活污水排放量(万吨)
全省	**10661**	**2248**	**83140.28**	**176707.20**
沈阳	1522	382	7989.66	38758.09
大连	1151	463	34564.74	31761.97
鞍山	855	190	5603.79	14708.93
抚顺	700	96	1791.78	8855.56
本溪	620	195	5363.29	4313.45
丹东	549	138	3624.57	6773.00
锦州	1048	116	3851.39	17876.76
营口	739	149	3040.80	8001.64
阜新	573	76	2399.44	8927.16
辽阳	499	128	6156.05	6016.51
盘锦	351	78	4307.53	5571.00
铁岭	782	92	1393.47	9197.95
朝阳	655	67	648.28	8859.16
葫芦岛	617	78	2405.48	7086.02

12-3 各地区工业废气排放及处理情况

(2015年)

地区	废气治理设施数(套)	工业废气排放总量(亿标立方米)	工业二氧化硫排放量(吨)	工业烟粉尘排放量(吨)
全省	**16448**	**34016.52**	**869327.50**	**836722.32**
沈阳	3024	2293.64	97838.94	84871.50
大连	2454	2846.82	95796.06	54111.75
鞍山	1862	4931.35	114228.68	91225.25
抚顺	940	2515.34	46684.98	71433.34
本溪	969	4406.58	52553.56	166610.62
丹东	652	2322.47	32720.83	28820.10
锦州	797	928.40	42437.52	40391.03
营口	1510	4984.95	46052.42	89113.29
阜新	327	858.95	93342.45	30061.74
辽阳	1154	1648.61	43605.80	41207.46
盘锦	296	977.41	50123.37	15334.42
铁岭	830	1072.88	36739.20	39429.91
朝阳	940	2854.39	63451.24	62519.06
葫芦岛	693	1374.72	53752.46	21592.86

12-4 各地区工业固体废物产生及处理利用情况

(2015年)

地 区	一般工业固体废物产生量(万吨)	一般工业固体废物综合利用量(万吨)	一般工业固体废物贮存量(万吨)	一般工业固体废物处置量(万吨)	一般工业固体废物倾倒丢弃量(万吨)	危险废物产生量(万吨)	危险废物综合利用量(万吨)	危险废物处置量(万吨)	危险废物贮存量(万吨)
全 省	**32434.4**	**10028.9**	**14630.1**	**8067.3**	**7.5425**	**72.2746**	**19.9585**	**51.7087**	**1.2952**
沈 阳	692.3	660.4	19.7	17.1	0.1340	8.0027	2.3924	5.3795	0.2703
大 连	506.3	397.2	9.3	99.8		11.5045	1.0882	10.4168	0.0023
鞍 山	8626.5	1144.2	6219.5	1263.8		3.6448	2.2658	1.3755	0.0044
抚 顺	2210.7	1329.8	92.6	788.3		7.0013	1.9436	5.5363	0.0454
本 溪	6694.3	1077.9	615.6	4993.8	7.4085	0.7552	0.5723	0.1718	0.0118
丹 东	615.0	251.5	60.2	303.3		0.0387	0.0235	0.0142	0.0010
锦 州	306.3	274.8	4.1	27.4		8.4492	6.0314	2.4141	0.0205
营 口	781.7	707.3	72.5	1.9		0.4602	0.0553	0.4050	0.0048
阜 新	539.5	484.9	49.7	18.3		0.1503		0.1335	0.0212
辽 阳	7945.8	911.1	7051.3	53.3		7.8388	0.0004	7.8278	0.0131
盘 锦	195.6	187.2	0.0	8.3		14.8942	0.0430	14.3206	0.5437
铁 岭	716.1	505.0	269.8	1.1		0.0174	0.0017	0.0276	0.0070
朝 阳	2127.7	1646.0	42.7	476.0		1.3795	1.1838	0.1848	0.0109
葫芦岛	476.4	451.4	123.2	15.0		8.1377	4.3571	3.5012	0.3387

主要统计指标解释

工业废水排放量 指经过企业厂区所有排放口排到企业外部的工业废水量。包括生产废水、外排的直接冷却水、超标排放的矿井地下水和与工业废水混排的厂区生活污水，不包括外排的间接冷却水(清污不分流的间接冷却水应计算在内)。

工业废水排放达标量 指报告期内废水中各项污染物指标都达到国家或地方排放标准的外排工业废水量，包括未经处理外排达标的，经废水处理设施处理后达标排放的，以及经污水处理厂处理后达标排放的。

工业废水排放达标率 指工业废水排放达标量占工业废水排放量的百分率，计算公式为:

工业废水排放达标率=工业废水排放达标量/工业废水排放量 × 100%

城镇生活污水排放量 指城镇居民每年排放的生活污水。用人均系数法测算。测算公式为:

城镇生活污水排放量=城镇生活污水排放系数 × 市镇非农业人口 × 365

城镇生活污水中化学需氧量(COD)产生量 指城镇居民每年排放的生活污水中的 COD 的产生量。用人均系数法测算。测算公式为:

城镇生活污水中 COD 产生量=城镇生活污水中 COD 产生系数 × 市镇非农业人口 × 365

化学需氧量(COD) 测量有机和无机物质化学所消耗氧的质量浓度的水污染指数。

工业废气排放量 指报告期内企业厂区内燃料燃烧和生产工艺过程中产生的各种排入大气的含有污染物的气体的总量，以标准状态(273K，101325Pa)计算。测算公式为:

工业废气排放量=燃料燃烧过程中废气排放量+生产工艺过程中废气排放量

生活及其他 SO_2 排放量 以生活及其他煤炭消费量和其含硫量为基础，根据以下公式计算:

生活及其他 SO_2 排放量=生活及其他煤炭消费量 × 含硫量 × 0.8 × 2

工业排放量 指报告期内企业在燃料燃烧和生产工艺过程中排入大气的 SO_2 总量，计算公式为:

工业 SO_2 排放量=燃料燃烧过程中 SO_2 排放量+生产工艺过程中 SO_2 排放量

工业烟尘排放量 指企业厂区内燃料燃烧过程中产生的烟气中夹带的颗粒物排放量。

生活及其他烟尘排放量 指除工业生产活动以外的所有社会、经济活动及公共设施的经营活动中燃烧所排放的烟尘纯重量。以生活及其他煤炭消费量为基础进行测算。

工业粉尘排放量 指企业在生产工艺过程中排放的能在空气中悬浮一定时间的固体颗粒物排放量。如钢铁企业的耐火材料粉尘、焦化企业的筛焦系统粉尘、烧结机的粉尘、石灰窑的粉尘、建材企业的水泥粉尘等。不包括电厂排入大气的烟尘。

工业固体废物产生量 指报告期内企业在生产过程中产生的固体状、半固体状和高浓度液体状废弃物的总量，包括危险废物、冶炼废渣、粉煤灰、炉渣、煤矸石、尾矿、放射性废物和其他废物等；不包括矿山开采的剥离废石和掘进废石(煤矸石和呈酸性或碱性的废石除外)。酸性或碱性废石指采掘的废石其流经水、雨淋水的 pH 值小于 4 或 pH 值大于 10.5 者。

危险废物 指列入国家危险废物名录或根据国家规定的危险废物鉴别标准和鉴别方法认定的，具有爆炸性、易燃性、易氧化性、毒性、腐蚀性、易传染疾病等危险特性之一的废物。

工业固体废物综合利用量 指报告期内企业通过回收、加工、循环、交换等方式，从固体废物中提取或者使其转化为可以利用的资源、能源和其他原材料的固体废物量(包括当年利用往年的工业固体废物贮存量)，如用作农业肥料、生产建筑材料、筑路等。综合利用量由原产生固体废物的单位统计。

工业固体废物综合利用率 指工业固体废物综合利用量占工业固体废物产生量(包括综合利用往年贮存

量)的百分率。计算公式为:

工业固体废物综合利用率=工业固体废物综合利用量/(工业固体废物产生量+综合利用往年贮存量) × 100%

工业固体废物贮存量 指报告期内企业以综合利用或处置为目的，将固体废物暂时贮存或堆存在专设的贮存设施或专设的集中堆存场所内的数量。专设的固体废物贮存场所或贮存设施必须有防扩散、防流失、防渗漏、防止污染大气、水体的措施。

工业固体废物处置量 指报告期内企业将固体废物焚烧或者最终置于符合环境保护规定要求的场所，并不再回取的工业固体废物量(包括当年处置往年的工业固体废物贮存量)。处置方式有填埋(其中危险废物应安全填埋)、焚烧、专业贮存场(库)封场处理、深层灌注、回填矿井及海洋处置(经海洋管理部门同意投海处置)等。

工业固体废物排放量 指报告期内企业将所产生的固体废物排到固体废物污染防治设施、场所以外的数量，不包括矿山开采的剥离废石和掘进废石(煤矸石和呈酸性或碱性的废石除外)。

“三废”综合利用产品产值 指报告期内利用“三废”作为主要原料生产的产品价值(现行价)；已经销售或准备销售的应计算产品价值，留作生产自用的不应计算产品价值。

十三、农业

Chapter 13 Agriculture

13-1 农村基层组织和农业基本情况

指　　标	单位	2005年	2008年	2009年	2010年	2011年	2012年	2013年	2014年	2015年
乡　镇　数	个	993	944	940	924	903	889	876.0	869	863
#镇　数	个	611	574	576	590	598	605	622.0	636	640
村 民 委 员 会	个	11920	11822	11770	11764	11707	11659	11296.0	11313	11307
乡 村 户 数	万户	695.6	703.8	710.7	722.9	722.5	720.1	719.2	721.9	718.9
乡村从业人员	万人	1113.5	1164.7	1180.5	1208.5	1223.1	1217.8	1217.1	1222.0	1214.8
按行业分的乡村从业人员										
农林牧渔业	万人	686.4	662.3	661.4	663.6	663.6	660.0	652.0	655.5	659.7
工　　业	万人	106.1	124.0	129.7	138.6	142.9	143.3	144.1	145.8	139.3
建　筑　业	万人	77.1	91.6	94.9	101.7	110.0	110.7	111.9	110.4	106.9
交通运输业、仓储及邮电通信业	万人	44.5	47.2	48.8	51.0	52.8	53.0	54.0	55.3	56.7
批发零售贸易业、餐饮业	万人	70.0	78.8	83.4	87.1	90.1	88.4	92.2	94.8	95.7
其他非农行业	万人	129.4	160.7	162.4	166.5	163.6	162.4	163.0	160.2	156.5
年末常用耕地面积	千公顷	3655.2	4085.3							
水　　田	千公顷	581.7	643.1							
旱　　田	千公顷	3073.5	3442.1							
年内减少耕地面积	千公顷	33.1	5.0							
#国家基建占地	千公顷	4.0								
退耕还林还草占地	千公顷	8.7								
耕地改为园地	千公顷	2.8								
农业机械总动力	万千瓦	1922.7	2192.9	2299.4	2408.3	2558.1	2678.0	2788.5	2886.9	2983.6
农用大中型拖拉机	台	42777.0	117651.0	135725.0	151708.0	174321.0	190581.0	208000.0	223374	231500
农用大中型拖拉机	万千瓦	158.6	306.6	354.0	388.2	463.1	510.3	564.2	612.4	655.3
小型拖拉机	台	235585.0	236861.0	244596.0	263303.0	282623.0	308368.0	322500.0	332527	340100
小型拖拉机	万千瓦	267.8	253.0	258.0	276.9	287.5	304.8	314.2	322.9	326.3
大中型拖拉机配套农具	部	56923.0	155061.0	170234.0	187426.0	223748.0	251948.0	274000.0	291961	305500
小型拖拉机配套农具	部	281395.0	323030.0	355201.0	410555.0	445088.0	472436.0	491700.0	501750	509400
渔用机动船	艘	37590.0	47264.0	44302.0	48238.0	47115.0	45770.0	43343.0	40902	40095
渔用机动船	万千瓦	121.7	154.0	156.5	159.6	158.2	151.1	155.6	156.7	169.7
灌 溉 面 积	千公顷	1715.4	1693.3	1707.6	1722.8	1758.0	1860.1	1531.7	1612.5	1663.0
化肥施用量(折纯)	万吨	119.9	128.8	133.6	140.1	144.6	146.9	151.8	151.6	152.1
乡村办水电站个数	个	146.0	162.0	165.0	169.0	174.0	177.0	180.0	185	188
装 机 容 量	千瓦	384200.0	379000.0	391333.0	395488.0	397348.0	476073.0	511373.0	519243	526554
农 村 用 电 量	亿千瓦小时	153.3	270.8	283.9	359.5	366.3	373.4	394.8	433.1	
农作物总播种面积	千公顷	3801.0	3946.4	4064.7	4184.9	4356.2	4361.3	4208.8	4164.1	4219.9
粮　　食	千公顷	3179.7	3035.9	3124.1	3179.3	3169.8	3217.3	3226.4	3235.1	3297.4
谷　　物	千公顷	2871.8	2739.2	2848.6	2948.3	2943.3	2995.4	3013.3	3032.4	3100.2
#稻　谷	千公顷	538.1	658.7	656.7	677.5	659.6	661.8	649.2	562.1	544.9
小　麦	千公顷	21.4	10.3	8.8	7.5	6.9	6.8	5.6	5.8	5.8
玉　米	千公顷	2076.7	1884.9	1964.1	2093.0	2134.6	2206.7	2245.6	2330.1	2416.8
豆　　类	千公顷	214.8	203.9	183.6	151.0	143.4	139.9	134.2	117.0	114.5
薯　　类	千公顷	93.2	92.8	91.9	80.0	83.1	82.0	78.9	85.7	82.7
油　　料	千公顷	164.3	282.4	277.3	347.4	392.0	376.7	354.7	314.0	285.3
棉　　花	千公顷	2.3	1.4	0.9	0.4	0.4	0.3	0.5	0.1	0.1
糖　　料	千公顷	1.8	2.0	1.8	1.1	1.8	1.9	3.3	2.1	1.8
烟　　叶	千公顷	16.1	11.5	12.5	10.9	10.8	11.8	9.8	11.6	9.8
蔬　　菜	千公顷	353.1	388.7	402.7	430.2	465.4	487.1	492.1	473.7	500.0
果 园 面 积	千公顷	317.0	323.6	349.7	354.2	359.9	368.5	400.4	403.0	405.5

注：农作物总播种面积由粮食作物、经济作物和其他作物构成，2013年粮食作物数据采用抽样调查数据，2013年以前该项指标为全面统计数

13-2 主要农牧渔业生产情况

指　　标	单位	2005年	2008年	2009年	2010年	2011年	2012年	2013年	2014年	2015年
农产品产量										
粮　　食	万吨	1745.8	1860.3	1591.0	1765.4	2035.5	2070.5	2195.6	1753.9	2002.5
谷　　物	万吨	1877.0	1760.0	1517.2	1677.1	1933.5	1986.5	2122.7	1674.8	1927.3
#稻谷	万吨	414.5	505.6	506.0	457.6	501.3	507.8	506.9	451.5	467.7
小麦	万吨	8.9	4.9	4.5	3.7	3.7	3.2	2.7	2.8	2.7
玉米	万吨	1340.3	1189.0	963.1	1150.5	1360.3	1423.5	1563.2	1170.5	1403.5
豆　　类	万吨	49.3	52.9	32.1	37.0	37.0	34.2	31.3	25.7	27.2
薯　　类	万吨	50.0	47.5	41.7	51.3	65.0	49.8	41.6	53.5	48.0
油　　料	吨	368411.0	835027.0	553499.0	995980.0	1197565.0	1208739.0	1136410.7	636880.8	461224.8
#花　生	吨	330103.0	800740.0	534697.0	961477.0	1165363.0	1165335.0	1112919.7	620365.2	447730.0
油菜籽	吨	1071.0	1188.0	798.0	546.0	758.0	937.0	1221.0	1856.0	2168.0
芝　麻	吨	6036.0	2997.0	815.0	2176.0	2330.0	2139.0	686.0	361.0	358.0
棉　　花	吨	2685.0	2401.0	956.0	655.0	736.0	560.0	999.0	100.0	154.0
麻　　类	吨	114.0	21.0	9.0		15.0				
甜　　菜	吨	62379.0	74952.0	61941.0	48728.0	77977.0	97317.0	171219.0	101387.0	52095.0
烟　　叶	吨	34234.0	32255.0	31531.0	28560.0	29846.0	33621.0	27960.0	33512.6	26156.0
#烤　烟	吨	31742.0	29655.0	29155.0	24505.0	26423.0	30537.0	26852.0	31994.6	24496.0
柞　蚕　茧	吨	43200.0	53516.0	50142.0	49847.0	54827.0	50856.0	51674.0	50774.5	52631.6
水　　果	万吨	329.3	422.5	477.2	521.6	574.4	632.9	661.4	592.1	601.5
农产品单位面积产量										
谷　　物	公斤/公顷	6536.0	6425.2	5326.1	6375.6	6569.2	6631.8	6805.1	5523.0	
棉　　花	公斤/公顷	1167.0	1696.0	1098.9	1523.3	1821.8	1842.1	1881.4	1111.1	1621.1
花　　生	公斤/公顷	2347.0	3041.0	2052.0	2892.9	3090.5	3240.4	3259.2	2030.2	1611.9
油　菜　籽	公斤/公顷	1471.0	1977.0	1995.0	1950.0	2071.0	1952.1	1910.8	1712.2	1723.4
芝　　麻	公斤/公顷	1161.0	1281.0	465.7	1490.4	1906.7	2254.0	1943.3	1823.2	1577.1
甜　　菜	公斤/公顷	41865.0	37608.0	34033.5	45969.8	44482.0	52041.2	51401.7	49457.1	29700.7
烤　　烟	公斤/公顷	2109.0	2778.0	2559.7	2500.5	2733.3	2830.6	2875.9	2955.6	2702.9
大牲畜年末头数	万头	495.9	524.1	515.6	525.9	530.8	524.4	515.5	502.2	499.7
#牛	万头	344.7	356.4	354.0	366.7	371.2	367.1	365.4	361.8	384.6
马	万头	28.2	27.7	26.5	26.9	24.8	22.9	22.2	20.5	17.0
驴	万头	98.9	116.2	113.9	112.1	116.3	117.4	111.9	105.5	86.3
骡	万头	24.1	23.7	21.2	20.1	18.5	17.0	16.1	14.5	11.8
肉猪出栏头数	万头	2063.2	2435.5	2597.0	2682.7	2652.1	2728.5	2785.8	2839.4	2675.7
猪年底头数	万头	1642.4	1548.5	1606.2	1567.6	1585.4	1592.6	1624.5	1558.8	1457.5
羊年底只数	万只	830.2	733.4	717.0	733.5	725.6	721.8	735.4	793.5	908.7
山　　羊	万只	426.3	428.0	447.8	414.1	401.8	392.3	401.0	427.4	483.4
绵　　羊	万只	404.0	305.4	269.2	319.4	323.8	329.5	334.4	366.1	425.3
肉类产量	万吨	346.1	376.0	389.2	406.7	408.2	418.7	420.3	429.2	429.4
#猪牛羊肉	万吨	238.8	252.4	266.8	277.9	275.8	281.3	284.9	292.0	275.8
猪　　肉	万吨	184.7	204.2	218.8	228.4	225.9	230.2	233.6	240.3	227.1
牛　　肉	万吨	42.2	40.5	40.2	41.6	42.0	43.2	43.2	42.8	40.3
羊　　肉	万吨	11.9	7.8	7.8	7.9	7.9	7.9	8.1	8.9	8.5
奶类	万吨	78.8	120.1	115.6	126.7	132.0	130.2	125.7	134.5	142.6
#牛奶	万吨	74.9	114.1	110.0	121.2	124.5	124.7	120.9	131.2	140.3
绵羊毛	吨	10412.0	11468.0	10136.0	12154.0	13471.4	14660.0	14987.9	14977.4	12779.9
山羊毛	吨	1680.0	2401.0	2736.0	2565.0	2169.3	1827.0	2554.1	2530.9	2346.5
羊绒	吨	1053.0	1372.0	1216.0	1293.0	1115.9	1056.0	995.9	1062.6	956.2
禽蛋	万吨	224.0	230.0	263.1	275.7	277.4	279.9	278.2	280.1	277.1
水产品总产量	万吨	425.3	494.9	534.7	429.1	453.9	480.8	504.9	515.7	523.7
海水产品	万吨	364.2	411.6	437.9	348.4	368.3	391.5	411.0	419.7	424.4
淡水产品	万吨	61.1	83.3	96.8	80.6	85.7	89.3	93.9	96.0	99.3

注：1.粮食作物产量为抽样调查定产数，其他品种产量为全面调查报表数。
2.2006年水产品产量为农业普查衔接数据，2010年、2011年为国家核定数据，下同。
3.全省畜牧业数据为国家核定数据，下同。
4.国家新制度,山羊毛中包括羊绒产量。

13-3 农村基层组织情况

年份、地区	乡镇数（个）	#镇数	村民委员会（个）	乡村户数（万户）	乡村人口数（万人）	乡村从业人员（万人）
1990	1216	436	16498	631.4	2337.5	869.4
1991	1208	453	16512	641.4	2345.5	888.1
1992	1221	466	16535	645.0	2342.9	891.3
1993	1265	483	16529	646.9	2320.0	892.9
1994	1225	505	16509	651.6	2311.7	894.2
1995	1235	538	16483	655.5	2311.1	903.0
1996	1217	580	16444	656.1	2302.9	907.5
1997	1198	592	16372	660.4	2298.8	921.4
1998	1217	634	16310	663.8	2289.9	933.2
1999	1156	652	16287	674.6	2315.5	938.8
2000	1134	639	16192	680.1	2311.5	966.0
2001	1143	658	16033	685.3	2318.6	977.5
2002	1033	622	15950	685.9	2314.5	993.5
2003	1011	617	13720	692.1	2325.6	1016.3
2004	1007	620	12024	696.2	2338.9	1083.8
2005	993	611	11920	695.6	2331.4	1113.5
2006	976	598	11902	689.2	2289.3	1132.9
2007	945	575	11896	701.1	2323.5	1153.6
2008	944	574	11822	703.8	2320.4	1164.7
2009	940	576	11770	710.7	2327.6	1180.5
2010	924	590	11764	722.9	2328.2	1208.5
2011	903	598	11707	722.5	2322.9	1223.1
2012	889	605	11659	720.1	2310.5	1217.8
2013	876	625	11296	719.2	2301.7	1217.1
2014	869	636	11313	721.9	2305.4	1222.0
2015	863	640	11307	718.9	2289.6	1214.8
沈　阳	73	55	1198	88.4	275.5	141.3
大　连	55	35	845	84.6	255.1	128.9
鞍　山	55	52	834	52.7	179.4	95.0
抚　顺	47	26	615	27.5	85.3	50.4
本　溪	23	18	287	16.5	55.5	29.2
丹　东	63	58	672	45.3	148.2	81.0
锦　州	67	56	1131	61.3	198.2	105.2
营　口	38	35	634	44.9	136.7	74.7
阜　新	65	56	623	34.8	114.5	66.1
辽　阳	36	30	533	36.7	111.2	56.7
盘　锦	32	30	307	23.9	71.1	41.6
铁　岭	90	78	1190	64.0	209.2	100.1
朝　阳	128	75	1361	77.3	253.8	145.3
葫芦岛	91	36	1077	60.9	195.9	99.4

13-4 乡村从业人员

(年末数) 单位：万人

年份、地区	农林牧渔业	工业	建筑业	交通运输业、仓储及邮电通信业	批发零售贸易业、餐饮业	其他非农行业
1990	631.2	99.1	34.6	20.0	23.1	61.4
1991	650.6	97.0	33.5	20.2	24.8	62.1
1992	637.0	100.0	36.0	22.3	29.2	67.1
1993	621.2	94.4	43.6	25.6	31.5	76.4
1994	611.3	91.8	47.6	30.3	37.6	75.5
1995	617.5	89.1	48.9	31.7	39.7	76.1
1996	629.4	89.7	51.9	32.3	40.7	63.5
1997	624.3	83.9	49.5	33.1	42.7	87.9
1998	633.3	78.1	49.2	33.4	43.8	95.3
1999	643.2	76.8	51.3	35.7	47.3	84.5
2000	651.2	77.6	56.3	37.5	49.8	93.7
2001	649.0	77.2	57.9	37.5	50.7	105.3
2002	659.2	80.5	60.2	38.2	51.5	103.9
2003	667.3	85.8	65.7	39.8	55.0	102.7
2004	685.8	94.9	71.1	43.2	68.9	119.9
2005	686.4	106.1	77.1	44.5	70.0	129.4
2006	680.9	112.9	81.9	43.6	71.3	142.2
2007	669.1	121.8	89.8	45.9	74.4	152.5
2008	662.3	124.0	91.6	47.2	78.8	160.7
2009	661.0	130.0	94.9	48.7	83.4	162.4
2010	663.6	138.6	101.7	51.0	87.1	166.5
2011	663.6	142.9	110.0	52.8	90.1	163.6
2012	660.0	143.3	110.7	53.0	88.4	162.4
2013	652.0	144.1	111.9	54.0	92.2	163.0
2014	655.5	145.8	110.4	55.3	94.8	160.2
2015	659.7	139.3	106.9	56.7	95.7	156.5
沈阳	72.4	20.1	10.3	7.5	14.7	16.4
大连	58.6	19.8	12.8	6.7	9.1	22.0
鞍山	47.5	16.4	8.0	6.1	8.9	8.0
抚顺	30.5	5.0	3.4	2.2	3.3	6.1
本溪	13.9	3.6	2.4	1.6	2.8	4.9
丹东	44.7	10.5	6.1	3.5	6.4	9.8
锦州	67.2	7.6	8.5	5.2	7.5	9.2
营口	34.9	13.1	5.8	4.8	6.9	9.2
阜新	37.9	3.8	4.1	1.9	3.7	14.7
辽阳	31.5	9.2	3.9	3.0	4.6	4.5
盘锦	23.6	4.9	2.5	2.0	5.0	3.6
铁岭	59.8	7.1	9.5	3.3	6.5	14.0
朝阳	79.4	12.3	19.5	4.9	9.0	20.2
葫芦岛	57.8	6.0	10.3	4.0	7.5	13.9

注：1.本表分行业劳动力是按从事的主行业划分的，如以农业为主、兼营商业的，仍作为农林牧渔业劳动力。
2.工业劳动力中包括村及村以下办的工业劳动力。

13-5 农林牧渔业总产值

单位：亿元

年 份	农林牧渔业总产值	农业	林业	牧业	渔业	农林牧渔服务业
1978	49.2	38.9	1.1	7.1	2.1	
1979	59.9	45.8	1.4	10.6	2.1	
1980	73.5	55.6	2.5	13.2	2.2	
1985	118.1	74.6	4.2	31.3	8.0	
1986	142.0	95.0	4.2	32.3	10.5	
1987	169.2	108.3	4.9	39.6	16.4	
1988	227.4	131.8	5.0	67.7	22.9	
1989	222.8	125.4	4.8	69.8	22.8	
1990	273.8	163.5	6.6	75.5	28.2	
1991	295.9	175.3	6.9	80.6	33.1	
1992	330.1	193.8	7.5	88.6	40.2	
1993	425.7	245.7	9.4	117.4	53.3	
1994	546.8	294.2	11.0	171.9	69.7	
1995	691.8	382.7	12.9	206.0	90.2	
1996	804.7	449.5	13.9	224.7	116.6	
1997	834.7	433.8	15.1	247.1	138.6	
1998	969.8	534.7	17.4	269.6	148.1	
1999	977.1	510.9	18.5	282.4	165.2	
2000	967.4	463.5	19.7	304.2	180.0	
2001	1045.7	503.1	21.8	332.3	188.5	
2002	1132.5	540.1	27.9	361.3	203.2	
2003	1215.0	497.3	38.4	422.0	224.0	33.3
2004	1510.5	611.3	40.7	548.3	272.2	38.0
2005	1671.6	640.1	44.5	636.5	306.7	43.8
2006	1738.1	713.0	52.3	615.3	292.6	64.9
2007	2128.0	837.5	60.3	830.8	326.1	73.3
2008	2476.9	896.9	69.4	1052.4	374.5	83.7
2009	2704.6	913.5	70.0	1171.4	441.9	107.8
2010	3106.5	1140.3	82.5	1270.6	491.0	122.1
2011	3633.6	1307.2	107.4	1521.1	560.0	138.0
2012	4062.4	1539.6	128.7	1621.2	618.7	154.1
2013	4349.7	1673.9	136.5	1675.4	689.3	174.7
2014	4498.4	1734.1	152.4	1717.5	699.8	194.5
2015	4686.7	2068.6	166.1	1561.4	689.8	200.8

注：1.本表按当年价格计算。2003年以后数据按新的国民经济行业分类标准和新的产值计算方法计算。
2.2006—2007年农林牧渔业总产值为与农业普查衔接后国家核定数据。

13-6 农林牧渔业总产值指数

(1952年=100)

年份	农林牧渔业合计	农业	林业	牧业	渔业
1952	100	100	100	100	100
1978	200.0	197.4	489.6	189.7	298.3
1979	206.7	204.0	536.2	199.3	283.2
1980	222.2	206.9	564.9	209.1	279.9
1985	270.0	223.4	734.9	465.3	463.3
1986	288.6	250.0	659.1	444.2	524.0
1987	303.6	263.0	700.2	441.5	664.2
1988	337.0	274.8	627.6	591.3	748.9
1989	322.6	249.9	613.2	606.5	837.7
1990	371.9	309.4	738.0	603.3	885.4
1991	388.5	319.7	737.8	636.8	947.0
1992	419.7	340.3	795.3	699.0	1044.3
1993	474.4	386.3	866.4	827.1	1091.3
1994	473.8	335.1	939.8	1008.3	1126.1
1995	530.7	373.1	1001.3	1111.7	1327.5
1996	612.3	453.8	1065.4	1166.2	1595.9
1997	629.7	426.7	1137.1	1282.3	1802.0
1998	730.9	529.5	1263.6	1407.3	1979.1
1999	755.4	512.8	1319.5	1514.1	2212.7
2000	749.2	470.2	1349.4	1603.6	2302.3
2001	799.0	510.1	1474.7	1710.3	2373.3
2002	865.1	547.2	1856.1	1861.5	2547.0
2003	926.3	570.2	2120.4	2028.8	2726.9
2004	999.5	607.2	2250.0	2225.9	2933.0
2005	1074.5	630.3	2493.0	2473.0	3164.7
2006	1149.7	653.0	2744.8	2683.2	3436.9
2007	1195.7	682.4	2882.0	2777.1	3591.6
2008	1273.6	708.8	3041.1	2999.6	3931.8
2009	1315.6	691.1	3238.8	3167.6	4277.8
2010	1392.4	729.8	3452.6	3310.1	4662.3
2011	1475.9	810.1	3763.3	3349.8	4942.0
2012	1548.3	864.4	3970.3	3453.7	5159.5
2013	1613.3	915.4	4216.5	3477.8	5556.8
2014	1652.7	929.1	4436.2	3557.8	5722.8
2015	1715.5	1073.1	4485.0	3401.3	5722.8

注：本表按不变价格计算，2007年以后农林牧渔业产值指数为调整后的口径。

13-7 农林牧渔业总产值指数

(上年=100)

年 份	农林牧渔业合计	农业	林业	牧业	渔业	农林牧渔服务业
1978	106.4	110.1	84.3	94.0	103.5	
1979	103.4	103.3	109.5	105.0	94.9	
1980	101.9	101.4	105.4	104.9	98.8	
1985	90.8	80.3	92.2	124.8	118.0	
1986	106.9	111.9	89.7	95.5	113.1	
1987	105.2	105.2	106.2	99.4	126.7	
1988	111.0	104.5	89.6	133.9	112.7	
1989	95.7	90.9	97.7	102.6	111.9	
1990	115.3	123.8	120.4	99.5	105.7	
1991	104.5	103.3	100.0	105.6	106.9	
1992	108.0	106.4	107.8	109.8	110.3	
1993	113.0	113.5	108.9	118.3	104.5	
1994	99.9	86.7	108.5	121.9	103.2	
1995	112.0	111.3	106.5	110.3	117.9	
1996	115.4	121.6	106.4	104.9	120.2	
1997	102.8	94.0	106.7	110.0	112.9	
1998	116.1	124.1	111.1	109.7	109.8	
1999	103.3	96.9	104.4	107.6	111.8	
2000	99.2	91.7	102.3	105.9	104.0	
2001	106.6	108.5	109.3	106.7	103.1	
2002	108.3	107.3	125.9	108.8	107.3	
2003	107.1	104.2	114.2	109.0	107.1	110.8
2004	107.9	106.5	106.1	109.7	107.6	110.3
2005	107.5	103.8	110.8	111.1	107.9	109.2
2006	107.0	103.6	110.1	108.5	108.6	119.7
2007	104.0	104.5	105.0	103.5	104.5	104.0
2008	106.5	103.9	105.5	108.0	109.5	107.6
2009	103.3	97.5	106.5	105.6	108.8	103.2
2010	105.8	105.6	106.6	104.5	109.0	109.0
2011	106.0	111.0	109.0	101.2	106.0	107.0
2012	104.9	106.7	105.5	103.1	104.4	109.2
2013	104.2	105.9	106.2	100.7	107.7	109.0
2014	102.4	101.5	105.2	102.3	103.0	108.5
2015	103.8	115.5	101.1	95.6	100.0	102.0

13-8 各地区农林牧渔业总产值及指数

(2015年)

地　区	农林牧渔业总产值	农业	林业	牧业	渔业
一、绝对数(万元)					
全　省	**46867141**	**20685962**	**1661193**	**15614324**	**6897746**
沈　阳	6886378	2651751	132469	3585781	265834
大　连	9278916	2381758	83400	2161278	3909677
鞍　山	2560098	1141985	9044	1303891	68531
抚　顺	1992360	762688	322939	664426	196195
本　溪	1311021	418006	374192	417698	83661
丹　东	2728695	942568	110872	753708	837205
锦　州	4478481	1726738	23308	2300653	367282
营　口	1994286	727465	40723	634424	568835
阜　新	2401397	806805	151944	1381232	9094
辽　阳	1482354	738056	27997	509203	174830
盘　锦	2098830	873925	6271	451969	729549
铁　岭	4425030	1804668	117406	2436264	48138
朝　阳	4610687	2230275	358180	1921627	7445
葫芦岛	2034182	687547	37132	871189	383112
二、指数(以上年为100)					
全　省	**103.8**	**115.5**	**101.1**	**95.6**	**100.0**
沈　阳	103.8	101.8	108.3	107.0	103.6
大　连	103.6	106.8	97.7	96.7	106.6
鞍　山	102.9	104.5	63.7	102.3	103.5
抚　顺	104.5	104.4	106.3	103.2	105.7
本　溪	103.0	104.1	104.6	102.8	101.6
丹　东	104.5	105.2	102.4	103.4	105.0
锦　州	103.6	105.7	104.4	102.4	101.7
营　口	103.0	103.7	95.2	105.2	101.0
阜　新	98.4	90.7	98.5	102.4	90.2
辽　阳	104.2	113.4	101.5	97.1	97.2
盘　锦	104.4	104.1	90.2	103.0	105.6
铁　岭	94.2	111.6	84.8	98.4	108.9
朝　阳	103.1	108.5	102.3	98.2	130.8
葫芦岛	106.0	120.1	105.5	100.3	104.1

注：绝对数按当年价格计算。指数按可比价计算。2014年各市产值数据与省产值数据进行了调整衔接。

13-9 农林牧渔业增加值

(2015年)

单位：万元

指　　标	农林牧渔业合计	农业	林业	牧业	渔业	农林牧渔服务业
一、当年现价产值	**46867141**	**20685962**	**1661193**	**15614324**	**6897746**	**2007915**
二、农林牧渔业中间消耗	**21815835**	**8563597**	**797703**	**9223839**	**2433782**	**796913**
1.物 质 消 耗	17069096	6080861	511693	8269919	1748307	458316
(1)用 种 量	1504459	1044450	232424	227584		
(2)饲料、饲草	8514776	410052		7219685	885039	
(3)肥　　料	1995652	1963952	31700			
(4)燃　　料	1227305	734898	45934	103277	343196	
(5)农药或兽药	581433	287846	10910	282677		
(6)用 电 量	368630	269403	7273	65578	26375	
(7)农用塑料薄膜	306770	306770				
(8)其它物质消耗	1683135	718866	109247	371118	483904	
2.生产服务支出	4746739	2482736	286011	953920	685475	338597
三、农林牧渔业增加值	**25051306**	**12122366**	**863490**	**6390485**	**4463964**	**1211002**
中间消耗占总产值(%)	47	41	48	59	35	40
增加值占总产值(%)	53	59	52	41	65	60

13-10 农业机械和农产品加工机械拥有量

机械名称	单位	2007年	2008年	2009年	2010年	2011年
农业机械总动力	万千瓦	2087.4	2192.9	2299.4	2408.3	2558.1
农用大中型拖拉机	台	67556	117651	135725	151629	174321
小 型 拖 拉 机	台	240121	236861	244596	263306	282623
大中型拖拉机配套农具	万部	7.66	15.51	17.02	18.74	22.37
小型拖拉机机引农具	万部	33.43	32.3	35.52	41.06	44.51
机 引 犁	万部	7.25	8.75	9.12	11.37	8.91
机 引 耙	万部	2.92	3.31	3.22	3.70	2.85
机 引 播 种 机	万部	11.62	13.22	15.12	16.70	17.66
机动水稻插秧机	台	4274	7296	12098	16124	21566
农用排灌动力机械	万台/万千瓦	103.56/328.87	98.81/345.00	103.96/350.59	103.83/353.26	107.51/359.20
#柴 油 机	万台/万千瓦	17.64/143.04	19.41/159.00	21.42/166.48	22.87/173.64	21.56/170.06
电 动 机	万台/万千瓦	85.46/181.32	78.85/180.00	82.05/179.27	79.49/175.77	83.18/180.37
农 用 水 泵	万台	118.6	121.81	128.99	127.67	129.71
节 水 灌 溉 机 械	套	53061	104370	105316	110531	116001
联 合 收 割 机	台	1456	2374	3924	5432	7984
机 动 脱 粒 机	万台	11.92	11.7	11.71	12.66	13.36
谷 物 烘 干 机	台	368	327	266	412	466
粮食加工机械	万台	12.12	14.4	14.61	14.57	14.33
棉花加工机械	万台	0.02	0.01	0.02	0.02	0.02
油料加工机械	万台	0.53	0.47	0.61	0.67	0.67
机动喷雾(粉)机	万部	5.59	7.04		9.66	9.46
饲草料加工机械	万台	8.93	15.91	16.42	17.17	16.44
渔 用 机 动 船	艘	47312	47264	44302	48238	47115

13-10 续表

机械名称	单位	2012年	2013年	2014年	2015年
农业机械总动力	万千瓦	2678.02	2788.5	2886.9	2983.6
农用大中型拖拉机	台	190581	208000	223374	231500
小型拖拉机	台	308368	322500	332527	340100
大中型拖拉机配套农具	万部	25.19	27.40	29.20	30.55
小型拖拉机机引农具	万部	47.24	49.17	50.18	50.94
机引犁	万部	10.44	11.28	11.61	11.92
机引耙	万部	2.95	2.95	2.69	2.69
机引播种机	万部	20.13	21.28	20.87	21.20
机动水稻插秧机	台	26324	32896	34038	35500
农用排灌动力机械	万台/万千瓦	106.06/361.02	105.47/361.15	106.62/370.50	105.97/361.43
#柴油机	万台/万千瓦	23.90/171.70	21.63/171.98	22.68/179.90	22.59/173.48
电动机	万台/万千瓦	81.71/181.04	80.99/181.11	80.80/182.24	80.38/179.48
农用水泵	万台	127.33	125.30	121.92	121.52
节水灌溉机械	套	123306	125200	132176	133300
联合收割机	台	10922	14500	18630	24500
机动脱粒机	万台	13.77	14.72	14.91	14.75
谷物烘干机	台	545	751	1149	1300
粮食加工机械	万台	14.72	14.94	14.91	15.02
棉花加工机械	万台	0.02	0.013	0.012	0.01
油料加工机械	万台	0.67	0.68	0.67	0.67
机动喷雾(粉)机	万部	9.55	9.67	9.70	9.83
饲草料加工机械	万台	16.97	17.07	17.10	17.05
渔用机动船	艘	45770	43343	40902	40095

13-11 机耕、灌溉面积、化肥施用量、农村小水电站和农村售电量

年份	机耕面积(万公顷)	有效灌溉面积(万公顷)	#机电提灌	机电提灌面积占有效灌溉面积比重(%)	化肥施用量(万吨) 实物量	化肥施用量(万吨) 折纯量	农村小型水电站 个数(个)	农村小型水电站 装机容量(千瓦)	农村售电量(亿千瓦小时)
1978	204.5	85.3	68.5	80.2	205.8		111	33837	17.8
1980	208.4	76.0	59.6	78.4	298.4		57	10469	23.8
1985	187.7	72.4	59.7	82.5	273.4	70.9	75		29.3
1986	194.5	73.1	60.1	82.2	264.0	70.1	73		33.8
1987	207.8	76.9	62.8	81.7	265.2	67.3	66		38.7
1988	219.8	76.3	63.4	83.1	273.6	70.1	111	74617	50.6
1989	219.2	76.0	62.8	82.6	281.8	74.6	113	92522	46.0
1990	236.3	105.9	51.6	48.7	301.1	81.4	116	94123	51.3
1991	251.8	108.9	87.7	80.5	313.4	85.1	114	95638	54.8
1992	258.1	114.0	91.3	80.1	320.6	90.5	115	98363	63.5
1993	256.7	117.0	92.7	79.2	320.7	95.1	115	99218	73.7
1994	250.4	118.4	92.3	78.0	325.7	100.2	116	105440	72.7
1995	246.3	120.4	94.0	78.1	334.9	103.1	120	134721	81.6
1996	249.8	123.4	96.6	78.3	346.5	110.7	124	181531	91.3
1997	260.9	127.7	99.0	77.5	344.2	113.0	121	183000	96.0
1998	265.0	133.5	100.8	75.5	349.1	114.1			89.1
1999	278.8	138.9	105.0	75.6	353.8	116.7	97	100360	93.7
2000	290.9	144.1	106.9	74.0	334.6	109.4	119	148000	103.5
2001	277.2	148.2	106.3	71.7	329.2	109.8	133	208800	105.4
2002	275.4	150.0	109.9	73.3	330.8	111.4	134	218800	119.2
2003	272.1	151.3	105.6	69.8	329.3	112.6	134	208800	145.8
2004	277.8	152.0	105.7	69.5	341.2	117.9	140	346700	149.6
2005	297.9	152.7	104.1	68.2	354.2	119.9	146	384200	153.3
2006	301.0	150.0	97.4	64.9	358.5	121.2	152	358000	219.0
2007	301.2	149.1	115.8	77.7	370.1	127.5	153	385300	265.4
2008	321.0	149.3	110.2	73.8	385.5	128.8	162	379000	270.8
2009	328.9	151.0	108.2	71.7	392.8	133.6	165	391333	283.9
2010	342.0	153.8	108.7	70.7	403.4	140.1	169	395488	359.5
2011	373.3	158.8	109.7	69.1	418.3	144.6	174	397348	366.3
2012	384.5	169.9	120.9	71.2	428.3	146.9	177	476073	373.4
2013	388.8	140.8			432.6	151.8	180	511373	394.8
2014	381.9	147.4			433.7	151.6	185	519243	433.1
2015	388.7	152.0			432.9	152.1	188	526554	

13-12 各地区化肥施用量

(2015年)

单位：万吨

地 区	合计		氮肥		磷肥		钾肥		复合肥	
	实物量	折纯量	实物量	折纯量	实物量	折纯量	实物量	折纯量	实物量	折纯量
全 省	**432.9**	**152.1**	**185.7**	**65.6**	**50.3**	**11.8**	**31.7**	**12.8**	**165.3**	**62.0**
沈 阳	67.1	20.9	27.4	8.4	7.5	1.5	5.4	2.3	26.9	8.6
大 连	48.1	16.2	20.4	5.8	5.1	1.3	3.9	1.9	18.6	7.3
鞍 山	25.6	10.6	11.6	4.6	2.1	0.6	1.2	0.6	10.6	4.8
抚 顺	9.6	3.5	4.5	1.7	1.2	0.4	0.9	0.4	3.0	1.0
本 溪	4.4	1.3	2.4	0.9	0.6	0.1	0.4	0.1	1.0	0.2
丹 东	21.9	7.2	13.8	4.1	2.0	0.3	1.2	0.6	5.0	2.2
锦 州	41.8	16.7	18.1	7.5	3.4	0.8	3.1	1.3	17.2	7.1
营 口	17.6	6.2	7.8	3.0	2.5	0.6	2.2	0.8	5.1	1.7
阜 新	43.0	16.5	16.6	6.9	4.0	0.7	3.0	1.4	19.4	7.6
辽 阳	15.7	5.3	7.0	2.4	2.2	0.6	1.3	0.5	5.1	1.7
盘 锦	14.2	4.8	6.7	2.7	3.2	0.8	1.2	0.4	3.0	0.8
铁 岭	54.3	22.9	15.0	6.4	5.2	1.4	2.1	0.9	32.0	14.3
朝 阳	45.1	11.4	22.7	6.8	7.5	1.5	2.9	0.7	12.0	2.4
葫芦岛	24.6	8.6	11.6	4.3	3.7	1.0	2.8	1.0	6.4	2.3

13-13 灌溉、水库和除涝、治水、治碱情况

指 标	单位	2005年	2008年	2009年	2010年	2011年	2012年	2013年	2014年	2015年
年底灌区数	处	79	73	72	70	74	73	221	220	220
#50万亩以上	处	4	4	4	4	4	4	6	6	6
30-50万亩	处	5	4	5	5	6	6	5	5	5
灌区有效灌溉面积	万公顷	52.6	48.4	48.4	48.2	50.5	50.1			57.9
#50万亩以上	万公顷	17.4	17.4	17.4	17.4	17.4	17.4			21.0
30-50万亩	万公顷	12.6	10.6	12.9	12.9	14.9	14.9			10.1
水库座数	座	963.0	952.0	952.0	951.0	922.0	905.0	911.0	833.0	803
大型水库	座	29.0	33.0	33.0	33.0	33.0	33.0	33.0	34.0	35
中型水库	座	71.0	74.0	74.0	74.0	74.0	74.0	76.0	76.0	77
小型水库	座	863.0	845.0	845.0	844.0	815.0	798.0	802.0	723.0	691
水库总容量	亿立方米	335.5	357.5	359.9	359.3	358.3	358.1			364.0
大型水库	亿立方米	303.1	325.6	328.0	327.7	326.8	326.8			333.5
中型水库	亿立方米	21.2	21.3	21.3	21.1	21.2	20.9			20.0
小型水库	亿立方米	11.2	10.6	10.6	10.5	10.3	10.3			10.4
除涝面积	千公顷	996.3	995.0	983.2	985.3	989.1	993.1	911.2	911.0	911.5
本年新增除涝面积	千公顷	0.3	0.2	1.4	6.2	4.9	15.8	2.2	1.6	2.6
治理水土流失面积	万平方公里	5.7	6.1	6.2	6.3	6.5	6.7	4.5	4.7	4.9
本年水土流失治理面积	千公顷	192.6	128.2	140.4	144.0	181.8	265.9	233.8	217.3	170.7
堤防长度	万公里	1.9	2.0	2.2	2.1	2.2	2.2	2.0	2.1	2.1
堤防保护面积	千公顷	1806.6	1885.2	1934.7	1935.8	1997.6	2046.6			1461.2

注：1.大型水库为库容1亿立方米以上;中型水库为库容1千万至1亿立方米;小型水库为库容10万至1千万立方米。
2.年底灌区数中往年不包含万亩以下灌区，2013年包含。

13-14 各地区农田水利情况

(2015年)

地 区	农田水利情况			
	有效灌溉面积(千公顷)	#机电提灌溉	机电提灌溉面积占灌溉面积(%)	规模以上机电井数(眼)
全 省	**1520.31**			**165444**
沈 阳	261.74			27558
大 连	73.60			19298
鞍 山	74.41			4001
抚 顺	40.42			1835
本 溪	17.17			430
丹 东	79.17			1391
锦 州	181.86			17865
营 口	73.71			12268
阜 新	138.89			26599
辽 阳	72.46			3958
盘 锦	96.17			1022
铁 岭	172.19			17708
朝 阳	168.19			17349
葫 芦 岛	70.32			14162

13-15 各地区水利设施和除涝治碱面积

(2015年)

地 区	水库数(座)	水库总库容量(亿立方米)	除涝面积(千公顷)
全 省	**803**	**363.96**	**911.53**
省 直			
沈 阳	30	7.07	324.44
大 连	210	23.11	53.83
鞍 山	17	1.61	97.66
抚 顺	117	25.32	
本 溪	32	60.79	
丹 东	57	162.03	39.35
锦 州	25	9.78	105.40
营 口	34	2.70	48.10
阜 新	50	4.98	29.49
辽 阳	4	14.19	38.32
盘 锦	7	1.48	84.20
铁 岭	89	21.75	88.40
朝 阳	67	20.86	0.41
葫 芦 岛	64	8.32	1.93

13-16 农作物

年 份	农作物总播种面积	粮食作物	经济作物	其他作物	占总播种面积比重(%) 粮食作物	经济作物	其他作物	粮食作物	水稻	小麦	玉米	高粱	谷子	薯类
1980	3914.8	3221.1	392.1	301.5	82.3	10.0	7.7	3221.1	385.7	40.9	1416.2	558.3	190.1	42.5
1985	3705.8	2889.5	532.3	283.9	78.0	14.4	7.6	2889.5	480.2	11.8	1198.0	416.7	210.1	72.3
1986	3663.7	3036.9	338.3	288.4	82.9	9.2	7.9	3036.9	510.1	20.5	1258.5	441.3	205.9	65.7
1987	3620.6	3130.8	199.3	290.5	86.5	5.5	8.0	3130.8	548.4	27.2	1341.1	448.4	188.7	64.0
1988	3603.2	3101.3	203.7	298.1	86.1	5.6	8.3	3101.3	553.7	34.4	1318.0	450.5	179.4	70.6
1989	3594.5	3083.5	211.8	299.2	85.8	5.9	8.3	3083.5	553.4	55.0	1313.2	420.3	177.3	73.6
1990	3618.9	3121.6	204.9	292.4	86.3	5.7	8.1	3121.6	543.3	112.8	1365.7	395.0	169.3	73.7
1991	3638.1	3089.9	257.5	290.7	84.9	7.1	8.0	3089.9	542.2	147.2	1372.4	367.5	147.2	78.8
1992	3633.1	3051.5	281.7	299.9	84.0	7.7	8.3	3051.5	556.6	165.7	1384.0	342.0	120.4	88.0
1993	3630.0	3049.2	224.6	356.2	84.0	6.1	9.9	3049.2	484.1	183.1	1416.2	326.0	120.1	99.9
1994	3623.5	3026.4	226.8	370.3	83.5	6.3	10.2	3026.4	458.7	162.4	1464.6	321.7	109.0	95.9
1995	3623.7	3030.9	210.4	382.4	83.6	5.8	10.6	3030.9	472.6	171.3	1517.5	308.3	102.8	102.5
1996	3627.8	3073.1	165.8	388.9	84.7	4.6	10.7	3073.1	478.1	177.9	1576.7	300.2	104.9	110.0
1997	3627.0	3037.1	181.1	408.8	83.7	5.0	11.3	3037.1	491.7	167.9	1573.4	257.6	106.1	105.6
1998	3630.2	3039.2	178.4	412.6	83.7	4.9	11.4	3039.2	496.0	150.2	1638.0	222.8	100.8	109.6
1999	3643.1	3055.3	163.3	424.5	83.9	4.5	11.7	3055.3	501.5	152.9	1677.8	202.5	89.6	130.5
2000	3622.0	2858.6	248.0	515.4	78.9	6.8	14.2	2858.6	489.7	117.5	1422.5	188.6	86.9	167.1
2001	3559.9	2758.1	279.9	522.0	77.5	7.9	14.7	2758.1	449.5	86.1	1366.3	163.0	130.5	151.1
2002	3577.0	2658.6	327.8	590.6	74.3	9.2	16.5	2658.6	457.1	47.2	1395.1	168.8	101.6	145.1
2003	3476.6	2563.6	344.6	568.4	73.7	9.9	16.3	2563.6	392.0	19.8	1401.4	125.3	111.2	138.8
2004	3666.5	2965.8	242.2	458.5	80.9	6.6	12.5	2965.8	492.1	19.9	1835.9	106.4	94.2	103.4
2005	3801.0	3179.7	199.4	421.9	83.7	5.2	11.1	3179.7	538.1	21.4	2076.7	107.8	86.6	93.2
2006	3627.2	3089.7	118.6	418.9	85.2	3.3	11.5	3089.7	624.9	8.0	1983.1	95.7	82.8	103.5
2007	3703.9	3127.2	118.1	458.6	84.4	3.2	12.4	3127.2	660.6	12.4	1998.6	85.1	82.2	96.3
2008	3946.4	3035.9	320.7	589.8	76.9	8.1	15.0	3035.9	658.7	10.3	1884.9	72.7	76.1	92.8
2009	4064.7	3124.1	313.6	627.0	76.9	7.7	15.4	3124.1	656.7	8.8	1964.1	95.2	87.4	91.9
2010	4184.9	3179.3	380.8	624.8	76.0	9.1	14.9	3179.3	677.5	7.5	2093.0	70.6	76.8	80.0
2011	4356.2	3169.8	428.3	758.1	72.8	9.8	17.4	3169.8	659.6	6.9	2134.6	58.9	63.5	83.1
2012	4361.3	3217.3	390.7	753.3	73.8	9.0	17.3	3217.3	661.8	6.8	2206.7	51.1	52.0	82.0
2013	4208.8	3226.4	368.4	614.0	76.7	8.8	14.6	3226.4	649.2	5.6	2245.6	47.1	51.9	78.9
2014	4164.1	3235.1	327.7	601.3	77.7	7.9	14.4	3235.1	562.1	5.8	2330.1	55.6	61.9	85.7
2015	4219.8	3297.4	296.9	625.5	78.1	7.0	14.8	3297.4	544.9	5.8	2416.8	53.2	61.0	82.7

注：2013年农作物总播种面积为粮食作物抽样数据与经济作物全面数据合计，2013年以前为两类作物全面数据合计。

播种面积

单位：千公顷

大豆	其他杂粮	经济作物	棉花	油料	#花生	芝麻	向日葵(籽)	麻类	甜菜	烟叶	#烤烟	其他作物	#蔬菜	绿肥
472.9	114.7	392.1	38.5	303.2	97.5	12.3	169.6	25.5	11.1	9.6	8.7	301.5	202.1	67.6
393.0	107.5	532.3	39.1	447.5	251.7	92.7	77.7	2.7	13.7	18.6	10.1	283.9	217.3	23.0
410.3	124.6	338.3	17.9	280.6	161.6	22.9	81.5	2.7	12.9	15.7	7.2	288.4	230.6	19.9
395.2	117.8	199.3	4.6	151.3	86.6	7.1	50.1	2.5	16.1	14.3	8.4	290.5	234.2	17.6
381.5	113.3	203.7	10.3	135.4	83.8	3.3	42.9	2.5	25.9	18.6	12.4	298.1	241.5	13.3
370.3	120.5	211.8	16.2	132.0	83.2	5.1	37.4	1.7	17.0	31.7	24.1	299.2	248.3	11.6
349.0	112.8	204.9	19.1	125.1	78.0	4.7	37.7	1.8	22.5	26.0	20.3	292.4	253.3	11.9
326.2	81.6	257.5	55.4	142.6	92.6	15.0	31.8	1.6	25.1	23.0	18.0	290.7	255.0	6.6
302.3	74.8	281.7	74.9	142.7	90.4	24.5	25.5	1.5	20.8	24.3	19.6	299.9	267.8	6.7
325.1	94.5	224.6	24.6	141.3	91.6	24.4	21.5	0.9	23.2	24.1	17.5	356.2	294.6	43.4
318.6	95.4	226.8	25.7	144.4	102.9	18.1	22.2	0.7	28.8	18.7	13.5	370.3	318.3	
273.0	82.9	210.4	31.0	131.8	94.1	14.1	22.0	0.8	30.2	16.6	13.4	382.4	330.6	33.4
239.2	86.1	162.4	12.4	95.1	67.1	6.5	20.4	0.4	27.2	27.3	24.8	388.9	342.2	
249.2	85.5	181.1	19.5	98.2	69.1	6.1	22.5	0.3	23.8	33.2	29.0	408.8	354.2	
249.6	72.2	178.4	20.5	122.4	91.0	9.0	21.9	0.2	17.1	15.2	13.0	412.6	353.2	
235.1	65.2	163.4	6.9	122.1	89.0	6.7	25.0	0.4	13.7	17.0	15.3	424.5	369.9	
301.9	84.5	248.0	7.3	199.5	142.8	1.4	28.2	0.7	16.5	18.4	16.7	515.4	413.2	
290.4	121.2	279.9	7.3	235.4	184.1	13.1	32.1	0.2	18.0	11.5	10.1	522.0	412.9	
266.6	77.1	327.8	2.9	286.1	227.9	16.2	37.5	0.1	13.1	13.0	11.8	590.6	467.3	
285.2	89.9	344.6	3.9	312.0	253.3	12.3	40.7	0.5	1.1	12.8	11.0	568.4	450.1	
244.4	69.6	242.2	4.4	205.2	173.3	8.2	19.8	0.2	0.9	11.6	10.4	458.5	378.4	
184.9	71.0	199.4	2.3	164.3	140.6	5.2	15.8	0.1	1.5	16.1	15.1	421.9	353.1	
128.9	41.8	118.6	1.5	106.6	96.1	2.6	7.4		0.8	8.3	7.5	418.9	354.0	
130.4	40.4	118.1	1.1	106.8	98.7	2.0	5.8		0.7	8.0	7.3	458.6	376.0	
181.0	59.4	320.7	1.4	282.5	263.3	2.3	14.5	0.01	2.0	11.5	10.7	589.8	388.7	
164.1	55.9	313.6	0.9	277.3	260.6	1.8	12.3	0.01	1.8	12.5	11.4	627.0	402.7	
123.4	50.5	380.8	0.4	347.4	332.4	1.5	12.0		1.1	10.9	9.8	624.8	430.2	
120.2	43.0	428.3	0.4	392.0	377.1	1.2	12.0	0.01	1.8	10.8	9.7	758.1	465.4	
115.8	41.1	390.7	0.3	376.7	359.6	0.9	8.1	0.01	1.9	11.8	10.8	753.3	487.1	
114.9	33.3	368.4	0.5	354.7	341.5	0.4	7.4		3.3	9.8	9.3	614.0	492.1	
106.4	27.5	327.7	0.1	314.0	305.6	0.2	5.7		2.1	11.6	10.8	601.3	473.7	
107.1	25.8	296.9	0.1	285.3	277.8	0.2	4.5		1.8	9.8	9.1	625.5	500.0	

13-17 各地区农作物播种面积

(2015年) 单位：千公顷

地 区	农作物总播种面积	粮食作物	水稻	小麦	玉米	高粱	谷子	薯类	大豆	其他杂粮
全 省	**4219.8**	**3297.4**	**544.9**	**5.8**	**2416.8**	**53.2**	**61.0**	**82.7**	**107.1**	**25.8**
沈 阳	658.8	502.0	108.9	1.4	370.0	1.3	0.6	10.5	8.4	0.9
大 连	321.1	267.8	20.8	0.1	190.1	0.8	1.7	18.5	33.8	2.1
鞍 山	253.5	213.3	35.8	0.1	170.9	0.4	0.2	1.3	4.2	0.4
抚 顺	121.9	97.6	19.7		71.7	0.1	0.0	2.3	3.3	0.5
本 溪	59.2	50.4	8.9		36.8	0.1	0.5	1.6	2.2	0.3
丹 东	205.5	161.9	49.8	0.1	101.2	0.3	0.1	4.0	5.9	0.6
锦 州	460.9	367.2	30.6	0.0	321.7	4.5	0.7	4.2	5.3	0.2
营 口	109.7	94.1	44.1		46.3	0.4	0.4	0.8	1.8	0.3
阜 新	478.4	314.0	4.3	0.0	285.1	3.7	6.6	1.1	8.5	4.6
辽 阳	187.0	137.6	46.9		86.8	0.1	0.0	2.2	1.3	0.3
盘 锦	142.4	125.4	104.7		15.7	1.0		0.1	3.9	0.0
铁 岭	555.5	472.8	54.5		402.1		0.4	9.0	4.6	2.2
朝 阳	493.2	377.6	0.0	1.6	312.5	12.7	36.4	3.8	2.9	7.7
葫芦岛	251.2	194.1	4.0	0.0	167.7	1.4	2.7	11.2	6.4	0.7

13-17 续表 单位：千公顷

地 区	经济作物								其他作物
	棉花	油料				甜菜	烟叶		蔬菜
			花生	芝麻	向日葵(籽)			烤烟	
全 省	**0.1**	**285.3**	**277.8**	**0.2**	**4.5**	**1.8**	**9.8**	**9.1**	**500.0**
沈 阳		35.1	34.0		0.8				81.4
大 连		6.7	6.4		0.0				37.9
鞍 山		5.4	5.4				0.0		32.8
抚 顺		1.0	1.0		0.0		0.4		11.7
本 溪		0.4	0.4		0.0				4.3
丹 东		4.2	3.4				3.7	3.6	20.8
锦 州		35.3	34.6			0.2			49.6
营 口	0.0	0.2	0.2						12.3
阜 新		133.0	132.6				1.6	1.6	22.6
辽 阳		1.0	0.9		0.0				43.2
盘 锦		0.1	0.1			0.1			15.9
铁 岭		30.2	30.1				2.4	2.4	39.0
朝 阳	0.1	4.8	0.9	0.2	3.6	1.5	1.7	1.4	101.0
葫芦岛	0.0	27.9	27.7				0.0		27.5

13-18 主要农产品产量

年 份	粮食(万吨)	水稻	小麦	玉米	高粱	谷子	薯类	大豆	其他杂粮	棉花(吨)
1978	1117.2	206.8	9.4	560.0	225.2	30.0	18.5	53.5	13.8	23372
1980	1221.6	235.3	5.5	653.6	226.8	23.3	10.5	53.6	13.0	21348
1985	976.0	263.0	2.8	448.1	150.7	29.9	15.8	54.6	11.2	24166
1986	1222.2	323.8	4.0	607.3	168.4	27.9	15.3	63.5	12.0	11647
1987	1276.2	340.7	5.6	671.5	159.0	25.7	13.5	49.2	11.1	3337
1988	1307.2	340.2	8.2	680.6	161.6	20.0	18.8	44.4	13.6	6381
1989	1018.2	283.8	15.3	496.7	106.9	16.2	12.1	24.1	13.1	7808
1990	1494.7	375.7	44.3	812.3	180.8	30.5	19.4	43.5	14.5	13595
1991	1532.4	403.4	49.8	848.6	181.2	23.3	24.6	37.5	13.1	41987
1992	1568.4	417.7	65.5	864.5	152.7	18.5	26.2	32.4	11.1	27949
1993	1696.0	389.6	66.5	989.1	178.1	24.4	34.5	52.2	14.0	19439
1994	1337.1	297.7	49.5	613.9	181.5	25.5	28.3	48.3	14.4	16727
1995	1423.5	255.3	63.3	804.5	156.6	22.2	35.9	40.3	12.4	23666
1996	1660.1	366.1	59.4	1047.3	183.0	29.1	42.5	43.6	15.8	10813
1997	1313.5	389.4	56.5	674.7	100.3	18.7	39.5	35.1	11.3	15067
1998	1828.9	407.5	61.4	1205.3	141.6	28.6	47.8	52.8	15.0	17876
1999	1648.8	415.8	59.2	988.3	77.1	13.2	51.0	39.3	9.5	4574
2000	1140.0	375.5	35.4	547.9	51.6	9.3	61.5	47.9	8.7	5604
2001	1394.4	341.2	15.7	833.7	74.5	25.7	54.7	55.2	19.2	7508
2002	1510.4	359.2	11.5	889.4	83.1	23.3	60.3	52.6	31.0	2983
2003	1498.3	310.6	6.1	930.5	58.9	24.4	66.2	63.7	16.4	3481
2004	1720.0	382.4	6.9	1352.1	62.0	26.9	50.6	59.2	15.6	4742
2005	1745.8	414.5	8.9	1340.3	70.8	30.8	48.0	43.5	11.6	2685
2006	1797.0	426.6	3.1	1211.5	41.0	17.9	48.2	38.0	8.6	2000
2007	1835.0	505.0	5.3	1167.8	38.7	23.2	50.8	32.0	8.2	2100
2008	1860.3	505.6	4.9	1189.0	31.9	20.4	47.5	48.8	12.2	2401
2009	1591.0	506.0	4.5	963.1	22.9	15.1	41.7	30.0	7.7	956
2010	1765.4	457.6	3.7	1150.5	35.2	24.7	51.3	34.1	8.3	655
2011	2035.5	501.3	3.7	1360.3	36.3	22.1	65.0	34.1	12.7	736
2012	2070.5	507.8	3.2	1423.5	30.5	16.5	49.8	31.2	8.0	560
2013	2195.6	506.9	2.7	1563.2	29.5	16.5	41.6	28.4	6.8	999
2014	1753.9	451.5	2.8	1170.5	28.0	17.4	53.5	22.3	8.0	100
2015	2002.5	467.7	2.7	1403.5	29.9	19.0	48.0	24.0	7.7	154

13-18 续表

年 份	油料(吨)	#花生	芝麻	向日葵	麻类(吨)	甜菜(吨)	烟叶(吨)	#烤烟	蔬菜(万吨)
1978	105271	44811	1471	41080	14994	63376	31280	29483	652.0
1980	282529	137440	4059	13142	9487	127239	23617	22361	548.7
1985	540147	402737	43717	76731	2446	226775	34143	18424	589.5
1986	316211	221858	8899	76336	2054	218267	27137	10370	700.9
1987	192045	130062	3070	54351	1660	283685	28869	15692	756.1
1988	167916	133437	1362	29448	2875	481603	36383	22094	784.8
1989	70809	46084	1365	20354	2334	233945	45378	31376	790.0
1990	174537	133427	2879	33939	2586	497538	44005	31575	861.3
1991	202878	153230	8895	38066	2011	585929	39022	28525	893.5
1992	176256	129402	15415	29663	2494	523226	44297	32283	1003.2
1993	218478	168448	18427	27973	1234	538234	49878	31591	1162.7
1994	244305	200079	14022	29192	1050	392366	35721	23534	1130.6
1995	197717	162764	10040	22518	1039	504147	31959	21913	1268.1
1996	170003	134450	5618	28367	396	585516	56091	50344	1438.6
1997	160745	134136	3901	21826	294	400727	60890	51527	1492.2
1998	233611	198115	5798	28422	210	416120	31319	26182	1588.1
1999	197797	166326	4320	24736	355	263581	32487	29938	1650.8
2000	295527	256249	8298	12685	883	286894	31507	28589	1757.0
2001	462553	420504	10367	22994	245	355910	23548	19787	1826.6
2002	564529	507904	14139	34245	155	397226	28679	25987	2098.6
2003	614049	548406	10099	40844	611	33964	26487	22945	2148.2
2004	459299	419110	7293	24153	606	27427	26932	24243	2034.6
2005	368411	330103	6036	27337	114	62379	34234	31742	1954.8
2006	257100	245000	2036	9064	12	30000	26900	24200	2129.8
2007	263800	250000	2159	10541	9	50300	29100	23300	2232.0
2008	835027	800740	2997	25225	21	74952	32255	29655	2438.3
2009	553499	534697	815	11004	9	61941	31531	29155	2604.4
2010	995980	961477	2176	20507		48728	28560	24505	2668.2
2011	1197565	1165363	2330	25917	15	77977	29846	26423	2832.5
2012	1208739	1165335	2139	20284		97317	33621	30537	2977.6
2013	1136411	1112920	686	17764		171219	27960	26852	3171.4
2014	636881	620365	361	10333		101387	33513	31995	3090.1
2015	461224.8	447730	358	6996		52095	26156.025	24496.025	2932.8

13-19 各地区主要农产品产量

(2015年)

地区	粮食(万吨)	水稻	小麦	玉米	高粱	谷子	薯类	大豆	其他杂粮	棉花(吨)
全省	**2002.5**	**467.7**	**2.7**	**1403.5**	**29.9**	**19.0**	**48.0**	**24.0**	**7.7**	**154**
沈阳	358.0	100.4	0.6	249.0	0.8	0.2	5.2	1.8	0.7	
大连	93.2	11.0	0.0	67.1	0.5	0.3	7.9	5.9	0.5	
鞍山	136.6	29.5	0.0	105.6	0.2	0.0	0.4	0.8	0.1	
抚顺	60.8	13.2		45.3	0.0	0.0	1.5	0.6	0.1	
本溪	33.1	6.9		24.6	0.1	0.2	0.9	0.4	0.1	
丹东	104.9	37.1	0.0	64.5	0.1	0.0	2.0	1.1	0.1	
锦州	211.1	27.9	0.0	177.4	1.8	0.2	3.0	0.9	0.1	
营口	69.1	44.9		22.9	0.3	0.1	0.4	0.4	0.1	5
阜新	141.3	3.3	0.0	132.5	1.3	1.5	0.6	1.3	0.8	
辽阳	98.3	39.9		56.3	0.0	0.0	1.6	0.3	0.1	
盘锦	**112.6**	97.5		13.2	0.3		0.2	1.3	0.0	
铁岭	396.7	45.4		347.6		0.2	1.5	1.4	0.7	
朝阳	196.6	0.0	0.8	177.0	6.1	9.3	1.4	0.3	2.4	143
葫芦岛	79.6	3.0	0.0	66.7	0.3	0.4	8.1	1.1	0.1	6

13-19 续表

地区	油料(吨)	#花生	#芝麻	#向日葵	麻类(吨)	甜菜(吨)	烟叶(吨)	#烤烟	蔬菜(万吨)
全省	**461225**	**447730**	**358**	**6996**		**52095**	**26156**	**24496**	**2932.8**
沈阳	90546	88220		959					538
大连	15031	13666		15					226
鞍山	15234	15234					12		241
抚顺	3101	3082		15			838		55
本溪	1316	1117		13					21
丹东	12715	11447					8286	8181	111
锦州	50569	49261				3581			297
营口	418	418							84
阜新	148821	148614					5635	5635	104
辽阳	3321	3200		52					99
盘锦	233	232				2152			128
铁岭	67723	67615					6428	6347	212
朝阳	9033	2712	358	5942		46362	4912	4333	561
葫芦岛	43164	42913					45		257

13-20 主要农产品单位面积产量

(按播种面积计算)

单位：公斤/亩

年 份	粮食	水稻	小麦	玉米	高粱	谷子	薯类	大豆	其他杂粮	棉花
1978	224	367	93	279	238	95	161	69	86	16
1980	253	407	89	308	271	82	165	76	76	37
1985	225	365	158	249	241	95	146	93	69	41
1986	268	427	129	322	254	90	155	103	64	43
1987	272	421	136	334	236	91	141	83	63	48
1988	281	419	159	344	239	74	178	78	80	41
1989	220	348	185	252	170	61	110	44	59	32
1990	319(325)	461	262	397	305	120	176	83	86	48
1991	331(341)	491	226	412	329	105	208	77	85	51
1992	343(347)	500	264	416	298	103	199	71	80	25
1993	371(382)	536	242	466	364	135	231	107	99	53
1994	295(277)	433	204	279	376	156	197	101	100	43
1995	313(306)	360	246	353	339	144	233	98	100	51
1996	360(388)	511	222	443	406	185	257	122	122	58
1997	288(291)	528	224	286	259	118	249	94	88	52
1998	401(430)	548	273	491	424	189	291	141	139	58
1999	360(361)	553	258	393	254	98	261	111	97	44
2000	266(265)	511	201	257	182	71	245	106	69	51
2001	337(343)	506	122	407	305	131	241	127	106	69
2002	379(375)	524	163	425	328	153	277	132	268	69
2003	390(384)	528	206	443	313	146	318	149	122	59
2004	395(440)	518	232	491	389	190	326	162	149	72
2005	381(414)	514	278	430	438	237	343	157	187	78
2006	357(397)	455	258	407	286	144	310	197	137	89
2007	391	510	285	390	303	188	352	164	135	127
2008	409	512	319	421	293	179	341	180	149	113
2009	340	514	341	327	160	115	303	122	92	73
2010	370	450	329	366	332	214	428	184	110	103
2011	428	507	357	425	411	232	521	189		121
2012	429	512	314	430	398	212	405	180	92	123
2013	454	521	324	464	417	213	352	165	136	125
2014	361	535	322	335	335	187	416	140	194	74
2015	405	572	310	387	375	207	387	149	200	108

13-20 续表 单位：公斤/亩

年 份	油料	#花生	#芝麻	#向日葵	麻类	甜菜	烟叶	#烤烟	蔬菜
1978	33	69	20	37	28	428	147	160	1956
1980	62	94	22	52	25	767	164	171	1811
1985	81	107	31	61	59	1101	122	122	1808
1986	75	92	26	62	51	1131	122	96	2026
1987	85	100	28	72	44	1178	135	125	2152
1988	83	106	28	46	76	1240	130	119	2167
1989	36	37	18	36	88	917	96	87	2121
1990	93	114	40	60	97	1473	113	104	2267
1991	95	110	39	80	83	1554	113	106	2336
1992	82	95	42	78	113	1674	122	109	2498
1993	103	123	50	87	93	1547	138	120	2631
1994	113	130	52	88	80	908	128	116	2368
1995	100	115	47	68	91	1115	128	109	2557
1996	119	134	58	92	71	1437	137	135	2803
1997	109	129	43	65	77	1121	122	119	2809
1998	127	145	43	87	88	1618	137	134	2998
1999	108	125	43	66	60	1278	127	130	2975
2000	99	120	40	30	88	1157	114	114	2835
2001	131	152	53	48	74	1319	137	130	2949
2002	132	149	58	61	110	2015	147	147	2994
2003	131	144	55	67	75	2132	138	139	3088
2004	149	161	60	81	210	2078	155	155	3585
2005	149	156	77	115	158	2791	141	141	3691
2006	161	170	52	82	73	2500	216	215	4011
2007	165	169	72	121	100	2630	243	213	3957
2008	197	203	85	116	117	2507	187	185	4182
2009	133	137	31	60	60	2269	168	171	4311
2010	191	193	99	114		3053	175	167	4135
2011	204	206	127	144	100	2965	185	182	4057
2012	214	216	150	167		3469	190	189	4074
2013	214	217	130	160		3427	190	192	4296
2014	135	135	122	121		3297	193	197	4349
2015	107.8	107.4	105.1	104.3		1980	177.9	180.2	3910.8

13-21 各地区主要农产品单位面积产量

(按播种面积计算，2015年)

单位：公斤/公顷

地　区	粮食	水稻	小麦	玉米	高粱	谷子	薯类	大豆	棉花
全　省	**6073**	**8583**	**4655**	**5807**	**5620**	**3109**	**5803**	**2240**	**1621**
沈　阳	7133	9212	4014	6728	6706	2888	4894	2153	
大　连	3480	5274	3929	3530	6530	1845	4281	1748	
鞍　山	6406	8223	4650	6182	4534	2073	3138	1907	
抚　顺	6231	6707		6324	3283	2050	6643	1958	
本　溪	6568	7769		6681	4729	3245	5906	1796	
丹　东	6476	7442	2800	6379	3942	1251	4954	1801	
锦　州	5750	9125	2941	5515	3934	2032	7103	1652	
营　口	7345	10184		4947	6437	3201	4727	2421	1000
阜　新	4501	7644	2750	4648	3484	2293	5229	1542	
辽　阳	7140	8492		6490	4774	1900	7233	2427	
盘　锦	8980	9311		8440	3000		21818	3440	
铁　岭	8389	8332		8645		4043	1652	2951	
朝　阳	5207	6000	5215	5665	4830	2558	3775	1037	1744
葫芦岛	4102	7500	6704	3976	2507	1536	7195	1653	750

13-21 续表

单位：公斤/公顷

地　区	油料	#花生	#芝麻	#向日葵	麻类	甜菜	烟叶	#烤烟	蔬菜
全　省	**1617**	**1612**	**1577**	**1565**		**29701**	**2668**	**2902**	**58662**
沈　阳	2580	2598		1193					66086
大　连	2239	2131		1154					59614
鞍　山	2804	2804					1000	1000	73491
抚　顺	3031	3030		3750			2106	1692	47248
本　溪	3241	3003		3250					49281
丹　东	3056	3387					2236	2444	53187
锦　州	1431	1422				17640			59828
营　口	2048	2048							68322
阜　新	1119	1121							45964
辽　阳	3465	3597		1486					22873
盘　锦	2178	2189				33625			80635
铁　岭	2244	2243						3081	54411
朝　阳	1898	2961	1577	1646		31178	2963	2929	55513
葫芦岛	1548	1549					11250	11250	93345

13-22 水果、蚕茧、人参、芦苇生产情况

指　标	单位	2005年	2008年	2009年	2010年	2011年	2012年	2013年	2014年	2015年
一、水　果										
果园面积	千公顷	317.0	323.6	349.7	354.1	359.86	368.5	400.4	403.0	405.5
#苹果园	千公顷	110.3	114.0	121.9	125.9	133.96	139.0	155.0	158.0	161.0
梨园	千公顷	91.6	83.2	97.9	98.6	98.84	98.8	113.4	111.1	110.3
葡萄园	千公顷	28.1	26.6	26.8	26.6	27.38	35.3	36.8	37.7	38.4
山楂园	千公顷	14.0	10.6	12.8	12.7	12.44	11.5	10.9	10.8	9.4
果树株数	万株	32435.0	37020.1	47340.6	46704.8	42561.3	46785.4	44711.8	45065.5	43891.5
#苹果	万株	5838.5	6961.3	8036.5	8799.7	10015.4	12174.0	13341.4	14130.8	12965.9
梨	万株	5600.2	5308.9	6469.2	6580.2	6527.1	6921.0	7940.4	7915.3	6513.4
葡萄	万株	11679.0	11928.3	17060.5	16722.8	12207.6				
山楂	万株	1337.5	1035.9	1166.9	1286.4	1292.0				
结果株数	万株	22553.0	26275.9	30634.2	31517.8	32039.7	34673.0	34128.7	34253.8	33119.7
#苹果	万株	3562.3	4803.7	5340.5	5830.2	6572.8	7727.0	9139.1	9499.8	8261.7
梨	万株	3196.4	3563.9	4443.6	4691.4	4719.9	5119.0	6002.6	5935.2	4934.0
葡萄	万株	9785.8	9685.6	10856.5	10735.0	10427.1				
山楂	万株	1123.2	808.7	932.2	960.1	969.8				
水果产量	吨	3292674	4225182	4772144	5215623	5743860	6329172	6613757	5920688.1	6014548.1
#苹果	吨	1299595	1709138	1948100	2094719	2396805	2634128	2752280	2476010.9	2484103.4
梨	吨	690345	937944	1103509	1261402	1401586	1547193	1653343	1370946.5	1404692.6
葡萄	吨	581711	614422	642124	634296	672695	769027	816325	826598.4	851883.5
山楂	吨	64756	64934	86032	84087	92281	82659	93482	73051.5	70193.1
二、蚕　业										
柞蚕茧产量	吨	43200	53516	50142	49847	54827	50856	51674	50774.5	52631.6
桑蚕茧产量	吨	159	194	224	102	103.0	107	77	58	131.1
三、人　参										
人参产量	吨	2461.5	1817.3	2928.7	3788.0	4392.9	1175.0	1256.0	1494.4	1357.0
四、芦　苇										
芦苇产量	万吨	50.9	56.7	53.8	46.9	51.9	46.2	46.0	41.8	41.2

13-23 水果、蚕茧、人参产量

单位：吨

年 份	水果总产量	#苹果	#梨	#葡萄	#山楂	蚕茧总产量	柞蚕茧	桑蚕茧	人参总产量
1978	937915	656750	227700	7130		40587	40521	66	
1980	782677	610133	109907	6244		56757	56634	123	775
1985	806799	547791	173077	20902	14342	26996	26945	51	985
1986	803832	546862	171840	23521	14717	24790	24760	30	1302
1987	933062	637092	177808	35017	21571	39137	39086	51	1813
1988	958557	621544	195066	53092	24643	34825	34768	57	2639
1989	1003137	655737	174370	72170	33395	39415	39348	67	2437
1990	1112886	759244	166806	73567	36562	40772	40641	131	2766
1991	1011230	570542	204839	89895	50659	23982	23812	170	2704
1992	1527272	979434	222916	121829	73918	26124	25926	198	2719
1993	1888380	1196127	300099	146162	97312	36486	36349	137	3720
1994	1845580	1069137	323985	158210	99411	27808	27720	178	2073
1995	2199889	1277295	402963	153317	98566	32988	32805	183	1431
1996	2480339	1505993	477330	185421	80719	29411	29158	253	1226
1997	2641058	1611487	471870	193380	79456	39685	39532	153	2141
1998	2985505	1674628	610898	275557	85093	44563	44455	108	1304
1999	2566685	1469839	424605	307453	71638	28760	28720	40	1297
2000	2499660	1231479	455404	430282	67148	39051	38959	92	1218
2001	2416697	1134657	509942	396991	61151	43870	43790	80	1492
2002	2344015	1005142	412724	522061	59314	41998	41652	34	2132
2003	2678104	1089937	515892	586124	54253	44402	44362	40	3001
2004	3076521	1222119	605679	613683	61482	39152	38867	285	2316
2005	3292674	1299595	690345	581711	64756	43359	43200	159	2462
2006	3437027	1301399	705232	587191	62783	44266	44075	191	2390
2007	3961160	1551508	874282	625421	66256	48285	48025	260	1892
2008	4225182	1709138	937944	614422	64934	53710	53516	194	1817
2009	4772144	1948100	1103509	642124	86032	50366	50142	224	2929
2010	5215623	2094719	1261402	634296	84087	49949	49847	102	3788
2011	5743860	2396805	1401586	672695	92281	54930	54827	103	4393
2012	6329172	2634128	1547193	769027	82659	50963	50856	107	1175
2013	6613757	2752280	1653343	816325	93482	51751	51674	77	1256
2014	5920688	2476011	1370947	826598	73052	50833	50775	58	1494
2015	6014548	2484103	1404693	851883	70193	52763	52632	131	1357

13-24 林业生产情况

指标	单位	2005年	2008年	2009年	2010年	2011年	2012年	2013年	2014年	2015年
造林面积	千公顷	126.49	81.53	129.97	190.67	246.77	246.67	233.30	226.47	202.90
按造林用途分:										
用材林	千公顷	20.93	6.15	2.85	26.33	11.95	13.36	8.00	13.47	
经济林	千公顷	6.18	3.64	4.26	7.50	16.67	17.85	38.70	25.44	
防护林	千公顷	98.21	71.74	122.62	156.80	218.03	215.42	186.60	187.56	
薪炭林	千公顷	1.17		0.24		0.06				
特种用材林	千公顷				0.03	0.05	0.03			
封山育林面积	千公顷		866.98	989.55	1562.33	1213.83	1101.40	1368.32	100.06	100.26
#本年新封面积	千公顷	68.48	26.66						100.06	100.26
零星植树	万株		9982.00		14169.00	9777.38	7330.27	6645.66	5979.10	5149.27
育苗面积	千公顷	17.11	19.34	16.92	17.94	19.48	21.26	21.10	39.37	36.82
#当年新育	千公顷	6.16	7.33	6.31	7.93	7.35	5.96	6.43	8.25	
当年苗木产量	万株	175414.00	233273.00	261320.00	489432.00	789389.62	415997.72	417302.82	311263.48	203769.78
幼林抚育作业面积	千公顷		186.82	366.12	202.00	175.45		95.64	60.46	99.96
成林抚育面积	千公顷		76.04	95.46	60.38	74.05	103.20			
木材采运量	万立方米	147.07	181.00	187.00	194.00	198.00	191.00	178.20	1999.57	166.81

13-25 各地区造林面积

单位：千公顷

地区	2010年	2011年	2012年	2013年	2014年	2015年
全省	**190.1**	**246.8**	**246.7**	**233.3**	**226.5**	**202.9**
沈阳	8.3	29	10.3	16.7	8.7	9.5
大连	10	8.8	10.0	20.7	4.2	3.0
鞍山	7.3	6.3	6.3	9.7	6.1	3.3
抚顺	9.5	4.8	6.1	6.3	9.8	7.9
本溪	19.4	2.5	2.0	2.4	3.5	2.9
丹东	8.8	8.3	1.5	5.1	7.0	6.9
锦州	12.1	15.8	31.4	33.5	27.1	27.4
营口	8.2	4	11.1	7.7	4.4	0.3
阜新	20.4	27.7	45.4	35.3	50.0	18.3
辽阳	7.5	4.5	5.4	4.6	2.9	4.5
盘锦	0.4	0.7	0.7			
铁岭	11.2	14.5	37.0	20.8	19.6	20.2
朝阳	54.7	104	39.2	41.7	55.5	66.4
葫芦岛	12.3	15.2	40.3	28.6	27.6	32.2
厅直单位				0.2	0.2	0.1

13-26 大牲畜头数

单位：万头

年 份	大牲畜年末头数	#役畜	牛	马	驴	骡
1978	287.3	193.7	136.0	61.4	52.7	37.2
1980	279.1	177.3	130.6	61.9	46.9	39.7
1985	303.3	216.4	134.9	56.9	70.3	41.2
1986	313.9	219.5	140.2	56.1	75.3	42.3
1987	315.2	254.6	140.7	53.7	77.9	42.9
1988	319.1	217.4	142.8	51.9	80.8	43.6
1989	323.8	217.3	147.7	49.4	83.1	43.6
1990	326.1	217.2	150.9	47.0	84.4	43.8
1991	326.0	220.1	149.4	46.1	86.6	43.9
1992	331.6	214.2	155.4	45.1	87.5	43.6
1993	368.3	219.3	192.0	44.7	89.0	42.6
1994	438.9	228.6	261.2	44.3	91.2	42.2
1995	476.4	232.3	301.6	42.2	92.6	40.0
1996	505.4	244.4	330.9	42.2	93.5	38.9
1997	366.7	182.2	193.5	39.5	96.2	37.5
1998	382.1	187.9	209.3	40.6	95.2	37.0
1999	399.8	198.9	228.1	39.9	95.8	35.9
2000	420.7	212.8	254.0	37.0	95.3	34.4
2001	411.7	208.0	251.1	35.7	93.5	31.5
2002	421.5	198.7	264.8	34.4	92.9	29.4
2003	455.0	196.6	301.9	33.3	91.9	28.0
2004	476.9	192.6	329.1	31.3	91.8	24.8
2005	495.9	193.8	344.7	28.2	98.9	24.1
2006	427.1	165.7	281.5	26.7	95.9	23.0
2007	475.9	165.5	332.2	25.9	96.2	21.6
2008	524.1	188.1	356.4	27.7	116.2	23.7
2009	515.6	223.5	354.0	26.5	113.9	21.2
2010	525.9	127.0	366.7	26.9	112.1	20.1
2011	530.8	118.3	371.2	24.8	116.3	18.5
2012	524.4	89.3	367.1	22.9	117.4	17.0
2013	515.5	75.9	365.4	22.2	111.9	16.1
2014	502.2		361.8	20.5	105.5	14.5
2015	499.7		384.6	17.0	86.3	11.8

13-27 肉类产量和猪羊头数

年 份	猪牛羊肉产量(万吨)	肉猪出栏头数(万头)	猪年末存栏头数(万头)	羊年末只数(万只)		
					山羊	绵羊
1978		554.3	1184.6	138.2	28.1	110.1
1980	42.9	656.3	1057.5	194.7	36.6	158.1
1985	57.0	647.4	1035.6	193.6	35.5	158.1
1986	58.1	650.9	1031.7	215.5	39.5	176.0
1987	57.3	626.4	930.4	233.7	47.0	186.7
1988	68.9	691.4	1065.4	274.2	60.9	213.3
1989	71.9	733.4	1089.6	294.9	74.3	220.6
1990	78.8	797.2	1093.5	267.2	73.4	193.8
1991	88.8	865.0	1137.7	239.5	75.7	163.8
1992	99.7	945.4	1222.0	247.9	73.7	174.2
1993	115.4	1020.9	1228.6	264.4	88.8	175.6
1994	144.5	1254.4	1340.1	302.0	115.8	186.2
1995	173.9	1461.6	1468.4	373.2	146.5	226.7
1996	190.4	1640.6	1426.5	403.1	164.1	238.9
1997	126.9	1131.0	953.3	292.6	133.7	158.9
1998	138.8	1223.9	1039.9	318.1	146.3	171.7
1999	148.4	1320.3	1123.4	347.8	159.3	188.5
2000	156.5	1413.8	1270.7	386.1	187.3	198.8
2001	169.0	1525.2	1291.8	449.4	212.6	236.8
2002	182.8	1648.7	1304.3	548.4	251.9	296.5
2003	198.6	1754.3	1365.8	730.8	319.7	411.1
2004	216.8	1894.6	1498.0	819.2	387.4	431.8
2005	238.8	2063.2	1642.4	830.2	426.3	404.0
2006	231.0	2245.4	1416.1	673.9	410.9	263.0
2007	236.2	2265.8	1429.4	675.9	412.6	263.3
2008	252.4	2435.5	1548.5	733.4	428.0	305.4
2009	266.8	2597.0	1606.2	717.0	447.8	269.2
2010	277.9	2682.7	1567.6	733.5	414.1	319.4
2011	275.8	2652.1	1585.4	725.6	401.8	323.8
2012	281.3	2728.5	1592.6	721.8	392.3	329.5
2013	284.9	2785.8	1624.5	735.4	401.0	334.4
2014	292.0	2839.4	1558.8	793.5	427.4	366.1
2015	275.8	2675.7	1457.5	908.7	483.4	425.3

13-28 畜牧业生产情况

指 标	单位	2005年	2008年	2009年	2010年	2011年	2012年	2013年	2014年	2015年
一、畜产品产量										
1.猪牛羊出栏头数										
肉猪出栏头数	万头	2063.2	2435.5	2597.0	2682.7	2652.1	2728.5	2785.8	2839.4	2675.7
出售和自宰的牛	万头	278.8	277.8	270.0	278.9	281.8	286.9	287.2	283.3	266.3
出售和自宰的羊	万只	774.8	695.9	721.0	729.7	725.8	719.7	734.3	797.5	753.6
2.肉类总产量	万吨	346.1	376.0	389.2	406.7	408.2	418.7	420.3	429.18	429.4
#猪 肉	万吨	184.7	204.2	218.8	228.4	225.9	230.2	233.6	240.3	227.1
牛 肉	万吨	42.2	40.5	40.2	41.6	42.0	43.2	43.2	42.8	40.3
羊 肉	万吨	11.9	7.8	7.8	7.9	7.9	7.9	8.1	8.9	8.5
禽 肉	万吨	102.1	116.3	115.1	121.9	125.2	130.3	128.1	130.6	147.3
兔 肉	万吨	0.4	0.4	0.4	0.4	0.3	0.3	0.2	0.3	0.3
3.其他畜产品产量										
奶 类	万吨	78.8	120.1	115.6	126.7	132.0	130.2	125.7	134.5	142.6
#牛 奶	万吨	74.9	114.1	110.0	121.2	124.5	124.7	120.9	131.2	140.3
山 羊 毛	吨	1680.0	2401.1	2735.6	2565.1	2169.3	1827.0	2554.1	2530.9	2346.5
绵 羊 毛	吨	10412.0	11468.5	10136.0	12153.7	13471.4	14660.0	14987.9	14977.4	12779.9
羊 绒	吨	1053.0	1371.8	1215.5	1292.6	1115.9	1056.0	995.9	1062.6	956.2
蜂 蜜	吨	1942.0	2006.7	1683.9	1728.1	1659.4	1484.0	1187.0	706.3	637.7
禽 蛋	万吨	224.0	230.0	263.1	275.7	277.4	279.9	278.2	280.1	277.1
二、牲畜年末头数										
1.大 牲 畜	万头	495.9	524.1	515.6	525.9	530.8	524.4	515.5	502.2	499.7
#役 畜	万头	193.8	188.1	223.5	127.0	118.3	89.3	75.9	—	—
牛	万头	344.7	356.4	354.0	366.7	371.2	367.1	365.4	361.8	384.6
马	万头	28.2	27.7	26.5	26.9	24.8	22.9	22.2	20.5	17.0
驴	万头	98.9	116.2	113.9	112.1	116.3	117.4	111.9	105.5	86.3
骡	万头	24.1	23.7	21.2	20.1	18.5	17.0	16.1	14.5	11.8
2.猪	万头	1642.4	1548.5	1606.2	1567.6	1585.4	1592.6	1624.5	1558.8	1457.5
3.羊	万只	830.2	733.4	717.0	733.5	725.6	721.8	735.4	793.5	908.7
山 羊	万只	426.3	428.0	447.8	414.1	401.8	392.3	401.0	427.4	483.4
绵 羊	万只	404.0	305.4	269.2	319.4	323.8	329.5	334.4	366.1	425.3

13-29 各地区牲畜饲养情况

(2015年)

地区	大牲畜年末头数(万头)	#牛	#乳牛	马	驴	骡	肉猪出栏头数(万头)	猪年末头数(万头)	羊年末只数(万只)	山羊	绵羊
全省	**499.7**	**384.6**	**33.6**	**17.0**	**86.3**	**11.8**	**2675.7**	**1457.5**	**908.7**	**483.4**	**425.3**
沈阳	102.0			2.1	3.1	0.8	576.9	335.4	80.7	27.1	53.6
大连	29.8			0.8	1.0	1.2	398.6	209.5	55.5	53.7	1.8
鞍山	26.0			1.6	1.7	0.8	219.2	131.9	52.3	47.2	5.1
抚顺	11.1			0.3	0.2	0.5	76.6	35.8	25.6	24.9	0.7
本溪	9.7			0.1	0.1	0.1	71.6	39.8	28.0	27.2	0.8
丹东	15.0			1.2	1.1	0.9	129.8	81.7	42.4	42.3	0.1
锦州	56.1			2.6	7.4	1.7	633.2	294.5	78.2	9.3	69.0
营口	6.0			0.2	0.7	0.1	85.9	48.8	43.8	42.4	1.4
阜新	55.1			3.1	18.2	0.6	413.9	183.7	155.9	6.7	149.2
辽阳	3.7			0.1	0.2	0.1	67.0	41.4	18.7	14.7	4.1
盘锦	2.2			0.0	0.0	0.01	92.2	80.5	3.0	1.4	1.6
铁岭	62.2			0.8	1.3	0.7	616.2	271.6	46.5	27.1	19.5
朝阳	141.2			2.9	45.1	2.9	427.4	248.2	228.7	58.8	170.0
葫芦岛	22.0			1.0	6.2	1.3	374.6	160.7	93.1	44.6	48.5

13-30 各地区畜产品产量

(2015年)

地区	肉类总产量(万吨)	猪肉	牛肉	羊肉	奶类(万吨)	#牛奶	绵羊毛(吨)	山羊毛(吨)	羊绒(吨)	禽蛋(万吨)	蜂蜜(吨)
全省	**429.4**	**227.1**	**40.3**	**8.5**	**142.6**	**140.3**	**12779.9**	**2346.5**	**956.2**	**277.1**	**637.7**
沈阳	99.4	46.7	19.1	1.5	60.6	60.6	1385.5	69.9	6.1	58.6	15.6
大连	85.0	31.8	4.7	1.3	8.1	6.7	20.8	298.2	153.0	29.6	6.3
鞍山	71.4	18.2	3.0	0.6	1.2	1.2	60.3	491.5	199.8	45.5	6.2
抚顺	18.4	6.4	1.9	0.5	7.2	7.0	23.7	96.1	90.2	10.5	18.8
本溪	12.4	5.6	1.1	0.3	0.7	0.7	7.6	198.1	72.6	6.0	20.3
丹东	36.4	11.0	1.5	0.5	2.4	2.4	0.2	297.0	174.9	16.7	142.9
锦州	75.1	48.8	9.0	1.8	47.8	46.9	2160.2	2.0	1.6	66.8	148.9
营口	24.2	7.2	1.1	0.8	1.0	1.0	28.6	345.2	106.3	17.8	3.3
阜新	61.0	34.4	4.6	5.6	35.0	33.6	4147.8	4.7		25.1	3.0
辽阳	8.4	5.5	0.3	0.1	1.1	1.1	19.5	72.1	15.4	7.9	14.7
盘锦	25.2	7.3	0.3	0.0	1.8	1.8	0.8	0.5		11.4	
铁岭	98.7	50.1	15.1	1.0	19.0	18.5	196.6	170.3	22.2	19.5	36.1
朝阳	80.2	36.2	10.7	4.2	21.7	21.1	3831.4	19.6	19.6	68.9	111.5
葫芦岛	50.6	31.8	2.6	1.6	4.7	4.6	896.8	281.3	94.6	17.8	110.2

13-31 水产品生产情况

指 标	2005年	2008年	2009年	2010年	2011年	2012年	2013年	2014年	2015年
水产品养殖面积(千公顷)	616.5	735.0	832.9	961.2	953.0	1015.6	1148.9	1145.4	1152.2
海水养殖面积	449.3	534.5	630.7	763.1	751.4	813.0	942.1	928.5	933.1
海上养殖	301.0	340.4	412.2	547.2	553.9	611.7	732.4	723.6	714.1
滩涂养殖	95.8	136.5	141.3	139.0	128.2	130.1	132.7	125.9	132
陆基养殖	52.5	57.7	77.2	76.9	69.4	71.3	77.0	79.0	87
内陆水域养殖面积	167.2	200.5	202.7	198.1	201.6	202.6	206.8	216.9	219.1
#池 塘	46.7	53.2	59.6	52.4	48.2	47.2	47.9	48.9	48.3
水 库	98.5	114.5	111.7	103.4	105.0	103.9	104.5	105.8	108.2
河 沟	2.0	1.8	1.8	2.7	2.7	1.9	1.9	7.5	7.1
水产品产量(万吨)	425.3	494.9	534.7	429.1	453.9	480.8	504.9	515.7	523.7
海水产品产量	364.1	411.6	437.9	348.4	368.3	391.5	411.0	419.7	424.4
#海洋捕捞	152.0	147.8	148.3	117.0	124.7	128.0	128.2	111.9	110.8
人工养殖	212.1	263.8	289.6	231.5	243.5	263.6	282.8	289.1	294.2
#鱼 类	91.3	76.1	80.3	59.6	70.6	71.5	71.8	5.9	6.2
甲壳类	35.0	30.2	29.7	22.4	23.1	23.4	23.3	2.5	2.8
贝 类	173.5	220.2	241.0	190.5	201.9	219.1	237.3	232.7	236.5
藻 类	39.5	33.3	33.6	26.5	31.2	32.6	32.0	35.1	34.8
其 他	24.8	18.9	39.5	33.2	22.8	24.9	26.3	12.9	13.9
淡水产品产量	61.2	83.3	96.8	80.6	85.7	89.3	93.9	96.0	99.3
#天然生产	4.3	4.9	5.6	5.7	4.6	5.2	5.4	5.6	5.6
人工养殖	56.9	78.4	91.1	75.0	81.1	84.1	88.5	90.4	93.7
#鱼 类	54.4	75.5	87.9	72.6	77.1	79.8	83.3	80.3	83.4
甲壳类	5.6	6.1	7.4	6.4	7.4	8.4	9.2	8.8	9.2
国营农场水产品产量	18.2	23.8	28.2	33.4	40.2	44.4	48.8		

注：指标口径调整，表中2014年鱼类、甲壳类产量与上年不可比。

13-32 水产品产量

单位：万吨

年 份	水产品合计	海水产品		淡水产品		比重(%)	
			#人工养殖		#人工养殖	海水	淡水
1978	46.9	46.2	10.7	0.7	0.7	98.5	1.5
1980	42.1	41.2	11.3	0.9	0.7	97.9	2.1
1985	58.3	55.2	16.7	3.1	2.5	94.7	5.3
1986	67.0	63.2	24.5	3.8	3.4	94.3	5.7
1987	80.6	75.9	32.1	4.7	4.5	94.2	5.8
1988	94.7	88.8	43.2	5.9	5.7	93.8	6.2
1989	101.2	94.8	48.1	6.4	6.0	93.7	6.3
1990	107.3	100.7	51.4	6.6	6.0	93.8	6.2
1991	114.1	106.4	54.9	7.7	6.9	93.3	6.7
1992	132.2	122.6	65.5	9.6	8.8	92.7	7.3
1993	151.7	139.7	73.8	12.0	11.3	92.1	7.9
1994	167.8	151.3	76.5	16.5	15.8	90.2	9.8
1995	197.9	178.4	87.3	19.5	15.8	90.1	9.9
1996	258.0	235.3	111.2	22.7	21.6	91.2	8.8
1997	285.1	258.0	112.3	27.1	24.6	90.5	9.5
1998	312.7	281.4	120.8	31.3	28.5	90.0	10.0
1999	333.8	296.8	139.2	37.0	31.3	88.9	11.1
2000	338.5	302.3	152.1	36.1	29.1	89.3	10.7
2001	350.8	310.5	160.9	40.3	36.8	88.5	11.5
2002	374.8	327.0	178.2	47.8	44.6	87.2	12.8
2003	382.0	330.8	182.8	51.1	48.0	86.6	13.4
2004	402.5	346.1	197.0	56.4	52.2	86.0	14.0
2005	425.3	364.1	212.1	61.2	56.9	85.6	14.4
2006	351.3	296.0	177.6	55.3	52.5	84.3	15.7
2007	361.3	302.1	185.5	59.2	55.1	83.6	16.4
2008	494.9	411.6	263.8	83.3	78.4	83.2	16.8
2009	534.7	437.9	289.6	96.8	91.1	81.9	18.1
2010	429.1	348.4	231.5	80.6	75.0	81.2	18.8
2011	453.9	368.3	243.5	85.7	81.1	81.1	18.9
2012	480.8	391.5	263.6	89.3	84.1	81.4	18.6
2013	504.9	411.0	282.8	93.9	88.5	81.4	18.6
2014	515.7	419.7	289.1	96.0	90.4	81.4	18.6
2015	523.7	424.4	294.2	99.3	93.7	81.0	19.0

13-33 农业事业机构和人员数

单位：个、人

年 份	农业技术推广站		家畜繁育改良站		乡镇畜牧兽医站		种畜禽场总数		种子站、种子公司	
	机构	人数	机构	人数	机构	人数	机构	人数	机构	人数
1979	1289	8514					70	2629		
1980					1210	9204	69	2946	48	3751
1985	1268	8390	309	764	1224	8479	70	3959	46	3346
1986			89	290	1321	8738	71	4025	46	3300
1987	1268	8514	72	226	1280	8709	74	4660	46	3258
1988	1276	8602	63	218	1323	8902	76	4567	46	3150
1989	1329	8552	72	212	1232	8327	77	5072	46	3070
1990	1332	8323	122	418	1246	8480	77	4734	49	3041
1991	1337	8323	122	381	1234	8988	78	5160	49	2976
1992	1337	8268	99	377	1240	9975	78	5370	49	2898
1993	1105	6074	64	207	1230	10244	49	2917	77	4848
1994	1122	6779	58	419	1233	10374	49	2876	82	5499
1995	1209	13065	7	25	1254	10597	49	2897	82	5499
1996	1292	7738	3	18	1234	10422	49	2342	83	5560
1997	1337	8018	3	18	1240	10674	49	2658	88	5930
1998	1337	8018	93	1301	1242	9838				
1999	1337	8400	55	1196	1217	9800				
2000					1190	9681	49			
2001					1200	9551	49			
2002			70	1325	1038	9399	336			
2003			61		1141	8862	379			
2004			65	1212	1116	8491	441			
2005			67	1195	1081	7529	423			
2006			110	1067	660	4781	639			
2007			33	420	473	2746	796			
2008			32	318	105	1440	944			
2009			32	475	26	186	1268			
2010			37	500	3	39	1333			
2011			33	473	3	21	1279			
2012			35	411	2	22	1091			
2013			33	371	2	22	1114			
2014			28	344	2	18	973			
2015			27	319	717	3468	772			

注：2002年以后种畜场总数为全社会口径。

2015年以后乡镇畜牧兽医站机构和人数统计范围包括乡(镇)或区域性动物防疫监督所等公益性服务机构。

13-34 农作物受灾及成灾面积

单位：千公顷

年 份	粮豆成灾面积	减产三至五成的	减产五至八成的	减产八成以上的
1981	893.9	348.6	276.7	268.6
1982	1599.7	781.8	544.9	272.9
1983	672.3	432.0	177.2	63.1
1984	1343.3	776.7	391.1	175.5
1985	1983.9	918.8	675.8	389.2
1986	1068.1	502.9	293.1	272.2
1987	1353.1	867.4	371.3	114.4
1988	1676.1	952.6	538.8	184.8
1989	2448.1	1050.0	868.4	529.7
1990	1156.3	776.3	279.5	100.5
1991	1207.2	773.7	272.8	160.8
1992	1431.8	609.0	399.9	203.0
1993	914.9	632.8	161.8	64.0
1994	1995.8	907.6	605.4	442.7
1995	1500.9	799.5	363.5	337.9
1996	996.1	702.8	191.0	102.3
1997	2249.9	1148.0	844.5	257.4
1998	590.4	345.3	141.5	102.9
1999	1321.0	598.4	399.0	323.2
2000	2101.0	690.0	678.0	731.0
2001	1454.6	654.1	480.7	315.7
2002	1437.4	874.5	423.8	139.1
2003	1143.3	665.1	352.7	125.0
2004	500.7	370.4	93.2	37.0
2005	1316.5	888.5	254.2	129.9
2006	1299.2	685.3	412.3	198.5
2007	885.0	637.9	189.9	53.1
2008	1013.7	327.8	386.6	64.2
2009	2042.0	573.1	511.6	465.8
2010	1204.9	683.5	317.0	190.4
2011	418.5	142.5	43.7	12.4
2012	475.3	288.1	86.5	75.6
2013	525.5	307.2	124.9	80.3
2014	1537.9	634.9	452.9	450.1
2015	1734.3	585.7	566.7	582.0

13-35 国营农场基本情况

指　　标	单位	2005年	2008年	2009年	2010年	2011年	2012年	2013年	2014年	2015年
一、农　场　数	个	120	109	109	108	108	109	109	109	109
职　工　人　数	万人	26.7	28.3	29.3	29.6	29.7	30.5	30.5	29	28
二、耕　地　面　积	万公顷	13.4	14.5	14.7	14.7	15.6	15.5	15.5	15.5	16.1
三、农业机械总动力	万千瓦	67.9	84.5	97.1	98.8	106.8	113.6	115.5	118.1	120.1
四、农业机械拥有量										
大中型农用拖拉机	台	1653	1789	2843	3815	4023	4097	4340	4489	5051
小型及手扶拖拉机	台	8538	10825	10757	10383	11274	11815	11997	11753	11585
农用排灌动力机械	台	16131	19230	23020	18488	18394	19514	20139	21434	18746
联合收割机	台	20	39	35	120	262	738	926	1061	1973
农用载重汽车	辆	756	935	958	961	1238	1362	1389	1456	1580
五、农用化肥施用量(折纯)	吨	53294	81110	95435	97923	89164	81233	99534	100980	115594
六、农业总产值	亿元	63.64	92.09	103.55	125.03	143.28	159.35	178.50	192.63	177.29
七、盈亏总额	亿元	1.18		2.98	3.30		3.60	3.83	4.07	3.43
八、农作物总播种面积	万公顷	14.61	15.66	15.88	15.96	17.41	16.86	17.21	16.99	17.11
#粮食作物	万公顷	13.08	13.74	13.98	14.05	15.51	14.91	15.29	15.24	15.25
棉　花	公顷		2							
油　料	公顷	1470	5104	4540	4575	4976	4268	4197	2627	3724
糖　料	公顷	51	139	27	4	31	35	24	30	14
年末实有果园面积	公顷	11521	12797	13062	13091	12395	13044	13115	12069	11586
九、主要农产品产量										
#粮食作物	万吨	99.47	117.45	116.83	120.08	131.27	133.80	139.03	139.39	141.36
棉　花	吨		2							
油　料	吨	3236	11121	10027	19078	24504	13995	13927	5969	11102
糖　料	万吨	0.20	0.57	0.13	0.02	0.13	0.16	0.10	0.12	0.04
水　果	万吨	7.21	9.24	11.26	11.88	13.46	16.00	18.84	17.6	17.43
十、畜牧业、渔业生产										
1.大牲畜年末头数	万头	9.91	11.10	12.59	11.55	13.33	12.26	10.54	10.37	8.67
2.猪年末头数	万头	50.68	65.85	84.75	80.94	79.27	81.41	107.59	101.66	105.25
3.羊年末只数	万只	9.19	13.52	15.06	9.68	15.78	14.23	13.00	12.76	10.32
#绵　羊	万只	4.24	6.43	8.90	4.93	10.17	7.44	7.30	6.8	4.4
4.畜产品产量										
猪牛羊肉产量	万吨	10.22	15.60	18.50	22.39	24.94	27.10	29.81	31.22	33.18
#猪肉产量	万吨	5.97	8.50	9.15	10.74	11.76	13.80	12.35	12.8	13.57
牛奶产量	万吨	8.79	11.00	12.10	13.41	13.02	13.93	14.91	14.73	13.99
禽蛋产量	万吨	3.18	4.56	5.63	5.95	7.78	8.28	8.78	9.3	9.8
羊毛产量	吨	111	109	193	195	210	191	217	257	264
5.水产品总产量	万吨	18.16	23.82	28.23	33.41	40.18	44.37	48.80	49.8	46.29

主要统计指标解释

农业总产值 是以货币表现的农、林、牧、渔业全部产品的总量，它反映一定时期内农业生产的总规模和总成果。

农、林、牧、渔业的统计范围是:

(1) **农业** 包括农作物种植业和其他农业。

农作物种植业 包括谷物、豆类、薯类、棉、油料、糖料、麻类、烟叶、蔬菜、药材、瓜类和其他农作物的种植，以及茶园、桑园、果园的生产经营。

其他农业 包括采集野生植物的果实、纤维、树胶、树脂、油料以及柴草、野生药材、菌类等及农民家庭兼营的商品性工业。

(2) **林业** 包括林木的栽培(不包括茶园、桑园和果园的栽培、管理和收获等活动)、林产品的采集和村及村以下合作经济组织和农户的竹木采伐。

(3) **牧业** 包括除渔业养殖以外的一切动物饲养和放牧以及野生动物的捕猎和饲养。

(4) **渔业** 包括水生动物和海藻类植物的养殖和捕捞。

从所有制看，包括国有经济的各种专业农(农、林、牧、渔)场以及国家各级机关团体学校、科研机构、部队经营的农业；集体所有制的乡镇村各级办农场；农村各种经济组织经营的农、林、牧、渔业以及工矿企业家属集体经营的农业；农民家庭自营的农林牧渔业及兼营商品性工业等。

农业总产值的计算方法通常是按农林牧渔业产品及其副产品的产量分别乘以各自单位产品价格求得，少数生产周期较长，当年没有产品或产品产量不易统计的，则采用间接方法匡算其产值，然后将四业产品产值相加即为农业总产值。

1957 年以前的农业总产值中包括了厩肥和农民自给性手工业(如农民自制衣服、鞋、袜，自己从事粮食初步加工等)。1958 年及以后的农业总产值，林业中增加了村及村以下竹木采伐产值；牧业中取消费厩肥产值；副业中取消了农民自给性手工业产值，增加了村及村以下办的工业产值；渔业中增加了海洋捕捞水产品产值。1980 年及以后的农业总产值，在副业中增加了农民家庭兼营业商品部分的产值。从 1984 年起村及村以下办工业产值划归工业。从 1993 年起，取消副业。将野生动物的捕猎划入牧业，野生植物采集和农民家庭兼营商品性工业划归农业。

粮食产量 指全社会的产量。包括国有经济经营的、集体统一经营的和农民家庭经营的粮食产量，还包括工矿企业家属办的农场和其他生产单位的产量。粮食除包括稻谷、小麦、玉米、高粱、谷子及其他杂粮外，还包括薯类和大豆。其产量计算方法，豆类按去豆荚后的干豆计算；薯类(包括甘薯和马铃薯，不包括芋头和木薯)1963 年以前按每 4 公斤鲜薯折 1 公斤粮食计算，从 1964 年开始及以后改为按 5 公斤鲜薯折 1 公斤粮食计算。城市郊区作为蔬菜的薯类(如：马铃薯等)按鲜品计算，并且不做为粮食统计。其他粮食一律按脱粒后的原粮计算。

油料产量 指全部油料作物的生产量。包括花生、油菜籽、芝麻、向日葵籽、胡麻籽(亚麻籽)和其他油料。不包括大豆，也不包括木本油料和野生油料。花生以带壳干花生计算。

水产品产量 指人工养殖的水产品和天然生长的水产品的捕捞量。包括海水的鱼类、虾蟹类、贝类和藻类以及内陆水域的鱼类、虾蟹类和贝类，不包括淡水生植物。

猪、牛、羊肉产量 指当年出栏并已屠宰后除去头蹄下水后带骨肉(即胴体重)的重量。

耕地面积 指年初可以用来种植农作物、经常进行耕锄的田地，除包括熟地、当年新开荒地、连续撂荒未满三年的耕地和当年的休闲地(轮歇地)外，还包括以种植农作物为主并附带种植桑树、茶树、果树和其他林木的土地，以及沿海、沿湖地区已围垦利用的“海涂”、“湖田”等面积。但不包括属于专业性的桑园、茶园、果园、果木苗圃、林地、芦苇地、天然或人工草地面积。

农作物播种面积 指实际播种或移植有农作物的面积。凡是实际种植有农作物的面积，不论种植在耕地上还是种植在非耕地上，均包括在农作物播种面积中，同时还包括因遭灾而重新改种和补种的农作物面积，种一公顷算一公顷。

有效灌溉面积 指具有一定水源，地块比较平整，灌溉工程或设备已经配套，在一般年景下当年能够进行正常灌溉的耕地面积。

农用化肥施用量 指本年内实际用于农业生产的化肥数量。包括氮肥、磷肥、钾肥和复合肥。化肥施用量要求按折纯量计算数量。折纯法化肥施用量是把氮肥、磷肥和钾肥分别按含氮、含五氧化二磷、含氧化钾含量的百分比折算。复合肥按其所含主要成分折算。

农业机械总动力 指主要用于农、林、牧、渔业的各种动力机械的动力总和。包括耕作机械、排灌机械、收获机械、农产品加工机械、运输机械、植物保护机械、牧业机械、林业机械、渔业机械和其他农业机械〔内燃机按引擎马力折成瓦(特)计算，电动机按功率折成瓦(特)计算〕。不包括专门用于乡、镇、村、组办工业、基本建设、非农业运输、科学试验和教学等非农业生产方面用的动力机械与作业机械。

农林牧渔业劳动力 指直接参加农林牧渔业生产劳动的劳动力。

谷物 指籽实主要供作粮食的作物。这类作物包括稻谷、小麦、玉米、谷子、高粱和其他谷物，不包括豆类和薯类作物。

十四、工业

Chapter 14 Industry

14-1 规模以上工业企业单位数和总产值

分　类	企业单位数(个)						
	2009年	2010年	2011年	2012年	2013年	2014年	2015年
总　计	**23364**	**23832**	**16914**	**17347**	**17305**	**15707**	**12304**
在总计中							
国有经济	424	387	250	241	161	133	113
中央企业	81	75	67	65	42	33	28
地方企业	343	312	183	176	119	100	85
集体企业	1254	1166	689	632	529	417	291
股份合作企业	288	261	160	134	85	72	53
联营经济	34	33	24	22	15	11	5
有限责任公司	2565	2601	2022	2158	2657	2596	2289
股份有限公司	429	432	332	337	391	374	333
私营企业	15157	15898	11172	11653	11512	10319	7660
港澳台投资企业	619	601	482	470	464	435	380
合资经营企业(港或澳台)	369	356	290	280	275	257	215
合作经营企业(港或澳台)	29	28	22	17	15	14	12
港澳台商独资经营企业	210	204	163	164	164	155	144
港澳台商投资股份有限公司	11	13	7	8	9	9	8
外商投资经济	2470	2310	1551	1499	1411	1288	1133
中外合资经营企业	1231	1142	779	734	682	620	536
中外合作经营企业	129	128	93	92	76	63	49
外资企业	1082	1010	655	646	628	580	525
外商投资股份有限公司	28	30	19	20	21	19	17
其他工业	124	143	232	201	80	62	47
在总计中							
国有及国有控股企业	883	852	630	635	651	624	606
在总计中							
轻工业	6420	6523	4612	4690	4624	4194	3351
重工业	16944	17309	12302	12657	12681	11513	8953
在总计中							
大型企业	134	147	247	296	300	278	221
中型企业	1249	1358	1578	1914	1972	1796	1331
小型企业	21981	22327	14250	14555	14358	13633	9492

14-1 续表

分　类	工业总产值(亿元)						
	2009年	2010年	2011年	2012年	2013年	2014年	2015年
总　计	**28152.73**	**36219.42**	**41776.73**	**49031.54**	**52892.01**	**50090.56**	**33498.57**
在总计中							
国有经济	2705.00	3082.92	2589.31	2719.81	1225.80	1139.53	832.35
中央企业	2073.36	2362.33	1957.32	1979.64	959.73	901.64	660.25
地方企业	631.63	720.59	631.99	740.16	266.06	237.89	172.11
集体企业	729.60	893.45	931.40	1057.68	870.17	727.39	370.05
股份合作企业	183.05	204.42	244.76	253.86	131.80	121.51	85.30
联营经济	43.05	56.74	40.72	35.51	30.54	19.70	1.56
有限责任公司	5576.92	7040.69	7647.18	8333.06	10521.72	10289.22	7850.96
股份有限公司	2916.58	3775.10	5451.33	5771.74	6162.36	5975.80	4308.06
私营企业	10184.97	14166.35	16897.11	22277.31	24636.32	22788.40	12909.94
港澳台投资企业	1281.08	1571.38	1766.57	1836.89	2270.71	2160.30	1595.89
合资经营企业(港或澳台)	728.36	938.82	993.45	1055.11	1463.64	1364.74	912.18
合作经营企业(港或澳台)	39.52	45.17	52.56	57.20	74.57	43.45	21.38
港澳台商独资经营企业	496.91	571.66	705.90	702.52	701.66	704.99	614.29
港澳台商投资股份有限公司	16.28	15.73	14.65	19.66	28.62	47.12	45.24
外商投资经济	4391.55	5336.91	5859.86	6452.58	6919.64	6762.66	5457.41
中外合资经营企业	2867.13	3385.01	3462.76	4068.26	4517.40	4454.34	3672.94
中外合作经营企业	122.65	146.98	170.58	191.44	192.66	143.24	85.14
外资企业	1331.49	1707.53	2117.34	2090.46	2073.77	2030.04	1577.64
外商投资股份有限公司	70.28	97.38	102.49	96.88	125.84	123.91	114.26
其他工业	140.94	91.48	348.51	293.11	122.96	106.05	87.04
在总计中							
国有及国有控股企业	9289.74	11219.96	12420.83	12889.82	12437.74	12664.82	10125.98
在总计中							
轻工业	5440.96	7053.13	8153.53	10225.94	11164.44	10280.78	6731.49
重工业	22711.77	29166.29	33623.21	38805.60	41727.57	39809.77	26767.08
在总计中							
大型企业	8841.97	11181.88	13798.21	15003.22	15609.22	14666.55	11350.49
中型企业	6136.48	7155.00	6999.79	9895.08	11404.70	10222.99	6563.29
小型企业	13174.29	17882.54	19689.87	23717.31	25515.00	25201.02	14249.76

注：规模以上2010年以前是指年主营业务收入500万元及以上工业企业，企业规模为大、中、小型，2011年是年主营业务收入2000万元及以上工业企业，2011年企业规模分为大、中、小、微型。

14-2 规模以上工业职工人数

单位：万人

分　类	2005年	2008年	2009年	2010年	2011年	2012年	2013年	2014年	2015年
总　计	**276.55**	**319.88**	**386.62**	**401.74**	**368.92**	**405.81**	**400.62**	**369.40**	**305.17**
在总计中									
国有经济	52.06	55.33	53.80	49.58	38.92	47.23	28.02	25.08	28.29
中央企业	26.42	35.31	35.38	32.39	26.50	30.27	22.25	20.17	19.51
地方企业	25.64	20.02	18.42	17.19	12.42	16.97	5.77	4.91	8.77
集体企业	18.92	15.03	17.03	16.79	13.79	13.09	10.35	8.61	6.27
股份合作企业	2.93	2.23	2.48	2.06	2.02	1.96	1.02	0.83	0.69
联营经济	0.34	1.11	1.24	1.37	0.73	0.73	0.75	0.14	0.04
有限责任公司	74.20	61.64	80.68	81.91	77.57	78.90	101.44	92.63	79.71
股份有限公司	15.88	18.91	17.53	19.50	25.53	28.66	30.99	30.04	28.79
私营企业	59.28	100.57	140.70	153.86	142.31	165.75	164.87	153.10	108.94
港澳台投资企业	10.97	12.85	15.05	16.27	13.90	14.21	13.51	12.77	12.13
合资经营企业(港或澳台)	6.77	7.87	9.27	9.83	7.12	7.47	7.02	6.41	5.85
合作经营企业(港或澳台)	0.72	0.73	0.73	0.95	0.67	0.63	0.47	0.39	0.32
港澳台商独资经营企业	3.36	4.07	4.88	5.30	5.95	5.89	5.80	5.67	5.61
港澳台商投资股份有限公司	0.11	0.19	0.16	0.19	0.15	0.16	0.17	0.29	0.34
外商投资经济	41.96	50.88	56.33	59.37	51.36	53.24	48.86	45.52	39.72
中外合资经营企业	17.37	22.05	25.79	26.88	21.70	23.83	22.87	21.41	18.67
中外合作经营企业	2.06	2.35	2.44	2.58	2.55	2.80	2.32	1.92	1.32
外资企业	21.95	25.43	26.75	28.59	26.12	25.26	22.19	20.74	18.37
外商投资股份有限公司	0.58	1.05	1.34	1.32	0.92	1.24	1.33	1.32	1.22
其他工业		1.32	1.79	1.02	2.81	2.04	0.82	0.66	0.59
在总计中									
国有及国有控股企业	116.99	109.48	116.84	111.85	103.28	113.84	113.56	103.49	100.57
在总计中									
轻工业	68.94	78.71	96.62	100.47	86.47	95.17	93.97	85.38	67.11
重工业	207.61	241.16	290.00	301.27	282.45	310.64	306.66	284.02	238.06
在总计中									
大型企业	100.69	104.40	115.91	119.70	120.15	141.76	140.03	127.40	114.54
中型企业	70.07	78.95	87.11	91.83	88.70	105.66	106.91	99.33	72.80
小型企业	105.79	136.53	183.61	190.21	150.85	157.52	152.04	142.66	107.07

14-3 工业总产值

(按经济类型分)

单位：亿元

年 份	工业总产值	#国有企业	#集体企业	#其他经济类型工业	总计中:国有及国有控股工业
1978	370.40	313.80	63.00		313.80
1980	443.99	362.00	74.80	7.19	362.00
1985	715.07	530.95	163.00	21.12	530.95
1986	786.79	578.69	183.15	24.95	578.69
1987	913.72	668.19	213.22	32.25	668.19
1988	1112.44	798.37	267.13	46.94	798.37
1989	1316.09	951.87	305.04	59.18	951.87
1990	1348.17	983.92	305.42	58.83	983.92
1991	1544.39	1121.03	341.09	82.26	1121.03
1992	1876.95	1326.63	426.56	123.76	1326.63
1993	2609.99	1813.61	551.94	244.44	1813.61
1994	3117.82	1966.44	692.66	458.72	1966.44
1995	3055.54	1876.53	716.28	462.73	1876.53
1996	3354.61	1947.05	804.87	602.69	2106.14
1997	3644.88	2040.10	783.34	821.45	2292.03
1998	3147.86	1687.23	364.46	1096.17	2109.37
1999	3390.27	1600.68	337.14	1452.45	2208.77
2000	4249.46	1326.14	315.12	2608.20	2827.94
2001	4480.32	999.33	265.07	3215.92	2928.95
2002	4888.02	971.82	258.34	3657.86	3051.61
2003	6112.96	973.99	285.24	4853.73	3552.30
2004	8603.90	1303.10	292.76	7008.04	4881.66
2005	10814.51	1375.59	368.45	9070.47	5771.15
2006	14167.95	1641.23	419.10	12107.62	6449.76
2007	18249.53	2092.66	505.28	15651.59	8058.78
2008	22720.54	3372.05	540.98	18807.51	9262.58
2009	28152.73	2705.00	729.60	24718.13	9289.74
2010	36219.42	3082.92	893.45	32243.05	11219.96
2011	41776.73	2589.31	931.40	38256.02	12420.83
2012	49031.54	2719.81	1057.68	45254.05	12889.82
2013	52892.01	1225.80	870.17	50796.04	12437.74
2014	50090.56	1139.53	727.39	48223.64	12664.82
2015	33498.57	832.35	370.05	32296.17	10125.98

注:本表1997年以前为乡及乡以上工业，1998年以后为规模以上工业产值。

14-4 各地区全部规模以上工业企业主要指标

单位：亿元

年份、地区	企业单位数(个)	流动资产合计	固定资产小计	固定资产原价合计	流动负债合计	长期负债合计	所有者权益合计	实收资本
1998	6249	2668.69	3497.46	4537.00	2912.85	1399.70	2283.44	1484.05
1999	5816	2983.00	3859.10	5141.10	3165.20	1300.90	2947.60	1746.30
2000	6017	3155.90	3912.00	5372.80	3220.90	1454.40	3066.30	2056.60
2001	5847	3354.48	4354.16	6112.04	3475.59	1414.73	3460.95	2288.31
2002	6017	3540.88	4514.29	6543.85	3695.87	1508.87	3598.88	2419.70
2003	6842	3843.47	4367.12	6814.11	4003.90	1369.75	3776.27	2417.98
2004	10635	4770.35	5026.97	7543.08	5036.77	1372.94	4519.86	3316.46
2005	11510	5330.42	5493.10	8202.52	5323.14	1549.11	4852.41	3225.57
2006	14754	6476.86	6453.31	9191.33	6237.06	1707.39	5845.19	3546.87
2007	16556	7895.35	7141.43	10922.97	7817.31	1950.54	7001.69	3911.88
2008	17269	8851.42	8857.95	12731.65	8957.66	2292.33	8314.19	4790.97
2009	23364	11357.33	11022.98	15419.80	10906.67	3114.68	10478.28	5778.87
2010	23832	13283.41	12230.66	18742.09	12600.82	3631.24	12082.43	6072.07
2011	16914	14645.77	12456.53	19977.69	13164.38		13298.77	6664.29
2012	17347	15899.64	13152.82	21748.37	14388.74		14448.05	6982.16
2013	17305	17432.94	15137.56	25688.13	16625.95		16076.49	7662.33
2014	15707	17387.88	14954.25	26848.32	16935.31		16266.41	7976.97
2015	12304	17661.38	14251.63	24422.87	17819.97		14743.93	7792.61
沈阳	3284	4056.92	3135.44	5407.66	3974.88		3460.05	1486.49
大连	2486	5476.71	3030.99	4429.94	4505.44		3421.31	1909.21
鞍山	914	1645.11	985.86	1773.92	1675.32		1554.76	648.8
抚顺	545	439.13	587.62	1004.47	618.95		419.81	182.68
本溪	525	726.9	898	2140.34	1145.97		716.46	272.05
丹东	509	402.97	227.61	320.45	358.53		307.95	179.53
锦州	686	545.27	548.88	771.91	462.43		627.37	275.39
营口	1005	1088.97	865.95	1221.97	1256.97		800.29	586.16
阜新	357	323.95	327.99	472.4	319.15		294.46	168.45
辽阳	430	884.93	523.37	891.5	831.53		804.07	376.89
盘锦	497	891.44	1207.89	2540.01	901.14		971.15	824.56
铁岭	328	327.79	409.85	683.09	437.2		342.41	190.99
朝阳	445	375.27	441.17	575.72	492.11		314.67	217.8
葫芦岛	292	407.02	363.86	601.3	449.4		305.75	223.24

14-4 续表

单位：亿元

年份、地区	主营业务收入	主营业务成本	主营业务税金及附加	销售费用	利润总额	利税总额	本年应交增值税
1998	3090.51	2608.76	54.75	78.92	-16.50	183.72	145.47
1999	3429.70	2875.10	55.10	92.26	58.20	268.20	154.90
2000	4311.90	3623.50	65.40	109.24	176.20	432.10	190.40
2001	4580.34	3892.85	62.88	114.44	144.46	401.93	194.59
2002	5013.91	4221.40	71.17	135.99	156.16	437.79	210.46
2003	6340.92	5321.37	84.67	163.18	235.95	566.20	245.58
2004	8540.71	7264.61	99.44	199.85	430.78	824.61	294.39
2005	10747.31	9409.07	120.57	236.69	355.98	813.02	336.47
2006	13997.96	12223.93	160.37	282.29	449.75	1028.36	418.24
2007	17965.81	15213.19	234.95	380.86	852.67	1653.14	565.52
2008	22355.49	19640.09	249.38	428.73	658.19	1518.86	611.30
2009	27870.09	23760.52	578.11	539.37	1381.95	2725.25	765.19
2010	36049.59	30578.87	702.10	703.63	2371.35	4042.14	968.69
2011	42845.44	36381.14	734.54	835.36	2511.21	4310.54	1047.26
2012	48199.85	41146.95	872.31	973.43	2435.69	4612.30	1295.54
2013	51533.44	44185.02	882.6	1098.7	2976.15	5372.62	1492.37
2014	48801.56	42575.06	929.58	1039.01	2107.63	4222.06	1175.39
2015	33243.29	28635.12	878.1	819.88	1069.66	2732.40	780.74
沈阳	9181.33	7733.37	138.36	344.22	446.63	751	165.75
大连	6856.58	5743.83	274.22	186.37	255.06	708.79	178.5
鞍山	2488.15	2212.07	27.64	60.15	51.87	125.53	45.96
抚顺	870.45	703.07	73.3	14.61	-0.58	114.39	40.75
本溪	1749.68	1605.03	18.2	29.31	5.94	66.23	42.01
丹东	412.99	353.97	2.21	10.85	13.49	24.58	8.8
锦州	2273.21	1942.62	87.12	31.82	139.06	253.77	27.29
营口	2226.13	1904.16	42.79	52.15	121.49	232.33	68.03
阜新	470.91	410.18	3.09	12.07	10.5	27.25	13.46
辽阳	1362.48	1155.17	51.86	16.21	58.01	146.24	36.21
盘锦	2629.77	2417.17	78.63	27.15	-45.85	99.71	66.7
铁岭	461.92	400.82	4.01	9.02	1.74	18.49	12.39
朝阳	569.65	517.5	5.23	16.32	-3.15	16.48	14.38
葫芦岛	776.6	650.07	67.55	9.54	2.06	94.53	24.83

14-5 全部规模以上工业企业主要指标

(2015年)

单位：亿元

甲栏分组	企业单位数(个)	工业总产值(当年价格)	资产总计	流动资产合计	固定资产合计	固定资产原价	负债合计	流动负债合计
总　计	**12304**	**33498.57**	**38573.04**	**17661.38**	**14251.63**	**24422.87**	**23787.06**	**17819.97**
按登记注册类型分组								
内资企业	10791	26445.26	30424.75	13296.41	11761.33	20259.16	19024.12	14119.04
国有企业	113	832.35	3242.59	1237.20	927.01	1770.99	2128.66	1560.65
中央企业	28	660.25	2673.25	997.22	661.47	1440.30	1797.10	1308.32
地方企业	85	172.11	569.35	239.97	265.54	330.69	331.56	252.33
集体企业	291	370.05	212.69	111.83	75.24	152.48	130.16	94.87
股份合作企业	53	85.30	49.86	27.55	13.69	38.67	24.47	20.56
联营企业	5	1.56	2.49	1.81	0.63	0.80	2.18	2.02
国有联营企业								
集体联营企业	4	1.26	2.33	1.73	0.56	0.80	2.06	1.90
国有与集体联营企业	1	0.29	0.16	0.09	0.07		0.12	0.12
其他联营企业								
有限责任公司	2289	7850.96	13911.21	6373.56	5139.46	8011.76	9654.08	7073.31
国有独资公司	90	1498.68	3200.89	916.39	1568.73	2787.86	2156.06	1601.42
其他有限责任公司	2199	6352.28	10710.33	5457.17	3570.73	5223.90	7498.02	5471.88
股份有限公司	333	4308.06	4637.09	1738.83	2200.57	4860.88	2731.90	2025.67
私营企业	7660	12909.94	8318.89	3789.29	3383.24	5384.44	4326.83	3325.01
私营独资企业	1218	1743.34	573.97	196.27	295.22	515.16	237.15	171.88
私营合伙企业	59	112.67	48.77	21.29	23.84	54.08	17.04	6.60
私营有限责任公司	6024	10296.87	7081.21	3231.78	2879.69	4515.79	3678.00	2833.19
私营股份有限公司	359	757.06	614.95	339.94	184.50	299.41	394.65	313.34
其他企业	47	87.04	49.92	16.34	21.48	39.13	25.85	16.95
港、澳、台商投资企业	380	1595.89	2481.93	1257.99	663.80	1033.93	1399.64	1091.52
合资经营企业(港或澳、台资)	215	912.18	1092.55	584.86	316.16	506.52	719.18	624.77
合作经营企业(港或澳、台资)	12	21.38	24.62	10.79	10.71	16.76	13.01	10.67
港澳台商独资经营企业	144	614.29	1301.88	630.14	315.29	482.35	633.14	434.05
港澳台商投资股份有限公司	8	45.24	50.80	27.04	16.41	22.76	29.61	19.40
其他港澳台商投资企业	1	2.81	12.07	5.17	5.23	5.54	4.70	2.64
外商投资企业	1133	5457.41	5666.37	3106.99	1826.50	3129.78	3363.30	2609.41
中外合资经营企业	536	3672.94	3689.68	2109.81	1075.11	1748.59	2447.43	1912.89
中外合作经营企业	49	85.14	75.06	41.83	27.72	48.46	48.73	45.44
外资企业	525	1577.64	1697.43	881.73	647.12	1173.13	773.32	580.84
外商投资股份有限公司	17	114.26	199.39	70.89	74.99	158.68	91.08	67.70
其他外商投资企业	6	7.43	4.81	2.72	1.57	0.92	2.75	2.54
在总计中：轻工业	3351	6731.49	5234.93	2564.80	1957.90	3118.05	2575.62	1948.07
重工业	8953	26767.08	33338.11	15096.58	12293.73	21304.82	21211.44	15871.90
在总计中：大型企业	221	11350.49	19326.19	8918.78	6487.17	11516.40	13064.42	9639.84
中型企业	1331	6563.29	8157.00	4047.40	3016.94	4656.23	4935.07	3817.76
小型企业	9492	14249.76	9637.82	4428.42	3830.55	6346.84	4982.91	3809.24
微型企业	1260	1335.02	1452.04	266.78	916.96	1903.40	804.65	553.13

14-5 续表

单位：亿元

甲栏分组	所有者权益合计	实收资本	主营业务收入	主营业务成本	主营业务税金及附加	利润总额	利税总额	本年应交增值税
总　计	**14743.93**	**7792.61**	**33243.29**	**28635.12**	**878.10**	**1069.66**	**2732.40**	**780.74**
按登记注册类型分组								
内资企业	11338.87	5910.07	26301.26	23027.78	741.96	624.92	1977.99	607.82
国有企业	1113.57	659.21	1113.60	1009.89	17.43	-16.13	41.52	40.03
中央企业	876.18	517.23	938.34	849.32	16.03	-5.71	38.95	28.55
地方企业	237.38	141.98	175.26	160.57	1.41	-10.41	2.58	11.48
集体企业	80.62	26.80	383.65	335.97	3.16	21.96	34.41	9.28
股份合作企业	25.39	9.10	83.13	75.84	0.64	2.14	3.87	1.08
联营企业	0.31	0.54	1.60	1.52	0.02	-0.05	0.01	0.05
国有联营企业								
集体联营企业	0.28	0.51	1.30	1.25	0.01	-0.06		0.05
国有与集体联营企业	0.04	0.03	0.29	0.26			0.01	
其他联营企业								
有限责任公司	4234.79	2563.55	7963.49	7079.27	105.26	158.89	461.47	195.77
国有独资公司	1044.83	553.10	1519.59	1434.25	11.36	-8.01	62.63	58.57
其他有限责任公司	3189.96	2010.45	6443.90	5645.03	93.90	166.90	398.84	137.20
股份有限公司	1903.23	1094.60	4227.70	3404.25	529.81	-104.25	599.50	173.10
私营企业	3956.95	1550.26	12442.57	11048.26	84.75	556.13	829.13	187.57
私营独资企业	332.35	130.75	1679.22	1486.89	12.07	91.68	130.54	26.67
私营合伙企业	31.65	11.50	105.54	97.27	0.36	4.30	6.29	1.62
私营有限责任公司	3374.21	1310.87	9914.14	8799.13	67.66	433.80	651.78	149.79
私营股份有限公司	218.74	97.15	743.67	664.96	4.66	26.34	40.51	9.50
其他企业	24.03	6.00	85.53	72.78	0.89	6.24	8.08	0.94
港、澳、台商投资企业	1112.61	653.38	1545.01	1307.77	6.83	97.61	132.13	27.63
合资经营企业(港或澳、台资)	372.17	254.28	890.22	795.03	2.87	29.71	42.41	9.76
合作经营企业(港或澳、台资)	11.57	4.56	19.53	16.59	0.02	1.87	2.37	0.47
港澳台商独资经营企业	701.30	372.66	592.54	460.07	3.78	65.33	85.83	16.72
港澳台商投资股份有限公司	20.19	15.52	39.88	33.85	0.16	-0.18	0.65	0.68
其他港澳台商投资企业	7.37	6.36	2.85	2.23		0.88	0.88	
外商投资企业	2292.45	1229.16	5397.02	4299.57	129.31	347.13	622.28	145.30
中外合资经营企业	1233.87	508.63	3625.31	2842.12	116.63	230.48	454.37	107.19
中外合作经营企业	26.31	23.49	85.20	75.41	0.41	2.45	5.68	2.73
外资企业	921.93	651.36	1565.62	1289.40	10.63	101.00	142.86	30.85
外商投资股份有限公司	108.31	44.35	113.42	85.49	1.64	13.28	19.47	4.55
其他外商投资企业	2.04	1.33	7.47	7.17		-0.09	-0.10	-0.02
在总计中：轻工业	2672.52	1136.80	6597.66	5618.62	95.85	371.18	580.63	112.97
重工业	12071.40	6655.81	26645.64	23016.50	782.25	698.48	2151.77	667.77
在总计中：大型企业	6254.71	3480.47	11638.10	9669.01	660.82	85.02	1109.88	361.37
中型企业	3238.24	1557.11	6392.93	5396.52	111.32	319.47	589.19	158.17
小型企业	4600.88	2320.59	13871.21	12294.56	99.74	644.45	966.06	221.21
微型企业	650.10	434.44	1341.05	1275.03	6.22	20.72	67.27	39.99

14-6 按行业分的全部规模以上工业企业主要指标

(2015年) 单位：亿元

甲栏分组	企业单位数(个)	工业总产值(当年价格)	资产总计	流动资产合计	固定资产合计	固定资产原价	负债合计	流动负债合计
总　计	**12304**	**33498.57**	**38573.04**	**17661.38**	**14251.63**	**24422.87**	**23787.06**	**17819.97**
煤炭开采和洗选业	62	258.93	1008.50	359.68	365.71	648.40	667.22	485.56
石油和天然气开采业	1	204.88	636.61	105.19	531.42	1375.32	323.51	37.83
黑色金属矿采选业	337	635.28	731.43	308.11	223.82	446.05	436.35	357.08
有色金属矿采选业	145	209.75	155.98	71.41	51.56	77.58	93.49	80.54
非金属矿采选业	236	324.46	199.84	60.72	93.10	104.08	54.27	36.39
开采辅助活动	18	133.43	303.61	141.67	117.99	192.73	186.18	182.49
其他采矿业	1	0.30	0.31	0.27	0.03	0.08	0.27	0.23
农副食品加工业	1158	2925.30	1677.04	891.84	585.28	968.24	911.83	685.36
食品制造业	233	442.73	385.30	203.56	135.58	194.21	204.33	162.56
酒、饮料和精制茶制造业	179	347.75	267.80	111.77	121.83	204.06	124.57	96.50
烟草制品业	4	87.08	58.79	36.92	18.74	34.03	55.25	55.25
纺织业	191	231.42	190.80	87.45	64.48	102.75	97.07	70.56
纺织服装、服饰业	359	367.40	172.58	103.71	47.23	94.76	85.34	67.62
皮革、毛皮、羽毛及其制品和制鞋业	70	201.90	74.43	30.51	38.88	51.65	22.44	17.43
木材加工和木、竹、藤、棕、草制品业	260	309.04	147.16	56.21	71.11	114.65	63.30	48.25
家具制造业	128	198.09	151.05	75.25	61.83	115.08	56.44	45.18
造纸和纸制品业	153	218.19	155.95	57.20	75.72	127.40	79.23	62.04
印刷和记录媒介复制业	69	78.64	82.16	45.26	27.59	53.30	46.39	42.30
文教、工美、体育和娱乐用品制造业	106	105.80	53.84	29.14	18.76	45.57	18.80	15.12
石油加工、炼焦和核燃料加工业	210	3307.85	1777.02	669.26	892.19	1772.95	1264.42	1016.88
化学原料和化学制品制造业	722	2173.75	2316.87	1154.05	914.57	1200.12	1576.37	1229.73
医药制造业	216	624.73	784.69	326.18	348.13	482.34	302.32	227.58
化学纤维制造业	16	39.79	50.39	19.20	13.92	21.58	34.69	29.28
橡胶和塑料制品业	633	1014.53	999.95	446.26	377.36	671.90	499.16	333.73
非金属矿物制品业	1279	2279.09	1834.77	871.12	755.49	1069.16	1026.94	829.27
黑色金属冶炼和压延加工业	617	3204.74	5795.51	2096.31	1886.42	3938.80	3972.60	3119.76
有色金属冶炼和压延加工业	241	819.94	1292.86	671.85	293.68	392.11	783.24	614.71
金属制品业	670	1147.08	1028.48	588.33	314.98	549.53	576.48	484.94
通用设备制造业	1397	2352.02	2530.84	1509.08	723.98	1191.07	1438.76	1040.13
专用设备制造业	641	1537.92	2253.12	1487.74	574.12	887.33	1538.93	1168.41
汽车制造业	389	2776.42	2648.39	1361.95	744.69	1079.97	1774.50	1545.11
铁路、船舶、航空航天和其他运输设备制造业	171	1026.67	2229.10	1485.52	421.89	641.07	1548.34	1213.04
电气机械和器材制造业	636	1315.88	1240.88	732.13	355.42	660.01	662.43	537.72
计算机、通信和其他电子设备制造业	171	577.59	830.53	502.63	132.21	305.47	374.50	294.48
仪器仪表制造业	133	165.87	236.66	146.08	51.51	75.81	89.90	75.20
其他制造业	27	40.51	46.04	22.81	16.57	25.24	19.78	17.36
废弃资源综合利用业	40	52.92	56.23	27.77	14.36	24.37	31.45	25.70
金属制品、机械和设备修理业	29	38.33	22.24	7.22	12.40	21.33	8.18	5.39
电力、热力生产和供应业	277	1594.10	3609.52	599.77	2478.54	4059.49	2474.29	1309.25
燃气生产和供应业	38	71.29	204.73	59.08	109.78	144.75	104.60	91.09
水的生产和供应业	41	57.17	331.03	101.15	168.74	258.53	158.88	62.90

14-6 续表 单位：亿元

甲栏分组	所有者权益合计	实收资本	主营业务收入	主营业务成本	主营业务税金及附加	利润总额	利税总额	本年应交增值税
总　计	**14743.93**	**7792.61**	**33243.29**	**28635.12**	**878.10**	**1069.66**	**2732.40**	**780.74**
煤炭开采和洗选业	341.22	94.49	258.96	214.66	5.29	-30.61	-1.78	22.65
石油和天然气开采业	313.11	313.11	199.04	225.69	9.25	-94.95	-78.62	7.09
黑色金属矿采选业	293.24	73.93	643.65	553.59	13.84	38.63	79.16	26.48
有色金属矿采选业	61.83	26.96	211.34	175.44	2.17	15.10	24.34	7.07
非金属矿采选业	145.17	24.97	310.74	266.80	3.87	16.71	27.62	7.03
开采辅助活动	117.44	249.95	242.93	247.68	3.00	-2.78	14.71	14.40
其他采矿业	0.04	0.01	0.30	0.21	0.04		0.04	
农副食品加工业	757.11	378.47	2871.83	2589.58	15.69	120.02	157.02	21.22
食品制造业	218.47	94.31	424.10	359.91	2.46	31.63	43.64	9.55
酒、饮料和精制茶制造业	139.43	75.74	323.40	254.99	10.16	26.75	47.15	10.24
烟草制品业	3.54	3.07	86.07	27.73	46.39	2.97	58.90	9.53
纺织业	92.13	42.30	221.07	199.27	1.50	8.85	14.02	3.66
纺织服装、服饰业	86.21	38.68	355.84	317.21	2.09	10.92	18.06	5.03
皮革、毛皮、羽毛及其制品和制鞋业	51.45	18.67	201.16	170.39	0.72	20.96	22.33	0.51
木材加工和木、竹、藤、棕、草制品业	83.27	36.80	302.31	262.11	1.63	14.29	18.88	2.96
家具制造业	94.43	22.57	190.07	165.27	1.01	8.32	11.57	2.24
造纸和纸制品业	76.63	33.05	212.34	183.36	1.29	14.18	19.40	3.92
印刷和记录媒介复制业	35.30	18.55	76.82	66.31	0.27	4.12	5.42	1.02
文教、工美、体育和娱乐用品制造业	34.25	15.54	103.58	93.04	0.60	5.59	7.23	1.04
石油加工、炼焦和核燃料加工业	509.51	305.69	3343.92	2623.23	528.11	-11.85	665.90	148.88
化学原料和化学制品制造业	732.20	461.42	2034.77	1858.47	34.26	29.12	101.47	38.00
医药制造业	477.17	115.33	617.97	417.38	8.68	72.90	112.11	30.43
化学纤维制造业	15.05	6.85	40.85	35.51	0.11	2.36	3.25	0.77
橡胶和塑料制品业	498.84	300.79	984.82	854.33	4.21	39.75	58.59	14.27
非金属矿物制品业	796.80	394.33	2243.78	1958.03	14.85	100.38	157.63	42.37
黑色金属冶炼和压延加工业	1819.17	1028.75	3315.82	3066.32	21.46	-39.97	34.67	53.07
有色金属冶炼和压延加工业	506.96	252.37	766.23	655.75	3.33	51.10	65.87	11.44
金属制品业	446.87	224.49	1158.14	1009.41	7.69	43.34	71.04	19.94
通用设备制造业	1082.11	481.45	2259.09	1923.18	12.78	104.68	164.12	46.57
专用设备制造业	709.44	344.76	1476.75	1301.74	7.18	-9.49	12.34	14.58
汽车制造业	872.81	337.36	2734.99	2125.76	90.58	240.81	422.18	90.74
铁路、船舶、航空航天和其他运输设备制造业	675.46	343.33	1041.14	947.87	3.18	37.23	52.55	12.06
电气机械和器材制造业	576.61	247.81	1374.51	1202.96	6.05	58.53	85.33	20.69
计算机、通信和其他电子设备制造业	463.07	244.56	603.93	508.23	2.80	38.43	47.51	6.05
仪器仪表制造业	146.50	42.29	160.70	124.57	1.06	16.34	21.22	3.76
其他制造业	26.24	14.91	37.89	31.40	0.28	1.62	3.13	1.22
废弃资源综合利用业	23.72	7.25	48.63	42.66	0.43	1.19	3.92	2.30
金属制品、机械和设备修理业	13.70	2.62	37.66	32.21	0.33	1.95	3.35	1.07
电力、热力生产和供应业	1133.09	885.38	1600.84	1436.44	8.67	74.90	147.93	64.17
燃气生产和供应业	99.88	75.45	70.81	60.84	0.52	5.82	7.97	1.58
水的生产和供应业	174.45	114.27	54.49	45.57	0.25	-0.19	1.22	1.14

14-7 按行业分的全部规模以上工业企业主要经济效益指标

(2015年)

行业	总资产贡献率 (%)	资产负债率 (%)	工业成本费用利润率 (%)	产品销售率 (%)
总计	**8.20**	**61.67**	**3.33**	**98.29**
煤炭开采和洗选业	1.83	66.16	-8.43	99.33
石油和天然气开采业	-11.02	50.82	-36.28	99.99
黑色金属矿采选业	11.95	59.66	6.42	99.37
有色金属矿采选业	16.77	59.94	7.73	99.17
非金属矿采选业	14.39	27.16	5.78	97.67
开采辅助活动	5.55	61.32	-1.09	99.97
其他采矿业	13.98	87.87	1.31	100.00
农副食品加工业	10.53	54.37	4.33	98.14
食品制造业	11.99	53.03	8.01	99.82
酒、饮料和精制茶制造业	18.19	46.52	8.98	97.20
烟草制品业	100.22	93.97	6.59	98.95
纺织业	8.13	50.87	4.18	98.40
纺织服装、服饰业	11.05	49.45	3.18	96.17
皮革、毛皮、羽毛及其制品和制鞋业	30.60	30.15	11.68	99.59
木材加工和木、竹、藤、棕、草制品业	13.52	43.01	4.97	98.64
家具制造业	8.13	37.36	4.56	98.64
造纸和纸制品业	13.27	50.80	7.17	99.34
印刷和记录媒介复制业	7.39	56.46	5.59	99.32
文教、工美、体育和娱乐用品制造业	14.48	34.93	5.72	97.57
石油加工、炼焦和核燃料加工业	39.40	71.15	-0.41	99.06
化学原料和化学制品制造业	5.93	68.04	1.39	93.34
医药制造业	14.84	38.53	13.45	96.68
化学纤维制造业	8.29	68.84	6.06	102.10
橡胶和塑料制品业	6.80	49.92	4.20	98.97
非金属矿物制品业	9.58	55.97	4.71	97.27
黑色金属冶炼和压延加工业	2.19	68.55	-1.14	99.21
有色金属冶炼和压延加工业	6.25	60.58	6.56	97.46
金属制品业	7.71	56.05	3.87	98.71
通用设备制造业	7.68	56.85	4.82	97.88
专用设备制造业	1.58	68.30	-0.65	98.45
汽车制造业	16.42	67.00	9.69	99.86
铁路、船舶、航空航天和其他运输设备制造业	2.27	69.46	3.56	98.61
电气机械和器材制造业	7.67	53.38	4.41	99.05
计算机、通信和其他电子设备制造业	6.12	45.09	6.68	98.89
仪器仪表制造业	9.62	37.99	11.11	96.59
其他制造业	7.25	42.97	4.28	95.12
废弃资源综合利用业	7.59	55.93	2.53	101.27
金属制品、机械和设备修理业	16.05	36.80	5.49	91.05
电力、热力生产和供应业	5.65	68.55	4.84	99.55
燃气生产和供应业	4.29	51.09	7.38	98.83
水的生产和供应业	0.97	48.00	-0.31	95.92

14-8 国有及国有控股工业企业主要指标

(2015年)　　单位：亿元

行　　业	企业单位数(个)	资产总计	流动资产合　计	固定资产合　计	固定资产原　价	负债合计	流动负债合　计	所有者权　益
总　　计	**606**	**18658.15**	**7619.36**	**7323.62**	**13286.76**	**12913.44**	**9336.10**	**5736.01**
在总计中：中央企业	28	2673.25	997.22	661.47	1440.30	1797.10	1308.32	876.18
地方企业	85	569.35	239.97	265.54	330.69	331.56	252.33	237.38
在总计中：轻工业	102	910.10	480.33	286.03	456.04	498.66	356.82	411.42
重工业	504	17748.05	7139.04	7037.59	12830.72	12414.77	8979.28	5324.59
在总计中：大型企业	97	14604.63	6363.56	5108.26	9555.62	10349.57	7555.61	4250.34
中型企业	191	2149.77	882.00	1016.37	1477.71	1439.27	1003.46	710.06
小型企业	289	895.52	283.68	453.39	599.51	540.50	350.43	351.85
微型企业	29	1008.23	90.13	745.60	1653.93	584.09	426.59	423.77
煤炭开采和洗选业	6	924.66	317.09	329.88	602.02	619.62	440.20	305.05
石油和天然气开采业	1	636.61	105.19	531.42	1375.32	323.51	37.83	313.11
黑色金属矿采选业	7	254.50	82.51	46.41	94.26	193.92	164.78	60.58
有色金属矿采选业	4	12.69	4.12	6.01	11.03	12.21	9.74	0.48
非金属矿采选业	5	77.04	16.45	36.97	11.32	9.33	3.57	67.71
开采辅助活动	3	288.26	131.92	112.98	184.92	178.39	174.77	109.88
其他采矿业								
农副食品加工业	14	84.15	64.28	18.16	26.53	63.18	61.47	20.97
食品制造业	7	8.53	5.19	2.83	7.99	4.08	3.04	4.44
酒、饮料和精制茶制造业	4	5.49	3.46	1.94	3.19	6.44	3.83	-0.95
烟草制品业	3	58.55	36.68	18.74	34.01	55.24	55.24	3.32
纺织业	1	0.30	0.29	0.02		0.28		0.02
纺织服装、服饰业	8	1.95	1.04	0.73	1.37	0.69	0.27	1.27
皮革、毛皮、羽毛及其制品和制鞋业	1	0.19	0.08	0.11	0.25	0.08	0.06	0.11
木材加工和木、竹、藤、棕、草制品业	1	1.29	0.98	0.17	0.46	0.89	0.89	0.40
家具制造业	3	2.86	1.78	0.73	1.68	1.20	1.20	1.67
造纸和纸制品业	1	2.58	0.82	1.27	1.52	1.23	0.81	1.34
印刷和记录媒介复制业	10	25.69	17.71	4.54	14.45	19.02	18.29	6.67
文教、工美、体育和娱乐用品制造业	1	0.93	0.49	0.38	0.97	1.14	1.14	-0.21
石油加工、炼焦和核燃料加工业	22	1200.41	315.81	756.28	1577.51	834.33	649.00	366.09
化学原料和化学制品制造业	23	298.69	146.40	133.19	155.60	219.81	192.29	78.95
医药制造业	11	166.72	75.30	58.69	87.70	87.02	63.10	79.61
化学纤维制造业	1	4.93	4.69	0.24	0.31	4.91	3.51	0.02
橡胶和塑料制品业	7	22.22	14.30	6.95	11.96	11.07	10.09	11.14
非金属矿物制品业	30	165.85	49.96	105.12	72.41	79.54	74.65	86.29
黑色金属冶炼和压延加工业	37	4779.19	1679.15	1448.56	3132.96	3430.14	2674.64	1349.05
有色金属冶炼和压延加工业	15	101.70	37.52	59.71	86.18	67.03	58.88	34.67
金属制品业	18	103.37	65.36	30.84	55.06	59.61	52.51	44.24
通用设备制造业	29	701.83	510.60	146.24	202.91	542.13	370.42	159.44
专用设备制造业	31	1457.05	1063.20	309.46	438.81	1187.25	891.00	266.88
汽车制造业	51	1332.73	669.75	327.45	450.83	1009.10	882.44	323.63
铁路、船舶、航空航天和其他运输设备制造业	38	2044.72	1392.76	357.41	543.64	1440.93	1126.34	599.20
电气机械和器材制造业	15	45.38	30.90	11.51	17.87	24.04	19.90	21.34
计算机、通信和其他电子设备制造业	12	264.18	193.72	23.81	42.44	118.25	100.79	145.93
仪器仪表制造业	7	73.65	54.22	6.89	7.19	15.47	10.98	58.18
其他制造业	3	23.47	10.29	7.70	11.88	8.95	7.00	14.52
废弃资源综合利用业	2	8.21	2.88	4.18	6.20	2.49	2.43	5.50
金属制品、机械和设备修理业	3	3.36	1.92	0.48	0.90	1.98	0.14	1.38
电力、热力生产和供应业	133	3042.18	380.97	2190.39	3676.91	2079.04	1063.62	962.08
燃气生产和供应业	12	145.73	46.25	73.48	100.46	69.45	63.55	76.18
水的生产和供应业	26	286.30	83.37	151.75	235.75	130.46	41.68	155.84

14-8 续表

单位：亿元

行　　业	实收资本	主营业务收　　入	主营业务成　　本	主营业务税金及附加	利润总额	本年应交增 值 税	利税总额
总　　计	**3592.22**	**10390.20**	**8732.30**	**677.11**	**-96.13**	**955.52**	**372.12**
在总计中：中央企业	517.23	938.34	849.32	16.03	-5.71	38.95	28.55
地方企业	141.98	175.26	160.57	1.41	-10.41	2.58	11.48
在总计中：轻工业	179.65	480.30	358.77	48.22	15.26	80.48	16.67
重工业	3412.56	9909.90	8373.54	628.89	-111.40	875.04	355.45
在总计中：大型企业	2585.99	8088.04	6679.89	615.76	-140.76	770.67	293.56
中型企业	481.69	969.41	806.38	52.13	18.57	104.64	33.79
小型企业	248.70	404.84	349.37	5.28	11.98	26.46	9.15
微型企业	275.84	927.92	896.66	3.94	14.07	53.75	35.63
煤炭开采和洗选业	78.15	204.00	166.47	4.67	-31.28	-5.39	20.32
石油和天然气开采业	313.11	199.04	225.69	9.25	-94.95	-78.62	7.09
黑色金属矿采选业	24.18	70.92	65.94	2.48	-6.26	-1.23	2.55
有色金属矿采选业	1.91	7.06	5.29	0.05	-1.48	-1.08	0.36
非金属矿采选业	2.19	5.74	4.41	0.20	0.27	0.68	0.21
开采辅助活动	247.00	220.78	227.75	2.93	-4.35	12.87	14.20
其他采矿业							
农副食品加工业	3.81	111.58	102.74	0.07	3.68	4.46	0.65
食品制造业	1.54	12.48	10.35	0.05	0.38	0.77	0.34
酒、饮料和精制茶制造业	0.40	2.68	2.30	0.13	-0.40	-0.10	0.16
烟草制品业	3.04	85.80	27.69	46.38	2.96	58.86	9.51
纺织业		0.38	0.36				
纺织服装、服饰业	0.63	4.48	3.26	0.03	0.18	0.38	0.16
皮革、毛皮、羽毛及其制品和制鞋业	0.10	0.35	0.27		-0.02	0.01	0.03
木材加工和木、竹、藤、棕、草制品业	0.38	0.80	0.66	0.01	0.05	0.04	-0.02
家具制造业	0.97	2.55	2.20	0.02	0.16	0.18	
造纸和纸制品业	0.50	1.00	0.79		0.02	0.07	0.05
印刷和记录媒介复制业	8.85	8.45	7.24	0.07	0.09	0.44	0.27
文教、工美、体育和娱乐用品制造业	1.02	0.17	0.14		-0.11	-0.10	
石油加工、炼焦和核燃料加工业	235.01	2486.44	1827.00	522.62	-27.71	638.09	142.54
化学原料和化学制品制造业	90.00	95.69	89.67	0.27	-6.44	-5.36	0.81
医药制造业	28.17	75.39	51.66	0.52	4.66	7.65	2.47
化学纤维制造业	0.10	8.07	7.33	0.04	0.06	0.45	0.35
橡胶和塑料制品业	3.64	19.28	15.08	0.05	1.02	1.25	0.19
非金属矿物制品业	31.64	35.98	30.65	0.21	-3.24	-1.36	1.67
黑色金属冶炼和压延加工业	837.80	1793.85	1669.72	14.74	-96.61	-48.94	32.84
有色金属冶炼和压延加工业	27.11	90.43	84.00	0.27	-3.07	-1.16	1.65
金属制品业	19.22	80.27	66.62	0.47	6.29	10.13	3.34
通用设备制造业	94.87	344.48	295.09	1.23	-5.93	2.89	7.58
专用设备制造业	171.42	561.69	506.49	2.02	-54.66	-53.26	-0.65
汽车制造业	74.04	1278.40	911.81	57.19	111.34	217.83	49.28
铁路、船舶、航空航天和其他运输设备制造业	307.88	833.33	763.84	2.24	29.65	39.79	7.82
电气机械和器材制造业	11.84	20.24	17.15	0.09	-0.58	0.10	0.59
计算机、通信和其他电子设备制造业	25.91	168.67	139.16	0.87	12.68	15.62	1.83
仪器仪表制造业	10.04	22.80	16.66	0.15	4.44	5.01	0.41
其他制造业	5.12	7.08	5.71	0.07	0.18	0.84	0.58
废弃资源综合利用业	0.76	2.64	2.10	0.03	-0.02	0.19	0.18
金属制品、机械和设备修理业	0.37	1.50	1.23	0.01	0.02	0.04	0.02
电力、热力生产和供应业	771.87	1441.63	1304.34	7.23	60.71	128.38	60.27
燃气生产和供应业	57.43	41.85	34.92	0.28	5.28	7.16	1.57
水的生产和供应业	100.18	42.21	38.52	0.16	-3.15	-2.05	0.92

14-9 各地区国有及国有控股工业企业主要指标

(2015年)

单位：亿元

指　标	沈阳	大连	鞍山	抚顺	本溪	丹东	锦州
企业单位数(个)	178	134	25	28	41	18	19
资产总计	3877.05	4849.41	2538.34	729.89	1251.46	188.25	180.73
流动资产合计	2095.60	2582.01	869.00	232.82	478.08	57.42	48.11
固定资产合计	1088.29	1553.15	578.86	430.64	441.08	80.60	126.82
固定资产原价合计	1526.93	2202.20	1253.44	780.14	1189.95	129.93	202.86
流动负债合计	2276.70	2278.90	1161.10	407.70	880.15	81.29	65.31
实收资本	445.63	730.62	320.10	83.43	176.35	47.92	65.17
主营业务收入	2464.81	2303.10	653.75	566.61	734.42	72.62	260.18
主营业务成本	1900.87	1873.36	560.62	432.86	733.35	63.49	174.26
主营业务税金及附加	79.13	220.63	13.38	71.20	2.78	0.25	66.13
利润总额	136.43	5.16	-9.48	-6.33	-66.16	1.24	-0.95
利税总额	290.44	298.84	24.12	99.64	-57.85	3.43	80.77
本年应交增值税	74.65	72.67	20.20	33.95	5.54	1.94	15.34

14-9 续表

单位：亿元

指　标	营口	阜新	辽阳	盘锦	铁岭	朝阳	葫芦岛
企业单位数(个)	21	24	19	23	22	28	25
资产总计	687.85	287.49	195.29	1340.63	544.87	491.52	566.16
流动资产合计	180.29	63.56	45.82	375.77	139.84	136.11	245.92
固定资产合计	420.27	216.44	96.43	840.21	236.78	261.17	255.73
固定资产原价合计	648.30	326.97	305.23	1881.37	450.99	348.67	451.62
流动负债合计	308.08	109.23	158.71	421.62	223.79	287.43	285.16
实收资本	345.41	88.63	52.24	639.40	68.50	120.90	157.54
主营业务收入	355.70	88.14	227.59	969.22	161.03	192.09	427.51
主营业务成本	301.73	76.30	188.48	900.30	127.32	182.14	331.14
主营业务税金及附加	33.73	0.97	44.39	70.92	2.64	0.65	66.44
利润总额	-16.11	-7.08	-37.16	-93.84	0.57	-12.68	-3.13
利税总额	29.79	0.34	18.21	25.47	13.52	-7.35	83.08
本年应交增值税	12.16	6.40	10.95	48.29	9.98	4.68	19.68

14-10 各地区全部规模以上工业企业主要经济效益指标

年份、地区	总资产贡献率 (%)	资产负债率 (%)	工业成本费用利润率 (%)	产品销售率 (%)
1998	4.90	65.55	-0.53	98.18
1999	5.20	60.35	1.73	97.88
2000	7.08	60.46	4.27	97.79
2001	6.13	58.69	3.26	97.33
2002	6.25	59.18	3.24	98.24
2003	7.31	58.76	3.92	98.09
2004	8.48	58.30	5.34	98.13
2005	7.84	58.22	3.46	98.47
2006	8.22	57.50	3.38	98.31
2007	10.67	58.64	5.13	98.06
2008	8.65	58.56	7.15	97.37
2009	11.66	58.36	5.37	97.84
2010	14.84	58.11	7.15	97.85
2011	14.78	57.23	6.26	98.38
2012	14.45	57.93	5.37	97.79
2013	15.00	57.92	6.09	97.81
2014	11.89	58.02	4.52	97.35
2015	8.20	61.67	3.33	98.29
沈　阳	9.90	59.00	5.10	99.14
大　连	8.24	65.29	3.92	97.44
鞍　山	4.19	60.21	2.11	98.17
抚　顺	10.65	64.02	-0.07	99.70
本　溪	4.69	64.64	0.33	98.50
丹　东	4.13	61.77	3.34	97.09
锦　州	21.11	49.47	6.74	97.36
营　口	11.42	64.19	5.76	99.13
阜　新	5.41	59.34	2.25	97.57
辽　阳	8.93	57.96	4.31	96.74
盘　锦	5.54	59.01	-1.74	97.72
铁　岭	3.53	65.21	0.35	97.78
朝　阳	3.57	67.95	-0.52	98.95
葫芦岛	11.30	65.23	0.28	98.30

14-11 各地区国有及国有控股工业企业主要经济效益指标

年份、地区	总资产贡献率(%)	资产负债率(%)	工业成本费用利润率(%)	产品销售率(%)
1998	4.60	65.99	-1.41	97.90
1999	4.64	59.96	0.76	98.47
2000	6.64	60.85	3.98	98.95
2001	5.59	59.63	2.60	98.38
2002	5.57	61.00	2.16	98.93
2003	6.76	59.51	3.14	98.76
2004	8.42	58.06	5.84	98.69
2005	7.45	59.33	2.78	99.86
2006	7.28	57.75	2.62	99.31
2007	8.86	60.88	4.14	99.21
2008	4.16	63.05	3.66	98.63
2009	7.63	65.38	1.96	98.80
2010	9.77	66.00	3.31	98.78
2011	8.96	66.25	1.95	98.94
2012	7.86	67.29	0.08	99.33
2013	8.05	67.68	1.93	98.76
2014	7.78	66.80	1.41	98.33
2015	6.42	69.21	-0.94	99.30
沈 阳	8.90	73.66	5.77	98.88
大 连	7.32	72.88	0.24	99.43
鞍 山	2.03	65.12	-1.33	99.70
抚 顺	14.29	66.31	-1.19	99.61
本 溪	-2.60	78.56	-7.80	99.89
丹 东	3.18	71.68	1.71	101.67
锦 州	45.83	60.26	-0.48	94.01
营 口	5.62	57.29	-4.68	99.28
阜 新	2.65	62.76	-7.16	98.85
辽 阳	11.86	92.79	-16.76	97.42
盘 锦	3.24	57.14	-9.50	100.73
铁 岭	4.39	64.91	0.31	98.34
朝 阳	1.10	76.83	-5.26	100.76
葫芦岛	14.73	67.18	-0.82	98.70

14-12 按行业分的规模以上外商投资工业企业主要指标

(2015年) 单位：亿元

行业	企业单位数(个)	资产总计	负债合计	所有者权益	主营业务收入	利税总额	本年应交增值税
总计	**1513**	**8148.30**	**4762.94**	**3405.06**	**6942.04**	**754.41**	**172.93**
在总计中：轻工业	537	1237.89	613.18	657.32	1486.38	157.12	35.54
重工业	976	6910.41	4149.76	2747.74	5455.65	597.29	137.38
在总计中：大型企业	77	4083.26	2547.32	1533.34	3243.50	449.60	99.80
中型企业	310	2289.56	1281.50	1037.35	2001.43	176.14	39.38
小型企业	1063	1695.49	882.74	805.69	1677.97	132.39	33.52
微型企业	63	79.99	51.37	28.68	19.14	-3.72	0.22
煤炭开采和洗选业							
石油和天然气开采业							
黑色金属矿采选业	3	25.81	12.27	13.54	7.59	1.02	0.34
有色金属矿采选业	7	4.47	0.92	3.40	16.23	2.30	0.79
非金属矿采选业	9	8.38	2.02	6.36	11.97	1.39	0.57
开采辅助活动	1	2.20	0.38	1.82	6.23	0.83	0.17
其他采矿业							
农副食品加工业	132	280.51	151.48	128.12	505.93	24.47	4.23
食品制造业	46	142.77	77.09	103.92	125.39	10.33	2.69
酒、饮料和精制茶制造业	40	173.26	81.48	88.66	147.98	30.59	6.86
烟草制品业							
纺织业	18	17.47	8.38	9.08	21.16	0.99	0.06
纺织服装、服饰业	104	50.63	25.71	24.69	84.72	4.53	1.42
皮革、毛皮、羽毛及其制品和制鞋业	14	25.41	11.28	13.63	50.37	4.47	0.09
木材加工和木、竹、藤、棕、草制品业	21	36.32	19.13	17.08	35.01	1.76	0.27
家具制造业	32	76.17	33.09	43.01	82.36	4.25	0.85
造纸和纸制品业	25	58.02	29.88	28.10	59.47	6.70	1.48
印刷和记录媒介复制业	5	5.74	1.64	4.10	2.53	0.40	0.10
文教、工美、体育和娱乐用品制造业	18	9.99	3.06	6.92	19.60	1.34	0.26
石油加工、炼焦和核燃料加工业	15	122.65	173.82	-51.18	219.88	22.19	4.96
化学原料和化学制品制造业	83	559.27	350.01	204.55	445.15	13.54	4.24
医药制造业	21	199.02	83.38	115.63	208.26	56.45	13.96
化学纤维制造业	2	6.77	4.48	2.28	4.15	0.31	0.26
橡胶和塑料制品业	71	452.84	263.74	189.09	196.11	6.72	-0.55
非金属矿物制品业	103	215.54	128.23	85.84	224.52	21.00	7.33
黑色金属冶炼和压延加工业	57	359.18	235.37	123.07	314.14	9.62	2.43
有色金属冶炼和压延加工业	23	713.23	352.55	360.50	200.82	49.46	9.40
金属制品业	82	206.79	112.12	91.98	176.56	6.90	3.26
通用设备制造业	151	494.77	218.82	275.26	415.18	37.08	8.92
专用设备制造业	55	891.09	703.84	186.74	344.17	-38.58	1.30
汽车制造业	129	1613.15	999.77	612.68	2095.58	384.63	81.00
铁路、船舶、航空航天和其他运输设备制造业	24	120.38	65.08	55.25	82.40	5.47	1.41
电气机械和器材制造业	80	354.94	207.56	146.36	336.89	24.48	5.16
计算机、通信和其他电子设备制造业	54	346.86	126.40	220.46	284.58	20.42	0.82
仪器仪表制造业	24	48.68	17.43	31.20	39.08	4.24	0.52
其他制造业	7	15.76	6.31	9.45	11.82	1.19	0.45
废弃资源综合利用业	2	6.26	0.80	4.86	1.48	-0.05	0.06
金属制品、机械和设备修理业	2	0.29	0.03	0.26	1.00	0.02	0.01
电力、热力生产和供应业	32	391.86	209.73	182.13	137.03	26.46	6.74
燃气生产和供应业	15	101.02	40.83	60.19	23.85	5.75	0.96
水的生产和供应业	6	10.82	4.80	6.02	2.84	1.76	0.11

14-13 按行业分的大中型工业企业主要指标

(2015年)

单位：亿元

行业	企业单位数(个)	资产总计	流动资产合计	固定资产合计	固定资产原价	负债合计	流动负债合计	所有者权益
总计	**1552**	**27483.19**	**12966.18**	**9504.11**	**16172.63**	**17999.49**	**13457.60**	**9492.95**
煤炭开采和洗选业	19	966.50	336.79	351.34	630.44	638.17	457.30	328.33
石油和天然气开采业	1	636.61	105.19	531.42	1375.32	323.51	37.83	313.11
黑色金属矿采选业	27	456.21	201.05	103.40	201.78	300.96	254.77	155.14
有色金属矿采选业	19	65.52	29.34	24.60	37.15	42.66	39.50	22.86
非金属矿采选业	16	73.37	21.01	49.84	29.02	17.71	9.45	55.99
开采辅助活动	3	288.26	131.92	112.98	184.92	178.39	174.77	109.88
其他采矿业								
农副食品加工业	154	834.46	464.51	253.38	365.78	486.59	385.67	346.49
食品制造业	36	247.92	146.62	68.28	92.80	142.86	117.68	143.55
酒、饮料和精制茶制造业	29	119.79	48.93	55.19	93.77	45.08	39.82	71.91
烟草制品业	3	58.55	36.68	18.74	34.01	55.24	55.24	3.32
纺织业	23	77.93	49.35	16.40	31.46	49.34	37.43	28.58
纺织服装、服饰业	69	78.20	54.98	15.29	32.54	38.78	31.09	39.07
皮革、毛皮、羽毛及其制品和制鞋业	8	41.94	14.46	26.15	35.81	10.84	9.33	31.10
木材加工和木、竹、藤、棕、草制品业	25	50.72	17.34	29.43	45.59	18.55	13.44	31.76
家具制造业	23	92.46	52.48	32.08	53.80	31.16	27.71	61.20
造纸和纸制品业	13	50.45	15.31	26.19	47.64	30.36	20.09	20.05
印刷和记录媒介复制业	9	17.17	6.00	8.01	16.62	7.79	7.45	9.38
文教、工美、体育和娱乐用品制造业	7	18.48	14.87	2.30	3.94	7.05	5.88	11.43
石油加工、炼焦和核燃料加工业	24	1509.70	529.13	819.53	1659.06	1109.94	886.15	399.76
化学原料和化学制品制造业	81	1627.49	830.92	678.11	802.71	1181.68	914.30	441.46
医药制造业	33	405.93	239.82	93.43	136.91	198.08	161.73	206.66
化学纤维制造业	4	41.08	14.04	11.41	17.89	30.30	25.26	10.78
橡胶和塑料制品业	56	575.87	227.31	226.82	378.76	294.11	167.70	281.67
非金属矿物制品业	86	856.25	402.62	375.31	433.91	490.31	409.45	362.50
黑色金属冶炼和压延加工业	82	5210.67	1868.21	1637.88	3526.52	3639.96	2845.99	1569.96
有色金属冶炼和压延加工业	24	1002.24	502.15	216.45	289.53	608.76	471.68	392.40
金属制品业	62	562.99	373.59	130.62	219.83	348.34	301.23	211.19
通用设备制造业	139	1623.72	1074.31	388.72	601.47	1030.86	727.99	590.51
专用设备制造业	74	1779.56	1249.71	402.03	581.74	1311.25	1004.82	468.11
汽车制造业	92	2236.72	1135.99	620.24	906.91	1545.43	1355.54	690.26
铁路、船舶、航空航天和其他运输设备制造业	50	2119.57	1427.25	387.36	586.38	1482.93	1161.38	631.98
电气机械和器材制造业	79	605.00	364.44	164.00	250.16	326.16	257.75	278.32
计算机、通信和其他电子设备制造业	43	717.97	434.26	107.84	264.00	315.91	254.96	401.71
仪器仪表制造业	18	130.08	83.56	22.57	30.89	42.89	32.72	87.14
其他制造业	7	31.27	15.68	10.31	14.52	10.11	7.99	21.15
废弃资源综合利用业	3	7.00	2.88	2.92	4.60	1.84	1.81	5.16
金属制品、机械和设备修理业	4	6.34	0.82	5.37	6.39	1.52	1.33	4.81
电力、热力生产和供应业	74	1868.98	320.13	1277.65	1851.86	1402.85	638.63	465.41
燃气生产和供应业	15	122.34	43.03	60.60	79.77	74.96	65.47	47.28
水的生产和供应业	18	267.88	79.51	139.92	216.42	126.29	39.28	141.60

14-13 续表

单位：亿元

行　业	实收资本	主营业务收入	主营业务成本	主营业务税金及附加	利润总额	利税总额	本年应交增值税
总　计	**5037.58**	**18031.03**	**15065.52**	**772.14**	**404.49**	**1699.06**	**519.55**
煤炭开采和洗选业	88.77	222.88	181.26	5.14	-30.60	-2.56	22.01
石油和天然气开采业	313.11	199.04	225.69	9.25	-94.95	-78.62	7.09
黑色金属矿采选业	38.17	204.82	164.60	7.24	13.36	32.94	12.34
有色金属矿采选业	8.20	52.82	39.86	0.65	3.44	6.58	2.49
非金属矿采选业	3.58	50.22	41.60	0.52	2.23	3.61	0.86
开采辅助活动	247.00	220.78	227.75	2.93	-4.35	12.87	14.20
其他采矿业							
农副食品加工业	147.36	1138.59	1015.16	4.82	51.87	66.36	9.61
食品制造业	58.33	170.26	134.54	0.69	20.12	26.57	5.77
酒、饮料和精制茶制造业	34.31	125.39	82.85	7.27	15.33	30.18	7.58
烟草制品业	3.04	85.80	27.69	46.38	2.96	58.86	9.51
纺织业	16.64	60.22	53.85	0.25	2.37	3.87	1.25
纺织服装、服饰业	15.15	127.89	114.46	0.76	3.60	6.32	1.95
皮革、毛皮、羽毛及其制品和制鞋业	11.20	54.15	42.21	0.23	5.89	6.31	0.18
木材加工和木、竹、藤、棕、草制品业	8.34	112.88	94.88	0.55	6.96	8.89	1.38
家具制造业	9.54	79.43	67.35	0.34	3.17	4.17	0.66
造纸和纸制品业	13.67	63.17	51.52	0.40	5.93	7.85	1.53
印刷和记录媒介复制业	6.45	26.77	22.76	0.04	1.19	1.46	0.22
文教、工美、体育和娱乐用品制造业	3.27	26.23	23.49	0.19	1.15	1.55	0.21
石油加工、炼焦和核燃料加工业	251.82	2694.21	2018.40	519.93	-25.42	634.65	139.49
化学原料和化学制品制造业	293.73	1080.31	1008.16	28.49	-11.86	40.85	24.13
医药制造业	72.03	269.12	136.64	2.05	47.41	65.02	15.55
化学纤维制造业	5.23	29.56	26.04	0.06	1.07	1.54	0.41
橡胶和塑料制品业	177.39	326.03	265.38	1.05	12.31	16.86	3.15
非金属矿物制品业	141.36	575.18	495.58	3.41	21.10	35.14	10.63
黑色金属冶炼和压延加工业	906.95	2365.23	2194.39	17.25	-78.09	-18.24	42.51
有色金属冶炼和压延加工业	187.20	442.91	360.31	1.77	42.09	52.46	8.60
金属制品业	96.06	449.43	375.90	2.94	20.14	33.20	10.07
通用设备制造业	233.23	1047.42	866.95	5.43	41.56	71.52	24.51
专用设备制造业	238.13	830.99	727.62	2.83	-36.82	-29.22	4.72
汽车制造业	225.40	2323.82	1763.90	88.38	220.91	392.49	83.17
铁路、船舶、航空航天和其他运输设备制造业	316.75	901.86	822.61	2.54	34.45	46.88	9.81
电气机械和器材制造业	98.89	527.96	449.80	1.72	23.81	34.07	8.48
计算机、通信和其他电子设备制造业	150.39	458.14	380.99	2.04	32.05	38.43	4.12
仪器仪表制造业	16.92	71.81	53.53	0.40	10.24	12.38	1.69
其他制造业	9.69	18.29	14.00	0.19	1.00	2.26	1.07
废弃资源综合利用业	0.44	2.82	2.17	0.04	0.14	0.37	0.20
金属制品、机械和设备修理业	0.48	11.28	8.99	0.11	0.76	1.36	0.50
电力、热力生产和供应业	460.73	510.10	414.68	3.51	41.62	71.69	26.53
燃气生产和供应业	35.12	36.13	33.31	0.20	0.22	0.99	0.52
水的生产和供应业	93.51	37.10	34.64	0.14	-3.86	-2.84	0.85

14-14 按行业分的大中型工业企业主要经济效益指标

(2015年)

行　业	总资产贡献率(%)	资产负债率(%)	工业成本费用利润率(%)	产品销售率(%)
总　计	**7.41**	**65.49**	**2.30**	**98.30**
煤炭开采和洗选业	1.78	66.03	-9.34	99.22
石油和天然气开采业	-11.02	50.82	-36.28	99.99
黑色金属矿采选业	8.80	65.97	6.88	99.91
有色金属矿采选业	11.64	65.11	6.89	100.00
非金属矿采选业	5.02	24.14	4.67	97.79
开采辅助活动	5.18	61.88	-1.86	100.00
其他采矿业				
农副食品加工业	9.39	58.31	4.64	98.39
食品制造业	11.26	57.62	12.99	102.46
酒、饮料和精制茶制造业	25.35	37.63	14.51	97.69
烟草制品业	100.57	94.34	6.61	98.95
纺织业	6.14	63.32	3.98	101.16
纺织服装、服饰业	8.39	49.59	2.89	93.80
皮革、毛皮、羽毛及其制品和制鞋业	15.51	25.85	12.23	99.81
木材加工和木、竹、藤、棕、草制品业	18.03	36.58	6.56	99.50
家具制造业	4.94	33.70	4.09	98.52
造纸和纸制品业	16.56	60.18	10.28	100.10
印刷和记录媒介复制业	8.82	45.39	4.58	100.37
文教、工美、体育和娱乐用品制造业	9.46	38.17	4.59	100.64
石油加工、炼焦和核燃料加工业	44.13	73.52	-1.14	99.14
化学原料和化学制品制造业	4.24	72.61	-1.02	91.01
医药制造业	16.76	48.80	21.23	95.41
化学纤维制造业	5.63	73.76	3.74	102.11
橡胶和塑料制品业	4.23	51.07	3.91	98.78
非金属矿物制品业	5.15	57.26	3.80	94.65
黑色金属冶炼和压延加工业	1.33	69.86	-3.01	99.50
有色金属冶炼和压延加工业	6.44	60.74	9.06	96.22
金属制品业	6.71	61.87	4.57	98.49
通用设备制造业	5.94	63.49	4.05	96.81
专用设备制造业	-0.50	73.68	-4.41	99.27
汽车制造业	18.01	69.09	10.58	100.13
铁路、船舶、航空航天和其他运输设备制造业	2.05	69.96	3.79	98.99
电气机械和器材制造业	6.52	53.91	4.60	99.32
计算机、通信和其他电子设备制造业	5.69	44.00	7.36	99.21
仪器仪表制造业	10.06	32.97	16.08	96.07
其他制造业	7.40	32.34	5.51	99.47
废弃资源综合利用业	6.18	26.26	5.11	146.38
金属制品、机械和设备修理业	21.76	24.02	7.26	72.95
电力、热力生产和供应业	5.73	75.06	8.62	99.08
燃气生产和供应业	1.28	61.27	0.46	100.00
水的生产和供应业	-0.55	47.14	-8.00	95.95

14-15 各地区大中型工业企业主要指标

单位：亿元

年份、地区	企业单位数（个）	资产总计	流动资产合计	固定资产合计	固定资产原价	固定资产净值年平均余额	负债合计	流动负债合计	长期负债合计
1998	1331	5699.55	2189.07	3118.29	4065.90	2641.39	3705.71	2378.86	1303.62
1999	847	5933.87	2259.48	3238.46	4362.61	2626.00	3409.07	2296.96	1106.82
2000	857	5908.55	2312.97	3088.51	4351.57	2733.46	3515.17	2338.83	1171.62
2001	869	6398.33	2471.46	3463.49	4947.97	3032.42	3645.86	2527.98	1106.09
2002	883	6718.00	2605.10	3573.53	5269.20	3242.04	3879.93	2706.67	1168.43
2003	810	6879.72	2771.05	3309.07	5432.53	3279.89	3870.74	2924.72	937.82
2004	964	8343.69	3372.61	4090.47	6285.24	3671.47	4668.19	3528.31	1133.17
2005	1013	9209.77	3981.22	4486.60	6910.54	3915.82	5374.15	4002.55	1349.24
2006	1085	10721.56	4726.19	5175.40	7592.23	4365.99	6162.70	4610.99	1480.57
2007	1164	12761.68	5744.25	5537.97	8709.02	4755.01	7591.30	5842.09	1674.76
2008	1135	14960.78	6547.99	6725.85	9983.83	5403.41	9206.41	6971.63	1988.99
2009	1383	17995.86	8089.60	7874.67	11128.84	6447.18	11147.83	8221.30	2649.68
2010	1505	20118.92	9398.47	8481.96	12939.61	7390.59	12554.80	9331.80	2955.76
2011	1825	21237.69	10030.88	8169.94	13295.54		13100.38	9766.00	
2012	2210	24664.73	11530.95	8676.11	14257.71		15391.41	11113.24	
2013	2272	27329.27	12510.92	10105.70	17253.10		17031.50	12783.97	
2014	2074	26779.73	12244.72	9533.76	16666.09		16601.78	12470.13	
2015	1552	27483.19	12966.18	9504.11	16172.63		17999.49	13457.60	
沈　阳	395	5803.73	3001.82	1825.81	2686.36		3784.44	3086.37	
大　连	470	8022.71	4458.59	2502.23	3664.92		5453.84	3727.46	
鞍　山	85	3108.31	1218.39	745.41	1479.68		1934.29	1383.72	
抚　顺	48	923.14	333.21	499.86	893.84		589.21	499.22	
本　溪	58	1400.29	548.18	492.37	1361.19		1067.99	947.11	
丹　东	63	444.30	221.76	131.33	197.11		268.80	180.13	
锦　州	81	660.50	314.30	258.32	406.63		376.88	305.20	
营　口	81	1503.36	689.53	654.33	915.23		1015.52	874.24	
阜　新	43	384.88	176.29	171.67	273.03		237.64	190.96	
辽　阳	45	1433.79	657.67	340.31	637.10		815.09	588.61	
盘　锦	54	1835.48	639.42	998.05	2189.74		1118.99	682.84	
铁　岭	37	660.88	197.21	293.31	538.86		441.33	306.65	
朝　阳	54	629.63	213.30	295.49	412.37		453.29	345.98	
葫芦岛	38	672.19	296.51	295.61	516.56		442.18	339.12	

14-15 续表

单位：亿元

年份、地区	所有者权益	实收资本	主营业务收入	主营业务成本	主营业务税金及附加	利润总额	利税总额	本年应交增值税
1998	1993.84	1210.42	2378.74	2005.48	49.13	-25.30	146.61	122.79
1999	2524.79	1334.40	2568.69	2146.07	47.74	50.13	224.28	126.41
2000	2386.85	1458.65	3196.35	2681.87	56.32	142.54	349.32	150.46
2001	1635.55	1635.55	3398.32	2874.07	55.32	118.89	324.27	150.07
2002	2837.12	1703.09	3671.30	3072.43	61.50	121.10	342.80	160.23
2003	2999.36	1763.21	4751.49	3937.53	76.37	194.97	460.60	189.26
2004	3587.59	2451.48	6349.30	5352.85	88.45	367.20	686.31	230.66
2005	3715.13	2408.23	8000.32	6990.98	105.92	268.27	636.57	262.38
2006	4394.64	2551.74	9733.03	8502.61	134.49	307.39	759.19	317.32
2007	5126.57	2735.46	11597.55	9788.64	194.05	547.28	1139.52	398.19
2008	5754.37	3536.14	13787.29	12304.22	173.37	217.70	790.26	399.19
2009	6815.16	3987.07	15120.81	12831.03	477.81	655.13	1580.55	447.61
2010	7529.34	4001.97	18663.03	15734.42	588.10	1113.86	2276.57	574.62
2011	8063.52	4276.04	21459.08	18213.55	602.50	1058.85	2313.16	645.83
2012	9180.03	4599.30	24719.23	21022.81	724.25	974.84	2528.44	822.60
2013	10206.28	4994.98	26269.38	22245.91	679.06	1329.03	2897.85	870.47
2014	10143.94	5060.21	24419.18	20789.05	709.02	886.84	2260.91	656.76
2015	9492.95	5037.58	18031.03	15065.52	772.14	404.49	1699.06	519.55
沈　阳	2044.12	815.65	4633.86	3685.25	113.33	256.86	483.65	113.22
大　连	2565.06	1302.70	5170.89	4277.66	262.84	188.94	598.40	145.76
鞍　山	1172.11	400.18	1216.95	1063.01	17.84	9.23	54.90	27.84
抚　顺	333.93	111.29	692.36	541.53	72.60	-2.24	109.54	38.36
本　溪	331.54	209.27	946.35	905.79	5.64	-42.20	-21.39	15.17
丹　东	175.52	93.79	219.94	186.37	1.17	10.65	16.86	4.98
锦　州	281.23	141.38	860.53	690.59	73.06	46.84	140.87	20.71
营　口	486.42	435.99	910.19	770.99	33.35	25.42	82.80	24.01
阜　新	147.24	89.08	212.76	184.85	1.76	0.04	11.11	9.26
辽　阳	618.64	302.90	600.26	478.46	46.55	8.04	80.62	25.98
盘　锦	713.49	705.06	1472.86	1355.03	72.08	-81.70	43.61	53.14
铁　岭	218.39	101.28	261.57	219.45	3.18	-0.25	14.31	11.03
朝　阳	175.25	149.78	297.69	278.24	1.91	-13.17	-3.04	8.23
葫芦岛	230.01	179.25	534.83	428.30	66.83	-1.95	86.80	21.85

14-16 历年主要工业产品产量

年份、地区	化学纤维（万吨）	纱（万吨）	布（亿米）	毛线（吨）	呢绒（万米）	丝（吨）	机制纸及纸板（万吨）	缝纫机（万架）	自行车（万辆）	手表（万只）	灯泡（亿只）
1990	15.6	109.8	6.5	5087.0	1840.0	2905.0	77.5	0.5	97.2	430.4	1.2
1991	15.8	110.1	6.4	4099.0	1781.1	2667.0	75.1	0.4	85.5	467.7	1.5
1992	17.1	112.0	6.0	4981.0	1672.7	1917.0	79.1	0.3	125.9	359.9	1.5
1993	15.7	99.3	5.6	3524.0	1431.4	2280.0	75.4	0.4	195.4	554.5	1.1
1994	17.9	18.2	5.4	2785.0	1548.6	3292.0	82.3	0.3	190.7	397.7	3.3
1995	19.8	18.0	5.8	2725.0	1185.0	3484.0	97.5	0.2	112.1	409.9	3.7
1996	20.7	16.9	4.7	4449.0	745.4	4550.0	95.7	0.2	87.9	316.4	4.3
1997	28.1	17.2	5.4	1902.0	648.5	3588.0	84.2	0.2	55.1	212.4	1.4
1998	30.5	14.3	4.7	1970.0	373.2	1996.0	72.0	0.1	53.1	98.0	1.3
1999	29.2	15.2	5.3	1655.0	606.1	1328.0	58.8	0.1	16.3	97.0	1.1
2000	34.2	18.3	5.0	1633.0	479.0	2414.0	55.2	0.2	46.2	69.0	0.5
2001	36.0	16.0	4.3	1179.0	230.3	1675.0	62.9	0.3	15.2	69.2	1.3
2002	33.5	16.4	5.0	1491.0	168.1	2110.0	52.0	0.3	2.2	86.0	1.5
2003	26.3	15.6	3.4	1447.0	109.2	1640.0	59.1	0.3			1.4
2004	30.7	17.2	4.3	1840.0	379.8	3297.0	72.6	0.7	1.4	152.8	1.8
2005	24.1	18.7	5.7	1541.0	106.0	2191.0	83.4	0.6	0.4	169.6	1.8
2006	22.5	18.2	5.4	1811.0	118.4	2592.0	67.5	0.6		145.1	5.1
2007	21.1	18.0	7.7	1015.0	60.3	2955.0	87.5	0.5		133.4	6.2
2008	17.0	16.8	4.7		54.1	3045.0	56.9	0.1		139.3	8.1
2009	21.4	16.0	5.0	1736.6	88.6	4812.0	77.2			9.1	1.1
2010	19.9	15.4	7.2	2191.0	74.0	7182.0	88.5	0.1	1.2	5.7	1.4
2011	16.4	13.8	7.2	2402.7		4184.3	76.2			6.2	1.5
2012	18.4	12.9	4.6	1526.1		2462.5	73.3		5.0		2.1
2013	17.9	10.3	4.1	2796.0		2310.4	48.8		10.0		2.0
2014	19.8	13.8	6.8	4725.7		4504.2	41.2		4.7		1.9
2015	29.0	8.3	3.5	4801.1		2948.0	36.0		7.0		1.9
沈阳		1.4		1161.1			5.9				1.8
大连		1.3					15.5				
鞍山	2.6	1.4	1.4			542.1					
抚顺	0.5	0.5	0.1								
本溪											
丹东	5.4	0.1	0.1			407.0	3.5				
锦州	18.5	1.6	0.1				4.2				0.1
营口	1.9	0.8	1.1			461.0					
阜新		0.5	0.2	3640.0			1.3				
辽阳			0.2								
盘锦							5.4				
铁岭						1537.9	0.3				
朝阳		0.6	0.2						7.0		
葫芦岛											

14-16 续表 1

年份、地区	合成洗涤剂(万吨)	原盐(万吨)	糖(万吨)	卷烟(亿支)	罐头(万吨)	啤酒(亿升)	家用电冰箱(万台)	电视机(万台)	原煤(万吨)	原油(万吨)	天然气(亿立方米)
1990	5.3	129.9	3.2	50.6	5.8	55.0	16.4	115.1	5101.0	1368.7	20.4
1991	4.2	240.4	3.6	42.8	7.6	64.3	11.8	59.6	5234.7	1374.2	20.6
1992	4.3	293.2	5.4	45.3	8.8	78.5	10.3	73.2	5394.6	1387.8	21.1
1993	2.9	282.9	5.2	40.3	4.0	62.8	12.0	49.9	5566.8	1420.1	23.8
1994	3.5	275.9	3.8	40.3	7.6	108.0	12.2	54.3	5509.3	1502.5	21.2
1995	2.9	230.9	3.8	43.2	8.2	113.4	14.2	47.7	5626.4	1552.7	21.1
1996	6.9	232.5	4.0	40.3	8.1	118.8	9.4	56.7	6040.6	1504.3	19.6
1997	5.7	286.1	5.3	40.5	6.0	128.7	6.9	73.2	5883.8	1504.1	19.1
1998	6.8	190.9	5.1	41.8	4.1	129.1	8.5	173.2	5785.7	1452.1	15.6
1999	6.3	282.2	4.5	33.2	2.7	144.3	13.2	229.3	4779.3	1430.3	14.3
2000	7.0	275.9	2.1	23.0	2.9	149.7	23.1	374.7	4454.9	1401.1	14.7
2001	9.1	284.6	4.0	31.0	2.8	144.2	14.7	378.0	4468.2	1385.0	14.7
2002	10.4	280.6	4.2	38.0	3.4	137.1	51.6	404.9	5180.8	1351.2	13.3
2003	9.7	166.6	5.1	41.3	5.2	149.4	106.8	446.0	5871.0	1332.0	13.3
2004	9.8	200.6	3.8	45.9	10.7	155.4	116.3	346.2	6641.9	1283.2	10.3
2005	8.9	180.6	4.2	45.9	5.6	184.6	120.4	550.2	6395.0	1261.0	11.7
2006	14.0	191.3	1.3	47.8	7.3	200.4	133.5	333.9	7367.3	1226.5	11.9
2007	14.7	216.2	1.4	51.1	7.6	231.0	134.3	423.2	6349.1	1207.2	8.7
2008	12.4	184.2	2.0	260.4	7.5	23.5	139.3	500.2	6415.5	1199.3	8.7
2009	10.5	152.5	5.6	260.3	16.4	24.7	96.2	441.4	6624.2	1000.0	8.1
2010	12.2	161.6	6.1	265.3	20.0	24.8	87.8	576.9	6641.6	950.0	8.0
2011	13.8	114.5	2.3	274.5	25.2	26.2	102.2	557.5	7005.1	1000.0	7.2
2012	14.7	141.9	5.4	276.4	40.8	26.4	101.5	500.4	6431.3	1000.0	7.2
2013	16.5	127.7	4.1	278.9	41.0	27.2	84.8	440.6		1001.0	7.2
2014	16.5	165.2	4.5	290.4	59.0	27.2	157.0	338.2	4906.4	1021.9	7.0
2015	12.6	178.7	8.3	290.7	40.8	24.2	147.1	287.9	4635.4	1037.1	5.8
沈阳	4.5			125.0	1.6	9.1	80.5	65.4	1057.4		
大连	2.8	93.6			27.3	3.9	66.6	222.5			
鞍山					6.4	2.1					
抚顺	1.8					1.2			678.8		
本溪	1.8				0.8	1.2			38.7		
丹东					3.6	0.9			0.6		
锦州						1.4			4.8		
营口	1.7	21.6		165.7	0.9	0.7					
阜新						0.6			1010.2		
辽阳						0.4					
盘锦		63.3				0.9				1037.1	5.8
铁岭						0.8			1568.8		
朝阳			8.3			1.1			98.1		
葫芦岛		0.2			0.1				178.1		

14-16 续表 2

年份、地区	发电量(亿千瓦小时)	#水电	生铁(万吨)	钢(万吨)	成品钢材(万吨)	铁合金(万吨)	水泥(万吨)	平板玻璃(万重量箱)	硫酸(万吨)	纯碱(万吨)	烧碱(万吨)
1990	435.8	35.5	1145.5	1216.3	939.9	16.0	1092.0	995.3	74.1	76.2	28.3
1991	448.3	40.3	1227.8	1262.5	978.8	15.9	1312.2	1022.4	81.2	71.2	29.4
1992	489.1	32.4	1262.7	1349.9	1082.9	20.3	1644.4	1188.5	86.2	72.4	29.7
1993	505.3	27.4	1314.0	1413.3	1270.3	21.4	1947.9	1350.2	78.6	74.8	27.8
1994	504.0	18.5	1274.1	1340.6	1186.9	24.1	1891.2	1299.0	95.8	73.9	30.5
1995	540.1	41.7	1337.1	1335.9	1074.2	30.4	1911.0	1233.3	106.9	69.1	26.3
1996	583.9	45.2	1358.5	1369.3	1210.3	30.2	1743.1	1591.6	108.7	71.9	37.5
1997	615.2	28.8	1358.1	1354.9	1223.5	23.9	1829.0	1494.2	108.7	71.2	33.4
1998	608.1	21.6	1419.0	1406.5	1149.2	19.5	1663.7	1546.9	100.0	69.2	32.5
1999	610.5	25.5	1448.9	1492.2	1235.6	14.3	1711.1	1536.8	105.5	72.1	30.9
2000	645.6	14.9	1555.4	1553.8	1443.2	13.3	1954.9	1475.3	119.9	74.1	33.4
2001	662.1	22.7	1593.7	1660.7	1655.2	13.6	2090.5	1537.7	118.8	76.5	37.2
2002	725.3	14.5	1886.4	1942.5	2086.7	12.9	2145.8	1470.9	113.1	82.5	45.0
2003	837.0	22.9	2061.0	2169.0	2334.0	17.2	2332.0	1362.0	110.6	80.0	48.3
2004	874.9	38.6	2547.8	2612.8	2657.9	48.6	2495.7	1785.2	121.7	80.7	48.1
2005	904.2	56.7	3113.9	3059.0	3235.9	36.4	2680.7	1854.0	120.7	74.9	53.6
2006	1013.4	47.0	3759.5	3702.3	3848.9	52.3	3341.4	1650.9	107.6	47.4	62.6
2007	1115.0	43.8	4057.6	4140.3	4364.3	61.6	3893.2	1941.2	105.6	32.8	63.4
2008	1139.0	41.8	4101.5	4068.6	4285.3	60.2	4074.4	2275.2	90.5	24.7	55.1
2009	1162.5	28.8	5062.2	4783.2	4943.4	77.0	4704.8	1674.2	81.1		45.8
2010	1295.1	44.0	5508.1	5389.8	5669.4	83.2	4790.9	1635.3	84.4	13.2	56.4
2011	1369.9	31.7	5450.2	5424.8	5761.1	89.7	5791.1	2258.0	78.9	33.8	56.2
2012	1453.1	38.2	5338.2	5178.4	5924.2	92.9	5809.0	2523.4	74.6	45.4	56.7
2013	1516.0	37.6	5968.6	6356.5	6863.0	95.3	6066.3	3015.7	75.5	46.8	56.4
2014	1607.0	19.7	6307.5	6507.8	6962.2	129.5	5875.6	2529.8	180.7	56.2	64.8
2015	1626.8	8.8	6059.0	5894.1	6337.6	113.0	4751.6	1186.8	147.3	55.0	64.6
沈　阳	195.5				30.3		121.8				10.3
大　连	358.8		139.4	161.6	225.4		847.5	435.1	3.6	55.0	
鞍　山	59.6		1823.7	1735.8	1757.9	2.8	284.3				
抚　顺	89.6	0.1	385.2	350.9	335.5	3.6	130.4		0.3		
本　溪	36.9	3.6	1728.2	1499.1	1458.8	3.2	302.8	335.6	6.7		
丹　东	66.0	4.7	0.1	3.7	5.0		152.5				
锦　州	43.7		14.6	19.2	32.1	74.6	218.3		9.6		
营　口	147.6		1262.7	1279.7	1105.8	11.3	153.4		49.2		5.7
阜　新	110.7		11.4				161.9				
辽　阳	12.5	0.5	9.4	152.5	664.0	3.8	1400.2				
盘　锦	34.4						112.2				4.9
铁　岭	206.8				0.9	0.6	290.4				
朝　阳	80.4		684.1	691.6	683.6	8.8	433.5	416.1	2.6		
葫芦岛	184.2				38.3	4.3	142.4		75.3		43.8

14-16 续表 3

年份、地区	农用氮、磷、钾化肥(万吨)			化学农药(万吨)	乙烯(万吨)	电石(万吨)	塑料(万吨)	轮胎外胎(万条)	金属切削机床(万台)	汽车(万辆)	铁路机车(台)
		#氮肥	#磷肥								
1990	63.4	55.0	8.3	1.5	8.4	6.4	14.0	191.8	1.6	2.4	
1991	60.3	51.4	8.9	1.5	14.9	6.8	24.3	223.5	1.8	4.2	
1992	62.8	50.9	11.9	1.5	20.4	5.2	30.0	311.1	2.1	6.1	
1993	54.8	49.6	5.2	1.2	25.1	6.1	39.1	426.7	2.4	5.1	
1994	79.1	67.0	10.3	1.2	28.8	6.8	42.0	292.4	1.7	3.0	238.0
1995	78.2	70.1	7.8	2.3	32.1	8.9	51.3	303.7	1.4	2.5	257.0
1996	82.0	73.9	6.9	1.7	35.3		58.5	309.5	1.3	2.8	300.0
1997	84.7	74.3	8.9	2.1	35.7	3.2	65.7	361.2	1.1	3.9	274.0
1998	76.8	70.7	4.2	1.9	38.7	2.6	71.5	472.9	0.9	4.3	
1999	87.2	78.5	5.2	2.3	39.7	1.4	80.9	499.6	0.9	5.8	
2000	97.6	82.4	8.4	2.2	41.7	2.6	94.1	576.0	1.6	8.2	63.0
2001	97.9	86.6	8.7	2.2	40.2	2.2	99.7	621.2	2.1	7.9	58.0
2002	88.8	80.9	6.1	2.6	44.2	4.3	104.6	643.5	3.1	9.0	71.0
2003	91.7	82.6	6.9	2.1	47.9	5.3	117.4	787.1	5.6	13.0	
2004	88.1	85.4	2.8	1.8	48.2	11.6	129.5	935.7	9.4	14.3	242.0
2005	89.6	84.9	4.7	2.7	47.1	1.9	121.6	1095.6	11.3	15.0	202.0
2006	87.7	79.7	7.9	3.6	49.3	6.9	122.6	1141.8	13.1	29.0	256.0
2007	89.4	84.7	4.7	4.0	42.3	18.4	126.9	1263.3	15.0	37.7	310.0
2008	89.1	85.1	3.9	4.0	46.2	11.8	117.3	1275.8	14.6	34.1	406.0
2009	85.8	70.4	5.4	4.5	48.0	8.9	108.6	1281.9	14.1	50.9	435.0
2010	75.1	67.1	5.1	3.0	91.8	8.7	150.7	1507.9	13.6	70.8	589.0
2011	67.5	65.8	1.6	2.1	106.8	14.0	177.9	1669.9	16.9	75.5	701.0
2012	83.2	82.1	0.8	2.1	103.1	13.7	175.2	1767.2	12.0	87.3	486.0
2013	77.2	77.2		1.8	128.5	5.8	208.4	1956.7	10.4	108.0	437.0
2014	71.9	71.9		2.5	155.2	7.4	300.3	2155.8	11.4	121.8	485.0
2015	64.7	64.7		1.3	160.5	6.8	321.6	2448.2	9.9	116.6	402.0
沈阳	0.1	0.1		0.6	8.2		20.0	666.9	5.0	106.1	
大连	13.0	13.0					41.3	1175.7	4.4	7.8	402.0
鞍山	1.9	1.9						56.5	0.1		
抚顺				0.2	85.3		148.5				
本溪	5.6	5.6				3.4					
丹东	0.5	0.5				3.4				2.7	
锦州											
营口	0.8	0.8					40.9		0.2		
阜新											
辽阳					19.2		6.6				
盘锦	15.6	15.6		0.4	47.8		59.8				
铁岭											
朝阳								549.0			
葫芦岛	27.3	27.3					4.3				

注：1. 1993年以前纱产量的计量单位为万件。2007年及以前卷烟产量的计量单位为万箱、啤酒产量的计量单位为万吨。从2009年起自行车产量中不仅包括两轮自行车，还包括电动自行车。

2. 能源产品产量为规上工业企业产量

14-17 工业产品产量

产品名称	单位	2005年	2008年	2009年	2010年	2011年	2012年	2013年	2014年	2015年
化学纤维	万吨	24.1	17.0	21.4	19.9	16.4	18.4	17.9	19.8	29.0
#合成纤维	万吨	18.1	11.6	14.0	11.5	9.4	11.5	11.1	15.2	23.9
纱	万吨	18.7	16.8	16.0	15.4	13.8	12.9	10.3	13.8	8.3
布	亿米	5.7	4.7	5.0	7.2	7.2	4.6	4.1	6.8	3.5
#纯棉布	亿米	1.5	1.8	1.8	4.7	4.7	2.5	2.3	3.7	2.4
混纺交织布	亿米	1.4	1.1	1.7	1.1	0.8	0.7	0.4	1.6	0.5
毛线	吨	1541.0		1736.0	2191.0	2402.7	1526.1	2796.0	4725.7	4801.1
丝	吨	2190.9	3045.0	4812.0	7182.0	4184.3	2462.5	2310.4	4504.2	2948.0
机制纸及纸板	万吨	83.4	56.9	77.2	88.5	76.2	73.3	48.8	41.2	36.0
自行车	万辆	0.4			1.2		5.0	10.0	4.7	7.0
表	万只	169.6	139.3	9.1	5.7	6.2				
日用玻璃制品	万吨	8.4	33.3	31.9	24.7	3.7	2.0	2.2	16.3	18.2
灯泡	万只	18491.7	81217.6	10797.0	14101.0	15319.0	20915.0	19531.0	19130.2	18684.6
合成洗涤剂	吨	89198.5	123528.0	104685.4	122031.4	137701.8	146668.4	164651.0	164737.6	125559.0
原盐	万吨	180.6	184.2	152.5	161.6	114.5	141.9	127.7	165.2	178.7
糖	万吨	1.1	2.0	5.6	6.1	2.3	5.4	4.1	4.5	8.3
卷烟	亿支	45.9	260.4	260.3	265.3	274.5	276.4	278.9	290.4	290.7
白酒	亿升	27.3	4.3	4.7	6.4	6.8	8.1	5.5	5.0	4.6
啤酒	亿升	184.6	23.5	24.7	24.8	26.2	26.4	27.2	27.2	24.2
食用植物油	万吨	89.6	171.7	177.8	193.7	171.8	236.4	244.9	263.6	240.8
化学原料药	万吨	3.8	3.8	14.4	13.2	11.9	14.4	18.0	21.8	11.3
家用电冰箱	万台	120.4	139.3	96.2	87.8	102.2	101.5	84.8	157.0	147.1
电视机	万部	550.2	500.2	441.4	576.9	557.5	500.4	440.6	338.2	287.9
#彩电	万部	550.2	500.2	441.4	576.9	557.5	500.4	440.6	338.2	287.9
农用化肥	万吨	89.6	89.1	85.8	75.1	67.5	83.2	77.2	71.9	64.7
#氮肥	万吨	84.9	85.1	70.4	67.1	65.8	82.1	77.2	71.9	64.7
磷肥	万吨	4.8	3.9	5.4	5.1	1.6	0.8			
化学农药	万吨	2.7	4.0	4.5	3.0	2.1	2.1	1.8	2.5	1.3
乙烯	万吨	47.1	46.2	48.0	91.8	106.8	103.1	128.5	155.2	160.5
合成橡胶	吨	11119.0	22190.6	28270.7	36628.7	40170.1	25026.6	23535.7	13261.0	5001.0
轮胎外胎	万条	1095.7	1275.8	1281.9	1507.9	1669.9	1767.2	1956.7	2155.8	2448.2
交流电动机	万千瓦	773.4	585.7	671.6	830.5	758.4	612.8	505.4	460.9	334.2
金属切削机床	台	112727.0	145771.0	140988.0	135872.0	168760.0	119672.0	104469.0	114473.0	98582.0
数控机床	台	14887.0	34332.0	37212.0	39426.0	48984.0	46356.0	45994.0	63328.0	62340.0
汽车	辆	150488.0	340778.0	508452.0	707690.0	755421.0	872692.0	1080121.0	1217813.0	1166122.0
#载货汽车	辆	43438.0	96262.0	95480.0	100015.0	114606.0	120490.0	168474.0	146297.0	86391.0
摩托车	辆	1952.0	22125.0	30195.0	33045.0	34900.0	27900.0	1575.0	278.0	
轴承	万套	10312.0	10249.0	7492.0	19798.0	16811.0	19938.0	17248.4	15330.1	14059.9
原煤	万吨	6395.0	6415.5	6624.2	6641.6	7005.1	6431.3		4906.4	4635.4
原油	万吨	1261.0	1199.3	1000.0	950.0	1000.0	1000.0	1001.0	1021.9	1037.1
汽油	万吨	965.6	1017.1	1043.6	1057.7	1017.5	1088.1	1069.0	1057.7	1128.5
柴油	万吨	1899.6	2045.9	2101.4	2379.9	2284.8	2358.0	2396.5	2331.0	2270.9
天然气	亿立方米	11.7	8.7	8.1	8.0	7.2	7.2	7.2	7.0	5.8
发电量	亿千瓦小时	904.2	1139.0	1162.5	1295.1	1369.9	1453.1	1516.0	1607.0	1626.8
#水电	亿千瓦小时	56.7	41.8	28.8	44.0	31.7	38.2	37.6	19.7	8.8
生铁	万吨	3114.0	4101.5	5062.2	5508.1	5450.2	5338.2	5968.6	6307.5	6059.0
钢	万吨	3059.1	4068.6	4783.2	5389.8	5424.8	5178.4	6356.5	6507.8	5894.1
成品钢材	万吨	3235.9	4285.3	4943.4	5669.4	5761.1	5924.2	6863.0	6962.2	6337.6
#铁道用钢材	万吨	75.1	88.1	112.5	91.2	76.0	77.5	91.5	86.2	79.8
线材	万吨	261.8	394.9	506.9	572.1	688.6	664.8	750.5	895.4	882.6
铁合金	万吨	36.4	60.2	77.0	83.2	89.7	92.9	95.3	129.5	113.0
焦炭	万吨	1237.9	1738.1	1876.5	1875.8	2027.0	2127.8	2146.6	2141.5	2097.2
水泥	万吨	2680.7	4074.4	4704.8	4790.9	5791.1	5809.0	6066.3	5875.6	4751.6
平板玻璃	万重量箱	1854.0	2275.2	1674.2	1635.3	2258.0	2523.4	3015.7	2529.8	1186.8
硫酸	万吨	120.7	90.5	81.2	84.4	78.9	74.6	75.5	180.7	147.3
纯碱	万吨	74.9	24.7		13.2	33.8	45.4	46.8	56.2	55.0
烧碱	万吨	53.6	55.1	45.8	56.4	56.2	56.7	56.4	64.8	64.6
合成氨	万吨	99.1	77.0	80.0	79.1	82.9	103.4	106.0	99.8	92.6

注：1. 2007年及以前卷烟产量的计量单位为万箱、啤酒及白酒产量的计量单位为万吨；从2009年起自行车产量中不仅包括两轮自行车，还包括电动自行车。

2. 能源产品产量为规上工业企业产量。

14-18 规模以上农产品加工业主要经济指标

(2015年) 单位：亿元

甲栏分组	企业单位数(个)	资产总计	流动资产合计	负债合计	主营业务收入	主营业务成本
农产品加工业合计	**2782**	**3433.60**	**1730.70**	**1769.76**	**5305.87**	**4621.36**
农副食品加工业	1158	1677.04	891.84	911.83	2871.83	2589.58
焙烤食品制造	37	55.08	19.56	14.27	71.89	60.76
糖果、巧克力及蜜饯制造	10	6.04	1.65	2.03	16.67	14.47
方便食品制造	24	37.78	17.46	16.64	48.11	40.16
乳制品制造	17	142.66	108.90	96.19	79.90	69.54
罐头食品制造	49	41.20	20.99	22.54	58.25	49.79
调味品、发酵制品制造	35	22.13	8.82	6.91	53.95	47.90
营养食品制造	8	11.78	3.27	5.40	17.35	13.89
保健食品制造	7	38.05	10.20	21.47	33.36	24.15
冷冻饮品及食用冰制造	13	6.24	2.34	3.41	13.80	12.39
食品及饲料添加剂制造	21	11.78	5.43	5.73	21.01	18.24
其他未列明的食品制造	5	2.54	0.25	1.04	5.39	4.69
酒、饮料和精制茶制造	179	267.80	111.77	124.57	323.40	254.99
烟草制品业	4	58.79	36.92	55.25	86.07	27.73
纺织业	191	190.80	87.45	97.07	221.07	199.27
纺织服装、服饰业	359	172.58	103.71	85.34	355.84	317.21
皮革、毛皮、羽毛及其制品和制鞋业	70	74.43	30.51	22.44	201.16	170.39
木制品制造	124	81.44	33.24	37.10	154.46	131.06
竹、藤、棕、草等制品制造	6	1.91	0.90	0.73	3.41	3.02
木质家具制造	110	130.30	68.44	49.37	171.96	149.39
竹、藤家具制造						
其他家具制造	9	5.66	2.31	0.59	3.45	3.11
造纸和纸制品业	153	155.95	57.20	79.23	212.34	183.36
印刷	65	80.69	44.51	46.14	74.42	64.25
装订及印刷相关服务	4	1.47	0.74	0.25	2.41	2.06
天然植物纤维编织工艺品制造	17	7.49	1.35	1.01	23.68	21.57
地毯、挂毯制造	2	3.63	1.49	2.67	1.49	1.22
动物胶制造	1	0.63	0.20	0.01	3.25	2.47
肥皂及合成洗涤剂制造	12	10.02	7.31	7.09	8.84	5.91
中药饮片加工	45	64.18	16.22	13.91	88.17	74.70
中成药生产	43	66.34	29.86	34.35	65.26	52.04
纤维素纤维原料及纤维制造	3	6.88	5.69	5.13	13.30	11.70
鬃毛加工、制刷及清扫工具的制造	1	0.29	0.15	0.06	0.37	0.33

14-18 续表

单位：亿元

甲栏分组	主营业务税金及附加	利润总额	利税总额	本年应交增值税	全部从业人员年平均人数(万人)
农产品加工业合计	**84.10**	**269.83**	**428.27**	**73.98**	**52.43**
农副食品加工业	15.69	120.02	157.02	21.22	20.85
焙烤食品制造	0.40	7.87	9.52	1.25	0.90
糖果、巧克力及蜜饯制造	0.19	0.73	1.13	0.22	0.10
方便食品制造	0.37	1.73	3.66	1.57	0.63
乳制品制造	0.17	4.07	5.01	0.77	0.59
罐头食品制造	0.40	3.20	5.07	1.47	0.93
调味品、发酵制品制造	0.38	2.88	4.05	0.79	0.69
营养食品制造	0.06	1.14	1.48	0.28	0.20
保健食品制造	0.03	8.37	10.68	2.27	0.15
冷冻饮品及食用冰制造	0.11	0.45	1.01	0.46	0.15
食品及饲料添加剂制造	0.21	0.69	1.25	0.35	0.25
其他未列明的食品制造	0.12	0.49	0.62	0.01	0.02
酒、饮料和精制茶制造	10.16	26.75	47.15	10.24	3.35
烟草制品业	46.39	2.97	58.90	9.53	0.20
纺织业	1.50	8.85	14.02	3.66	3.23
纺织服装、服饰业	2.09	10.92	18.06	5.03	8.97
皮革、毛皮、羽毛及其制品和制鞋业	0.72	20.96	22.33	0.51	1.12
木制品制造	0.47	7.08	8.79	1.23	1.93
竹、藤、棕、草等制品制造	0.02	0.12	0.17	0.03	0.03
木质家具制造	0.93	7.76	10.61	1.92	2.81
竹、藤家具制造					
其他家具制造	0.01	0.05	0.11	0.05	0.19
造纸和纸制品业	1.29	14.18	19.40	3.92	2.09
印刷	0.25	4.08	5.31	0.99	0.99
装订及印刷相关服务	0.03	0.05	0.11	0.03	0.07
天然植物纤维编织工艺品制造	0.09	1.63	1.90	0.17	0.23
地毯、挂毯制造	0.01	-0.06	-0.04	0.01	0.04
动物胶制造	0.04	0.15	0.19		
肥皂及合成洗涤剂制造	0.05	0.55	1.11	0.51	0.17
中药饮片加工	1.17	7.43	11.51	2.82	0.49
中成药生产	0.71	3.85	6.85	2.29	0.73
纤维素纤维原料及纤维制造	0.05	0.89	1.30	0.37	0.29
鬃毛加工、制刷及清扫工具的制造		-0.02	-0.01	0.01	0.05

14-19 规模以上原材料工业主要经济指标

(2015年) 单位：亿元

甲栏分组	企业单位数(个)	资产总计	流动资产合计	负债合计	主营业务收入	主营业务成本
原材料工业合计	**4437**	**15791.22**	**6473.49**	**10065.04**	**14094.97**	**12273.17**
石化工业	1582	5780.84	2393.96	3698.15	6603.40	5597.23
石油和天然气开采业	1	636.61	105.19	323.51	199.04	225.69
石油加工、炼焦和核燃料加工业	210	1777.02	669.26	1264.42	3343.92	2623.23
化学原料和化学制品制造业	722	2316.87	1154.05	1576.37	2034.77	1858.47
化学纤维制造业	16	50.39	19.20	34.69	40.85	35.51
橡胶和塑料制品业	633	999.95	446.26	499.16	984.82	854.33
冶金工业	1340	7975.77	3147.69	5285.68	4937.05	4451.10
黑色金属矿采选业	337	731.43	308.11	436.35	643.65	553.59
有色金属矿采选业	145	155.98	71.41	93.49	211.34	175.44
黑色金属冶炼和压延加工业	617	5795.51	2096.31	3972.60	3315.82	3066.32
有色金属冶炼和压延加工业	241	1292.86	671.85	783.24	766.23	655.75
建材工业	1515	2034.61	931.84	1081.21	2554.52	2224.83
非金属矿采选业	236	199.84	60.72	54.27	310.74	266.80
非金属矿物制品业	1279	1834.77	871.12	1026.94	2243.78	1958.03

14-19 续表 单位：亿元

甲栏分组	主营业务税金及附加	利润总额	利税总额	本年应交增值税	全部从业人员年平均人数(万人)
原材料工业合计	**635.45**	**146.38**	**1139.88**	**356.48**	**108.92**
石化工业	575.94	-35.57	750.59	209.01	38.71
石油和天然气开采业	9.25	-94.95	-78.62	7.09	4.78
石油加工、炼焦和核燃料加工业	528.11	-11.85	665.90	148.88	9.82
化学原料和化学制品制造业	34.26	29.12	101.47	38.00	11.92
化学纤维制造业	0.11	2.36	3.25	0.77	0.56
橡胶和塑料制品业	4.21	39.75	58.59	14.27	11.63
冶金工业	40.79	64.86	204.04	98.06	47.92
黑色金属矿采选业	13.84	38.63	79.16	26.48	4.98
有色金属矿采选业	2.17	15.10	24.34	7.07	2.68
黑色金属冶炼和压延加工业	21.46	-39.97	34.67	53.07	35.01
有色金属冶炼和压延加工业	3.33	51.10	65.87	11.44	5.25
建材工业	18.72	117.09	185.26	49.41	22.29
非金属矿采选业	3.87	16.71	27.62	7.03	3.12
非金属矿物制品业	14.85	100.38	157.63	42.37	19.17

14-20 规模以上装备制造业主要经济指标

(2015年) 单位：亿元

甲栏分组	企业单位数(个)	资产总计	流动资产合计	负债合计	主营业务收入	主营业务成本
装备制造业合计	**4237**	**13020.25**	**7820.68**	**8012.03**	**10846.90**	**9175.94**
金属制品业	670	1028.48	588.33	576.48	1158.14	1009.41
通用设备制造业	1397	2530.84	1509.08	1438.76	2259.09	1923.18
专用设备制造业	641	2253.12	1487.74	1538.93	1476.75	1301.74
汽车制造业	389	2648.39	1361.95	1774.50	2734.99	2125.76
铁路、船舶、航空航天和其他运输设备制造业	171	2229.10	1485.52	1548.34	1041.14	947.87
电气机械和器材制造业	636	1240.88	732.13	662.43	1374.51	1202.96
计算机、通信和其他电子设备制造业	171	830.53	502.63	374.50	603.93	508.23
仪器仪表制造业	133	236.66	146.08	89.90	160.70	124.57
金属制品、机械和设备修理业	29	22.24	7.22	8.18	37.66	32.21

14-20 续表 单位：亿元

甲栏分组	主营业务税金及附加	利润总额	利税总额	本年应交增值税	全部从业人员年平均人数(万人)
装备制造业合计	**131.65**	**531.82**	**879.63**	**215.47**	**103.59**
金属制品业	7.69	43.34	71.04	19.94	13.12
通用设备制造业	12.78	104.68	164.12	46.57	28.65
专用设备制造业	7.18	-9.49	12.34	14.58	14.12
汽车制造业	90.58	240.81	422.18	90.74	14.53
铁路、船舶、航空航天和其他运输设备制造业	3.18	37.23	52.55	12.06	10.81
电气机械和器材制造业	6.05	58.53	85.33	20.69	12.14
计算机、通信和其他电子设备制造业	2.80	38.43	47.51	6.05	6.99
仪器仪表制造业	1.06	16.34	21.22	3.76	2.41
金属制品、机械和设备修理业	0.33	1.95	3.35	1.07	0.81

主要统计指标解释

工业 指从事自然资源的开采，对采掘品和农产品进行加工和再加工的物质生产部门。具体包括：(1)对自然资源的开采，如采矿、晒盐、森林采伐等(但不包括禽兽捕猎和水产捕捞)；(2)对农副产品的加工、再加工，如粮油加工、食品加工、轧花、缫丝、纺织、制革等；(3)对采掘品的加工、再加工，如炼铁、炼钢、化工生产、石油加工、机器制造、木材加工等，以及电力、自来水、煤气的生产和供应等；(4)对工业品的修理、翻新，如机器设备的修理、交通运输工具(包括小卧车)的修理等。

1984 年以前农村的村及村以下办工业归属农业，1984 年以后的划归工业。

工业统计调查单位 工业统计调查单位分为两类：独立核算法人工业企业和工业活动单位。

(1)独立核算法人工业企业是指从事工业生产经营活动的单位。独立核算法人工业企业应同时具备以下条件：①依法成立，有自己的名称、组织机构和场所，能够承担民事责任；②独立拥有和使用资产，承担负债，有权与其他单位签订合同；③独立核算盈亏，并能够编制资产负债表。

(2)工业活动单位是指在一个场所从事一种或主要从事一种工业生产活动的经济单位。它包括独立核算工业企业按主营业务活动(即工业生产活动)划分的主营业务活动单位和非工业企业所属的工业生产活动单位(即原非独立核算工业生产单位)。工业活动单位，一般应同时具备以下三个条件：①具有一个场所，从事一种或主要从事一种工业活动；②单独组织工业生产、经营或业务活动；③单独核算收入和支出。

国有经济工业(即过去的全民所有制工业或国营工业) 指生产资料归国家所有的一种经济类型。包括中央和地方各级国家机关、部队、科研机构、学校、人民团体和国有经济企事业单位等举办的国有经济工业。1957 年以前的公私合营和私营工业，后均改造为国营工业，1992 年改为国有工业，这部分工业的资料不单独分列时，均包括在国有工业内。

集体经济工业 指生产资料归公民集体所有的一种经济类型，是社会主义公有制经济的组成部分。包括城乡所有使用集体投资举办的企业，以及部分个人通过集资自愿放弃所有权并依法经工商行政管理机关认定为集体所有制的企业。

其他经济类型工业 指除国有经济工业、集体经济工业以外的其他经济类型工业企业(单位)。包括私营经济、个体经济、联营经济、股份制经济(股份有限公司，有限责任公司)；外商投资经济(中外合资经营、中外合作经营、外资企业)；港、澳、台投资经济(与大陆合资经营、与大陆合作经营、港、澳、台独资企业)及其他经济类型的工业。

轻工业 指主要提供生活消费品和制作手工工具的工业。按其所使用的原料不同，可分为两大类：(1)以农产品为原料的轻工业，是指直接或间接以农产品为基本原料的轻工业。主要包括食品制造、饮料制造、烟草加工、纺织、缝纫、皮革和毛皮制作、造纸以及印刷等工业；(2)以非农产品为原料的轻工业，是指以工业品为原料的轻工业。主要包括文教体育用品、化学药品制造、合成纤维制造、日用化学制品、日用玻璃制品、日用金属制品、手工工具制造、医疗器械制造、文化和办公用机械制造等工业。

重工业 是指为国民经济各部门提供物质技术基础的主要生产资料的工业。按其生产性质和产品用途，可以分为下列三类：(1)采掘(伐)工业，是指对自然资源的开采，包括石油开采、煤炭开采、金属矿开采、非金属矿开采和木材采伐等工业；(2)原材料工业，指向国民经济各部门提供基本材料、动力和燃料的工业。包括金属冶炼及加工、炼焦及焦炭化学、化工原料、水泥、人造板以及电力、石油和煤炭加工等工业；(3)加工工业，是指对工业原材料进行再加工制造的工业。包括装备国民经济各部门的机械设备制造工业、金属结构、水泥制品等工业，以及为农业提供的生产资料如化肥、农药等工业。根据上述划分原则，修理业中以重工业产品为修理作业对象的划为重工业，反之划为轻工业。

工业总产值 是以货币表现的工业企业在一定时期内生产的已出售或可供出售工业产品总量，它反映一定时间内工业生产的总规模和总水平。它包括：在本企业内不再进行加工，经检验、包装入库(规定了需包装的产品除外)的成品价值，工业性作业价值，自制半成品、在产品期末初差额价值(生产周期较长的企业计算)。工业总产值采用“工厂法”计算，即以工业企业作为一个整体，按企业工业生产活动的最终成果来计算，企业内部不允许重复计算，不能把企业内部各个车间(分厂)生产的成果相加。但在企业之间、行业之间、地区之间存在着重复计算。

轻重工业总产值的划分也是按“工厂法”计算的，即一个工业企业在正常情况下生产的主要产品的性质属于轻工业，则该企业的全部总产值作为轻工业总产值；一个工业企业生产的主要产品的性质属于重工业，则该企业的全部总产值作为重工业总产值。

工业销售产值 是以货币表现的工业企业在一定时期内销售的本企业生产的工业产品产量。包括已销售的成品、半成品价值，对外提供的工业性作业价值和对本单位基本建设部门、生活福利部门等提供的产品和工业性作业及自制设备的价值。已销售的成品、半成品不论是本期生产的、还是上期生产的，只要是本期销售出去的均包括在内。对外提供的工业性作业是指企业按合同对外提供的工业性劳务。企业为本单位基本建设部门、生活福利部门等提供的产品和工业性作业及自制设备也应视同销售，这部分也作为销售统计。

工业销售产值的计算范围、计算价格和计算方法与工业总产值一致，但两者计算的基础不同：工业销售产值计算的基础是产品销售总量，工业总产值计算的基础是工业产品生产总量。

工业增加值 是指工业企业在报告期内以货币表现的工业生产活动的最终成果。是企业生产产品或提供劳务过程中新增加的价值，是总产出与中间投入之间的差额。

固定资产原值 指企业在建造、购置、安装、改建、扩建、技术改造某项固定资产时所支出的全部货币总额。它一般包括买价、包装费、运杂费和安装费等。

固定资产净值 是指固定资产原价减去历年已提折旧额后的净额。

流动资产 流动资产是指可以在一年或者超过一年的一个营业周期内变现或者耗用的资产，包括现金及各种存款、短期投资、应收及预付货款、存货等。

总资产贡献率 反映企业全部资产的获利能力，是企业经营业绩和管理水平的集中体现，是评价和考核企业盈利能力的核心指标。计算公式为：

总资产贡献率(%)=（(利润总额+税金总额+利息支出)／平均资产总额）×100%

资产负债率 该指标既反映企业经营风险的大小，也反映企业利用债权人提供的资金从事经营活动的能力。计算公式为：

资产负债率(%)=（负债总额／资产总额）×100%

利税总额 指企业产品销售税金及附加加本年应交增值税加利润总额之和。

资金利税率 指在一定时期内已实现的利润、税金总额与同期的资产(固定资产净值和流动资产)之比。计算公式：

资金利税率(%)=（报告期累计实现利税总额／（固定资产净值平均余额+流动资产平均余额））×100%

资金利税率反映每单位(通常是每万元)资金所提供的利税金额。它是考察和评价部门或企业资金运用的经济效益，分析资金投入效果的主要分析指标。

工业成本利润率 指在一定时期的利润与成本费用之比，是反映工业生产成本及费用投入的经济效益指标，同时也是反映降低成本的经济效益的指标。计算公式：

工业成本费用利润率(%)=（利润总额／成本费用总额）×100%

工业增加值率 指在一定时期内工业增加值占同期工业总产值的比重，反映降低中间消耗的经济效益。计算公式:

工业增加值率(%)=（工业增加值(现价)／（工业总产值(现价)+本年应交销项税额））×100%

流动资产周转次数 指在一定时期内流动资产完成的周转次数，反映流动资产的周转速度。计算公式:

流动资金周转次数=（产品销售收入／全部流动资产平均余额）

产品销售率 指一定时期内销售产值与同期全部工业总产值之比，反映工业产品生产已实现销售的程度。计算公式:

工业产品销售率(%)=（报告期现价工业销售产值／报告期现价工业总产值)×100%

产品销售收入 指企业销售产品的销售收入和提供劳务等主要经营业务取得的业务收入总额。

产品销售工厂成本 指企业销售产品和提供劳务等主要经营业务的实际成本。

产品销售税金及附加 指企业销售产品和提供工业性劳务等主要经营业务应负担的城市维护建设税、消费税、资源税和教育费附加。

产品销售利润 指企业销售产品和提供工业性劳务等主要经营业务收入扣除其成本、费用、税金后的利润。

利润总额 指企业实现的利润。

应交增值税 指企业在报告期内应交纳的增值税额。

全员劳动生产率 指根据产品的价值量指标计算的平均每一个职工在单位时间内的产品生产量。是考核企业经济活动的重要指标，是企业生产技术水平、经营管理水平、职工技术熟练程度和劳动积极性的综合表现。目前我国的全员劳动生产率是将工业企业的工业增加值除以同一时期全部职工的平均人数来计算的。计算公式:

全员劳动生产率=（工业增加值／全部职工平均人数）

为了使各年度的全员劳动生产率数字可以比较，各年的全员劳动生产率均按指数换算成1990年不变价格。

实物劳动生产率 指根据某种产品实物量计算的平均每个职工(或工人)在单位时间内生产的产品数量。这是通过产品实物来反映劳动者在生产中的劳动效率指标。我国目前有全员实物劳动生产率(通常简称全员效率)和工人实物劳动生产率两个指标。计算公式:

全员实物劳动生产率(全员效率)=（产品产量／全部职工平均人数）

工人实物劳动生产率=（产品产量／生产工人(包括学徒)平均人数）

计算实物劳动生产率的产品产量，是指报告期生产的，并经检验符合质量标准或合同规定的技术要求的合格产品产量。不包括不合格品和废品的数量。

资本金 指企业在工商行政管理部门登记的注册资金合计。企业资本金按投资主体可分为国家资本金、法人资本金、个人资本金和外商资本金等。资本金合计包括企业各种投资主体注册的全部资本金。

总资产 指企业拥有或控制的全部资产。包括流动资产、长期投资、固定资产、无形及递延资产、其他长期资产等，即为企业资产负债表的资产总计项。

(1)流动资产指企业可以在一年内或者超过一年的一个生产周期内变现或耗用的资产合计。包括现金及各种存款、短期投资、应收及预付款项、存货等。

(2)固定资产指企业固定资产净值、固定资产清理、在建工程、待处理固定资产损失所占用的资金合计。

(3)无形资产指企业长期使用而没有实物形态的资产。包括专利权、非专利技术、商标权、著作权、土地使用权、商誉等。

总负债 指企业承担并需要偿还的全部债务。包括流动负债和长期负债等，即为企业资产负债表的负债合计项。

(1)流动负债指企业在一年内或者超过一年的一个营业周期内需要偿还的债务合计，其中包括短期借款、应付及预收款项、应付工资、应交税金和应交利润等。

(2)长期负债指企业在一年以上或者超过一年的一个生活周期内需要偿还的债务合计，其中包括长期借款、应付债务、长期应付款项等。

所有者权益 指企业投资人对企业净资产的所有权。企业净资产等于企业全部资产减去全部负债后的余额，其中包括投资者对企业的最初投入，以及资本公积金、盈余公积金和未分配利润，对股份制企业即为股东权益。

十五、建筑业

Chapter 15 Construction

15-1 建筑业企业概况

年 份	施工企业	内资企业	国有企业	集体企业	港澳台商投资企业	外商投资企业
企业单位数(个)						
1985	892	892	192	700		
1990	1537	1537	294	1243		
1991	1509	1509	302	1207		
1992	1652	1652	340	1312		
1993	2425	2396	464	1908	8	21
1994	2757	2715	554	2130	9	33
1995	2648	2607	568	1999	13	28
1996	2410	2368	562	1747	23	19
1997	2387	2329	554	1712	26	32
1998	2366	2299	557	1447	38	29
1999	2626	2547	580	1465	39	40
2000	2738	2667	556	1463	38	33
2001	2662	2585	555	1027	47	30
2002	2505	2426	448	657	42	37
2003	2716	2633	397	526	35	48
2004	3124	3044	373	409	30	50
2005	3299	3215	348	370	33	51
2006	3435	3357	319	350	28	50
2007	3493	3417	298	324	28	48
2008	4265	4189	293	318	24	52
2009	4785	4704	282	299	24	57
2010	5417	5345	277	335	21	51
2011	5534	5460	253	253	24	50
2012	6428	6359	274	323	24	44
2013	6724	6654	189	298	30	40
2014	6711	6649	178	283	27	35
2015	6477	6416	170	256	27	34
年末从业人员(万人)						
1985	69.26	69.26	36.63	32.63		
1990	97.07	97.07	44.81	52.26		
1991	97.34	97.34	45.27	52.07		
1992	108.55	108.55	47.86	60.69		
1993	159.70	159.70	46.80	63.90		
1994	135.20	135.20	40.08	45.07		
1995	89.66	89.66	37.48	49.49		
1996	102.69	102.69	48.63	52.43		
1997	107.35	107.35	50.39	54.87		
1998	98.51	97.66	43.88	44.89	0.44	0.41
1999	103.22	102.26	43.08	43.78	0.39	0.57
2000	95.99	95.06	35.96	40.55	0.42	0.51
2001	98.62	97.40	31.26	31.48	0.83	0.39
2002	95.14	94.07	25.97	23.72	0.58	0.49
2003	96.68	95.04	22.41	19.80	0.34	1.30
2004	100.35	98.79	19.85	15.58	0.32	1.24

15-1 续表

年 份	施工企业	内资企业			港澳台商投资企业	外商投资企业
			国有企业	集体企业		
2005	91.72	89.92	19.27	13.07	0.36	1.44
2006	99.65	97.65	16.79	12.37	0.80	1.20
2007	99.35	97.08	15.67	10.90	0.42	1.85
2008	109.31	107.61	16.26	11.24	0.42	1.28
2009	132.61	130.66	16.21	12.82	0.46	1.49
2010	165.80	163.80	16.71	14.00	0.33	1.72
2011	171.70	168.24	18.10	11.67	1.63	1.83
2012	203.19	201.83	15.85	13.15	0.48	0.87
2013	197.88	196.44	10.69	11.14	0.40	1.03
2014	174.45	173.28	11.54	8.86	0.58	0.59
2015	135.18	134.24	9.89	7.02	0.44	0.50
建筑业总产值(亿元)						
1980	18.4	18.4	14.5	3.9		
1985	49.6	49.6	30.4	19.2		
1990	126.6	126.6	74.5	52.1		
1991	144.1	144.1	82.6	61.5		
1992	217.3	217.3	120.5	96.8		
1993	318.7	317.3	162.5	144.7	0.4	1.0
1994	385.2	383.0	209.0	168.5	0.4	1.8
1995	407.3	405.0	222.3	176.8	0.4	1.9
1996	400.5	396.9	174.3	130.9	1.7	1.9
1997	429.1	425.1	245.7	169.5	1.7	2.3
1998	419.0	412.7	216.9	143.8	4.1	2.2
1999	489.3	476.7	224.9	160.0	7.2	5.4
2000	598.1	584.9	252.1	176.3	7.7	5.5
2001	761.2	581.5	262.8	162.9	114.8	64.9
2002	839.3	819.9	265.3	140.7	10.1	9.3
2003	1017.1	981.7	285.5	131.6	6.6	28.8
2004	1245.1	1209.8	323.7	104.3	4.6	30.7
2005	1481.7	1447.0	386.6	114.0	6.2	28.5
2006	1775.0	1716.7	387.9	130.2	16.8	41.5
2007	2100.0	2038.7	413.7	133.2	10.7	50.6
2008	2505.2	2467.4	492.0	139.4	9.8	37.8
2009	3384.6	3333.2	565.0	172.0	8.8	42.6
2010	4690.3	4637.5	601.9	219.4	7.1	45.7
2011	6218.3	6086.1	682.4	308.7	71.2	61.0
2012	7543.3	7490.1	750.2	344.8	17.2	35.7
2013	8629.7	8574.7	500.9	346.1	23.3	31.7
2014	7851.1	7802.8	383.7	295.8	23.1	25.3
2015	5413.8	5378.6	268.7	172.6	18.3	16.9

注：1.施工企业总产值即是施工产值。
2.1996年建筑业统计范围为资质等级四级以上。
3.从1996年以后，农村建筑队改为建筑业企业资质等级四级以下即非等级企业。
4.2004年以后数据，建筑业部分的所有指标口径均为总承包与专业承包企业。

15-2 建筑施工企业个数(不含劳务分包)

(2015年)

单位：个

地　区	企业个数	按登记注册类型分组						
		国有企业	集体企业	股份合作企业	联营企业	有限责任公司	股份有限公司	私营企业
全　省	**6711**	**178**	**283**	**48**	**3**	**2029**	**177**	**3918**
沈　阳	2049	51	45	10	1	525	56	1339
大　连	1670	28	33	18	1	378	21	1163
鞍　山	411	16	49	1	1	177	23	138
抚　顺	216	9	32	1		99	9	63
本　溪	234	6	35	1		111	5	75
丹　东	246	11	14	5		74	13	128
锦　州	256	10	17	1		100	8	116
营　口	262	7	6	1		67	2	177
阜　新	233	9	4			75	2	142
辽　阳	280	6	19	3		62	5	184
盘　锦	221	10	3	7		112	20	66
铁　岭	118	6	7			26	4	73
朝　阳	217	2	5			89	4	117
葫芦岛	298	7	14			134	5	137

15-2 续表

单位：个

地　区	按登记注册类型分组			按经济组织类型分组			
	其他企业	港澳台商投资企业	外商投资企业	独资企业	合作伙伴企业	股份有限公司	有限责任公司
全　省	**13**	**27**	**35**	**497**	**69**	**363**	**5782**
沈　阳	3	9	10	106	15	95	1833
大　连	1	12	15	68	21	80	1501
鞍　山	2	2	2	68	4	42	297
抚　顺	1		2	41	3	16	156
本　溪	1			43	2	12	177
丹　东	1			25	6	28	187
锦　州			4	28	1	15	212
营　口	1	1		13	2	8	239
阜　新		1		14	1	3	215
辽　阳			1	31	3	14	232
盘　锦	3			13	11	24	173
铁　岭		2		15		8	95
朝　阳				7		8	202
葫芦岛			1	25		10	263

15-3 建筑施工企业主要经济指标

(2015年)

指 标	单位	合计	按登记注册类型分组						
			国有企业	集体企业	股份合作企 业	联营企业	有限责任公 司	股份有限公 司	私营企业
施工企业单位个数	个	6477	170	256	47	3	1964	165	3802
全部从业人员年期末人数	万人	148.8	7.4	8.5	0.6	0.2	67.7	6.0	57.3
固定资产原价	亿元	999.6	71.0	25.2	2.6	2.7	387.1	35.5	462.2
固定资产合计	亿元	608.4	38.7	14.5	1.7	0.9	224.1	26.9	289.1
年末自有施工机械设备台数	万台	32.6	3.3	1.8	0.2	0.1	12.8	1.0	13.2
年末自有施工机械设备净值	亿元	174.7	15.1	7.6	0.4	0.5	74.9	9.4	66.1
年末自有施工机械设备总功率	万千瓦	1552.4	221.2	31.5	3.1	1.9	928.5	36.9	322.7
建筑业总产值	亿元	5413.8	268.7	172.6	16.3	4.0	2609.6	339.7	1966.9
资产合计		7041.1	511.2	151.3	13.2	3.8	2997.6	435.3	2855.3
流动资产合计		5851.7	439.7	125.9	8.5	3.0	2468.4	368.1	2385.0
#实收资本		1658.8	54.0	24.7	3.4	0.5	437.8	56.9	1065.2
#固定资产本年折旧	亿元	59.8	3.1	1.7	0.1	0.1	22.0	2.8	29.0
#营业收入	亿元	5979.7	297.9	177.7	14.3	4.0	2494.6	324.8	2629.2
#营业成本	亿元	4966.1	262.8	154.6	12.1	3.6	2216.0	294.4	1992.8
#应付职工薪酬	亿元	619.9	36.6	22.9	2.4	0.8	253.2	21.3	274.2
#营业税金及附加	亿元	185.4	8.2	6.5	0.6	0.1	81.7	10.4	76.9
#管理费用	亿元	254.7	17.4	10.4	1.0	0.34	102.2	9.2	109.7
#管理费用中的税金	亿元	15.4	1.7	0.4	0.0	0.013	6.6	0.4	6.0
#财务费用	亿元	41.5	2.9	0.2	0.07	-0.036	20.2	1.0	16.2
#营业利润	亿元	166.7	3.8	3.4	0.5	0.00	55.1	9.2	93.5
房屋建筑施工面积	万平方米	28937.1	623.0	841.1	93.7		15428.7	2373.8	9566.2
#本年新开工房屋建筑面积	万平方米	12161.3	311.0	516.4	79.5		5226.9	563.7	5455.2
房屋建筑竣工面积	万平方米	10399.3	259.7	517.3	47.5		4579.4	442.0	4545.5
利润总额	亿元	168.4	5.0	3.4	0.5	0.1	56.3	9.5	92.5
利税总额	亿元	356.4	14.4	9.9	1.1	0.2	137.2	20.1	171.3
从事主营业务活动的从业人员平均人数	万人	170.9	8.4	8.6	1.6	0.2	77.6	7.7	65.8
全员劳动生产率	–								
按总产值计算	元/人	316831	320605	201345	103717	223597	336438	441857	298847
技术装备率	元/人	10221	18015	8901	2412	28696	9657	12243	10045
动力装备率	千瓦/人	9.1	26.4	3.7	2.0	10.6	12.0	4.8	4.9
房屋建筑面积竣工率	%	0.4	0.4	0.6	0.5		0.3	0.2	0.5
产值利润率	%	3.1	1.8	2.0	2.8	2.3	2.2	2.8	4.7
产值利税率	%	6.6	5.3	5.7	6.7	5.0	5.3	5.9	8.7
亏损企业个数	个	1333	37	53	12		393	41	770

15-3 续表

指　标	单位	按登记注册类型分组			按经济组织类型分组			
		其他企业	港澳台商投资企业	外商投资企　业	独资企业	合作伙伴企　业	股份有限公　司	有限责任公　司
施工企业单位个数	个	9	27	34	461	63	342	5611
全部从业人员年期末人数	万人	0.0	0.5	0.5	16.3	0.8	9.4	122.3
固定资产原价	亿元	0.2	3.5	9.7	103.5	6.1	49.2	840.8
固定资产合计	亿元	1.0	5.2	6.3	57.7	3.8	35.3	511.6
年末自有施工机械设备台数	万台	0.0	0.2	0.1	5.1	0.3	1.4	25.8
年末自有施工机械设备净值	亿元	0.0	0.3	0.3	23.1	0.9	12.7	138.0
年末自有施工机械设备总功率	万千瓦	0.0	5.5	1.0	254.6	5.2	52.9	1239.6
建筑业总产值	亿元	0.9	18.3	16.9	449.1	21.5	466.1	4477.1
资产合计		2.6	42.0	28.7	687.9	21.8	554.2	5777.1
流动资产合计		1.5	31.6	20.0	581.8	14.2	470.3	4785.4
#实收资本		0.6	7.6	8.1	82.2	5.2	85.1	1486.4
#固定资产本年折旧	亿元	0.0	0.1	0.8	5.4	0.3	3.5	50.5
#营业收入	亿元	0.8	18.6	17.8	483.7	19.6	778.7	4697.8
#营业成本	亿元	0.7	15.4	13.8	424.3	16.9	401.0	4124.0
#应付职工薪酬	亿元	0.1	6.4	1.9	60.8	3.5	33.8	521.9
#营业税金及附加	亿元	0.0	0.4	0.4	14.9	0.7	15.0	154.7
#管理费用	亿元	0.1	2.4	2.0	28.9	1.5	12.7	211.6
#管理费用中的税金	亿元	0.0	0.16	0.1	2.1	0.1	0.6	12.6
#财务费用	亿元	0.0	0.58	0.5	3.5	0.1	1.8	36.1
#营业利润	亿元	0.1	-0.3	1.5	7.2	0.4	16.7	142.4
房屋建筑施工面积	万平方米	0.1	4.0	6.6	1467.7	93.8	2986.8	24388.7
#本年新开工房屋建筑面积	万平方米	0.1	4.0	4.5	829.6	79.6	928.3	10323.9
房屋建筑竣工面积	万平方米			7.9	779.1	47.5	670.8	8901.8
利润总额	亿元	0.1	-0.3	1.4	8.3	0.4	16.3	143.4
利税总额	亿元	0.1	0.2	2.0	24.5	1.2	31.3	299.4
从事主营业务活动的从业人员平均人数	万人	0.0	0.5	0.5	17.3	1.8	11.9	139.9
全员劳动生产率	–							
按总产值计算	元/人	213685	354464	310150	259587	117401	392607	320089
技术装备率	元/人	538	5929	5528	13341	4933	10710	9863
动力装备率	千瓦/人	0.2	10.7	1.8	14.7	2.8	4.5	8.9
房屋建筑面积竣工率	%			1.2	0.5	0.5	0.2	0.4
产值利润率	%	9.2	-1.9	8.5	1.9	2.1	3.5	3.2
产值利税率	%	12.2	1.0	11.8	5.5	5.8	6.7	6.7
亏损企业个数	个		11	16	101	14	87	1131

15-4 建筑业总产值

(2015年)

单位：千元

地区	建筑业总产值	按登记注册类型分组						
		国有企业	集体企业	股份合作企业	联营企业	有限责任公司	股份有限公司	私营企业
全省	**785112478**	**38366216**	**29582948**	**2636644**	**364796**	**352847534**	**49650430**	**306049674**
沈阳	202210438	9934137	5210373	721179	29139	93561401	28090191	62537399
大连	208773080	6067294	1557704	305521	242657	82393013	1560637	114893685
鞍山	59648927	2288773	5718422	35520	93000	31595743	1988896	17322613
抚顺	30858974	790077	2763303	235000		19929484	2036280	4855230
本溪	29679894	663480	1228519			19816007	835750	7136138
丹东	40331398	1958343	1561380	554371		19989759	7491392	8752947
锦州	28979257	3841703	2080337	18130		12044881	2702475	8105494
营口	33420069	1790638	345998	16900		7646953	702718	22835866
阜新	23025679	608621	993049			9070470	121019	12172359
辽阳	21462156	677679	1990101	242493		11998479	147788	6372326
盘锦	20050383	5903757	223507	507530		8535294	1425952	3349356
铁岭	22397121	1686431	2153206			8095538	727782	9460111
朝阳	38165539	314535	2018300			15692972	524750	19614982
葫芦岛	26109563	1840748	1738749			12477540	1294800	8641168

15-4 续表

单位：千元

地区	按登记注册类型分组			按经济组织类型分组			
	其他企业	港澳台商投资企业	外商投资企业	独资企业	合作伙伴企业	股份有限公司	有限责任公司
全省	**777837**	**2310735**	**2525664**	**69563002**	**3881241**	**68037229**	**643631006**
沈阳	204198	1223310	699111	15699164	954516	29690829	155865929
大连	9600	574101	1168868	7994775	579281	9353056	190845968
鞍山	200020	157940	248000	8453095	328540	5123756	45743536
抚顺	176000		73600	3553380	431000	3344485	23530109
本溪				1905999		1307290	26466605
丹东	23206			3519723	577577	8413320	27820778
锦州			186237	5926190	18130	2819768	20215169
营口	59826	21170		2136636	76726	1922017	29284690
阜新		60161		1601670	60161	126119	21237729
辽阳			33290	2773047	242493	614927	17831689
盘锦	104987			6127264	612817	1506687	11803615
铁岭		274053		3940637		958782	17497702
朝阳				2332835		975302	34857402
葫芦岛			116558	3598587		1880891	20630085

15-5 建筑业企业资产

(2015年)

单位：千元

地区	资产合计	按登记注册类型分组						
		国有企业	集体企业	股份合作企业	联营企业	有限责任公司	股份有限公司	私营企业
全省	**640973239**	**45954032**	**16213724**	**1293545**	**371083**	**297620661**	**46862848**	**223953585**
沈阳	180025020	13923587	4370779	654143	71741	74534142	31632324	51637363
大连	169618619	5125962	790105	228646	253372	80165325	1175419	78157495
鞍山	37505364	1863676	3122946	6264	45970	25001178	598390	6432643
抚顺	15650619	714904	626922	14970		11376269	561009	2061558
本溪	16368158	315121	817674			11848152	346434	3040777
丹东	34526218	1357727	479282	138598		21165005	5718257	5614665
锦州	23984347	4047473	862413	114958		10268128	2981029	5572190
营口	22092987	1150684	404013	16434		4543449	866008	14992005
阜新	12656673	843968	130015			5884527	586109	5150199
辽阳	18112537	491320	859570	42191		9776845	606413	6311992
盘锦	42093868	13528798	780209	77341		22366689	1313905	3714598
铁岭	15406996	1676514	546326			8091058	165620	4800765
朝阳	13076190	313966	1469810			5787169	125267	5379978
葫芦岛	39855643	600332	953660			6812725	186664	31087357

15-5 续表

单位：千元

地区	按登记注册类型分组			按经济组织类型分组			
	其他企业	港澳台商投资企业	外商投资企业	独资企业	合作伙伴企业	股份有限公司	有限责任公司
全省	**635933**	**3967025**	**4100803**	**66085925**	**2528017**	**59007022**	**513352275**
沈阳	49072	2382879	768990	19915305	774956	33259876	126074883
大连	8820	1337464	2376011	7753335	495051	7231929	154138304
鞍山	21500	29614	383183	5076192	73734	1450095	30905343
抚顺	99635		195352	1341826	275530	1052334	12980929
本溪				1136054		560942	14671162
丹东	52684			1837009	191282	6707071	25790856
锦州			138156	4913596	114958	3037132	15918661
营口	91894	28500		1554697	108328	1658917	18771045
阜新		61855		973983	61855	686693	10934142
辽阳			24206	1626125	42191	921568	15522653
盘锦	312328			14309007	390132	1533803	25860926
铁岭		126713		2291992		438364	12676640
朝阳				1783776		226059	11066355
葫芦岛			214905	1573028		242239	38040376

15-6 各地区建筑业企业负债

(2015年)

单位：千元

地　区	负债合计	按登记注册类型分组						
		国有企业	集体企业	股份合作企业	联营企业	有限责任公司	股份有限公司	私营企业
全　省	**421829199**	**34168592**	**12143802**	**836086**	**152324**	**211932847**	**38280024**	**117640848**
沈　阳	129112764	9871983	3190551	503892	46054	56639384	27124685	29279178
大　连	105194164	3859595	357280	73247	60520	55233798	818684	41769735
鞍　山	25259344	1051587	2353444	2271	45750	17531663	341113	3646840
抚　顺	10489887	610574	541233	6880		7813690	386121	937145
本　溪	10857726	218917	596199			8524174	227047	1291389
丹　东	23388092	1052124	279387	80118		14943300	4157513	2845100
锦　州	17091267	2847843	673864	107158		7213880	2659630	3530392
营　口	11978716	701065	198960	8920		2392833	628498	7974832
阜　新	8326060	647743	106302			4282438	102750	3149977
辽　阳	12475539	181674	534792	26623		7379127	552413	3784818
盘　锦	31366349	11379379	766693	26977		15220435	992616	2732747
铁　岭	11401580	1135178	454846			6724431	85887	2912685
朝　阳	7521487	165774	1395391			2820226	96103	3043993
葫芦岛	17366224	445156	694860			5213468	106964	10742017

15-6 续表

单位：千元

地　区	按登记注册类型分组			按经济组织类型分组			
	其他企业	港澳台商投资企业	外商投资企业	独资企业	合作伙伴企业	股份有限公司	有限责任公司
全　省	**434930**	**3371491**	**2868255**	**49346028**	**1559296**	**44211327**	**326712548**
沈　阳	29080	1999823	428134	14536698	579026	28313303	85683737
大　连	2625	1225313	1793367	5542643	136680	3224890	96289951
鞍　山	1150	8152	277374	3464815	49171	572447	21172911
抚　顺	63215		131029	1151807	168912	688236	8480932
本　溪				813375		365699	9678652
丹　东	30550			1331511	110668	4690677	17255236
锦　州			58500	3521707	107158	2682324	10780078
营　口	60808	12800		900025	69728	1061721	9947242
阜　新		36850		754045	36850	144694	7390471
辽　阳			16092	834291	26623	745880	10868745
盘　锦	247502			12146072	274480	1201659	17744138
铁　岭		88553		1640678		286684	9474218
朝　阳				1561165		122771	5837551
葫芦岛			163759	1147196		110342	16108686

15-7 各地区建筑业企业实收资本

(2015年)

单位：千元

地　区	实收资本合　计	按登记注册类型分组						
		国有企业	集体企业	股份合作企　业	联营企业	有限责任公　司	股份有限公　司	私营企业
全　省	**110392654**	**6675023**	**2695723**	**399281**	**154445**	**43746195**	**6482212**	**48973695**
沈　阳	31745705	2288466	596312	144164	28600	11791552	3440095	13043765
大　连	32272153	595322	254284	113349	34345	11190778	312671	19350752
鞍　山	7311557	491348	537523	3500	91500	3950075	191187	1917814
抚　顺	3494858	94146	159293	8090		2414086	156380	608648
本　溪	3203296	36560	163754			2147689	118060	737233
丹　东	4739140	190979	150902	63634		1924632	1089409	1299584
锦　州	3860921	506759	178162	6000		1591682	198977	1346772
营　口	4125738	319647	58450	5100		853571	188033	2671030
阜　新	2919157	128620	10453			1192019	374000	1194065
辽　阳	3643614	179291	263230	12446		1446420	41000	1691936
盘　锦	4536410	1396291	28413	42998		1865805	238280	906470
铁　岭	2509327	291490	45521			840195	38600	1223521
朝　阳	2950832	61164	62940			1476010	20500	1330218
葫芦岛	3079946	94940	186486			1061681	75020	1651887

15-7 续表

单位：千元

地　区	按登记注册类型分组			按经济组织类型分组			
	其他企业	港澳台商投资企业	外商投资企　业	独资企业	合作伙伴企　业	股份有限公　司	有限责任公　司
全　省	**147154**	**473178**	**645748**	**9711060**	**764480**	**9441245**	**90475869**
沈　阳	16852	206673	189226	2989013	189616	3726229	24840847
大　连	5080	142927	272645	1006444	155774	1589809	29520126
鞍　山	20000	18740	89870	1056687	115000	748100	5391770
抚　顺	12000		42215	253439	60090	266770	2914559
本　溪				205314		163680	2834302
丹　东	20000			341881	83634	1240429	3073196
锦　州			32569	688631	6000	207526	2958764
营　口	15069	14838		378097	20169	362412	3365060
阜　新		20000		139073	20000	409000	2351084
辽　阳			9291	457636	12446	124970	3048562
盘　锦	58153			1424704	101751	295600	2714355
铁　岭		70000		352011		94800	2062516
朝　阳				124104		90000	2736728
葫芦岛			9932	294026		121920	2664000

15-8 各地区建筑业企业主营业务税金及附加与管理费用中的税金

(2015年)

单位：千元

地　区	税金合计	按登记注册类型分组						
		国有企业	集体企业	股份合作企　业	联营企业	有限责任公　司	股份有限公　司	私营企业
全　省	**23235264**	**1061540**	**793297**	**94396**	**9671**	**10237853**	**1350789**	**9573605**
沈　阳	5348476	269800	154246	28571	1055	2423731	638561	1790955
大　连	5959719	163147	54596	8114	5484	2131866	45460	3519930
鞍　山	1858665	64877	112755	1279	3132	870199	60218	741242
抚　顺	1021881	15210	101294	17870		673601	68662	136018
本　溪	1232631	21564	42716			888279	26736	253336
丹　东	1181478	35679	26690	16916		668518	189885	243790
锦　州	856814	102758	25261			373834	93601	255315
营　口	1243601	120328	6626	1187		273697	38287	799447
阜　新	623012	16601	29182			276153	6498	294578
辽　阳	721845	8866	54516	16271		415982	2729	223436
盘　锦	544429	126857	1092	4188		269280	52528	84983
铁　岭	810969	64782	78828			252174	63008	344396
朝　阳	1187026	8970	59577			434974	23393	660112
葫芦岛	644718	42101	45918			285565	41223	226067

15-8 续表

单位：千元

地　区	按登记注册类型分组			按经济组织类型分组			
	其他企业	港澳台商投资企业	外商投资企　业	独资企业	合作伙伴企　业	股份有限公　司	有限责任公　司
全　省	**16359**	**42172**	**55582**	**1905579**	**121766**	**1945020**	**19262899**
沈　阳	828	21243	19486	439742	30454	698682	4179598
大　连	1	11940	19181	222921	13814	314695	5408289
鞍　山	139	659	4165	199637	4550	164772	1489706
抚　顺	6410		2816	116504	25402	95813	784162
本　溪				65460		43250	1123921
丹　东				62369	16916	218053	884140
锦　州			6045	128249		99126	629439
营　口	3480	549		126954	4667	84493	1027487
阜　新				45783		6502	570727
辽　阳			45	66973	16271	21578	617023
盘　锦	5501			127949	9692	55295	351493
铁　岭		7781		145854		64466	600649
朝　阳				68547		26191	1092288
葫芦岛			3844	88637		52104	503977

15-9 各地区建筑业企业利润总额

(2015年)

单位：千元

地　区	利润总额	按登记注册类型分组						
		国有企业	集体企业	股份合作企　业	联营企业	有限责任公　司	股份有限公　司	私营企业
全　省	**25442407**	**651011**	**424600**	**73016**	**7479**	**9960311**	**949372**	**13197494**
沈　阳	5010452	82624	-9680	29467	682	2009535	514582	2329740
大　连	9083698	97755	61916	11570	5360	3056600	23564	5836160
鞍　山	1355522	61903	33033	-322	1437	710344	21552	516252
抚　顺	1281963	16145	104441	9180		880472	98249	137041
本　溪	881353	44225	99315			520383	6079	211351
丹　东	1429967	15715	24181	20351		731307	163383	473123
锦　州	555939	24954	2460	-419		216151	67867	230429
营　口	2608318	65907	42458	234		686564	9463	1793442
阜　新	439294	16965	5059			112335	4601	300040
辽　阳	394390	10641	15641	4		198240	-2923	172701
盘　锦	295642	97478	-834	2951		123765	27662	39692
铁　岭	512246	112197	27123			132277	1846	234043
朝　阳	1026763	3831	17717			524781	11711	468723
葫芦岛	566860	671	1770			57557	1736	454757

15-9　续表

单位：千元

地　区	按登记注册类型分组			按经济组织类型分组			
	其他企业	港澳台商投资企业	外商投资企　业	独资企业	合作伙伴企　业	股份有限公　司	有限责任公　司
全　省	**50585**	**21686**	**106853**	**1072125**	**133524**	**1863824**	**22372934**
沈　阳	1874	16516	35112	81133	32023	587647	4309649
大　连	304	-5937	-3594	140811	17345	619529	8306013
鞍　山	120	2630	8573	95682	1235	57432	1201173
抚　顺	34625		1810	120586	45930	115939	999508
本　溪				143520		17661	720172
丹　东	1907			39896	22258	202470	1165343
锦　州			14497	27554	-419	75260	453544
营　口	6827	3423		108365	7061	139482	2353410
阜　新		294		22024	294	3711	413265
辽　阳			86	31110	4	6226	357050
盘　锦	4928			96644	7793	-26659	217864
铁　岭		4760		140300		12434	359512
朝　阳				21548		49778	955437
葫芦岛			50369	2952		2914	560994

15-10 各地区建筑业企业利税总额

(2015年)

单位：千元

地区	利税总额	按登记注册类型分组						
		国有企业	集体企业	股份合作企业	联营企业	有限责任公司	股份有限公司	私营企业
全省	**48677671**	**1712551**	**1217897**	**167412**	**17150**	**20198164**	**2300161**	**22771099**
沈阳	10358928	352424	144566	58038	1737	4433266	1153143	4120695
大连	15043417	260902	116512	19684	10844	5188466	69024	9356090
鞍山	3214187	126780	145788	957	4569	1580543	81770	1257494
抚顺	2303844	31355	205735	27050		1554073	166911	273059
本溪	2113984	65789	142031			1408662	32815	464687
丹东	2611445	51394	50871	37267		1399825	353268	716913
锦州	1412753	127712	27721	-419		589985	161468	485744
营口	3851919	186235	49084	1421		960261	47750	2592889
阜新	1062306	33566	34241			388488	11099	594618
辽阳	1116235	19507	70157	16275		614222	-194	396137
盘锦	840071	224335	258	7139		393045	80190	124675
铁岭	1323215	176979	105951			384451	64854	578439
朝阳	2213789	12801	77294			959755	35104	1128835
葫芦岛	1211578	42772	47688			343122	42959	680824

15-10 续表

单位：千元

地区	按登记注册类型分组			按经济组织类型分组			
	其他企业	港澳台商投资企业	外商投资企业	独资企业	合作伙伴企业	股份有限公司	有限责任公司
全省	**66944**	**63858**	**162435**	**2977704**	**255290**	**3808844**	**41635833**
沈阳	2702	37759	54598	520875	62477	1286329	8489247
大连	305	6003	15587	363732	31159	934224	13714302
鞍山	259	3289	12738	295319	5785	222204	2690879
抚顺	41035		4626	237090	71332	211752	1783670
本溪				208980		60911	1844093
丹东	1907			102265	39174	420523	2049483
锦州			20542	155803	-419	174386	1082983
营口	10307	3972		235319	11728	223975	3380897
阜新		294		67807	294	10213	983992
辽阳			131	98083	16275	27804	974073
盘锦	10429			224593	17485	28636	569357
铁岭		12541		286154		76900	960161
朝阳				90095		75969	2047725
葫芦岛			54213	91589		55018	1064971

15-11 各地区总承包与专业承包建筑企业个数、设备及人数

(2015年)

地 区	建筑业企业个数(个)	年末自有机械设备总功率(万千瓦)	年末自有机械设备净值(万元)	计算建筑业劳动生产率的平均人数(万人)	劳动生产率(元/人)
全 省	**6388**	**2097.1**	**3323113.2**	**242.4**	**323837**
沈 阳	1940	475.2	701289.0	64.4	313809
大 连	1621	798.8	989264.2	55.9	373253
鞍 山	392	224.6	323407.5	13.4	444779
抚 顺	186	43.8	115285.5	11.9	259319
本 溪	199	65.8	168191.1	8.1	366233
丹 东	245	82.2	204263.8	7.2	557649
锦 州	244	45.1	72962.7	11.9	244413
营 口	246	56.1	157563.6	9.0	370613
阜 新	225	24.7	101229.9	6.4	357886
辽 阳	265	72.3	107667.1	10.1	213267
盘 锦	213	86.9	115584.8	6.6	304333
铁 岭	116	42.2	87948.4	6.2	358704
朝 阳	214	40.6	100583.6	22.8	167499
葫 芦 岛	282	38.7	77872.0	8.4	309593

15-12 各地区国有总承包与专业承包建筑企业个数、设备及人数(按经济类型分)

(2015年)

地 区	建筑业企业个数(个)	年末自有机械设备总功率(万千瓦)	年末自有机械设备净值(万元)	计算建筑业劳动生产率的平均人数(万人)	劳动生产率(元/人)
全 省	**243**	**199.4**	**377566.5**	**20.1**	**372617**
沈 阳	73	43.3	66310.5	5.2	349516
大 连	40	26.8	101070.3	5.3	392274
鞍 山	17	11.5	25271.1	1.1	569587
抚 顺	13	5.7	12103.3	1.0	241922
本 溪	11	8.8	15737.5	0.5	281189
丹 东	12	3.1	4816.3	0.3	579582
锦 州	12	10.1	15357.3	1.7	341032
营 口	8	12.2	19891	0.6	368500
阜 新	14	6.7	21520.4	0.5	285230
辽 阳	7	2.7	9057.7	0.3	310327
盘 锦	11	48.0	38078.7	0.9	671459
铁 岭	7	4.0	18517.3	0.9	197315
朝 阳	7	11.5	24956.9	0.9	287898
葫 芦 岛	11	5.1	4878.2	0.8	364054

15-13 各地区集体总承包与专业承包建筑企业个数、设备及人数(按经济类型分)

(2015年)

地区	建筑业企业个数(个)	年末自有机械设备总功率(万千瓦)	年末自有机械设备净值(万元)	计算建筑业劳动生产率的平均人数(万人)	劳动生产率(元/人)
全省	**332**	**66.8**	**92485.4**	**14.3**	**225911**
沈阳	56	21.4	17137	2.7	222107
大连	51	9.4	15023.3	0.9	205654
鞍山	50	10.6	10424.6	1.7	341622
抚顺	33	3.7	8510.4	1.1	274796
本溪	36	1.8	1261.8	0.3	424066
丹东	19	1.5	5649.5	0.7	317014
锦州	18	1.9	3497	0.9	242094
营口	7	0.7	1350.7	0.2	204105
阜新	4	0.5	673.2	0.2	446114
辽阳	22	4.5	9015.2	1.7	130752
盘锦	10	1.5	1824.6	0.5	133596
铁岭	7	1.5	5014.5	0.9	235684
朝阳	5	1.8	2308.7	1.5	135329
葫芦岛	14	6.0	10794.9	1.0	169485

15-14 各地区总承包与专业承包建筑企业施工及竣工产值

(2015年)

单位：千元

地区	建筑业总产值				竣工产值
		建筑工程产值	安装工程产值	其他产值	
全省	**785112478**	**659140608**	**96076412**	**29895458**	**428237488**
沈阳	202210438	172638796	29106103	465539	86878089
大连	208773080	179049840	20730434	8992806	102068303
鞍山	59648927	45711581	8424830	5512516	35315127
抚顺	30858974	24185590	4665166	2008218	21830765
本溪	29679894	24712955	3439165	1527774	18293576
丹东	40331398	34463793	2561934	3305671	19320653
锦州	28979257	24240106	4469591	269560	18392800
营口	33420069	31677223	1493920	248926	21800535
阜新	23025679	18570508	2552721	1902450	12672646
辽阳	21462156	18005276	3004889	451991	9533183
盘锦	20050383	12118167	5987879	1944337	14512031
铁岭	22397121	18049970	2849002	1498149	26283258
朝阳	38165539	34340335	3689481	135723	26873465
葫芦岛	26109563	21376468	3101297	1631798	14463057

15-15 各地区国有总承包与专业承包建筑企业施工及竣工产值(按经济类型分)

(2015年)　　单位：千元

地区	建筑业总产值				竣工产值
		建筑工程产值	安装工程产值	其他产值	
全　省	**74843862**	**59205466**	**11933011**	**3705385**	**45897872**
沈　阳	18172721	16433913	1562443	176365	8516830
大　连	20619088	17612832	2749776	256480	9057476
鞍　山	6362292	5086587	917283	358422	2707184
抚　顺	2458891	1195756	664584	598551	1862807
本　溪	1514767	1184011	330756		478557
丹　东	1967103	1879914	26760	60429	187141
锦　州	5811186	4912732	893137	5317	2054889
营　口	2366138	2330168	35970		152687
阜　新	1540814	1197181	198781	144852	542693
辽　阳	1034320	541269	491641	1410	789073
盘　锦	5943757	1812186	3423824	707747	5126810
铁　岭	1699669	676949	21430	1001290	10530890
朝　阳	2507308	2494308	13000		1396749
葫芦岛	2845808	1847660	603626	394522	2494086

15-16 各地区集体总承包与专业承包建筑企业施工及竣工产值(按经济类型分)

(2015年)　　单位：千元

地区	建筑业总产值				竣工产值
		建筑工程产值	安装工程产值	其他产值	
全　省	**32248731**	**23135270**	**6880713**	**2232748**	**22716324**
沈　阳	5960691	2655112	3303471	2108	4464874
大　连	1863225	1337491	218220	307514	1194129
鞍　山	5753942	4067530	920448	765964	3597799
抚　顺	2998303	1983816	477837	536650	2255340
本　溪	1228519	690339	338600	199580	871723
丹　东	2115751	1629419	99630	386702	1290585
锦　州	2098467	1944174	133263	21030	1939386
营　口	362898	313900	48998		356998
阜　新	993049	842749	150300		853519
辽　阳	2232594	2117294	115300		1482195
盘　锦	731037	454672	276365		295516
铁　岭	2153206	2113236	28770	11200	2079884
朝　阳	2018300	2018300			1340780
葫芦岛	1738749	967238	769511	2000	693596

15-17 各地区总承包与专业承包建筑企业施工及竣工房屋面积

(2015年)

单位：万平方米、千元

地区	房屋建筑施工面积	#本年新开工面积	#投标承包面积	房屋建筑竣工面积	房屋建筑竣工价值
全省	**47861.0**	**21227.2**	**29017.7**	**16514.4**	**23453946.4**
沈阳	12738.4	5139.9	9516.8	3103.3	4279932.1
大连	10543.4	5181.0	7942.7	3686.4	5877973.0
鞍山	11599.3	1656.5	2356.5	1385.4	2049741.9
抚顺	1065.5	878.7	980.2	839.7	1216576.8
本溪	1108.8	845.6	792.5	737.5	1025328.9
丹东	1245.2	845.6	809.4	844.1	1169447.8
锦州	1313.9	839.7	923.4	841.6	1029322.2
营口	1834.0	1152.7	966.1	1021.5	1416147.6
阜新	1059.4	748.8	716.3	517.3	682735.3
辽阳	770.2	450.2	677.1	451.3	565525.2
盘锦	484.2	377.3	304.9	315.5	450873.6
铁岭	1223.3	935.8	917.4	908.2	1273307.7
朝阳	1942.2	1479.1	1468.1	1318.7	1687170.8
葫芦岛	933.1	696.2	646.4	543.7	729863.5

15-18 各地区国有总承包与专业承包建筑企业施工及竣工房屋面积(按经济类型分)

(2015年)

单位：万平方米、千元

地区	房屋建筑施工面积	#本年新开工面积	#投标承包面积	房屋建筑竣工面积	房屋建筑竣工价值
全省	**1869.6**	**797.8**	**1632.5**	**511.8**	**716282.6**
沈阳	821.3	342.2	719.4	272.2	339450
大连	243.8	158.4	240.2	85.3	149718
鞍山	510.3	190.9	459.1	42.1	61546.9
抚顺	33.5	20.6	0.6	16.9	22815.8
本溪	58.0	27.1	21.0		
丹东					
锦州	90.6	27.3	90.6	38.9	58586.1
营口					
阜新					
辽阳	82.0	5.4	82.0	31.5	38618.1
盘锦	4.4	4.4	3.4	4.4	10650.7
铁岭	1.9	1.9	1.9	1.9	2637
朝阳					
葫芦岛	23.8	19.7	14.3	18.6	32260

15-19 各地区集体总承包与专业承包建筑企业施工及竣工房屋面积(按经济类型分)

(2015年)　　单位：万平方米、千元

地　区	房屋建筑施工面积	#本年新开工面积	#投标承包面积	房屋建筑竣工面积	房屋建筑竣工价值
全　省	**1496.0**	**1188.4**	**1274.2**	**967.8**	**1311766.9**
沈　阳	245.1	175.0	206.8	145.0	148165.5
大　连	88.3	73.6	60.8	55.0	72193.3
鞍　山	155.3	138.4	115.4	135.2	188997.6
抚　顺	76.4	76.4	69.0	71.6	125186.8
本　溪	23.1	23.1		21.6	36062.3
丹　东	198.4	108.6	198.4	70.6	92275
锦　州	46.2	45.1	44.0	45.0	47140.1
营　口	41.0	41.0		18.4	29600
阜　新	64.2	64.2	64.2	57.5	70821.9
辽　阳	159.5	129.2	159.1	101.0	122542.1
盘　锦	55.6	55.6	55.6	4.6	4690
铁　岭	114.3	114.3	114.3	114.1	205334.8
朝　阳	155.1	113.3	155.1	95.8	112578
葫芦岛	73.5	30.7	31.6	32.4	56179.5

15-20 各地区总承包与专业承包建筑企业年末资产负债

(2015年)　　单位：千元

地　区	流动资产合计	固定资产合计	固定资产原价	固定资产累计折旧	资产总计	流动负债合计	长期负债合计	负债合计	所有者权益合计
全　省	**518373397**	**63602238**	**90379856**	**38551408**	**640973239**	**360089879**	**19220462**	**421829199**	**219144040**
沈　阳	145553930	15349714	20575947	8210436	180025020	115300588	5116408	129112764	50912256
大　连	138356417	19772719	28841743	12204204	169618619	94385433	4875185	105194164	64424455
鞍　山	29132201	3647920	6068031	3101206	37505364	21923414	988546	25259344	12246020
抚　顺	11807442	1760887	3355043	1715643	15650619	8558855	905166	10489887	5160732
本　溪	12864748	2536435	3713927	1445708	16368158	9611095	188985	10857726	5510432
丹　东	26711361	3888874	5375426	2121125	34526218	19190989	2281938	23388092	11138126
锦　州	18992370	2020851	2781266	1219906	23984347	15067183	1450313	17091267	6893080
营　口	17653531	3184687	3943013	1356734	22092987	10789069	349754	11978716	10114271
阜　新	10119789	1490957	1958158	740736	12656673	7229895	540244	8326060	4330613
辽　阳	14416384	2168335	3834087	1800603	18112537	11431264	728736	12475539	5636998
盘　锦	38159967	2400230	3617268	1961098	42093868	22574446	428385	31366349	10727519
铁　岭	13327399	1269624	1523257	618260	15406996	10939329	56864	11401580	4005416
朝　阳	9642723	1865179	2307966	776504	13076190	5275015	1045542	7521487	5554703
葫芦岛	31635135	2245826	2484724	1279245	39855643	7813304	264396	17366224	22489419

15-21 各地区国有总承包与专业承包建筑企业年末资产负债(按经济类型分)

(2015年)

单位：千元

地区	流动资产合计	固定资产合计	固定资产原价	固定资产累计折旧	资产总计	流动负债合计	长期负债合计	负债合计	所有者权益合计
全省	**71671696**	**9546809**	**15659794**	**6829525**	**87975404**	**64308299**	**1979535**	**68810353**	**19165051**
沈阳	15255922	3834373	4870569	1323744	20669577	13409817	474595	15258617	5410960
大连	16891653	1645473	3201660	1613732	20190739	16089709	183610	16451263	3739476
鞍山	7861630	694320	983957	365378	10206794	7859235	478087	8347701	1859093
抚顺	1777062	195210	393662	215159	1991507	1468600	13600	1575116	416391
本溪	3213410	358853	783579	446000	3651943	3001912	38728	3053317	598626
丹东	1158885	173107	256677	89463	1367106	977459	58680	1056466	310640
锦州	5727093	321265	587549	362314	6374853	5008308	20790	5029098	1345755
营口	830433	282410	494388	221121	1180841	710746	504	711250	469591
阜新	1549254	321594	502896	186161	2034804	1399424	145723	1658088	376716
辽阳	499295	144046	237785	107886	807833	426015		426015	381818
盘锦	14062434	579426	1838527	1286271	14852143	11983991	324854	12451106	2401037
铁岭	1518419	155468	219843	68058	1705118	1021642		1143901	561217
朝阳	751542	622520	924522	398802	2124461	462900	240364	1069970	1054491
葫芦岛	574664	218744	364180	145436	817685	488541		578445	239240

15-22 各地区集体总承包与专业承包建筑企业年末资产负债(按经济类型分)

(2015年)

单位：千元

地区	流动资产合计	固定资产合计	固定资产原价	固定资产累计折旧	资产总计	流动负债合计	长期负债合计	负债合计	所有者权益合计
全省	**14291916**	**1880812**	**3125347**	**1515298**	**17579010**	**11917264**	**111976**	**13025942**	**4553068**
沈阳	4171407	473986	880579	460193	5096663	3384482	40530	3740497	1356166
大连	751116	194005	266021	113461	1018751	417888	464	430527	588224
鞍山	2352152	307734	488311	223180	3129210	1855021	8323	2355715	773495
抚顺	517770	80759	191717	110958	641892	517387	15568	548113	93779
本溪	665556	49841	105780	69644	817674	538271	17446	596199	221475
丹东	382556	186230	226077	49589	617880	358233		359505	258375
锦州	865743	95896	92282	35583	977371	761190	7858	781022	196349
营口	391803	27857	33141	6226	420447	204189		207880	212567
阜新	96201	28930	14311	8458	130015	83664	22638	106302	23713
辽阳	693413	149128	420247	271120	901761	534745	4420	561415	340346
盘锦	815080	35632	50640	19638	857550	792271		793670	63880
铁岭	430495	85003	125900	52257	546326	410863	415	454846	91480
朝阳	1418043	51540	48070	18194	1469810	1395390		1395391	74419
葫芦岛	740581	114271	182271	76797	953660	663670	-5686	694860	258800

15-23 各地区总承包与专业承包建筑企业损益及分配

(2015年)　　单位：千元

地　区	主营业务收入	主营业务成本	主营业务税金及附加	其他业务利润	管理费用	营业利润	利润总额	应收工程款	亏损企业个数(个)
全　省	**685427751**	**585381448**	**21499410**	**482645**	**27970122**	**25202274**	**25442407**	**155178187**	**1126**
沈　阳	177579057	155196458	4991403	111371	8565264	4992398	5010452	48601706	358
大　连	186695268	154344323	5613009	239223	6534410	8940325	9083698	44059738	282
鞍　山	48869394	42521808	1681813	28538	1871219	1300770	1355522	8065768	61
抚　顺	29497905	24974970	930954	23787	1045483	1275165	1281963	4207462	31
本　溪	26972597	22585191	1075716	-59	1349173	858919	881353	3831710	30
丹　东	31759186	27307026	1065374	-7265	1152535	1465717	1429967	5427554	39
锦　州	26201599	23748459	798320	12220	818744	552881	555939	6136542	49
营　口	30175555	24634123	1103292	471	988503	2602037	2608318	5944229	21
阜　新	17135850	14991879	602706	3694	670910	441606	439294	2807897	33
辽　阳	20589509	17823633	676558	28364	1061099	362778	394390	4647853	61
盘　锦	17131756	15256592	494012	33947	762455	303148	295642	13574332	58
铁　岭	19644388	16504015	745789	444	1191577	514040	512246	3234014	15
朝　阳	33363434	28058327	1122351	4818	1138524	1028275	1026763	2640725	16
葫芦岛	19812253	17434644	598113	3092	820226	564215	566860	1998657	72

15-24 各地区国有总承包与专业承包建筑企业损益及分配(按经济类型分)

(2015年)　　单位：千元

地　区	主营业务收入	主营业务成本	主营业务税金及附加	其他业务利润	管理费用	营业利润	利润总额	应收工程款	亏损企业个数(个)
全　省	**69344752**	**60211028**	**1890435**	**44842**	**3182724**	**1106234**	**1142405**	**20164305**	**43**
沈　阳	19215243	17605063	474604	14017	767882	105526	133535	3993819	20
大　连	18423750	16553294	517904	12518	748332	343314	321464	5271782	4
鞍　山	6508836	5832429	188932	302	301313	105627	145325	3150466	2
抚　顺	2406557	2133707	54316	3670	95814	19905	21251	902607	1
本　溪	1433289	1151029	39225	1724	167545	57338	59252	1568947	
丹　东	1189691	1067954	35714	335	61851	16174	15759	465316	4
锦　州	5314448	4935152	154387	1309	150095	22015	22539	2155335	2
营　口	1794166	1516024	70506	15	124937	64686	66077	264774	1
阜　新	1441644	1109747	75267		70148	26952	27236	255953	1
辽　阳	1034095	567307	20057		14599	18178	18101	279009	1
盘　锦	4679957	4109650	126571	7517	237353	104433	91316	1560252	3
铁　岭	1649551	1188590	65131		190394	113317	112623	169629	
朝　阳	2356885	728118	24968	3435	129663	111698	110856	55157	
葫芦岛	1896640	1712964	42853		122798	-2929	-2929	71259	4

15-25 各地区集体总承包与专业承包建筑企业损益及分配(按经济类型分)

(2015年)

单位：千元

地　区	主营业务收　入	主营业务成　本	主营业务税金及附加	其他业务利　润	管理费用	营业利润	利润总额	应收工程款	亏损企业个　数(个)
全　省	**26897037**	**22574668**	**849056**	**17123**	**1502349**	**501344**	**498298**	**3620646**	**66**
沈　阳	5514588	4391448	170011	-475	628543	25891	20469	1168510	14
大　连	1775431	1482438	61513	2389	60742	74249	73486	289424	7
鞍　山	4584604	3919372	110937	6323	141634	33278	32711	530467	13
抚　顺	3017151	2673416	116900	3872	105190	111465	113621	106795	11
本　溪	1141112	881122	40576	-625	73007	97564	99315	128625	4
丹　东	1576670	1412371	42089	219	40970	44576	44532	131463	2
锦　州	669634	594345	24974		36843	1547	2041	263319	6
营　口	445597	369594	6407		12349	42696	42692	6750	
阜　新	866787	823782	29139		6610	5123	5059	84055	
辽　阳	1485399	1275519	68416	544	57053	15450	15645	186774	2
盘　锦	661337	596096	4763	410	29079	1877	2117	27544	2
铁　岭	2160406	1674461	68756		255628	28113	27123	134921	2
朝　阳	1834476	1414661	59572		16151	17717	17717	270697	
葫芦岛	1163845	1066043	45003	4466	38550	1798	1770	291302	3

主要统计指标解释

建筑业统计单位 指从事房屋、构筑物建造和设备安装活动的生产单位，根据不同的组织方式，建筑业统计的调查单位分为法人建筑业企业和附营建筑施工单位。法人建筑业企业是指专门组织的独立核算的法人建筑业企业，它应同时具备的条件是：①依法成立，有自己的名称、组织机构和场所，能够承担民事责任；②独立拥有和使用资产，承担负债，有权与其他单位签订合同；③独立核算盈亏，能够编制资产负债表。另一种调查单位是其他行业的企业、事业单位为完成本单位固定资产建造任务而自行组织的附营建筑施工单位，它应同时具备的条件是：①具有一个场所，从事或主要从事建筑安装活动；②单独组织生产经营活动；③在企业内部单独核算收支。

建筑业总产值(即自行完成施工产值) 指建筑业企业或附属施工单位自行完成的按工程进度计算的建筑安装生产总值。施工产值包括：

①建筑工程产值：指列入建筑工程预算内的各种工程价值。

②设备安装工程产值：指设备安装工程价值。

③房屋、构筑物修理产值：指房屋、构筑物修理所完成的价值，但不包括被修理房屋、构筑物本身的价值和生产设备的修理价值。

④非标准设备制造产值：指加工制造没有定型的、非标准的生产设备的加工费和原材料价值，不论是现场还是附属加工厂为本单位承建工程制造的非标准设备的价值，都应计算产值。

竣工产值 指在报告期内，按照设计所规定的工程内容全部完成，达到了设计规定的交工条件，经有关部门检查验收鉴定合格的单位工程价值之和。

房屋建筑施工面积 指在报告期内施工的全部房屋建筑面积。包括本期内新开工的、上期施工跨入本期继续施工、上期停建本期复工的房屋建筑面积；不包括上期开工后又停工，本期未施工的房屋建筑面积。

房屋建筑竣工面积 指在报告期内，按照设计所规定的工程内容全部完成，达到了设计规定的交工条件，经有关部门检查验收鉴定合格的房屋建筑面积。

住宅竣工面积 指房屋建筑竣工面积中供居住用的房屋建筑竣工面积。

自有机械设备年末总台数 指归本企业(或单位)所有，属于本企业固定资产的生产性机械设备年末总台数。包括施工机械、生产设备、运输设备以及其他设备。

自有机械设备年末总功率 指本企业(或单位)自有施工机械、生产设备、运输设备以及其他设备等列为在册固定资产的生产性机械设备年末总功率，按设定能力或查定能力计算。包括机械本身的动力和为该机械服务的单独动力设备，如电动机等。计量单位用千瓦，动力换算可按 1 马力=0.735 千瓦折合成千瓦数。电焊机、变压器、锅炉不计算动力。

工程结算收入 指企业(或单位)按工程的分部分项自行完成的建筑产品价值并已与甲方在报告期内办理结算手续的工程价款收入，以及向甲方收取的除工程价款以外的按规定列作营业收入的各种款项，如临时设施费、劳动保险费、施工机械调迁费等以及向甲方收取的各种索赔款。

工程结算利润 指已结算工程实现的利润。如为亏损以“-”号表示。其计算公式为： 工程结算利润=工程结算收入-工程结算成本-工程结算税金及附加

企业总收入 指与企业生产经营直接有关的各项收入，包括工程结算收入和其他业务收入，即：

企业总收入=工程结算收入+其他业务收入

十六、运输和邮电

Chapter 16 Transport, Post and Telecommunication Services

16-1 交通运输业基本情况

指 标	2005年	2008年	2009年	2010年	2011年	2012年	2013年	2014年	2015年
运输线路长度(公里)									
铁路营业里程	3922	3928	3962	3988	4035	4757	4875	4899	5328
公路通车里程	53521	101144	101117	101545	104026	104679	110072	114504	119362
内河通车里程	813	813	813	813	813	813	813	813	813
民航定期航班航线里程	329166	200359	243991	242959	255196	244980	294175	25484833	31505963
#国际航线	69703	32901	43718	45094	51294	34188	39564	32166	32259
客运量总计(万人)	60599	90729	96172	102241	99328	104113	92629	95364	75039
铁路	9503	11958	13336	13298	12016	12018	13012	12820	12912
公路	49917	77510	81585	87699	86013	90650	78168	80789	60269
水运	650	597	543	490	549	588	534	542	504
民用航空	529	664	708	754	750	857	915	1213	1354
货运量总计(万吨)	97748	126939	139541	163303	190329	212957	215375	231743	208562
铁路	14271	17400	18262	18622	18716	17388	20484	19103	14541
公路	74799	92938	105088	127361	151773	174355	172923	189174	172140
水运	5730	9267	9651	10434	11632	12631	13379	13810	13439
民用航空	9	10	10	10	9	10	10	12	14
管道	2939	7323	6531	6876	8199	8573	8579	9644	8429
民用汽车拥有量(万辆)	153.8	242.0	300.1	347.9	402.2	449.6	482.8	538.6	596.8
载客汽车辆数(万辆)	89.6	144.9	182.4	225.7	276.2	328.6	379.9	436.5	496.1
载货汽车辆数(万辆)	42.4	44.0	56.8	67.4	76.9	82.2	73.5	80.0	82.7
私人汽车拥有量(万辆)	71.8	155.8	200.7	242.3	288.9	334	377.8	434.1	491.9
民用运输船舶拥有量(艘)									
#机 动 船	735	862	736	553	546	557	524	528	493
驳船	25	23	20	11	10	17	10	7	7
私人运输船舶拥有量(艘)									
#机 动 船	293	304	292						
沿海主要港口货物吞吐量(万吨)	30208	48768	55513	67952	78374	88502	98354	103675	104859

注：1.2014年起民航加入深航沈阳分公司数据。下同。
2.2013年、2014年管道加入中国石油管道锦州输油气分公司数据。下同。
3.2013年、2014年铁路货运量和货物周转量加入地方铁路数据。下同。

16-2 运输线路长度

单位：公里

年 份	铁路营业里程	#辽宁省	公路通车里程	#有铺装路面简易铺装路面	#高速公路	内河航道里程	民航通航里程	#国内航线
1990	8798	3702	40109	10172	375	508	99545	89199
1991	8993	3758	40195	11471	375	508	136027	129195
1992	8993	3758	41548	13644	391	508	204870	200822
1993	8993	3758	41638	15382	406	508	271841	258947
1994	8807	3758	42763	17155	420	508	305884	242445
1995	8811	3568	43434	18590	509	508	277945	259264
1996	8811	3568	43753	19365	509	508	321207	246776
1997	8813	3569	44041	20171	509	508	179369	166238
1998	8796	3558	44483	21419	707	508	124089	110587
1999	8798	3558	45020	23023	877	813	192148	170339
2000	8800	3556	45547	24264	1068	813	219198	201702
2001	8792	3548	46603	25664	1068	813	192148	170339
2002	8809	3565	48051	27557	1637	813	239243	211331
2003	8887	3939	50095	30600	1637	813	238429	191061
2004	9299	3939	52415	34838	1637	813	335729	276409
2005	9282	3922	53521	37930	1773	813	329166	255545
2006	9309	3927	97191	43333	1849	813	376435	312239
2007	9321	3934	98101	46738	1975	813	248179	204584
2008	9431	3928	101144	52762	2747	813	200359	167458
2009	9437	3962	101117	62497	2833	813	243991	200273
2010	9460	3988	101545	63324	3056	813	242959	197865
2011	9843	4035	104026	65636	3300	813	255196	199802
2012	10948	4757	104679	68762	3912	813	244980	210792
2013	11580	4875	110072	71425	4023	813	294175	254611
2014	11727	4899	114504	72382	4172	813	25484833	25447867
2015	12894	5328	119362	78155	4195	813	31505963	31472704

16-3 旅客运输量

单位：万人

年 份	总计	铁路	公路	水运	民航
1990	44547	15823	28367	302	55
1991	46643	14733	31480	355	75
1992	50908	15083	35263	465	97
1993	49756	15072	34050	521	113
1994	50223	15366	34223	502	132
1995	52228	13928	37591	533	176
1996	55828	11884	43193	553	198
1997	53430	10403	42276	540	211
1998	51140	9960	40468	474	238
1999	49239	9937	38382	595	325
2000	51555	10174	40385	616	380
2001	52259	10038	41207	602	412
2002	54339	9701	43554	626	458
2003	50813	8706	41076	542	489
2004	58099	9591	47370	637	501
2005	60599	9503	49917	650	529
2006	64543	9883	53317	714	629
2007	71322	10417	59562	651	692
2008	90729	11958	77510	597	664
2009	96172	13336	81585	543	708
2010	102241	13298	87699	490	754
2011	99328	12016	86013	549	750
2012	104113	12018	90650	588	857
2013	92629	13012	78168	534	915
2014	95364	12820	80789	542	1213
2015	75039	12912	60269	504	1354

16-4 旅客周转量

单位：亿人公里

年 份	总计	铁路	公路	水运	民航
1990	369.3	254.9	97.4	5.9	11.1
1991	392.8	259.1	111.5	6.9	15.3
1992	503.7	285.2	125.9	8.7	19.6
1993	465.9	306.0	121.3	8.7	29.9
1994	471.4	312.8	120.4	7.7	30.5
1995	451.5	292.5	109.9	8.6	40.5
1996	457.0	261.2	149.5	9.4	36.9
1997	460.9	271.5	145.5	9.2	34.7
1998	476.3	276.7	159.1	7.3	33.2
1999	496.4	291.9	149.6	11.9	43.0
2000	534.4	314.1	159.9	10.7	49.7
2001	562.4	326.5	167.1	8.4	60.4
2002	585.5	340.1	173.8	8.6	63.0
2003	545.3	306.9	164.1	7.2	67.0
2004	662.2	370.4	194.9	8.4	88.5
2005	673.1	381.4	210.1	8.4	73.2
2006	747.2	412.6	236.6	9.2	88.8
2007	806.1	436.6	263.5	8.4	97.6
2008	892.6	465.9	323.0	7.8	95.9
2009	940.0	483.5	350.1	7.0	99.4
2010	1014.0	510.1	388.8	6.4	108.7
2011	1065.4	549.0	399.7	7.0	109.7
2012	1099.4	542.2	427.2	7.5	122.5
2013	1074.7	572.7	362.4	6.5	133.1
2014	1181.5	609.0	375.6	6.5	190.4
2015	1119.4	604.7	313.1	6.0	195.7

注：1.铁路1978以前为沈阳、锦州两路局合计数，1979年以后扣除长春分局数，1983年以后为辽宁境内数，1988年以后还包括地方铁路。
2.公路、水运口径同客运量。

16-5 货物运输量

单位：万吨

年份	总计	铁路	公路	水运	民航	管道
1990	76326.3	14306	56105	1521	1.3	4393
1991	79057.3	14624	58197	1861	2.3	4373
1992	81084.0	14852	59739	2145	2.0	4346
1993	91578.0	14953	69964	2325	2.0	4334
1994	89876.0	14096	68953	2396	3.0	4428
1995	88464.9	13073	68524	2649	3.2	4216
1996	84823.0	13053	65174	2472	4.0	4120
1997	99588.0	12972	80471	2145	5.0	3995
1998	83478.0	12100	65481	1977	5.4	3915
1999	84625.0	12162	66253	2542	7.4	3660
2000	83603.9	12523	64515	3091	8.9	3466
2001	82295.0	12990	63281	2726	6.8	3292
2002	83573.1	13126	64101	3071	8.1	3264
2003	85825.6	13135	65981	3649	9.0	3052
2004	91401.6	13844	70164	4447	8.6	2938
2005	97748.4	14271	74799	5730	9.4	2939
2006	109140.0	15750	82142	7518	11.0	3719
2007	120615.2	16552	90387	8778	11.2	4887
2008	126938.7	17400	92938	9267	10.4	7323
2009	139541.3	18262	105088	9651	9.5	6531
2010	163303.2	18622	127361	10434	10.2	6876
2011	190329.0	18716	151773	11632	8.9	8199
2012	212956.6	17388	174355	12631	9.6	8573
2013	215375.0	20484	172923	13379	9.6	8579
2014	231743.0	19103	189174	13810	12.0	9644
2015	208562.7	14541	172140	13439	13.5	8429

16-6 货物周转量

单位：亿吨公里

年 份	总计	铁路	公路	水运	民航	管道
1990	1062.5	943.3	150.8	289.3	0.2	218.9
1991	1791.1	980.1	174.2	419.6	0.3	216.9
1992	1947.6	1023.2	207.6	501.3	0.4	215.1
1993	2078.8	1044.1	227.8	593.7	0.6	212.7
1994	2085.8	1038.2	221.3	605.8	0.6	219.9
1995	2090.2	1011.4	198.5	671.1	0.7	208.5
1996	1929.0	1003.6	245.1	479.4	0.9	200.0
1997	1846.7	1047.8	297.6	316.1	0.7	191.5
1998	1568.3	900.7	206.5	314.7	0.9	145.5
1999	1794.3	926.2	207.7	531.2	1.2	127.9
2000	1809.2	962.4	209.4	572.4	1.1	63.9
2001	1861.8	976.7	215.8	607.9	1.1	60.3
2002	1914.3	970.6	221.8	661.0	1.4	59.6
2003	2426.5	1012.8	226.5	1130.6	1.6	55.0
2004	2995.6	1154.2	327.0	1461.1	1.7	51.6
2005	3400.6	1194.8	415.6	1738.2	1.6	50.5
2006	4090.9	1206.0	474.7	2361.6	1.8	46.7
2007	5865.1	1293.3	568.1	3956.6	1.8	45.2
2008	7076.8	1342.5	1354.2	4333.0	1.8	45.3
2009	7793.8	1302.1	1550.5	4896.8	1.6	42.8
2010	9071.2	1398.3	1930.3	5695.7	1.7	45.2
2011	10464.3	1540.7	2328.5	6529.4	1.5	64.2
2012	11616.2	1399.6	2675.4	7483.3	1.6	56.3
2013	12087.6	1344.0	2792.0	7837.2	1.6	112.8
2014	12353.5	1180.4	3074.9	7979.5	2.1	116.6
2015	11790.1	893.6	2850.7	7963.2	2.3	80.3

16-7 铁路机车车辆年末实有数

指 标	单位	2005年	2008年	2009年	2010年	2011年	2012年	2013年	2014年	2015年
中央铁路										
机车台数总计	台	1600	1560	1232	1705	2111	2041	2011	2048	1946
内燃机车	台	1372	1282	891	1282	1444	1453	1415	1379	1272
客车辆数总计	辆	3969	4286	4579	4608	4751	5094	5100	4933	6606
软座车	辆	75	277	331	333	407	646	707		1426
硬座车	辆	1969	1464	1562	1887	1854	1849	1650	1766	1853
软卧车	辆	258	237	275	348	354	374	379	418	457
硬卧车	辆	1334	1907	1998	1714	1793	1872	1831	2071	2216
餐车	辆	205	209	214	212	221	220	210	230	250
辽宁省境内各分局										
机车台数总计	台	889	967	883	990	1205	1146	1111	1175	1190
内燃机车	台	661	689	542	567	538	558	515	506	518
客车辆数总计	辆	2058	2269	2897	3006	3013	3226	3475	3067	4467
软座车	辆	54	127	198	303	65	615	690		1402
硬座车	辆	1002	776	978	1208	1180	1158	1105	1172	1179
软卧车	辆	112	210	242	209	531	238	248	255	272
硬卧车	辆	708	946	1233	1090	1036	1016	1093	1211	1211
餐车	辆	121	101	121	128	125	119	126	138	140

16-8 辽宁省辖区铁路主要站旅客发送量

单位：万人

车站名称	2005年	2008年	2009年	2010年	2011年	2012年	2013年	2014年	2015年
总　计	**9503.4**	**111958.0**	**13336.0**	**13298.0**	**12016.4**	**12017.5**	**13011.6**	**12819.7**	**12911.8**
开原	100.6	153.6	173.7	157.3	143.3	140.1	127.7	138.5	144.9
铁岭	178.8	230.4	288.2	297.3	233.2	200.0	187.7	210.6	217.5
沈阳	1121.4	1472.9	1509.3	1433.3	1500.5	1618.8	1808.2	2025.6	2182.6
苏家屯	138.0	144.8	147.4	142.5	92.2	94.8	98.6	92.8	84.9
辽阳	217.4	257.3	280.1	284.0	199.4	218.7	311.1	313.7	332.7
黑山	2.2	0.4	0.7	0.3	0.2	…	…	…	…
鞍山	306.9	418.6	477.3	484.5	462.0	441.1	392.6	362.7	335.4
海城	145.6	200.8	220.6	236.9	229.1	216.4	203	181.2	160.7
大石桥	114.0	159.4	160.6	168.9	179.1	175.0	152.1	138.8	127.7
瓦房店	156.9	223.0	230.1	233.5	279.6	272.6	240.5	215.2	199
金州	137.3	179.2	200.7	247.9	209.0	224.5	199.5	173.4	133.7
南关岭	2.6	2.7	1.8	1.9	1.7	1.7	1.3	1.6	0.4
周水子	29.5	33.1	28.6	58.8	64.6	127.7	108.7	74.9	15.5
大连	897.5	1207.6	1261.9	1247.9	1350.9	1219.7	1103.9	1073.4	1006.8
皇姑屯	9.9	10.1	54.1	103.0	68.7	2.8	…	…	…
大成	5.5	5.7	3.7	12.2	4.8	0.8	0.7	1.0	0.9
抚顺北	96.3	59.1	86.2	84.0	87.1	107.7	112.9	99.6	154
大官屯	5.1	2.2	6.8	0.9	1.5	2.0	1.7	2.6	3.3
沈阳东	1.5	1.6	1.7	0.9	1.4	1.0	0.7	0.2	0.2
沈阳北	1217.6	1680.7	1882.7	1894.3	1709.8	1541.1	1820	1950.2	2071.6
营口	35.1	52.6	66.2	65.5	64.8	66.6	38.4	35.7	27.3
旅顺	3.2	5.3	7.7	3.8	3.2	3.3	1.8	0.4	…
丹东	168.0	216.6	248.3	262.0	254.3	239.2	227.6	203.7	275.6
凤凰城	93.6	115.4	105.4	104.2	111.9	116.1	112.6	106.6	86.4
本溪	706.7	1050.0	1232.4	1179.4	850.4	920.3	901.4	707.0	654.8
本溪湖	34.8	20.7	13.9	6.8	…	…	…	…	…
安平	10.0	9.8	13.3	157.0	17.0	17.2	15.4	0.9	0.8
沈阳西	3.6	1.8	1.3	1.0	0.6	0.2	0.2	0.3	0.6
锦州	406.4	465.3	482.2	464.6	475.6	466.4	499.3	458.5	433.8
葫芦岛	109.6	169.0	184.4	176.8	173.1	175.1	183.5	167.9	162.4
大虎山	53.4	79.4	85.7	85.8	90.9	87.8	94.8	97.5	93.9
渤海	1.8	0.8	1.7	0.5	0.4	0.3	0.1	…	…
盘锦	40.6	80.9	87.9	84.4	84.8	90.9	112.4	165.1	173.4
朝阳	75.3	89.9	91.9	86.9	84.3	83.7	82.7	76.9	74.9
阜新	114.7	133.3	142.9	140.6	139.2	145.3	161.4	146.3	135.8

16-9 辽宁省辖区铁路主要站货物发送量

单位：万吨

车站名称	2005年	2008年	2009年	2010年	2011年	2012年	2013年	2014年	2015年
总　计	**14270.9**	**17400.0**	**18262.0**	**18622.0**	**18716.2**	**17387.5**	**20484.4**	**19102.8**	**14540.7**
开原	69.3	66.9	54.3	33.1	73.0	23.4	34.3	25.7	33.5
铁岭	49.2	37.0	88.4	132.2	16.9	11.5	14.1	22.8	50.2
沈阳	53.1	31.7	1.5	0.1			…	0.1	…
苏家屯	46.4	44.9	62.2	135.2	52.6	36.3	26.2	37.9	46.4
辽阳	30.6	27.8	48.5	28.5	68.6	37.2	24.5	7.1	6.9
黑山	8.9	6.8	5.5	4.0	0.2	…	1.8	1.2	1.2
鞍山	9.2	7.0	1.5	…	…	…	…	2.3	6.1
海城	72.4	80.7	89.7	62.2	62.9	61.6	43.4	23.6	16.2
大石桥	136.0	151.7	121.2	409.4	112.8	106.5	83.4	73.5	42.7
瓦房店	3.1	1.8	2.4	1.2	2.5	0.8	0.9	6.4	29.2
金州	35.7	63.2	63.8	47.6	34.3	22.0	25.6	41.6	58
南关岭	24.2	25.3	22.8	14.4	21.8	16.2	9.2	6.9	7.3
周水子	17.2	3.1	2.5	2.1	2.1	1.3	0.4	0.4	1.8
大成	105.7	202.8	113.3	101.4	68.5	44.2	32.3	17.1	4.1
抚顺北	6.7	23.2	2.4	10.3	6.7	3.1	2.9	2.3	4
大官屯	754.9	588.0	629.9	571.4	512.8	470.1	581.6	563.8	558.6
沈阳东	59.6	62.7	73.4	81.6	82.2	67.9	68.9	75.0	89.5
营口	78.5	118.2	125.1	101.3	90.1	67.1	67.7	38.0	15.4
甘井子	332.6	269.5	272.2	403.9	380.5	292.7	215.4	221.5	101.2
旅顺	4.8	2.9	2.9	2.3	2.1	2.0	1.6	1.7	1.7
丹东	194.2	241.5	379.1	303.9	275.4	317.8	446.3	575.5	956.1
凤凰城	15.5	7.9	4.5	5.2	7.2	5.8	5.2	1.5	2
本溪	589.4	1188.1	984.6	1075.7	1078.0	1030.3	1083.9	1062.0	760.2
本溪湖	168.9	142.9	167.0	143.6	114.0	138.1	130.7	104.9	158.3
安平	269.2	370.7	455.1	342.4	394.1	463.5	431.8	431.3	445.8
沈阳西	15.5	…	…	…	…	…	…	…	…
锦州	300.9	336.7	294.2	303.3	334.8	338.4	342.6	249.9	161.4
葫芦岛	290.7	247.4	214.2	252.5	273.8	242.9	157.1	185.2	194.2
大虎山	11.9	11.4	5.6	1.8	0.0	0.2	0.6	0.1	0.4
渤海	174.3	160.3	124.5	110.3	118.9	152.4	186.1	198.2	237
盘锦	46.3	53.3	53.4	150.5	177.7	175.7	227.6	173.3	140.8
朝阳	45.3	30.9	32.1	32.3	36.9	30.7	23.6	7.4	27
阜新	577.8	741.1	772.1	818.7	782.2	638.7	683.6	599.6	431.7

16-10 民用车辆拥有量

(2015年末) 单位：辆

指 标	总计	总计中:			总计中:			报废
		营运	非营运	校车	进口	个人	新注册	
合 计	**7951786**	**929480**	**6750680**	**6467**	**340912**	**6728700**	**722490**	**324087**
一、汽车	5967765	803627	5157671	6467	340241	4919340	675555	173441
1.载客汽车	4960891	159324	4795100	6467	337565	4373499	626409	48999
#大型	68729	42722	20386	5621	791	5897	7193	4320
中型	53764	4196	48744	824	910	20689	1415	4328
小型	4759305	112390	4646893	22	334171	4274240	616561	39026
微型	79093	16	79077		1693	72673	1240	1325
#轿车	3376355	111435	3264920		109164	3065454	411960	28130
2.载货汽车	826639	548254	278385		1811	406525	45190	29967
#重 型	235496	206402	29094		366	54732	11709	13228
中 型	48209	38550	9659		40	23934	1762	3864
轻 型	541269	302431	238838		1402	326662	31716	12524
微 型	1665	871	794		3	1197	3	351
#普通载货	415438	228609	186829		1392	264136	19066	17009
3.其它汽车	180235	96049	84186		865	139316	3956	94475
二、电车	137	137						
无轨	65	65						
有轨	72	72						
三、摩 托 车	1418996	34556	1384440		406	1414333	32725	146647
普通	1407312	34501	1372811		406	1402901	32658	141940
轻便	11684	55	11629			11432	67	4707
四、拖拉机	465126		199967			384320	6435	2629
五、挂车	92877	89862	3015		163	8021	7455	1350
六、其它类型车	6885	1298	5587		102	2686	320	20

16-11 公路线路年底到达数

(2015年) 单位：公里

指 标	公路里程总计	等级公路					
		合计	专用公路		一般公路		
			高速	一级	二级	三级	四级
本年年底到达数	**119362**	**105512**	**4195**	**3034**	**17788**	**31720**	**48775**
其中：1.干 线 公 路	15801	15801	4195	2093	9262	251	
国 道	6709	6709	3286	856	2531	35	
省 道	9092	9092	909	1237	6731	216	
2.县 道	12531	12531		879	7549	3982	121
3.乡 道	31291	31291		23	755	23643	6870
4.专 用 公 路	887	869		11	68	367	423

16-12 船舶拥有量

指 标	单位	2005年	2008年	2009年	2010年	2011年	2012年	2013年	2014年	2015年
民用船舶拥有量										
水 运 船 舶	艘	735	862	736	553	564	574	534	535	500
净 载 重 吨	吨	2981843	5096348	6222736	7202719	7655909	8113429	8095948	8070791	8089683
#拖 轮	艘	18	12	11	4	5	11	8	13	11
驳 船	艘	25	23	20	11	10	17	10	7	7
净 载 重 吨	吨	12710	38651	48214	40011	32719	31006	31108	21721	21721

16-13 全社会水运客货运输量

年 份	货运量(万吨)	#交通部门	货运周转量(万吨公里)	#交通部门	客运量(万人)	#交通部门	旅客周转量(万人公里)	#交通部门
1990	1521	1433	2892885	2891254	302	290	59396	58990
1991	1861	1787	4196000	4194000	355	342	59296	58990
1992	2145	1894	5013673	4829714	465	418	86880	83157
1993	2325	1843	5936798	5072678	521	396	86605	78167
1994	2426	1969	6152164	5314440	501	379	78201	70172
1995	2649	2262	6711204	5823222	533	400	86146	75792
1996	2472	2136	4794110	3721911	553	415	94208	80454
1997	2145	1916	3161179	2360667	540	404	91795	76555
1998	1977	1679	3147000	2231000	474	340	73000	59000
1999	2542	2270	4528000	3465000	595	425	119000	98000
2000	3091	2733	5724000	4723000	616	421	107000	87469
2001	2726	2019	6079116	4576611	602	381	84299	59082
2002	3071	2567	6609993	4908246	626	356	86095	59785
2003	3649	2942	11305708	9875729	542	307	71790	51295
2004	4447		14611161		637		84187	
2005	5730		17381637		650		83902	
2006	7518		23616152		714		91583	
2007	8778		39565875		651		84116	
2008	9267		43330070		597		77776	
2009	9651		48968411		543		70385	
2010	10434		56957104		490		63899	
2011	11632		65293536		549		70435	
2012	12631		74833231		588		75042	
2013	13379		78371594		534		65178	
2014	13810		79795252		542		65215	
2015	13439		79631726		504		59666	

16-14 沿海港口码头长度和泊位数

港　　名	2005年	2008年	2009年	2010年	2011年	2012年	2013年	2014年	2015年
港口码头长度(米)	**38699**	**58715**	**55427**	**63654**	**67353**	**73168**	**70622**	**74807**	**82113**
#大连港	26119	37045	33318	37563	37855	40749	38149	39449	43956
营口港	5994	11307	11520	13533	15465	16898	16363	17432	18966
丹东港	2605	3352	3677	4814	5326	6407	6407	7723	7626
锦州港	2058	4853	4698	5530	5530	5530	6119	6119	6274
港口码头泊位(个)	**288**	**351**	**320**	**371**	**384**	**399**	**388**	**397**	**443**
#大连港	192	223	196	225	223	231	217	217	247
营口港	47	59	55	68	76	82	76	80	90
丹东港	26	26	27	33	40	38	45	47	42
锦州港	9	19	18	21	21	21	23	23	24

注：1.码头泊位包括浮筒泊位。
　　2.2005年均为生产用码头长度和泊位。

16-15 沿海港口吞吐量

指　　标	2005年	2008年	2009年	2010年	2011年	2012年	2013年	2014年	2015年
货物吞吐量(万吨)	**30208**	**48768**	**55513**	**67952**	**78374**	**88502**	**98354**	**103675**	**104859**
#大连港	17085	24588	27207	31399	33691	37426	40746	42337	41482
营口港	7537	15085	17603	22579	26085	30107	32013	33073	33849
进　港	13106	22434	26842	32998	37140	44631	50339	51995	53311
#外　贸	5447	7470	10391	16845	17369	12168	14046	15465	17117
内　贸	7659	14964	16451	16153	19771	32463	36294	36530	36194
出　港	17102	26334	28671	34954	41235	43871	48014	51680	51548
#外　贸	4195	4588	3806	4748	5324	5433	5736	6692	6817
内　贸	12907	21746	24865	30205	35911	38438	42279	44988	44731
旅客进出港量(万人)	**659**	**648.8**	**669.5**	**630.7**	**703.5**	**662.2**	**631.3**	**608.2**	**571.4**
进　港	329	328.5	338.8	320.4	354.0	332.5	311.6	310.7	283.7
出　港	330	320.3	330.7	310.3	349.5	329.7	319.7	297.5	287.7

16-16 民用航空运输量

指 标	单位	2005年	2008年	2009年	2010年	2011年	2012年	2013年	2014年	2015年
(一)客运量	**万人**	**531.9**	**664.1**	**707.9**	**753.7**	**750.5**	**857.3**	**915.1**	**1212.6**	**1353.5**
国际航线	万人	71.9	87.1	79.9	98.5	90.6	96.1	97.8	105.3	128.9
国内航线	万人	457.1	573.3	628.0	655.3	658.4	761.2	818.5	1098.9	1224.6
其中：地区航线	万人	2.9	3.8	4.7	7.3	8.7	9.6	9.5	15.1	16.1
(二)旅客周转量	**万人公里**	**732629.0**	**959480.2**	**993579.6**	**1086836.0**	**1096744.2**	**1222682.4**	**1322338.5**	**1903916.7**	**1956278.6**
国际航线	万人公里	96213.4	128426.9	110980.8	132347.0	125136.7	126835.0	124194.3	135100.7	202384.1
国内航线	万人公里	635654.9	820718.3	882598.8	954490.0	968947.7	1095847.4	1198144.2	1749004.5	1753894.5
其中：地区航线	万人公里	7991.0	10649.0	12022.3	17751.0	19819.7	21176.2	21126.3	31161.6	33443.2
(三)货(邮)运量	**吨**	**94355.0**	**104328.1**	**94938.2**	**102411.0**	**88692.6**	**95692.6**	**96032.6**	**120527.0**	**135263.6**
国际航线	吨	17888.3	14101.7	9412.5	8976.0	8914.6	8935.5	8731.9	8635.6	9609.6
国内航线	吨	76406.1	89909.4	85525.7	93436.0	79745.7	86757.1	87300.7	111573.2	125654.0
其中：地区航线	吨	365.1	317.5	312.0	438.0	485.3	337.6	409.7	446.8	589.7
(四)货邮周转量	**万吨公里**	**15769.2**	**17622.5**	**16081.9**	**17059.0**	**15223.6**	**15998.3**	**16034.7**	**20691.0**	**23279.2**
国际航线	万吨公里	2117.6	2014.9	1288.3	1355.0	1114.8	1138.0	1083.9	1107.9	1351.0
国内航线	万吨公里	13651.6	15520.1	14793.6	15704.0	14103.3	14860.3	14950.8	19496.6	21928.2
其中：地区航线	万吨公里	98.7	87.6	86.0	118.0	128.5	87.7	102.9	108.6	136.3
(五)总周转量	**万吨公里**	**81122.0**	**103181.2**	**104626.0**	**108442.0**	**112727.9**	**124473.0**	**124688.5**	**170728.5**	**200990.8**
国际航线	万吨公里	10693.6	13460.4	11347.3	12723.0	12221.9	12918.8	11602.1	13011.1	19136.2
国内航线	万吨公里	80028.4	88712.8	93278.7	95719.0	100264.3	111554.2	244318.3	155899.6	181854.7
其中：地区航线	万吨公里	811.7	1035.5	990.6	1249.0	1885.7	1955.0	1866.0	2912.8	2997.0

16-17 邮电业务基本情况

指 标	单位	2005年	2008年	2009年	2010年	2011年	2012年	2013年	2014年	2015年
邮电业务总量	**亿元**	**450.7**	**819.7**	**948.5**	**1159.9**	**472.2**	**514.1**	**579.6**	**649.6**	**782.2**
邮政业务总量	亿元	23.6	33.2	39.6	37.2	38.2	42.9	50.2	59.5	75.1
电信业务总量	亿元	427.1	786.5	908.9	1122.7	434.0	471.2	529.5	590.1	707.1
函 件	亿件	1.3	0.8	0.8	0.8	0.9	0.7	0.7	1.0	0.7
包 件	万件	309.2	243.6	223.6	223.6	219.1	243.3	243.9	203.9	160.1
快 递	万件	804.4	1146.6	1319.6	1400.1	6211.5	7757.4	11411.1	16656.4	24674.1
报刊期发数	万份	338.9	375.1	356.1	383.7	554.6	404.0	365.9	327.0	422.2
固定电话年末用户	万户	1407.8	1604.3	1529.1	1428.0	1353.3	1285.1	1222.4	1151.2	1036.2
城市电话用户	万户	979.6	1142.1	1075.7	985.8	922.7	861.3	800.1	—	616.3
农村电话用户	万户	428.3	462.2	453.4	442.2	430.6	423.8	422.3	—	419.9
年末移动电话用户	万户	1394.9	2421.5	2882.1	3341.8	3844.5	4291.3	4583.6	4535.5	4429.6
年末国际互联网用户	万户	331.8	455.6	535.4	595.6	665.1	707.9	726.9	772.1	839.3
营业网点	处	1685.0	1572.0	1560.0	1564.0	1554.0	1552.0	1548.0	3846.0	5301.0
邮路总长度	万公里	29.0	30.6	32.6	19.8	13.6	5.0	5.0	5.1	5.4
汽车邮路	公里	34187.0	52072.8	55638.4	48162.0	57748.0	41729.0	42056.0	47992.0	34298.8
铁路邮路	公里	4158.0	4021.0	7296.0	7016.0	7774.0	7774.0	7374.0	2842.0	2842.0

注：1.邮电业务总量2010年前数据按2000年不变价计算，2011年后按2010年不变价计算。下同。

2.特快专递数据2010年前取至省邮政公司，2011年后取至省邮政管理局。2010年前的汽车邮路和铁路邮路为单程。下同。

16-18 邮电业务量

年份	邮电业务总量(万元)	邮政业务总量	电信业务总量	函件(万件)	报刊期发数(万份)	快递(万件)	集邮业务(万枚)	移动电话用户(万户)	互联网用户(万户)	固定电话年末用户(万户)	城市电话用户	农村电话用户
1980	10576			14908	953					15.4	10.3	5.1
1985	17303			21002	1791					22.4	16.5	5.9
1986	18962			22048	1610	3				24.6	18.5	6.1
1987	21733			24175	1752	5				27.7	21.2	6.5
1988	26878			24464	1325	9	786			32.8	25.8	7
1989	34519			23146	705	20	1337			38	30.5	7.5
1990	83986			21964	1176	20	3586			43.1	35.2	7.9
1991	108122			19454	1123	28	5651	0.2		50.3	41.6	8.7
1992	154881			21281	903	46	7817	0.5		66.6	56.5	10.1
1993	242108			23791	1163	92	9812	1.8		98.8	85.3	13.5
1994	322406			25001	816	166	10940	7.9		155.6	135.9	19.7
1995	500819			24288	698	215	13977	19.8		229.1	194.8	34.3
1996	625297			22317	630	259	17290	36.2	0.1	319	261.7	57.3
1997	883518			21642	701	254.2	22681	67.2	0.5	394.3	309.7	84.6
1998	1322580			23450	745	261.9	24367	128.8	2.3	476.8	366.4	110.4
1999	1578635			18140	594	315.8	24179	207.7	12.2	579.2	439.3	139.9
2000	2426099	87084	2339015	17309	415	389.7	19834	429.3	61.8	699.5	519.7	179.8
2001	2130799	160002	1970796	14867	440	466.6	12014	703.8	163.4	860.7	621.5	239.2
2002	2492992	172483	2320509	13094	379	509.1	7822	846.6	335.9	1016.5	712.4	304.1
2003	2909994	190453	2719542	15985	352	619.8	4413	962.9	382.6	1278.6	907.3	371.2
2004	3651650	204598	3447052	13858	352	744.3	3714	1180.9	448.9	1492.7	1074.4	411.8
2005	4507393	235650	4271743	12466	339	804.4	4371	1394.9	331.8	1661.2	1203.4	449.9
2006	5649857	277553	5372304	9938	380	911.6	3800	1677.8	327.1	1701.8	1229.7	472.1
2007	7061352	293973	6767379	8270	330	1019.8	4465	2097.2	395.5	1728.8	1257.1	471.6
2008	8197008	331618	7865390	8330	375	1146.6	4639	2421.5	458.9	1604.3	1142.1	462.2
2009	9485359	396315	9089044	7486	356	1319.6	4160	2882.1	535.4	1529.1	1075.7	453.4
2010	11599440	372194	11227246	8463	384	1400.1	4399	3341.8	595.6	1428.0	985.8	442.2
2011	4721766	382248	4339518	8776	555	6211.5	6202	3844.5	665.1	1353.3	922.7	430.6
2012	5141147	428941	4712206	7433	404	7757.4	——	4291.3	707.9	1285.1	861.3	423.8
2013	5796430	501524	5294906	6899	366	11411.1	——	4583.6	726.9	1222.4	800.1	422.3
2014	6495529	594900	5900629	10400	327	16656.4	——	4535.5	772.1	1151.2	——	——
2015	7821440	750685	7070755	6865	422	24674.1	——	4429.6	839.3	1036.2	616.3	419.9

16-19　各地区邮电业务量

(2015年)

地　区	邮电业务总量(万元)	邮政业务总量	电信业务总量	函件(万件)	报刊期发数(万份)	移动电话用户(万户)	互联网用户(万户)	固定电话年末用户(万户)
全　省	**7821440.0**	**750685.1**	**7070754.9**	**6864.8**	**422.2**	**4429.6**	**839.3**	**1036.2**
沈　阳	2045049.9	231632.1	1813417.8	1808.2	85.9	1309.8	166.5	213.2
大　连	1700438.2	179560.7	1520877.5	807.2	71.7	726.2	130.7	229.4
鞍　山	587745.9	54511.2	533234.7	2259.3	36.1	334.1	71.1	73.2
抚　顺	304634.5	21870.1	282764.4	361.1	56.0	199.0	43.8	46.5
本　溪	235493.9	18154.5	217339.4	294.7	12.7	131.2	39.0	31.4
丹　东	348739.3	28572.4	320166.9	202.3	15.2	190.2	45.5	65.8
锦　州	405476.2	29438.0	376038.2	114.6	25.7	262.8	60.0	75.0
营　口	397265.9	24094.0	373171.9	201.8	15.6	203.1	47.6	49.6
阜　新	247866.1	11598.2	236267.9	121.3	11.8	139.9	39.2	38.7
辽　阳	283424.1	24511.4	258912.6	142.0	17.7	181.0	38.3	32.1
盘　锦	274672.8	26697.6	247975.2	72.2	20.8	142.0	28.5	34.8
铁　岭	326301.3	24354.4	301946.9	131.5	18.3	204.8	38.3	35.3
朝　阳	324500.1	32438.6	292061.6	95.3	16.9	205.0	45.5	61.3
葫芦岛	339831.7	43251.8	296579.9	253.4	17.8	200.5	45.4	50.0

注：邮电业务总量按各个时期的不变价格计算。

16-20　邮电通信水平

指　标	单位	2005年	2008年	2009年	2010年	2011年	2012年	2013年	2014年	2015年
平均每一邮电局所服务面积	平方公里	87.5	93.8	94.6	95.0	95.2	96.9	96.9	38.5	27.9
平均每一邮电局所服务人口	万人	2.5	2.6	2.7	2.7	2.7	2.8	2.8	1.0	0.8
设有邮政局所的乡(镇)比重	%	91.3	91.0	87.0	87.0	85.0	86.0	88.8	100.0	100.0
已通邮的行政村比重	%	100.0	100.0	100.0	100.0	100.0	100.0	100.0	100.0	100.0
平均每人每年发函件数	件	3.0	2.0	1.8	2.0	2.1	1.8	1.6	2.0	1.60
平均每百人每年订报刊数	份	8.0	9.0	8.4	9.0	13.0	9.5	8.6	9.0	9.00
固定电话普及率	部/百人	39.4	37.7	35.4	33.6	30.9	30.2	29	26	24.5
移动电话普及率	部/百人	33.1	57.0	66.8	78.5	87.8	100.9	108	103	104.7
进入长话自动网的县(市)比重	%	100	100	100	100	100	100	100	100	100
已通固定电话的乡(镇)比重	%	100	100	100	100	100	100	100	100	100
已通固定电话的行政村比重	%	100	100	100	100	100	100	100	100	100

主要统计指标解释

铁路营业里程 又称营业长度，指办理客货运输业务的铁路正线总长度。凡是全线或部分建成双线及以上的线路，以第一线的实际长度计算；复线、站线、段管线、岔线和特殊用途线以及不计算运费的联络线都不计算营业里程。铁路营业里程是反映铁路运输业基础设施发展水平的重要指标，也是计算客货周转量、运输密度和机车车辆运用效率等指标的基础资料。

铁路正线延展里程 是正线第一线、第二线、第三线和其他正线建筑里程之和，不包括站线、段管线、岔线及特殊用途线的延展里程。它是作为计算铁路线上钢轨、枕木及路基砂石需要量的主要依据。

铁路电气化里程 指在全部铁路营业里程中已安装了供电线路及设备，可以供电力机车牵引列车运行的区段的总里程。电气化里程占铁路营业里程的比重。

铁路自动闭塞里程 为保证列车安全运行，在一个区间，同一时间内，一般只允许一列列车运行，这种保证列车在这个区间安全间隔运行的技术方法称为“闭塞”，自动闭塞里程是指装有列车自动完成闭塞作用设备的铁路里程。自动闭塞里程占铁路营业里程的比重也是反映铁路现代化的重要标志之一。

公路里程 指在一定时期内实际达到《公路工程技术标准 JTJ01-88》规定的等级公路，并经公路主管部门正式验收交付使用的公路里程数。其计算单位为：Km。它包括大中城市的郊区公路以及通过小城镇街道部分的公路里程，也包括桥梁、渡口的长度，但不包括大中城市的街道、厂矿、林区生产用道和农业生产用道的里程。两条或多条公路共同经由同一路段，只计算一次，不得重复计算里程长度。公路里程是反映公路建设发展规模的重要指标，也是计算运输网密度等指标的基础资料。

内河航道里程 也称“内河通航里程”，是反映内河水运网规模、水平和发展情况的主要指标；是指在一定时期内，能通航运输船舶及排筏的天然河流、湖泊水库、运河及通航渠道的长度。包括全年季节性通航累计三个月以上的航道，但不包括仅供零散流放竹、木排的河道。

民用航空航线里程 指民航运输定期班机飞行的航线长度的总和。航线长度按机场之间的距离计算，通常有两种计算方法：将每条航线长度相加称为重复计算航线里程；如将两线或两条以上航线经过同一区段里程，只计算一次航线长度称为不重复计算航线里程。一般常用的是后者，它能确切反映民航运输网的规模，表明民航事业为国民经济服务和方便人民生活程度的主要指标。

输油(气)管道长度 也称“输油(气)里程”，是反映管道运输发展规模和水平的主要指标；是指油品(或天然气)的实际输送距离，一般按输油(气)管道的单线长度计算。若包括复线和备用线长度则称为输油(气)管道延展长度，是指管道辅设的实际长度。我们通常使用的是不包括复线的“输油(气)管道里程”。

货(客)运量 指在一定时期内，各运输部门实际运送的货物(旅客)数量。是反映运输业为国民经济和人民生活服务的数量指标，也是制定和检查运输生产计划，研究运输发展规模和速度的重要指标。货运按吨计算，客运按人计算。货物不论运输距离长短，货物类别，均按实际重要统计；旅客不论行程远近或票价多少，均按一人一次作为客运量统计。半价票、小孩票也按一人统计。

货(客)运密度 指在一定时期内某种运输方式运输线路的某一区段平均每公司线路通过的货物(旅客)运输周转量。计算单位是吨(人)公里/公里。计算公式为：

货(客)运密度=（货物(旅客)周转量／营业线路长度）

货(客)运密度是反映交通运输线路上货物(旅客)运输量运输繁忙程度的主要指标。是平衡运输线路运输能力和通过能力，规划线路建设及改造、配备技术设备，研究运输网布局的重要依据。

货物(旅客)周转量 指在一定时期内，由各种运输工具运送的货物(旅客)数量与其相应运输距离的乘积之总和，是反映运输生产总成果的重要指标，也是编制和检查运输生产计划，计算运输效率、劳动生产率以及核算运输单位成本的主要基础资料。通常以吨公里和人公里为计算单位。计算货物周转量通常按发出站与到达站之间的最短距离，也就是计费距离计算。

铁路货车平均静载重 指铁路货车在始发站静止状态下平均每车装载的货物重量，用以分析货车完成装车时车辆载重力的利用情况。计算单位为“吨”，计算公式为:

货车平均静载重(吨)=（货物发送吨数／装车数）

静载重的多少取决于运送货物的性质、种类、车辆的类型和装载技术的高低。根据货车的平均标记载重与静载重进行对比，可以反映货车载重能力的利用程度。计算公式为:

货车载重力利用率(%)=（货车平均静载重／货车平均标记载重）×100%

铁路货运机车日产量 指平均每台货运机车在一昼夜内所完成的总重吨公里数。它既包括载运货物的重量，也包括车辆本身的自重，它从时间和牵引能力两方面反映了机车运用效率。计算单位为“吨公里”，计算公式为:

货运机车平均日产量(吨公里)=（货运总重吨公里数／货运机车台日数)

沿海主要港口货物吞吐量 指由水运进出沿海主要港区范围，并经过装卸的货物数量，包括邮件及办理托运手续的行李、包裹以及补给运输船舶的燃、物料和淡水。其计量单位为吨。货物吞吐量的货种分类及其主要流向流量，反映了港口在国内外物资交流和对外贸易运输中的地位和作用。吞吐量可以分为进口、出口，又可以分为国内贸易和对外贸易。

邮电业务总量 指以货币表现的邮电部门用于传递信息和提供其他邮电服务的总数量。它综合反映了一定时期邮电工作的总成果，是研究邮电业务量构成和发展趋势的重要指标。根据邮电管理体制不同，分为中央国营业务总量和地方国营业务总量。它用各种邮电分类业务量，如函件件数、电报份数、长话张数、市内电话和农村电话的年均户数、订销报刊累计份数等，分别乘以相应的平均单价(不变价)，加总后再加上出租电路和设备的收入、代用户维护电话交换机和线路等设备的收入、其他业务收入求得。

市内电话 指接入县城(包括个别城镇)及县以上城市的市内电话网上，并按市内电话进行经营管理的电话。按计费办法分为包月制和计次制两种。

(1)住宅电话指话机装在居民住宅里的电话。它包括私人付费、公费和免费三个部分。

(2)私人付费电话指住宅居民自费安装并自己缴纳通话费的电话。

十七、国内贸易

Chapter 17　Domestic Trade

17-1 限额以上批发零售贸易业基本情况

登记注册类型	2011年		2012年		2013年		2014年		2015年	
	法人企业(个)	从业人数(人)	法人企业(个)	从业人数(人)	法人企业(个)	从业人数(人)	法人企业(个)	从业人数(人)	法人企业(个)	从业人数(人)
总　计	**5522**	**305791**	**6276**	**333843**	**7385**	**375183**	**6691**	**374511**	**6020**	**359070**
一、批发业	**2897**	**93292**	**3321**	**101057**	**3887**	**133065**	**3376**	**130668**	**2970**	**124740**
1.按登记注册类型分组										
内资	2795	88857	3223	95487	3782	127366	3272	124132	2883	117248
国有	158	18996	153	19515	123	14883	99	13354	83	13275
集体	44	1536	40	1044	39	788	30	897	20	731
股份合作	13	308	14	217	13	620	11	516	9	497
联营企业	2	41	3	285	3	46				
国有联营	1	13	1	12	2	40				
集体联营										
国有与集体联营			1	243	1	6				
其他联营	1	28	1	30						
有限责任公司	599	18509	678	20531	922	46278	836	46173	795	44304
国有独资公司	17	986	14	349	30	3310	28	2805	27	2261
其他有限责任公司	582	17523	664	20182	892	42968	808	43368	768	42043
股份有限公司	73	12240	72	10986	85	10560	74	9520	79	9495
私营企业	1855	36049	2162	41117	2562	53476	2200	53265	1885	48673
私营独资	180	3579	192	3826	93	1111	63	1028	57	879
私营合伙	13	196	11	261	4	93	3	85	3	79
私营有限责任公司	1591	30617	1879	35379	2348	42182	2050	42195	1758	37929
私营股份有限公司	71	1657	80	1651	117	10090	84	9957	67	9786
其他	51	1178	101	1792	35	715	22	407	12	273
港澳台商投资企业	22	2019	24	2551	29	2812	28	2297	19	4193
与港澳台商合资经营	6	592	6	1066	8	931	6	305	4	283
与港澳台商合作经营	1	24	1	9	2	188	2	190	1	183
港澳台商独资	14	1400	17	1476	19	1693	20	1802	13	1822
港澳台商独资股份有限公司	1	3							1	1905
外商投资企业	80	2416	74	3019	76	2887	76	4239	68	3299
中外合资经营	18	980	16	915	15	975	14	892	13	783
中外合作经营					1	3	1	3		
外资企业	58	1325	54	1993	56	1795	56	2493	51	2398
外商投资股份有限公司	3	96	4	111	4	114	5	851	4	118
2.按国民经济行业分组										
农、林、牧产品批发业	145	3961	169	4247	220	5198	219	5187	217	4991
食品、饮料及烟草制品批发业	225	16788	263	19300	312	21043	294	20008	276	20173
米、面制品及食用油批发业	76	3261	74	3058	85	3136	80	3098	79	2784
烟草制品批发业	15	8212	14	7794	15	8368	14	7664	14	7846
纺织、服装及家庭用品批发业	147	5245	210	7457	245	34550	229	36753	217	36445
服装批发业	73	2705	86	2880	114	21896	100	22260	94	22024
家用电器批发业	40	1690	36	1403	37	1482	41	1433	41	1360
文化、体育用品及器材批发业	41	1202	49	1544	61	1558	58	2268	51	3298
医药及医疗器材批发业	172	8847	180	8776	220	9067	196	10250	204	10540
矿产品、建材及化工产品批发业	1475	37813	1757	40116	1992	41597	1687	37713	1407	32737
煤炭及制品批发业	155	3617	240	4048	269	4228	217	3315	138	2300
石油及制品批发业	312	16557	344	15848	381	15340	362	15334	390	15069
金属及金属矿批发业	606	9109	711	10534	731	11595	627	10423	455	7900
建材批发业	152	2652	170	3400	232	3726	166	3019	140	2659
化肥批发业	34	1678	42	1584	56	1452	48	1457	42	1320
机械设备、五金交电及电子产品批发	614	16110	624	16119	752	16777	617	15207	523	13023
汽车批发业	117	4126	133	4604	99	3333	86	2726	65	2245
汽车零配件批发业					52	1685	47	1628	41	1237
摩托车及零配件批发业					12	180	11	175	10	150
计算机、软件及辅助设备批发业	60	1651	70	1930	64	1493	56	1276	50	1177
贸易经纪与代理	10	1198	8	1165	11	1442	11	1566	11	1588
其他批发业	68	2128	61	2333	74	1833	65	1716	64	1945

注：1.由于行业代码调整，原汽车、摩托车及其零配件批发业被拆分为汽车批发业、汽车零配件批发业和摩托车及零配件批发业，因此，与之对应的2010年、2011年、2012年和2013年数据均为原汽车、摩托车及其零配件批发业数据。

2.由于行业代码调整，原家用电器零售业被拆分为家用视听设备零售业和日用家电设备零售，因此，与之对应的2010年、2011年、2012年和2013年数据均为原家用电器零售业数据。

3.由于行业代码调整，从2014年年报开始增加互联网零售业数据。

17-1 续表

登记注册类型	2011年		2012年		2013年		2014年		2015年	
	法人企业(个)	从业人数(人)	法人企业(个)	从业人数(人)	法人企业(个)	从业人数(人)	法人企业(个)	从业人数(人)	法人企业(个)	从业人数(人)
二、零售业	**2625**	**212499**	**2955**	**232786**	**3498**	**242118**	**3315**	**243843**	**3050**	**234330**
1.按登记注册类型分组										
内资	2548	190849	2873	208600	3410	211613	3214	213561	2958	207033
国有	113	10802	117	11994	99	7843	88	7378	81	6496
集体	95	3223	102	3862	100	4237	78	2917	65	2527
股份合作	19	243	20	570	19	315	13	186	10	148
联营企业	5	210	6	579	6	81	4	67	4	65
国有联营	3	73	3	71	4	68	2	23	2	23
集体联营	2	137	3	508	2	13	1	12	1	10
国有与集体联营										
其他联营							1	32	1	32
有限责任公司	612	64972	705	74468	899	83924	879	85721	869	87832
国有独资公司	2	189	4	1600	7	1547	7	1550	12	1848
其他有限责任公司	610	64783	701	72868	892	82377	872	84171	857	85984
股份有限公司	64	28257	76	31268	84	27283	78	27141	74	25815
私营企业	1598	82068	1793	82072	2168	86526	2046	89024	1830	83212
私营独资	421	11292	466	13233	410	8030	349	7935	303	7805
私营合伙	21	298	16	178	9	64	8	60	8	58
私营有限责任公司	1089	66986	1245	66032	1657	75266	1613	78174	1457	72965
私营股份有限公司	67	3492	66	2629	92	3166	76	2855	62	2384
其他	42	1074	54	3787	35	1404	28	1127	25	938
港澳台商投资企业	38	10062	44	10539	52	14908	60	15175	54	13518
与港澳台商合资经营	15	4285	17	3896	19	5845	19	5624	15	4436
与港澳台商合作经营									1	30
港澳台商独资	20	5611	23	5907	29	8279	37	8812	35	8475
港澳台商独资股份有限公司	3	166	4	736	4	784	4	739	3	577
外商投资企业	39	11588	38	13647	36	15597	41	15107	38	13779
中外合资经营	15	4285	17	7161	13	7394	16	8753	15	8191
中外合作经营										
外资企业	20	5611	19	5986	21	7351	21	5393	20	4726
外商投资股份有限公司	3	166	1	410	2	852	3	877	2	788
2.按国民经济行业分组										
综合零售业	326	110664	349	112812	396	114462	396	118038	378	117319
百货零售业	184	77628	203	77209	227	75082	229	78890	219	76825
超级市场零售业	108	29669	109	32467	115	36107	124	36056	117	37630
食品、饮料及烟草制品专门零售业	120	4756	131	4254	182	5137	157	4892	140	4676
纺织、服装及日用品专门零售业	166	9019	194	11185	235	11872	231	12574	209	11297
服装零售业	88	6156	108	8188	125	8345	127	9081	119	8103
文化、体育用品及器材专门零售业	141	7067	151	7306	169	7524	161	7509	152	6902
体育用品零售业	8	442	10	444	10	440	8	549	6	391
图书零售业	58	4440	63	4597	62	4601	62	4489	58	4177
医药及医疗器材专门零售业	171	18925	188	21591	223	22747	190	21346	174	20917
药品零售业	156	18739	169	21331	198	22480	164	21045	151	20580
汽车、摩托车、燃料及零配件专门	1019	39035	1150	48454	1330	50670	1294	51068	1252	47696
汽车零售业	582	24841	684	29809	776	32298	784	33858	796	31713
机动车燃料零售业	328	12760	351	16681	416	16360	393	15235	366	14371
家用电器及电子产品专门零售业	351	16775	396	16806	448	16998	427	16961	377	15026
家用视听设备零售	140	8827	166	7867	180	8036	69	2330	59	1961
日用家电设备零售							105	5950	93	5315
计算机、软件及辅助设备零售业	167	6661	175	6993	197	6912	173	6578	143	5623
通讯设备零售业	31	1133	42	1799	49	1827	59	1905	60	1919
五金、家具及室内装修材料专门零	196	3726	215	5911	286	7745	255	6946	194	5922
无店铺及其他零售业	135	2532	181	4467	229	4963	204	4509	174	4575
互联网零售业							2	1025	3	1515
邮购及电视、电话零售业	4	511	1	1200			2	45	2	45

17-2 限额以上住宿业和餐饮业基本情况

登记注册类型	2011年		2012年		2013年		2014年		2015年	
	法人企业(个)	从业人数(人)	法人企业(个)	从业人数(人)	法人企业(个)	从业人数(人)	法人企业(个)	从业人数(人)	法人企业(个)	从业人数(人)
总　计	**1242**	**106562**	**1274**	**112109**	**1308**	**103247**	**1216**	**93495**	**1061**	**83978**
一、住宿业	**558**	**58972**	**557**	**60584**	**593**	**56719**	**579**	**51982**	**528**	**47769**
1.按登记注册类型分组										
内资	492	48052	491	49615	532	47496	523	43588	475	40034
国有	127	14453	117	13955	95	10663	82	9584	73	8820
集体	42	2084	38	2135	36	1893	33	1486	25	1283
股份合作	1	20	2	75	2	70	1	20	1	20
联营企业	2	109	1	48	1	27	2	87	2	89
国有联营	1	45	1	48	1	27	1	27	1	24
集体联营	1	64					1	60	1	65
国有与集体联营										
其他联营										
有限责任公司	108	14402	106	15140	130	16509	135	15445	133	14206
国有独资公司	3	1956	4	2126	7	1874	6	1722	6	1741
其他有限责任公司	105	12446	102	13014	123	14635	129	13723	127	12465
股份有限公司	6	597	10	622	13	763	14	873	12	705
私营企业	195	15168	204	15960	249	17148	248	15674	223	14606
私营独资	54	2856	53	3663	62	2948	60	2907	55	2630
私营合伙	3	205	6	180	5	132	5	131	5	131
私营有限责任公司	125	9451	135	11175	172	13187	173	11862	152	11146
私营股份有限公司	13	2656	10	942	10	881	10	774	11	699
其他	11	1219	13	1680	6	423	8	419	6	305
港澳台商投资企业	38	7984	33	6973	27	5105	22	4707	20	4331
与港澳台商合资经营	23	4550	19	3843	16	3446	14	3547	13	3272
与港澳台商合作经营	3	1116	3	1098	1	355				
港澳台商独资	9	1983	10	1936	10	1304	8	1160	7	1059
港澳台商独资股份有限公司	2	142	1	96						
外商投资企业	28	2936	33	3996	34	4118	34	3687	33	3404
中外合资经营	21	2292	23	3317	22	2992	23	2791	21	2720
中外合作经营	1	241	2	264	2	241	2	228	1	110
外资企业	5	368	7	382	10	885	9	668	10	562
外商投资股份有限公司	1	35								
2.按国民经济行业分组										
旅游饭店	429	53187	411	54107	421	49325	399	44565	367	40842
一般旅馆	109	4843	129	5792	153	6604	163	6741	146	6225
其他住宿服务	20	942	17	685	19	790	17	676	15	702

17-2 续表

登记注册类型	2011年		2012年		2013年		2014年		2015年	
	法人企业（个）	从业人数（人）	法人企业（个）	从业人数（人）	法人企业（个）	从业人数（人）	法人企业（个）	从业人数（人）	法人企业（个）	从业人数（人）
二、餐饮业	**684**	**47590**	**717**	**51525**	**715**	**46528**	**637**	**41513**	**533**	**36209**
1.按登记注册类型分组										
内资	588	30825	639	35889	645	33887	582	29516	494	24924
国有	22	1579	27	1687	22	1316	18	1147	17	1007
集体	21	499	22	566	12	358	10	259	5	127
股份合作	5	234	5	152	3	103	1	5	1	5
联营企业										
国有联营										
集体联营										
国有与集体联营										
其他联营										
有限责任公司	74	5052	93	6006	113	7194	111	6628	98	6083
国有独资公司					2	88	2	48		
其他有限责任公司	74	5052	93	6006	111	7106	109	6580	98	6083
股份有限公司	7	290	10	1006	9	973	9	720	8	624
私营企业	443	21695	460	25076	472	23186	421	20025	355	16463
私营独资	217	7591	208	8501	201	7403	182	6482	152	5575
私营合伙	11	244	8	210	5	149	5	146	5	152
私营有限责任公司	201	13372	230	15952	252	14991	223	13051	190	10526
私营股份有限公司	14	488	14	413	14	643	11	346	8	210
其他	16	1476	22	1396	14	757	12	732	10	615
港澳台商投资企业	34	2936	22	2305	21	2265	15	2179	12	1979
与港澳台商合资经营	18	1244	9	801	8	568	5	417	4	358
与港澳台商合作经营	2				1	17	1	17	1	9
港澳台商独资	13	1632	13	1504	12	1680	9	1745	7	1612
港澳台商独资股份有限公司	1	60								
外商投资企业	62	13829	56	13331	49	10376	40	9818	27	9306
中外合资经营	27	1542	24	1353	20	1079	16	859	9	632
中外合作经营	4	415	2	861	2	910	2	858	1	9
外资企业	30	11736	29	10982	26	8277	20	7960	16	8615
外商投资股份有限公司	1	136	1	135	1	110	2	141	1	50
2.按国民经济行业分组										
正餐服务业	635	32914	663	36749	662	34415	585	29826	488	24674
快餐服务业	26	12946	29	12928	28	10156	28	9914	27	9846
饮料及冷饮服务业	11	444	12	474	13	592	14	632	10	604
其他餐饮服务业	12	1286	13	1374	12	1365	10	1141	8	1085

17-3 社会消费品零售总额

(按城乡分) 单位：亿元

年份、地区	社会消费品零售总额	按城乡分	
		城镇	乡村
1978	71.2	52.8	18.4
1985	195.5	137.5	58.0
1986	244.3	175.0	69.3
1987	285.9	205.7	80.2
1988	368.0	269.6	98.4
1989	411.7	307.7	104.0
1990	421.1	322.3	98.8
1991	467.3	363.6	103.7
1992	540.6	415.6	125.0
1993	682.1	589.3	92.8
1994	870.5	756.8	113.7
1995	1122.0	984.4	137.6
1996	1289.4	1130.3	159.1
1997	1450.6	1270.2	180.4
1998	1568.7	1373.0	195.7
1999	1696.1	1493.8	202.3
2000	1847.6	1632.2	215.4
2001	2034.9	1797.8	237.1
2002	2258.4	2005.0	253.4
2003	2330.8	2075.6	255.2
2004	2642.8	2351.2	291.6
2005	2999.0	2669.3	329.7
2006	3434.6	3036.4	398.2
2007	4030.1	3566.5	463.6
2008	4917.5	4350.1	567.5
2009	5812.6	5124.1	688.5
2010	6809.6	6003.0	806.6
2011	8003.6	7446.0	557.7
2012	9256.6	8475.3	781.3
2013	10524.4	9629.1	895.4
2014	11793.1	10678.0	1115.1
2015	12773.8	11575.2	1198.6
沈　阳	3883.2	3636.1	247.1
大　连	3084.3	2964.4	119.8
鞍　山	967.7	819.5	148.2
抚　顺	624.0	586.3	37.7
本　溪	361.4	347.4	14.0
丹　东	505.0	433.0	72.1
锦　州	597.7	524.5	73.2
营　口	471.0	416.0	55.0
阜　新	274.3	204.9	69.5
辽　阳	388.8	360.3	28.4
盘　锦	346.6	305.2	41.5
铁　岭	407.5	263.6	143.8
朝　阳	427.5	386.5	41.0
葫芦岛	434.7	327.5	107.2

注：1.1993年以后是将市和县视为城镇，县以下为乡村。2010年按地区和城乡分组数据为了与历史数据可比按2009年的比重推算。
2.社会消费品零售总额中，不含其他行业零售额。

17-4 各地区社会消费品零售总额

(2015年)

单位：万元

项目	沈阳市	大连市	鞍山市	抚顺市	本溪市	丹东市	锦州市
社会消费品零售总额	38832397.6	30842663.1	9677094.0	6239989.6	3614208.5	5050423.4	5977469.8
按销售单位所在地分							
1.城镇	36360749.3	29644378.2	8195264.8	5862711.1	3474344.8	4329565.5	5245140.7
其中：城区	34636576.4	27263485.5	6762228.5	5172422.7	3288378.5	3195252.5	4044133.5
2.乡村	2471648.3	1198284.9	1481829.2	377278.5	139863.7	720857.9	732329.1

17-4 续表

单位：万元

项目	营口市	阜新市	辽阳市	盘锦市	铁岭市	朝阳市	葫芦岛市
社会消费品零售总额	4710155.6	2743188.8	3887610.6	3466346.8	4074883.8	4274941.8	4346610.9
按销售单位所在地分							
1.城镇	4160099.2	2048566.5	3603273.5	3051590.5	2636424.5	3864690.8	3275069.5
其中：城区	3380394.4	1701733.5	2273242.0	2490804.1	1869997.2	2621426.0	2141051.4
2.乡村	550056.4	694622.3	284337.1	414756.3	1438459.3	410251.0	1071541.4

17-5 限额以上批发零售贸易业商品销售总额

(2015年) 单位：万元

登记注册类型、行业	销售总额	#批发	#零售
总　　计	**151193852.7**	**108159786.1**	**43034066.6**
一、批发业	**111338717.5**	**105160205.5**	**6178511.1**
1.按登记注册类型分组			
内资企业	108269622.6	102315528.4	5954094.6
国有企业	8470950.7	8310101.3	160849.4
集体企业	430839.0	420896.4	9942.6
股份合作企业	113336.9	101050.8	12286.1
联营企业			
国有联营企业			
集体联营企业			
国有与集体联营企业			
其他联营企业			
有限责任公司	33514756.8	31204925.0	2309831.8
国有独资企业	3694781.0	3472011.7	222769.3
其他有限责任公司	29819975.8	27732913.3	2087062.5
股份有限公司	39291350.3	37650518.3	1640831.4
私营企业	26384185.7	24570421.4	1813764.3
私营独资企业	270123.2	260595.7	9527.5
私营合伙企业	12674.7	12674.7	
私营有限责任公司	24544375.4	22898801.8	1645573.6
私营股份有限公司	1557012.4	1398349.2	158663.2
其他企业	64204.2	57615.2	6589.0
港、澳、台商投资企业	756718.9	739741.6	16977.2
合资经营企业	174937.2	173907.8	1029.4
合作经营企业	47507.2	47507.2	
独资经营企业	349247.3	334300.9	14946.3
投资股份有限公司	185027.2	184025.7	1001.5
外商投资企业	1588387.0	1495148.5	93237.6
中外合资经营企业	178136.6	164119.4	14016.3
中外合作经营企业			
外资企业	1313968.0	1238284.7	75683.7
外商投资股份有限公司	88445.4	84907.4	3537.6
2.按国民经济行业分组			
农、林、牧产品批发业	6035813.2	5767687.9	268125.3
食品、饮料及烟草制品批发业	8222233.9	7907472.3	314761.6
米、面制品及食用油批发业	1804800.9	1695831.0	108969.9
烟草制品批发业	4257788.1	4231565.0	26223.1
纺织、服装及家庭用品批发业	5851000.9	5717699.5	133301.4
服装批发业	4132389.7	3942092.2	190297.5
家用电器批发	748534.4	715198.1	33336.3
文化、体育用品及器材批发业	1110904.6	969156.3	141748.3
医药及医疗器材批发业	5077214.8	3570292.5	1506922.3
矿产品、建材及化工产品批发	76796200.9	73842081.1	2954119.8
煤炭及制品批发业	4277149.2	4175525.7	101623.5
石油及制品批发业	49034011.2	47034548.1	1999463.1
金属及金属矿批发业	17793586.1	17084821.7	708764.4
建材批发业	1606499.5	1498891.0	107608.5
化肥批发业	1017003.1	1005257.1	11746.0
机械设备、五金产品及电子产品批发	6987664.8	6124795.4	862869.4
汽车批发	1295289.2	992936.7	302352.5
汽车零配件批发	633350.2	363927.3	269422.9
摩托车及零配件批发	80695.5	66003.9	14691.6
计算机、软件及辅助设备批	526186.1	419158.5	107027.6
贸易经纪与代理	350123.7	349506.3	617.4
其他批发业	1488536.7	1382186.4	106350.3

17-5 续表

单位：万元

登记注册类型、行业	销售总额	#批发	#零售
二、零售业	**39855135.7**	**2999580.2**	**36855555.5**
1.按登记注册类型分组			
内资企业	33475742.3	2762519.4	30713222.9
国有企业	1475950.1	588783.5	887166.6
集体企业	221535.3	28607.0	192928.3
股份合作企业	40398.7	2044.5	38354.2
联营企业	19286.8		19286.8
国有联营企业	9433.9		9433.9
集体联营企业	2120.9		2120.9
国有与集体联营企业			
其他联营企业	7732.0		7732.0
有限责任公司	13085639.5	744585.8	12341053.7
国有独资企业	293155.5	76843.2	216312.3
其他有限责任公司	12792484.0	667742.6	12124741.4
股份有限公司	5797898.3	637759.7	5160138.6
私营企业	12771547.7	748659.0	12022888.7
私营独资企业	908679.0	109537.8	799141.2
私营合伙企业	13974.1	2718.4	11255.7
私营有限责任公司	11503878.3	616642.1	10887236.2
私营股份有限公司	345016.3	19760.7	325255.6
其他企业	63485.9	12079.9	51406.0
港、澳、台商投资企业	1718543.0	92246.9	1626296.1
合资经营企业	584362.8	51216.9	533145.9
合作经营企业	5239.4		5239.4
独资经营企业	1028534.6	18443.2	1010091.4
投资股份有限公司	100406.2	22586.8	77819.4
外商投资企业	1594652.6	30165.2	1564487.4
中外合资经营企业	870701.4	30165.2	840536.2
中外合作经营企业	102276.9		102276.9
外资企业	545976.4		545976.4
外商投资股份有限公司	48822.3		48822.3
2.按国民经济行业分组			
综合零售业	11069352.0	73096.5	10996255.5
百货零售业	8403272.0	27121.2	8376150.8
超级市场零售业	454385.8	39895.4	414490.4
食品、饮料及烟草制品专门零	939353.4	94864.8	844488.6
纺织、服装及日用品专门零售	2502618.4	201266.8	2301351.6
服装零售业	1806346.2	146823.5	1659522.7
文化、体育用品及器材专门零	1046708.7	35659.9	1011048.8
体育用品及器材零售	50271.9	5850.6	44421.3
图书、报刊零售	145951.1	13316.5	132634.6
医药及医疗器材专门零售业	2371109.5	215317.8	2155791.7
药品零售业	2280080.0	205670.2	2074409.8
汽车、摩托车、燃料及零配件	16130496.5	1991320.3	14139176.2
汽车零售业	10311422.1	442152.5	9869269.6
机动车燃料零售业	5486591.7	1503794.8	3982796.9
家用电器及电子产品专门零售	2973152.1	226175.3	2746976.8
家用视听设备零售	374598.5	16942.5	357656.0
日用家电设备零售	1492323.3	70057.6	1422265.7
计算机、软件及辅助设备零	500156.5	102278.2	397878.3
通讯设备零售	539285.2	16038.5	523246.7
五金、家具及室内装修材料专门零售	1399667.6	90386.9	1309280.7
无店铺及其他零售业	1422677.5	71491.9	1351185.6
互联网零售	912918.3		912918.3
邮购及电视、电话销售	12462.5	6039.0	6423.5

17-6 各地区限额以上批发零售贸易业商品销售总额

(2015年)

单位：万元

登记注册类型、行业	沈阳	大连	鞍山	抚顺	本溪	丹东	锦州
总　计	**75708615.7**	**32646215.6**	**11399610.7**	**2694766.6**	**1348905.4**	**1398646.9**	**3781508.5**
一、批发业	**57089837.2**	**25377725.2**	**8342468.0**	**1072395.9**	**684317.0**	**537039.9**	**1914040.6**
1.按登记注册类型分组							
内资企业	55472918.5	24268592.6	8238722.0	1013366.7	657063.9	521631.9	1866566.6
国有企业	1959490.7	2087391.3	1884875.2	220804.5	205205.4	206131.5	265085.8
集体企业	134697.4	198424.7	12244.9	1063.4	12734.9	2072.2	
股份合作企业	101431.7	7275.2				4630.0	
联营企业							
国有联营企业							
集体联营企业							
国有与集体联营企业							
其他联营企业							
有限责任公司	10420389.5	8291051.8	3868813.3	328714.3	164705.2	178070.4	616862.5
国有独资企业	1144084.9	587854.3		665.7	1181.0		78953.1
其他有限责任公司	9276304.6	7703197.5	3868813.3	328048.6	163524.2	178070.4	537909.4
股份有限公司	34211337.1	1771017.4	449086.4	274905.5	178515.4	29688.4	
私营企业	8626593.1	11884966.8	2018568.2	187879.0	95903.0	101039.4	984618.3
私营独资企业	101869.7	31686.9	61126.6		512.8	3538.3	12705.0
私营合伙企业		6969.0					
私营有限责任公司	8223463.4	11584396.8	1236761.1	187879.0	77310.4	93842.0	829906.9
私营股份有限公司	301260.0	261914.1	720680.5		18079.8	3659.1	142006.4
其他企业	18980.0	28465.4	5134.0				
港、澳、台商投资企业	445205.3	232193.0		47507.2	12862.1		
合资经营企业		162075.1			12862.1		
合作经营企业				47507.2			
独资经营企业	260178.1	70117.9					
投资股份有限公司	185027.2						
外商投资企业	654819.4	869333.6	3769.0				45244.0
中外合资经营企业	28113.0	149336.6					
中外合作经营企业							
外资企业	604722.6	698779.4	3769.0				
外商投资股份有限公司	21983.8	21217.6					45244.0
2.按国民经济行业分组							
农、林、牧产品批发业	536579.3	2774964.0	85564.5	11366.6	267.0	14630.7	522112.8
食品、饮料及烟草制品批发业	2290588.6	2406239.5	432479.3	262207.8	254541.4	229078.4	693782.4
米、面制品及食用油批发业	352464.2	590157.2	61203.2	7359.5	57661.3	14555.5	175087.7
烟草制品批发业	1036897.1	852504.7	334882.8	184550.7	153203.5		240191.1
纺织、服装及家庭用品批发业	1567269.9	1314356.0	3191693.9	47507.2	18228.3	106707.0	125281.3
服装批发业	209223.6	732077.5	2583131.0		9630.3	55611.8	
家用电器批发	766362.7	253582.0				2652.3	117373.9
文化、体育用品及器材批发业	591713.5	101755.8	57461.0				10243.1
医药及医疗器材批发业	3666835.6	723211.4	75606.9	11825.4	70957.9	1986.6	182952.7
矿产品、建材及化工产品批发	44903826.5	13796365.3	4306506.3	684482.6	274800.5	44104.3	187270.9
煤炭及制品批发业	841695.3	1608491.8	49157.4	24260.6	3438.1	16226.4	16504.5
石油及制品批发业	34869012.2	7263787.7	607239.8	468739.2	167883.2		59708.6
金属及金属矿批发业	5740289.2	3346818.4	3244860.4	181682.8	50874.0	19401.6	75147.5
建材批发业	1213232.2	141998.6	21328.5		31623.2		
化肥批发业	707696.8	81687.0	43487.3		5798.0		4148.6
机械设备、五金产品及电子产品批发	2738131.0	3522077.9	160587.9	26410.8	52244.6	108927.9	192397.2
汽车批发	510939.0	387775.3	40438.0	16846.0	6697.0	84777.7	43947.7
汽车零配件批发	213559.9	383565.8	964.1		3226.0		2790.7
摩托车及零配件批发	65236.2		4074.2				
计算机、软件及辅助设备批	463560.9	58166.1					3787.4
贸易经纪与代理	64565.5	101782.9					
其他批发业	730327.7	636972.1	32568.1	28595.5	13277.3	31605.3	

17-6 续表 1 单位：万元

登记注册类型、行业	沈阳	大连	鞍山	抚顺	本溪	丹东	锦州
二、零售业	**18618778.1**	**7268490.7**	**3057142.8**	**1622370.7**	**664588.4**	**861606.7**	**1867468.1**
1.按登记注册类型分组							
内资企业	16018953.0	6073292.9	1935021.7	1593389.7	566922.5	694938.4	1659717.4
国有企业	1191579.2	121228.2	17739.5	86638.1	4237.1	2419.2	16590.7
集体企业	86511.3	5561.1	51394.9	6700.5	2519.5	14449.6	38532.5
股份合作企业	34859.9	3625.5					
联营企业		7961.8					1472.1
国有联营企业		7961.8					1472.1
集体联营企业							
国有与集体联营企业							
其他联营企业							
有限责任公司	6558671.1	2023727.8	815493.7	711422.0	283563.0	163909.4	565048.6
国有独资企业	71179.7	607.7		35614.6			
其他有限责任公司	6487491.4	2023120.1	815493.7	675807.4	283563.0	163909.4	565048.6
股份有限公司	2050297.1	2206546.5	152491.8	524012.9	2875.3	288078.0	319788.1
私营企业	6087128.1	1700984.8	871775.1	264616.2	272669.8	226082.2	718285.4
私营独资企业	250397.7	9448.8	277882.0	19106.5	6428.9	27090.5	40833.7
私营合伙企业	2559.5		4145.7			3098.9	
私营有限责任公司	5820720.8	1628265.7	532067.8	207272.8	263926.9	190347.9	651577.3
私营股份有限公司	13450.1	63270.3	57679.6	38236.9	2314.0	5544.9	25874.4
其他企业	9906.3	3657.2	26126.7		1057.8		
港、澳、台商投资企业	777107.6	551723.7	172605.1		1101.3	14711.2	2168.2
合资经营企业	43720.0	364492.4	95924.1			14711.2	2168.2
合作经营企业	5239.4						
独资经营企业	701755.1	187231.3	33980.9		1101.3		
投资股份有限公司	26393.1		42700.1				
外商投资企业	961962.9	593141.3		926.5			28689.7
中外合资经营企业	571768.4	289000.8					
中外合作经营企业	102276.9						
外资企业	239095.3	277264.9		926.5			28689.7
外商投资股份有限公司	48822.3						
2.按国民经济行业分组							
综合零售业	4174604.6	2020543.2	624900.8	1135274.6	243387.6	83347.8	570396.0
百货零售业	2974416.9	1439459.2	427557.3	1054993.9	208918.5	14205.5	498413.0
超级市场零售业	1064426.8	509502.8	193409.1	73580.2	23171.2	53775.4	71370.7
食品、饮料及烟草制品专门零	591680.4	143047.7	65457.5	7575.2	22691.7	20635.5	16657.0
纺织、服装及日用品专门零售	776614.0	306733.7	499603.5	3987.0	34760.0	115151.7	138713.9
服装零售业	545312.0	200822.5	260110.5	3987.0	13254.3	85502.8	116924.8
文化、体育用品及器材专门零	452963.7	80051.1	339804.0		17079.0	28725.3	68341.0
体育用品及器材零售	17468.6	30896.1	1907.2				
图书、报刊零售	62714.4	25521.2	11012.0		6056.9	3149.1	2791.6
医药及医疗器材专门零售业	1610768.8	432750.3	78675.7	27428.0	10826.8	27209.8	45617.6
药品零售业	1540296.7	425296.9	76958.8	25817.0	6847.0	27209.8	43460.5
汽车、摩托车、燃料及零配件	7749883.6	3651781.6	965429.7	207482.8	160751.3	447396.1	740732.6
汽车零售业	4837458.3	2186889.6	689361.1	206921.7	136227.5	172267.5	315260.7
机动车燃料零售业	2801954.3	1418680.0	211534.7		16499.1	267055.9	383805.4
家用电器及电子产品专门零售	1712947.8	427366.1	227951.1	47395.9	77720.1	98811.0	114180.2
家用视听设备零售	31610.9	14348.3	153709.7		12060.0	27074.8	69761.9
日用家电设备零售	922046.1	344049.3	51412.4	47395.9	3780.6	39810.7	17210.2
计算机、软件及辅助设备零	262592.7	44117.6	18276.6		50133.5	26700.4	22635.7
通讯设备零售	444340.7	22155.4	4552.4		5641.5	4123.6	3446.8
五金、家具及室内装修材料专门零售	530295.3	122772.4	173993.8	187533.0	83697.3	32154.7	113189.6
无店铺及其他零售业	1019019.9	83444.6	81326.7	5694.2	13674.6	8174.8	59640.2
互联网零售	912408.3						
邮购及电子销售业	5818.6	6643.9					

17-6 续表 2

单位：万元

登记注册类型、行业	营口	阜新	辽阳	盘锦	铁岭	朝阳	葫芦岛
总　计	**3512357.8**	**2272764.3**	**5522510.9**	**4932219.4**	**1390112.8**	**2316709.2**	**2268908.9**
一、批发业	**2300497.1**	**1420788.4**	**4501600.6**	**4100785.9**	**910803.1**	**1542397.3**	**1544021.3**
1.按登记注册类型分组							
内资企业	2295383.2	1414313.9	4485500.2	4099924.5	910803.1	1490921.3	1533914.2
国有企业	266139.7	195509.3	205297.9	254555.5	293188.4	212589.9	214685.6
集体企业	6047.6	52913.6				10640.3	
股份合作企业							
联营企业							
国有联营企业							
集体联营企业							
国有与集体联营企业							
其他联营企业							
有限责任公司	1069163.8	589632.9	3821163.3	2696013.6	195884.6	709925.0	564366.6
国有独资企业		281937.6	264636.0	1036550.1		298918.3	
其他有限责任公司	1069163.8	307695.3	3556527.3	1659463.5	195884.6	411006.7	564366.6
股份有限公司	386532.1	194549.4	370702.4	603885.4	223896.2	274069.2	323165.4
私营企业	559234.4	381708.7	88336.6	545470.0	197833.9	283696.9	428337.4
私营独资企业	1286.6	38898.7		850.0	4494.5	9989.8	3164.3
私营合伙企业			5705.7				
私营有限责任公司	541006.7	329984.1	79729.1	486376.5	189886.1	260884.9	422948.4
私营股份有限公司	16941.1	12825.9	2901.8	58243.5	3453.3	12822.2	2224.7
其他企业	8265.6						3359.2
港、澳、台商投资企业		4414.5	13675.4	861.4			
合资经营企业							
合作经营企业							
独资经营企业		4414.5	13675.4	861.4			
投资股份有限公司							
外商投资企业	5113.9						10107.1
中外合资经营企业	687.0						
中外合作经营企业							
外资企业	4426.9						2270.1
外商投资股份有限公司							
2.按国民经济行业分组							
农、林、牧产品批发业	11283.0	98514.8	16612.9	25451.3	117695.4	45126.9	129699.2
食品、饮料及烟草制品批发业	416403.9	220486.2	231739.2	172910.8	294891.3	339037.8	223507.5
米、面制品及食用油批发业	118760.9	13472.0	24555.8	1855.2	12302.1	79253.9	983.0
烟草制品批发业	245467.0	170730.2	187314.2	133650.7	282589.2	209695.3	211593.1
纺织、服装及家庭用品批发业	17879.2				2098.6		11732.3
服装批发业	2166.3						5135.2
家用电器批发							6597.1
文化、体育用品及器材批发业			4759.9				
医药及医疗器材批发业	3631.0	11422.9		85871.9	68050.4	75564.8	29896.2
矿产品、建材及化工产品批发	1712392.5	1079952.3	4213767.3	3721436.8	399451.4	1031764.2	1035774.2
煤炭及制品批发业	71436.9	887112.9	7591.7	5184.5	116637.9	45020.9	8017.5
石油及制品批发业	604103.8	184010.1	286315.8	3548491.5	272907.2	559062.8	579223.0
金属及金属矿批发业	642780.4		3522221.7	10967.1		382578.0	152460.5
建材批发业	173957.3	8829.3	6524.3	25627.6			27613.7
化肥批发业	17912.6			61114.5	8401.1	25486.1	57808.1
机械设备、五金产品及电子产品批发	14769.3	10412.2	9981.3	60217.8	19842.8	38400.7	110321.7
汽车批发				38178.2	9218.9	8937.1	41648.4
汽车零配件批发	12889.7		2901.8	10337.6		2627.1	
摩托车及零配件批发				1711.0		9674.1	
计算机、软件及辅助设备批							
贸易经纪与代理	124138.2		24740.0	34897.1			
其他批发业					8773.2	12502.5	3090.2

17-6 续表 3　　　　单位：万元

登记注册类型、行业	营口	阜新	辽阳	盘锦	铁岭	朝阳	葫芦岛
二、零售业	**1211860.7**	**851975.9**	**1020910.3**	**831433.7**	**479309.7**	**774312.3**	**724887.6**
1.按登记注册类型分组							
内资企业	1106001.7	814450.2	452232.0	771290.2	428766.4	674888.8	685877.4
国有企业	3153.4	2489.8	2308.5	1722.1	4603.6	14260.2	6980.5
集体企业	3320.7	7795.8	1812.5			1066.2	1870.7
股份合作企业				1913.3			
联营企业		2120.9					7732.0
国有联营企业							
集体联营企业		2120.9					
国有与集体联营企业							
其他联营企业							7732.0
有限责任公司	266601.1	473417.7	217896.6	326297.0	102267.5	301018.2	276305.8
国有独资企业	120014.2		34267.6			31471.7	
其他有限责任公司	146586.9	473417.7	183629.0	326297.0	102267.5	269546.5	276305.8
股份有限公司	34085.6	20121.5	930.1	115965.9	58014.1	23840.4	851.0
私营企业	780619.6	307849.5	229284.3	324909.1	260502.4	334703.8	392137.4
私营独资企业	15763.5	11328.8	6581.7	7654.8	12722.2	44621.0	178818.9
私营合伙企业						4170.0	
私营有限责任公司	711796.3	295419.5	209517.5	270293.3	228269.4	285912.8	208490.3
私营股份有限公司	53059.8	1101.2	13185.1	46961.0	19510.8		4828.2
其他企业	18221.3	655.0		482.8	3378.8		
港、澳、台商投资企业	94659.9	29189.4	18732.5		16275.6	12781.6	27486.9
合资经营企业	63346.9						
合作经营企业							
独资经营企业		29189.4	18732.5		16275.6	12781.6	27486.9
投资股份有限公司	31313.0						
外商投资企业	9932.2						
中外合资经营企业	9932.2						
中外合作经营企业							
外资企业							
外商投资股份有限公司							
2.按国民经济行业分组							
综合零售业	403621.9	533517.9	64339.3	384100.9	223487.1	284684.1	323146.2
百货零售业	277619.2	500242.1	27491.0	290170.8	200343.8	196800.4	292640.4
超级市场零售业	126002.7	33275.8	34554.5	91857.1	22643.3	85443.4	28643.3
食品、饮料及烟草制品专门零	33746.5	8151.6	4037.1	10434.8	1591.0	9796.6	3850.8
纺织、服装及日用品专门零售	20931.9	2401.2	512026.8	23180.7	12132.0	27428.8	28953.2
服装零售业	2861.3	1155.0	509795.0	18478.7	4611.2	23466.0	20065.1
文化、体育用品及器材专门零	6391.6	7895.3	8579.3	6520.0	5128.0	19750.6	5479.8
体育用品及器材零售							
图书、报刊零售	2915.4	4199.4	3471.7	3810.9	3573.1	12147.5	4587.9
医药及医疗器材专门零售业	17076.1	3520.0	2107.2	39109.1	5116.4	41904.2	28999.5
药品零售业	17076.1	2835.8	2107.2	36154.1	5116.4	41904.2	28999.5
汽车、摩托车、燃料及零配件	615513.4	234270.6	274873.2	291344.1	171110.0	336894.8	283032.7
汽车零售业	451746.6	221179.2	232921.5	197077.0	152356.3	279628.3	232126.8
机动车燃料零售业	162073.0	9612.2	40660.9	57359.6	18753.7	50296.6	48306.3
家用电器及电子产品专门零售	54910.4	37949.7	61998.6	33120.1	9335.3	28195.2	41270.6
家用视听设备零售	20145.6		19899.5	10873.4		10712.4	4402.0
日用家电设备零售	13000.6	8010.7	3199.6	5587.0	7861.5	11060.7	17898.0
计算机、软件及辅助设备零	3166.9	7056.1	38899.5	12974.3	847.8	6422.1	6333.3
通讯设备零售	15721.2	22882.9		3685.4	98.0		12637.3
五金、家具及室内装修材料专门零售	22223.9	6821.5	24999.9	34912.6	38912.5	25658.0	2503.1
无店铺及其他零售业	37445.0	17448.1	67948.9	8711.4	12497.4		7651.7
互联网零售				510.0			
邮购及电子销售业							

17-7 限额以上批发、零售贸易业商品销售类值

(2015年) 单位：万元

	销售合计	批发	零售
总　计	**145251959.6**	**102220743.3**	**43031216.3**
1.食品、饮料、烟酒类	15263371.1	10756257.9	4507113.2
(1)食品类	9061436.8	5664275.7	3397161.1
#粮油类	5285804.7	4385346.2	900458.5
肉禽蛋类	587093.9	163407.8	423686.1
(2)饮料类	798173.0	358930.5	439242.5
(3)烟酒类	5403761.3	4733051.7	670709.6
2.服装、鞋帽、针纺织品类	10295600.9	3652471.5	6643129.4
(1)服装类	8320909.1	3288165.3	5032743.8
(2)鞋帽类	1201097.4	133336.0	1067761.4
(3)针、纺织品类	773594.4	230970.2	542624.2
3.化妆品类	706131.0	62050.1	644080.9
4.金银珠宝类	1876087.9	316953.9	1559134.0
5.日用品类	2516717.6	936969.8	1579747.8
#洗涤用品类			
儿童玩具类	76177.0		76177.0
6.五金、电料类	963277.8	456876.3	506401.5
7.体育、娱乐用品类	134056.6	18742.1	115314.5
8.书报杂志类	191782.6	51547.6	140235.0
9.电子出版物及音像制品类	33385.1	7709.4	25675.7
10.家用电器和音像器材类	3749804.8	473982.0	3275822.8
11.中西药品类	6928917.4	3099350.5	3829566.9
#西药	4749196.3	2104164.3	2645032.0
中草药及中成药	984025.3	420974.5	563050.8
12.文化办公用品类	1252969.4	438325.1	814644.3
13.家俱类	624064.1	50112.5	573951.6
14.通讯器材类	1730078.0	344926.6	1385151.4
15.煤炭及制品类	3659083.3	3486975.5	172107.8
16.木材及制品类	40151.1	40151.1	
17.石油及制品类	48877307.2	43713658.9	5163648.3
18.化工材料及制品类	6644950.0	6644950.0	
#化肥类	1014838.6	1014838.6	
19.金属材料类	17714398.8	17714398.8	
20.建筑及装潢材料类	1834899.7	1157046.3	677853.4
21.机电产品及设备类	4418695.5	4219197.6	199497.9
#农机类	136853.8	136853.8	
22.汽车类	11890745.4	1540975.4	10349770.0
23.种子饲料类	432183.2	432183.2	
24.棉麻类	22703.8	22084.4	619.4
25.其他类	3450541.3	2582838.7	867702.6

注：此表为快报数，统计范围为限上法人、产业单位和个体。

17-8 限额以上批发零售贸易业主要财务指标

(2015年) 单位：万元

登记注册类型、行业	流动资产合计	固定资产原价	累计折旧	资产总计	负债合计	实收资本	主营业务收入
总 计	**42630234.4**	**9095915.6**	**2881737.8**	**57451267.4**	**43721921.3**	**15014173.4**	**131544511.6**
一、批发业	**31320817.0**	**4368757.2**	**1326841.3**	**38413755.0**	**29508235.5**	**8996693.3**	**99506371.1**
1.按登记注册类型分组							
内资	29018590.8	4330689.5	1310836.1	35380230.3	27351409.4	8320192.6	97731827.4
国有	3517136.6	453398.4	216522.6	4052947.0	2016681.8	365896.8	7653741.9
集体	136722.0	9621.9	4625.0	177288.0	148925.7	23825.2	398227.6
股份合作	9857.6	2726.0	793.8	13815.7	8191.0	1744.7	98988.0
联营企业							
国有联营							
集体联营							
国有与集体联营							
其他联营							
有限责任公司	13359811.8	2071090.3	360525.3	16492414.9	13477980.6	5711733.4	31113087.6
国有独资公司	973405.5	62785.5	31775.2	1076176.3	1252883.1	3099843.6	3383345.8
其他有限责任公司	12386406.3	2008304.8	328750.1	15416238.6	12225097.5	2611889.8	27729741.8
股份有限公司	1911531.3	850290.3	436046.1	2807710.9	2117911.5	406881.5	33281475.4
私营企业	10079787.3	938235.0	291593.9	11825249.2	9578843.3	1807200.0	25133532.1
私营独资	48615.7	22321.2	3390.8	71930.6	46558.5	15374.2	257850.6
私营合伙	2420.6	237.3	198.2	2484.7	1407.7	580.0	11932.9
私营有限责任公司	9632974.6	859471.3	272061.6	11219739.7	9128328.8	1680461.7	23447751.4
私营股份有限公司	395776.4	56205.2	15943.3	531094.2	402548.3	110784.1	1415997.2
其他	3744.2	5327.6	729.4	10804.6	2875.5	2911.0	52774.8
港澳台商投资企业	1340687.0	17667.9	6274.8	1874664.7	1588340.4	255502.6	600358.5
与港澳台商合资经营	1038193.2	3623.4	1958.3	1534999.7	1324664.7	191129.0	118211.1
与港澳台商合作经营	10328.9	154.8	118.5	10365.2	10265.2	100.0	40604.5
港澳台商独资	231335.0	11405.4	3127.3	265636.0	196602.7	62273.6	283400.0
港澳台商独资股份有限公司	60829.9	2484.3	1070.7	63663.8	56807.8	2000.0	158142.9
外商投资企业	961539.2	20399.8	9730.4	1158860.0	568485.7	420998.1	1174185.2
中外合资经营	51113.4	4339.7	2182.0	55471.8	46017.8	12021.6	154300.1
中外合作经营							
外资企业	903232.7	15659.9	7329.4	1095857.2	516401.4	407926.5	997777.4
外商投资股份有限公司	7193.1	400.2	219.0	7531.0	6066.5	1050.0	22107.7
2.按国民经济行业分组							
农、林、牧产品批发	1962627.4	234852.4	60418.7	2472788.5	2001443.7	280612.0	4064695.5
食品、饮料及烟草制品批发业	3751030.6	514583.1	215801.1	4329492.8	2305413.5	514017.4	7323744.2
米、面制品及食用油批发业	746497.6	111556.1	41705.1	911841.9	823767.8	84519.1	1416238.0
烟草制品批发业	1461694.9	212553.3	124207.6	1609026.7	117562.4	26347.1	3638289.3
纺织、服装及家庭用品批发	1589878.7	875428.4	60679.3	2751537.5	1369435.9	1234858.1	5300051.3
服装批发业	949981.7	776764.6	40162.1	1957384.0	770750.7	1073500.1	3197497.8
家用电器批发业	288372.6	43585.1	6020.9	342947.2	308846.3	31620.8	702042.4
文化、体育用品及器材批发业	341697.1	27970.6	13455.7	453030.2	268377.5	75235.7	625178.6
医药及医疗器材批发业	2070506.7	114594.8	33720.8	2281810.7	1760658.6	312299.8	4457848.3
矿产品、建材及化工产品批发业	15505680.2	2317498.6	838925.8	18717163.0	15660594.0	5610081.3	69780399.8
煤炭及制品批发业	2056703.5	166562.9	30857.3	2404315.6	2004711.4	307447.4	3355390.6
石油及制品批发业	4324782.1	1481687.3	652360.1	5642883.2	4786761.8	3808075.8	43520855.8
金属及金属矿批发业	6691238.3	405416.9	96708.8	7842042.4	6601659.7	1099985.6	16387388.9
建材批发业	424456.0	92304.2	11781.1	518977.9	341759.9	120712.1	1456142.5
化肥批发业	694431.4	40828.4	6656.4	812581.8	671112.1	91656.1	1056961.7
机械设备、五金产品及电子产品批发	5514260.0	248070.5	92625.5	6652038.1	5585708.8	768880.8	6313894.8
汽车批发	1585463.7	71561.0	24032.4	2166227.2	1832587.0	248734.1	1014751.9
汽车零配件批发	295657.9	36854.2	14653.3	369604.1	316589.3	33380.4	554134.1
摩托车及零配件批发	18323.6	6106.8	1046.3	28069.1	17950.5	9027.3	74347.4
计算机、软件及辅助设备批发	82003.8	5401.0	1926.5	95118.9	48054.6	24855.0	494929.2
贸易经纪与代理	219069.8	8796.2	3592.6	225182.0	148690.9	68912.3	328964.8
其他批发业	366066.5	26962.6	7621.8	530712.2	407912.6	131795.9	1311593.8

17-8 续表 1 单位：万元

登记注册类型、行业	流动资产合计	固定资产原价	累计折旧	资产总计	负债合计	实收资本	主营业务收入
二、零售业	**11309417.4**	**4727158.4**	**1554896.5**	**19037512.4**	**14213685.8**	**6017480.1**	**32038140.5**
1.按登记注册类型分组							
内资	10177284.0	3865108.4	1231731.0	16476657.1	12330348.6	4999190.1	29101686.6
国有	146802.6	322036.1	86156.9	671862.7	249501.6	402643.2	1214916.1
集体	39244.4	25683.0	10275.0	73136.8	34221.1	21710.5	200101.9
股份合作	11384.5	1116.9	529.5	13068.1	6682.2	1724.7	36176.8
联营企业	6900.7	1885.5	870.2	8018.9	5845.8	1179.8	16679.2
有限责任公司	4351357.6	1399140.6	440297.4	6839841.3	5708545.8	898776.6	11265400.7
国有独资公司	23598.2	96714.7	20842.4	147688.8	159932.7	9824.6	256268.2
其他有限责任公司	4327759.4	1302425.9	419455.0	6692152.5	5548613.1	888952.0	11009132.5
股份有限公司	1236401.0	806821.5	356014.3	2470941.0	1477934.7	193085.9	4739169.9
私营企业	4375728.3	1296176.2	334551.3	6379440.1	4836691.3	3473171.3	11569814.2
私营独资	167336.6	139819.9	23750.7	328885.7	153860.2	128117.8	823058.8
私营合伙	521.9	1049.4	266.2	1834.5	889.6	374.0	12896.7
私营有限责任公司	4071631.5	1099912.0	293119.6	5829034.8	4511442.5	3307331.9	10435631.4
私营股份有限公司	136238.3	55394.9	17414.8	219685.1	170499.0	37347.6	298227.3
其他	9464.9	12248.6	3036.4	20348.2	10926.1	6898.1	59427.8
港澳台商投资企业	652127.6	471253.6	168234.6	1499241.7	1017294.8	638493.3	1741773.1
与港澳台商合资经营	417777.7	148527.4	76368.4	535149.2	294296.2	105567.1	809671.3
与港澳台商合作经营							
港澳台商独资	227214.4	308137.3	89448.5	943680.1	713499.8	523226.9	860478.1
港澳台商独资股份有限公司	7135.5	14588.9	2417.7	20412.4	9498.8	9699.3	71623.7
外商投资企业	480005.8	390796.4	154930.9	1061613.6	866042.4	379796.7	1194680.8
中外合资经营	189835.0	171350.6	99022.0	281457.8	222889.9	87515.6	666802.6
中外合作经营							
外资企业	251019.5	211078.7	51485.0	728852.1	574894.7	275304.1	460567.3
外商投资股份有限公司	24126.6	6038.5	3284.6	33336.2	57126.4	16977.0	37515.7
2.按国民经济行业分组							
综合零售业	4573269.2	2472694.2	801696.1	8616606.3	6773625.7	1404741.0	8508943.2
百货零售业	3676503.3	1787073.2	578619.0	7057240.5	5133889.6	1071516.3	6471401.1
超级市场零售业	865118.7	671115.8	216540.1	1514170.8	1604718.0	319381.5	1850455.2
食品、饮料及烟草制品专门零售业	146343.8	71524.3	17935.0	220093.6	141870.2	48714.7	471816.1
纺织、服装及日用品专门零售业	485188.8	188132.3	66818.6	716485.7	569675.8	186870.5	1198456.1
服装零售业	343550.2	157292.4	52483.8	531012.0	438278.6	153923.1	860977.4
文化、体育用品及器材专门零售	223239.7	146804.1	46295.2	438016.6	293243.6	108136.0	639086.2
体育用品及器材零售	4486.9	5717.7	2632.9	12155.2	9308.2	5427.6	38724.3
图书、报刊零售	80984.9	54006.1	23610.2	129791.1	92924.0	28499.1	127874.4
医药及医疗器材专门零售业	1058596.2	81559.3	31100.1	1172722.2	936114.1	157681.3	2025267.8
药品零售业	1012236.1	78781.2	29888.6	1124050.7	904567.1	149546.5	1948353.0
汽车、摩托车、燃料及零配件专门	3883865.0	1391256.3	489478.2	6265030.6	4367576.2	3622693.5	14685329.0
汽车零售业	3346674.0	744832.6	225507.0	4678922.9	3628469.1	3080620.0	9591170.0
机动车燃料零售业	435916.4	623853.3	256349.0	1450488.8	644940.0	512189.6	4848965.7
家用电器及电子产品专门零售	615426.5	78068.9	20839.4	845800.0	574654.5	240339.1	2430196.7
家用视听设备零售	77899.3	20423.2	4822.7	113694.5	62615.2	48722.0	289752.1
日用家电设备零售	281438.9	30288.9	7323.6	428884.6	321865.8	126004.1	1201272.5
计算机、软件及辅助设备零售	129661.0	14836.0	5046.9	156250.7	91521.7	43272.9	422184.3
通信设备零售	116608.0	8505.0	2862.8	133013.8	93409.4	17553.9	456652.3
五金、家具及室内装修材料专门零	171967.1	176269.5	52458.3	409337.0	335983.9	112489.5	721730.8
货摊、无店铺及其他零售业	151521.1	120849.5	28275.6	353420.4	220941.8	135814.5	1357314.6
互联网零售	18954.2	8310.8	2775.4	25177.9	39373.2	10800.0	902511.5
邮购及电视、电话零售	3333.6	960.4	58.5	4740.3	1816.1	2900.0	10673.0

17-8 续表 2 单位：万元

登记注册类型、行业	主营业务成本	主营业务税金及附加	管理费用	营业利润	利润总额	应付职工薪酬	应交增值税
总计	**123311143.4**	**779320.9**	**2493778.2**	**1379117.2**	**1361151.7**	**1923821.8**	**1697178.3**
一、批发业	**94879447.4**	**576853.6**	**1216225.0**	**957215.7**	**971063.4**	**844138.0**	**699167.5**
1.按登记注册类型分组							
内资	93384839.8	571893.9	1150456.3	900794.5	911996.4	789374.0	662078.0
国有	6441081.4	413192.8	182376.9	520781.3	554775.2	165287.7	184122.9
集体	373354.0	660.6	7454.4	5883.8	6819.2	4517.3	18804.0
股份合作	93211.4	303.0	2031.6	1281.7	1256.6	1650.8	243.4
联营企业							
国有联营							
集体联营							
国有与集体联营							
其他联营							
有限责任公司	29321922.4	60979.5	480395.7	432625.6	400509.1	302825.6	262554.2
国有独资公司	3292311.8	2175.2	21959.9	20979.5	23500.6	17830.8	15977.6
其他有限责任公司	26029610.6	58804.3	458435.8	411646.1	377008.5	284994.8	246576.6
股份有限公司	33356883.3	11340.1	117584.1	-414471.0	-415376.7	118064.4	40502.7
私营企业	23751210.9	85234.6	359465.7	351959.4	361504.7	196029.5	155561.5
私营独资	234590.9	1919.9	6138.3	9560.5	9165.8	2722.3	2908.3
私营合伙	10418.4	3.2	276.6	182.7	201.5	335.2	26.2
私营有限责任公司	22201886.1	79685.2	334008.9	286750.8	295473.3	152691.3	108378.7
私营股份有限公司	1304315.5	3626.3	19041.9	55465.4	56664.1	40280.7	44248.3
其他	47176.4	183.3	1147.9	2733.7	2508.3	998.7	289.3
港澳台商投资企业	508386.9	1592.6	22226.0	1961.0	3698.0	21285.5	7141.6
与港澳台商合资经营	95562.8	578.6	8397.0	-13297.3	-13072.9	4245.1	1334.8
与港澳台商合作经营	33330.6	137.0	428.9	1294.9	1344.4	450.8	1277.0
港澳台商独资	252596.2	710.6	9246.0	5111.8	6581.4	6994.2	3526.3
港澳台商独资股份有限公司	126897.3	166.4	4154.1	8851.6	8845.1	9595.4	1003.5
外商投资企业	986220.7	3367.1	43542.7	54460.2	55369.0	33478.5	29947.9
中外合资经营	133137.6	245.5	4803.1	482.2	1318.9	5133.1	2725.0
中外合作经营							
外资企业	833474.3	3083.4	37763.5	54199.2	54263.8	27726.1	25272.8
外商投资股份有限公司	19608.8	38.2	976.1	-221.2	-213.7	619.3	1950.1
2.按国民经济行业分组							
农、林、牧产品批发	3894513.5	6004.6	46850.7	801.3	23955.4	19900.7	-775.1
食品、饮料及烟草制品批发业	5952725.4	427075.0	197622.2	581159.6	567700.3	188104.0	183561.4
米、面制品及食用油批发业	1316117.3	5210.7	18286.5	37707.8	22540.5	10568.5	7984.9
烟草制品批发业	2625388.0	391329.9	136668.0	461371.5	464084.3	120318.6	141734.6
纺织、服装及家庭用品批发	4322146.4	22714.4	271722.7	340066.7	328788.7	176951.5	100761.0
服装批发业	2399644.7	18250.6	230286.6	275333.0	255038.8	116448.9	54335.1
家用电器批发业	669853.7	1025.8	10660.9	-2082.4	5971.4	6260.4	3851.2
文化、体育用品及器材批发业	555620.3	2067.6	17131.1	15916.5	16415.8	17283.1	3923.7
医药及医疗器材批发业	4079538.2	17185.6	99155.7	124159.8	121078.9	49679.1	116567.7
矿产品、建材及化工产品批发业	68632171.8	74117.4	430524.2	-227290.1	-214035.3	261756.9	235255.8
煤炭及制品批发业	3245644.6	5756.7	27041.5	3107.1	6542.3	12791.5	11355.4
石油及制品批发业	43356376.8	13822.7	161689.1	-434086.4	-427963.1	146886.8	85277.7
金属及金属矿批发业	15878057.6	34905.4	153592.9	82167.7	83799.3	62924.2	98937.2
建材批发业	1308769.4	6269.8	23221.7	91634.7	90207.2	15456.5	16574.8
化肥批发业	1023846.1	1653.4	7771.4	4276.1	5395.1	3258.0	5866.2
机械设备、五金产品及电子产品批发	5880208.8	22291.7	135664.4	98381.4	101793.1	116554.0	42514.6
汽车批发	941983.1	4551.7	27043.1	-14768.5	-10852.4	13885.6	6656.9
汽车零配件批发	521271.6	695.3	10601.9	2069.3	1907.6	10089.8	3792.4
摩托车及零配件批发	62746.2	4261.6	667.3	5226.3	5218.5	490.0	251.4
计算机、软件及辅助设备批发	454934.1	1173.5	7112.4	21996.3	21836.2	6013.6	1790.0
贸易经纪与代理	303287.7	254.5	6255.6	5121.0	5101.4	6476.4	1720.2
其他批发业	1259235.3	5142.8	11298.4	18899.5	20265.1	7432.3	15638.2

17-8 续表 3

单位：万元

登记注册类型、行业	主营业务成本	主营业务税金及附加	管理费用	营业利润	利润总额	应付职工薪酬	应交增值税
二、零售业	**28431696.0**	**202467.3**	**1277553.2**	**421901.5**	**390088.3**	**1079683.8**	**998010.8**
1.按登记注册类型分组							
内资	26137594.6	181302.3	1116612.5	485253.5	450795.0	937559.0	939728.5
国有	1074891.7	3755.0	29348.5	25863.2	25839.2	23980.7	11292.0
集体	166665.5	2478.4	5339.3	18942.2	18462.4	7219.1	2870.7
股份合作	31346.1	466.6	1578.5	454.1	493.0	446.2	298.2
联营企业	15394.7	25.3	209.9	171.5	105.2	236.8	181.2
有限责任公司	10174176.9	63380.2	432079.5	27658.8	-558.9	411817.3	678091.5
国有独资公司	241245.7	660.5	7923.6	-2968.7	-5385.2	11143.1	824.6
其他有限责任公司	9932931.2	62719.7	424155.9	30627.5	4826.3	400674.2	677266.9
股份有限公司	4256171.4	20722.1	183398.3	228862.2	230314.3	201212.7	36072.1
私营企业	10369152.3	90200.0	462232.2	180265.7	173232.0	289795.9	210568.7
私营独资	708591.7	15661.0	25861.7	50813.8	50103.2	13312.1	17453.6
私营合伙	11607.5	202.3	243.7	589.8	563.1	130.5	72.8
私营有限责任公司	9393798.2	71142.2	422652.1	120771.3	113819.1	267899.8	186984.2
私营股份有限公司	255154.9	3194.5	13474.7	8090.8	8746.6	8453.5	6058.1
其他	49796.0	274.7	2426.3	3035.8	2907.8	2850.3	354.1
港澳台商投资企业	1284702.3	9501.1	94986.3	-22852.5	-12546.0	71209.8	37083.5
与港澳台商合资经营	472296.8	1799.7	50514.6	15837.6	16264.3	29842.1	20648.7
与港澳台商合作经营							
港澳台商独资	761859.1	6859.6	43873.2	-57134.4	-47051.2	39587.4	11739.4
港澳台商独资股份有限公司	50546.4	841.8	598.5	18444.3	18240.9	1780.3	4695.4
外商投资企业	1009399.1	11663.9	65954.4	-40499.5	-48160.7	70915.0	21198.8
中外合资经营	583981.3	3345.0	31642.4	-25826.7	-18997.0	42895.2	7954.8
中外合作经营							
外资企业	362486.8	7806.2	22845.1	-16344.6	-16828.9	24471.6	11477.4
外商投资股份有限公司	34191.9	428.2	10819.0	2272.5	-11760.1	2590.5	1201.7
2.按国民经济行业分组							
综合零售业	7044490.5	91962.9	651416.3	86149.0	52421.4	467011.0	666054.0
百货零售业	5313500.7	74594.8	539888.7	156777.7	147434.2	331307.9	119196.2
超级市场零售业	1567834.0	15702.3	105963.5	-73214.2	-97482.5	128204.6	544633.6
食品、饮料及烟草制品专门零售业	396375.3	4307.7	17608.6	20555.4	20643.0	13494.6	8690.4
纺织、服装及日用品专门零售业	984082.8	13691.9	79482.2	13135.6	11775.7	38928.5	29077.3
服装零售业	707019.5	7994.8	64704.7	-4482.5	-5897.6	26825.9	18975.7
文化、体育用品及器材专门零售	525366.7	12630.3	43782.1	18239.1	20523.5	25609.4	14036.7
体育用品及器材零售	31469.0	287.5	1304.3	158.7	-165.6	1154.7	927.7
图书、报刊零售	95586.7	701.5	19465.9	139.6	2425.0	15553.7	369.1
医药及医疗器材专门零售业	1740768.5	8840.5	56150.4	55082.9	54641.1	84374.9	46698.9
药品零售业	1675131.2	8532.4	52570.8	52299.6	51868.2	83139.1	45591.0
汽车、摩托车、燃料及零配件专门	13613475.5	45357.8	297376.8	192882.5	186140.7	369262.7	185026.5
汽车零售业	9008836.2	28874.2	217593.0	34835.9	40844.7	256283.7	143374.3
机动车燃料零售业	4387498.1	13861.1	70223.6	149440.6	137105.8	107236.9	39142.7
家用电器及电子产品专门零售	2209174.5	12160.9	65517.9	22759.4	28879.5	36792.2	20254.0
家用视听设备零售	249237.1	4215.4	10567.8	8659.1	8014.3	5498.6	5637.7
日用家电设备零售	1087782.0	3838.8	33291.4	-11669.7	-5071.9	16359.3	8140.8
计算机、软件及辅助设备零售	394198.7	1776.1	11875.0	8167.4	7538.4	6482.9	3260.8
通信设备零售	423766.0	2147.9	8741.4	13298.0	14190.8	5366.8	3133.4
五金、家具及室内装修材料专门零	619586.2	6604.4	45295.5	12046.2	12248.4	18892.4	14561.2
货摊、无店铺及其他零售业	1298376.0	6910.9	20923.4	1051.4	2815.0	25318.1	13611.8
互联网零售	908334.8	1500.6	3844.6	-17940.9	-17661.0	13904.6	3746.8
邮购及电视、电话零售	9515.1	101.9	126.3	866.1	866.1	207.3	187.2

17-9 限额以上住宿业和餐饮业经营情况

(2015年)

单位：万元

登记注册类型、行业	法人单位(个)	年末从业人数(人)	营业额				
				客房收入	餐费收入	商品销售收入	其他收入
总　计	**1046**	**83707**	**2194709.4**	**496015.3**	**1548808.3**	**47210.0**	**102675.8**
一、住宿业	**521**	**47609**	**977616.5**	**444724.9**	**427518.8**	**22609.3**	**82763.5**
1.按登记注册类型分组							
内资	468	39874	803622.6	367127.2	357869.8	19157.7	59467.9
国有	71	8784	136050.6	54403.6	69532.2	1560.2	10554.6
集体	25	1283	19764.5	9599.2	7585.4	143.5	2436.4
股份合作	1	20	504.7	407.7	95.5		1.5
联营企业	2	89	1221.1	461.0	405.1		355.0
国有联营	1	24	505.1	123.5	26.7		354.9
集体联营	1	65	716.0	337.5	378.4		0.1
国有与集体联营							
其他联营							
有限责任公司	132	14196	274159.4	130364.3	122159.4	2512.9	19122.8
国有独资公司	6	1741	54320.3	28223.9	24194.5	327.2	1574.7
其他有限责任公司	126	12455	219839.1	102140.4	97964.9	2185.7	17548.1
股份有限公司	12	705	39099.2	14214.0	23671.7	622.5	591.0
私营企业	219	14492	320932.4	156053.1	128464.0	10077.7	26337.6
私营独资	55	2630	49654.1	24436.9	19701.5	574.0	4941.7
私营合伙	5	131	2113.6	1708.2	359.6	43.8	2.0
私营有限责任公司	148	11032	257319.5	122672.1	104942.1	9362.4	20342.9
私营股份有限公司	11	699	11845.2	7235.9	3460.8	97.5	1051.0
港澳台商投资企业	6	305	11890.7	1624.3	5956.5	4240.9	69.0
与港澳台商合资经营	20	4331	101542.4	44350.6	42397.1	2270.8	12523.9
与港澳台商合作经营	13	3272	69603.5	30947.9	29927.6	2242.4	6485.6
港澳台商独资							
港澳台商独资股份有限公司	7	1059	31938.9	13402.7	12469.5	28.4	6038.3
外商投资企业							
中外合资经营	33	3404	72451.5	33247.1	27251.9	1180.8	10771.7
中外合作经营	21	2720	60614.7	25041.5	24504.8	1140.9	9927.5
外资企业	1	110	1501.5	832.1	594.0		75.4
外商投资股份有限公司	10	562	10016.3	7054.5	2153.1	39.9	768.8
2.按国民经济行业分组							
旅游饭店	362	40729	821410.5	352135.2	378607.8	14987.0	75680.5
一般旅馆	144	6178	141540.5	82283.6	45752.9	6944.1	6559.9
其他住宿服务	15	702	14665.5	10306.1	3158.1	678.2	523.1

17-9 续表

单位：万元

登记注册类型、行业	法人单位(个)	年末从业人数(人)	营业额				
				客房收入	餐费收入	商品销售收入	其他收入
二、餐饮业	**525**	**36098**	**1217092.9**	**51290.4**	**1121289.5**	**24600.7**	**19912.3**
1.按登记注册类型分组							
内资	486	24813	625357.3	49775.5	544940.7	13751.2	16889.9
国有	16	1007	19875.6	6866.7	11425.4	420.0	1163.5
集体	5	127	8432.2	35.5	8396.7		
股份合作	1	5	67.8		67.8		
联营企业							
国有联营							
集体联营							
国有与集体联营							
其他联营							
有限责任公司	98	6083	116504.9	11538.8	94208.1	1357.4	9400.6
国有独资公司							
其他有限责任公司	98	6083	116504.9	11538.8	94208.1	1357.4	9400.6
股份有限公司	7	584	33695.1	410.0	33021.1	264.0	
私营企业	350	16401	432404.7	30057.2	386236.7	10240.9	5869.9
私营独资	151	5552	171498.8	4272.2	164020.9	2316.0	889.7
私营合伙	5	152	3760.2		3760.2		
私营有限责任公司	186	10487	250067.3	25455.4	211706.8	7924.9	4980.2
私营股份有限公司	8	210	7078.4	329.6	6748.8		
其他	9	606	14377.0	867.3	11584.9	1468.9	455.9
港澳台商投资企业	12	1979	69040.9		63315.1	5035.9	689.9
与港澳台商合资经营	4	358	8227.1		7965.9	6.0	255.2
与港澳台商合作经营	1	9	441.3		441.3		
港澳台商独资	7	1612	60372.5		54907.9	5029.9	434.7
港澳台商独资股份有限公司							
外商投资企业	27	9306	522694.7	1514.9	513033.7	5813.6	2332.5
中外合资经营	9	632	44059.8	944.7	42818.5	1.3	295.3
中外合作经营	1	9	294.5		294.5		
外资企业	16	8615	477020.8	44.5	469276.1	5812.3	1887.9
外商投资股份有限公司	1	50	1319.6	525.7	644.6		149.3
2.按国民经济行业分组							
正餐服务业	480	24563	614031.3	51214.2	533429.0	12221.2	17166.9
快餐服务业	27	9846	563165.8	25.5	552175.5	9077.9	1886.9
饮料及冷饮服务业	10	604	21624.6		18361.6	3263.0	
其他餐饮服务业	8	1085	18271.2	50.7	17323.4	38.6	858.5

17-10 限额以上住宿业和餐饮业主要财务指标

(2015年)　　单位：万元

登记注册类型、行业	流动资产合　计	固定资产原　价	累计折旧	资产总计	负债合计	实收资本	主营业务收　入
总　计	**1723292.8**	**3014138.1**	**1255723.3**	**4493332.8**	**3404385.6**	**1284036.8**	**2180975.6**
一、住宿业	**1183516.9**	**2443056.4**	**1063915.0**	**3126167.5**	**2335173.0**	**1002553.6**	**972504.2**
1.按登记注册类型分组							
内资	945412.0	1610858.7	627971.8	2356850.9	1794011.7	623050.9	798162.2
国有	81662.9	289115.0	127641.9	289351.6	136773.1	97413.5	135563.2
集体	15073.3	28155.9	14008.5	38736.1	28072.2	7574.9	19486.7
股份合作	65.0	213.0		278.0	150.0	30.0	713.6
联营企业	1360.8	422.3	299.8	3155.2	913.2	345.0	1221.1
国有联营	385.9	422.3	299.8	524.7	935.4	300.0	505.1
集体联营	974.9			2630.5	-22.2	45.0	716.0
国有与集体联营							
其他联营							
有限责任公司	346644.6	661166.0	268142.2	909115.8	710728.0	284845.1	273076.3
国有独资公司	12293.6	133732.1	49768.5	103098.1	60047.7	63383.3	54253.7
其他有限责任公司	334351.0	527433.9	218373.7	806017.7	650680.3	221461.8	218822.6
股份有限公司	7420.3	34450.0	18764.7	36976.5	20215.7	14744.7	39051.0
私营企业	470477.4	585812.6	198983.4	1042829.7	858069.9	217093.8	317203.0
私营独资	52588.6	117727.1	10830.6	168645.1	64326.5	43978.3	50603.1
私营合伙	1137.5	360.4	101.8	1596.1	558.7	570.9	2113.6
私营有限责任公司	368687.9	424890.4	174038.6	787798.8	713226.5	149295.5	252640.4
私营股份有限公司	48063.4	42834.7	14012.4	84789.7	79958.2	23249.1	11845.9
其他	22707.7	11523.9	131.3	36408.0	39089.6	1003.9	11847.3
港澳台商投资企业	134846.6	531168.4	252489.0	514943.5	263626.4	260119.0	102124.1
与港澳台商合资经营	115412.7	357801.5	151925.9	355145.3	226863.5	138359.2	70189.9
与港澳台商合作经营							
港澳台商独资	19433.9	173366.9	100563.1	159798.2	36762.9	121759.8	31934.2
港澳台商独资股份有限公司							
外商投资企业	103258.3	301029.3	183454.2	254373.1	277534.9	119383.7	72217.9
中外合资经营	77054.0	244795.3	143078.2	209406.5	165704.7	91532.6	60400.3
中外合作经营	1135.0	34103.7	26410.9	8934.6	62475.5	20513.0	1501.5
外资企业	24197.4	21404.8	13390.8	35008.9	48550.7	6838.1	9997.1
外商投资股份有限公司							
2.按国民经济行业分组							
旅游饭店	1020872.5	2257679.5	1009459.9	2790963.1	2069749.9	945856.7	813722.5
一般旅馆	142876.1	144711.9	42449.6	283747.7	233730.3	51187.5	143201.6
其他住宿服务	19768.3	40665.0	12005.5	51456.7	31692.8	5509.4	15580.1

17-10 续表 1 单位：万元

登记注册类型、行业	流动资产合计	固定资产原价	累计折旧	资产总计	负债合计	实收资本	主营业务收入
二、餐饮业	**539775.9**	**571081.7**	**191808.3**	**1367165.3**	**1069212.6**	**281483.2**	**1208471.4**
1.按登记注册类型分组							
内资	457186.2	501126.4	162089.1	1090247.7	843935.9	234504.9	618248.7
国有	12497.4	24917.7	4712.1	41664.2	36897.0	7056.1	19614.4
集体	369.0	550.3	367.3	722.6	535.8	275.4	8015.1
股份合作	92.0			92.0	0.8	40.0	67.8
联营企业							
国有联营							
集体联营							
国有与集体联营							
其他联营							
有限责任公司	118689.2	141233.2	39893.9	308259.4	243538.6	84390.1	113014.7
国有独资公司							
其他有限责任公司	118689.2	141233.2	39893.9	308259.4	243538.6	84390.1	113014.7
股份有限公司	14688.7	12046.0	3756.7	23219.9	17852.7	1247.4	33665.1
私营企业	304748.6	315359.7	111994.4	702054.1	534891.1	139868.5	429617.4
私营独资	28491.8	91481.1	32606.8	130538.1	54051.4	47655.0	169228.3
私营合伙	1601.3	197.2	105.1	1873.6	1701.1	211.5	3760.2
私营有限责任公司	272960.3	220133.2	78084.2	560739.5	472345.8	89734.2	249560.5
私营股份有限公司	1695.2	3548.2	1198.3	8902.9	6792.8	2267.8	7068.4
其他	6101.3	7019.5	1364.7	14235.5	10219.9	1627.4	14254.2
港澳台商投资企业	23640.6	12549.0	7579.0	36647.5	21921.1	9089.1	69064.5
与港澳台商合资经营	4153.1	1802.1	1344.9	5144.4	2694.3	1653.9	8227.1
与港澳台商合作经营	80.3	42.9	24.3	98.9	240.9	900.0	441.3
港澳台商独资	19407.2	10704.0	6209.8	31404.2	18985.9	6535.2	60396.1
港澳台商独资股份有限公司							
外商投资企业	58949.1	57406.3	22140.2	240270.1	203355.6	37889.2	521158.2
中外合资经营	26157.7	13107.6	6508.5	43852.2	32060.0	12159.5	43859.2
中外合作经营	172.9	19.4	15.6	177.8	9.9	99.5	294.5
外资企业	32249.8	44258.4	15616.1	194909.4	170704.5	24825.8	475640.6
外商投资股份有限公司	368.7	20.9		1330.7	581.2	804.4	1363.9
2.按国民经济行业分组							
正餐服务业	447220.5	494016.6	162837.8	1071988.0	858308.6	223206.0	608589.7
快餐服务业	65721.2	56496.8	21729.1	246548.9	195912.6	34307.6	560620.8
饮料及冷饮服务业	7561.5	3946.2	1805.8	15159.3	5734.3	6010.8	20846.7
其他餐饮服务业	19272.7	16622.1	5435.6	33469.1	9257.1	17958.8	18414.2

17-10 续表 2

单位：万元

登记注册类型、行业	主营业务成本	主营业务税金及附加	管理费用	营业利润	利润总额	应付职工薪酬	应交增值税
总计	**1083749.1**	**106958.3**	**386723.3**	**-32505.4**	**-16246.4**	**328310.5**	**4302.3**
一、住宿业	**451814.0**	**44144.9**	**256144.3**	**-73380.0**	**-58859.2**	**150042.7**	**984.0**
1.按登记注册类型分组							
内资	403584.0	36481.8	176146.9	-47871.6	-34295.4	123910.5	649.0
国有	71231.5	7092.2	39998.2	-9003.4	-4660.6	30235.2	32.5
集体	11559.8	1089.8	3271.8	-893.8	-801.7	3423.4	1.0
股份合作	564.7	21.3	22.6	6.0	6.0	72.0	
联营企业	373.8	83.8	385.9	84.9	71.7	306.2	
国有联营	40.2	31.7	206.2	80.1	66.9	44.5	
集体联营	333.6	52.1	179.7	4.8	4.8	261.7	
国有与集体联营							
其他联营							
有限责任公司	124498.0	12154.7	73189.9	-31300.9	-28092.1	47923.5	104.1
国有独资公司	36384.2	1628.4	6113.9	-2641.5	-2448.0	6792.0	7.6
其他有限责任公司	88113.8	10526.3	67076.0	-28659.4	-25644.1	41131.5	96.5
股份有限公司	28905.0	701.7	3017.9	-18.8	62.4	1594.5	0.9
私营企业	155595.0	15172.5	55236.8	-5984.3	-157.6	39925.7	483.7
私营独资	32303.8	2625.4	6165.8	3358.8	3701.2	8496.0	125.0
私营合伙	1333.9	187.1	98.1	279.8	275.8	291.5	
私营有限责任公司	118602.1	11698.3	44745.4	-4241.4	970.8	28983.8	358.7
私营股份有限公司	3355.2	661.7	4227.5	-5381.5	-5105.4	2154.4	
其他	10856.2	165.8	1023.8	-761.3	-723.5	430.0	26.8
港澳台商投资企业	23619.4	4106.3	51800.6	-13047.3	-13777.5	13187.9	210.9
与港澳台商合资经营	19002.0	3614.7	27152.4	-8319.9	-8953.7	9866.6	210.9
与港澳台商合作经营							
港澳台商独资	4617.4	491.6	24648.2	-4727.4	-4823.8	3321.3	
港澳台商独资股份有限公司							
外商投资企业	24610.6	3556.8	28196.8	-12461.1	-10786.3	12944.3	124.1
中外合资经营	21215.5	2855.0	23230.3	-10552.9	-8886.0	10417.1	124.1
中外合作经营	466.3	80.0	930.2	-486.7	-482.7	204.5	
外资企业	2880.4	596.1	3955.8	-1423.2	-1419.3	2288.2	
外商投资股份有限公司							
2.按国民经济行业分组							
旅游饭店	361027.1	37952.8	231580.4	-74045.2	-61939.0	131679.7	708.1
一般旅馆	83370.0	5500.9	20960.6	1928.3	3203.4	16823.1	275.9
其他住宿服务	7416.9	691.2	3603.3	-1263.1	-123.6	1539.9	

17-10 续表 3

单位：万元

登记注册类型、行业	主营业务成本	主营业务税金及附加	管理费用	营业利润	利润总额	应付职工薪酬	应交增值税
二、餐饮业	**631935.1**	**62813.4**	**130579.0**	**40874.6**	**42612.8**	**178267.8**	**3318.3**
1.按登记注册类型分组							
内资	370612.2	32265.0	76049.7	19606.6	23101.6	94841.9	2360.9
国有	10483.4	1367.3	3755.0	1171.1	1306.8	2980.9	
集体	5321.7	498.8	291.5	1472.1	1982.7	251.4	
股份合作	47.5	8.1	12.1	0.1	0.1	22.0	
联营企业							
国有联营							
集体联营							
国有与集体联营							
其他联营							
有限责任公司	58190.3	5459.8	23311.0	-9216.3	-8266.9	19397.1	672.7
国有独资公司							
其他有限责任公司	58190.3	5459.8	23311.0	-9216.3	-8266.9	19397.1	672.7
股份有限公司	27503.0	1210.4	929.1	1400.3	1401.0	1501.8	
私营企业	259656.9	22869.6	47037.5	22663.9	24519.1	68997.6	1688.1
私营独资	108932.5	10029.7	10793.4	24450.0	25165.9	15505.7	1216.0
私营合伙	2436.4	164.6	93.6	620.2	620.2	358.4	
私营有限责任公司	143818.6	12370.8	35911.2	-2418.0	-1278.5	52694.5	472.1
私营股份有限公司	4469.4	304.5	239.3	11.7	11.5	439.0	
其他	9409.4	851.0	713.5	2115.4	2158.8	1691.1	0.1
港澳台商投资企业	26562.8	3014.1	6637.6	1897.1	1491.5	16633.8	782.8
与港澳台商合资经营	5732.2	235.2	1660.4	-131.5	-280.9	2798.0	349.0
与港澳台商合作经营	324.3	24.2	172.5	-85.0	-85.0	37.7	
港澳台商独资	20506.3	2754.7	4804.7	2113.6	1857.4	13798.1	433.8
港澳台商独资股份有限公司							
外商投资企业	234760.1	27534.3	47891.7	19370.9	18019.7	66792.1	174.6
中外合资经营	17531.7	2370.4	4974.0	-8.9	189.1	2187.3	
中外合作经营	161.2	16.7	81.4	3.6	3.6	20.3	
外资企业	216141.2	25070.8	42545.8	19358.9	17808.6	64584.5	174.6
外商投资股份有限公司	926.0	76.4	290.5	17.3	18.4		
2.按国民经济行业分组							
正餐服务业	363989.1	32128.3	76677.0	13082.8	16131.6	121549.2	1771.0
快餐服务业	249641.3	29149.2	48589.9	23781.0	22837.7	35359.2	508.5
饮料及冷饮服务业	6515.0	1037.8	1537.9	2232.4	2016.2	8585.6	110.9
其他餐饮服务业	11789.7	498.1	3774.2	1778.4	1627.3	12773.8	927.9

17-11 各地区限额以上批发零售贸易业企业资产、负债及所有者权益

(2015年)

单位：万元

地 区	资产合计	#流动资产	负债合计	所有者权益合计
全 省	**57451267**	**42630234**	**43721921**	**13592817**
沈 阳	19308505	13797225	15286085	4022420
大 连	20595220	16579966	16156945	4438275
鞍 山	4995204	2946066	2542663	2452542
抚 顺	1058903	662248	731851	327053
本 溪	733499	546328	602530	118563
丹 东	759488	531696	446779	312708
锦 州	958129	717841	734470	216630
营 口	1885371	1407172	1527821	296026
阜 新	1153888	870934	957854	196034
辽 阳	1037230	792432	876529	160701
盘 锦	1816741	1459067	1428229	362384
铁 岭	610317	399991	421213	189104
朝 阳	1423312	1090153	1085756	308115
葫芦岛	1115461	829115	923197	192264

17-12 各地区限额以上批发零售贸易业企业主要财务指标

(2015年)

单位：万元

地 区	主营业务收入	主营业务成本	主营业务税金及附加	管理费用	管理费用中的税金
全 省	**131544512**	**123311143**	**779321**	**2493778**	**119902**
沈 阳	65386652	62860124	238078	929772	38583
大 连	30027349	27906413	129099	625339	17862
鞍 山	9430854	7860717	130725	376542	31488
抚 顺	1944133	1761138	26317	52276	2569
本 溪	1118500	970622	19018	41577	1807
丹 东	1242543	1092624	24457	32596	1611
锦 州	3066037	2758999	40089	87843	5808
营 口	3309427	3010910	43007	70916	6190
阜 新	1675273	1531433	19147	48550	1718
辽 阳	4805327	4707124	19053	27223	1931
盘 锦	4426963	4188653	20482	58098	3957
铁 岭	1203372	1052728	24915	37458	1760
朝 阳	1931887	1783993	22966	51422	2979
葫芦岛	1976195	1825667	21969	54166	1640

17-13 各地区限额以上批发零售贸易业企业增加值

(2015年)

单位：万元

地　区	增加值合计	本年提取的固定资产折旧	本年应付职工薪酬	主营业务税金及附加	利润总额	管理费用中税金额
全　省	**4672431**	**488234**	**1923822**	**779321**	**1361152**	**119902**
沈　阳	1048984	173786	650508	238078	-51971	38583
大　连	1233359	129532	593681	129099	363185	17862
鞍　山	1043271	48463	204462	130725	628134	31488
抚　顺	140765	10483	44834	26317	56562	2569
本　溪	82459	5364	25715	19018	30556	1807
丹　东	110639	8204	34246	24457	42121	1611
锦　州	198886	10975	52636	40089	89378	5808
营　口	224322	38427	68917	43007	67780	6190
阜　新	72929	10616	36318	19147	5130	1718
辽　阳	90572	10433	33421	19053	25734	1931
盘　锦	144886	10699	38192	20482	71555	3957
铁　岭	88422	7684	28100	24915	25964	1760
朝　阳	92421	10579	41290	22966	14608	2979
葫芦岛	100517	12989	71503	21969	-7584	1640

17-14 各地区限额以上住宿业和餐饮业增加值

(2015年)

单位：万元

地　区	增加值合计	本年提取的固定资产折旧	本年应付职工薪酬	主营业务税金及附加	利润总额	管理费用中税金额
全　省	**586798**	**150418**	**328311**	**106958**	**-16246**	**17358**
沈　阳	198056	63676	86253	43694	866	3567
大　连	153014	40320	108614	25961	-26831	4950
鞍　山	123030	12140	58949	13416	34927	3598
抚　顺	11364	3514	4876	2111	596	266
本　溪	2579	1020	4328	1434	-4458	255
丹　东	19051	1328	9305	3525	4285	608
锦　州	10761	2639	7596	1720	-1598	403
营　口	44512	13534	21769	7207	-232	2233
阜　新	1086	1088	2599	649	-3427	177
辽　阳	5404	1988	3909	1221	-2185	471
盘　锦	5329	3212	6705	2424	-7255	244
铁　岭	2607	605	4035	967	-3014	14
朝　阳	5464	2392	4765	920	-2943	331
葫芦岛	4541	2961	4607	1710	-4978	241

主要统计指标解释

社会消费品零售额 指各种经济类型的批发零售贸易业、餐饮业、和其他行业对城乡居民和社会集团的消费品零售额的总和。这个指标反映通过各种商品流通渠道向居民和社会集团供应的生活消费品来满足他们生活需要，是研究人民生活、社会消费品购买力、货币流通等问题的重要指标。社会消费品零售额包括：(1)售给城乡居民作为生活用的商品及修建房屋用的建筑材料；(2)售给机关、团体、学校、部队、企业、事业单位的职工食堂和旅店(招待所)附设专门供本店旅客食用，不对外营业的食堂的各种食品、燃料；企业、单位和国营农场直接售给本单位职工和职工食堂的自己生产的产品；(3)售给部队干部、战士生活用的粮食、副食品、衣着品、日用品、燃料；(4)售给来华的外国人、华侨、港澳台同胞的消费品(包括友谊商店、在海关前后设立的免税商店、外轮供应公司等)；(5)居民自费购买的中、西药品、中药材及医疗用品；(6)报社、出版社直接售给居民和社会集团的报纸、图书、杂志，集邮公司(包括邮局集邮专柜)出售的新旧纪念邮票、特种邮票、首日封、集邮册、集邮工具等；(7)旧货寄售商店自购、自销部分的商品零售额；(8)煤气公司、液化石油气站售给居民和社会集团的煤气灶具和罐装液化石油气；

批发零售贸易业商品购、销、存总额 指以各种经济类型的批发、零售贸易业为总体的商品购、销、存。

商品购进总额 指从本企业(单位)以外的单位和个人购进(包括从国外直接进口)作为转卖或加工后转卖的商品。这个指标反映批发零售贸易业从国内、国外市场上购进商品的总量。商品购进总额包括：(1)从工农业生产者购进的商品；(2)从出版社、报社的出版发行部门购进的图书、杂志和报纸；(3)从各种经济类型的批发零售贸易企业(单位)购进的商品；(4)从其他单位购进的商品，如从机关、团体、企业、单位购进的剩余物资，从餐饮业、服务业购进的商品，从海关、市场管理部门购进的缉私和没收的商品，从居民收购的废旧商品等；(5)从国(境)外直接进口的商品。

商品销售总额 指对本企业(单位)以外的单位和个人出售(包括对国(境)外直接出口)的商品。这个指标反映批发零售贸易业在国内市场上销售商品以及出口商品的总量。商品销售总额包括：(1)售给城乡居民和社会集团消费用的商品；(2)售给工业、农业、建筑业、运输邮电业、批发零售贸易业、餐饮业、服务业、公用事业等作为生产、经营使用的商品；(3)售给批发零售贸易业作为转卖或加工后转卖的商品；(4)对国(境)外直接出口的商品。

批发零售贸易业年末库存 指年末各种经济类型的批发零售贸易企业(单位)已取得所有权的商品。它反映各地区、各批发零售贸易企业(单位)的商品库存情况和对市场商品供应的保证程度。期末库存包括：(1)存放在批发零售贸易业经营单位(如门市部、批发站、经营处)仓库、货场、货柜和货架中的商品；(2)挑选、整理、包装中的商品；(3)已记入购进而尚未运到本单位的商品，即发货单或银行承兑凭证已到而货未到部分；(4)寄放他处的商品，如因购货方拒绝承付而暂时存放在购货方的商品和已办完加工成品收回手续而未提回的商品；(5)委托其他单位代销(未作销售或调出)尚未售出的商品；(6)代其他单位购进尚未交付的商品。

城乡集市贸易成交额 指在农村集市和城市集市上买卖双方(包括农民、非农业居民、机关、团体、工商企业、个体商贩)成交的全部商品金额，是反映集市贸易规模的综合性指标。

十八、对外经济贸易

Chapter 18 Foreign Trade and Economy Cooperation

18-1 对外经济贸易基本情况

单位：户、个、亿美元

指 标	2005年	2008年	2009年	2010年	2011年	2012年	2013年	2014年	2015年
进出口总额	**410.1**	**724.4**	**629.2**	**806.7**	**959.6**	**1039.9**	**1142.8**	**1139.6**	**960.8**
出口总额	234.4	420.5	334.4	431.2	510.4	579.5	645.4	587.6	508.4
进口总额	175.7	303.8	294.8	375.5	449.2	460.4	497.4	552.0	452.4
进出口差额	58.7	116.7	39.6	55.7	61.2	119.1	148.0	35.6	56.0
外商直接投资合同项目	**2686.0**	**1319.0**	**1629.0**	**1480.0**	**1050.0**	**745.0**	**565.0**	**478.0**	**475.0**
外商直接投资合同金额	**110.2**	**203.0**	**281.8**	**256.4**	**196.4**	**247.7**	**216.3**	**188.0**	**68.4**
实际外商直接投资额	**35.9**	**120.2**	**154.4**	**207.5**	**242.7**	**267.9**	**290.4**	**274.2**	**51.9**
外商投资企业基本情况									
年底登记户数	16542.0	14564.0	12928.0	18377.0	11787.0	17960.0	17250.0	17091.0	17745.0
投资总额	815.1	1247.6	1317.8	1476.2	1659.7	1855.6	1832.1	1986.4	2066.4
注册资本	495.3	801.3	849.4	975.4	1057.7	1171.3	1135.9	1203.5	1263.5
#外方	361.7	642.1	692.9	801.5	864.9	962.6	927.6	986.1	1029.0
对外经济合作									
合同金额	7.1	26.2	29.1	19.7	20.0	22.9	27.7	28.1	29.9
#对外承包工程	5.5	23.2	25.6	17.2	17.5	19.3	23.7	19.6	27.6
对外劳务合作	1.7	3.0	2.6	2.4	2.4	3.6	3.9	8.5	2.2
完成营业额	6.5	11.1	18.2	15.1	16.1	19.5	23.8	26.4	26.6
#对外承包工程	4.3	8.5	15.8	13.2	14.0	16.3	20.6	23.7	24.4
对外劳务合作	2.3	2.6	2.4	2.2	2.0	3.2	3.1	2.7	2.2

18-2 外贸进出口总额

单位：亿美元

年 份	进出口总额				指数(上年=100)		出口额指数(1953年=100)
		出口额	进口额	差额(+、-)	出口额	进口额	
1978	15.9	15.2	0.7	14.5	130.1	190.6	1614.9
1980	40.5	39.8	0.7	39.1	152.9	104.2	4234.0
1985	53.9	50.4	3.5	46.9	101.0	280.6	5363.8
1986	34.3	30.8	3.5	27.0	61.1	100.3	3276.6
1987	42.2	37.9	4.3	33.6	123.0	132.1	4029.8
1988	44.5	38.7	5.8	32.9	102.3	124.9	4121.3
1989	53.4	44.5	8.9	35.6	114.8	154.2	4729.8
1990	63.2	56.1	7.1	49.0	126.0	78.3	5957.4
1991	67.3	57.7	9.6	48.1	103.0	138.3	6138.3
1992	76.6	61.8	14.8	37.0	106.9	153.2	6569.3
1993	84.6	62.1	22.5	39.6	100.7	151.7	6901.1
1994	97.0	68.7	28.3	40.4	110.5	125.5	7627.8
1995	109.9	82.6	27.3	55.2	120.3	96.7	9175.6
1996	112.5	83.4	29.1	54.3	100.9	106.4	9264.4
1997	129.6	88.9	40.7	48.2	106.6	139.9	9877.8
1998	127.4	80.5	46.9	37.1	87.8	75.4	8942.3
1999	137.3	82.0	55.3	26.7	101.9	117.9	9111.1
2000	190.2	108.5	81.7	26.8	132.3	147.7	12055.5
2001	199.1	111.1	88.0	23.1	102.4	107.7	12344.4
2002	217.4	123.7	93.7	30.0	111.3	106.5	13744.4
2003	265.6	146.3	119.3	27.0	118.3	127.3	16255.5
2004	344.4	189.2	155.2	34.0	129.3	130.1	21022.2
2005	410.1	234.4	175.7	58.7	123.9	113.2	26044.4
2006	483.9	283.2	200.7	82.5	120.8	114.2	31466.7
2007	594.7	353.3	241.5	111.8	124.7	120.3	39239.0
2008	724.4	420.5	303.8	116.7	119.0	125.8	46722.2
2009	629.2	334.4	294.8	39.6	79.5	97.0	37155.6
2010	806.7	431.2	375.5	55.7	128.9	127.4	47911.2
2011	959.6	510.4	449.2	61.2	118.4	119.6	56711.1
2012	1039.9	579.5	460.4	119.1	113.5	102.5	64388.9
2013	1142.8	645.4	497.4	148.0	111.4	107.8	69556.7
2014	1139.6	587.6	552.0	35.6	91.0	111.0	69361.9
2015	960.9	508.4	452.5	55.9	86.5	82.0	59997.3

注：1998年以后为海关统计数。

18-3 按贸易性质分进出口总额

单位：万美元

分　类	2011年	2012年	2013年	2014年	2015年	2015年比上年增长%
进出口总额	**9595724**	**10399104.9**	**11428474.9**	**11395990.2**	**9608604.1**	**-15.7%**
出口总额	**5104050**	**5795017.9**	**6454062.6**	**5875923.7**	**5084034.3**	**-13.5%**
一般贸易	2228121	2956298.2	3651281.6	3229525.4	2684446.9	-16.9%
国家间、国际组织无偿援助和赠送的物资	545	2100.4	4493.9	1176.8	1379.8	17.3%
来料加工装配贸易	579241	478659.3	604354.4	594478.6	497715.8	-16.3%
进料加工贸易	1824227	1828754.5	1674077.6	1556444.0	1306298.5	-16.1%
边境小额贸易	49456	63124.4	73051.4	79353.8	62105.4	-21.7%
对外承包工程货物	26721	29430.8	15666.6	30133.7	35088.9	16.4%
租赁贸易	15	104.6	1035.3	407.9		
出料加工贸易	54		1.3	53.3	1370.9	2472.0%
易货贸易	68		10.4	1.9	2.0	5.3%
海关特殊监管区域	348909	323885.2	345925.5	381329.0	493125.6	29.3%
保税监管场所进出境货物	224035	205978.8	195921.1	244100.5	381335.8	56.2%
海关特殊监管区域物流货物	124874	117906.4	150004.4	137228.5	111789.8	-18.5%
其他贸易	46678	112660.5	84164.6	3019.2	2500.5	-17.2%
进口总额	**4491674**	**4604087**	**4974412.2**	**5520066.6**	**4524569.8**	**-18.0%**
一般贸易	2477696	2603561	2836244.3	3125033.5	2484594.7	-20.5%
华侨、港澳同胞、外籍华人捐赠物资	7	33				
来料加工装配贸易	507725	487389	593380.7	550135.1	468487.5	-14.8%
进料加工贸易	905437	788930	805442.9	970368.0	606802.0	-37.5%
边境小额贸易	31727	37091	31443.3	21110.6	19794.3	-6.2%
来料加工装配进口的设备	1180	600	563.8			
租赁贸易	63	40	13.2	10.1	40.7	303.0%
外商投资企业作为投资进口的设备、物品	53962	45479	34974.1	34090.8	21305.2	-37.5%
出料加工贸易	27			68.9	1699.8	2367.1%
易货贸易	119	15	3.5			
海关特殊监管区域	500357	628434	660481.9	808565.0	911944.2	12.8%
保税监管场所进出境货物	287279	430512	452865.0	610790.1	645421.8	5.7%
海关特殊监管区域物流货物	201901	190083	203100.3	193922.8	259539.8	33.8%
其他贸易	13374	12515	11861.6	10000.0	9274.3	-7.3%

18-3 续表 单位：万美元

分　类	比重(%)				
	2011年	2012年	2013年	2014年	2015年
进出口总额					
出口总额	**100**	**100.0**	**100**	**100**	**100**
一般贸易	43.7	51.0	56.6	55.0	52.8
国家间、国际组织无偿援助和赠送的物资			0.1		
来料加工装配贸易	11.3	8.3	9.4	10.1	9.8
进料加工贸易	35.7	31.6	25.9	26.5	25.7
边境小额贸易	0.9	1.1	1.1	1.4	1.2
对外承包工程货物	0.5	0.5	0.2	0.5	0.7
租赁贸易					
出料加工贸易					
易货贸易					
海关特殊监管区域	6.8	5.6	5.4	6.5	9.7
保税监管场所进出境货物	4.4	3.6	3.0	4.2	7.5
海关特殊监管区域物流货物	2.4	2.0	2.3	2.3	2.2
其他贸易	0.9	1.9	1.3	0.1	
进口总额	**100**	**100**	**100**		
一般贸易	55.2	56.5	57.0	56.6	54.9
华侨、港澳同胞、外籍华人捐赠物资					
来料加工装配贸易	11.3	10.6	11.9	10.0	10.4
进料加工贸易	20.2	17.1	16.2	17.6	13.4
边境小额贸易	0.7	0.8	0.6	0.4	0.4
来料加工装配进口的设备					
租赁贸易					
外商投资企业作为投资进口的设备、物品	1.2	1.0	0.7	0.6	0.5
出料加工贸易					
易货贸易					
海关特殊监管区域	11.1	13.6	13.3	14.6	20.2
保税监管场所进出境货物	6.4	9.4	9.1	11.1	14.3
海关特殊监管区域物流货物	4.5	4.1	4.1	3.5	5.7
其他贸易	0.3	0.3	0.2	0.2	0.2

18-4 各地区进出口总额

单位：万美元

地 区	2007年	2008年	2009年	2010年	2011年	2012年	2013年	2014年	2015年
进口总额									
总 计	**2414687**	**3038290**	**2948357**	**3755151**	**4491674**	**4604087**	**4974412**	**5519624**	**4524151**
沈 阳	275007	300527	304679	377887	579513	678313	733289	865613	729441
大 连	1729200	2168111	2006491	2472262	2881629	2943100	3138534	3505503	2929176
鞍 山	100699	150181	152582	246151	273417	173491	218296	188157	69048
抚 顺	23236	34001	42957	50144	38189	26909	21773	23495	23893
本 溪	54510	126198	150165	189236	218424	168557	176685	139176	82277
丹 东	41600	49888	56234	105408	151813	172230	171002	157317	146701
锦 州	33646	46990	94046	113938	111589	127653	143277	181538	107200
营 口	53482	69951	47262	71567	107763	161021	232164	234141	196722
阜 新	992	628	793	2510	4662	9539	6762	4968	6357
辽 阳	48971	46423	22616	28788	25587	31363	23541	34929	42814
盘 锦	6535	10671	8288	11322	26219	40568	48882	25980	51673
铁 岭	2103	1485	1078	8408	1875	8504	21814	33533	26249
朝 阳	4058	3573	8318	8349	22538	22667	15821	18275	19725
葫芦岛	40648	29663	52848	69181	48456	40172	22573	57885	53795
出口总额									
总 计	**3532507**	**4205447**	**3344142**	**4311970**	**5104050**	**5795032**	**6454063**	**5875924**	**5084034**
沈 阳	331933	412336	352349	407717	482512	596514	699581	710285	675132
大 连	2145260	2530561	2177367	2725909	3169350	3468242	3743743	2945693	2576825
鞍 山	240689	317427	103906	144221	200499	237445	269713	272819	215132
抚 顺	66265	88227	45881	52355	61464	70706	85628	68314	65068
本 溪	123570	242452	64629	158375	193931	240515	269614	310164	253213
丹 东	161847	138491	144908	187443	235980	287511	340612	301553	265738
锦 州	95748	74063	80647	117852	149552	175144	207205	241108	135650
营 口	135281	168578	120037	220593	325860	388176	436890	452392	461471
阜 新	9063	10534	10608	12036	15323	18861	26580	31216	27060
辽 阳	68135	79115	87013	96151	51192	59855	68395	66276	69328
盘 锦	20597	25908	29230	36662	53823	70551	81780	65700	37349
铁 岭	13273	15201	42017	46129	53190	46429	63614	69261	47673
朝 阳	30965	35026	37028	41277	31274	39809	50423	75651	80215
葫芦岛	89881	67528	48522	65250	80100	95273	110287	127733	106206

18-5 海关同主要国家(地区)进出口总额

单位：万美元

国家、地区	进出口总额				进口总额				出口总额			
	2012年	2013年	2014年	2015年	2012年	2013年	2014年	2015年	2012年	2013年	2014年	2015年
中国香港	352473	417016	319077	219743	15244	9874	9509	7698	337229	407142	309568	212045
中国澳门	1635	1636	1676	1666	1144	1	191	194	492	1635	1485	1472
日　本	1558982	1563288	1487737	1265312	546351	551361	529222	420222	1012631	1011927	958514	845091
菲律宾	61640	69141	79898	114881	22299	24431	31688	41900	39340	44710	48209	72981
韩　国	901567	944830	956558	872153	344214	404365	418004	418586	557353	540465	538554	453568
泰　国	143627	218330	179540	120174	55132	119635	86576	41470	88496	98695	92964	78704
马来西亚	145786	232403	270492	162698	55941	42877	32630	34502	89845	189525	237862	128196
新加坡	297949	417894	380372	397823	35708	30076	43435	39821	262241	387819	336937	358002
印度尼西亚	267348	291428	237228	118928	60422	56410	48697	37715	206926	235018	188530	81213
土耳其	32100	35466	38628	28702	9025	12080	11871	10761	23075	23386	26757	17941
孟加拉	8265	17881	23929	18003	178	334	204	173	8087	17547	23725	17829
巴基斯坦	22558	22825	27698	32631	3235	2796	3733	2871	19323	20029	23964	29760
匈牙利	19569	25386	31166	33775	7679	13319	17231	18485	11890	12066	13934	15290
德　国	715864	750283	867786	700179	576246	574033	706706	545328	139618	176249	161080	154851
法　国	88275	91202	105672	79981	49443	40087	67898	50010	38832	51115	37774	29972
意大利	92840	101704	127263	113902	35356	32911	53344	43655	57485	68793	73919	70246
比利时	57097	55445	81197	56108	13984	7923	20964	8988	43113	47522	60233	47119
英　国	116647	159475	137185	108568	22378	27565	41767	31532	94269	131910	95418	77035
丹　麦	33364	31162	31172	25018	18077	16551	17110	15461	15286	14611	14062	9557
瑞　典	31538	38505	28847	23650	17135	19897	18680	12463	14403	18608	10167	11187
瑞　士	18210	13201	18225	15464	12772	8631	14756	11959	5437	4570	3470	3505
奥地利	19549	15113	18480	18069	16277	11106	15160	14460	3272	4008	3320	3609
西班牙	67262	74580	81293	75851	13553	16228	25363	24017	53708	58352	55930	51833
荷　兰	179185	235562	158551	122886	24333	64451	15528	13337	154852	171111	143023	109548
俄罗斯	245462	241897	243095	301818	135627	128338	125209	208632	109835	113558	117886	93186
波　兰	53376	39662	39505	43633	4132	6942	17287	21477	49244	32720	22218	22156
捷　克	13318	14109	17566	23156	6366	6342	13172	19108	6951	7766	4395	4047
罗马尼亚	8655	8246	10049	12937	3346	4143	7299	9635	5308	4103	2750	3302
保加利亚	3142	3910	2607	3309	546	1548	1255	2072	2595	2362	1351	1238
埃　及	17593	21214	21537	18115	30	15	20	94	17563	21199	21516	18021
利比亚	33532	4576	5131	6159	29392	41		5193	4139	4535	5131	966
加拿大	153295	167477	161671	135766	69066	71639	78782	67575	84229	95838	82889	68191
美　国	1023228	1089378	1022220	892816	336354	295019	368638	316840	686874	794359	653582	575976
巴　西	323068	422674	322229	299850	228292	299696	229158	253242	94776	122979	93071	46608
澳大利亚	401624	472108	464675	325661	286956	391392	369198	231659	114668	80716	95477	94003
新西兰	33634	54193	61283	53558	24386	42840	51220	41718	9248	11352	10063	11840

18-6 海关主要商品出口数量

品　名	单位	2005年	2008年	2009年	2010年	2011年	2012年	2013年	2014年	2015年
冻鸡	吨	14923.0	23513.0	17925.0	32393.8	30840.9	19416.0	31172.0	37250.5	42510.5
水海产品	吨	312342.0	423595.0	395516.0	441945.7	572674.5	627047.0	680007.0	734760.1	690619.7
玉米	万吨	83.5	2.0	1.6	2.3	2.3	14.0	1.3	0.8	0.6
鲜苹果	吨	26571.0	57371.0	59390.0	61846.9	60582.1	56032.0	62798.0	53704.5	48151.9
大豆	吨	123968.0	172235.0	176835.0	82412.2	85979.0	171388.0	121952.0	116834.9	81972.7
食用植物油	吨	54876.0	55430.0	46443.0	25521.0	23742.6	34615.0	74529.0	57377.7	34753.4
天然蜂蜜	吨	3053.0	3896.0	4323.0	5831.5	3571.8	4326.0	9304.0	10453.5	11799.0
蘑菇罐头	吨	8250.0	16913.0	9956.0	17171.6	16376.3	15467.0	16239.0	16647.0	10528.7
烤烟	吨	1935.0	3327.0	3784.0	1818.1	2986.8	1678.0	2657.0	3079.6	1811.6
滑石	吨	185522.0	228772.0	144826.0	208655.3	246540.2	260084.0	268570.0	281720.8	291103.7
原油	万吨	52.3	23.7	28.9	7.6	8.9	11.0		24.0	222.2
成品油	万吨	314.9	343.9	534.6	487.1	426.3	315.0	475.6	534.9	599.2
石蜡	吨	344942.0	290621.0	306405.0	284712.2	279939.0	293996.0	299684.0	323606.7	409261.9
合成有机染料	吨	14725.0	11529.0	9304.0	8853.2	6367.9	6408.0	4672.0	5290.0	4370.5
纸及纸板	吨	4937.0	2930.0	4249.0	5916.0	6963.8	15481.0	35670.0	20913.8	13676.4
合成短纤与棉混纺机织物	万米	3790.7	4926.3	3066.2	4131.5	4359.5	3962.0	3605.0	4008.8	3513.9
水泥	万吨	63.2	25.8	4.4	11.8	14.5	14.0	10.0	20.6	30.0
钢材	万吨	300.1	745.2	291.5	567.1	593.0	739.0	818.0	1275.1	1320.1
金属加工机床	台	9914.0	31597.0	22267.0	29339.0	28206.0	28332.0	22827.0	25427.0	12720.0
轴承	万套	4707.7	4546.0	2713.0	4284.9	5092.4	5224.0	4634.0	5241.8	5834.8
电动机及发电机	万个	36095.7	30528.9	21684.8	32271.6	29258.2	26232.0	20515.0	19242.0	17265.6
变压器	万个	2321.0	7794.3	8215.2	11468.0	8802.8	5788.0	4844.0	6098.3	4903.7
电视机	万个	258.3	481.6	450.4	561.9	470.0	421.0	396.0	370.7	256.0
汽车和汽车底盘	个	5212.0	23305.0	13828.0	16523.0	19026.0	24924.0	24653.0	38512.0	23351.0
船舶	个	6247.0	8425.0	8487.0	10194.0	11433.0	18846.0	20163.0	8969.0	85.0
皮革服装	万个	202.3	105.5	85.4	61.6	60.5	85.0	53.0	43.1	44.1
鞋	万双	4029.2	3210.4	2665.7	3503.9	3695.4	6559.0	11265.0	5835.2	2967.0

18-7 海关主要商品进口数量

品　名	单位	2005年	2008年	2009年	2010年	2011年	2012年	2013年	2014年	2015年
大豆	万吨	161.5	75.1	113.0	214.5	195.0	225.0	236.0	231.2	287.9
食用植物油	吨	50531.0	33270.0	1437.0	3487.5	1514.7	2858.0	3929.0	14052.5	14036.8
食糖	吨	8695.0	7175.0	22507.0	28143.1	35910.7	115558.0	603324.0	593851.8	1006821.0
天然橡胶	吨	49816.0	54594.0	33988.0	40253.3	41909.0	34158.0	53731.0	61282.8	66582.1
纸浆	吨	27097.0	12859.0	23902.0	19226.7	35945.4	66929.0	101957.0	105933.5	88020.5
棉花	吨	15381.0	23211.0	15424.0	24078.9	23700.6	29169.0	19624.0	14104.4	3711.7
铁矿砂及其精矿	万吨	1381.9	2169.0	2915.0	2920.7	3105.6	2592.0	2800.0	3136.8	2527.5
煤	万吨	90.2	143.6	610.5	643.7	794.0	952.0	1762.0	1393.4	1424.4
原油	万吨	773.1	1157.9	1728.8	1552.1	1166.6	1348.0	1573.0	1855.2	2524.3
成品油	万吨	10.8	36.8	47.2	87.1	121.6	159.0	154.0	175.1	161.0
纸及纸板	吨	32174.0	36777.0	28784.0	34344.5	36916.5	30932.0	32019.0	27935.0	28971.4
棉机织物	万米	2809.4	1698.1	1075.8	1180.4	1147.7			1189.2	1129.2
合成纤维长丝机织物	万米	7116.8	8331.5	5934.4	6929.5	7895.4	5912.0	6246.0	4938.5	4334.9
钢坯及粗锻件	吨	20357.0	7666.0	227156.0	37134.1	16981.5	6401.0	9327.0	18399.3	1984.7
钢材	吨	590661.0	703322.0	649117.0	756953.4	932075.6	728949.0	667980.0	822510.4	803242.2
金属加工机床	个	3419.0	4232.0	14876.0	16677.0	3825.0	2579.0	1796.0	2541.0	2220.0
电动机及发电机	万个	3997.5	7277.9	5099.1	4778.9	4514.8	4733.0	3460.0	2675.3	2844.4
印刷电路	万个	34216.6	39206.8	34084.8	60204.5	90389.5	65988.0	51329.0	43193.1	32456.3
汽车和汽车底盘	个	22531.0	7134.0	7734.0	10788.0	6847.0	19071.0	12059.0	14905.0	7243.0

18-8 利用外资概况

单位：个、万美元

年份	总计		对外借款		外商直接投资		外商其他投资	
	项目	金额	项目	金额	项目	金额	项目	金额
签订利用外资合同								
1990	550	85298	70	34403	365	46703	115	4192
1991	720	92238	40	33733	575	54006	105	4499
1992	2264	269694	39	68353	2148	197922	77	3419
1993	4147	431588	27	49074	4054	379615	66	2899
1994	2810	499888	63	50495	2677	448846	70	547
1995	2484	466820	54	60702	2406	397449	24	8669
1996	1901	502673	27	24728	1853	445601	21	32344
1997	1734	550991	17	57080	1698	438835	19	55076
1998	1740	506974	26	46747	1708	438957	6	21270
1999	1785	505987	44	51200	1736	444517	5	10270
2000	1908	555807	17	26983	1883	517775	8	11049
2001	1893	592312	14	31611	1876	546649	3	14052
2002	2132	742914	5	11194	2125	718520	2	13200
2003	2328	982243	1	12000	2327	970243		
2004	2491	866200			2491	866200		
2005	2686	1101596			2686	1101596		
2006	2336	1524039			2336	1524039		
2007	1844	2078104			1844	2078104		
2008	1319	2029661			1319	2029661		
2009	1629	2818381			1629	2818381		
2010	1480	2563510			1480	2563510		
2011	1050	1963942			1050	1963942		
2012	745	2476813			745	2476813		
2013	565	2163235			565	2163235		
2014	478	1879752			478	1879752		
2015	475	684414			475	684414		
实际利用外资额								
1990		78725		51749		24831		2145
1991		97157		61429		31360		4368
1992		85931		39512		43916		2503
1993		169055		43402		122731		2922
1994		198135		55230		142388		517
1995		190691		49377		140405		909
1996		237915		44637		167142		26136
1997		305876		29775		221446		54655
1998		314104		71742		220471		21891
1999		303820		85470		206366		11984
2000		301620		35472		255219		10929
2001		358627		33282		311293		14052
2002		425538		20777		391561		13200
2003		571074		12812		558262		
2004		540679				540679		
2005		359042				359042		
2006		598554				598554		
2007		909673				909673		
2008		1201925				1201925		
2009		1544390				1544390		
2010		2075010				2075010		
2011		2426739				2426739		
2012		2679315				2679315		
2013		2903996				2903996		
2014		2742335				2742335		
2015		518516				518516		

18-9 各地区实际利用外商投资额

单位：万美元

地区	2005年	2008年	2009年	2010年	2011年	2012年	2013年	2014年	2015年
总计	**359042**	**1201925**	**1544390**	**2075010**	**2426739**	**2679315**	**2903996**	**2742335**	**518516**
沈阳	212312	528842	531038	505361	550247	580435	581093	452062	106116
大连	100153	441180	600199	1003025	1101208	1235033	1359985	1400453	270302
鞍山	6936	58161	74177	90496	110256	127520	138391	159010	9575
抚顺	4207	12866	31284	44182	20826	12635	52108	35731	2606
本溪	3856	11305	20108	30100	35214	46140	51449	60084	9887
丹东	6432	30606	50003	70454	101688	120100	110012	72670	25077
锦州	6647	31090	36805	50045	53780	100409	114009	125457	8781
营口	7840	32035	50491	86036	110283	121330	133041	140134	5096
阜新	1328	5166	6413	11013	14958	18295	20506	25106	1669
辽阳	3299	20038	81718	33352	39118	45093	52009	60003	36477
盘锦	1464	8390	30178	91335	200108	161004	150334	74895	23246
铁岭	1564	12021	17197	26288	30345	40217	55539	55894	16617
朝阳	584	5020	7332	11039	14269	18103	21020	25032	1387
葫芦岛	2420	5205	7447	22284	44439	53001	64500	55804	1680

注：2015年，我省利用外资调整了统计口径，统计范围为外国投资者在外商投资企业中实际缴付的注册资本额。

18-10 按国别、地区分实际利用外商投资额

单位：万美元

国家、地区	2005年	2008年	2009年	2010年	2011年	2012年	2013年	2014年	2015年
中国香港	139993	532055	674180	1147685	1610711	1465255	1518436	1207781	412732
中国澳门	1436	7835	32817	30242	12464	13720	26713	8315	
中国台湾	5793	31574	79920	90200	69762	43008	60379	28205	1714
印度尼西亚	395		3			50	80		
日本	41003	98480	115592	126158	144210	214451	430131	301666	23971
马来西亚	4675	6821	13910	8064	1422	1663	8045	10761	119
菲律宾	373	924	987	660	8918	2589	2849	1612	1180
新加坡	13158	26259	26408	50185	13050	37755	112578	109643	24557
韩国	51435	162223	156053	135474	139784	146673	201222	91633	7992
泰国	2780	5066	2732	40	2825	4540	587	102	
比利时	495	1000	7		1	1299	815	7371	3520
丹麦	215		8976	2	6	239	165	34	
英国	4861	12907	17235	18597	14813	7016	18839	17751	407
德国	3693	2048	14030	7198	23975	52073	39122	44467	1029
法国	31	438	1317	1463	1906	2320	3377	1000	17
意大利	2426	2397	473	219	1780	6663	13012	1461	113
荷兰	2921	2875	3539	5799	1222	2415	30654	45875	319
西班牙	84	492	1242	5324	443	6038	11231	6604	560
芬兰		280		42	28	17	408	83	
瑞士	503	2856	1194	234	35898	11496	19824	19076	616
加拿大	4499	6390	23996	19657	10580	13413	17122	23386	113
美国	28262	67548	82296	67450	55484	120614	78931	137945	3483
澳大利亚	3949	7863	11457	7177	2225	15287	11221	25468	37
新西兰	1005	1466	1152	9057	2070	8590	366	303	75

18-11 项目、合同外资额

单位：个、万美元

国家、地区	2008年		2009年		2010年		2011年	
	项目	合同外资额	项目	合同外资额	项目	合同外资额	项目	合同外资额
中国香港	337	747395	509	1224091	521	1444286	392	1254359
中国澳门	8	19819	20	65623	22	38708	23	13745
中国台湾	90	169541	137	264515	145	260442	48	67519
印度尼西亚		-130						-77
日　本	233	198502	231	204429	221	112441	196	85834
马来西亚	6	6534	6	11277	8	10005	3	-1814
菲律宾	1	-969	2	1235	1	315	3	10115
新加坡	34	62084	23	43892	25	34943	27	25182
韩　国	343	272915	352	418856	256	172781	126	82325
泰　国	1	5179	1	2600		-876	1	-152
比利时		990	2	-136	1	117	2	-197
丹　麦	1	8237	1	-189		-5		-358
英　国	18	29353	16	6448	5	18198	14	6946
德　国	17	8173	14	30050	18	7611	15	11022
法　国	5	-38	6	8653	4	1168	8	4181
意大利	5	3045	3	-3156	2	632	7	4031
荷　兰	11	7437	2	-1014	1	1596	4	2087
西班牙	3	2663	3	3025	5	4421	2	5069
芬　兰		338	1	314				
瑞　士	1	58	3	206	2	2686	4	41510
加拿大	24	24300	38	64563	28	37098	20	11552
美　国	89	133151	113	153389	62	44853	37	13561
澳大利亚	14	3915	6	9391	18	8931	11	17009
新西兰	3	4130	5	724	4	9924	2	18471

18-11 续表

单位：个、万美元

国家、地区	2012年		2013年		2014年		2015年	
	项目	合同外资额	项目	合同外资额	项目	合同外资额	项目	合同外资额
中国香港	244	1267282	210	1173266	128	929530	134	519163
中国澳门	12	4645	2	10845	4	13151	3	265
中国台湾	21	63380	18	32130	15	23703	19	5777
印度尼西亚				57				
日　本	176	232852	91	261811	70	215911	62	40701
马来西亚	13	-494	3	4180	4	806		-112
菲律宾	1	12726		1320		-6	1	1602
新加坡	16	99631	23	106784	23	78767	21	34444
韩　国	99	77653	86	142270	96	30870	118	6648
泰　国	1	5560		-2215	1	680		
比利时	1	1589		3229			1	3594
丹　麦	2	196	1	66			1	90
英　国	1	8287	5	6546	4	-295	4	5451
德　国	12	35913	12	24781	19	38226	12	1363
法　国	3	4522	4	1074	3	1389	5	306
意大利	4	4958	3	5966	1	631	2	133
荷　兰	5	7348	4	-1401	1	3106	2	817
西班牙	5	4524	3	7646	4	1623	1	1805
芬　兰			1	218		83		
瑞　士	1	3288	5	20153	3	23591		300
加拿大	9	16162	11	19383	10	-1287	13	3821
美　国	28	99654	23	39902	23	75558	17	-14736
澳大利亚	5	7175	8	14777	5	27145	4	628
新西兰	2	415		-4		-10385		

18-12 按行业分实际利用外商投资项目及合同额情况

行　　业	2005年	2008年	2009年	2010年	2011年	2012年	2013年	2014年	2015年
一、合同项目(个)									
总　　计	**2686**	**1319**	**1629**	**1480**	**1050**	**745**	**565**	**478**	**475**
农、林、牧、渔业	69	37	38	26	32	13	12	17	11
采矿业	25	7	6	4	6	9	7	2	2
制造业	1717	682	538	463	372	257	124	91	82
电力、燃气及水的生产和供应业	15	19	24	26	29	18	9	7	7
建筑业	42	14	30	28	29	28	3	7	4
交通运输、仓储及邮政业	12	18	15	17	18	11	18	11	11
信息传输、计算机服务和软件业	129	79	139	86	57	34	23	26	18
批发和零售业	151	127	137	185	177	158	165	127	150
住宿和餐饮业	125	49	24	40	28	26	15	27	27
金融业	4	3	2	3	3		5	13	26
房地产业	178	43	120	182	75	64	58	38	18
租赁和商务服务业	139	164	190	148	112	81	81	73	84
科学研究、技术服务和地质勘查业	31	48	291	211	84	33	25	23	24
水利、环境和公共设施管理业	3	7	12	14	11	5	7	2	3
居民服务和其他服务业	28	12	44	36	11	6	7	7	5
教育	2			1				1	
卫生、社会保障和社会福利业	1		2				2		2
文化、体育和娱乐业	15	10	17	10	6	2	4	6	1
公共管理和社会组织									
国际组织									
二、合同外资额(万美元)									
总　　计	**1101596**	**2029661**	**2818381**	**2563510**	**1963942**	**2476813**	**2163235**	**1879752**	**684414**
农、林、牧、渔业	21048	28955	50217	24257	58736	54900	34462	32402	29410
采矿业	6938	13548	17037	5373	1897	13639	16001	16275	32926
制造业	716719	1193627	1006115	690925	590282	1206273	1089177	841844	217191
电力、燃气及水的生产和供应业	10534	48938	34665	34899	96486	67258	92742	58748	3790
建筑业	6333	5142	41671	68918	82021	140841	15097	-7775	231
交通运输、仓储及邮政业	11875	40903	30601	51753	18496	77602	160889	153403	19725
信息转输、计算机服务和软件业	41606	117275	198482	109805	24811	83029	56605	54026	12375
批发和零售业	32004	49065	14828	50439	79976	82493	142071	88233	76209
住宿和餐饮业	15442	20524	8370	1694	13349	34719	19554	27931	3153
金融业	3767	12779	-6778	9500	16368	4366	17546	91870	37033
房地产业	180554	351803	409007	701894	586127	400008	365711	229748	115134
租赁和商务服务业	29677	57172	145132	116944	115743	120101	66195	171997	87383
科学研究、技术服务和地质勘查业	11235	72689	593208	441232	114210	116458	63882	65050	16058
水利、环境和公共设施管理业	2006	8452	27588	61070	24796	11695	3010	19606	21795
居民服务和其他服务业	4658	2384	224129	172766	113634	42448	-7152	1763	11339
教育	12	37		4				258	
卫生、社会保障和社会福利业	2084	30	4000		79		3983	40	521
文化、体育和娱乐业	5104	6338	20109	22037	26931	20983	23462	34333	141
公共管理和社会组织									
国际组织									

18-13 按行业分实际利用外商投资额情况

单位：万美元

行 业	2005年	2008年	2009年	2010年	2011年	2012年	2013年	2014年	2015年
总 计	**359042**	**1201925**	**1544390**	**2075010**	**2426739**	**2679315**	**2903996**	**2742335**	**518516**
农、林、牧、渔业	2353	15759	14150	18622	33769	42030	40877	39794	7316
采 矿 业	1660	7830	11015	4137	235	8363	24290	18345	13801
制 造 业	176122	525614	695686	761130	1132689	1245637	1468341	1301938	120913
电力、燃气及水的生产和供应业	3915	31389	28020	38321	55448	281335	159734	92254	7733
建 筑 业	5575	2636	5826	33075	41593	73382	63142	6316	2126
交通运输、仓储及邮政业	9059	31017	22499	31424	8658	67133	143036	211107	30018
信息传输、计算机服务和软件业	8315	35468	70799	48026	27845	88680	99319	133314	4415
批发和零售业	4647	19339	28767	35741	103071	75823	120873	97672	9056
住宿和餐饮业	3789	10426	2701	8011	9683	51047	18027	45268	465
金 融 业	559	6149	869	40344	26916	25070	25205	91912	16810
房地产业	98312	448306	353215	702800	697546	458258	577257	499154	270029
租赁和商务服务业	5928	45072	50407	46954	67868	50286	66124	103788	16666
科学研究、技术服务和地质勘查业	1639	13051	132051	115323	54851	106336	40211	55681	5619
水利、环境和公共设施管理业	1132	2995	4504	39741	43274	5509	6661	4345	10169
居民服务和其他服务业	3965	1377	113335	131414	100536	74633	29510	25988	2582
教育	98			1	1	2		65	
卫生、社会保障和社会福利业	17		23	1010	7	35	113	26	31
文化、体育和娱乐业	1835	5497	10523	18936	22119	22756	21276	15368	767
其 他					630				

18-14 年末登记外商投资企业行业分布情况

行业	企业数(户)					投资总额(百万美元)				
	2011年	2012年	2013年	2014年	2015年	2011年	2012年	2013年	2014年	2015年
总　计	**11787**	**17960**	**17250**	**17091**	**17745**	**165969**	**185564**	**183207**	**198640**	**206639**
农、林、牧、渔业	255	252	217	215	222	1589	1822	1839	2155	2477
采 矿 业	41	48	43	41	40	521	910	694	716	1288
制 造 业	6715	6835	6157	5811	5552	74760	78797	78645	85181	86609
电力、燃气及水的生产和供应业	133	170	174	177	179	6880	7568	10506	11217	11849
建 筑 业	302	416	387	368	362	6188	7301	5635	5147	4944
交通运输、仓储及邮政业	151	380	417	426	432	4683	5119	6206	7068	7752
信息转输、计算机服务和软件业	516	2387	2337	2258	2233	3006	3062	2646	2660	3113
批发和零售业	1059	2548	2690	2820	3121	4048	4401	6244	7805	9745
住宿和餐饮业	385	995	1063	1122	1236	1973	1851	1695	1526	1512
金 融 业	24	231	279	337	411	1140	1091	1093	1998	3079
房地产业	910	1006	994	1002	985	42824	54029	48741	52921	52877
租赁和商务服务业	633	1838	1678	1724	2128	8783	9428	9342	10735	11724
科学研究、技术服务和地质勘查业	385	486	466	456	495	4768	5483	5300	4774	4843
水利、环境和公共设施管理业	66	72	56	50	48	2511	2531	2742	2728	2695
居民服务和其他服务业	116	181	189	181	187	589	271	366	454	519
教育	3	4	4	4	4	1	1	1	1	1
卫生、社会保障和社会福利业	5	4	5	3	5	69	53	55	5	29
文化、体育和娱乐业	88	107	94	96	104	1636	1845	1418	1549	1577

18-14 续表

行业	注册资本(百万美元)									
	2011年	2012年	2013年	2014年	2015年	#外方				
						2011年	2012年	2013年	2014年	2015年
总　计	**105770**	**117131**	**113599**	**120350**	**126352**	**86489**	**96255**	**92762**	**98611**	**102900**
农、林、牧、渔业	930	1205	1008	1297	1471	744	1009	1008	1055	1189
采 矿 业	348	520	374	380	815	248	407	271	274	698
制 造 业	41692	42954	42188	43750	44742	32575	33333	32423	33840	34216
电力、燃气及水的生产和供应业	3097	3161	3896	4109	4358	2210	2258	2996	3114	3263
建 筑 业	3989	5322	4189	3727	3617	3540	4797	3835	3421	3306
交通运输、仓储及邮政业	2490	2782	3178	3740	4144	1449	1518	1706	2193	2584
信息转输、计算机服务和软件业	2009	2030	1739	1645	2003	1646	1658	1409	1292	1649
批发和零售业	2129	2392	3056	4040	5054	1880	2121	2704	3545	4228
住宿和餐饮业	983	889	984	876	866	723	660	777	705	693
金 融 业	916	876	886	1501	2390	739	687	728	1158	1721
房地产业	33058	40375	37492	40683	41045	27527	34084	31458	34454	34959
租赁和商务服务业	7466	7987	8087	8886	9966	7286	7769	7714	8439	9184
科学研究、技术服务和地质勘查业	3522	3795	3764	2973	2979	3195	3386	3386	2616	2606
水利、环境和公共设施管理业	1616	1579	1583	1565	1665	1509	1462	1444	1441	1494
居民服务和其他服务业	399	176	233	275	312	235	150	191	234	259
教育	1	0			0	1				0
卫生、社会保障和社会福利业	29	23	25	5	15	25	23	24	4	9
文化、体育和娱乐业	1096	1065	771	898	908	957	931	686	826	841

主要统计指标解释

利用外资 指我国各级政府、部门、企业和其他经济组织通过对外借款、吸收外商直接投资以及用其他方式筹措的境外现汇、设备、技术等。

外商直接投资 是指外国企业和经济组织或个人(包括华侨、港澳台胞以及我国在境外注册的企业)按我国有关政策、法规，用现汇、实物、技术等在我国境内开办外商独资企业、与我国境内的企业或经济组织共同举办中外合资经营企业、合作经营企业或合作开发资源的投资(包括外商投资收益的再投资)以及经政府有关部门批准的项目投资总额内，企业从境外借入的资金。

对外承包工程 包括各对外承包公司以招标议标承包方式承揽的下列业务(1)承包国外工程建设项目；(2)承包我国对外经援项目；(3)承包我国驻外机构的工程建设项目；(4)承包我国境内利用外资进行建设的工程项目；(5)与外国承包公司合营或联合承包工程项目时我国公司分包部分；(6)以服务成果向业主收费的技术服务项目(包括承担地形地貌测绘；地质资源勘探与普查；建设区域规划；提供设计文件、图纸、生产工艺技术资料和工程技术经济咨询；工程项目的可行性考察、研究和评估；进行技术指导和培训人员等)；(7)对外承包兼营的房屋开发业务。对外承包工程的营业额是以货币表现的本期内完成的对外承包工程的工作量，包括以前年度签订的合同和本年度新签订的合同在报告期完成的工作量。

对外劳务合作 指以收取工资的形式向业主或承包商提供技术和劳动服务的活动。我国对外承包公司在境外开办的合营企业，中国公司同时又提供劳务的，其劳务部分也纳入劳务合作统计。劳务合作营业额按报告期内向雇主提交的结算数(包括工资、加班费和奖金等)统计。

十九、旅游

Chapter 19 Tourism

19-1 旅游事业发展情况

指　标	单位	2005年	2008年	2009年	2010年	2011年	2012年	2013年	2014年	2015年
入境旅游人数	人次	**1301955**	**2418707**	**2931954**	**3617999**	**4103329**	**4731340**	**5031286**	**2607019**	**2640052**
外　国　人	人次	1111091	2072737	2507403	3070097	3444122	3885864	4017005	2006223	2046388
港澳台同胞	人次	190864	345970	424551	547902	659207	845476	1014281	600796	593664
平均逗留天数	天	3.2	3.0	3.1	3.1	3.2	3.2	2.9	2.9	2.6
国内居民出境人数	人次	**212996**	**969000**	**1623038**	**1469022**	**1324000**	**1416000**	**2035000**	**2503050**	**2870000**
国内旅游人数	万人次	**9860**	**19836**	**24195**	**28278**	**32564**	**36282**	**40427**	**45925**	**39711**
旅游收入										
国际旅游收入	万美元	73777	152618	185621	225932.9	271314	318345	347713.6	161800	168272
国内旅游收入	亿元	674.7	1635.5	2098.8	2533.4	3159.3	3742.0	4432.6	5190.2	3620.1
星级饭店总数	个	**499**	**540**	**515**	**543**	**551**	**512**	**512**	**533**	**536**
旅行社数	个	**1003**	**1116**	**1110**	**1170**	**1162**	**1165**	**1243**	**1296**	**1360**

注：2014年入境旅游人数指标改为入境过夜旅游人数。

19-2 按国别分外国入境旅游人数

单位：人次

国　别	2005年	2008年	2009年	2010年	2011年	2012年	2013年	2014年	2015年
总　计	**1111091**	**2072737**	**2507403**	**3070097**	**3444122**	**4731340**	**5031286**	**2607019**	**2640052**
日　本	429841	708085	869432	1018917	1072999	1035389	742632	362419	531530
非律宾	5932	14701	21446	21327	25659	28556	20541	20109	12430
新加坡	17977	36907	40618	51797	75938	95820	106024	69701	37418
泰　国	5002	10285	9483	10725	16563	15390	13966	12546	12193
印度尼西亚	4632	11346	13219	14486	16275	18005	18069	14926	16859
美　国	31497	63346	77118	118961	119775	117337	122329	55857	64289
加拿大	8671	18297	21283	27374	29143	33629	34437	30889	29050
英　国	9659	34614	41504	55666	59156	47153	49747	35742	31956
法　国	6542	17671	16678	22617	25970	32384	34115	20986	19810
德　国	17234	34106	34398	37634	41400	49736	57598	49022	49045
意大利	4149	10162	10475	10811	13879	20378	20158	10655	11521
俄罗斯	63459	132801	159078	216104	224800	276869	323372	170418	202173
澳大利亚	7325	14980	18303	21471	26869	35315	35408	28668	27969
新西兰	1846	4691	6262	6771	9213	14669	16223	16181	17337

注：2014年入境旅游人数指标改为入境过夜旅游人数。

19-3 按地区分接待入境旅游人数

单位：人次

地区	2005年	2008年	2009年	2010年	2011年	2012年	2013年	2014年	2015年
接待旅游人数	**1301955**	**2418707**	**2931954**	**3617999**	**4103329**	**4731340**	**5031286**	**2607019**	**2640052**
沈阳	326513	476357	495325	550313	634895	750011	813067	619724	645734
大连	600030	950045	1050043	1166020	1170035	1284176	1190035	965615	984647
鞍山	68409	155055	202293	264607	291745	383265	438511	191082	202246
抚顺	19669	77201	87069	111529	138539	169685	200307	147030	149152
本溪	52201	217816	367384	562000	594217	578611	619822	123973	72941
丹东	103494	190762	267860	326796	400540	491701	530891	116195	120853
锦州	54952	114820	150381	200134	253092	308580	344131	113675	121006
营口	17011	49670	59787	85708	155538	198032	241280	69461	75000
阜新	2313	10953	19190	23000	25531	27225	28633	20353	21138
辽阳	9803	18080	21058	27864	33470	38506	44332	38763	39156
盘锦	14464	82110	115000	180936	243895	314184	365184	105758	110018
铁岭	7051	33054	39827	48061	57203	66057	70210	34495	35100
朝阳	1544	7563	11010	13847	16626	19073	21268	18555	20005
葫芦岛	24501	35221	45727	57184	88003	102234	123615	42340	43056

注：2014年入境旅游人数指标改为入境过夜旅游人数。

19-4 按地区分旅游外汇收入

单位：万美元

地区	2005年	2008年	2009年	2010年	2011年	2012年	2013年	2014年	2015年
旅游外汇收入	**73777**	**152618**	**185621**	**225933**	**271314**	**318345**	**347714**	**161800**	**168272**
沈阳	17272	33009	36999	40024	49980	63195	66451	32837	33081
大连	40000	65835	72748	80386	80519	87349	81341	46012	51625
鞍山	4945	12052	15607	22435	21614	27400	50086	14924	15035
抚顺	504	3439	3965	5882	10828	12982	15123	12128	12218
本溪	1702	10985	19715	27095	43209	48878	48636	11485	11570
丹东	3680	9040	12535	16151	21310	26642	24473	8192	8252
锦州	1841	6512	8317	11820	14754	18506	21213	10972	11054
营口	718	2159	2641	3728	6186	7187	10657	6221	6267
阜新	90	488	835	1005	1133	1153	1243	874	881
辽阳	468	1007	1212	1699	2080	1896	2869	2436	2454
盘锦	747	3828	5486	8916	11095	13327	13201	9454	9525
铁岭	330	1776	2275	2698	3321	4014	4689	2718	2738
朝阳	77	464	664	853	1026	1181	1403	1244	1253
葫芦岛	676	2024	2622	3241	4259	4634	6329	2302	2319

19-5 按地区分国内旅游人数及收入

(2015年) 单位：万人次、百万元

地 区	国内旅游接待人数	过夜旅游者	一日游游客	国内旅游收 入	过夜旅游者	一日游游客
全 省	**39710.7**	**15090.1**	**24620.6**	**362005**	**173763**	**188243**
沈 阳	5654.5	2148.7	3505.8	49732	23871	25861
大 连	6828.1	2594.7	4233.4	97721	46906	50815
鞍 山	3514.4	1335.5	2178.9	28993	13917	15076
抚 顺	2682.2	1019.2	1663.0	21605	10370	11234
本 溪	3081.3	1170.9	1910.4	22834	10960	11874
丹 东	3527.8	1340.6	2187.3	30767	14768	15999
锦 州	2070.0	786.6	1283.4	14636	7025	7611
营 口	2104.9	799.9	1305.1	18128	8701	9426
阜 新	996.0	378.5	617.5	6866	3296	3570
辽 阳	1945.6	739.3	1206.2	15680	7527	8154
盘 锦	1993.1	757.4	1235.7	16219	7785	8434
铁 岭	1591.3	604.7	986.6	11563	5550	6013
朝 阳	1897.6	721.1	1176.5	12904	6194	6710
葫芦岛	1824.0	693.1	1130.9	14359	6892	7466

主要统计指标解释

旅游者人数 (1)入境国际旅游者人数：指来中国参观、访问、旅行、探亲、访友、休养、考察、参加会议和从事经济、科技、文化、教育、宗教等活动的外国人、港澳同胞和台湾同胞的人数。包括入境旅游者和入境一日游游客。不包括外国在我国的常驻机构，如使领馆、通讯社、企业办事处的工作人员；来我国常住的外国专家、留学生以及在岸逗留不过夜人员。

(2)出境居民人数：指大陆居民因公务活动或私人事务短期出境的人数。公务活动出境居民人数包括在国际交通工具上的中国服务员工，因私出境居民人数不包括在国际交通工具上的中国服务员工。

(3)国内旅游者人数：指我国大陆居民和在我国常住 1 年以上的外国人、港澳台同胞离开常住地在境内其他地方的旅游设施内至少停留一夜，最长不超过 12 个月的人数；和国内居民离开惯常住地 10 公里以上，出游时间超过 6 小时不足 24 小时，并未在境内其他地方的旅游住宿设施过夜的国内一日游游客。

国际旅游(外汇)收入 指入境旅游的外国人、港澳同胞和台湾同胞在中国大陆旅游过程中发生的一切旅游支出，对于国家来说就是国际旅游(外汇)收入。

国际旅行社 指经营对外招徕并接待外国人、港澳同胞和台湾同胞来中国、回内地旅游业务的旅行社。

国内旅行社 指负责经营招徕、组团、接待国内游客的旅游业务，以及不对外招徕，负责经营接待国际旅行社或其它涉外部门组织的外国人、港澳同胞和台湾同胞来中国、回内地的旅游业务的旅行社。

星级饭店 指设备、设施、服务符合《旅游饭店星级的划分与评定》(中华人民共和国国家标准)，通过相关旅游管理部门评定，并取得星级饭店称号的饭店(含预备星级饭店)。

二十、金融业

Chapter 20 Financial Intermediation

20-1 金融机构存款、贷款余额

单位：亿元

指　　标	2005年	2008年	2009年	2010年	2011年	2012年	2013年	2014年	2015年
年末存款余额	**11967.0**	**18223.2**	**22758.6**	**27372.5**	**30832.4**	**35303.5**	**39418.0**	**42053.1**	**47758.2**
其中：财政存款	116.6	306.7	515.6	593.2	655.6	776.6	880.6	864.1	790.9
储蓄存款	6950.2	10127.3	12030.9	13690.3	15529.6	17967.4	19857.9	21396.8	23995.8
委托存款	34.6	129.0	189.0	313.9	137.6	143.2	217.6	242.8	
年末贷款余额	**7958.1**	**11794.6**	**15549.6**	**18689.8**	**22831.7**	**26306.5**	**29722.0**	**33023.5**	**36282.8**

注：1. 2005-2010年为金融机构(含外资)人民币存款、贷款余额；2011-2014年为金融机构(含外资)本外币存款、贷款余额。下同。
2. 2015年起人民银行《金融机构(含外资)本外币信贷收支合并表》表式调整，相应指标及数据进行调整。2015年财政存款项下数据变更为财政性存款，储蓄存款项下数据变更为住户存款，与往年均不可比。

20-2 金融机构贷款余额

单位：亿元

指　　标	2015年
年末贷款余额	**36282.8**
一、境内贷款	**36003.1**
其中：(一)住户贷款	7295.6
1.短期贷款	1970.0
其中：消费贷款	439.7
经营贷款	1530.3
2.中长期贷款	5325.6
其中：消费贷款	4329.4
经营贷款	996.2
(二)非金融企业及机关团体贷款	28702.4
1.短期贷款	11694.2
2.中长期贷款	14993.7
3.票据融资	1889.2
4.融资租赁	1.2
5.各项垫款	124.1
(三)非银行业金融机构贷款	5.1
二、境外贷款	**279.7**

20-3 各地区金融机构存款余额

单位：万元

地区	2011年		2012年		2013年		2014年		2015年	
	金融机构存款余额	#储蓄存款余额	金融机构存款余额	#储蓄存款余额	金融机构存款余额	#储蓄存款余额	金融机构存款余额	#储蓄存款余额	金融机构存款余额	#住户存款余额
全省	**308324441**	**155295877**	**353034740**	**179673816**	**394180177**	**198579193**	**420531036**	**213968065**	**477581849**	**239957955**
沈阳	90406779	37782809	104415503	43707886	115765816	48215573	124580194	52082604	140353957	58548968
大连	93950797	37387777	107677779	42372326	119536466	45692427	121530312	47585009	138644566	52370476
鞍山	20639697	12457395	22694349	14451960	25300889	15911886	28608615	17525473	31093884	19688422
抚顺	10419733	6966516	11617016	8197299	12838892	9012553	13670394	9764244	15062810	10777801
本溪	8596851	5294505	9444047	5973127	10293344	6604490	11163021	6889473	11942682	7618742
丹东	10617870	7706864	12448375	8996650	13629915	9929407	14883139	10839883	16720523	12397483
锦州	11375584	7811064	12955839	9080531	15172334	10221011	17255308	10941435	20840344	13279502
营口	11120831	6839406	12942493	8095744	15106731	9267086	17490741	10227215	23365517	11760999
阜新	6070627	3794163	6861254	4443717	8042587	5044477	8374790	5544579	9124333	6207674
辽阳	9756015	5890931	11550523	6822162	13221259	7544870	14081856	8154462	16637485	8860529
盘锦	9526352	5842839	11079089	6802846	12376247	7736680	13067206	8531712	14665557	9534401
铁岭	7355191	5263886	8364831	6237771	9228533	7039437	10309396	7949393	11223580	8813790
朝阳	8832094	6147210	10241619	7349783	11608798	8407145	12480463	9196587	13775191	10350939
葫芦岛	9361708	6101069	10741971	7142014	12057875	7952151	13034910	8735997	14131220	9748029

20-4 各地区金融机构贷款余额

(2015年)

单位：万元

地区	金融机构贷款余额	境内贷款	住户贷款	非金融企业及机关团体贷款	非银行业金融机构贷款	境外贷款
全省	**362827736**	**360031140**	**72955678**	**287024332**	**51130**	**2796596**
沈阳	115810175	114601658	21451000	93150557	100	1208517
大连	116802503	115661354	22423412	93187942	50000	1141150
鞍山	20764258	20341147	3277334	17063813		423111
抚顺	7387010	7386949	2251949	5135000		62
本溪	9961225	9961225	1369167	8592058		
丹东	10376685	10375899	2412245	7963654		787
锦州	12921341	12921341	2821940	10099051	350	
营口	16512912	16503818	3442040	13061279	500	9094
阜新	7761617	7761617	1606502	6155115		
辽阳	10333848	10333761	1438981	8894781		87
盘锦	8365506	8365506	1642877	6722449	180	
铁岭	8094602	8094602	2520162	5574441		
朝阳	9179590	9179590	3081718	6097871		
葫芦岛	8556464	8542674	3216352	5326323		13790

主要统计指标解释

信贷资金 国家银行用于发放贷款的资金叫信贷资金。中国人民银行信贷资金的来源有各项存款、对国际金融机构负债、流通中货币、银行自有资金及当年结益等。信贷资金的运用有各项贷款、黄金占款、外汇占款、财政借款及在国际金融机构中的资产等。

存款 企业、机关、团体或居民根据可以收回的原则，把货币资金存入银行或其他信用机构保管并取得一定利息的一种信用活动形式。根据存款对象的不同可划分为企业存款、财政存款、机关团体存款、基本建设存款、城镇储蓄存款、农村存款等科目。它是银行信贷资金的主要来源。

贷款 银行或其他信用机构根据必须归还的原则，按一定利率，为企业、个人等提供资金的一种信用活动形式。我国银行贷款，分流动资金贷款、固定资产贷款、城乡个体工商户贷款以及农户贷款等科目。

二十一、服务业

Chapter 21 Service

21-1 分地区重点服务业企业主要财务指标

(2015年) 单位：万元

地区	企业单位数(个)	固定资产原价	本年折旧	资产总计	负债合计	所有者权益合计	营业收入	营业成本
全省	**7158**	**51316027**	**3382276**	**125740898**	**73559963**	**52180935**	**30246212**	**22383770**
沈阳	2039	10736566	839302	26556393	14947941	11608453	6604221	4534767
大连	2004	18368613	872818	46259942	25337479	20922463	12862737	9779206
鞍山	690	2229991	161297	5894021	3319835	2574186	2001442	1370474
抚顺	269	1872891	126889	2383986	923134	1460852	672090	487719
本溪	142	2058512	56293	7126418	5120659	2005760	846092	739083
丹东	211	2610293	329567	6543395	4741292	1802103	1031433	568221
锦州	451	2995110	139849	3580604	1764046	1816558	1137852	885015
营口	365	5392800	460745	15979653	10336868	5642785	2714297	2248181
阜新	143	635719	22028	735570	319313	416256	249759	197704
辽阳	225	1059020	29808	3320681	2265592	1055088	400878	260097
盘锦	214	775086	31945	3640400	2322443	1317958	621549	497571
铁岭	83	897411	104219	1113300	531021	582279	316647	247996
朝阳	183	724134	144569	1010366	590962	419403	380119	261361
葫芦岛	139	959881	62947	1596170	1039377	556792	407098	306376

21-1 续表 单位：万元

地区	营业税金及附加	销售费用、管理费用、财务费用合计	营业利润	利润总额	应付职工薪酬	应交增值税	从业人员平均人数(人)
全省	**333936**	**6636558**	**1352173**	**2291686**	**5441049**	**488630**	**766766**
沈阳	99903	1825427	259354	443611	1259884	148556	178355
大连	124384	2430022	698968	1021606	2430952	140504	277037
鞍山	30662	365645	247728	317286	262947	48765	50708
抚顺	8414	192874	-15153	37078	183638	17567	32092
本溪	6669	316301	-130028	-111668	140187	24854	22669
丹东	10096	312758	149873	191685	117419	4970	25088
锦州	11729	212239	25213	50480	165418	7503	35143
营口	13221	412455	86954	168277	417670	28441	62576
阜新	2400	67360	-12961	5177	65915	4986	11134
辽阳	9624	110259	21007	37200	76083	8999	16971
盘锦	7159	117294	11416	29983	110656	8844	16847
铁岭	2340	80611	-10073	22285	56161	15353	8898
朝阳	3843	95885	19968	48573	68611	12571	13820
葫芦岛	3492	97429	-94	30113	85511	16718	15428

21-2 按企业性质分重点服务业企业主要财务指标

(2015年) 单位：万元

项目	企业单位数(个)	固定资产原价	本年折旧	资产总计	负债合计	所有者权益合计	营业收入	营业成本
总计	**7158**	**51316027**	**3382276**	**125740898**	**73559963**	**52180935**	**30246212**	**22383770**
内资企业	6787	38279471	2416082	109962895	63732828	46230067	24814665	18990253
国有企业	675	5355646	431661	14234183	10163360	4070823	3700052	2925084
集体企业	188	255226	18132	937914	515018	422897	329488	206196
股份合作企业	47	71817	3962	178034	152175	25859	37205	21857
联营企业	12	23297	523	33460	31197	2263	37617	30729
有限责任公司	2311	20657887	1008592	70807661	40588514	30219147	11861718	9367693
国有独资公司	170	7867463	270496	26417831	14903318	11514512	2941138	2472427
其他有限责任公司	2141	12790424	738096	44389830	25685195	18704635	8920580	6895266
股份有限公司	291	8103001	555732	12606509	5176836	7429674	3646737	2736584
私营企业	2989	3453174	337079	10452519	6699640	3752879	4782510	3406323
私营独资企业	237	209215	18143	372349	215316	157033	211060	126584
私营合伙企业	84	20984	2611	56076	28865	27210	58820	21027
私营有限责任公司	2489	3025701	284686	8939412	5792363	3147049	4255659	3098254
私营股份有限公司	179	197274	31639	1084683	663096	421587	256970	160458
其他企业	274	359422	60402	712615	406088	306527	419338	295788
港、澳、台商投资企业	113	5968289	321665	5009016	3529505	1479512	1675572	1126895
其中：与港澳台商合资经营企业	45	1201950	75979	1983721	1119331	864391	490941	297075
港澳台商独资经营企业	58	3025912	135404	2094806	339825	1754982	837172	520959
外商投资企业	258	7068267	644530	10768987	6297631	4471356	3755975	2266622
其中：中外合资经营企业	77	2752100	139075	6905751	4760004	2145747	1182095	692785
外资企业	163	2496066	263205	2656732	1319325	1337407	1948696	1125503

21-2 续表 单位：万元

项目	营业税金及附加	销售费用、管理费用、财务费用合计	营业利润	利润总额	应付职工薪酬	应交增值税	从业人员平均人数(人)
总计	**333936**	**6636558**	**1352173**	**2291686**	**5441049**	**488630**	**766766**
内资企业	290250	5305309	729166	1557878	4406215	307576	665063
国有企业	32897	918040	-87388	231251	854882	38650	131678
集体企业	7817	101324	19392	20407	97917	6170	21664
股份合作企业	1012	15553	-2919	126	7164	506	2061
联营企业	363	3808	3595	3789	2279	27	477
有限责任公司	137869	2414741	236610	647878	1909371	156144	252566
国有独资公司	32669	777625	-156334	2422	620135	44814	63762
其他有限责任公司	105200	1637117	392944	645457	1289236	111329	188804
股份有限公司	20216	656480	292073	356004	507776	38145	54879
私营企业	85832	1097669	237451	264186	930478	66852	182585
私营独资企业	5280	71070	17318	17110	37210	1694	10130
私营合伙企业	962	27603	9528	9653	13912	1784	2344
私营有限责任公司	75989	920641	168322	189631	838140	57787	161061
私营股份有限公司	3601	78353	42284	47793	41216	5587	9050
其他企业	4243	97696	30351	34236	96349	1082	19153
港、澳、台商投资企业	21939	397770	103802	148094	267091	64996	27231
其中：与港澳台商合资经营企业	7883	146546	36625	49763	79759	13561	8722
港澳台商独资经营企业	11972	154493	131534	151167	124690	49678	12862
外商投资企业	21747	933479	519206	585714	767744	116058	74472
其中：中外合资经营企业	9634	296028	174451	179326	137580	12141	20446
外资企业	9483	516914	293764	329752	468218	79483	39966

21-3 分行业重点服务业企业主要财务指标

(2015年)　　单位：万元

行　业	企业单位数(个)	固定资产原　价	本年折旧	资产总计	负债合计	所有者权益合计	营业收入	营业成本
总　计	**7158**	**51316027**	**3382276**	**125740898**	**73559963**	**52180935**	**30246212**	**22383770**
铁路运输业	10	634843	20454	1031837	434224	597613	688837	622360
道路运输业	1094	5683764	334581	9764020	5487424	4276596	2593904	2237359
水上运输业	85	13741576	541201	36502303	22995793	13506510	4863651	3763357
航空运输业	12	1377223	68215	1551311	661631	889681	437372	378219
管道运输业	3	756138	23086	571666	6811	564855	45452	38972
装卸搬运和运输代理业	370	1738307	109814	4603150	2271554	2331596	2606417	2302849
仓储业	237	1340591	78237	8252267	7265920	986346	2477182	2284579
邮政业	35	347941	9713	336434	145419	191015	540322	461826
电信、广播电视和卫星传输服务	131	12833104	1253252	7231436	3895394	3336042	4017776	2515778
互联网和相关服务	41	45563	5770	156845	73822	83023	194568	123548
软件和信息技术服务业	494	520389	54566	2128075	961119	1166956	1957304	1344458
房地产业	847	2972470	175473	8145302	4996744	3148558	1294780	686928
其中：物业管理	614	835346	24982	2876989	1902933	974056	807946	516789
房地产中介服务	95	195939	7456	443915	368642	75273	141945	42792
自有房地产经营活动	131	1929644	141703	4783435	2687041	2096394	340279	123923
其他房地产业	7	11542	1333	40963	38127	2836	4610	3424
租赁业	62	118702	8488	1196901	1002928	193973	116991	89078
商务服务业	1316	3371399	196466	26540162	14966663	11573499	2904655	1817384
研究和试验发展	59	287697	16876	1060029	276314	783715	228944	164402
专业技术服务业	820	760553	93436	3605406	2094091	1511316	2313761	1605291
科技推广和应用服务业	127	222111	14079	821499	460756	360743	163245	111363
水利管理业	14	1473939	36955	1185629	139665	1045964	39061	55124
生态保护和环境治理业	14	87395	4761	148341	52003	96338	24772	15717
公共设施管理业	164	281926	21689	1388519	960090	428430	326020	201008
居民服务业	165	274681	27640	513355	361013	152342	181648	80619
机动车、电子产品和日用产品修理业	132	41390	3032	123886	80244	43642	103561	79998
其他服务业	15	5210	379	12389	3424	8966	8015	3082
教育	161	254389	15705	386634	198744	187890	182008	93418
卫生	252	1084103	166870	1444198	952483	491715	1137350	923806
社会工作	5	2022	114	2054	778	1276	1920	1078
新闻和出版业	54	227798	9163	2220574	585361	1635213	253426	163267
广播、电视、电影和影视录音制作业	69	83435	10341	187330	96144	91187	150033	104120
文化艺术业	24	31115	7821	103713	69877	33836	25618	10157
体育	24	97900	4405	153555	148152	5404	18533	8499
娱乐业	62	518063	60011	501681	254887	246795	101810	49617
其他	260	100290	9683	3870396	1660494	2209903	247280	46511

注：铁路运输业中不含沈阳铁路局数据。

21-3 续表

单位：万元

行　　业	营业税金及附加	销售费用、管理费用、财务费用合计	营业利润	利润总额	应付职工薪酬	应交增值税	从业人员平均人数
总　　计	**333936**	**6636558**	**1352173**	**2291686**	**5441049**	**488630**	**766766**
铁路运输业	2557	34722	39582	43170	51748	3596	4780
道路运输业	24739	497749	-148247	40514	589059	50362	123297
水上运输业	24104	816567	443720	511098	549500	34420	52266
航空运输业	3054	91614	-31559	-6344	143681	7131	10006
管道运输业	60	1738	4683	4504	10575	1041	740
装卸搬运和运输代理业	6486	207727	116256	128124	185778	15025	22034
仓储业	9260	456498	-244692	48129	71827	9454	10972
邮政业	1245	60245	28497	28978	250502	3191	23655
电信、广播电视和卫星传输服务	19074	913761	562370	701056	506227	185301	50685
互联网和相关服务	1111	50767	20073	25722	29042	5737	3068
软件和信息技术服务业	9276	502406	111438	146845	760896	39178	66527
房地产业	70535	513767	27068	43606	385038	2392	91342
其中：物业管理	42567	250641	7278	13014	282057	1309	75612
房地产中介服务	6999	95119	-1550	-715	69032	723	10640
自有房地产经营活动	20836	166616	21777	31776	31999	299	4655
其他房地产业	133	1391	-437	-469	1951	61	435
租赁业	1453	23827	3731	4850	8594	2239	1430
商务服务业	67716	1055580	117902	197128	670641	28430	128168
研究和试验发展	2214	74101	-13287	6295	43368	6708	3949
专业技术服务业	30049	530076	133054	141364	538085	73699	58916
科技推广和应用服务业	3000	37524	14038	15313	22949	2678	4750
水利管理业	1543	17844	-35150	-35476	11893	97	1590
生态保护和环境治理业	254	6207	2388	2539	4544	922	904
公共设施管理业	13135	99517	12407	16653	67685	1014	16059
居民服务业	9379	76114	17425	13935	36212	680	10651
机动车、电子产品和日用产品修理业	1220	19801	3677	5305	10698	2130	2937
其他服务业	414	4145	434	428	2713	88	1090
教育	4541	73471	10579	14900	59583	396	10123
卫生	1656	188251	43078	45904	275449	288	44449
社会工作	26	812	17	97	585	5	195
新闻和出版业	2391	109549	-23072	3167	87974	8296	8903
广播、电视、电影和影视录音制作业	3300	33437	16752	19004	15629	2873	2941
文化艺术业	755	12535	2606	4566	7705	118	1560
体育	1598	15314	-6510	-6594	5977	198	1442
娱乐业	4988	33572	14395	17764	16800	462	3851
其他	12803	77326	108521	109145	20094	480	3486

主要统计指标解释

重点服务业企业 指一定规模以上的服务业法人单位，包括：交通运输、仓储和邮政业，信息传输、软件和信息技术服务业，租赁和商务服务业，科学研究和技术服务业，水利、环境和公共设施管理业，居民服务、修理和其他服务业，教育，卫生和社会工作，文化、体育和娱乐业；以及物业管理、房地产中介服务、自有房地产经营活动、其他房地产业等行业。

二十二、教育和科技

Chapter 22 Education, Science and Technology

22-1 教育事业基本情况

指　标	2008年	2009年	2010年	2011年	2012年	2013年	2014年	2015年
学 校 数(所)	**17183**	**16092**	**16773**	**16399**	**16009**	**16414**	**16474**	**16201**
一、高等教育	**121**	**144**	**148**	**148**	**148**	**149**	**144**	**144**
研究生培养机构	47(14)	47(14)	47(14)	47(14)	50(14)	51(14)	45(8)	45(8)
普通高校	83	107	112	112	112	115	116	116
成人高校	24	23	22	22	22	20	20	20
二、高中阶段教育	**801**	**776**	**758**	**761**	**734**	**727**	**855**	**702**
普通高中	435	426	419	422	417	416	415	412
职业高中	237	224	214	217	192	190	183	181
普通中专	128	125	124	121	124	120	112	108
成人中专	1	1	1	1	1	1	1	1
技工学校							144	
三、义务教育	**8769**	**7798**	**7254**	**6829**	**6460**	**6277**	**6036**	**5824**
普通初中	1707	1686	1657	1637	1607	1572	1533	1517
小学	6987	6037	5523	5118	4779	4631	4429	4234
特殊教育学校	75	75	74	74	74	74	74	73
四、学前教育	**7492**	**7374**	**8613**	**8661**	**8667**	**9261**	**9439**	**9531**
幼儿园	7492	7374	8613	8661	8667	9261	9439	9531
专 任 教 师(人)	**410267**	**414538**	**422059**	**418452**	**425081**	**427101**	**441753**	**439674**
一、高等教育	**56766**	**59110**	**60285**	**61334**	**62972**	**65127**	**66604**	**67478**
普通高校	53495	55835	57404	58742	60502	62706	64246	65179
成人高校	3271	3265	2881	2592	2470	2421	2358	2299
二、高中阶段教育	**65425**	**66173**	**66594**	**67766**	**68933**	**69070**	**78204**	**70465**
普通高中	42553	43570	44684	45965	47276	48320	48924	50054
职业高中	12057	11279	10983	11021	10387	9954	9910	9473
普通中专	10407	10916	10546	10390	10864	10397	10280	10541
成人中专	408	408	381	390	406	399	400	397
技工学校							8690	
三、义务教育	**254472**	**253354**	**249743**	**248905**	**247683**	**244038**	**241986**	**240882**
普通初中	101369	101548	100674	101483	101083	99362	98888	98838
小学	151039	149711	146922	145457	144633	142656	141049	140002
特殊教育	2064	2095	2147	1965	1967	2020	2049	2042
四、学前教育	**33604**	**35901**	**45437**	**40447**	**45493**	**48866**	**54959**	**60849**
幼儿园	33604	35901	45437	40447	45493	48866	54959	60849
招 生 数(人)	**1963561**	**1865157**	**1845405**	**1856324**	**1791557**	**1797707**	**1748137**	**1665053**
一、高等教育	**370381**	**355645**	**362060**	**382750**	**395836**	**405010**	**388058**	**368659**
研究生	25185	27859	29031	30615	31917	32824	31240	32970
博士	2608	2712	2756	2863	2930	2959	2656	2699
硕士	22577	25147	26275	27752	28987	29865	28584	30271
普通高等教育	252385	245312	252234	263843	275676	282103	284838	274148
本科	149941	151604	155215	165587	174209	180758	185716	171243
专科	102444	93708	97019	98256	101467	101345	99122	102905
成人高等教育	92811	82474	80795	88292	88243	90083	71980	61541
本科	34747	31678	30836	33395	32839	31338	33175	29777
专科	58064	50796	49959	54897	55404	58745	38805	31764
二、高中阶段教育	**407310**	**402794**	**384835**	**370734**	**349713**	**340925**	**339647**	**320971**
普通高中	244280	248271	240387	236157	228358	222938	208916	209790
职业高中	78835	72557	64558	62942	48218	47008	39381	41723
普通中专	74434	72651	68279	61592	62561	60734	58438	59560
成人中专	9761	9315	11611	10043	10576	10245	10451	9898
技工学校							22461	
三、义务教育	**852454**	**765911**	**746311**	**748139**	**723319**	**709662**	**689434**	**631206**
普通初中	458511	427882	397158	376932	369357	358177	356709	304681
小学	393197	337183	348465	370138	353057	350633	331754	325478
特殊教育	746	846	688	1069	905	852	971	1047

注：研究生培养机构分为高校和科研机构两部分，括号内表示的是科研机构数，可培养研究生的高校在普通高校里已经统计过，因此加总时不再计算。

22-1 续表

指　　标	2008年	2009年	2010年	2011年	2012年	2013年	2014年	2015年
四、学前教育	**333416**	**340807**	**352199**	**354701**	**322689**	**342110**	**330998**	**344217**
幼儿园	333416	340807	352199	354701	322689	342110	330998	344217
在 校 学 生(人)	**6864102**	**6713279**	**6594819**	**6541458**	**6440842**	**6271306**	**6260553**	**6154904**
一、高等教育	**1126297**	**1147417**	**1153396**	**1186282**	**1231943**	**1274264**	**1287377**	**1262975**
研究生	70063	76239	82019	87078	90061	93189	92575	94387
博士	11336	11795	12406	12917	13253	13848	13305	13748
硕士	58727	64444	69613	74161	76808	79341	79270	80639
普通高等教育	820374	852467	880247	902231	934078	968034	998281	1005650
本科	561099	582354	602201	624546	645816	675819	705124	710863
专科	259275	270113	278046	277685	288262	292215	293157	294787
成人高等教育	235860	218711	191130	196973	207804	213041	196521	162938
本科	103340	88753	76863	77196	80737	81634	82035	78577
专科	132520	129958	114267	119777	127067	131407	114486	84361
二、高中阶段教育	**1183106**	**1162245**	**1143216**	**1120209**	**1076534**	**1031372**	**1050631**	**960098**
普通高中	724152	718333	715443	712632	695933	681460	652613	634787
职业高中	230088	216180	197993	184869	157402	138493	130478	126234
普通中专	206802	204307	203438	193828	194753	183128	173253	169151
成人中专	22064	23425	26342	28880	28446	28291	29489	29926
技工学校							64798	
三、义务教育	**3813895**	**3624247**	**3463738**	**3373006**	**3272873**	**3109523**	**3048614**	**3021001**
普通初中	1437573	1359494	1272295	1195997	1134585	1057488	1055661	1012944
小学	2367350	2255977	2182522	2168074	2129695	2044058	1984633	1999564
特殊教育	8972	8776	8921	8935	8593	7977	8320	8493
四、学前教育	**740804**	**779370**	**834469**	**861961**	**859492**	**856147**	**873931**	**910830**
幼儿园	740804	779370	834469	861961	859492	856147	873931	910830
毕 业 生 数(人)	**1914609**	**1891032**	**1814258**	**1794656**	**1776321**	**1751284**	**1710419**	**1641408**
一、高等教育	**297599**	**319655**	**340816**	**337244**	**334979**	**348911**	**359205**	**377262**
研究生	21542	20742	21676	24178	27110	28780	28815	30011
博士	1859	2049	1976	1990	2075	2243	1853	1729
硕士	19683	18693	19700	22188	25035	26537	26962	28282
普通高等教育	202312	206211	219564	236341	235984	241049	247510	258296
本科	111074	125788	132522	140017	147471	146687	152303	160236
专科	91238	80423	87042	96324	88513	94362	95207	98060
成人高等教育	73745	92702	99576	76725	71885	79082	82880	88955
本科	34487	43375	38932	30912	26711	28631	31039	31132
专科	39258	49327	60644	45813	45174	50451	51841	57823
二、高中阶段教育	**386741**	**396094**	**368743**	**376031**	**369270**	**359393**	**370325**	**331017**
普通高中	256952	248791	226130	233805	237962	231626	231520	223546
职业高中	63311	72545	76029	69010	57464	52033	44915	43681
普通中专	61674	68063	61075	66918	65725	68035	63361	57036
成人中专	4804	6695	5509	6298	8119	7699	6993	6754
技工学校							23536	
三、义务教育	**924178**	**904926**	**853770**	**814048**	**782898**	**752689**	**693601**	**643376**
普通初中	464040	475495	455348	435895	410708	386556	335469	337313
小学	459368	428542	397516	377227	371386	365054	357346	305116
特殊教育	770	889	906	926	804	1079	786	947
四、学前教育	**306091**	**270357**	**250929**	**267333**	**289174**	**290291**	**287288**	**289753**
幼儿园	306091	270357	250929	267333	289174	290291	287288	289753
每一教师负担学生数(人)								
普通高等学校	15.3	15.3	17.2	17.7	17.2	17.7	17.7	17.8
小 学	15.7	15.1	14.9	14.9	14.7	14.3	14.1	14.3

22-2 各级各类学校情况

年 份	普通高等学校	中等专业学校	#中等师范学校	普通中学	农业中学职业中学	小学	幼儿园	盲、聋哑学校
一、学校数(所)								
1986	64	160	31	2507	750	15762	7177	35
1987	64	163	31	2517	734	15729	6672	38
1988	63	169	32	2509	681	15732	11416	46
1989	63	167	31	2499	653	15679	8633	48
1990	63	166	31	2489	618	15630	9714	51
1991	62	167	31	2478	613	15540	9300	53
1992	61	165	30	2457	598	15230	9372	52
1993	61	166	30	2433	608	14805	12536	53
1994	61	165	30	2448	606	14655	10923	52
1995	61	171	30	2459	594	14594	11220	50
1996	61	173	29	2447	561	14464	9945	51
1997	62	174	30	2434	537	14386	10176	53
1998	61	170	26	2444	523	14084	9899	52
1999	64	151	12	2429	450	13748	9935	52
2000	58	133	9	2401	383	13356	9990	50
2001	61	119	5	2376	333	12739	6913	73
2002	66	137	5	2362	340	12161	6639	75
2003	69	130	5	2341	298	11339	7033	75
2004	70	127	4	2317	309	10281	6891	75
2005	75	125	4	2274	285	9311	7069	74
2006	77	127	4	2237	274	8434	7071	74
2007	78	133	4	2181	252	7670	7229	75
2008	83	128	4	2142	237	6987	7492	75
2009	107	125	4	2112	224	6037	7374	75
2010	112	125	4	2076	214	5523	8613	74
2011	112	121	4	2059	217	5118	8661	74
2012	112	124	4	2024	192	4779	8667	74
2013	115	120	2	1988	190	4631	9261	74
2014	116	112	2	1948	183	4429	9439	74
2015	116	108	2	1929	181	4234	9531	73
二、教职工数(人)								
1986	52404	22437	4052	170815	18218	233434	64637	1169
1987	54572	23448	4577	176662	20075	235433	69138	1208
1988	56047	24981	4656	181151	20998	241978	88908	1364
1989	58438	24885	4926	182481	20918	246153	81554	1431
1990	57825	25143	5049	184851	20920	249322	77645	1551
1991	58277	24832	4869	187373	21253	248415	78709	1686
1992	59008	25295	4904	189663	20774	248454	82566	1775
1993	59138	25492	4973	186545	21518	239700	83082	1876
1994	58687	25429	5029	184758	21266	237673	71633	2056
1995	58455	25757	5044	189553	22979	237981	69346	1847
1996	57727	25935	4785	189329	21597	235189	64877	1907
1997	57359	25368	4424	188057	22068	233770	62089	1882
1998	58078	24387	3681	175632	20291	224535	56463	2012
1999	59590	22602	1984	175820	19443	222460	54582	1891

22-2 续表 1

年 份	普通高等学校	中等专业学校	#中等师范学校	普通中学	农业中学职业中学	小学	幼儿园	盲、聋哑学校
2000	61707	18651	1457	175455	17858	216677	52422	1911
2001	65237	16211	719	178162	16974	211684	39271	2375
2002	69667	16560	622	177547	17104	205229	39592	2457
2003	75632	15615	627	179521	20123	199829	42852	2474
2004	79093	15062	423	180225	20480	194973	45983	2563
2005	82816	15052	422	180016	20833	190548	48558	2565
2006	84535	15658	639	177916	20683	180474	50258	2589
2007	87215	16789	536	177652	18464	176929	52539	2598
2008	89848	16437	541	178899	17746	173159	56110	2646
2009	91974	16935	535	180483	16740	170584	59595	2658
2010	93183	16096	560	180343	16080	167199	78647	2682
2011	94834	15664	525	182269	15896	164991	64742	2642
2012	96584	15840	501	182553	14903	163205	71829	2648
2013	97536	14847	304	180436	14119	162234	77888	2657
2014	97927	14299	294	179522	13911	160104	88145	2764
2015	97924	14551	283	179642	13111	158311	98455	2741
三、教师数(人)								
1986	21196	9586	2060	117852	11417	195086	33925	742
1987	21963	10114	2264	123376	12645	197593	34294	790
1988	22640	11466	2495	129309	13195	206399	37070	884
1989	23933	11587	2545	130884	13091	209873	44427	964
1990	23292	11633	2665	132769	13067	212196	42776	1061
1991	23384	11703	2642	135487	13464	211353	43835	1152
1992	23503	11856	2686	137044	13045	210141	49473	1257
1993	23575	12003	2661	135397	13336	201664	48909	1254
1994	23530	12129	2735	135499	13429	202349	43828	1378
1995	23400	12378	2730	137185	13765	198815	44598	1326
1996	23079	12502	2592	139660	13561	198408	43103	1369
1997	23109	12435	2367	140643	13915	197347	42274	1334
1998	23394	12282	2059	138546	13983	192539	38981	1398
1999	25179	11286	1103	139497	13691	191011	37881	1357
2000	27508	9285	795	139731	12517	185884	36383	1399
2001	30364	8441	391	142503	11875	181444	22801	1743
2002	33819	8742	337	142232	11798	175549	23521	1829
2003	38086	8521	349	144016	13453	170947	24946	1854
2004	40697	8472	257	144608	13718	167203	26937	1927
2005	43960	8728	259	144647	14031	163589	28594	1903
2006	46816	9230	401	143219	13932	155848	29818	1948
2007	50344	10492	354	143532	12432	153693	31217	2012
2008	53495	10407	360	143922	12057	151039	33604	2064
2009	55835	10916	359	145118	11279	149711	35901	2095
2010	57404	10546	381	145358	10983	146922	45437	2147
2011	58742	10390	362	147448	11021	145457	40447	1965
2012	60502	10864	391	148359	10387	144633	45493	1967
2013	62706	10397	236	147682	9954	142656	48866	2020
2014	64246	10280	232	147812	9910	141049	54959	2049
2015	65179	10541	207	148892	9473	140002	60849	2042

22-2 续表 2

年 份	普通高等学校	中等专业学校	#中等师范学校	普通中学	农业中学职业中学	小学	幼儿园	盲、聋哑学校
四、在校学生数(人)								
1986	107434	81860	26526	2014999	149910	4189324	928257	3446
1987	112652	89384	30526	2048761	137783	4107393	937057	3617
1988	120510	97540	31018	1962214	146140	4082650	1270266	3958
1989	122543	102879	28894	1830394	147422	4126831	976651	4065
1990	123314	103902	28442	1810876	149780	4073374	936852	4468
1991	124777	104269	28888	1887654	151572	3915360	1037576	4769
1992	134671	110011	29447	1969532	155112	3736363	1134184	5089
1993	155554	124707	32019	1911632	155231	3686796	1257278	5100
1994	171284	133067	33162	1922132	167876	3750611	1090474	5186
1995	179412	140870	32182	2008338	182984	3751941	1021123	5050
1996	182684	143911	27537	2029776	185244	3790718	936111	4815
1997	188159	149730	24426	1950241	195742	3886760	879987	4870
1998	199223	155459	23723	1884915	207315	3829655	853886	4882
1999	235819	156847	18872	1961673	194860	3666131	838133	4837
2000	297710	148905	16845	2167017	170517	3444172	835542	4933
2001	372336	143044	7949	2323395	154398	3230517	726634	8590
2002	450536	151810	2857	2398928	164241	3061398	667930	8926
2003	514191	173347	4006	2410745	186817	2891925	675118	8429
2004	583465	208597	4233	2360549	197555	2794330	673088	8539
2005	659351	220233	4438	2314498	201774	2666155	685587	8296
2006	720548	209940	4596	2268575	218446	2546811	715301	8300
2007	777758	202506	3921	2220860	227583	2452598	725300	8742
2008	820374	206802	3464	2161725	230088	2367350	740804	8972
2009	852354	204307	3178	2077827	216180	2255977	779370	8776
2010	880247	203438	3105	1987738	197993	2182522	834469	8921
2011	902231	193828	2727	1908629	184869	2168074	861961	8935
2012	934078	194753	2415	1830518	157402	2129695	859492	8593
2013	968034	183128	1706	1738948	138493	2044058	856147	7977
2014	998281	173253	1396	1708274	130478	1984633	873931	8320
2015	1005650	169151	1256	1647731	126234	1999564	910830	8493
五、招生数(人)								
1986	32827	33191	11544	715455	69237	748948		690
1987	34756	34311	10929	683593	57539	669707		757
1988	38398	36156	10388	657379	59625	674101		1012
1989	35149	31655	8539	610627	59407	710199		635
1990	35102	30047	8911	629468	55550	596030		975
1991	36094	33803	9101	696406	58782	523096	498215	836
1992	45129	39517	10232	721178	60251	559753	596844	768
1993	55071	44226	10398	653170	60781	652210	689042	705
1994	52183	43849	9637	690513	68753	750424		750
1995	53310	43821	7957	756666	67881	703538	607336	715
1996	55048	41930	6385	660620	61469	643884	564749	766
1997	56373	47282	7732	600728	74485	611404	527969	721
1998	60302	45681	7290	668295	75897	512002	502367	693
1999	87851	42839	3523	755550	56341	503795	481840	609
2000	110211	30399	3743	830026	50470	508907	483092	576

22-2 续表 3

年 份	普通高等学校	中等专业学校	#中等师范学校	普通中学	农业中学职业中学	小学	幼儿园	盲、聋哑学校
2001	127577	37222	2303	817663	52691	484661	440299	913
2002	151116	56814	1376	812406	63208	463091	394029	1082
2003	163802	73948	1708	820180	72508	432650	376388	803
2004	184473	78223	1582	766071	66032	416143	358325	738
2005	210495	83121	1446	761646	73151	379941	344990	698
2006	220608	70802	1341	763321	94223	388660	344455	753
2007	234466	67808	1152	711588	88520	395108	339963	986
2008	252385	74434	1049	702791	78835	393197	333416	746
2009	245312	72651	1073	676153	72557	337183	340807	846
2010	252234	68279	1069	637545	64558	348465	352199	688
2011	263843	61592	848	613089	62942	370138	354701	1069
2012	275676	62561	726	597895	48218	353057	322689	905
2013	282103	60734	459	581115	47008	350633	342110	852
2014	284838	58438	451	565625	39381	331754	330998	971
2015	274148	59560	383	514471	41723	325478	344217	1047
六、毕业生数(人)								
1986	20583	22752	6138	494658	43709	704016		459
1987	29394	26932	7019	522777	54614	680861		405
1988	31552	28004	9724	587835	42195	637753		471
1989	32708	26326	10882	572508	47204	593257		429
1990	33768	29716	9400	550359	45627	591654		377
1991	33530	33223	8484	538346	49550	660343	415665	419
1992	35208	33377	9564	540132	50882	685996	516460	439
1993	33615	30449	7821	542163	50122	630759	650232	330
1994	35923	30362	8588	575786	49965	636786		478
1995	44072	33966	9304	601421	51246	672482		522
1996	51068	37503	11093	573876	57709	576164		543
1997	49591	40340	10497	626046	63502	500252		513
1998	47557	37850	7721	686541	66788	555892		527
1999	49964	40100	7158	618065	60060	644042		551
2000	49834	35843	5921	551157	70175	722325		467
2001	60271	42499	4825	581476	66852	679852	379010	883
2002	72791	42856	559	666377	53324	622536	366891	871
2003	98908	47479	1964	740994	48605	595278	350428	790
2004	115889	39344	715	752884	50831	511757	324423	878
2005	144984	58457	1045	757448	61219	499069	299493	971
2006	154970	60828	1451	766410	62835	506789	307386	853
2007	169576	67809	1739	717773	60167	480567	308819	799
2008	202312	61674	1175	720992	63311	459368	306091	770
2009	206211	68063	995	724286	72545	428542	270357	889
2010	219564	61075	971	681478	76029	397516	250929	906
2011	236341	66918	918	669700	69010	377227	267333	926
2012	235984	65725	909	648670	57464	371386	289174	804
2013	241049	68035	620	618182	52033	365054	290291	1079
2014	247510	63361	742	566989	44915	357346	287288	786
2015	258296	57036	500	560859	43681	305116	289753	947

22-3 研究生数

单位：人

年 份	招生数	在校学生数			毕业生数		
		小计	攻读硕士学位	攻读博士学位	小计	攻读硕士学位	攻读博士学位
1985	2091	3687	3170	155	584	578	6
1986	1989	5009	4146	208	670	639	13
1987	1771	5570	4857	317	1193	838	17
1988	1575	5160	4668	379	1929	1604	24
1989	1322	4637	4180	417	1763	1599	86
1990	1404	4343	3858	462	1677	1558	84
1991	1320	4144	3581	563	1500	1401	75
1992	1415	4290	3671	619	1245	1159	85
1993	2016	4955	4185	770	1307	1222	85
1994	2602	6274	5298	976	1273	1138	135
1995	2367	7236	5972	1264	1425	1272	153
1996	2647	7787	6313	1474	1962	1753	209
1997	2978	8304	6621	1683	2316	2106	210
1998	3197	9164	7292	1872	2126	1852	274
1999	4005	10574	8203	2371	2426	2101	325
2000	5804	13655	10726	2929	2910	2532	378
2001	7898	18446	14637	3809	2971	2589	382
2002	9569	23949	19131	4818	3674	3135	539
2003	13242	31796	25694	6102	5027	4395	632
2004	16254	40678	33392	7286	6726	5914	812
2005	18901	49772	41340	8432	9342	8315	1027
2006	20998	58424	49283	9141	11516	10249	1267
2007	22407	65025	55403	9622	15177	13530	1647
2008	24490	67806	57622	10184	21010	19446	1564
2009	27104	73997	63345	10652	20160	18432	1728
2010	29031	82019	69613	12406	21676	19700	1976
2011	30615	87078	74161	12917	24178	22188	1990
2012	31917	90061	76808	13253	27110	25035	2075
2013	32824	93189	79341	13848	28780	26537	2243
2014	31240	92575	79270	13305	28815	26962	1853
2015	32970	94387	80639	13748	30011	28282	1729

22-4 分学科研究生情况

(2015年)

单位：人

项 目	招生数	博士	硕士	在校学生数	博士	硕士	毕业生数	博士	硕士
总 计	**32970**	**2699**	**30271**	**94387**	**13748**	**80639**	**30011**	**1729**	**28282**
哲 学	174	23	151	623	156	467	188	20	168
经济学	1671	171	1500	4533	765	3768	1627	121	1506
法 学	1742	84	1658	4734	433	4301	1586	56	1530
教育学	1823	24	1799	4412	86	4326	1460	14	1446
文 学	1521	17	1504	3749	66	3683	1462	12	1450
历史学	169	4	165	496	11	485	149		149
理 学	2100	236	1864	6586	1019	5567	1899	155	1744
工 学	12150	1281	10869	35389	7223	28166	11385	692	10693
农 学	778	89	689	2296	470	1826	594	53	541
医 学	5449	513	4936	15411	1948	13463	4889	471	4418
军事学									
管理学	4289	257	4032	13059	1571	11488	3806	135	3671
艺术学	1104		1104	3099		3099	966		966
普通高校	**32927**	**2695**	**30232**	**94248**	**13735**	**80513**	**29968**	**1729**	**28239**
哲 学	174	23	151	623	156	467	188	20	168
经济学	1671	171	1500	4533	765	3768	1627	121	1506
法 学	1732	84	1648	4705	433	4272	1577	56	1521
教育学	1823	24	1799	4412	86	4326	1460	14	1446
文 学	1521	17	1504	3749	66	3683	1462	12	1450
历史学	169	4	165	496	11	485	149		149
理 学	2100	236	1864	6586	1019	5567	1899	155	1744
工 学	12117	1277	10840	35279	7210	28069	11351	692	10659
农 学	778	89	689	2296	470	1826	594	53	541
医 学	5449	513	4936	15411	1948	13463	4889	471	4418
军事学									
管理学	4289	257	4032	13059	1571	11488	3806	135	3671
艺术学	1104		1104	3099		3099	966		966
科研院所	**43**	**4**	**39**	**139**	**13**	**126**	**43**		**43**
哲 学									
经济学									
法 学	10		10	29		29	9		9
教育学									
文 学									
历史学									
理 学									
工 学	33	4	29	110	13	97	34		34
农 学									
医 学									
军事学									
管理学									
艺术学									

22-5 普通高等学校基本情况

单位：人

项　目	2012年						2013年					
	学校数(所)	招生数	在校学生数	毕业生数	教职工数	#专任教师	学校数(所)	招生数	在校学生数	毕业生数	教职工数	#专任教师
总　计	**112**	**275676**	**934078**	**235984**	**96584**	**60502**	**115**	**282103**	**968034**	**241049**	**97536**	**62706**
综合大学	14	45462	156465	44936	16155	9711	14	44549	155117	45319	15998	9846
理工院校	47	124658	425757	103720	42407	26432	50	130467	451323	108894	43934	28500
农林院校	6	17343	50936	13177	4630	2871	5	15516	46602	11292	4416	2685
医药院校	13	21675	75685	14968	9414	6018	13	22102	80863	16402	9856	6428
师范院校	8	21762	73410	19108	8338	5442	9	22156	75375	19868	8586	5723
语文院校	2	3679	14670	3823	1332	934	2	3692	14544	3787	954	784
财经院校	11	19773	65158	16433	6509	4018	11	21089	68508	17533	6011	3683
政法院校	3	5148	11732	4093	1656	875	3	5239	14525	2341	1666	932
体育院校	2	2020	8013	1949	874	548	2	2034	7968	1980	925	495
艺术院校	5	10159	37408	9979	3934	2815	5	11226	38350	9934	3855	2778
民族院校	1	3997	14844	3798	1335	838	1	4033	14859	3699	1335	852

22-5　续表

单位：人

项　目	2014年						2015年					
	学校数(所)	招生数	在校学生数	毕业生数	教职工数	#专任教师	学校数(所)	招生数	在校学生数	毕业生数	教职工数	#专任教师
总　计	**116**	**284838**	**998281**	**247510**	**97927**	**64246**	**116**	**274148**	**1005650**	**258296**	**97924**	**65179**
综合大学	13	43437	148343	41645	15303	9515	13	40328	146619	40627	15431	9676
理工院校	51	133864	473721	113539	44651	29764	51	128763	476979	120840	44266	29785
农林院校	5	15087	49379	11928	4314	2736	5	14592	49849	13747	4396	2970
医药院校	13	23061	86665	16965	10052	6613	13	22067	90089	18272	10405	7063
师范院校	10	23070	77075	20715	8785	5886	10	22713	78139	20685	8469	5743
语文院校	2	3396	14265	3539	997	806	2	3234	13715	3636	943	763
财经院校	11	21045	70916	18499	5940	3787	11	21454	72702	19195	6192	3993
政法院校		4440	15660	5000	1649	937	3	4229	14639	5361	1669	974
体育院校	2	2075	8038	1981	926	497	2	2036	8033	1996	899	522
艺术院校	5	11160	39093	10032	3961	2847	5	10386	38661	10437	3998	2832
民族院校	1	4203	15126	3667	1349	858	1	4346	16090	3485	1256	858

22-6 高等教育学校(机构)学生数

单位：人

项目	2012年				2013年			
	招生数	在校学生数	毕(结)业生数	授予学位数	招生数	在校学生数	毕(结)业生数	授予学位数
研究生数	31917	90061	27110	26759	32824	93189	28780	28421
博士	2930	13253	2075	1917	2959	13848	2243	2021
硕士	28987	76808	25035	24842	29865	79341	26537	26400
普通本科、专科生	275676	934078	235984	145610	282103	968034	241049	145225
本科	174209	645816	147471	145610	180758	675819	146687	145225
专科	101467	288262	88513		101345	292215	94362	
成人本科、专科生	88243	207804	71885	4905	90083	213041	79082	4767
本科	32839	80737	26711	4905	31338	81634	28631	4767
专科	55404	127067	45174		58745	131407	50451	
网络本科、专科生	95246	225026	48731	2194	108705	258143	66645	3306
本科	45957	111567	23779	2194	55729	132811	31085	3306
专科	49289	113459	24952		52976	125332	35560	
在职人员攻读博士、硕士学位	5966	19235		4603	6828	21507		4337
自考助学班		1609	903			2148	1774	
研究生课程进修班		2218	494			1634	1637	
普通预科生		1264				1664		
进修及培训		59889	200703			99504	188749	
留学生	5298	8797	3715	969	5147	9873	3663	1055

22-6 续表

单位：人

项目	2014年				2015年			
	招生数	在校学生数	毕(结)业生数	授予学位数	招生数	在校学生数	毕(结)业生数	授予学位数
研究生数	31240	92575	28815	28604	32970	94387	30011	29721
博士	2656	13305	1853	1735	2699	13748	1729	1573
硕士	28584	79270	26962	26869	30271	80639	28282	28148
普通本科、专科生	284838	998281	247510	150590	274148	1005650	258296	158727
本科	185716	705124	152303	150590	171243	710863	160236	158727
专科	99122	293157	95207		102905	294787	98060	
成人本科、专科生	71980	196521	82880	4696	61541	162938	88955	5597
本科	33175	82035	31039	4696	29777	78577	31132	5597
专科	38805	114486	51841		31764	84361	57823	
网络本科、专科生	98503	266157	82546	4315	107842	267720	94383	4697
本科	51958	142276	38365	4315	57130	147276	46194	4697
专科	46545	123881	44181		50712	120444	48189	
在职人员攻读博士、硕士学位	6589	22614		4779	4763	21024		5347
自考助学班		3395	564			882	1026	
研究生课程进修班		1681						
普通预科生			798			1379		
进修及培训		90140	197203			184028	244095	
留学生	5106	11623	3595	1073	5934	13646	4424	1421

22-7 普通本科分学科学生数

单位：人

项目	2012年			2013年		
	招生数	在校学生数	毕业生数	招生数	在校学生数	毕业生数
总　计	**174209**	**645816**	**147471**	**180758**	**675819**	**146687**
#师范	5607	21636	6529	6711	24008	5942
哲　学	68	305	39	79	347	56
经济学	8188	30556	7097	8847	32673	7184
法　学	3944	14719	4488	4514	15762	3709
教育学	4439	15488	3673	4757	16672	3498
文　学	30836	121728	29086	13401	54010	13636
历史学	314	1272	294	377	1343	306
理　学	11268	40738	9519	8425	31245	6823
工　学	69945	253315	58423	73180	270860	59334
农　学	2161	6894	1613	2257	7411	1508
医　学	13999	53340	9296	14402	57708	9810
军事学						
管理学	29047	107461	23943	31091	114528	25416
艺术学				19428	73260	15407

22-7 续表

单位：人

项目	2014年			2015年		
	招生数	在校学生数	毕业生数	招生数	在校学生数	毕业生数
总　计	**185716**	**705124**	**152303**	**171243**	**710863**	**160236**
#师范	7169	26077	5931	6202	26546	6218
哲　学	79	326	87	73	299	83
经济学	9070	34142	7436	8382	34878	7669
法　学	4221	16191	4024	4051	16287	4112
教育学	5041	17853	3684	4572	18454	3823
文　学	13508	53631	13086	12160	51697	13336
历史学	352	1361	311	318	1344	324
理　学	8999	32457	6991	7529	32199	7016
工　学	76081	284560	61550	69892	287059	64098
农　学	2325	8053	1516	2088	8377	1673
医　学	14766	62121	10414	14076	64773	11176
军事学						
管理学	31373	118474	26551	29484	119991	28186
艺术学	19901	75955	16653	18618	75505	18740

22-8 普通专科(高职)分学科学生数

单位：人

项 目	2012年			2013年		
	招生数	在校学生数	毕业生数	招生数	在校学生数	毕业生数
总 计	**101467**	**288262**	**88513**	**101345**	**292215**	**94362**
#师范生	6007	15280	4237	6065	15868	5388
农林牧渔大类	3007	7975	2965	2884	8207	2575
交通运输大类	8591	20623	5122	8602	23139	5015
生化与药品大类	3489	10331	3008	2836	9563	3451
资源开发与测绘大类	2737	6505	1753	2514	6768	1928
材料与能源大类	2166	6482	1603	1520	5540	2139
土建大类	8526	22554	4998	9041	25423	6447
水利大类	319	1075	276	455	1079	446
制造大类	18198	51742	15273	18702	53409	16549
电子信息大类	8700	26760	11029	7733	24971	9996
环保、气象与安全大类	309	761	175	211	746	218
轻纺食品大类	1139	3368	1395	1087	3420	1276
财经大类	15464	49590	15656	16612	48597	17003
医药卫生大类	5069	14009	3706	5401	14650	4883
旅游大类	4054	11834	4010	4015	11836	3905
公共事业大类	1211	2946	803	992	2973	912
文化教育大类	12914	36261	12225	12508	35726	12830
艺术设计传媒大类	4211	11952	3515	5021	12585	3721
公安大类	149	299	111	149	386	52
法律大类	1214	3195	890	1062	3197	1016

22-8 续表

单位：人

项 目	2014年			2015年		
	招生数	在校学生数	毕业生数	招生数	在校学生数	毕业生数
总 计	**99122**	**293157**	**95207**	**102905**	**294787**	**98060**
#师范生	6086	14762	5200	7486	18814	5965
农林牧渔大类	2941	8433	2628	3118	8569	2898
交通运输大类	8729	25313	6063	9258	26212	8182
生化与药品大类	2805	8701	3436	3058	8440	3265
资源开发与测绘大类	2075	7078	1826	1797	6160	2586
材料与能源大类	1302	4830	1918	1281	4107	1974
土建大类	9065	26411	7995	8953	26804	8376
水利大类	316	1078	302	403	1159	319
制造大类	17999	54224	16682	19016	54891	17726
电子信息大类	8432	24111	9042	9519	24903	8315
环保、气象与安全大类	206	721	228	267	676	305
轻纺食品大类	831	2949	1101	1044	2820	1149
财经大类	16057	47666	16891	17113	49186	15151
医药卫生大类	6202	16149	4590	6158	16985	5281
旅游大类	3644	11628	3774	3917	11353	3818
公共事业大类	1013	2980	943	1079	2989	1070
文化教育大类	12034	34160	12879	12286	33561	12437
艺术设计传媒大类	4452	13398	3619	3876	13172	3920
公安大类	188	476	113	207	506	177
法律大类	831	2851	1177	555	2294	1111

22-9 成人本科分学科学生数

单位：人

项目	2012年			2013年		
	招生数	在校学生数	毕业生数	招生数	在校学生数	毕业生数
总计	**32839**	**80737**	**26711**	**31338**	**81634**	**28631**
#师范生	700	2480	1042	555	2291	985
哲学	26	33		21	54	
经济学	444	1236	590	330	1175	332
法学	2632	5429	1844	2211	4965	2484
教育学	1971	4972	1703	1635	4712	1724
文学	2755	6453	3784	1911	4636	2272
历史学	23	46	15	13	41	17
理学	384	838	340	300	739	296
工学	10797	27530	7762	11095	28029	9759
农学	495	1066	378	504	1022	474
医学	6635	18152	4761	6912	19577	5233
管理学	6677	14982	5534	5984	15320	5650
艺术学				422	1364	390

22-9 续表

单位：人

项目	2014年			2015年		
	招生数	在校学生数	毕业生数	招生数	在校学生数	毕业生数
总计	**33175**	**82035**	**31039**	**29777**	**78577**	**31132**
#师范生	378	1345	882	410	1141	614
哲学	17	71		13	86	
经济学	239	851	563	364	780	410
法学	1855	4356	2376	1620	3603	2141
教育学	1843	4477	1958	1793	4370	1851
文学	1886	4208	2212	1330	3630	1879
历史学	12	33	19	31	50	13
理学	339	737	331	281	715	299
工学	11042	27838	10701	9408	24777	11514
农学	619	1171	413	545	1184	440
医学	8593	22430	5418	8730	24816	6054
管理学	6292	14596	6553	5234	13361	6079
艺术学	438	1267	495	428	1205	452

22-10 成人专科分学科学生数

单位：人

项　　目	2012年			2013年		
	招生数	在校学生数	毕业生数	招生数	在校学生数	毕业生数
总　　计	**55404**	**127067**	**45174**	**58745**	**131407**	**50451**
总计中：师范生	1203	2144	450	1347	2355	764
农林牧渔大类	842	3027	744	626	2155	1412
交通运输大类	4346	11706	4174	3922	11171	4700
生化与药品大类	923	1990	592	707	1681	942
资源开发与测绘大类类	1695	3219	1378	2042	3754	1368
材料与能源大类	416	1033	583	368	1012	366
土建大类	2524	5025	941	3124	5855	2213
水利大类	33	63	25	27	60	41
制造大类	12214	25546	10134	12758	26714	10312
电子信息大类	3851	8335	3945	3511	7652	3357
环保、气象与安全大类		2	31			
轻纺食品大类	117	243	75	153	263	93
财经大类	9504	20706	8910	9786	20250	9692
医药卫生大类	6118	20893	4565	7833	23609	4837
旅游大类	1727	3688	1164	1960	3734	1740
公共事业大类	876	1581	501	1098	1965	584
文化教育大类	7128	13194	4447	7286	14435	5550
艺术设计传媒大类	2796	6239	2711	3212	6449	2979
公安大类						
法律大类	294	577	254	332	648	265

22-10 续表

单位：人

项　　目	2014年			2015年		
	招生数	在校学生数	毕业生数	招生数	在校学生数	毕业生数
总　　计	**38805**	**114486**	**51841**	**31764**	**84361**	**57823**
总计中：师范生	769	2045	1133	647	1367	1096
农林牧渔大类	544	1579	999	531	1263	800
交通运输大类	2519	8975	4263	1429	4863	5095
生化与药品大类	449	1232	844	242	713	718
资源开发与测绘大类类	1074	3109	1487	532	1649	1846
材料与能源大类	436	801	631	238	683	354
土建大类	2754	6223	2271	2285	5575	2806
水利大类	75	102	32	50	131	26
制造大类	7160	21383	11401	5259	13570	11940
电子信息大类	2914	6984	3359	2628	5936	3376
环保、气象与安全大类	93	93		207	296	
轻纺食品大类	71	275	54	47	143	175
财经大类	8140	19091	8917	7320	16356	9452
医药卫生大类	4955	22125	5653	4745	18345	8278
旅游大类	791	2892	1586	838	1989	1593
公共事业大类	1248	2373	861	1177	2516	944
文化教育大类	3624	11445	6401	3088	7029	7020
艺术设计传媒大类	1567	5065	2788	803	2537	3074
公安大类						
法律大类	391	739	294	345	767	326

22-11 网络本科分学科学生数

单位：人

项　目	2012年			2013年		
	招生数	在校学生数	毕业生数	招生数	在校学生数	毕业生数
总　计	**45957**	**111567**	**23779**	**55729**	**132811**	**31085**
#师范生						
哲　学						
经济学	1902	4777	1215	1856	4877	1536
法　学	998	3744	1555	1088	3231	1253
教育学						
文　学		51	5		26	4
历史学						
理　学		49	39		38	11
工　学	18927	39920	6468	23203	52355	9967
农　学						
医　学	7688	22862	4986	10224	26870	6047
管理学	16442	40164	9511	19358	45398	12267
艺术学					16	

22-11　续表

单位：人

项　目	2014年			2015年		
	招生数	在校学生数	毕业生数	招生数	在校学生数	毕业生数
总　计	**51958**	**142276**	**38365**	**57130**	**147276**	**46194**
#师范生						
哲　学						
经济学	1948	4946	1708	1982	4996	1743
法　学	1171	3233	964	1343	3269	1105
教育学						
文　学		4				
历史学						
理　学		22	16		19	1
工　学	18573	53759	15391	20840	53936	18723
农　学						
医　学	11217	31812	6096	12042	34128	7698
管理学	19049	48500	14190	20923	50928	16924
艺术学						

22-12 网络专科分学科学生数

单位：人

项目	2012年			2013年		
	招生数	在校学生数	毕业生数	招生数	在校学生数	毕业生数
总计	**49289**	**113459**	**24952**	**52976**	**125332**	**35560**
#师范生						
农林牧渔大类						
交通运输大类	1362	3556	669	1207	3853	1045
生化与药品大类						
资源开发与测绘大类	3335	5708	809	5502	9394	1649
材料与能源大类	367	1018	256	425	943	473
土建大类	11250	25149	5138	12858	29188	7507
水利大类	998	2128	443	1175	2706	549
制造大类	8019	18899	3314	7621	20774	5217
电子信息大类	1298	3527	850	1371	3790	909
环保、气象与安全大类	792	1213	96	1090	1991	272
轻纺食品大类						
财经大类	13375	32255	8697	7995	20994	7593
医药卫生大类	4550	10858	3058	6447	13671	3538
旅游大类	179	469	133	189	423	130
公共事业大类	3149	6832	879	6520	16216	6037
文化教育大类		7	3			
艺术设计传媒大类						
公安大类						
法律大类	615	1840	607	576	1389	641

22-12 续表

单位：人

项目	2014年			2015年		
	招生数	在校学生数	毕业生数	招生数	在校学生数	毕业生数
总计	**46545**	**123881**	**44181**	**50712**	**120444**	**48189**
#师范生						
农林牧渔大类						
交通运输大类	854	3004	1328	1072	2806	1133
生化与药品大类						
资源开发与测绘大类	3354	9590	2934	1789	6306	4898
材料与能源大类	439	1041	310	633	1272	352
土建大类	10536	29145	10003	10497	27881	10613
水利大类	765	2549	839	803	2322	923
制造大类	5858	17855	7998	7954	17909	7120
电子信息大类	1057	3408	1234	1401	3424	1143
环保、气象与安全大类	695	1982	659	638	1532	977
轻纺食品大类						
财经大类	9552	21657	8177	11530	23407	8861
医药卫生大类	6650	16729	3426	7254	17904	4609
旅游大类	188	449	143	151	415	158
公共事业大类	5968	15097	6566	6454	13976	6868
文化教育大类						
艺术设计传媒大类						
公安大类						
法律大类	629	1375	564	536	1290	534

22-13　各类中等职业学校(机构)基本情况

(2015年)　　单位：人

项　　目	学校数(所)	毕业生数	招生数	在校学生数	教职工数	#专任教师
1. 调整后中职	28	12220	14418	38883	3649	2694
2. 普通中等专业学校	80	44816	45142	130268	10902	7847
#中等师范学校	2	500	383	1256	283	207
3. 成人中专	1	6754	9898	29926	532	397
4. 职业高中	181	43681	41723	126234	13111	9473

22-14　中等职业学校(机构)学生分科类情况

(2015年)　　单位：人

项　　目	招生数	#应届毕业生	#初中毕业生	在校学生数	毕业生数	#获得职业资格证书
总　计	**111181**	**87848**	**83635**	**325311**	**107471**	**73475**
其中：女	46039	38435	36999	146378	51423	32758
农林牧渔类	16823	4268	4043	48098	13184	8698
资源环境类	663	476	153	1867	902	668
能源与新能源类	136	127	127	877	171	110
土木水利类	2257	1995	1147	6165	2908	2305
加工制造类	18168	16196	15527	53632	18441	14405
石油化工类	725	681	540	3222	1706	1608
轻纺食品类	181	111	111	504	165	76
交通运输类	13668	12794	12469	36293	10897	8199
信息技术类	12985	10888	10697	35941	12665	9471
医药卫生类	8659	7498	7156	29277	9764	5585
休闲保健类	1762	1525	1489	5639	1746	1323
财经商贸类	9193	7838	7586	25626	8571	5315
旅游服务类	7017	6062	5947	18160	4700	3277
文化艺术类	5863	5042	4486	19106	5434	2451
体育与健身	1452	1352	1343	3998	1349	608
教育类	10906	10581	10424	33540	12962	7869
司法服务类	266	78	78	848	1332	1208
公共管理与服务类	282	168	144	842	358	153
其他	175	168	168	1676	216	146

22-15 普通高中学校和学生情况

(2015年)

单位：人

项目	学校数(所)				招生数	在校学生数	毕业生数
		高级中学	完全中学	十二年一贯制学校			
总计	**412**	**327**	**65**	**20**	**209790**	**634787**	**223546**
教育部门	319	276	38	5	179218	553669	196576
其他部门办	1	1			207	888	432
地方企业							
社会力量办	92	50	27	15	30365	80230	26538
城区	307	234	59	14	141147	426869	151803
教育部门	228	190	34	4	117312	362595	129112
其他部门办	1	1			207	888	432
地方企业							
社会力量办	78	43	25	10	23628	63386	22259
镇区	98	89	5	4	65783	199196	68684
教育部门	88	83	4	1	60086	185143	65301
其他部门办							
地方企业							
社会力量办	10	6	1	3	5697	14053	3383
乡村	7	4	1	2	2860	8722	3059
教育部门	3	3			1820	5931	2163
其他部门办							
地方企业							
社会力量办	4	1	1	2	1040	2791	896

22-16 普通初中学校和学生情况

(2015年)

单位：人

项目	学校数(所)			招生数	在校学生数	毕业生数
		初级中学	九年一贯制			
总计	**1517**	**1002**	**515**	**304681**	**1012944**	**337313**
教育部门	1476	984	492	286248	952978	319134
其他部门办	7	4	3	374	1333	464
地方企业						
社会力量办	34	14	20	18059	58633	17715
城区	625	489	136	152645	528036	178332
教育部门	593	474	119	138928	483603	164172
其他部门办	6	4	2	346	1243	439
地方企业						
社会力量办	26	11	15	13371	43190	13721
镇区	592	349	243	118942	381158	125112
教育部门	584	346	238	114747	367331	121678
其他部门办	1		1	28	90	25
地方企业						
社会力量办	7	3	4	4167	13737	3409
乡村	300	164	136	33094	103750	33869
教育部门	299	164	135	32573	102044	33284
其他部门办						
地方企业						
社会力量办	1		1	521	1706	585

22-17 普通小学学校和学生情况

(2015年) 单位：人

项　目	学校数(所)	招生数	在校学生数	毕业生数
总　计	**4234**	**325478**	**1999564**	**305116**
教育部门	4204	318994	1956299	297698
其他部门办		115	1169	268
地方企业				
社会力量办	30	6369	42096	7150
城区	1141	186517	1082768	147025
教育部门	1122	181900	1052983	142482
其他部门办		98	1059	238
地方企业				
社会力量办	19	4519	28726	4305
镇区	692	83844	550596	94385
教育部门	684	82456	540292	91983
其他部门办		17	110	30
地方企业				
社会力量办	8	1371	10194	2372
乡村	2401	55117	366200	63706
教育部门	2398	54638	363024	63233
其他部门办				
地方企业				
社会力量办	3	479	3176	473

22-18 各级普通学校毕业生升学率和学龄儿童入学率

单位：%

年　份	学龄儿童入学率	小学升初中	初中升高级中学
1991	99.0	92.5	37.1
1992	99.0	92.6	38.7
1993	99.0	90.3	39.1
1994	99.1	93.4	40.9
1995	99.4	93.0	41.7
1996	99.3	96.0	41.9
1997	99.4	96.1	44.7
1998	99.4	95.7	48.2
1999	99.3	95.2	50.0
2000	99.3	93.9	57.4
2001	99.7	95.6	57.4
2002	99.4	98.1	66.3
2003	99.7	98.7	68.1
2004	99.7	99.2	74.7
2005	99.7	99.3	82.7
2006	99.8	99.6	85.4
2007	99.9	99.4	94.4
2008	99.9	99.8	97.7
2009	99.9	99.8	97.7
2010	99.9	99.9	97.3
2011	99.9	99.9	93.4
2012	99.9	99.5	92.9
2013	99.9	98.1	94.9
2014	99.9	99.8	96.2
2015	99.9	99.9	94.8

注：初中升高级中学包含升入技工学校(2014年数据)。

22-19 教育发展水平

年 份	各类学校在校生占全省人口(%)	平均每万人口中有(人)			大中小学生各占学生总数(%)		
		大学生	中学生	小学生	大学生	中学生	小学生
1985	17.4	25.9	549.1	1150.6	1.5	31.5	65.9
1986	17.6	29.0	584.1	1130.4	1.6	33.1	64.0
1987	17.2	30.0	582.8	1094.8	1.7	33.7	63.2
1988	16.8	31.7	554.6	1074.0	1.9	32.9	63.7
1989	16.3	31.8	513.6	1071.7	1.9	31.2	65.2
1990	15.6	31.6	464.7	1045.3	2.0	29.6	66.7
1991	15.7	31.8	519.2	996.8	2.0	33.0	63.3
1992	15.1	34.1	598.8	946.3	2.3	33.1	62.8
1993	17.9	38.7	470.6	918.0	2.2	26.6	51.2
1994	18.2	44.7	524.7	941.7	2.5	28.8	51.7
1995	18.0	46.0	538.8	922.5	2.6	30.0	51.4
1996	15.8	46.8	604.6	927.7	3.0	38.3	58.7
1997	15.9	48.4	584.6	953.3	3.0	36.9	60.1
1998	15.1	50.3	540.7	921.3	3.3	35.8	60.9
1999	17.2	60.2	563.8	893.5	3.9	38.2	58.9
2000	21.5	71.4	596.2	825.7	4.8	39.9	55.3
2001	22.3	87.9	618.4	762.3	6.0	42.1	51.9
2002	22.5	107.4	647.3	730.0	7.2	43.6	49.2
2003	19.3	123.7	666.8	695.9	8.3	44.9	46.8
2004	18.0	140.2	664.8	671.5	9.5	45.0	45.5
2005	17.5	158.0	655.8	638.9	10.9	45.1	44.0
2006	18.7	172.0	643.8	607.9	12.1	45.2	42.7
2007	16.5	184.7	629.6	582.5	13.2	45.1	41.7
2008	16.4	193.9	614.1	559.4	14.2	44.9	40.9
2009	15.8	200.8	588.4	531.3	15.2	44.6	40.2
2010	15.5	206.8	561.4	512.8	16.1	43.8	40.0
2011	15.6	279.0	569.2	509.9	20.5	41.9	37.5
2012	15.1	289.5	544.0	500.5	21.7	40.8	37.5
2013	15.0	300.2	512.2	481.5	23.2	39.6	37.2
2014	14.8	303.8	501.3	468.3	23.9	39.4	36.8
2015	14.7	297.6	480.1	471.1	23.8	38.4	37.7

注：2011-2015年大学生包含研究生、普通本专科及成人本专科在校生。

22-20　各地区普通高等学校基本情况

(2015年)　　单位：人

地　区	学校数(所)	招生数	在校学生数	毕业生数	教职工数	#专任教师
总　计	**116**	**274148**	**1005650**	**258296**	**97924**	**65179**
沈　阳	47	108249	404032	100733	41932	27537
大　连	30	75035	290025	69061	27803	18351
鞍　山	3	8558	34113	10364	2887	2048
抚　顺	5	11218	42623	11294	3483	2449
本　溪	2	3817	12985	3865	1374	789
丹　东	3	8641	26913	8337	2536	1567
锦　州	9	21463	80579	21506	7062	5013
营　口	3	6622	17514	4526	1504	1022
阜　新	2	7603	30825	8845	2744	2095
辽　阳	3	6264	17566	5679	1318	1127
盘　锦	2	2273	7093	2173	1177	438
铁　岭	4	6901	18011	5327	2126	1318
朝　阳	1	2000	5192	1849	747	492
葫芦岛	2	5504	18179	4737	1231	933

22-21　各地区中等职业学校基本情况

(2015年)　　单位：人

地　区	学校数(所)	招生数	在校学生数	毕业生数	教职工数	#专任教师
总　计	**290**	**111181**	**325311**	**107471**	**28194**	**20411**
沈　阳	82	26544	79474	25065	8108	5478
大　连	53	17680	49935	17037	4145	3008
鞍　山	16	5521	17110	5467	1578	1157
抚　顺	16	4773	14571	6211	1596	1170
本　溪	9	3173	9597	3824	1295	1025
丹　东	16	6169	19427	6021	1393	1021
锦　州	9	9514	25166	6789	1509	1169
营　口	14	5516	15383	5856	1445	1135
阜　新	13	5243	16961	6268	1492	1028
辽　阳	9	4585	13319	3664	795	628
盘　锦	7	3006	9002	3411	645	531
铁　岭	20	6325	19053	6047	1211	872
朝　阳	14	8014	22380	7950	1924	1358
葫芦岛	12	5118	13933	3861	1058	831

22-22 各地区普通高中基本情况

(2015年)

单位：人

地 区	学校数(所)	招生数	在校学生数	毕业生数	教职工数	#专任教师
总 计	**412**	**209790**	**634787**	**223546**	**59931**	**50054**
沈 阳	86	36449	104696	36348	11170	9428
大 连	78	30482	92277	31743	9476	7866
鞍 山	36	15618	46796	16469	4408	3662
抚 顺	23	8697	26703	10174	2977	2384
本 溪	13	6393	19772	7331	1981	1649
丹 东	23	12820	39493	14490	3218	2748
锦 州	27	13815	43680	15520	3741	3019
营 口	15	9689	31614	10897	2874	2498
阜 新	20	9860	30487	10983	2404	1965
辽 阳	14	7935	23829	8835	2229	1900
盘 锦	11	9735	29820	9899	2604	2219
铁 岭	20	13231	40049	14002	3239	2730
朝 阳	27	20707	62135	22479	6020	4967
葫芦岛	19	14359	43436	14376	3590	3019

22-23 各地区普通初中基本情况

(2015年)

单位：人

地 区	学校数(所)	招生数	在校学生数	毕业生数	教职工数	#专任教师
总 计	**1517**	**304681**	**1012944**	**337313**	**119711**	**98838**
沈 阳	209	48602	162601	53794	19144	14862
大 连	207	41113	139872	47814	16164	14121
鞍 山	127	27375	87723	28264	10409	8342
抚 顺	82	11343	38408	12993	5665	4803
本 溪	44	9359	29470	9892	4257	3419
丹 东	102	18411	57010	18923	6674	5607
锦 州	103	20440	67817	22758	7645	6212
营 口	87	16059	57885	19337	6343	5498
阜 新	74	13637	45212	15076	5964	4604
辽 阳	64	12777	44259	15572	4990	4175
盘 锦	59	9756	39492	12165	5176	3934
铁 岭	106	20576	67415	22725	8399	7262
朝 阳	142	30012	96182	31777	10770	8902
葫芦岛	111	25221	79598	26223	8111	7097

22-24 各地区普通小学基本情况

(2015年)

单位：人

地　区	学校数(所)	招生数	在校学生数	毕业生数	教职工数	#专任教师
总　计	**4234**	**325478**	**1999564**	**305116**	**158311**	**140002**
沈　阳	274	62046	365148	47953	25182	22321
大　连	526	53736	300089	41114	20448	18255
鞍　山	535	26213	166346	27712	13387	10925
抚　顺	123	12242	75325	11451	7445	6661
本　溪	70	8441	53102	9445	5967	4653
丹　东	448	14415	94889	18380	8976	8070
锦　州	378	19975	131150	20624	10817	9747
营　口	157	19451	114411	16334	7862	7451
阜　新	75	13293	83093	13945	8217	7318
辽　阳	168	11663	74983	12428	6140	5407
盘　锦	54	10413	67968	8997	5700	5232
铁　岭	298	19308	127214	20674	11457	10301
朝　阳	654	30744	190674	30572	15414	13391
葫芦岛	474	23538	155172	25487	11299	10270

22-25 各地区特殊教育基本情况

(2015年)

单位：人

地　区	学校数(所)	招生数	在校学生数	毕业生数	教职工数	#专任教师
总　计	**73**	**1047**	**8493**	**947**	**2741**	**2042**
沈　阳	15	212	1591	172	629	417
大　连	11	321	1759	217	466	342
鞍　山	6	37	485	149	260	182
抚　顺	3	48	457	36	107	93
本　溪	2	37	217	24	55	38
丹　东	6	24	650	25	227	195
锦　州	7	36	495	51	201	155
营　口	4	73	684	124	181	144
阜　新	5	53	363	48	148	111
辽　阳	3	28	281	22	99	81
盘　锦	1	27	166	14	28	26
铁　岭	4	42	582	19	137	114
朝　阳	3	63	434	32	130	94
葫芦岛	3	46	329	14	73	50

22-26 各地区每十万人口各级学校平均在校生数

(2015年) 单位：人

地 区	幼儿园	小学	初中阶段	高中阶段	高等学校
总 计	**2146**	**4711**	**2387**	**2415**	**2976**
沈 阳	2288	4997	2225	1956	7097
大 连	2483	5049	2354	2056	6304
鞍 山	2335	4777	2519	2057	1261
抚 顺	1718	3465	1767	1991	2104
本 溪	1851	3494	1939	1878	1087
丹 东	1767	3962	2380	2380	1189
锦 州	1968	4296	2221	2219	3476
营 口	2168	4904	2481	2137	770
阜 新	1863	4350	2367	2577	2260
辽 阳	1827	4168	2460	2246	992
盘 锦	2293	5261	3057	2806	549
铁 岭	2159	4212	2232	2092	613
朝 阳	2009	5598	2824	2612	172
葫芦岛	2302	5528	2836	2313	657

注：高中阶段为生源数据且各市不含技工学校数据。

22-27 科技活动基本情况

指 标	单位	2005年	2008年	2009年	2010年	2011年	2012年	2013年	2014年	2015年
科技活动人员	万人	18.6	20.4	23.5	21.9	23.8	25.5	27.6	28.2	25.6
# 科学家和工程师	万人	12.3	14.8							
研究与试验发展折合全时人员	万人年	6.7	7.9	9.2	8.5	8.1	8.7	9.5	10.0	13.7
# 科学家和工程师	万人年	5.6	6.8							
科技经费筹集额	亿元	217.0	363.4							
# 政府资金	亿元	42.7	78.4							
企业资金	亿元	153.3	263.3							
金融机构贷款	亿元	7.4	9.2							
科技经费内部支出	亿元	204.2	346.1							
# 劳务费	亿元	36.2	57.0							
固定资产购建费	亿元	43.0	96.7							
研究与试验发展经费支出	亿元	125.3	194.2	241.1	287.5	363.8	390.9	445.9	435.2	363.4
# 基础研究	亿元	3.0	5.1	6.2	7.3	11.6	14.8	15.7	20.1	26.7
应用研究	亿元	23.2	29.6	25.8	36.2	52.7	60.9	55.6	62.3	61.1
试验发展	亿元	93.1	153.0	209.1	244.0	299.5	315.2	374.6	352.9	275.6
研究与试验发展经费支出占生产总值比重	%	1.6	1.1	1.6	1.6	1.6	1.6	1.6	1.5	1.3
技术市场成交额	亿元	86.5	99.7	119.8	130.7	159.7	230.7	180.0	250.9	292.0
专利申请受理数	件	15672	20899	25803	34218	37123	39490	45996	37860	42153
发明	件	3267	6499	7125	9884	14715	19740			
实用新型	件	8192	10348	12634	14996	17684	15691			
外观设计	件	4213	4052	6045	9338	4724	4059			
专利申请授权数	件	6195	10665	12198	17093	19176	21216	21656	19525	25182
发明	件	942	1516	1994	2357	3164	3995			
实用新型	件	4235	8256	8585	12067	13584	14824			
外观设计	件	1018	893	1620	2669	2428	2397			

22-28 科学研究和开发机构基本情况

指　　标	单位	2005年	2008年	2009年	2010年	2011年	2012年	2013年	2014年	2015年
科技活动人员	万人	2.00	2.00	1.90	1.81	1.88	1.93	2.26	2.34	2.45
#科学家和工程师	万人	1.60	1.60							
研究与试验发展折合全时人员	万人年	0.55	0.59	1.09	1.13	1.22	1.29	1.38	1.38	1.38
#科学家和工程师	万人年	0.49	0.55							
#基础研究	万人年	0.05	0.06	0.10	0.13	0.12	0.16	0.17	0.16	0.26
应用研究	万人年	0.16	0.20	0.36	0.37	0.40	0.52	0.54	0.45	0.54
试验发展	万人年	0.34	0.32	0.63	0.63	0.70	0.61	0.65	0.78	0.58
科技经费筹集额	亿元	26.0	41.6							
#政府资金	亿元	14.9	25.7							
企业资金	亿元	6.4	8.5							
金融机构贷款	亿元									
科技经费内部支出	亿元	25.9	38.1							
# 劳务费	亿元	6.5	9.7							
固定资产购建费	亿元	5.3	8.2							
研究与试验发展经费支出	亿元	11.2	16.9	31.1	44.2	45.7	53.3	58.8	56.0	62.2
#基础研究	亿元	1.0	1.8	2.6	3.3	3.7	5.6	5.4	6.4	10.1
应用研究	亿元	3.2	5.9	12.3	14.7	16.1	22.1	27.0	22.4	29.7
试验发展	亿元	5.0	6.1	16.2	26.2	26.0	25.7	26.3	27.2	22.4

22-29 大中型工业企业科技活动基本情况

指　　标	单位	2008年	2009年	2010年	2011年	2012年	2013年	2014年	2015年
有科技活动的企业	个	303			253	276	369	356	311
占全部企业的比重	%	22.0			13.8	12.5	16.3	17.2	20.1
科技机构数	个	332	399	358	280	309	354	320	281
科技活动人员	万人	10.5		10.5	11.4		12.8		10.3
# 科学家和工程师	万人	7.1							
研究与试验发展折合全时人员	万人年	4.0	5.2	4.5	4.0	4.2	4.6	4.8	3.8
# 科学家和工程师	万人年	3.3							
科技机构科技活动人员	万人	3.8	4.1		3.1	4.2	4.0	3.7	2.3
# 科学家和工程师	万人								
科技经费筹集额	亿元	242.3							
# 政府资金	亿元	20.9							
企业资金	亿元	213.9							
金融机构贷款	亿元	6.1							
科技经费内部支出	亿元	233.2							
# 开发新产品经费支出	亿元	122.6	199.2	196.7	241.8	254.4	293.6	268.6	213.1
科技经费支出占主营业务收入比重	%	1.6	1.4	1.0	1.1	1.1	1.2	1.1	1.2
研究与试验发展经费支出	亿元	129.0	166.4	191.3	238.2	259.8	290.8	272.0	209.9
技术引进经费支出	亿元	22.7	27.4	6.4	3.5	5.2	5.5	7.3	5.5
消化吸收经费支出	亿元	3.2	4.7	4.6	3.0	6.1	4.7	3.1	3.2
购买国内技术支出	亿元	20.3	18.9	15.8	17.4	14.4	6.2	4.2	5.8

22-30 高等学校科技活动情况

指　　标	单位	2005年	2008年	2009年	2010年	2011年	2012年	2013年	2014年	2015年
科技活动人员	万人	2.6	3.3	5.7	5.8	5.9	5.7	6.4	6.6	7.3
# 科学家和工程师	万人	2.2	2.8							
研究与试验发展机构	个	277	396							
研究与试验发展折合全时人员	万人年	1.3	1.6	1.5	1.6	1.5	1.6	1.7	1.7	1.7
# 科学家和工程师	万人年	1.3	1.6							
# 基础研究	万人年	0.4	0.6	0.6	0.6	0.6	0.6	0.7	0.8	0.8
应用研究	万人年	0.6	0.9	0.8	0.8	0.9	0.9	0.9	0.8	0.8
试验发展	万人年	0.3	0.1	0.1	0.1	0.1	0.1	0.1	0.09	0.1
科技经费筹集额	亿元	21.4	31.6							
# 政府资金	亿元	8.0	12.8							
企业资金	亿元	11.6	17.3							
金融机构贷款	亿元									
科技经费内部支出	亿元	19.1	28.0							
# 劳务费	亿元	3.9	4.3							
固定资产购建费	亿元	2.7	5.2							
研究与试验发展经费支出	亿元	12.3	21.1	23.6	24.5	32.6	37.3	41.4	42.3	46.4
# 基础研究	亿元	1.4	3.1	3.6	4.0	7.9	8.6	10.3	13.6	16.2
应用研究	亿元	7.1	9.9	11.8	15.8	20.5	18.9	19.8	24.7	25.9
试验发展	亿元	3.7	8.1	8.3	4.7	4.2	9.8	11.3	4.0	4.3

主要统计指标解释

普通高等学校 指按照国家规定的设置标准和审批程序批准举办的，通过全国普通高等学校统一招生考试，招收高中毕业生为主要培养对象，实施高等教育的全日制大学、独立设置的学院和高等专科学校、高等职业学校和其他机构。

大学、独立设置的学院主要实施本科层次以上教育，高等专科学校、高等职业学校实施专科层次教育，其他机构是承担国家普通招生计划任务不计校数的机构。包括普通高等学校分校和批准筹建的普通高等学校等。

成人高等学校 指按照国家规定的设置标准和审批程序批准举办的，通过全国成人高等学校统一招生考试，招收具有高中毕业或同等学历的在职从业人员为主要培养对象，利用函授、业余、脱产等多种形式对其实施高等学历教育的学校。包括职工高等学校、农民高等学校、管理干部学院、教育学院、独立函授学院、广播电视大学、其他机构等。其他机构是承担国家成人招生计划任务不计校数的机构。

小学学龄儿童净入学率 指调查范围内已入小学学习的学龄儿童占校内外学龄儿童总数(包括弱智儿童，不包括盲聋哑儿童)的比重。计算公式为:

小学学龄儿童净入学率=已入学的小学学龄儿童数/校内外小学学龄儿童总数 × 100%

国家财政性教育经费 包括国家财政预算内教育经费，各级政府征收用于教育的税费，企业办学校教育经费，校办产业、勤工俭学和社会服务收入用于教育的经费。

财政预算内教育经费 指中央、地方各级财政或上级主管部门在年度内安排，并计划拨到教育部门和其他部门主办的各级各类学校、教育事业单位，列入国家预算支出科目的教育经费，包括教育事业拨款、科研经费拨款、基建拨款和其他经费拨款。

科技活动 指在自然科学、农业科学、医药科学、工程与技术科学、人文与社会科学领域(简称科学技术领域)中，与科技知识的产生、发展、传播和应用密切相关的有组织的活动。可分为研究与试验发展(R&D)、研究与试验发展成果应用及相关的科技服务三类活动。该定义是联合国教科文组织考虑成员国特别是发展中国家开展科技统计工作的需要，而对科技活动所作的统计界定。

科技活动人员 指直接从事科技活动、以及专门从事科技活动管理和为科技活动提供直接服务，累计的实际工作时间占全年制度工作时间 10%及以上的人员。(1)直接从事科技活动的人员包括: 在独立核算的科学研究与技术开发机构、高等学校、各类企业及其他事业单位内设的研究室、实验室、技术开发中心及中试车间(基地)等机构中从事科技活动的研究人员、工程技术人员、技术工人及其它人员；虽不在上述机构工作，但编入科技活动项目(课题)组的人员；科技信息与文献机构中的专业技术人员；从事论文设计的研究生等。(2)专门从事科技活动管理和为科技活动提供直接服务的人员，包括: 独立核算的科学研究与技术开发机构、科技信息与文献机构、高等学校、各类企业及其他事业单位主管科技工作的负责人，专门从事科技活动的计划、行政、人事、财务、物资供应、设备维护、图书资料管理等工作的各类人员，但不包括保卫、医疗保健人员、司机、食堂人员、茶炉工、水暖工、清洁工等为科技活动提供间接服务的人员。该指标用来反映投入科技活动人力的规模。

科学家与工程师 指科技活动人员中具有高、中级技术职称(职务)的人员和不具有高、中级技术职称(职务)的大学本科及以上学历人员。该指标用来反映投入科技活动人力的素质。

研究与试验发展（R&D） 指在科学技术领域，为增加知识总量，以及运用这些知识去创造新的应用进行的系统的创造性的活动，包括基础研究、应用研究、试验发展三类活动。国际上通常采用 R&D 活动的规模和强度指标反映一国的科技实力和核心竞争力。

基础研究 指为了获得关于现象和可观察事实的基本原理的新知识(揭示客观事物的本质、运动规律，获得新发现、新学说)而进行的实验性或理论性研究，它不以任何专门或特定的应用或使用为目的。其成果以科学论文和科学著作为主要形式。用来反映知识的原始创新能力。

应用研究 指为获得新知识而进行的创造性研究，主要针对某一特定的目的或目标。应用研究是为了确定基础研究成果可能的用途，或是为达到预定的目标探索应采取的新方法(原理性)或新途径。其成果形式以科学论文、专著、原理性模型或发明专利为主。用来反映对基础研究成果应用途径的探索。

试验发展 指利用从基础研究、应用研究和实际经验所获得的现有知识，为产生新的产品、材料和装置，建立新的工艺、系统和服务，以及对已产生和建立的上述各项作实质性的改进而进行的系统性工作。其成果形式主要是专利、专有技术、具有新产品基本特征的产品原型或具有新装置基本特征的原始样机等。在社会科学领域，试验发展是指把通过基础研究、应用研究获得的知识转变成可以实施的计划(包括为进行检验和评估实施示范项目)的过程。人文科学领域没有对应的试验发展活动。主要反映将科研成果转化为技术和产品的能力，是科技推动经济社会发展的物化成果。

研究与试验发展人员 指参与研究与试验发展项目研究、管理和辅助工作的人员， 包括项目(课题)组人员，企业科技行政管理人员和直接为项目(课题)活动提供服务的辅助人员。反映投入从事拥有自主知识产权的研究开发活动的人力规模。

研究与试验发展人员全时当量 指全时人员数加非全时人员按工作量折算为全时人员数的总和。例如:有两个全时人员和三个非全时人员(工作时间分别为 20%、30%和 70%)，则全时当量为 2+0.2+0.3+0.7=3.2 人年。为国际上比较科技人力投入而制定的可比指标。

专业技术人员 指从事专业技术工作和专业技术管理工作的人员，即企事业单位中已经聘任专业技术职务从事专业技术工作和专业技术管理工作的人员，以及未聘任专业技术职务，现在专业技术岗位上工作的人员。包括工程技术人员，农业技术人员，科学研究人员，卫生技术人员，教学人员，经济人员，会计人员，统计人员，翻译人员，图书资料、档案、文博人员，新闻出版人员，律师、公证人员，广播电视播音人员，工艺美术人员，体育人员，艺术人员及企业政治思想工作人员，共十七个专业技术职务类别。用来反映科技人力资源情况。

科技活动经费筹集 指从各种渠道筹集到的计划用于科技活动的经费，包括政府资金、企业资金、事业单位资金、金融机构贷款、国外资金和其他资金等。反映各社会经济主体对促进科技进步所做的努力。

政府资金 指从各级政府部门获得的计划用于科技活动的经费，包括科学事业费、科技三项费、科研基建费、科学基金、教育等部门事业费中计划用于科技活动的经费以及政府部门预算外资金中计划用于科技活动的经费等。

企业资金 指从自有资金中提取或接受其他企业委托的，科研院所和高校等事业单位接受企业委托获得的，计划用于科研和技术开发的经费。不包括来自政府、金融机构及国外的计划用于科技活动的资金。

金融机构贷款 指从各类金融机构获得的用于科技活动的贷款。

科技活动经费内部支出 指报告年内用于科技活动的实际支出，包括劳务费、科研业务费、科研管理费，非基建投资购建的固定资产、科研基建支出以及其他用于科技活动的支出。不包括生产性活动支出、归还贷款支出及转拨外单位支出。反映科技投入实际完成情况。

劳务费 指以货币或实物形式直接或间接支付给从事科技活动人员的劳动报酬及各种费用。包括各种形式的工资、津贴、奖金、福利、离退休人员费用、人民助学金等。反映改善科技人员待遇情况。

固定资产购建费 指报告年内使用非基建投资购建的固定资产和用于科研基建投资的实际支出额，即固定资产实际支出和科研基建投资实际完成额之和。固定资产是指长期使用而不改变原有实物形态的主要物资设备、图书资料、实验材料和标本以及其他设备和家具、房屋、建筑物。反映用于改善科研条件和科研手段方面的投入情况。

新产品 指采用新技术原理、新设计构思研制、生产的全新产品，或在结构、材质、工艺等某一方面比原有产品有明显改进，从而显著提高了产品性能或扩大了使用功能的产品。既包括政府有关部门认定并在有效期内的新产品，也包括企业自行研制开发，未经政府有关部门认定，从投产之日起一年之内的新产品。用来反映科技产出及对经济增长的直接贡献。

二十三、文化、体育和卫生

Chapter 23 Culture, Sports and Public Health

23-1 文化事业基本情况

项目	2006年	2008年	2009年	2010年	2011年	2012年	2013年	2014年	2015年
一、文化事业机构数(个)	**19085**	**17479**	**15255**	**14690**	**13563**	**13054**	**12910**	**12915**	**11741**
文化部门	10338	6475	2279	2130	2106	2093	2074	2075	2062
其他部门	8747	11004	12976	12560	11457	10961	10836	10840	9679
二、文化事业人员数(人)	**92380**	**68767**	**78359**	**75215**	**70313**	**67659**	**71622**	**71620**	**66014**
文化部门	61946	33248	19677	19044	19307	19731	20009	20008	19197
其他部门	30434	35519	58682	56171	51006	47928	51613	51612	46817
三、各类文化艺术事业单位数(个)									
文化馆、艺术馆	123	123	122	122	122	123	123	122	124
公 共 图 书 馆	126	128	128	128	128	129	129	128	129
博物馆	37	54	61	61	61	62	63	63	64
电影院									
艺术表演场所	50	40	40	38	38	30	26	28	26
艺术表演团体	66	65	63	52	38	23	23	24	23
电影放映单位									

23-2 广播电视事业

项目	单位	2011年	2012年	2013年	2014年	2015年
一、职 工 人 数	**人**	**27332**	**28531**	**28436**	**28700**	**28165**
二、广播事业情况						
广 播 电 台	座	4	4	4		
发射台及转播台	座	35	34	34	35	37
发射机功率	千瓦	1200	1225	1225	1171	1441
平均每天播音时间	小时	83	80	80	1842	1861
广播人口综合覆盖率	%	98.51	98.59	98.63	98.81	99.00
年广播节目制作时间	小时	442709	432646	393806	389989	384687
新闻	小时	59338	60348		51608	53296
综艺	小时	136956	133584		125417	119364
专题	小时	148479	135010		125651	123633
广播剧	小时	2176	7652		6049	6231
广告	小时	58229	56210		44174	43600
其他	小时	37529	39839		37089	38562
三、电视事业情况						
电 视 台	座	5	5	5		
电视发射及转播台	座	368	368	369	359	209
发射机功率	千瓦	583	581	579	497	572
平均每周播出时间	小时	14017	14065	14120	14183	14283
电视人口综合覆盖率	%	98.64	98.68	98.72	98.96	99.07
电视节目制作时间	小时	184320	176710	184836	178639	173285
新闻	小时	30247	28514		28712	29943
综艺	小时	53809	50333		50705	49112
专题	小时	30122	37961		36516	39549
影视剧	小时	1080	1335		1414	1504
广告	小时	42997	35758		33521	30170
其他	小时	26064	22806		27771	23003

23-3 图书、杂志和报纸出版情况

年 份	图书				杂志			报纸		
	种数(种)	#新出版	总印数(万册)	总印张数(万印张)	种数(种)	总印数(万册)	总印张数(万印张)	种数(种)	总印数(万份)	总印张数(万印张)
1991	3603	2799	22000	94000	242	15000	33000	67	99000	71000
1992	3203	2336	21000	90000	255	16000	30000	70	94000	70000
1993	3602		23000	120000	289	16000	38000	84	87000	88000
1994	4419	2986	24000	108000						
1995	3585	1975	18000	79000	295	15000	34000	88	90000	88000
1996	4419	2228	23000	107000	288	14000	31000	97	88000	117000
1997	4979	2678	22000	104000	286	14000	31000	89	99000	124000
1998	5251	2838	24000	114000	274	13000	31000	85	105000	175000
1999	5256	2711	23000	106000	277	13000	32000	85	110000	206000
2000	5008	2752	17082	108047	289	8634	22369	87	125845	319018
2001	5117	2719	18176	123953	306	14043	33907	97	124584	1097498
2002	6632	3026	16374	106225	321	12896	31246	17	52989	110635
2003	6519	2826	15428	92405	322	10881	30241	17	50631	150874
2004	5511	2899	11666	83959	234	6891	25647	81	145408	510101
2005	6598		12394	88222	325	10890	30251	81	145800	510235
2006	7370		12355	91425	324	8025	30537	123	159117	720835
2007	5533	3043	6686	51332	326	10793	39720	122	268855	743621
2008	7216	3592	13588	85791	322	10033	39777	81	179132	830147
2009					317	8424	37759	113	144362	702087
2010	9060	4925	14705	115552	317	4507	40073	75	156800	820203
2011	9883	5208	15148	120937	316	10003	41657	73	161277	998342
2012	9994	5596	11680	95977	312	9840	41715	69	165968	989664
2013	10737	6772	11788	96271	315	9185.15	39698	70	163232	814552
2014	11942	7405	12713	103992	315	8964.98	38376.95	70	151009.9	848948
2015	10964	5806	12557	98363	312	8846.84	37294.49	70	132935	617000

注：2002年报纸为省级报纸统计数。

23-4 图书出版分类构成情况

(2015年)

	种数 (种)	总印数 (万册)	总印张 (千印张)
标准图书合计	10961	12555.76	983593.72
马列主义、毛泽东思想	19	3.49	531.18
哲　学	109	43.35	7051.03
社会科学总论	173	55.50	9379.62
政治、法律	224	64.23	10521.47
军　事	19	7.56	1632.25
经　济	1065	459.34	81852.45
文化、科学、教育、体育	4613	9380.98	618761.12
语言、文字	567	279.30	31386.50
文　学	1118	1308.96	114590.52
艺　术	1129	226.89	23267.65
历史、地理	328	191.43	17724.40
自然科学总论	15	5.04	660.83
数理科学、化学	139	47.07	6924.23
天文学、地球科学	14	3.71	325.82
生物科学	53	15.32	1122.00
医药、卫生	272	100.78	10724.39
农业科学	47	19.62	1522.71
工业技术	745	213.01	30930.77
交通运输	234	74.58	11145.44
航空、航天	2	0.80	53.22
环境科学	22	37.44	1002.66
综合性图书	54	17.37	2483.47
非标图书合计	3	1.40	36.67

23-5 体委系统职工人数

(2015年) 单位：人

人员分类	合计	#优秀运动队	#体育运动学校	#少儿业余体校	#公共体育场馆	#体育服务公司
全　省	**6890**	**2246**	**1256**	**857**	**656**	
运动员	1646	1607	34	5		
专职教练员	1366	243	437	502	61	
专职文化教师	355	27	261	33		
科技人员	43	2	4			
宣传出版人员						
医务人员	39	5	4	1	1	
管理人员	1673	254	345	189	345	
其它人员	75	23	1	8		

23-6 运动员历年创世界纪录情况

年　份	项数(项)	#女子	人数(人)	#女子	次数(次)	#女子
1986	1	-	1	-	1	-
1987	3	2	7	5	12	9
1988	2	2	4	4	9	9
1989	10	10	4	4	10	10
1990	2	1	4	3	2	1
1991	8	8	6	6	10	10
1992	3	3	8	8	20	20
1993	20	18	14	12	30	27
1994	3	3	4	4	4	4
1995	1	1	1	1	1	1
1996	2	2	1	1	3	3
1997	9	9	5	5	11	11
1998	17	15	14	12	20	18
1999	13	12	9	8	22	21
2000	4	3	2	1	7	6
2001	4	4	6	6	4	4
2002	11	11	7	7	13	13
2003	13	-	7	-	34	-
2004	4	4	3	3	4	4
2005	3	3	3	3	4	4
2006	3	3	1	1	3	3
2007						
2008						
2009	3	3	2	2	4	4
2010						
2011	1	1	1	4	4	4
2012	3	3	1	1	4	4
2013						
2014						
2015						

注:总计的项数和人数中剔除了历年重复数(以下同)。

23-7 运动员分项获得世界冠军情况

(2015年)

项目	项数(项)	#女子	人数(人)	#女子	次数(次)	#女子
总计	**8**	**6**	**6**	**5**	**10**	**8**
游泳	1	1	1	1	1	1
排球	1	1	2	2	2	2
蹼泳	6	4	3	2	7	5

23-8 运动员近年获得世界冠军情况

年份	项数(项)	#女子	人数(人)	#女子	次数(次)	#女子
1986	6	4	8	4	8	4
1987	4	3	6	4	8	6
1988	2	1	4	3	10	8
1989	11	10	5	4	11	10
1990	11	7	7	4	12	8
1991	15	13	7	5	16	14
1992	6	5	8	7	13	12
1993	24	24	18	18	24	24
1994	4	4	7	5	12	8
1995	7	3	9	5	8	4
1996	6	6	5	5	8	8
1997	7	7	4	4	7	7
1998	14	8	11	9	15	8
1999	14	12	9	8	15	13
2000	9	7	6	5	9	7
2001	9	9	4	4	9	9
2002	12	10	10	8	12	10
2003	18	-	12	-	19	-
2004	11	10	11	10	12	11
2005	6	6	6	6	6	6
2006	11	10	11	10	11	10
2007	14	14	12	12	20	20
2008	13	13	10	10	15	15
2009	7	7	4	4	7	7
2010	6	6	12	12	13	13
2011	7	9	11	23	26	23
2012	7	5	9	7	8	6
2013	13	11	12	10	15	13
2014	7	7	5	5	7	7
2015	8	6	6	5	10	8

23-9 运动员分项创获亚洲冠军情况

(2015年)

项 目	项数(项)	#女子	人数(人)	#女子	次数(次)	#女子
总 计	**15**	**11**	**14**	**9**	**15**	**11**
赛艇	4	2	4	2	4	2
蹼泳	6	5	3	2	6	5
摔跤	2	2	2	2	2	2
柔道	1	1	1	1	1	1
篮球	1		2		1	
排球	1	1	2	2	1	1
帆板						
田径						

23-10 与外国体育活动交往情况

项 目	单位	2006年	2008年	2009年	2010年	2011年	2012年	2013年	2014年	2015年
来我省的体育团体										
次 数	次	6	29	15	10	5	5	8	4	5
人 数	人	97	214	188	98	74	92	151	57	84
我省派出的体育团体										
次 数	次	104	42	15	20	13	10	2	4	21
人 数	人	336	176	108	140	164	101	38	20	256

23-11 卫生机构、床位数、人员数

(2015年)

卫生机构名称	机构数(个)	床位数(张)	人员数(人)				
			合计	卫生技术人员			
				小计	执业(助理)医师	#执业医师	注册护士
总　计	**35247**	**266986**	**348554**	**264441**	**104562**	**94240**	**110984**
一、医院	**1020**	**222644**	**228870**	**186851**	**66516**	**63279**	**88580**
综合医院	610	152746	166918	138174	48762	46665	67018
中医医院	115	23581	23349	19211	7653	7106	7577
中西医结合医院	10	1685	1839	1500	610	571	651
民族医院	1	300	253	210	79	67	68
专科医院	282	44132	36448	27733	9404	8862	13257
口腔医院	21	430	2110	1776	898	858	617
眼科医院	21	1163	1818	1103	336	320	534
肿瘤医院	5	3977	3205	2585	939	935	1202
心血管病医院	3	240	151	91	43	31	35
胸科医院	1	385	264	188	59	54	98
妇产(科)医院	34	4830	7398	5814	2129	2024	2786
儿童医院	5	1237	2098	1726	526	524	797
精神病医院	46	15759	6382	4597	1229	1152	2642
传染病医院	14	5446	4373	3318	993	959	1601
皮肤病医院	7	332	479	361	125	121	165
结核病医院	6	1872	1123	761	207	192	385
骨科医院	23	2460	1865	1478	630	522	544
康复医院	24	2633	1559	1041	304	272	453
整形外科医院	5	95	127	102	28	25	64
美容医院	11	192	571	418	163	151	205
其他专科医院	56	3081	2925	2374	795	722	1129
护理院	2	200	63	23	8	8	9
二、基层医疗卫生机构	**33112**	**35256**	**94422**	**59808**	**30578**	**24580**	**18893**
社区卫生服务中心(站)	1146	5378	15846	13322	5503	4857	5510
社区卫生服务中心	369	5378	11558	9525	3747	3264	3851
社区卫生服务站	777		4288	3797	1756	1593	1659
卫生院	1025	29826	25041	18810	8693	5629	5081
街道卫生院	17	258	268	211	111	86	63
乡镇卫生院	1008	29568	24773	18599	8582	5543	5018
中心卫生院	250	10808	9671	7507	3441	2311	2101
乡卫生院	758	18760	15102	11092	5141	3232	2917
村卫生室	19777		26745	2143	1801	928	342
门诊部	535	52	6052	5247	2710	2439	1794
综合门诊部	254	12	3609	3091	1545	1411	1008
中医门诊部	60	40	505	429	250	238	102
中西医结合门诊部	14		146	136	67	58	47
专科门诊部	207		1792	1591	848	732	637
诊所.卫生所.医务室	10629		20738	20286	11871	10727	6166
诊所	9292		17805	17468	10440	9574	5418
卫生所、医务室	1337		2933	2818	1431	1153	748
三、专业公共卫生机构	**959**	**3376**	**22637**	**16277**	**6856**	**5879**	**3016**
疾病预防控制中心	131		7674	5650	2935	2475	443

23-11 续表 1

卫生机构名称	机构数(个)	床位数(张)	人员数(人)				
			合计	卫生技术人员			
				小计	执业(助理)医师	#执业医师	注册护士
省属	1		402	251	111	110	2
省辖市(地区)属	17		2259	1736	942	904	126
地辖市属	77		3208	2424	1221	943	248
县属	27		1470	991	533	407	41
其他	9		335	248	128	111	26
专科疾病防治院(所、站)	85	2020	2932	2154	967	787	607
专科疾病防治院	8	1134	752	564	222	173	202
职业病防治院	6	834	579	440	161	148	146
其他	2	300	173	124	61	25	56
专科疾病防治所(站、中心)	77	886	2180	1590	745	614	405
口腔病防治所(站、中心)	11		360	298	164	147	83
精神病防治所(站、中心)	1	130	37	24	6	6	15
结核病防治所(站、中心)	49	580	1361	958	412	320	264
职业病防治所(站、中心)	3	100	179	140	60	52	27
地方病防治所(站、中心)	10		199	159	98	84	12
药物戒毒所(中心)	1	76	41	8	3	3	3
其他	2		3	3	2	2	1
健康教育所(站、中心)	11		186	87	67	57	6
妇幼保健院(所、站)	110	1227	4629	3621	1914	1717	941
省属	1	53	180	142	46	42	48
省辖市(地区)属	13	22	405	317	194	189	47
地辖市属	63	629	2474	1974	1057	952	548
县属	27	523	1409	1072	544	464	276
其他	6		161	116	73	70	22
妇幼保健院	37	1143	2519	2008	962	863	625
妇幼保健所	45	64	1446	1116	653	589	223
妇幼保健站	28	20	664	497	299	265	93
急救中心(站)	13	129	1104	636	288	284	314
采供血机构	23		1446	1006	192	171	485
卫生监督所(中心)	89		2598	2154			
省属	1		104	78			
省辖市(地区)属	14		687	589			
地辖市属	54		1324	1115			
县属	20		483	372			
其他							
计划生育技术服务机构	497		2068	969	493	388	220
四、其他卫生机构	**156**	**5710**	**2625**	**1505**	**612**	**502**	**495**
疗养院	14	5710	1473	898	344	288	379
医学科学研究机构	7		117	65	27	27	6
医学在职培训机构	3		50	13	4	1	4
临床检验中心(所、站)	5		71	31			
统计信息中心	4		49	7			
其他	123		865	491	237	186	106

23-11 续表 2

卫生机构名称	药师(士)	技师(士)	#检验师	其他	其他技术人员	管理人员	工勤技能人员
总　计	**13274**	**14722**	**10312**	**20899**	**13003**	**18381**	**28127**
一、医院	**9826**	**10280**	**6925**	**11649**	**9054**	**12428**	**20537**
综合医院	6629	7490	4958	8275	6141	8090	14513
中医医院	1643	1003	671	1335	971	1287	1880
中西医结合医院	100	104	58	35	91	75	173
民族医院	36	8	7	19	1	38	4
专科医院	1416	1671	1229	1985	1817	2933	3965
口腔医院	25	37	12	199	72	101	161
眼科医院	38	49	39	146	156	360	199
肿瘤医院	133	176	106	135	124	233	263
心血管病医院	5	5	4	3	20	10	30
胸科医院	15	16	10		5	42	29
妇产(科)医院	253	382	316	264	381	490	713
儿童医院	96	113	85	194	115	122	135
精神病医院	193	163	129	370	233	597	955
传染病医院	262	291	235	171	246	313	496
皮肤病医院	39	21	18	11	31	21	66
结核病医院	54	67	43	48	43	73	246
骨科医院	95	107	51	102	100	117	170
康复医院	54	56	36	174	132	164	222
整形外科医院	5	4	4	1	10	9	6
美容医院	15	20	19	15	42	47	64
其他专科医院	134	164	122	152	107	234	210
护理院	2	4	2		33	5	2
二、基层医疗卫生机构	**2955**	**2230**	**1423**	**5152**	**2087**	**2665**	**5260**
社区卫生服务中心(站)	926	694	506	689	699	952	873
社区卫生服务中心	763	579	410	585	564	727	742
社区卫生服务站	163	115	96	104	135	225	131
卫生院	1348	1138	657	2550	1328	1566	3337
街道卫生院	15	11	7	11	14	20	23
乡镇卫生院	1333	1127	650	2539	1314	1546	3314
中心卫生院	526	456	261	983	441	485	1238
乡卫生院	807	671	389	1556	873	1061	2076
村卫生室							
门诊部	239	321	203	183	60	147	598
综合门诊部	157	249	154	132	46	100	372
中医门诊部	49	21	14	7	6	7	63
中西医结合门诊部	8	11	7	3		1	9
专科门诊部	25	40	28	41	8	39	154
诊所.卫生所.医务室	442	77	57	1730			452
诊所	398	45	27	1167			337
卫生所、医务室	44	32	30	563			115
三、专业公共卫生机构	**422**	**2116**	**1890**	**3867**	**1538**	**2892**	**1930**
疾病预防控制中心	88	1212	1161	972	462	936	626

23-11 续表 3

卫生机构名称	药师(士)	技师(士)	#检验师	其他	其他技术人员	管理人员	工勤技能人员
省属		123	123	15	13	98	40
省辖市(地区)属	42	483	467	143	180	219	124
地辖市属	30	392	375	533	132	439	213
县属	11	178	162	228	117	140	222
其他	5	36	34	53	20	40	27
专科疾病防治院(所、站)	134	238	152	208	233	294	251
专科疾病防治院	35	72	52	33	99	41	48
职业病防治院	32	68	50	33	59	32	48
其他	3	4	2		40	9	
专科疾病防治所(站、中心)	99	166	100	175	134	253	203
口腔病防治所(站、中心)	2	2		47	16	30	16
精神病防治所(站、中心)	2	1	1			2	11
结核病防治所(站、中心)	84	120	67	78	88	172	143
职业病防治所(站、中心)	4	22	17	27	23	7	9
地方病防治所(站、中心)	7	19	14	23	7	13	20
药物戒毒所(中心)		2	1			29	4
其他							
健康教育所(站、中心)	2	2	2	10	52	31	16
妇幼保健院(所、站)	138	346	289	282	243	481	284
省属	8	15	13	25	4	18	16
省辖市(地区)属	8	58	50	10	25	45	18
地辖市属	67	173	149	129	139	234	127
县属	50	85	62	117	67	155	115
其他	5	15	15	1	8	29	8
妇幼保健院	82	170	132	169	126	212	173
妇幼保健所	40	128	115	72	72	187	71
妇幼保健站	16	48	42	41	45	82	40
急救中心(站)	14	8	6	12	60	81	327
采供血机构	12	231	230	86	171	120	149
卫生监督所(中心)				2154	75	236	133
省属				78	8	15	3
省辖市(地区)属				589	4	45	49
地辖市属				1115	46	118	45
县属				372	17	58	36
其他							
计划生育技术服务机构	34	79	50	143	242	713	144
四、其他卫生机构	**71**	**96**	**74**	**231**	**324**	**396**	**400**
疗养院	35	23	18	117	89	189	297
医学科学研究机构	10	7	7	15	15	36	1
医学在职培训机构	4			1	11	18	8
临床检验中心(所、站)		30	30	1		15	25
统计信息中心	1			6	29	10	3
其他	21	36	19	91	180	128	66

23-12　各地区卫生机构、床位数

(2015年)

地　区	卫生机构数(个)	#医院	#乡镇卫生院	#门诊部	#疾病预防控制中心(防疫站)	#妇幼保健院(所站)	医疗机构床位数(张)	每千人口医疗机构床位数(张)
总　计	**35247**	**1020**	**1008**	**535**	**131**	**110**	**266986**	**6.09**
沈　阳	4940	216	111	157	16	15	58959	7.11
大　连	4033	131	93	220	17	12	42863	6.13
鞍　山	3242	85	72	46	8	8	23784	6.59
抚　顺	1435	58	47	24	9	8	14288	6.89
本　溪	675	37	34	16	8	7	11041	6.42
丹　东	1568	46	76	10	10	5	15898	6.59
锦　州	2446	64	72	1	8	8	15269	4.98
营　口	2146	79	48	13	9	6	12073	4.94
阜　新	1410	52	63	1	8	8	11188	6.29
辽　阳	1859	56	36	9	8	8	13293	7.20
盘　锦	978	42	32	8	6	3	8343	5.81
铁　岭	3123	41	93	11	9	7	11517	4.34
朝　阳	4450	60	135	11	8	8	15697	5.32
葫芦岛	2942	53	96	8	7	7	12773	5.00

23-13　各地区卫生机构人员数

(2015年)　　单位：人

地　区	卫生机构人员合计	#卫生技术人员	#执业(助理)医师	#注册护士	每千人口执业(助理)医师数	每千人口注册护士数
总　计	**348554**	**264441**	**104562**	**110984**	**2.39**	**2.53**
沈　阳	79606	64188	24797	28097	2.99	3.39
大　连	62113	48800	18986	22036	2.72	3.15
鞍　山	27143	20398	8012	8540	2.22	2.37
抚　顺	16190	12823	5322	5343	2.57	2.58
本　溪	13604	10706	3558	4983	2.07	2.90
丹　东	17077	12505	5062	5065	2.10	2.10
锦　州	17993	12590	4984	4697	1.62	1.53
营　口	16806	12437	5236	5005	2.14	2.05
阜　新	15915	11771	4232	5222	2.38	2.94
辽　阳	12114	9167	3986	3538	2.16	1.92
盘　锦	12639	9481	3795	3966	2.64	2.76
铁　岭	18284	12452	5769	4182	2.17	1.58
朝　阳	23554	16219	6443	6155	2.18	2.09
葫芦岛	15516	10904	4380	4155	1.71	1.63

主要统计指标解释

文化事业机构 指从事专业文化工作和为专业文化工作服务的独立建制的单位。不包括这些单位另外举办独立核算的其他机构和各部门的业余文化组织。该指标主要反映文化事业机构发展规模水平。

艺术表演团体 指从事戏曲、音乐、舞蹈、杂技等专业艺术表演，有独立帐户的单位，不包括半工半艺、半农半艺和民间职业剧团。该指标主要反映全国专业艺术表演团体发展规模水平。

艺术表演观众人数(人次) 指售票、包场演出或民族地区免费演出的艺术表演观众人次数，不包括彩排审查和内部观摩演出的观看人次数。该指标主要反映全国观看专业艺术表演团体演出的效益规模。

卫生机构 包括医疗机构、疾病预防控制中心(防疫站)、采供血机构、卫生监督及监测(检验)机构、医学科研和在职培训机构、健康教育所等。

医疗机构 包括医院、社区卫生服务中心(站)、疗养院、卫生院、门诊部、诊所(卫生所、医务室)、妇幼保健院(所、站)、专科疾病防治院(所、站)、急救中心(站)和临床检验中心。医疗机构分为非赢利性医疗机构和赢利性医疗机构。

医院 包括综合医院、中医医院、中西医结合医院、民族医院、各类专科医院和护理院。

卫生技术人员 指卫生机构中医生、护理人员、药剂人员、检验人员等卫生技术人员。

医生 指在医疗、预防保健机构工作且取得《执业医师证书》的执业医师和执业助理医师。

卫生服务总费用 反映全国当年用于医疗卫生保健服务所消耗的资金总额，用筹资来源法测算。政府预算卫生支出指各级政府用于卫生事业的财政预算拨款。社会卫生支出指政府预算外的卫生资金投入，主要表现为社会医疗保险。其中包括如企事业单位和乡村集体经济单位举办的医疗卫生机构的设施建设费，企业职工医疗卫生费，行政事业单位负担的职工公费医疗超支部分等。居民个人卫生支出指城乡居民用自己可支配的经济收入支付的各项医疗卫生费用和医疗保险费用。

二十四、其他社会活动

Chapter 24 Others Social Activities

24-1 历届省人民代表大会的代表人数

届别	年份	代表总数			占代表总数比重(%)	
			#女代表	#少数民族代表	#女代表	#少数民族代表
一届	1954	588		100		17.00
二届	1959	566	107	39	18.90	6.89
三届	1964	795				
四届	1975					
五届	1978	1200	292	160	24.33	13.33
六届	1983	900	219	146	24.33	16.22
七届	1988	725	142	118	19.59	16.28
八届	1993	745	159	115	21.34	15.44
九届	1998	622	123	97	19.77	15.59
十届	2003	619	108	102	17.45	16.48
十一届	2008	616	115	87	18.67	14.12
十二届	2013	619	140		22.62	

24-2 历届省政治协商会议的委员人数

届别	年份	委员总数			占委员总数比重(%)	
			#中国共产党委员	#少数民族委员	#中国共产党委员	#少数民族委员
一届	1954	122	28	16	22.95	13.11
二届	1959	376	123	32	32.71	8.51
三届	1963	403	125	31	31.02	7.69
四届	1977	586	245	57	41.81	9.73
五届	1983	595	220	65	36.97	10.92
六届	1988	696	245	83	35.20	11.93
七届	1993	695	242	81	34.82	11.65
八届	1998	723	283	97	39.14	13.42
九届	2003	750	284	98	37.87	13.07
十届	2008	796	285	119	35.80	14.95
十一届	2013	845	321	129	37.99	15.27

24-3 工会组织情况

年 份	工会基层组织数(个)	全省已建工会组织的基层单位的职工与会员人数(人)				工会专职工作人员数(人)
		职工人数	#女职工	会员人数	#女会员	
1985	22763	8267000	3388000	7421000	3078000	43709
1986	23190	8341973	3462049	7605645	3202109	47842
1987	24742	8536873	3532603	7880001	3257621	47301
1988	25753	8712119	3611855	8034410	3370064	41910
1989	27217	8840457	3665482	8181168	3394077	44150
1990	27836	8968227	3750636	8340951	3497883	46875
1991	28642	8979281	3768625	8387414	3541636	48521
1992	29222	9164759	3828618	8567567	3584922	45584
1993	30083	9177011	3781547	8537051	3540817	41276
1994	27629	9133500	3843987	8420047	3501514	31215
1995	28448	9290683	3987323	9234588	3796173	36167
1996	27517	9095895	3796520	8577752	3564856	39693
1997	24310	8395588	3276594	7180188	2956720	33321
1998	23317	7198855	2994485	6694517	2784204	23766
1999	21647	6199418	2529928	5659855	2315330	21406
2000	41167	8018747	3360629	7515909	3100980	27396
2001	64659			8155000		
2002	41715	8877337	2566828	8606854	2454640	18372
2003	35717	7933711	2540304	7698113	2388475	18683
2004	39963	8402783	2947246	8223150	2820343	20346
2005	43614	8830676	3351654	8621046	3121658	19626
2006	48691	9685316	2927952	9371941	2756933	19931
2007	54264	10882834	2709465	10459638	2578179	21363
2008	67933	11757290	3002389	11338255	2879836	60436
2009	70531	17864409	2998480	11338291	2941172	41272
2010	70055	10617046	3082698	10383383	3025012	32154
2011	91353	9427994	3342545	9114672	3250838	44785
2012	103187	10093887	3551648	9813753	3484323	43643
2013	93575	10154010	3598173	9920926	3527320	56282
2014	93869	10228166	3651549	10021327	3593884	42984
2015	90042	9892794	3563935	9703638	3504419	38938

注：1998年以后工会专职工作人员数为工会专职干部人数。

24-4　妇联组织情况

单位：个

项　　目	2008年	2009年	2010年	2011年	2012年	2013年	2014年	2015年
妇联组织总计								
一、地方妇联	**1709**	**1634**	**1871**	**1633**	**1612**	**1662**	**1683**	**1664**
省级和市级	15	15	15	15	15	15	15	15
县(市)、区、乡(镇)级	1144	1103	1063	1034	1023	1042	1106	1022
街道妇联	550	516	793	584	574	605	657	642
二、农林场妇联								
建立基层妇代会组织数	15313	17427	11216	11133	10937	15713	18681	17251
# 一类妇代会								
二类妇代会								
各类妇女工作委员会	10489	31010	22491	20324	18075	34737	33702	31171
各类妇女联谊组织数	79		47					
民主党派中的妇女组织	59	68	53	77	76			

24-5　律师、公证、调解工作基本情况

项　　目	单位	2008年	2009年	2010年	2011年	2012年	2013年	2014年	2015年
一、律师工作									
律师事务所	个	569	586	644	685	719	741	820	883
律师	人	5943	6298	6648	7430	7925	8540	9130	9667
专职律师	人	5443	5649	5985	6771	7204	7762	8210	8820
兼职律师	人	500	313	339	349	337	339	379	387
聘请担任常年法律顾问的单位	处	7722	9319	8243	7963	8745	9221	10800	9958
民事诉讼代理	件	35373	40558	43807	41708	48999	52395	56301	56982
经济诉讼代理	件								
行政诉讼代理	件	2747	1757	1535	1486	1769	1868	1848	2012
刑事 辨 护	件	17631	22447	19336	21584	20660	22402	25473	24990
非诉讼法律事务	件	13211	16783	14339	17649	13095	12999	17986	12252
解答法律咨询	万人次	16.16	15.90	15.77	19.16	17.89	16.35	13.78	14.82
代写法律事务文书	万件	3.80	3.46	3.80	2.98	3.08	2.56	2.6	2.84
涉外及港澳台	件	9	85	284	234	199			
二、公证工作									
公证处	个	107	106	106	106	108	108	105	103
公证人员	人	1141	1118	1118	1219	1260	1356	1390	1399
#公证员	人	546	510	510	523	516	521	519	509
公证员助理	人	245	252	252	342	342	451	528	525
办理公证文书	万件	66.40	74.00	74.80	74.67	71.62	77.03	64.74	28.77
三、人民调解工作									
专职司法助理员	人	3892	2642	3449	3824	4744	3603	4842	5024
人民调解委员会	个	20682	19929	20267	20008	20118	20289	19523	19516
调 解 人 员	万人	15.50	17.40	17.20	15.17	15.09	15.37	13.57	13.41
调解民间纠纷	万件	13.31	16.10	15.30	17.71	16.13	18.48	23.05	21.85

24-6 国内公证文书分类

(2015年)

分 类	办证件数(件)	比重(%)
合 计	**205879**	**100.00**
合同(协议)	56011	27.20
继承	34141	16.58
单方法律行为	54815	26.62
现场监督	5967	2.90
保全证据	3003	1.46
公司章程	61	0.03
组织资格	85	0.04
财产权	69	0.03
身份	1430	0.70
收养关系	37	0.02
婚姻状况	1078	0.52
亲属关系	3267	1.59
有无违法犯罪记录	269	0.13
其他有法律意义事实	3822	1.86
证书(执照)	2319	1.13
签名(印鉴)	8294	4.03
文本相符	8645	4.20
赋予执行效力	5752	2.80
执行证书	3014	1.46
抵押登记	2484	1.21
提存	37	0.02
保管	5	0.00
其他	11274	5.48

24-7 涉外公证文书分类

(2015年)

分 类	办证件数(件)	比重(%)
合 计	**81854**	**100.00**
合同(协议)	493	0.60
继承	54	0.07
委托	1805	2.21
声明	1534	1.87
遗嘱	0	
其他单方法律行为	349	0.43
公司章程	48	0.06
组织资格	76	0.09
收养关系	5	0.01
婚姻状况	9529	11.64
亲属关系	12053	14.72
出生	10163	12.42
死亡	805	0.98
生存、居住	553	0.68
学历(学位)	7832	9.57
经历	258	0.32
职务(职称)	108	0.13
身份	831	1.02
有无违法犯罪记录	7630	9.32
其他有法律意义事实	4422	5.40
证书(执照)	7253	8.86
签名(印鉴)	3881	4.74
文本相符	9837	12.01
其他	2335	2.85

24-8 调解民间纠纷分类

项 目	调节纠纷(件)						
	2009年	2010年	2011年	2012年	2013年	2014年	2015年
合 计	**161055**	**152950**	**177117**	**161251**	**184754**	**230504**	**218510**
婚姻	42316	34582	41944	35019	41080	50005	48265
继承							
赡、抚、扶养							
家庭							
房屋宅基地	10741	10701	13488	8916	10714	12544	11975
债务							
生产经营					5193	6961	6096
邻里	42316	48363	59923	58896	73095	95775	91536
损害赔 偿	8067	6973	5866	5748	5955	7712	6416
其他	57615	86913	55896	52672	48717	57507	54222

24-8 续表

项 目	各类纠纷所占比重(%)						
	2009年	2010年	2011年	2012年	2013年	2014年	2015年
合 计	**100**	**100**	**100**	**100**	**100**	**100**	**100**
婚姻	26.27	22.61	23.68	21.60	22.24	21.69	22.09
继承							
赡、抚、扶养							
家庭							
房屋宅基地	6.67	7.00	7.62	5.50	5.80	5.44	5.48
债务							
生产经营					2.81	3.02	2.79
邻里	26.27	31.62	33.83	36.32	39.56	41.55	41.89
损害赔 偿	5.01	4.56	3.31	3.54	3.22	3.35	2.94
其他	64.23	56.82	31.56	32.48	26.37	24.95	24.81

24-9 交通事故发生情况

(2015年)

类　别	发生起数(起)	死亡人数(人)	受伤人数(人)	损失折款(万元)
总　计	**5899**	**2278**	**5436**	**2017.7**
机动车	4596	1779	4207	1727.5
# 摩托车	838	361	762	171.1
拖拉机	16	7	20	10.2
非机动车	179	33	162	26.2
# 自行车	33	7	27	6.3
行人乘车	19	10	11	4.7
其他	218	81	247	71.9

24-10 结婚登记和离婚情况

年　份	准予登记结婚(对)			准予登记离婚(对)	离婚率(‰)
		初婚(人)	再婚(人)		
1984	387829	748957	26701	8810	0.24
1985	419729	811197	28261	8963	0.24
1986	440722	845008	36436	14416	0.39
1987	472011	900299	43723	19006	0.51
1988	415219	785176	45262	22379	0.59
1989	395049	739189	43448	22530	0.59
1990	383976	710383	57569	24459	0.63
1991	340245	628962	51528	23541	0.60
1992	411425	772983	49867	24565	0.62
1993	330506	612579	48433	26825	0.68
1994	294877	539149	50605	29890	0.75
1995	304103	553927	54279	29554	0.74
1996	308500	560821	56179	30279	0.75
1997	275310	496601	54019	32828	0.81
1998	264684	473115	56253	34772	0.85
1999	257598	462363	52833	34657	0.85
2000	272644	482897	62391	35300	0.86
2001	253586	448154	59018	40376	0.97
2002	235007	402638	67376	40731	0.98
2003	250933	427360	74506	49299	1.18
2004	290391	496718	84064	74093	1.78
2005	257021	426672	92552	79680	1.90
2006	308815	516992	106182	77273	1.84
2007	288947	481636	101872	86000	2.03
2008	321107	519911	128017	92354	2.18
2009	381661	624029	139293	101452	2.37
2010	321965	504961	138969	99762	2.39
2011	372640	610054	135226	111152	2.45
2012	372862	669605	76119	113198	2.46
2013	369619	671778	67460	123743	2.47
2014	345097	627524	62670	126197	2.90
2015	316977	575281	58673	126826	2.88

24-11 各地区结婚登记和离婚情况

(2015年)

地 区	准予登记结婚(对)	初婚(人)	再婚(人)	准予登记离婚(对)
全 省	**316977**	**575281**	**58673**	**126826**
沈 阳	67733	120764	14702	29382
大 连	54821	102495	7147	19442
鞍 山	25093	46812	3374	9442
抚 顺	15010	26442	3578	8310
本 溪	10256	18258	2254	5058
丹 东	15769	29438	2100	6206
锦 州	13598	25417	1779	5621
营 口	22251	39822	4680	8034
阜 新	12640	23342	1938	5538
辽 阳	11981	22964	998	4794
盘 锦	11352	20638	2066	4694
铁 岭	21598	36075	7121	10320
朝 阳	17475	32504	2446	5235
葫芦岛	16130	28985	3275	4551
省本级	1270	1325	1215	199

24-12 收养性社会福利事业单位基本情况

(2015年)

指 标	单位数(个)	工作人员数(人)	床位数(张)	年末收养人数(人)
收养性福利事业单位	**1435**	**15242**	**146438**	**84809**
#光荣院	35	468	2732	1486
社会福利院	54	1995	12874	8359
城镇老年性福利机构	844	8667	83667	46956
农村老年性福利机构	502	4112	47165	28008

24-13 各地区城乡居民最低生活保障制度情况

(2015年)

地区	城乡居民最低生活保障情况			
	城镇低保人数(人)	保障资金(万元)	农村低保人数(人)	保障资金(万元)
全省	**718132**	**394289**	**794627**	**178619**
沈阳	70420	44166	53936	11073
大连	51338	28199	54701	16114
鞍山	38758	26269	37161	12084
抚顺	86608	40950	48491	9631
本溪	41185	18665	16174	4053
丹东	36679	18590	46194	10995
锦州	29349	19474	61788	13475
营口	57347	24056	72892	13283
阜新	83898	60706	49759	9734
辽阳	36211	15738	57567	12061
盘锦	27478	12586		
铁岭	46902	26396	107732	24872
朝阳	62773	28628	80594	18607
葫芦岛	49186	29866	107638	22637

24-14 各地区优抚事业基本情况

(2015年)

单位：人

地区	优抚对象总人数	革命伤残人员	烈军属人数(三属)	在乡复员军人	其他人员
全省	**222382**	**28373**	**6133**	**23119**	**164757**
沈阳	24736	4634	553	1791	17758
大连	31561	4571	741	2954	23295
鞍山	10759	2278	354	1506	6621
抚顺	8156	1710	617	1061	4768
本溪	7717	1419	213	1010	5075
丹东	14145	2364	590	2846	8345
锦州	27524	2626	829	3144	20925
营口	13494	1752	227	1283	10232
阜新	8855	960	234	748	6913
辽阳	7072	884	270	546	5372
盘锦	3537	587	113	548	2289
铁岭	25991	1516	377	2012	22086
朝阳	20955	1739	465	2233	16518
葫芦岛	17834	1287	550	1437	14560
省本级	46	46			

24-15 基本养老保险参保人员情况

单位：万人

年份、地区	城镇职工基本养老保险				城乡居民基本养老保险（亿元）	城镇职工基本养老保险（亿元）		城乡居民基本养老保险（亿元）	
	合计	在职职工	#企业(含其他)	离退休人数		基金收入	基金支出	基金收入	基金支出
2000	1029.9	748.9	679.7	281.0		181.4	166.3		
2001	1022.8	733.9	666.7	288.9		192.1	179.5		
2002	1039.2	737.0	669.6	302.2		250.1	201.1		
2003	1070.4	754.9	688.6	315.5		262.7	217.7		
2004	1101.0	767.2	695.1	333.8		301.5	246.4		
2005	1193.6	832.8	760.5	360.8		354.9	288.2		
2006	1248.8	865.8	790.2	383.0		425.9	352.7		
2007	1299.7	891.6	825.8	408.1		511.9	428.6		
2008	1406.3	976.4	910.6	429.9		664.8	529.9		
2009	1457.4	1008.0	943.8	449.4		739.1	647.0		
2010	1496.9	1024.2	961.5	472.7		837.6	759.3		
2011	1556.6	1070.1	1008.2	486.5	946.9	1039.4	883.6	29.4	16.6
2012	1609.2	1098.8	1036.9	510.4	1046.1	1212.3	1052.6	41.0	26.6
2013	1729.5	1171.7	1109.5	557.8	1046.9	1422.2	1251.1	42.8	31.1
2014	1769.2	1167.3	1107.3	601.9	1032.0	1534.2	1477.9	45.8	37.4
2015	1780.2	1139.7	1079.3	640.5	1034.7	1630.2	1743.2	63.1	56.3
沈　阳	370.7	249.4	242.5	121.2	115.2	334.0	322.6	9.3	9.2
大　连	289.1	195.1	183.7	94.0	128.7	365.5	304.2	15.9	14.8
鞍　山	108.0	69.9	66.5	38.0	81.0	70.9	100.8	3.4	3.2
抚　顺	93.7	53.8	53.0	40.0	43.8	62.7	101.0	2.2	1.8
本　溪	79.5	49.8	44.7	29.7	29.7	50.5	72.5	1.3	1.1
丹　东	93.8	52.4	50.0	41.4	39.5	64.0	82.0	2.5	2.4
锦　州	90.2	54.9	47.9	35.2	103.8	65.9	88.7	4.7	4.2
营　口	81.2	53.0	50.3	28.2	54.5	57.5	71.1	2.8	2.5
阜　新	55.9	35.8	33.5	20.1	42.1	31.5	46.2	2.4	2.1
辽　阳	68.4	47.7	45.6	20.7	32.0	51.4	54.8	2.2	2.1
盘　锦	64.1	40.6	36.3	23.6	23.0	41.1	48.6	0.8	0.5
铁　岭	63.8	40.3	33.8	23.6	89.2	42.4	53.4	4.8	4.0
朝　阳	62.1	44.9	42.4	17.2	145.5	40.0	44.2	5.9	4.6
葫芦岛	59.4	40.1	37.4	19.3	106.8	45.1	49.1	5.0	3.9
省本级	200.2	111.9	111.9	88.3		307.5	304.0		

24-16 各地区失业保险情况

单位：万人

年份、地区	参保人数	企业				事业单位	领取失业保险金人数
			国有企业	集体企业	其他企业		
2000	694.0	638.4	415.6	164.2	24.8	54.5	18.2
2001	648.0	590.0	364.6	158.4	34.2	66.5	20.3
2002	591.1	517.2	315.7	128.4	37.7	73.9	82.0
2003	622.2	486.3	248.4	124.6	77.4	102.5	67.0
2004	616.2	467.3	214.0	120.7	94.2	108.8	81.7
2005	607.7	454.6	204.4	119.2	93.9	108.9	46.5
2006	614.1	456.3	209.2	116.1	92.8	109.0	25.9
2007	622.1	458.9	209.3	115.9	93.9	106.2	19.6
2008	622.7	472.1	199.9	117.1	111.0	99.4	15.7
2009	625.3	473.8	207.3	112.5	125.5	97.0	13.4
2010	626.9	489.8	202.3	85.9	134.6	95.9	11.4
2011	632.3	495.7	194.6	94.8	143.5	97.4	9.7
2012	660.7	517.6	209.7	83.9	158.0	97.0	7.4
2013	663.2	520.1	202.0	85.9	232.1	92.6	7.5
2014	664.3	522.4	203.9	83.7	234.8	88.7	8.5
2015	665.3	521.9	197.1	76.2	171.5	89.1	9.7
沈　阳	139.5	116.1	34.4	21.2	36.4	17.5	2.4
大　连	139.8	94.1	32.7	10.9	13.4	17.5	3.1
鞍　山	55.0	48.9	15.3	9.3	22.0	6.1	0.3
抚　顺	48.8	44.9	21.2	4.8	18.1	2.6	0.5
本　溪	40.4	31.7	18.2	8.5	4.8	4.2	0.4
丹　东	22.5	19.8	4.6	3.2	11.4	1.9	0.3
锦　州	33.1	25.9	13.8	5.3	5.7	7.2	0.3
营　口	24.1	21.7	3.1	0.5	14.3	1.0	0.6
阜　新	19.8	13.9	6.6	0.9	6.1	4.5	0.1
辽　阳	22.7	19.0	6.1	2.2	9.3	3.5	0.4
盘　锦	34.9	27.6	15.4	0.5	11.3	2.2	0.3
铁　岭	23.4	19.3	9.3	3.1	4.7	4.1	0.2
朝　阳	24.1	15.4	3.7	1.2	10.3	6.6	0.2
葫芦岛	22.5	14.9	6.7	4.6	3.7	4.3	0.6

注：表中数据来自人社厅(2012年铁岭不含昌图、葫芦岛不含绥中)。
铁岭含昌图，葫芦岛含绥中。

24-17 城镇基本医疗保险情况

单位：万人、亿元

年份、地区	参保人数				基金收支情况	
	合计	在职职工	退休人员	城镇居民	基金收入	基金支出
2000	108.1	71.5	36.6		7.5	5.2
2001	304.3	216.9	87.4		11.6	7.0
2002	619.0	430.3	188.7		27.1	15.5
2003	697.6	480.4	217.2		38.0	26.3
2004	783.7	536.4	247.3		53.7	39.8
2005	864.2	584.2	280.0		68.6	55.2
2006	959.3	651.9	307.4		91.5	66.6
2007	1200.2	741.3	346.5	112.4	116.2	84.3
2008	1507.4	822.8	386.5	298.1	153.7	109.9
2009	1895.7	902.6	444.5	548.6	202.5	146.9
2010	2056.2	944.6	464.1	647.5	215.7	181.8
2011	2120.1	1005.3	494.1	620.7	257.4	227.9
2012	2251.9	1062.1	524.8	664.9	301.8	272.1
2013	2333.3	1077.9	546.9	708.5	348.3	312.2
2014	2387.2	1072.5	576.7	738.0	377.7	349.4
2015	2396.2	1053.7	597.7	744.8	414.9	394.2
沈　阳	494.9	215.3	136.1	143.5	122.6	114.3
大　连	506.7	294.0	99.6	113.1	105.7	101.9
鞍　山	180.3	60.7	51.6	68.0	21.7	19.5
抚　顺	149.1	53.6	56.3	39.3	23.5	22.2
本　溪	110.4	48.0	30.7	31.7	13.4	14.1
丹　东	107.0	47.5	33.7	25.8	13.9	13.3
锦　州	129.5	54.8	45.6	29.1	15.1	12.8
营　口	118.6	45.0	26.1	47.4	14.7	14.5
阜　新	88.1	34.6	22.1	31.4	9.0	10.2
辽　阳	86.2	38.2	22.3	25.6	14.8	14.2
盘　锦	112.6	37.2	15.4	60.0	19.1	18.0
铁　岭	103.5	44.7	22.2	36.6	12.4	11.5
朝　阳	103.8	31.2	15.0	57.6	10.9	11.2
葫芦岛	95.0	42.1	17.2	35.7	12.0	12.0
省本级	10.6	6.8	3.8		6.0	4.5

主要统计指标解释

社会福利事业单位 指集中收养社会孤老、残、幼的机构，包括由民政部门管理的社会福利院、儿童福利院、精神病人福利院和城镇集体举办的福利院及农村集体举办的敬老院以及优抚医院和具有收养能力的社区服务中心等。该指标主要反映我国在社会福利性单位投入的水平。

社会福利事业单位收养人数 包括民政部门管理和城镇、农村集体举办的社会福利事业单位中收养的老人、少年儿童、缺乏生活自理能力的残疾人员和精神病人。该指标主要反映收养性社会福利单位的收养能力。

社会福利企业单位 指以安置城镇有一定劳动能力的盲、聋、哑和肢体残疾人员就业为目的，享受国家减免税待遇的国有或集体企业。包括福利工厂、福利商业和服务业、假肢厂和安置农场等单位。该指标主要反映我国对残疾人照顾的特殊政策。

农村五保户 指农村中既无劳动能力，又无经济来源的老、弱、孤、残的农民，其生活由集体供养，实行保吃、保穿、保住、保医、保葬(孤儿保教)，简称“五保”，享受五保待遇的家庭叫五保户。该指标主要反映农村弱势群体的人员数量。

离婚率 指当年离婚人数占年平均人口的比重，计算公式为:

离婚率=当年离婚对数 × 2/年平均人口数 × 1000‰

聋儿入普幼普小率 指本年度内进入普通幼儿园、普通小学的聋儿数与在训聋儿数(不含当年新收训聋儿数)之比。该指标主要反映经过康复训练的聋儿进入普通幼儿园和普通小学的情况。

综合防治康复精神病人数 指在开展精神病防治康复工作地区，采取不同形式，接受综合性防治康复措施、开放式管理的精神病人数。该指标主要反映精神病患者接受治疗康复情况。

监护率 指通过监护小组、家庭病床、工疗站、社会就业以及精神卫生机构，接受社会化、综合性、开放式治疗与康复的精神病人占经调查摸底、登记在册的精神病人数的百分比。该指标主要反映对精神病患者落实治疗康复措施的情况。

精神病人社会参与率 指生活能自理，并参加生产劳动和社会生活的精神病人数占监护精神病人数的百分比。该指标主要反映精神病人康复状况和参与社会的情况。

未入学适龄残疾儿童少年 指根据义务教育法规定应接受义务教育，但因各种原因未能入学的适龄视力残疾、听力与言语残疾、智力残疾、肢体残疾、精神残疾、多重残疾儿童少年。适龄残疾儿童少年的年龄段参照各省级人民政府依照义务教育法规定的入学年龄。该指标主要反映因各种原因未能入学的适龄残疾儿童的年度变化,为制定残疾儿童义务教育发展规划及其应采取的方针、政策和措施提供依据,同时为各地开展资助残疾儿童就学工作提供依据。

律师 指依法取得律师执业证书，担任法律顾问，民事(刑事、行政)案件代理人、刑事案件辩护人、办理非诉讼业务，解答法律询问，代写法律事务文书等，为社会提供法律服务的人员。

公证人员 指在公证处工作的人员总称，包括公证处主任、副主任、公证员、公证员助理(助理公证员)和其他从事辅助性工作的人员。

公证文书 指公证处根据当事人申请，依照事实和法律，按照法定程序制作的，具有法律效力的司法证明文书。根据公证书用途和使用地，公证书分为国内公证书、国内经济公证书、涉外民事公证书、涉外经济公证书四类。

调解员 指在人民调解委员会担负调解民间纠纷工作的人员，包括调解委员会的委员和调解小组的调解员。该指标主要反映从事人民调解工作的人员数量。

调解民间纠纷 指调解委员会按照法律规定，根据自愿原则，用说服教育的方法调解民间发生的有关民事权利和义务争执的件数，包括调解成功数和调解未成功数。该指标主要反映人民调解委员会的工作量。

立案 指人民检察院对受理的报案、控告、举报或自首及自行发现的犯罪线索、犯罪嫌疑人进行初步调查后，认为存在职务犯罪事实和应追究刑事责任，并决定作为刑事案件进行侦查的诉讼活动，是追究犯罪的开始。该指标主要反映人民检察院依法将职务犯罪线索作为刑事案件进行侦查的诉讼活动。

大案 指贪污、贿赂案数额在 5 万元以上，挪用公款案数额在 10 万元以上，集体私分、巨额财产来源不明、隐瞒境外存款案数额在 50 万元以上以及按照《人民检察院直接受理的渎职、侵权重、特大案件标准(试行)》认定的案件。该指标主要反映人民检察院立案查办的职务犯罪案件中经济损失大、社会危害严重的案件。

要案 指县、处级以上干部的犯罪案件。该指标主要反映国家工作人员中县、处级以上干部因职务犯罪被人民检察院依法立案侦查的情况。

决定逮捕 指人民检察院对直接受理、自行侦查的案件，认为需要逮捕犯罪嫌疑人时，依据法律做出的逮捕决定。该指标主要反映人民检察院对直接受理的案件行使决定逮捕权的情况。

批准逮捕 指人民检察院对公安机关、国家安全机关、监狱管理机关提出逮捕的犯罪嫌疑人进行审查，根据事实，依法做出逮捕决定。该指标主要反映人民检察院对提请逮捕机关提请逮捕犯罪嫌疑人进行审查后依法做出批准逮捕决定的情况。

决定起诉 指人民检察院对公安机关、国家安全机关、监狱管理机关和检察机关内设机构反贪污贿赂部门等移送起诉的案件进行审查，根据事实，做出提起公诉的案件。该指标主要反映人民检察院对各种刑事案件向人民法院提起公诉的情况。

申诉 指经检察机关信访部门审查处理后，移送到检察机关申诉部门的申诉案件，包括不服检察机关处理决定和不服法院刑事判决和裁定的申诉的案件。

受理劳动争议案件数 指劳动争议仲裁委员会根据国家有关规定，对劳动争议当事人的申请予以审查，符合受理条件而正式立案、准备处理的劳动争议案件数。

基本养老保险

1.（参保）职工人数：指报告期末按照国家法律、法规和有关政策规定参加基本养老保险并在社保经办机构已建立缴费记录档案的职工人数，包括中断缴费但未终止养老保险关系的职工人数，不包括只登记未建立缴费记录档案的人数。

2.（参保）离退休人员人数：指报告期末参加基本养老保险的离休、退休和退职人员的人数。

3.基本养老保险基金收入：指根据国家有关规定，由纳入基本养老保险范围的缴费单位和个人按国家规定的缴费基数和缴费比例缴纳的养老保险基金，以及通过其他方式取得的形成基金来源的收入。包括单位和职工个人缴纳的基本养老保险费、基本养老保险基金利息收入、上级补助收入、下级上解收入、转移收入、财政补贴和其他收入。

4.基本养老保险基金支出：指按照国家政策规定的开支范围和开支标准从养老保险基金中支付给参加基本养老保险的离休、退休、退职人员个人的养老金、丧葬抚恤补助，以及由于保险关系转移、上下级之间调剂资金等原因而发生的支出。包括离休金、退休金、退职金、各种补贴、医疗费、死亡丧葬补助费、抚恤救济费、社会保险经办机构管理费、补助下级支出、上解上级支出、转移支出、其他支出等。

5.基本养老保险基金累计结余：指截止报告期末基本养老保险基金收支相抵后的累计余额。

离休、退休、退职人员 指正式办理了离休、退休、退职手续，并享受相应的离休、退休、退职待遇的人员。

基本医疗保险

1.参保人数：指报告期末按国家有关规定参加基本医疗保险的人数。包括参加保险的职工人数和退休人员人数。

2.基金收入：指根据国家有关规定，由纳入基本医疗保险范围的缴费单位和个人，按国家规定的缴费基数和缴费比例缴纳的基金，以及通过其他方式取得的形成基金来源的款项，包括：单位缴纳的社会统筹基金收入、个人缴纳的个人账户基金收入、财政补贴收入、利息收入、其他收入。

3.基金支出：指按照国家政策规定的开支范围和开支标准从社会统筹基金中支付给参加基本医疗保险的职工和退休人员的医疗保险待遇支出，和从个人帐户基金中支付给参加基本医疗保险的职工和退休人员的医疗费用支出，以及其他支出。包括：住院医疗费用支出、门急诊医疗费用支出、个人账户基金支出、其他支出。

4.基金累计结余：指截止报告期末基本医疗保险的社会统筹和个人帐户基金累计结余金额。包括银行存款、财政专户、债券投资和其他。

失业保险

1.参保人数：指报告期末按照国家法律、法规和有关政策规定参加了失业保险的城镇企业事业单位的职工及地方政府规定参加失业保险的其他人员的人数。

2.失业保险基金收入：指按照规定从企业、事业及其他单位筹集的失业保险费及其他并入失业保险基金收入的总额。包括单位和个人缴纳的失业保险费、失业保险基金利息收入、上级补助收入、下级上解收入、转移收入、财政补贴和其他收入。

3.失业保险基金支出：指报告期内为保障失业人员和下岗职工基本生活、促进其再就业等支出的基金总额。包括失业救济金、医疗费、死亡丧葬补助费、抚恤救济费、转业训练费支出、失业保险经办机构管理费、补助下级支出、上解上级支出、转移支出和其他支出。

4.基金累计结余：指截止报告期末失业保险基金收支相抵后的累计余额。

工伤保险

1.参加保险人数:指报告期末依据国家有关规定参加工伤保险的职工人数。

2.享受保险待遇人数:指劳动者因工负伤致残、死亡或因患职业病致残，根据有关规定享受工伤保险待遇职工或供养直系亲属人数。包括伤残人数、职业病人数、因工死亡人数、供养直系亲属人数。

3.基金收入:指根据国家有关规定，由参加工伤保险的单位按国家规定的缴费基数和缴费比例缴纳的工伤保险基金，以及通过其他形式取得的形成基金来源的款项。包括：单位缴纳的社会统筹基金收入、财政补贴收入、利息收入、其他收入。

4.基金支出:指按照国家政策规定的开支范围和开支标准从工伤保险基金中支付给参加工伤保险的人员及供养直系亲属工伤保险待遇支出及其他支出。包括工伤医疗费、伤残补助金、工亡补助金、护理费、丧葬补助费、工伤预防费用、职业康复费用和其他支出。

5.基金累计结余:指截止报告期末工伤保险基金累计结余金额。包括银行存款、财政专户、债券投资和其他。

生育保险

1.参保人数:指报告期末依据有关规定参加生育保险的职工人数。

2.基金收入:指根据国家有关规定，由参加生育保险的单位按照国家规定的缴费基数和缴费比例缴纳的生育保险基金，以及通过其他方式取得的形成基金来源的款项，包括：单位缴纳的基金收入、利息收入和其他收入。

3.基金支出:指按照国家政策规定的开支范围和开支标准，从生育保险基金中支付给参加生育保险的职工，因妊娠、分娩和计划生育手术而享受的待遇及其他支出。包括：生育津贴、医疗费用支出及其他支出。

4.基金累计结余:指截止报告期末生育保险基金累计结余金额。包括银行存款、财政专户、债券投资和其他。

离休、退休、退职人员保险福利费用 指离休、退休、退职人员实际得到的生活费用总额，包括从社会保险经办机构和单位得到的费用。

1.离休金：指按规定支付给离休人员的生活费用。

2.退休金：指按规定支付给退休人员的生活费用。

3.退职生活费：指按规定支付给退职人员的生活费用。

4.医疗卫生费：指单位直接支付给离休、退休、退职人员的医疗费、住院费以及住院伙食补助等费用。

5.其他：指离休金、退休金、退职生活费和医疗卫生费以外的其他保险福利费用，如丧葬抚恤救济费、生活补贴、物价补贴、冬季取暖补贴等。

附　录

Appendix

附录1 2015年各省(市、区)

地 区	地区生产总值				第一产业增加值		第二产业增加值	
	绝对值(亿元)	位次	比上年增长(%)	位次	绝对值(亿元)	位次	绝对值(亿元)	位次
全 国	**676707.8**		**6.9**		**60863.0**		**274277.8**	
北 京	22968.6	13	6.9	25	140.2	29	4526.4	24
天 津	16538.2	19	9.3	4	208.8	28	7688.7	18
河 北	29806.1	7	6.8	27	3439.5	5	14388.0	6
山 西	12802.6	24	3.1	30	788.1	25	5224.3	22
内蒙古	18032.8	16	7.7	24	1618.7	18	9200.6	14
辽 宁	**28743.4**	**10**	**3.0**	**31**	**2384.0**	**12**	**13382.6**	**9**
吉 林	14274.1	22	6.5	28	1596.3	20	7337.1	19
黑龙江	15083.7	21	5.7	29	2633.5	9	4798.1	23
上 海	24965.0	12	6.9	25	109.8	30	7940.7	16
江 苏	70116.4	2	8.5	12	3987.9	3	32043.6	2
浙 江	42886.5	4	8.0	17	1832.8	15	19707.1	4
安 徽	22005.6	14	8.7	9	2456.7	11	11342.3	12
福 建	25979.8	11	9.0	6	2117.7	13	13218.7	10
江 西	16723.8	18	9.1	5	1773.0	16	8487.3	15
山 东	63002.3	3	8.0	17	4979.1	1	29485.9	3
河 南	37010.3	5	8.3	13	4209.6	2	18189.4	5
湖 北	29550.2	8	8.9	7	3309.8	8	13503.6	8
湖 南	29047.2	9	8.6	11	3331.6	7	12955.4	11
广 东	72812.6	1	8.0	17	3344.8	6	32511.5	1
广 西	16803.1	17	8.1	15	2566.0	10	7694.7	17
海 南	3702.8	28	7.8	23	855.8	24	875.1	30
重 庆	15719.7	20	11.0	1	1150.2	22	7071.8	20
四 川	30103.1	6	7.9	22	3677.3	4	14293.2	7
贵 州	10502.6	25	10.7	3	1640.6	17	4146.9	25
云 南	13717.9	23	8.7	9	2055.7	14	5492.8	21
西 藏	1026.4	31	11.0	1	96.9	31	376.2	31
陕 西	18171.9	15	8.0	17	1597.6	19	9360.3	13
甘 肃	6790.3	27	8.1	15	954.5	23	2494.8	27
青 海	2417.1	30	8.2	14	208.9	27	1207.3	29
宁 夏	2911.8	29	8.0	17	238.5	26	1379.0	28
新 疆	9324.8	26	8.8	8	1559.1	21	3565.0	26

注：1.地区生产总值绝对值按现价计算，速度按不变价计算。
2.工业增加值统计范围是全部国有及规模以上非国有工业企业。
3.本部分数据为各地(含辽宁省)快报数，与年报略有出入。
4.不包括港澳台数据，以下各表同。

主要经济指标

第三产业增加值		人均地区生产总值				全社会固定资产投资	
绝对值（亿元）	位次	绝对值（元）	位次	比上年增长（%）	位次	绝对值（亿元）	位次
341566.9		**49350.8**		**6.3**		**561999.8**	
18301.9	5	106284.4	2	5.5	29	7496.0	26
8640.7	14	107960.1	1	6.6	24	11832.0	21
11978.7	12	40254.9	19	6.1	27	29448.2	5
6790.2	20	35017.4	27	2.6	31	14074.2	17
7213.5	19	71903.2	6	7.4	15	13702.3	18
12976.8	**8**	**65523.9**	**9**	**3.1**	**30**	**17917.9**	**13**
5340.8	24	51852.1	12	6.5	26	12705.3	20
7652.1	16	39461.8	21	6.0	28	10183.0	24
16914.5	6	103140.9	3	6.9	21	6352.7	27
34084.8	2	87995.5	4	8.3	6	46246.9	2
21346.6	4	77643.7	5	7.6	13	27323.3	6
8206.6	15	35996.6	25	7.7	11	24385.9	10
10643.5	13	67965.5	7	8.0	7	21301.4	11
6463.5	22	36724.1	24	8.5	4	17388.1	14
28537.4	3	64168.3	10	7.3	16	48312.5	1
14611.3	7	39131.2	22	7.9	9	35660.4	3
12736.8	10	50653.9	13	8.4	5	26563.9	7
12760.2	9	42968.4	16	7.9	10	25045.1	9
36956.2	1	67503.4	8	7.0	20	30343.1	4
6542.4	21	35189.8	26	7.2	18	16227.7	15
1971.8	28	40817.5	18	6.9	22	3451.2	29
7497.8	17	52329.7	11	10.1	2	14353.2	16
12132.6	11	36836.4	23	7.2	17	25525.9	8
4715.0	25	29847.2	29	10.3	1	10945.5	22
6169.4	23	29015.0	30	8.0	8	13500.6	19
553.3	31	31998.7	28	8.9	3	1295.7	31
7213.9	18	48022.9	14	7.6	14	18582.2	12
3341.0	27	26165.3	31	7.7	12	8754.2	25
1000.8	30	41251.9	17	7.2	19	3210.7	30
1294.3	29	43805.2	15	6.9	23	3505.4	28
4200.7	26	40036.1	20	6.6	25	10813.0	23

附录1 续表 1

地 区	商品房销售面积				商品房销售额			
	绝对值(万平方米)	位次	比上年增长(%)	位次	绝对值(亿元)	位次	比上年增长(%)	位次
全 国	**128495.0**		**6.5**		**87280.8**		**14.4**	
北 京	1554.2	25	6.9	14	3517.6	10	28.4	3
天 津	1771.1	23	9.8	10	1790.0	17	20.4	6
河 北	5854.7	10	2.6	18	3371.6	11	15.1	10
山 西	1592.6	24	1.0	19	775.6	27	4.0	20
内蒙古	2369.4	20	-3.6	24	1052.2	22	-1.2	25
辽 宁	**3916.2**	**13**	**-31.9**	**31**	**2255.0**	**15**	**-27.1**	**30**
吉 林	1491.8	26	-5.7	27	816.9	26	1.0	22
黑龙江	1996.6	21	-19.4	29	1027.1	23	-15.0	28
上 海	2431.4	19	16.6	4	5093.5	5	45.5	1
江 苏	11414.0	2	15.9	5	8396.2	2	21.7	5
浙 江	5985.3	9	28.0	1	6299.5	3	28.0	4
安 徽	6174.1	8	-0.5	21	3369.4	12	0.7	23
福 建	4037.8	12	-2.0	23	3585.8	9	-4.7	27
江 西	3478.2	16	13.4	6	1863.7	16	14.9	11
山 东	9727.0	3	6.0	15	5408.0	4	10.8	15
河 南	8556.3	4	8.6	11	3945.6	7	14.7	13
湖 北	6244.5	7	11.5	9	3661.4	8	18.6	8
湖 南	6363.0	6	17.0	3	2738.9	14	19.1	7
广 东	11681.0	1	25.4	2	11442.8	1	35.2	2
广 西	3523.4	15	11.6	8	1747.8	18	14.1	14
海 南	1052.3	28	4.8	17	982.8	24	5.1	16
重 庆	5381.4	11	5.5	16	2952.2	13	4.9	18
四 川	7671.2	5	7.4	13	4199.8	6	5.1	17
贵 州	3559.8	14	12.0	7	1571.7	21	14.7	12
云 南	3145.1	17	-1.5	22	1666.9	19	4.4	19
西 藏	51.3	31	-13.6	28	21.1	31	-38.5	31
陕 西	2978.9	18	-3.7	25	1597.4	20	0.0	24
甘 肃	1435.0	27	8.3	12	704.9	28	17.0	9
青 海	393.0	30	-5.5	26	206.0	30	-2.5	26
宁 夏	839.2	29	-25.7	30	370.3	29	-20.4	29
新 疆	1825.2	22	0.5	20	849.2	25	1.0	21

居民消费价格指数(上年＝100)				农林牧渔业总产值				粮食	
绝对值	位次	比上年增长(%)	位次	绝对值(亿元)	位次	比上年增长(%)	位次	绝对量(万吨)	位次
101.4		**1.4**		**107056.4**		**3.9**		**62143.9**	
101.8	5	1.8	5	368.2	28	-11.7	31	62.6	31
101.7	9	1.7	9	467.4	27	2.6	24	181.7	27
100.9	29	0.9	29	5978.9	5	2.7	23	3363.8	8
100.6	30	0.6	30	1522.6	24	1.1	29	1259.6	18
101.1	25	1.1	25	2751.6	20	2.4	26	2827.0	10
101.4	**19**	**1.4**	**19**	**4686.7**	**10**	**3.8**	**18**	**2002.5**	**13**
101.7	10	1.7	10	2880.6	16	4.3	13	3647.0	4
101.1	26	1.1	26	5044.9	9	5.2	7	6324.0	1
102.4	2	2.4	2	302.6	30	-6.7	30	112.1	28
101.7	8	1.7	8	7030.8	3	2.6	25	3561.3	5
101.4	17	1.4	17	2933.4	15	1.2	28	752.2	23
101.3	21	1.3	21	4390.8	11	4.2	15	3538.1	6
101.7	7	1.7	7	3717.9	13	3.9	17	661.1	24
101.5	15	1.5	15	2859.1	17	4.0	16	2148.7	12
101.2	23	1.2	23	9549.6	1	4.3	14	4712.7	3
101.3	20	1.3	20	7641.3	2	4.6	9	6067.1	2
101.5	13	1.5	13	5728.6	6	5.4	6	2703.3	11
101.4	18	1.4	18	5630.7	7	3.7	20	3002.9	9
101.5	12	1.5	12	5520.0	8	3.1	22	1358.1	17
101.5	14	1.5	14	4197.1	12	3.7	19	1524.8	15
101.0	27	1.0	27	1323.9	25	5.5	5	184.0	26
101.3	22	1.3	22	1738.1	22	4.6	10	1154.9	22
101.5	16	1.5	16	6377.8	4	3.6	21	3442.8	7
101.8	6	1.8	6	2738.7	21	6.8	1	1180.0	20
101.9	4	1.9	4	3383.1	14	6.0	3	1876.4	14
102.0	3	2.0	3	149.5	31	4.5	11	100.6	30
101.0	28	1.0	28	2813.5	18	5.0	8	1226.8	19
101.6	11	1.6	11	1722.1	23	5.7	4	1171.1	21
102.6	1	2.6	1	319.3	29	1.8	27	102.7	29
101.1	24	1.1	24	483.0	26	4.4	12	372.6	25
100.6	31	0.6	31	2804.4	19	6.3	2	1521.3	16

附录1　续表 2

地区	油料		蔬菜		水果		糖料	
	绝对量(万吨)	位次	绝对量(万吨)	位次	绝对量(万吨)	位次	绝对量(万吨)	位次
全　国	**3537.0**		**78526.1**		**27375.0**		**12500.0**	
北　京	0.6	30	205.1	29	87.9	27		
天　津	0.4	31	441.5	27	62.7	28		
河　北	151.5	8	8243.7	2	2117.2	3	89.2	8
山　西	15.3	25	1302.2	22	842.6	14	5.5	21
内蒙古	193.6	7	1445.3	20	296.7	23	230.1	6
辽　宁	**46.1**	**20**	**2932.8**	**9**	**882.0**	**13**	**5.2**	**22**
吉　林	76.4	13	860.0	24	209.0	26	1.3	23
黑龙江	18.3	24	957.4	23	213.5	25	7.3	20
上　海	1.2	29	364.5	28	61.5	29	0.6	24
江　苏	143.1	9	5595.7	4	914.8	12	9.5	19
浙　江	31.3	21	1806.9	17	740.9	16	62.2	11
安　徽	227.9	6	2714.2	11	1029.8	8	20.3	16
福　建	30.7	22	1903.6	13	837.0	15	43.6	13
江　西	124.0	10	1359.1	21	663.4	19	65.8	10
山　东	324.1	3	10272.9	1	3218.6	1		
河　南	599.7	1	7456.5	3	2665.1	2	24.3	15
湖　北	339.6	2	3852.0	7	966.3	10	32.0	14
湖　南	242.9	5	3996.9	6	981.0	9	66.0	9
广　东	110.3	11	3438.8	8	1648.5	6	1452.9	3
广　西	64.7	16	2786.4	10	1720.0	5	7504.9	1
海　南	11.3	27	572.2	26	405.9	20	264.8	5
重　庆	59.9	19	1780.5	18	375.9	21	9.8	18
四　川	307.6	4	4240.8	5	934.2	11	54.2	12
贵　州	101.3	12	1731.9	19	224.9	24	156.1	7
云　南	65.9	15	1873.9	14	726.5	17	1930.1	2
西　藏	6.4	28	69.6	31	1.5	31		
陕　西	62.7	18	1822.5	16	1930.9	4	0.2	25
甘　肃	71.6	14	1823.1	15	679.0	18	16.0	17
青　海	30.5	23	166.4	30	3.6	30	0.0	26
宁　夏	15.3	26	575.8	25	298.9	22		
新　疆	62.9	17	1933.9	12	1635.0	7	448.3	4

肉类合计		猪肉		牛肉		羊肉	
绝对量(万吨)	位次	绝对量(万吨)	位次	绝对量(万吨)	位次	绝对量(万吨)	位次
8625.0		**5486.5**		**700.1**		**440.8**	
36.4	27	22.5	27	1.5	29	1.2	27
45.8	26	29.2	26	3.4	25	1.6	26
462.5	5	275.0	7	53.2	3	31.7	4
85.6	24	60.3	22	5.9	24	6.9	19
245.7	15	70.8	21	52.9	4	92.6	1
429.4	**7**	**227.1**	**12**	**40.3**	**8**	**8.5**	**15**
261.1	14	136.0	17	46.6	5	4.8	20
228.7	16	138.4	16	41.6	6	12.3	10
20.3	31	16.1	28	0.1	31	0.6	31
369.4	12	225.8	13	3.2	26	8.1	17
131.1	21	103.3	19	1.2	30	1.8	25
419.4	9	259.1	9	16.2	16	16.6	8
216.6	17	134.5	18	3.1	27	2.4	24
336.5	13	253.5	11	13.6	18	1.2	28
774.0	1	397.4	4	67.9	2	37.1	3
711.1	2	468.0	2	82.6	1	25.9	6
433.3	6	331.5	5	23.0	11	8.8	14
540.1	4	448.0	3	19.9	12	11.6	11
424.2	8	274.2	8	7.0	23	0.9	30
417.3	10	258.8	10	14.4	17	3.2	23
78.0	25	45.8	24	2.6	28	1.0	29
213.8	18	156.2	15	8.8	21	3.8	22
706.8	3	512.4	1	35.4	9	26.3	5
201.9	19	160.7	14	16.8	14	4.2	21
378.3	11	288.6	6	34.3	10	15.0	9
28.0	30	1.5	31	16.5	15	8.2	16
116.2	22	90.4	20	7.9	22	7.8	18
96.3	23	50.8	23	18.8	13	19.6	7
34.7	28	10.3	29	11.5	19	11.6	12
29.2	29	7.1	30	9.7	20	10.1	13
153.2	20	33.1	25	40.4	7	55.4	2

附录1 续表 3

地区	原油		发电量		生铁		粗钢	
	绝对量(万吨)	位次	绝对量(亿千瓦小时)	位次	绝对量(万吨)	位次	绝对量(万吨)	位次
全 国	**21455.6**		**58105.8**		**69141.3**		**80382.5**	
北 京			420.9	27			1.5	30
天 津	3496.8	3	622.8	25	1953.2	10	2068.9	11
河 北	580.1	9	2497.8	9	17382.3	1	18832.0	1
山 西			2449.3	11	3576.4	5	3847.0	5
内蒙古	45.8	16	3928.8	4	1461.4	14	1735.1	16
辽 宁	**1037.1**	**7**	**1665.2**	**16**	**6059.0**	**4**	**6071.3**	**4**
吉 林	665.5	8	731.3	24	974.9	20	1066.8	20
黑龙江	3838.6	1	873.6	22	408.9	24	418.5	26
上 海	6.8	20	792.7	23	1686.7	13	1783.8	14
江 苏	190.5	12	4360.8	2	7044.8	2	10995.2	2
浙 江			3010.8	6	1072.5	18	1594.9	17
安 徽			2061.9	13	2092.5	8	2506.0	8
福 建			1901.0	14	980.1	19	1586.5	18
江 西			982.1	21	2083.2	9	2211.0	9
山 东	2608.0	5	4684.6	1	6747.9	3	6619.3	3
河 南	412.1	10	2624.6	7	2903.6	6	2897.4	7
湖 北	71.0	13	2301.4	12	2288.7	7	2919.8	6
湖 南			1314.0	17	1762.8	11	1852.8	13
广 东	1572.6	6	4034.9	3	1146.3	17	1761.7	15
广 西	50.5	15	1299.9	18	1220.3	16	2146.0	10
海 南	30.0	17	261.0	28			23.9	29
重 庆					366.6	26	689.5	24
四 川	15.4	18	3129.6	5	1747.4	12	1947.7	12
贵 州			1814.9	15	407.6	25	466.4	25
云 南			2553.4	8	1235.4	15	1418.1	19
西 藏			44.8	29				
陕 西	3736.7	2			800.9	21	1027.3	21
甘 肃	66.6	14	1242.2	19	690.5	23	852.1	22
青 海	223.0	11	565.6	26	112.6	28	120.6	28
宁 夏	13.4	19	1154.7	20	175.3	27	181.8	27
新 疆	2795.1	4	2478.5	10	759.5	22	739.6	23

钢材		水泥		农用化肥		汽车		主营业务收入	
绝对量(万吨)	位次	绝对量(万吨)	位次	绝对量(万吨)	位次	绝对量(万辆)	位次	绝对值(亿元)	位次
112349.6		**235939.6**		**7432.0**		**2450.4**		**1103300.7**	
175.0	28	553.5	29			202.4	6	19026.0	19
8186.2	4	777.6	28	13.1	28	52.9	13	27958.9	15
25244.3	1	9126.2	14	215.8	13	112.9	10	44843.9	6
4267.3	7	3777.1	22	465.0	7			14393.7	22
1897.2	18	5830.8	18	293.0	11	2.6	24	18522.7	20
6321.6	**5**	**4567.7**	**20**	**64.7**	**21**	**109.0**	**11**	**37123.7**	**11**
1152.5	22	3325.0	23	57.1	23	208.1	5	22045.9	16
403.8	26	3111.9	24	49.4	25	8.0	22	11384.5	23
2202.7	16	433.6	31	1.5	29	243.0	2	33468.0	13
13560.8	2	18056.1	1	205.3	14	115.8	9	148283.8	1
4047.7	8	11330.9	8	38.8	27	41.1	16	62740.5	5
3334.7	11	13207.9	6	309.8	10	117.0	8	38364.4	9
2820.7	13	7787.5	16	52.2	24	19.2	20	39106.6	8
2577.6	15	9458.1	12	141.5	16	42.1	15	32459.4	14
9003.2	3	15249.1	3	584.0	3	81.9	12	146886.7	2
4766.8	6	16676.2	2	558.9	4	32.9	19	72381.4	4
3421.2	10	11145.5	9	1171.8	1	196.4	7	42470.2	7
1951.3	17	11680.1	7	112.7	18	36.3	17	35152.2	12
3271.0	12	14560.0	4	72.0	20	239.4	3	117461.7	3
3545.4	9	11144.5	10	114.3	17	229.4	4	20078.4	18
34.7	30	2225.2	25	64.2	22	7.0	23	1660.6	30
1411.4	21	6840.2	17	222.4	12	260.9	1	20370.3	17
2702.5	14	14091.0	5	507.2	6	42.3	14	37876.3	10
463.0	25	9940.9	11	603.6	2			9221.4	25
1695.4	19	9436.2	13	354.5	8	11.7	21	9823.3	24
2.5	31	467.9	30					130.9	31
1655.6	20	8578.7	15	187.1	15	34.1	18	18336.3	21
847.8	24	4764.3	19	48.0	26	2.4	25	8155.8	26
113.6	29	1767.9	26	520.2	5			2130.1	29
201.6	27	1749.8	27	82.5	19			3403.9	28
1070.5	23	4278.5	21	321.5	9	1.6	26	8039.1	27

附录1 续表 4

地区	主营业务成本		利润总额		资产总额		负债合计	
	绝对值(亿元)	位次	绝对值(亿元)	位次	绝对值(亿元)	位次	绝对值(亿元)	位次
全 国	**945359.2**		**63554.0**		**999741.1**		**561560.3**	
北 京	15915.1	19	1580.3	14	38788.9	8	17943.5	11
天 津	23937.3	15	2002.9	12	24349.0	17	14910.0	16
河 北	39487.5	6	2181.4	9	41809.4	6	23419.7	8
山 西	12569.6	22	-68.1	30	31508.4	12	23826.4	6
内蒙古	15648.6	20	940.5	21	28380.8	15	17722.5	12
辽 宁	**32264.5**	**10**	**1191.1**	**18**	**38085.9**	**9**	**22430.7**	**9**
吉 林	18626.8	16	1171.5	20	17399.8	22	9361.7	23
黑龙江	9649.7	23	409.9	24	14556.9	25	8261.5	25
上 海	27025.0	14	2635.4	6	36238.2	10	17288.6	14
江 苏	127321.0	2	9617.1	1	106814.7	1	56733.0	1
浙 江	53198.9	5	3717.7	5	66515.7	4	38078.9	4
安 徽	33626.2	9	1852.7	13	30487.3	13	17592.7	13
福 建	33728.7	8	2208.7	8	29285.5	14	15609.3	15
江 西	28591.1	13	2128.0	10	18971.6	19	9400.7	22
山 东	128905.0	1	8617.2	2	99610.3	2	53804.2	2
河 南	63351.3	4	4840.6	4	54227.5	5	25352.8	5
湖 北	36326.7	7	2233.1	7	33540.3	11	18188.7	10
湖 南	29644.3	12	1548.6	15	22732.2	18	11876.7	18
广 东	99329.8	3	7208.8	3	93808.1	3	53474.6	3
广 西	17076.3	18	1175.4	19	14692.4	24	9120.5	24
海 南	1314.8	30	89.6	26	2723.9	30	1482.6	30
重 庆	17241.4	17	1396.8	16	17006.4	23	10430.5	21
四 川	32039.4	11	2044.0	11	38999.5	7	23498.6	7
贵 州	7440.6	25	606.5	22	12100.3	26	7720.1	26
云 南	7614.3	24	462.0	23	18096.1	20	11705.7	19
西 藏	104.7	31	6.4	29	883.8	31	424.7	31
陕 西	14822.0	21	1339.7	17	25905.2	16	14470.4	17
甘 肃	7351.5	26	-72.3	31	11160.0	27	7113.7	27
青 海	1777.6	29	68.8	28	5553.1	29	3847.4	29
宁 夏	2936.2	28	79.3	27	7701.4	28	5203.4	28
新 疆	6493.3	27	340.5	25	17808.1	21	11266.4	20

客运量		货运量		社会消费品零售总额			
绝对量 (万人)	位次	绝对量 (万吨)	位次	绝对值 (亿元)	位次	比上年增长 (%)	位次
1941444.0		**4171109.0**		**300930.8**		**10.7**	
62752.0	12	20077.9	29	10338.0	12	7.3	28
18345.0	25	48778.9	25	5257.3	23	10.9	13
53274.0	16	198024.3	8	12990.7	8	9.9	20
29587.0	24	161765.1	11	6033.7	21	5.5	31
16125.0	26	175111.8	10	6107.7	20	8.0	26
73685.0	**10**	**202021.1**	**4**	**12787.2**	**9**	**7.8**	**27**
36359.0	22	43333.1	26	6651.9	16	9.4	21
42713.0	20	54478.2	24	7640.2	15	8.9	23
13844.0	27	90893.3	20	10131.5	13	8.9	24
138308.0	1	198997.6	7	25876.8	3	10.3	17
110951.0	6	201231.5	5	19784.7	4	10.9	14
86810.0	9	345755.8	1	8908.0	14	12.0	9
51646.0	17	111041.4	17	10505.9	11	12.4	3
62418.0	13	130349.2	16	5925.5	22	12.0	8
60142.0	15	261849.0	3	27761.4	2	10.6	16
124981.0	4	192858.6	9	15740.4	5	12.4	4
101659.0	7	153904.1	13	14003.2	6	12.5	2
131311.0	3	199715.5	6	12024.0	10	12.1	5
123709.0	5	339224.9	2	31517.6	1	10.7	15
49101.0	18	149714.3	14	6348.1	19	10.0	19
13728.0	28	22287.5	28	1325.1	28	8.2	25
62282.0	14	103832.5	19	6424.0	18	12.5	1
135969.0	2	154596.6	12	13877.7	7	12.0	7
87541.0	8	84539.5	21	3283.0	25	11.8	10
48513.0	19	107608.0	18	5103.2	24	10.2	18
1092.0	31	2125.0	31	408.5	31	12.1	6
69680.0	11	140900.5	15	6578.1	17	11.1	12
40453.0	21	58250.9	23	2907.2	26	9.0	22
5602.0	30	15962.4	30	691.0	30	11.3	11
9300.0	29	42626.1	27	789.6	29	7.1	29
35948.0	23	70673.2	22	2606.0	27	7.0	30

附录1 续表 5

地 区	进出口总额				出口总额			
	绝对值(亿美元)	位次	比上年增长(%)	位次	绝对值(亿美元)	位次	比上年增长(%)	位次
全 国	**39569.0**		**-8.0**		**22749.5**		**-2.9**	
北 京	3196.2	5	-23.1	25	546.7	8	-12.3	22
天 津	1143.5	8	-14.6	21	511.8	9	-2.7	15
河 北	514.8	12	-14.0	20	329.4	14	-7.8	19
山 西	147.2	24	-9.3	16	84.2	23	-5.8	17
内蒙古	127.5	26	-12.4	18	56.5	26	-11.6	21
辽 宁	**959.6**	**9**	**-15.8**	**22**	**507.1**	**10**	**-13.7**	**24**
吉 林	189.4	23	-28.2	27	46.5	27	-19.5	26
黑龙江	209.9	21	-46.1	30	80.3	24	-53.7	30
上 海	4492.4	3	-3.7	11	1959.4	4	-6.8	18
江 苏	5456.1	2	-3.2	10	3386.7	2	-0.9	14
浙 江	3473.4	4	-2.2	8	2766.0	3	1.2	10
安 徽	479.7	15	-2.5	9	322.8	15	2.5	9
福 建	1693.6	7	-4.5	12	1130.2	6	-0.4	11
江 西	424.7	17	-0.6	7	331.3	13	3.4	8
山 东	2417.5	6	-12.7	19	1440.6	5	-0.4	13
河 南	738.4	11	13.6	2	430.7	11	9.4	4
湖 北	456.0	16	5.9	6	292.1	16	9.7	3
湖 南	293.3	19	-4.9	13	191.4	18	-4.0	16
广 东	10228.7	1	-5.0	14	6435.1	1	-0.4	12
广 西	512.6	14	26.4	1	280.3	17	15.2	2
海 南	139.6	25	-12.0	17	37.4	28	-15.3	25
重 庆	744.8	10	-22.0	24	551.9	7	-13.0	23
四 川	514.7	13	-26.7	26	332.3	12	-25.9	28
贵 州	122.2	27	13.5	3	99.5	22	5.9	7
云 南	245.2	20	-17.2	23	166.2	20	-11.5	20
西 藏	9.1	31	-59.4	31	5.9	31	-72.1	31
陕 西	305.0	18	11.5	5	147.9	21	6.2	6
甘 肃	80.0	28	-7.4	15	58.1	25	9.1	5
青 海	19.3	30	12.6	4	16.4	30	45.6	1
宁 夏	37.9	29	-30.3	29	29.8	29	-30.8	29
新 疆	196.8	22	-28.9	28	175.1	19	-25.4	27

城镇常住居民人均可支配收入				农村常住居民人均可支配收入			
绝对值(元)	位次	比上年增长(%)	位次	绝对值(元)	位次	比上年增长(%)	位次
31195		**8.2**		**11422**		**8.9**	
52859	2	8.9	7	20569	3	9.0	18
34101	6	8.2	17	18482	4	8.6	23
26152	22	8.3	14	11051	14	8.5	24
25828	23	7.3	27	9454	23	7.3	29
30594	10	7.9	25	10776	19	8.0	27
31126	**9**	**7.0**	**31**	**12057**	**9**	**7.7**	**28**
24901	27	7.2	28	11326	11	5.1	31
24203	30	7.0	30	11095	13	6.1	30
52962	1	8.4	12	23205	1	9.5	10
37173	4	8.2	18	16257	5	8.7	22
43714	3	8.2	19	21125	2	9.0	15
26936	14	8.4	11	10821	18	9.1	13
33275	7	8.3	16	13793	6	9.0	16
26500	15	9.0	4	11139	12	10.1	6
31545	8	8.0	24	12930	8	8.8	21
25576	24	8.0	23	10853	17	8.9	20
27051	13	8.8	8	11844	10	9.2	12
28838	11	8.5	10	10993	15	9.3	11
34757	5	8.1	22	13360	7	9.1	14
26416	17	7.1	29	9467	22	9.0	17
26356	19	7.6	26	10858	16	9.5	9
27239	12	8.3	15	10505	20	10.7	3
26205	21	8.1	21	10247	21	9.6	7
24580	28	9.0	5	7387	30	10.7	2
26373	18	8.5	9	8242	28	10.5	4
25457	25	15.6	1	8244	27	12.0	1
26420	16	8.4	13	8689	26	9.5	8
23767	31	9.0	6	6936	31	10.5	5
24542	29	10.0	3	7933	29	8.9	19
25186	26	8.2	20	9119	25	8.4	25
26275	20	13.2	2	9425	24	8.0	26

附录2 2015年省辖市

指标名称	单位	沈阳		大连		鞍山	
		全市	市辖区	全市	市辖区	全市	市辖区
一、行政区划							
所辖行政区数	个	9		6		4	
所辖行政县(旗)数	个	3		1		3	
所辖行政县级市数	个	1		3		1	
二、土地面积及水资源							
行政区域土地面积	平方公里	12860	3471	12574	2567	9255	792
建成区面积	平方公里		465		396.00		171.00
城市现状建设用地面积	平方公里		550		383.00		171.00
其中：居住用地面积	平方公里		165		109.00		58.50
公共管理与公共服务用地	平方公里		44		30		8
商业服务业设施用地	平方公里		28		22		9
工业用地	平方公里		143.5		100.03		53.15
物流仓储用地	平方公里		13.8		9.97		3.9
道路与交通设施用地	平方公里		66.6		54.23		26.91
公共设施用地	平方公里		12.60		11.00		3.61
绿地与广场用地	平方公里		77		46.76		8.70
本年征用土地面积	平方公里		26.09		17.69		4.26
其中：耕地	平方公里		20		7.04		2.80
水资源总量	万平方米	151400		127000.00		173400.00	
三、人口与就业							
(一)人口							
年末户籍人口	万人	730.41	529.86	593.56	304.90	346.05	150.10
其中：女	万人	368.99	270.03	298.18	154.53	171.85	76.07
农业人口	万人						
年平均人口	万人	730.62	529.15	593.93	304.59	347.12	150.63
年出生人口	人	48949.00	36820.00	53059.00	26565.00	20017.00	7244.00
年死亡人口	人	60500.00	44123.00	51878.00	22825.00	30637.00	14884.00
年末总户数	万户	265.16	195.45	212.99	115.29	115.90	55.69
常住人口	万人	829.10	649.80	698.70		360.90	160.10
其中：城镇人口	万人	667.84		547.30		260.50	
(二)从业人员							
从业人员期末人数(城镇)	人	1467488.00	1368013.00	1136838.00	935271.00	559614.00	399201.00
第一产业(农、林、牧、渔业)	人	2953.00	1217.00	4139.00	1055.00	3046.00	867.00
第二产业	人	656724.00	619659.00	550429.00	426181.00	290409.00	240575.00
其中：采矿业	人	25175.00	24686.00	1843.00	49.00	2667.00	2065.00
制造业	人	307733.00	289354.00	431173.00	334596.00	197078.00	169889.00
电力、热力、燃气及水生产和供应业	人	30440.00	27069.00	15995	13694	13160	10047
建筑业	人	293376.00	278550.00	101418	77842	77504	58574
第三产业	人	807811.00	747137.00	582270	508035	266159	157759
其中：批发和零售业	人	84933.00	81207.00	49954	48521	34865	12422
交通运输、仓储和邮政业	人	99386.00	95091.00	71507	67783	27364	11051
住宿、餐饮业	人	27902.00	27637.00	18532	17503	4301	3173
信息传输、计算机服务和软件业	人	25491.00	25183.00	62504	62407	3695	3508
金融业	人	57684.00	57684.00	64334	58050	17100	14742
房地产业	人	27607.00	26741.00	44505	43127	9514	7253
租赁和商务服务业	人	29575.00	27107.00	26306	23448	10429	6464
科学研究、技术服务和地质勘查业	人	62355	60520	20863	19260	18205	14365

基本情况(地区数)

抚顺		本溪		丹东		锦州	
全市	市辖区	全市	市辖区	全市	市辖区	全市	市辖区
4		4		3		3	
3		2		1		2	
				2		2	
11272	1416	8411	1518	15290	941	10047	825
138.00	138.00	136	109			148	88
138.00	138.00	114	92			165	107
34.52	34.52	38	28			67	42
10	10	9	7			12	7
7	7	13	13			15	7
46.63	46.63	25	21.9			32	24.23
4.91	4.91	1.29	0.93			5.55	4.7
8.01	8.01	15.37	13.76			15.07	9.1
5.59	5.59	2.78	1.88			3.00	1.69
21.82	21.82	9.67	6.45			15.82	11.38
1.82	1.82	2.01	1.65	4.80	1.93	6.46	4.02
1.82	1.82	1	1	4	2	2	1
195000.00		199200		440554		53609	
215.76	141.23	151.21	92.54	238.15	78	302.56	97.19
108.28	71.68	75.7	46.91	118.79	39.8	150.92	49.66
66.85		41.52	7.02	131.35	17.38	176.53	13.21
216.57	141.93	151.62	92.91	238.81	78.22	303.92	95.44
11985.00	6946.00	8871.00	4611.00	13587.00	4648.00	16652.00	5536.00
16427.00	12488.00	11469.00	8428.00	18513.00	6956.00	26092.00	7867.00
84.93	58.40	56.83	36.37	84.20	30.02	103.38	35.88
207.10	144.44	171.90	113.09	241.10	78.20	306.80	108.83
156.48		134.20		158.80		165.40	
274466.00	236051.00	276433.00	223261.00	257797.00	161758.00	317006.00	241395.00
4353.00	1269.00	815.00	36.00	5441.00	91.00	9893.00	2184.00
144068.00	132638.00	146144.00	118476.00	103183.00	69190.00	125899.00	111873.00
33502.00	28864.00	13008.00	10259.00	2697.00	184.00	4770.00	3539.00
61918.00	59469.00	80081.00	70070.00	50206.00	35095.00	63483.00	55581.00
11083	10399	7997.00	7029.00	8170.00	5157.00	11167.00	9581.00
37565	33906	45058.00	31118.00	42110.00	28754.00	46479.00	43172.00
126045	102144	129474.00	104749.00	149173.00	92477.00	181214.00	127338.00
10075	9449	5736.00	4751.00	7420.00	6052.00	12564.00	10465.00
9704	7535	13721.00	12816.00	8586.00	6156.00	14514.00	9871.00
1364	1115	1408.00	1047.00	2613.00	2504.00	1503.00	963.00
2534	2345	4344.00	3603.00	4182.00	3261.00	6670.00	5950.00
10755	9390	11244.00	10699.00	9746.00	6578.00	16400.00	16386.00
4119	3568	3367.00	2670.00	11494.00	9941.00	6032.00	5207.00
7691	7161	6934.00	6629.00	2128.00	1204.00	6515.00	4537.00
5052	4413	2875	2384	9259	5048	10440	8421

附录2 续表 1

指标名称	单位	沈阳		大连		鞍山	
		全市	市辖区	全市	市辖区	全市	市辖区
水利、环境和公共设施管理业	人	42587	38376	14791	13401	15901	11399
居民服务和其他服务业	人	8030	7274	2819	2678	3143	2596
教育	人	146932	129832	84987	62222	49322	27291
卫生、社会保障和社会福利业	人	89208	80634	46751	34612	25480	17546
文化、体育和娱乐业	人	15706	14932	10872	10056	4037	3196
公共管理和社会组织	人	90415	74919	63545	44967	42803	22753
国际组织	人						
城镇私营和个体从业人员	人	1593892		956607		223985	195268
城镇登记失业人数	人	104223.00	97130.00	95929	61396	30831	26057
四、综合经济							
(一)地区生产总值(当年价格)	**万元**	**72723051**	**58912469**	**77316363**	**35318955**	**23369966**	**10987311**
第一产业增加值	万元	3414262	913863	4532533	841818	1365369	84709
第二产业增加值	万元	34741847	26731273	33487423	17856080	11028692	5146342
第三产业增加值	万元	34566942	31267333	39296407	16621057	10975905	5756260
地区生产总值(2010年价格)	万元	69800970	56748334	73413912	33984399	24921668	12005373
人均地区生产总值	元	87734	90999	110682	136293	64710	66735
地区生产总值增长率	%	3	3	4	3	3	3
(二)财政							
公共财政收入	万元	6062411	5046348	5799130	4925173	1290742	933563
其中：税收收入	万元	4923696	4666820	4731042	4148499	1027261	756242
其中：企业所得税	万元	771604	750707	758770	696910	100810	76102
个人所得税	万元	232562	228385	287610	262101	24971	19020
公共财政支出	万元	8085751	3424882	9106922	7566817	2444766	1624036
其中：一般性公共服务支出	万元	760086	499532	637198	489792	235375	146920
科学技术支出	万元	234542	62927	182829	178653	23040	20561
教育支出	万元	1075909	648940	1094058	750923	299048	166034
文化体育与传媒支出	万元	177922	69710	129923	110265	28014	18474
医疗卫生支出	万元	493741	217016	535852	432855	202218	91228
节能保护支出	万元	286628	25692	177525	169943	51136	34442
城乡社区事务支出	万元	1310952	768775	1648475	1419458	264043	193180
交通运输支出	万元	370921	18760	529307	518539	82969	60788
社会保障和就业支出	万元	1693044	409977	1768332	1519085	692487	541184
住房保障支出	万元	180290	104111	193753	131775	102199	77672
(三)金融							
年末金融机构各项存款余额	万元	138678978	133293274	133387085	118100362	30834096	22176429
其中：住户存款	万元	57692954	53070219	51078913	39098265	19567729	11804994
年末金融机构各项贷款余额	万元	113438488	110300720	106960603	97656776	19495414	15489104
(四)保险							
保费收入	万元	2302636		2333485		619883	
其中：财产险	万元	757227		709862		204883	
人身险	万元	1517024		1623623		415000	
赔款、给付	万元	999420		423124		270990	
其中：财产险	万元	459262		392424		117490	
人身险	万元	516364		30700		153500	
五、规模以上工业							
(一)工业企业数	**个**	**3284**	**1887**	**2486**	**1143**	**914**	**258**
其中：内资企业	个	2916	1541	1838	660	861	237
其中：国有企业	个	29	24	25	21	8	4
私营企业	个	2150	989	1362	386	534	123

抚顺		本溪		丹东		锦州	
全市	市辖区	全市	市辖区	全市	市辖区	全市	市辖区
8307	6972	6859	4652	10834	7348	6036	3502
666	563	468	423	813	652	1466	640
23596	16591	19512	12839	31341	13926	39695	23043
14099	11306	28478	24875	21580	14481	20125	14028
2432	2321	1766	1362	2125	1348	3258	2630
25651	19415	22762	15999	27052	13978	35996	21695
363181		204437		212027		703783	420416
27997	23951	27288.00	23227.00	21364.00	4162.00	27962.00	21560.00
12164773	**8583088**	**11646927**	**8119867**	**9849006**	**2330584**	**13273292**	**6104593**
980247	259245	670156	173731	1566730	104715	2113599	198560
5944659	4340999	5990227	4206505	4029448	853270	5687757	2630434
5239867	3982844	4986544	3739631	4252828	1372599	5471936	3275599
12135903	8666470	12218088	8600071	9136285	2145411	12973587	6085097
58597	59280	67656	71857	40850	29803	43207	62642
2	1	4	3	3	2	1	0
737669	608012	537680	421890	663424	178674	755188	523137
567110	481345	387857	310205	489394	174537	585538	416393
50186	42611	27750	19509	86644	50323	79473	69864
19482	17171	11242	8544	14199	8161	18608	14671
1677499	1195082	1322787	953654	2132196	213594	2095553	994016
121466	87098	120017	84945	132106	24478	143066	75079
15075	14644	12273	6968	14620	634	8827	6594
175915	111175	193262	122311	281582	40702	295806	126159
19143	9582	30132	19387	46108	981	35767	18731
113863	67556	81005	55750	134535	16451	172852	54698
56356	32145	70938	29901	75979	2099	54273	33444
128287	99613	51928	40971	175650	22903	215985	161006
29633	19878	35625	31674	299471	565	68970	42907
598333	578463	340569	303097	418067	47966	517931	288104
112254	84615	64097	48848	61302	18443	43390	23834
15062810	12947738	11428895	8871898	16538427	8565589	20668317	14429224
10777801	9075888	7563193	5610964	12301498	5696598	11952999	6678923
7387010	6397437	8819583	7664714	10262166	5609496	12785038	9653105
372336		295849		432159		399904	
80736		54647		97131		138497	
291600		241202		335028		261407	
147310		102707		142110		177081	
40922		32152		53636		90747	
106388		70555		88474		86334	
545	**284**	**525**	**345**	**509**	**92**	**686**	**174**
511	253	494	328	451	74	627	127
5	3	5	3	5	2	7	4
357	165	214	158	327	50	443	55

附录2 续表 2

指标名称	单位	沈阳		大连		鞍山	
		全市	市辖区	全市	市辖区	全市	市辖区
港、澳、台商投资企业	个	99	96	111.00	75.00	18.00	8.00
外商投资企业	个	269	250	537	408	35	13
(二)工业总产值(当年价)	**万元**	**92393377.00**	**64171027.00**	**69984059**	**43059061**	**23914876**	**9417504**
其中：内资企业	万元	65535939	37914708	43998531	21129585	22574580	9023385
其中：国有企业	万元	1562535	1483145	559223	546267	4428152	4375065
私营企业	万元	38806096	15484974	18062338	3137699	12339462	2899254
港、澳、台商投资企业	万元	3311946	3190362	4403046	3517114	446857	138518
外商投资企业	万元	23545492	23065957	21582482	18412362	893439	255601
(三)企业财务							
从业人员年平均人数	万人	79	53	70.31	38	27.94	18.81
流动资产合计	万元	40569208	38733553	54767052.00	35541020	16451057.00	12381803
固定资产合计	万元	31354411	23934386	30309914	16128902	9858608	6213857
主营业务收入	万元	91813302.00	63739460	68565824.00	43877361	24881512.00	10913976
主营业务成本	万元	77333671	52725245	57438285	35537079	22120650	9487824
主营业务税金及附加	万元	1383590.00	1235401	2742205.00	2604690	276399.00	166171
本年应交增值税	万元	1657495	1325926	1785038	1376723	459627	283090
利润总额	万元	4466270.00	2945821	2550615.00	1768581	518651.00	59842
(四)战略性新兴产业总产值	**万元**	**6573295**		**9888450**	**8789619**	**1270814**	**1151102**
六、交通运输、通讯与能源							
(一)交通运输							
铁路旅客运量	万人	4427		2015		768	
铁路货物运量	万吨	483		1976		931	
公路客运量(全社会)	万人	15554		7730		5929	
公路货运量(全社会)	万吨	20873		26283		18669	
水运客运量(全社会)	万人			395			
水运货运量(全社会)	万吨			12523			
民用航空客运量	万人	661.7		693			
民用航空货邮运量	吨	65200		70056			
沿海港口货物吞吐量(规模以上)	万吨			41481.89			
内河港口货物吞吐量(规模以上)	万吨						
境内公路总里程	公里	12757.00		12786.00		7252.00	
其中：高速公路里程	公里	653.00		531.00		229.00	
民用汽车拥有量	辆	1645135.00		1249954		426222	
其中：私人汽车拥有量	辆	1345746.00		1051011		338622	
(二)邮电通信							
年末邮政局(所)数	处	229	147	241	138	102	36
邮政业务收入	万元	226418		197200		44600	
电信业务收入	万元	1006456		817487		261281	
固定电话年末用户数	万户	229		229		73	
移动电话年末用户数	万户	1349.3		726		334	
其中：3G及以上电话用户	万户	317.5		530		101	
互联网宽带接入用户数	万户	178		131		71	
(三)能源电力							
规模以上工业能源消费量	万吨标准煤	1051		1595.00		1951.00	
全社会用电量	万千瓦时	3072393	2573527	3079076	2556320	2477141	1600251
其中：工业用电	万千瓦时	1521691	1241167	1950036	1677576	2092003	1376108
城乡居民生活用电	万千瓦时	536701.00	469105.00	432885	307432	179760	93728

抚顺		本溪		丹东		锦州	
全市	市辖区	全市	市辖区	全市	市辖区	全市	市辖区
14.00	13.00	16	12	9	6	23	18
20	18	15	5	49	12	36	29
8602342	**8139799**	**17958602.00**	**13331740.00**	**4284943.00**	**951147.00**	**23410266.00**	**8609463.00**
8141673	7692253	15633271	11344653	3667958	775552	20675983	6513670
94072	87509	24158	13377	31094	14594	89735	71478
1009067	788782	5735008	3830574	1431985	271303	12334808	1486657
226078	215963	2053069	1975753	65281	52855	1214371	1088169
234591	231583	272262	11334	551704	122740	1519912	1007624
13.33	10.65	13	10	8	2	13	5
4391261.00	3889824	7268979	6248456	4029722	967526	5452685	3296583
5876155	5353597	8979987	8108531	2276055	679554	5488787	2161782
8704480.00	8244315	17496797.00	12914510	4129933.00	287852	22732140.00	8266066
7030749	6660347	16050294	12097362	3539684	693764	19426243	6687204
733032.00	724768	181954.00	116744	22109.00	6150	871173.00	685825
407499	382255	420068	244422	87952	27148	272920	209562
5796.00	7125	59355.00	345695	134903.00	70225	1390644.00	337917
594563	**566286**	**265948**	**183698**			**710843**	**697728**
220		1074		495		916	
819		2254		1029		251	
2174		2169		5451		4531	
8524		7593		7740		15836	
				52			
				427		150	
				15041		9192	
				19			
6858.00		4336.00		9778.00		8654.00	
267.00		209.00		343.00		234.00	
207098		169640.00		337310.00		349596.00	
168258		138566.00		296258.00		287714.00	
86	41	69	39	104	28	121	34
22600		14938		30669		29000	
141707		106752		166472		181270	
46		25		65		75	
199		170.38		196.4		262.82	
70		47.03		69		72.68	
44		34		46		60	
1276.00		1182		210		309	
1235113	1118977	1276188	1162230	850472		820535	473059
1021999	848888	1118571	1048092	600553		502283	342061
110514	77364	77920.00	53267.00	119964.00		148566.00	54785.00

附录2 续表 3

指标名称	单位	沈阳		大连		鞍山	
		全市	市辖区	全市	市辖区	全市	市辖区
七、贸易、外经与旅游							
(一)贸易							
社会消费品零售总额	万元	38832398	35308833	30874997	24869362	9687239	4962322
限额以上批发零售贸易业商品销售总额	万元	75708616	72761989	32646216	28475244	11399611	5228426
限额以上批发零售企业数(法人数)	个	1833	1565	1430	1113	648	332
其中：零售业	个	855	735	461	380	391	195
限额以上批发零售贸易业企业财务							
其中：从事批发和零售业活动的从业人员平均人数	万人	11.94	11	7	6	5	1
流动资产合计	万元	13797225	13558171	16579966	14694318	2946066	1815021
固定资产合计	万元	2352884	2144904	1116190	1028876	1321248	165559
主营业务收入	万元	65386652	63124490	30027349	25689290	9430854	4898419
主营业务成本	万元	62860124	60941735	27906413	23688819	7860717	4433559
主营业务税金及附加	万元	238078	207020	129099	124086	130725	68198
本年应交增值税	万元	956495	928022	306664	297535	185316	71737
利润总额	万元	51971	218615	363185	350316	628134	203397
(二)外经							
货物进口额(海关数)	万美元	729467		2968648		69048	
货物出口额(海关数)	万美元	678613		2634768		215132	
外商直接投资合同项目	个	137	131	222	214	14	6
当年实际使用外资金额	万美元	106116	96428	270302	243313	9575	8523
(三)旅游							
入境游客人数(含一日游游客)	人次	650011		984647		192246	
其中：外国人	人次	515048		834868		154884	
港、澳、台同胞	人次	134963		149779		37362	
国际旅游(外汇)收入	万美元	80615		51625		19860	
国内游客	人次	91542000		68281000		34140000	
国内旅游收入	万元	11716000		9801000		2899000	
八、固定资产投资							
(一)固定资产投资							
全社会固定资产投资	万元					15817652	
固定资产投资(不含农户)	万元	53260443	42227237	45592792	29525563	15680652	6415602
其中：房地产开发投资	万元	13376632	12811103	8974595	8076168	2060841	1382014
其中：住宅	万元	9349724	8917427	6821807	6132736	1642639	1136960
全年新增固定资产	万元	43434026	33028026	32712095	17628053	19210196	9263615
(二)房地产							
商品房屋销售面积	万平方米	1065	961	637	540	314	143
其中：住宅	万平方米	950	862	597	504	274	127
其中：别墅、高档公寓	万平方米	22	22	18	16	5	2
商品房屋销售额	万元	7306985	6912134	5691046	5220460	1447742	809355
其中：住宅	万元	6094456	5778883	5197509	4768127	1191443	688576
其中：别墅、高档公寓	万元	188772	188772	254447	234104	34289	15777
待售面积	万平方米	1171	1044	1152	873	304	192
九、教育、科技、体育、文化与卫生							
(一)教育							
学校数							
其中：普通高等学校数	所	47		30		3	
中等职业教育学校数	所	112	108	76	65	23	12
普通中学数	所	295	215	285	157	163	67

抚顺		本溪		丹东		锦州	
全市	市辖区	全市	市辖区	全市	市辖区	全市	市辖区
6246531	5392421	3614209	2626067	5055718	2213946	5983736	3580124
2694767	2533943	1522335	1410527	1231282	793920	3781509	2959419
149	118	251	209	160	77	245	149
90	72	185	153	128	61	156	94
1	1	0.8	0.7	0.68	0.5	1.84	1.36
662248	643159	546328	470401	531696	229159	717841	629460
132971	122532	92225	82141	116483	75745	124829	95218
1944133	1833182	1118500	1041284	1242543	814313	3066037	2455770
1761138	1674844	970622	889471	1092624	696159	2758999	2213624
26317	24288	19018	18100	24457	22759	40089	33910
42296	35274	12711	11126	14111	10134	40200	26102
56562	39297	30556	27813	42121	30068	89378	56036
23893		82277		146710		107200	
65068		253213		265738		135650	
9	7	6	4	21		9	7
2606	2585	9887	9887	25077		8781	5706
224857		72941		45858		91606	
137333		51765		45064		69932	
87524		21176		794		21674	
21414		7237		2863		8994	
32120000		30813000		30280000		30700000	
2160000		2307000		3077000		1464000	
		5845316	4102725				
5973980	4082827	5845316	4102725	5834554	2746306	7821466	2258069
774384	654443	763966	498942	855324	588013	1140306	930031
531212	424588	577531	388008	725641	517765	893908	734815
5048817	3258338	6645249	5514345	5149897	2449365	5770021	1033089
113	89	129	75	191	102	164	93
94	71	113	69	172	94	152	89
1	1	0	0	4	2	10	10
509163	403005	518626	313472	917119	557500	731981	468739
385048	292442	440110	285795	773878	485852	638503	442815
3549	3549	200	200	33580	19663	66633	65801
164	94	168	144	153	76	213	98
5	5	7	7	3	3	9	9
16	13	13	11	16	13	9	5
105	61	57	36	125	36	130	44

附录2 续表 4

指标名称	单位	沈阳		大连		鞍山	
		全市	市辖区	全市	市辖区	全市	市辖区
普通小学数	所	274	227	526	240	535	66
成人高等学校数	所	7	7	7		1	1
专任教师数							
其中：普通高等学校专任教师数	人	27537	27537	18351	18351	2048	2048
中等职业教育学校专任教师数	人	6295	6044	4081	3430	1578	712
普通中学专任教师数	人	24290	21047	21987	12768	12004	5879
普通小学专任教师数	人	22321	12453	18255	10423	10925	3540
成人高等专任教师数	人	1020	1020	632		225	225
在校学生数							
其中：普通高等学校在校学生数	人	404032	404032	290025	290025	35372	35372
中等职业教育学校在校学生数	人	91715	85978	70702	63561	17110	11045
普通中学在校学生数	万人	27	20	23	14	13	5
普通小学在校学生数	万人	37	28	30	19	17	6
成人高等学校在校学生数	人	70845	70845	44105	44105	13250	13250
初中毕业生升学率	%	111	136	90		82	97
（二）科技							
科技活动人员	人	99923	99224	76301	72333	13077	9666
R&D人员数	人	53519	53144	47381	44278	5899	4734
R&D内部经费支出	万元	1251442		1261716	1201384	203901	166686
专利申请受理量	项	18112	17752	10570	9869	3197	2794
专利申请授权量	项	9034	8836	7181	6583	2288	2013
其中：发明	项	2680		2337	2226	1147	1118
（三）文化							
体育场馆数	个	16	15	57	50	7	4
剧场、影剧院数	个	59	59	6	6	11	8
公共图书馆图书总藏量	千册	11205	10796	16157	14681	2729	1995
订销报刊杂志累计份数	千份	128086		105434	81153	46092	32966
广播节目综合人口覆盖率	%	100	100	99	100	98	100
电视节目综合人口覆盖率	%	100	100	100	100	98	100
有线电视入户率	%	74	114	84	100	41	84
（四）卫生							
医院、卫生院数	个	327	192	304	185	162	60
医院、卫生院床位数	张	58959	53198	41569	27783	20337	12441
医生数(执业医师+执业助理医师)	人	24797	22396	18724	14278	5381	3319
注册护士	人	28097	26255	21956	16849	6807	4900
十、人民生活							
在岗职工平均人数	万人	137	127	108	89	55	40
在岗职工工资总额	万元	8448275	8041363	7510398	6474245	2403314	1800131
在岗职工平均工资	元	61827	63114	69390	72758	43652	45435
（一）居民收支							
工资性收入	元	18531		21207		17326	
经营净收入	元	5610		2723		2842	
财产净收入	元	2493		2706		1905	
转移净收入	元	10009		9253		7871	
城镇居民人均可支配收入	元	36643		35889		29943	
城镇居民人均消费支出	元	25870		25824		18537	
其中：食品烟酒	元	7436		7266		5462	
衣着	元	2619		2099		1840	

抚顺		本溪		丹东		锦州	
全市	市辖区	全市	市辖区	全市	市辖区	全市	市辖区
123	60	70	41	448	66	378	60
2	2	1	1	1	1		
2615	2615	2540	2540	1542	1542	5013	5013
1170	1015	2092	1859	1021	564	1169	817
7187	4750	6238	3861	8355	2508	9231	3174
6661	3864	5967	3443	8070	1834	9747	2857
166	166	163	163	60	60		
46035	46035	17974	17974	28487	28487	85209	85209
14571	12608	12299	11558	16807	12183	25166	20724
7	4	5	3	10	3	11	4
8	5	5	3	9	2	13	5
1893	1893	4581	4581	3527	3527	20899	20899
104	125	103	125				
8199	8081	6133	4200	5969	929	8518	
3452	3396	4107	3208	2897	435	4458	
57077		190862	186632	26930	7449	108663	
1122		589	521	211	84	1685	
615		283	236			1146	
107		52	44			157	
16	13	7	7	7	4	49	33
9	7	8	6	12	6	9	5
1040	929	1360	1100	1510	107	1424	385
25967		20325	14340	23866	11344	30671	15749
99		100	100	99	99	99	100
99		99	100	99	100	99	100
97		99	100	95	80		89
105	55	69	32	122	40	136	38
12315	9767	10654	8127	14878	7057	14668	8205
5322	4225	2640	1964	5062	2459	9343	5492
5343	4595	4065	3224	5065	2769	4697	3317
28	24	25	21	24	15	31	23
1384624	1232187	1101673	928988	864368	507970	1453727	1173648
50225	52273	43822		35790	33716	47416	50808
	12269	15005		13241		14654	
	1896	3113		2793		3205	
	1559	1764		1147		1662	
	11095	7838		7543		7519	
	26818	27720		24724		27040	
	18061	21294		16315		17630	
	5854	6753		5503		4704	
	1511	1943		1555		1793	

附录2 续表 5

指标名称	单位	沈阳		大连		鞍山	
		全市	市辖区	全市	市辖区	全市	市辖区
居住	元	3680		5924		3673	
生活用品及服务	元	1994		1632		1118	
交通和通信	元	4104		3393		2123	
教育文化和娱乐	元	3109		2527		2286	
医疗保健	元	1737		2214		1533	
其他用品及服务	元	1190		769		501	
(二)居民生活							
每百户居民家庭拥有量							
其中：家用汽车	辆	25		26		15	
消毒碗柜	台	5		7		3	
洗碗机	台	2		2		1	
固定电话	部	69		59		42	
移动电话	部	219		194		193	
其中：接入互联网	部	77		92		113	
计算机	台	94		74		63	
其中：接入互联网	台	79		65		58	
电冰箱(柜)	台	102		103		97	
彩色电视机	台	108		104		109	
中高档乐器	架	8		6		4	
照相机	架	63		39		31	
摄像机	架	14		12		6	
洗衣机	台	100		91		90	
城镇人均住房建筑面积	平方米	32		29		28	
居民消费价格指数(上年为100)	%		101	102			101
十一、社会保障							
城镇职工基本养老保险参保人数	人	3706641	3486815	1951420	1614340	1166811	780105
城乡居民社会养老保险参保人数	人	1152370	336122	1286557	177593	810426	49202
城镇职工基本医疗保险参保人数	人	3514239	3327667	3936058	3232838	1123030	925397
城镇居民基本医疗保险参保人数	人	1434948	1352235	1131130	945339	680000	414122
失业保险参保人数	人	1395482	1320106	1450783	1249933	550293	473277
工伤保险参保人数	人	1888376	1733711	2622172	2351476	629030	474533
生育保险参保人数	人	2908908	2761884	1572251	1363306	483039	371298
社会福利院数	个	170	150	320	208	177	81
社会福利院床位数	张	38000	28017	44600	24383	18897	9278
社区服务设施数	个	931	931	740	563	317	248
城市社区综合服务设施覆盖率	%	100	100	100	100	96	97
城镇居民最低生活保障人数	人	70420	54160	46405	28008	38258	32075
十二、公共管理							
(一)事故							
交通事故死亡人数	人	443	312	238	159	151	71
交通事故损失额	万元	456	382	529	343	163	78
火灾事故死亡人数	人	30	29	12	11		
火灾事故损失额	万元	1760	1460	1470	531	707	270
(二)社会治安							
刑事案件立案数	起	10017	7756	7803	5531	3098	1477
刑事罪犯人数	人	12192	9439	8609	6255	4245	2174
其中：青少年人数(年龄14-25周岁)	人	740	638	726	544	577	281

抚顺		本溪		丹东		锦州	
全市	市辖区	全市	市辖区	全市	市辖区	全市	市辖区
	3851	3535		3050		3887	
	1034	1168		927		985	
	1838	2277		1590		2292	
	1829	2475		1707		1773	
	1624	2079		1485		1709	
	520	1063		498		487	
	7	10		13		20	
	1	69		2			
				1			
	49	42		76		65	
	184	217		197		185	
	67	121		98		65	
	50	69		60		70	
	44	61		54		65	
	90	97		97		93	
	105	104		117		108	
	3	5		3		5	
	22	29		20		28	
	5	5		6		10	
	86	92		92		95	
	26	25				30	
	101	101		101		101	
924836		794848	641219	938023	514199	791111	111340
438174		296734	53081	394889	52145	1038088	94756
1098302		787421	610106	812000	500000	1003913	529672
392716		308116	235424	257000	123000	291490	208115
488015		404029	364989	225000	158000	331448	211900
584021		421008	357636	291000	181000	389605	320290
444023		282015	220133	274000	159000	265634	205433
144	94	109	85	111	45	141	46
11689	8135	9113	5823	9277	3013	12000	3445
1975	1854	226	168	188	104	1353	289
100	100	100	100	100	100	30	51
86608	73872	41185	30218	36679	16920	29348	16407
104	70	80	59	139	45	99	32
63	40	28	20	65	37	42	12
7	7	5	2	3	2	1	
742	194	373	230	625	318	650	494
2266	1691	1352	809	4276	1528	5617	2715
1788	1278	1809	1186	2146	803	1255	358
162	116	168	113	293	147	156	55

附录2 续表 6

指标名称	单位	沈阳		大连		鞍山	
		全市	市辖区	全市	市辖区	全市	市辖区
十三、市政公用事业							
(一)基础设施							
城市维护建设资金支出	万元				954194		60825
年末实有城市道路面积	万平方米		9017		4553		1705
排水管道长度	公里		3909		2744		940
供水综合生产能力(包括自备水源)	万立方米/日		171		163		170
供水总量	万吨		54007		36744		30681
售水量	万吨		39670		28977		25939
其中：居民家庭用水量	万吨		21183		12573		3946
用水人口	万人		477		330		158
用水普及率	%		100		100		100
供气总量(人工、天然气)	万立方米		55510		25197		19882
其中：居民家庭用量	万立方米		18972		18285		9707
用气人口	人		4627100		2318500		1492000
液化石油气供气总量	吨		127590		157912		5100
其中：居民家庭用量	吨		20400		52580		5100
用液化气人口	人		525000		932000		90000
(二)公共交通							
年末实有公共汽(电)车运营车辆数	辆		5381		5304		1790
全年公共汽(电)车客运总量	万人次		104971		102596		28359
年末实有出租汽车数	辆		17844		11243		5375
轨道交通线路长度	公里		115		167		
轨道交通客运总量	万人次		28622		11304		
(三)绿地							
建成区绿化覆盖面积	公顷				18796		6844
其中：建成区	公顷				17770		6844
绿地面积	公顷				18378		6741
其中：建成区	公顷				17347		6741
公园绿地面积	公顷				3666		1929
公园面积	公顷				2121		501
十四、环境保护							
工业废水排放量	万吨	7990		34565		5604	
工业废气排放量	万平方米	22936400		28468167		49313500	
工业二氧化硫产生量	吨	273014		294137		151313	
工业二氧化硫排放量	吨	97839		95796		114229	
工业氮氧化物产生量	吨	95623		99856		64954	
工业氮氧化物排放量	吨	66522		83524		63300	
工业烟(粉)尘产生量	吨	2334267		7366014		1888674	
工业烟(粉)尘排放量	吨	84871		54112		91225	
工业重金属产生量	吨			2		448	
工业重金属排放量	吨						
一般工业固体废物综合利用率	%	92		78		23	
污水处理率	%	95		95		86	
污水处理厂集中处理率	%	95		95		86	
生活垃圾无害化处理率	%	100		100		100	
空气质量达到及好于二级的天数	天	207		270		233	

抚顺		本溪		丹东		锦州	
全市	市辖区	全市	市辖区	全市	市辖区	全市	市辖区
	48241	93498	54362			63964	50816
	1403	1316	1042	1056		1605	1120
	945	525	362	785		894	512
	129	127	118			102	80
	18242	27356	25789	5505		16664	13793
	15054	25142	23775	3538		12808	10560
	2691	2524	1907	1789		3451	2409
	129	112	91	68		139	94
	99	100	100	100	100	94	100
	43489		4155		5645		10170
	6198		1662		3618		6701
	729000		794300		702300		943000
	38374		4358		13680		4
	24461		2170		4666		4
	560000		110000		29000		10000
	1188		715		931		631
	25000		26898		13554		13330
	4977		2744		3354		3904
	7122	88051	87007		3356	6012	4462
	6195	6257	5274		2908	4558	3246
	5162	24181	23191		3001	5637	4413
	5162	6114	5188		2810	4333	3127
	1382	1296	982		730	1596	1268
	842	673	437		619	657	378
1792		5363		3625		3851	
25153390		44055835		23224696		9284026	
132665		70583		82249		84441	
46684		52554		32721		42438	
56133		43237		32318		22931	
37119		41181		16209		14523	
2056574		2669598		1145180		844310	
71426		166611		28820		40391	
60		16		90		90	
85		97		82		96	
85		95		58		91	
100		100		100		81	
260		274		305		243	

附录2 续表 7

指标名称	单位	营口		阜新		辽阳	
		全市	市辖区	全市	市辖区	全市	市辖区
一、行政区划							
所辖行政区数	个	4		5		5	
所辖行政县(旗)数	个			2		1	
所辖行政县级市数	个	2				1	
二、土地面积及水资源							
行政区域土地面积	平方公里	5242	702	10355	490	4788	1111
建成区面积	平方公里	174	110		77	137	105
城市现状建设用地面积	平方公里	174	110		160	137	105
其中：居住用地面积	平方公里	58	33		43	48	37
公共管理与公共服务用地	平方公里	14	9		8	5	3
商业服务业设施用地	平方公里	37	30		13	9	8
工业用地	平方公里	22	6		39.71	36	27.06
物流仓储用地	平方公里	7	6		6.72	7.53	7.05
道路与交通设施用地	平方公里	21	15		26.1	20.28	14.73
公共设施用地	平方公里	5.00	4.00		1.44	3.80	2.52
绿地与广场用地	平方公里	10.00	5		21.18	7.24	4.54
本年征用土地面积	平方公里					2.89	2.64
其中：耕地	平方公里					1	1
水资源总量	万平方米	67900		43277		82604	
三、人口与就业							
(一)人口							
年末户籍人口	万人	232.62	92.79	189.47	76.42	178.96	87.19
其中：女	万人	114.76	46.66	95.28	39.22	88.61	43.8
农业人口	万人	112.00	17.00	101.18	6.97	100.81	25.38
年平均人口	万人	232.95	92.69	190.24	76.82	179.41	87.39
年出生人口	人	15656.00	6526.00	12013.00	4074.00	9933.00	4790.00
年死亡人口	人	15495.00	5659.00	21463.00	8974.00	12248.00	6238.00
年末总户数	万户	88.65	37.35	67.41	30.16	68.32	34.17
常住人口	万人	244.30	109.99	177.80	72.00	184.60	92.04
其中：城镇人口	万人	156.77		103.80		114.08	
(二)从业人员							
从业人员期末人数(城镇)	人	244473.00	186748.00	192556.00	146280.00	173529.00	141196.00
第一产业(农、林、牧、渔业)	人	607.00	467.00	3208.00	86.00	2854.00	1819.00
第二产业	人	100735.00	84180.00	87112.00	78394.00	80692.00	72720.00
其中：采矿业	人	437.00	302.00	43641.00	43106.00	304.00	304.00
制造业	人	68710.00	57891.00	15160.00	10975.00	54471.00	50999.00
电力、热力、燃气及水生产和供应业	人	7892.00	7314.00	7639.00	6542.00	3286.00	2923.00
建筑业	人	23696.00	18673.00	20672.00	17771.00	22631.00	18494.00
第三产业	人	143131.00	102101.00	102236.00	67800.00	89983.00	66657.00
其中：批发和零售业	人	7961.00	4458.00	5352.00	4073.00	3414.00	3069.00
交通运输、仓储和邮政业	人	24109.00	21463.00	4983.00	3503.00	4445.00	4219.00
住宿、餐饮业	人	2295.00	2091.00	664.00	544.00	735.00	724.00
信息传输、计算机服务和软件业	人	3920.00	3332.00	5254.00	4822.00	2197.00	2197.00
金融业	人	13283.00	13279.00	9226.00	7655.00	6875.00	5837.00
房地产业	人	3077.00	2662.00	2630.00	2450.00	3622.00	3325.00
租赁和商务服务业	人	4092.00	2817.00	1383.00	1190.00	2113.00	1783.00
科学研究、技术服务和地质勘查业	人	3549	2485	2684	2058	2897	2335

盘锦		铁岭		朝阳		葫芦岛	
全市	市辖区	全市	市辖区	全市	市辖区	全市	市辖区
2		2		2		3	
2		3		3		2	
		2		2		1	
4065	251	12985	659	19698	1138	10414	2347
75	75	57.00	50.00	75	75	155	92
86	86	50.00	43.00	57	57	135	81
27	27	20.23	18.00	18	18	35	24
6	6	8	7	5	5	10	3
4	4	4	0	3	3	11	7
20	20.21	9.40	7.00	17	17.26	26	20.5
1.97	1.97	0.1	0.1	0.59	0.59	4.46	2.62
9.76	9.76	3.80	0.30	8.6	8.6	10.6	9.07
1.17	1.17	1.92	1.02	1.42	1.42	5.26	3.50
4.40	4.4	2.25	0.65	3.87	3.87	17.84	11.11
7.03	2.13	0.36	0.36			0.42	
5	1	0.29	0.29			0	
15190		137800.00		79965		72367	
129.54	64.5	300.38	43.52	340.90	61.11	280.10	94.14
64.73	32.1	148.25	21.92	166.19	30.71	136.42	49.21
		173.75	5.43				
129.39	64.14	301.21	43.67	340.77	61.01	280.39	96.40
9516.00	4578.00	16611.00	2162.00	39878.00	5700.00	21349.00	6308.00
7018.00	2637.00	19158.00	3019.00	22900.00	4600.00	18891.00	5168.00
46.75	23.58	106.15	16.06	112.91	20.00	98.49	37.03
143.70	74.60	265.30	43.94	295.20	66.47	255.60	94.40
103.82		129.23		131.25			
464428.00	243855.00	244774.00	60022.00	266727.00	110050.00	247957.00	172860.00
165623.00	96.00	16750.00	53.00	2232.00	85.00	2794.00	334.00
178129.00	160769.00	101383.00	19025.00	83749.00	34584.00	123046.00	110252.00
99980.00	99980.00	46250.00		4295.00	3.00	8858.00	6448.00
40552.00	34080.00	25162.00	9479.00	35898.00	10994.00	74653.00	70738.00
4762.00	3904.00	8465	5835	9478.00	6775.00	6316.00	4026.00
32835.00	22805.00	21506	3711	34078.00	16812.00	33219.00	29040.00
120676.00	82990.00	126641	40944	180746.00	75381.00	122117.00	62274.00
9324.00	7579.00	10003	7775	10603.00	9609.00	5260.00	4053.00
6963.00	3641.00	6632	2725	8391.00	3844.00	7600.00	4379.00
2515.00	1882.00	408	100	1043.00	693.00	1756.00	772.00
2150.00	2087.00	3032	2491	3501.00	3206.00	3413.00	3397.00
9928.00	9303.00	6763	1196	15395.00	9363.00	11384.00	9037.00
5719.00	4904.00	4100	813	4482.00	2261.00	2565.00	1752.00
10643.00	9797.00	2521	887	3083.00	2150.00	4523.00	2943.00
4856	3686	6128	2337	5283	2395	4527	2305

附录2 续表 8

指标名称	单位	营口		阜新		辽阳	
		全市	市辖区	全市	市辖区	全市	市辖区
水利、环境和公共设施管理业	人	7928	5360	6129	3945	7995	6152
居民服务和其他服务业	人	639	440	394	137	604	488
教育	人	21826	11266	24822	13886	17908	10873
卫生、社会保障和社会福利业	人	12351	7403	12964	8824	11339	8392
文化、体育和娱乐业	人	1638	1315	1579	1188	1487	1274
公共管理和社会组织	人	36463	23730	24172	13525	24352	15989
国际组织	人						
城镇私营和个体从业人员	人	574796	409224	242517	218265	166189	
城镇登记失业人数	人	16734.00	9543.00	17103.00	15121.00	15928.00	12584.00
四、综合经济							
(一)地区生产总值(当年价格)	**万元**	**15137503**	**9408636**	**5255376**	**2727499**	**10285818**	**5082729**
第一产业增加值	万元	1108031	272595	1182781	54771	726172	161010
第二产业增加值	万元	7273232	4976418	2008081	1510195	5684674	2659625
第三产业增加值	万元	6756240	4159623	2064514	1162533	3874972	2262094
地区生产总值(2010年价格)	万元	15106855	9991358	5241246	3087319	10162046	4810733
人均地区生产总值	元	61925	85692	29491	35171	55674	58181
地区生产总值增长率	%	5	5	6	7	4	4
(二)财政							
公共财政收入	万元	1040689	791694	371524	265748	676847	478541
其中：税收收入	万元	835319	621877	279926	201988	515274	373009
其中：企业所得税	万元	100249	77882	30693	21693	54838	41959
个人所得税	万元	24077	19606	8271	6912	16371	11061
公共财政支出	万元	1720004	1139674	1299934	684506	1482810	1020244
其中：一般性公共服务支出	万元	156879	108121	103051	66765	141265	88734
科学技术支出	万元	8490	8102	3969	3383	9107	5869
教育支出	万元	203930	119256	213963	94975	187956	106547
文化体育与传媒支出	万元	24476	19464	24522	16284	16133	10868
医疗卫生支出	万元	128464	72525	107188	45117	105228	79109
节能保护支出	万元	10556	6111	31680	4741	18346	11236
城乡社区事务支出	万元	211495	157653	89257	56809	131714	100242
交通运输支出	万元	43259	34360	27719	15793	31925	23983
社会保障和就业支出	万元	494339	310588	315258	254757	355135	273383
住房保障支出	万元	62277	45128	34970	11242	81408	68236
(三)金融							
年末金融机构各项存款余额	万元	23130817	16764930	9086087	6786202	16290031	12287855
其中：住户存款	万元	11701516	7238968	6179205	4268117	8795402	5776541
年末金融机构各项贷款余额	万元	16324999	13008296	7759789	5987568	10270080	7814115
(四)保险							
保费收入	万元	443251		220323		329199	
其中：财产险	万元	159345		75276		103122	
人身险	万元	283906		145047		226077	
赔款、给付	万元	145970		91216		157824	
其中：财产险	万元	97870		47539		59629	
人身险	万元	48100		43677		98195	
五、规模以上工业							
(一)工业企业数	**个**	**1005**	**622**	**357**	**211**	**430**	**220**
其中：内资企业	个	880	540	336	199	400	202
其中：国有企业	个	1	1	6	5	5	5
私营企业	个	709	444	256	160	299	136

盘锦		铁岭		朝阳		葫芦岛	
全市	市辖区	全市	市辖区	全市	市辖区	全市	市辖区
8944	6347	7330	3152	9361	5638	5971	2490
761	563	429	49	4436	4014	952	394
18142	8216	29085	5167	45616	9372	26854	9635
8803	5728	14468	4985	17846	5703	12814	5278
1916	1255	1498	975	1697	766	956	378
30012	18002	34244	8292	50009	16367	33542	15461
245961	164794	186656	85848	218546	12505	247202	
17126.00	17126.00	17857	3687	18041.00	4908.00	23163.00	
12565377	**7829379**	**7409003**	**1431155**	**8547329**	**1940511**	**7201673**	**3522882**
1210710	36156	2051110	78271	2206066	187541	1043547	233515
6719851	4254585	2355068	530788	2595747	624742	2962894	1780728
4634816	3538638	3002825	822096	3745516	1128228	3195232	1508639
11969217	7735459	7846688	1422949	8448790	1998916	6530640	3278815
87351	104881	27885	32770	28852	29087	28176	37318
4	3	6	7	6	10	0	5
950464	611351	502848	119949	547334	252945	571361	294046
775881	495939	376584	109986	387411	162827	441867	247508
38132	20071	32871	11131	40023	22082	42745	17199
27640	23341	12878	4770	12316	5623	13996	7371
1732799	977595	2083146	176052	1940641	608718	1658146	388754
145637	90766	198268	32938	143668	56982	147566	42703
11933	6988	10511	1150	5144	3149	6462	382
191571	112977	297144	26383	310194	84227	283185	85278
23113	15950	25202	1751	26030	10316	22928	2750
97299	57757	149604	12560	184093	39755	133219	32300
38364	21535	74728	1312	83290	16735	28643	5301
174148	86653	446844	28654	72685	43222	101045	35840
30632	24092	34392	1278	31624	19764	51788	12230
325922	255184	328896	10117	456962	161614	415038	66785
178620	90014	60426	27669	76560	20995	38670	14218
14665557	11906889	11148287	5193870	13744362	6611062	14067468	6271908
9534401	7356868	8759332	3847785	10325372	4432888	9717047	3304835
8365506	6410783	8094245	3800370	9174052	5451827	8526534	
406372		348977		330449		278334	
106728		89994		108029		114826	
299644		258983		222420		163508	
165130		101680		181950		128987	
56294		55805		82638		68407	
108836		45875		99312		60580	
497	**188**	**328**	**90**	**445**	**80**	**292**	**71**
464	170	306	81	426	77	280	68
4	4	5	1	4	1	3	3
289	56	218	62	326	49	176	25

附录2 续表 9

指标名称	单位	营口		阜新		辽阳	
		全市	市辖区	全市	市辖区	全市	市辖区
港、澳、台商投资企业	个	32	22	11	4	13	5
外商投资企业	个	93	60	10	8	17	13
(二)工业总产值(当年价)	**万元**	**22231466.00**	**13869920.00**	**4936827.00**	**3301010.00**	**13993696.00**	**6885107.00**
其中：内资企业	万元	17947041	10979563	4451727	2938891	11380049	4578689
其中：国有企业	万元	4973	4973	359757	357596	30246	30246
私营企业	万元	11489384	6669374	2799692	1845295	6853901	1270403
港、澳、台商投资企业	万元	1074593	799830	180380	94187	1964909	1691678
外商投资企业	万元	3209832	2090527	304720	267932	648738	614740
(三)企业财务							
从业人员年平均人数	万人	17	11	10	8	9	6
流动资产合计	万元	10889743	7644613	3239467	2362281	8849324	7139855
固定资产合计	万元	8659454	6904605	3279920	2508906	5233723	3128414
主营业务收入	万元	22261265.00	13987802	4709131.00	3131727	13624832.00	6769190
主营业务成本	万元	19041573	12100008	4101777	2717250	11551738	5435870
主营业务税金及附加	万元	427920.00	346122	30907.00	26163	518640.00	482394
本年应交增值税	万元	680328	380356	134570	114416	362104	285848
利润总额	万元	1214879.00	557617	105021	38864	580100.00	119370
(四)战略性新兴产业总产值	**万元**	**1130696**	**538125**	**231152**	**168194**	**607659**	**251416**
六、交通运输、通讯与能源							
(一)交通运输							
铁路旅客运量	万人	635		205.07			
铁路货物运量	万吨	1744		745			
公路客运量(全社会)	万人	2864		1169		3137	
公路货运量(全社会)	万吨	14982		4441		13071	
水运客运量(全社会)	万人						
水运货运量(全社会)	万吨	270					
民用航空客运量	万人						
民用航空货邮运量	吨						
沿海港口货物吞吐量(规模以上)	万吨	33849					
内河港口货物吞吐量(规模以上)	万吨						
境内公路总里程	公里	4313.00		7136.00		3800.00	
其中：高速公路里程	公里			330.00		159.00	
民用汽车拥有量	辆	308632.00		216548.00		281843.00	
其中：私人汽车拥有量	辆	243998.00		191965.00		189459.00	
(二)邮电通信							
年末邮政局(所)数	处	78	32	97	26	104	63
邮政业务收入	万元	25728		11598		24511	
电信业务收入	万元	191367		105625		120209	
固定电话年末用户数	万户	50		39		36	
移动电话年末用户数	万户	203.12		139.9		185.2	
其中：3G及以上电话用户	万户	71.65		84.86		55.7	
互联网宽带接入用户数	万户	48		39		38	
(三)能源电力							
规模以上工业能源消费量	万吨标准煤	1352		263		514	
全社会用电量	万千瓦时	2061595	1448246	495424	389899	1086801	
其中：工业用电	万千瓦时	1746223	1229937	327762	266798	900346	
城乡居民生活用电	万千瓦时	126387.00	68231.00	93549.00	52668.00	87665.00	

盘锦		铁岭		朝阳		葫芦岛	
全市	市辖区	全市	市辖区	全市	市辖区	全市	市辖区
11	6	9.00	3.00	12	2	2	1
22	12	13	6	7	1	10	2
26022892.00	**13013748.00**	**4535831**	**1014502**	**5753135.00**	**1788596.00**	**7921997.00**	**4932234.00**
24226272	12314270	3960048	691381	5564334	1762835	7673361	4852610
1036374	1036374	49019	23710	37772	5103	14718	14717
11362557	1384227	1839908	382841	2863170	551216	2172019	533183
554075	166133	304555	268316	125576	23701	14713	10975
1242545	533345	271228	54805	63225	2060	233923	68649
18	14	9.47	1.64	8	2	9	5
8914436	5646784	3277905.00	714115	3752679	863273	4070222	2737415
12078927	9185943	4098509	889995	4411654	1159018	3638582	1994386
26297664.00	13676399	4619179.00	1036196	5696550.00	1718629	7766031.00	4761281
24171672	12530224	4008190	894761	5174991	1527547	6500658	3853120
786327.00	719847	40052.00	6893	52347.00	4931	675479.00	664848
667030	532192	123852	14040	143786	28260	248290	182795
458501.00	591315	17446.00	11662	31480.00	15743	20562.00	105479
966824	**680847**	**19195**	**19195**	**217891**	**63123**		
220		576		234		587	
538		1347		645		628	
2534		4857		3059		3215	
12552		8127		5539		15883	
						56	
23						46	
				11.74			
				196			
3444						1870	
3793.00		11330.00		15373.00		9117.00	
229.00		316.00		386.00		229.00	
233768.00		255722		286258.00		251902.00	
199209.00		220633		260209.00		202181.00	
77	30	143	25	182	24	143	50
35100		29000		29800		33654	
118955		147345		168504		149939	
35		35		61		50	
142.02		205		205.01		200	
50.49		62		61.65		64	
29		38		45		45	
851		493.00		598		593	
763518	536500	654197		913365		888923	
585619	442330	405563		690748		611344	
62985.00	35010.00	112005		109091.00		104042.00	

附录2 续表 10

指标名称	单位	营口		阜新		辽阳	
		全市	市辖区	全市	市辖区	全市	市辖区
七、贸易、外经与旅游							
(一)贸易							
社会消费品零售总额	万元	4715093	2701581	2743189	2111782	3887611	2328894
限额以上批发零售贸易业商品销售总额	万元	3512358	2497047	2272764	1919661	4970140	4824493
限额以上批发零售企业数(法人数)	个	268	147	176	128	102	75
其中：零售业	个	164	97	113	88	65	48
限额以上批发零售贸易业企业财务							
其中：从事批发和零售业活动的从业人员平均人数	万人	1.68	1.13	1.6	1.5	0.45	0.38
流动资产合计	万元	1407172	688216	870934	757418	792432	767927
固定资产合计	万元	232136	130472	126869	113912	107563	100135
主营业务收入	万元	3309427	2350654	1675273	1371302	4805327	4660216
主营业务成本	万元	3010910	2125973	1531433	1247600	4707124	4565420
主营业务税金及附加	万元	43007	31762	19147	18871	19053	18793
本年应交增值税	万元	33729	19733	14659	13173	5115	4487
利润总额	万元	67780	71681	5130	4069	25734	25190
(二)外经							
货物进口额(海关数)	万美元	196722		6356		42814	
货物出口额(海关数)	万美元	461471		27060		69328	
外商直接投资合同项目	个	18	17	4	4	4	4
当年实际使用外资金额	万美元	5096	3453	1669	768	36477	36477
(三)旅游							
入境游客人数(含一日游游客)	人次	76000		20588		39256	
其中：外国人	人次	73699		9821		37301	
港、澳、台同胞	人次	2301		10767		1955	
国际旅游(外汇)收入	万美元	6392		1605		2741	
国内游客	人次	16050000		9960000		24160000	
国内旅游收入	万元	1813000		687000		1568000	
八、固定资产投资							
(一)固定资产投资							
全社会固定资产投资	万元	9062156	6192993			4749371	2645278
固定资产投资(不含农户)	万元	9062156	6192993	2077740	931950	4543208	2618724
其中：房地产开发投资	万元	1049299	764191	432686	277162	688119	515043
其中：住宅	万元	812800	578352	236762	166312	485989	358468
全年新增固定资产	万元	9495408	6783834	3161839	2069123	287015	287015
(二)房地产							
商品房屋销售面积	万平方米	161	132	89	56	124	82
其中：住宅	万平方米	150	123	76	51	95	59
其中：别墅、高档公寓	万平方米	0	0			0	0
商品房屋销售额	万元	696967	684455	342383	230235	557047	393570
其中：住宅	万元	628142	616535	275417	194775	382831	249292
其中：别墅、高档公寓	万元	1770	1770			195	195
待售面积	万平方米	329	284	212	150	69	60
九、教育、科技、体育、文化与卫生							
(一)教育							
学校数							
其中：普通高等学校数	所	3	3	2	2	2	2
中等职业教育学校数	所	16	14	14	12	10	8
普通中学数	所	102	40	94	36	78	37

盘锦		铁岭		朝阳		葫芦岛	
全市	市辖区	全市	市辖区	全市	市辖区	全市	市辖区
3469981	2628672	4079156	863643	4279423	1157742	4351168	2466629
4932219	3216950	1390113	912933	2316709	1209916	2268909	1644041
216	163	117	40	190	63	178	87
117	87	63	27	125	44	112	68
1.18	0.91	1	1	1.77	1.05	1.15	0.77
1459067	854720	399991	235561	1090153	272955	829115	568323
124236	65295	128430	62896	233967	88119	148632	54042
4426963	2350639	1203372	809992	1931887	962258	1976195	1424120
4188653	2166756	1052728	694880	1783993	854606	1825567	1306296
20482	19560	24915	23116	22966	19922	21969	20787
19853	18294	21986	15064	28191	14069	15854	12867
71555	66769	25964	21608	14608	19551	7584	1220
51673		26249		19725		53795	
37349		47673		80215		106206	
12	9	9	2	7	7	4	2
23246	8020	16617		1387	1387	1680	1680
110218		53100		20005		43546	
34050		23100		13798		39450	
76168		30000		6207		4096	
3775		4052		1463		2521	
19930000		16910000		13980000		21240000	
1622000		1156000		1290000		1436000	
		3974859	876537	5001466	644864		
9830605	3273706	3974859	876537	5001466	644864	1904461	988837
2395411	1494883	1217544	310773	885871	242332	971443	620310
1759969	1089282	867519	283615	662716	173296	664935	404802
8274349	2530123	3221057	670520	3646082	340206	1161808	303156
327	195	293	120	204	40	105	60
281	175	258	108	172	36	94	55
4	2	1					
1442699	922498	1140788	535539	726201	165396	520979	286628
1130306	736146	963945	463549	572470	145508	402206	241643
27289	18799						
281	231	131	105	131	54	77	32
2	2	4	4	1	1	1	
7	3	20	14	16	11	12	2
70	37	126	17	169	31	130	33

附录2 续表 11

指标名称	单位	营口		阜新		辽阳	
		全市	市辖区	全市	市辖区	全市	市辖区
普通小学数	所	157	52	75	35	168	35
成人高等学校数	所			2	2	1	1
专任教师数							
其中：普通高等学校专任教师数	人	1022	1022	2095	2095	1040	1040
中等职业教育学校专任教师数	人	1331	1061	1028	897	900	732
普通中学专任教师数	人	7996	3661	6999	1878	6949	3518
普通小学专任教师数	人	7451	2906	4923	2183	4533	2177
成人高等专任教师数	人			180	180		
在校学生数							
其中：普通高等学校在校学生数	人	21303	21303	41661	41661	26616	26616
中等职业教育学校在校学生数	人	16599	10031	16961	14711	15552	12955
普通中学在校学生数	万人	9	4	5	2	7	3
普通小学在校学生数	万人	11	5	8	3	8	4
成人高等学校在校学生数	人	2713	2713	1505	1505	2000	2000
初中毕业生升学率	%	92	93	63	94	99	99
(二)科技							
科技活动人员	人	5902	3748	4338	3680	4985	4050
R&D人员数	人	4368	3180	2466	2090	2295	2203
R&D内部经费支出	万元	172579	139387	30903	26267	90788	88241
专利申请受理量	项	996	759	716		629	
专利申请授权量	项	663	501	371		383	
其中：发明	项	127	85	96		81	
(三)文化							
体育场馆数	个	19	10	15	8	10	8
剧场、影剧院数	个	20	15	3	1	14	12
公共图书馆图书总藏量	千册	1369	1135	488	363	945	855
订销报刊杂志累计份数	千份	30809	21911	75	66	2701	1858
广播节目综合人口覆盖率	%	99	100	96	100	100	100
电视节目综合人口覆盖率	%	99	100	98	100	99	99
有线电视入户率	%	45		42	52	56	75
(四)卫生							
医院、卫生院数	个	129	65	115	46	95	47
医院、卫生院床位数	张	11581	7247	10910	7906	12533	8760
医生数(执业医师+执业助理医师)	人	5236	3381	2925	1920	3986	2951
注册护士	人	5005	3174	4542	3600	3538	3254
十、人民生活							
在岗职工平均人数	万人	24	18	18	14	18	14
在岗职工工资总额	万元	1184847	944985	831585	624831	894268	729906
在岗职工平均工资	元	48978	51503	45939	46080	50716	50805
(一)居民收支							
工资性收入	元	17235	17235	11964			15313
经营净收入	元	5004	5004	1659			2866
财产净收入	元	1414	1414	1120			1609
转移净收入	元	6805	6805	7919			6601
城镇居民人均可支配收入	元	30458	30458	22662			26359
城镇居民人均消费支出	元	18215	18215	16575			17319
其中：食品烟酒	元	5558	5558	5049			4833
衣着	元	1887	1887	1649			1909

盘锦		铁岭		朝阳		葫芦岛	
全市	市辖区	全市	市辖区	全市	市辖区	全市	市辖区
54	51	298	31	654	96	474	86
		1	1	2	1		
438	438	1318	1318	492	492	489	
531	355	372	236	1358	698	831	103
6153	3848	9992	1759	13869	2730	10116	2557
5232	2986	10301	1000	13391	2244	10270	3553
		32	32	61	61		
7093	7093	18011	18011	5192	5192	8696	
9002	5195	15157	7680	18928	6468	11920	878
7	4	11	2	16	4	12	3
7	4	13	2	19	4	16	5
		3646	3646	8667	8247		
						72	
8196	7455			4024	277	3092	1673
3263	2895	1219	224	2155	676	1131	998
139529	128123	11475	2215	71250	29300	13729	12246
1093	910	678	273	613	397	934	385
748	640	529		416	255	703	284
63	50	114		39	16	88	53
10	6	8	3	7	2	10	
3	1	14	3	9	4	10	5
655	462	679	381	895	510	341	36
20997	15403	36000	10800	27843	8690	2842	
100	100	98	98	99	100	100	100
100	100	98	100	99	100	98	100
62	53	54	100	53	52	98	100
74	38	137	27	195	27	165	60
8218	6419	11457	3532	15426	4753	11572	5343
3795	2913	5769	2048	6443	1957	3274	1073
3966	3363	4182	1504	6155	2195	3296	1437
45	23	24	6	28	11	23	16
1877790	1449200	1024869	259029	1209974	509232	1097021	789032
41579	64111	42473	46619	43950	46698	47048	48614
23320		11826		12097		13683	
2765		2370		2287		2972	
1396		1115		1129		1389	
4984		5378		5698		6724	
32465		20689		21211		24768	
20323		13820		13219		15103	
5293		4146		3956		4648	
2344		1653		1268		1266	

附录2 续表 12

指标名称	单位	营口		阜新		辽阳	
		全市	市辖区	全市	市辖区	全市	市辖区
居住	元	3931	3931	2910			3485
生活用品及服务	元	1290	1290	916			1152
交通和通信	元	2020	2020	1882			1694
教育文化和娱乐	元	1764	1764	2078			2379
医疗保健	元	1247	1247	1684			1335
其他用品及服务	元	518	518	407			532
(二)居民生活							
每百户居民家庭拥有量							
其中：家用汽车	辆	19	19	13			14
消毒碗柜	台	5	5				4
洗碗机	台	1	1				
固定电话	部	38	38	35			31
移动电话	部	206	206	208			190
其中：接入互联网	部	84	84	83			77
计算机	台	63	63	65			60
其中：接入互联网	台	40	40	58			51
电冰箱(柜)	台	97	97	93			91
彩色电视机	台	120	120	110			103
中高档乐器	架	4	4	5			4
照相机	架	29	29	23			30
摄像机	架	8	8	5			8
洗衣机	台	95	95	95			88
城镇人均住房建筑面积	平方米	31	31	28			29
居民消费价格指数(上年为100)	%	101	101	101			101
十一、社会保障							
城镇职工基本养老保险参保人数	人	775285	496352	523845	386763	652913	211472
城乡居民社会养老保险参保人数	人	544000	44000	420593	33119	319827	77585
城镇职工基本医疗保险参保人数	人	711470	487910	567547	486509	605801	455211
城镇居民基本医疗保险参保人数	人	474164	276918	313621	240002	256259	174114
失业保险参保人数	人	240855	113056	198140	152762	227138	184341
工伤保险参保人数	人	353040	269520	236050	192077	285214	85058
生育保险参保人数	人	278020	210466	142096	120397	199073	67079
社会福利院数	个	100	55	94	33	75	42
社会福利院床位数	张	10819	5884	9114	3298	9231	5728
社区服务设施数	个	258	174	187	142	298	276
城市社区综合服务设施覆盖率	%	92	95	55	90	43	90
城镇居民最低生活保障人数	人	57347	30656	134832	82599	36211	26026
十二、公共管理							
(一)事故							
交通事故死亡人数	人	109	55	75	37	91	38
交通事故损失额	万元	71	29	89	50	101	14
火灾事故死亡人数	人	1		3	2	1	1
火灾事故损失额	万元	435	321	1098	886	717	147
(二)社会治安							
刑事案件立案数	起	5640	2961	6342	4395	1943	1168
刑事罪犯人数	人	1786	864	1699	893	2172	1457
其中：青少年人数(年龄14-25周岁)	人	233	70	299	155	109	101

盘锦		铁岭		朝阳		葫芦岛	
全市	市辖区	全市	市辖区	全市	市辖区	全市	市辖区
3700		2777		2615		2907	
1410		722		685		868	
3214		1221		1171		1559	
2469		1619		1603		1770	
1159		1338		1501		1670	
734		344		419		414	
29	29	8		13		12	
6	6	5		1		1	
1	1			1		1	
58	58	40		73		56	
182	182	184		195		190	
53	53	58		71		55	
69	69	55		59		51	
52	52	45		52		45	
94	94	90		94		93	
107	107	100		103		109	
5	5	3		2		3	
32	32	24		21		14	
8	8	5		3		3	
92	92	92		93		92	
32	32	28		29		27	
100	100	102	101	101		102	
621465	148172	447511	220088	587452	178318	560847	95537
229851	51701	525716	35452	1454555	149505	1092446	220970
525616	401579	581552	311974	462057	162892	532124	106901
600384	288959	255860	113976	576374	234649	287430	151402
349498	293325	234370	210120	241343	97623	228246	37362
355004	279821	262305	101529	274000	97370	326457	58086
202009	135530	241500	145039	182000	80869	238751	43327
28	8	9	2	176	42	6	1
3499	1598	2020	410	8811	1351	963	397
85	68	151	85	1054	217	201	
31	43	87	87	68	110	86	
27478	8949	46924	11548	62773	22757	49192	14707
140	39	106	32	93	39	121	49
162	31	67	5	22	11	78	33
3	3	2				5	
234	55	470		592	149	950	
1198	740	1507	304	2133	586		
1157	804	1003	90	1151	113	2521	916
140	95	142	9	147	19		

附录2 续表 13

指标名称	单位	营口		阜新		辽阳	
		全市	市辖区	全市	市辖区	全市	市辖区
十三、市政公用事业							
(一)基础设施							
城市维护建设资金支出	万元	22607	10637		27483	85345	61686
年末实有城市道路面积	万平方米	1312	720		967	1680	1376
排水管道长度	公里	839	553		596	1201	909
供水综合生产能力(包括自备水源)	万立方米/日	69	56		35	66	56
供水总量	万吨	12645	10097		7343	9274	7235
售水量	万吨	8155	6560		6055	5828	4779
其中：居民家庭用水量	万吨	3424	2490		3051	2510	1900
用水人口	万人	156	98		77	101	78
用水普及率	%	97	97		100	100	100
供气总量(人工、天然气)	万立方米		2441		4893		8222
其中：居民家庭用量	万立方米		1588		1718		1218
用气人口	人		720000		490000		417300
液化石油气供气总量	吨		6005		5221		11315
其中：居民家庭用量	吨		6000		4850		11315
用液化气人口	人		250000		170000		354500
(二)公共交通							
年末实有公共汽(电)车运营车辆数	辆		882		403		590
全年公共汽(电)车客运总量	万人次		13223		6823		9514
年末实有出租汽车数	辆		3091		2771		2611
轨道交通线路长度	公里						
轨道交通客运总量	万人次						
(三)绿地							
建成区绿化覆盖面积	公顷	6709	4503		3549	5267	4410
其中：建成区	公顷	6591	4386		3312	5086	4410
绿地面积	公顷	6228	4146		3159	4974	4169
其中：建成区	公顷	6110	4029		2972	4795	4169
公园绿地面积	公顷	1501	1027		985	1062	848
公园面积	公顷	1063	654		661	364	215
十四、环境保护							
工业废水排放量	万吨	3041		2399		6156	
工业废气排放量	万平方米	49849540		8589540		16486129	
工业二氧化硫产生量	吨	104187		149065		97187	
工业二氧化硫排放量	吨	46052		93342		43606	
工业氮氧化物产生量	吨	60869		35248		43637	
工业氮氧化物排放量	吨	41987		26905		36366	
工业烟(粉)尘产生量	吨	2696106		1836238		2396946	
工业烟(粉)尘排放量	吨	89121		30062		41207	
工业重金属产生量	吨	6		7			
工业重金属排放量	吨						
一般工业固体废物综合利用率	%	90		90		11	
污水处理率	%	98		93		100	
污水处理厂集中处理率	%	98		90		100	
生活垃圾无害化处理率	%	78		100		100	
空气质量达到及好于二级的天数	天	244		269		260	

盘锦		铁岭		朝阳		葫芦岛	
全市	市辖区	全市	市辖区	全市	市辖区	全市	市辖区
86946	86946	60949		28122	28122	108602	104137
952	952	695		422	422	1040	581
640	640	448		666	666	1096	685
30	30	22		24	24	48	39
6701	6701	4250		3063	3063	7268	4816
5434	5434	2352		2055	2055	5489	3998
1976	1976	1333		854	854	3011	2093
73	73	45		54	54	92	52
100	100	98		100	100	90	100
	2542		4580		1175		8845
	2345		2537		734		1955
	541000		340000		478200		462100
	13503		2850		5674		12665
	13422		1365		3800		2050
	190000		100000				33800
	491		667		289		1034
	9721		7905		5620		13414
	3238		4163		1971		5248
3051	3051	2245	2245	2865	2865	5287	3199
3051	3051	2245	2245	1546	1546	5286	3199
2831	2831	2070	2070	1406	1406	4703	3177
2831	2831	2070	2070	1396	1396		
902	902	540	540	624	624	1506	750
400	400	318	318	269	269	1071	444
4038		1393		648		2405	
977		1073		28543936		1375	
85389		153904		120968		693823	
50123		36739		63451		53752	
30845		69906		30510		64824	
22840		43749		22743		37453	
632349		3296167		1626376		1389615	
15334		39438		62519		21592	
		3		8			
		3					
96		65		77		75	
100		100		100		89	
100		100		99		89	
100		100		100		87	
259		249		303		249	

附录3 2015各市

区名称	行政区域土地面积(平方公里)	年末户籍人口(万人)	年平均人口(万人)	常住人口(万人)	年出生人口(人)	年死亡人口(人)	年末总户数(万户)	从业人员期末人数(城镇)(万人)
沈阳市								
和平	59.0	65.2	64.8	70.4	4438.0	5404.0	23.7	20.8
沈河	60.0	71.2	71.4	84.4	4719.0	6135.0	26.4	26.0
大东	100.0	68.2	68.6	79.2	4348.0	6146.0	25.7	11.3
皇姑	66.0	81.8	81.8	94.6	5321.0	6758.0	29.5	14.4
铁西	286.0	90.9	90.8	115.9	6531.0	8123.0	34.1	23.7
大连市								
中山	40.0	36.1	36.1		2928.0	2985.0	13.7	15.8
西岗	24.0	29.3	29.5		2068.0	2726.0	11.5	10.3
沙河口	35.0	64.9	65.1		5484.0	4862.0	24.1	11.3
鞍山市								
铁东	41.8	53.0	54.0	53.9	2840.0	4690.0	19.9	12.8
铁西	29.9	38.2	38.2	38.2	1268.0	3493.0	20.0	7.8
立山	48.4	41.2	41.5	40.5	1707.0	4390.0	15.8	8.4
抚顺市								
新抚	108.2	30.2		32.1	1477.0	2471.0	12.2	10.0
东洲	604.0	30.0	30.6	30.5	1233.0	3193.0	13.2	4.2
望花	109.1	30.3			1503.0	2792.0	12.7	5.3
丹东市								
元宝	91.6	18.3	18.3	21.6	1034.0	1668.0	7.5	
振兴	130.1	37.2	37.2	42.5	2220.0	3181.0	14.3	10.4
锦州市								
古塔	67.6	25.6	25.8	25.6	1361.0	1929.0	9.5	3.7
凌河	30.0	37.2	37.9	37.2	1833.0	2869.0	14.1	4.3
营口市								
站前	82.3	27.3	27.3	30.1	1696.0	2014.0	11.2	4.6
西市	314.9	17.3	17.3	19.9	972.0	1452.0	7.5	2.4
辽阳市								
白塔	35.0	36.3	36.3		2111.0	2695.0	14.6	6.3
文圣	305.0	12.8	12.8		630.0	874.0	6.1	4.7
宏伟	149.8	14.0	14.0		741.0	862.0	5.4	4.7

本表数据为快报数。

市辖区基本情况

#第二产业	#第三产业	城镇私营和个体从业人员(人)	城镇登记失业人数(人)	地区生产总值(当年价格)(万元)	第二产业增加值	第三产业增加值	地区生产总值(2010年价格)(万元)	人均地区生产总值(元)	地区生产总值增长率(%)
7.1	13.7	127816	12547	8186665	1198829	6986883	7631040	116288	4.4
12.6	13.4			9313652	1257603	8056049	8756776	110351	4.5
6.7	4.6	103845	14044	6058526	3953788	2103053	5854428	76497	3.6
2.5	11.9		14956	4404412	765557	3638855	4195633	46558	0.4
17.7	6.0	206008	20188	9636741	6317650	3234334	9358103	83147	-2.6
0.6	15.2			7157245	278076	6879169	6183422	203100	7.5
3.4	6.8			3208244	556375	2651869	2960427	108754	5.5
4.2	7.2			4138066	937549	3200517	3852412	61332	5.8
3.1	9.3	3360	7143	3690362	566018	3121639	3498371	68340	3.5
4.1	3.7	12319	3970	2011922	1007968	987837	2014361	52737	3.0
2.3	0.8	55263	671	1817592	935678	876468	1892556	43850	3.5
5.3	3.4	53600	5314	1851818	577206	1253541	1786751	63702	4.2
3.2	1.0	26855	7622	1835929	1179853	583768	1918672	60037	0.9
3.4	1.9		5954	1243781	676332	549437	1278514	41239	1.1
				602579	169118	420146	568576	32982	3.6
4.2	6.2	7038	4655	1277034	445166	809269	1146722		2.6
2.6	1.1	99063	2507	1819927	919991	898155	1774885	70567	3.6
2.5	1.7	173230	3485	1113729	495137	617320	955715	29939	2.1
2.4	2.2	151330		1473885	676294	796079	1574962	49048	5.8
1.8	0.6	93656		1195610	709247	485229	1230698	59960	5.2
2.0	4.4		6661	1552577	304665	1247085	1457612	42818	8.6
1.2	1.4	41312	580	485031	225930	208264	459121	37923	1.4
4.0	0.8		1538	1805577	1470368	322543	1682123	129247	1.8

附录3 续表 1

区名称	公共财政收入(万元)	税收收入	公共财政支出(万元)	一般公共服务支出	科学技术支出	教育支出	文化体育与传媒支出	医疗卫生支出
沈阳市								
和平	813528	788650	394499	68688	2441	62864	18429	27853
沈河	760905	742663	335127	67082	3711	90870	5690	22740
大东	693916	641109	405607	64663	3003	84287	9346	26845
皇姑	354685	325577	253653	34199	3550	92727	2181	18836
铁西	906223	767723	641697	38756	4125	103430	14217	35829
大连市								
中山	150396	126565	167668	21134	699	40866	1333	12907
西岗	140593	126196	148874	24766	1478	28070	5306	12681
沙河口	140669	133217	179802	22657	1484	56146	976	11330
鞍山市								
铁东	93504	93160	137122	17416	184	31276	2287	5755
铁西	106072	96799	150909	10611	167	16071	394	3730
立山	136099	130908	201622	23026	14854	25778	593	6057
抚顺市								
新抚	109312	102207	61978	7251	96	11061	86	4870
东洲	172156	137199	70390	3964	85	11898	171	7361
望花	75060	69839	55903	8881	95	10622	177	5434
丹东市								
元宝	38521	37518	51180	6539	118	8770	141	4251
振兴	106296	105533	88395	12340	186	16245	220	6189
锦州市								
古塔	37858	33300	55090	5764	96	9602	262	2896
凌河	46769	43354	52514	9141	95	10718	159	4047
营口市								
站前	142705	134552	65280	10844	280	6830	176	2467
西市	106774	99019	98822	15045	3387	8998	481	2093
辽阳市								
白塔	95016	92889	59086	8514	96	11429	260	2902
文圣	53584	46910	123654	9567	26	5632	143	4189
宏伟	100311	95976	96370	10814	1760	12592	656	4551

城乡社区事务支出	社会保障和就业支出	住房保障支出	规模以上工业企业数(个)	规模以上工业总产值(当年价、万元)	内资企业	港、澳、台商投资企业	外商投资企业	规模以上工业从业人员平均数(万人)	规模以上工业流动资产合计(万元)
67006	88922	13125	26	512882	444345	61723	6815	0.83	962724
37533	64128	9643	51	894620	833369	48982	12269	1.32	1071122.1
93699	47152	11840	127	18390231	3359230	158120	14872881	7.67	7830492.6
31159	33145	2859	18	1489388	1489388			2.04	1924360.5
227119	68326	21143	419	14726730	10142455	1348292	3235983	15.14	15913943.2
14861	55802	10230	9	80298	56353	23945		0.11	114463
12300	48932	8738	15	2790228	2782343		7885	1.95	8095218
14568	54406	2395	32	1663879	1492922		170957	1.86	1287935
29542	34803	6597	6	50062	50062			0.27	60843
7870	28874	2754	102	2584045	2345958	95124	142963	1.87	1792114
43235	42291	10277	112	1580912	1495911	43394	41609	3.23	2074496
5568	16793	2298	21	656598	556702	5253	94642	0.44	153293
2746	24822	4827	112	5024847	4957291	5728	61828	3.40	827721
4980	18866	1655	22	1351008	1348490	2518		2.00	1137280
3588	14357	8909	26	216533	166786	19614	30133	0.50	349410
15209	23554	4470	19	152179	72490	9616	70073	0.63	167635
6692	21769	3667	23	2527316	2487648	14583	25085	1.30	346549
4195	17564	2585	9	107828	81024	13226	13578	0.49	177065
15003	17503	6714	176	2498530	2361551	45691	91288	2.52	730604
8776	23024	6953	163	2680803	2095069	70508	515227	2.20	2016339
5031	27836	233	14	129301	92152		37148	0.31	274605
5441	13854	15199	65	562251	562251			0.57	256445
12962	13787	6334	46	5114047	2997717	1658654	457676	3.83	5615506

附录3 续表 2

区名称	规模以上工业固定资产合计(万元)	规模以上工业主营业务收入(万元)	规模以上工业主营业务成本(万元)	主营业务税金及附加(万元)	规模以上工业本年应交增值税(万元)	规模以上工业利润总额(万元)	社会消费品零售总额(万元)	限额以上批发零售贸易业商品销售总额(万元)
沈阳市								
和平	745518	523564.4	451624.4	2793.7	8276.4	-5531.9	7945313.81	6134533.8
沈河	403769.7	916785	796139.2	5640.4	12318.6	15770.8	10417680.94	47163408.4
大东	4786469.7	18234023.8	13736179.9	825902.4	626329.3	1578594.4	2826993.618	3554551.8
皇姑	353013.7	1531603.4	1394797.8	1004.6	5846.1	42907.3	3063729.151	4322018.4
铁西	7028341.7	15510824.9	13106728.6	70643.8	245728.3	120327	5831653.925	5374154.7
大连市								
中山	20604	111891	101676	369	572	1207	6472502	9420847
西岗	1690714	2727991	2687402	14180	21714	56601	2724565	2372363
沙河口	885336	2116464	1855739	6486	50237	85565	4794192	2217570
鞍山市								
铁东	74830	50432	47409	283	1512	-30	2580525	3144289
铁西	611531	2984233	2777973	10927	41434	37298	1679940	1075830
立山	734460	1610614	1326696	20395	45334	27691	626922	7309306
抚顺市								
新抚	223838	176941	159235	870	1278	-7700	2445936	1565600
东洲	2505314	5012602	3846350	707102	273223	11003	729539	88404
望花	989586	1483465	1383368	5024	28997	-27319	756171	937805
丹东市								
元宝	169727	203129	152357	3716	9904	15778	901252	1022621
振兴	59071	151181	134722	594	3206	-3716	1122925	741545
锦州市								
古塔	746922	2377011	1556399	660655	146858	-23402	1502514	1101518
凌河	83192	113290	76689	678	3841	9590	1442118	689485
营口市								
站前	461622	2509048	1932993	303376	84747	138143	901275	568830
西市	1615994	2585198	2275015	10241	-7294	42415	140396	246692
辽阳市								
白塔	66175	127585	100780	1680	250	1438	1542592	634031
文圣	457961	560750	464393	16151	20163	13666	107642	33903
宏伟	1989480	5042300	3993570	455964	223041	726727	198346	3955230

限额以上批发零售企业数(法人数、个)	限额以上批发零售企业从业人员平均人数(万人)	限额以上批发零售企业流动资产合计(万元)	限额以上批发零售企业固定资产合计(万元)	限额以上批发零售企业主营业务收入(万元)	限额以上批发零售企业主营业务成本(万元)	限额以上批发零售企业主营业务税金及附加(万元)	限额以上批发零售企业本年应交增值税(万元)	限额以上批发零售企业利润总额(万元)
371	2.59	2282281	483044	5250108	4813434	16714	64431	45400
332	2.88	4321368	671002	41120344	40446162	149726	101939	
167	0.94	1245017	145275	3090052	2878219	6892	47322	33933
141	0.90	1119941	288592	3391405	3139986	14249	37755	
244	2.02	2140910	301449	4663473	4345900	11269	71224	
251	2.38	3937658	554508	8496110	7599047	19079	102007	189304
115	0.71	1491881	87535	2035854	1703041	83037	55197	123192
154	0.99	2063909	90996	2855100	2672609	4883	50332	
93	0.56	1237208	70917	2932173	2636833	48889	42724	157728
95	0.17	209556	38152	563376	501500	1916	2159	6286
106	0.21	86541	22623	661737	595893	15071	10282	22984
35	0.45	268675	80437	1041305	939943	22332	18226	33654
21	0.04	21808	5732	68711	64685	204	1223	
16	0.24	100861	15371	243627	230427	731	10845	2176
36	0.10	243088	32020	1211079	1054792	22229	14545	67236
64	0.35	213096	169027	436192	382781	11653	6161	4723
47	0.38	183490	27295	989703	856459	30254	11194	54465
34	0.52	131172	35843	470281	407025	2375	11174	12611
56	0.35	227004	33855	550527	480209	6358	3336	26836
31	0.08	32606	7600	160505	133895	1168	3737	8701
24	0.24	74466	66076	510083	444351	18032	4896	18118
9	0.01	8494	449	32983	27703	196	368	2798
18	0.06	610506	8778	3924589	3909901	194		6218

附录3 续表 3

区 名 称	当年实际使用外资额（万美元）	固定资产投资（不含农户）（万元）	房地产开发投资（万元）	住宅（万元）	全年新增固定资产（万元）	商品房销售额（万元）	住宅（万元）	待售面积（万平方米）
沈阳市								
和　平	12443	5647968	1478239	811363	3739966	846244	785264	48.92
沈　河	10802	7105384	2730491	964670	4946538	1157389	467106	424.75
大　东	8091	4231290	434624	373570	3428601	749610	670830	37.57
皇　姑	15196	5967120	851374	678219	5849877	963372	864744	46.05
铁　西	30263	5033353	122612	98425	5638517	282922	252766	23.31
大连市								
中　山	30281	2090042	1909813	1376995	1123	588846	490276	72.65
西　岗	6300	320087	70646	37044	816226	37081	30363	10.83
沙河口	4719	1561410	914878	298701	182382	410624	369180	55.53
鞍山市								
铁　东	1908	1313430	594905	426890	833233	94698	92027	7.13
铁　西	950	2415823	284809	250641	233355	104951	63021	10.20
立　山	61	2082287	478868	444907	240958	595882	521489	57.78
抚顺市								
新　抚		438848	156485	125188	250363	63682	29527	6.00
东　洲	1700	348468	55260	38052	387329	46683	25481	18.39
望　花	12905	544030	61122	47899	486858	37987	36239	38.00
丹东市								
元　宝	1630	478000	244613	241299		149467	149416	10.80
振　兴		743062	80126	64163	620574	175920	161295	11.70
锦州市								
古　塔	663	205445	80479	35672	133619	3288	3288	0.44
凌　河	1087	560080	461586	401586	54688	314792	301605	44.40
营口市								
站　前	20	980000	241603	217786	861278	286031	280472	10.98
西　市	284	1719969	160153	102866	1270221	113134	86272	79.78
辽阳市								
白　塔	5	495163	417837	282793	32013	107338	102895	30.24
文　圣		452442	37790	26850	414652	175513	58976	
宏　伟	29400	769001	33271	24377	826580	23158	22430	21.60

普通中学数（所）	普通小学数（所）	普通中学专任教师数（人）	普通小学专任教师数（人）	普通中学在校学生数（万人）	普通小学在校学生数（万人）	医院、卫生院数（个）	医院、卫生院床位数（张）	医生数(执业医师+执业助理医师)（人）
22	25	2741	1541	2.63	2.85	30	13954	5338
23	30	2711	2094	2.35	3.37	46	6934	3278
21	28	1823	1399	1.94	2.74	53	8337	2744
27	27	3137	2236	3.67	4.44	46	9272	3896
41	43	2662	2533	3.66	4.99	43	9618	3603
13	24	1297	1072	1.02	1.35	19.00	4984	2129
11	20	805	770	0.63	1.17	23.00	3675	2019
20	31	1271	1269	1.08	2.38	30.00	7802	4519
10	22	1184	1090	0.98	2.02	27.00	4787	1475
12	22	1469	1184	0.71	1.53	13.00	2208	664
15	19	1393	1323	0.79	1.40	13.00	3904	2957
7	16	649	691	0.50	0.90	11.00	560	201
10	16	703	871	0.37	0.69	15.00	822	875
10	12	610	775	0.45	0.88	8.00	1106	342
1	10	81	346	0.06	0.51	1.00	20	170
2	19	125	872	0.77	1.17	13.00	390	507
1	10	62	742	0.03	0.95	203.00	361	469
	2		1135		1.64	2.00	244	98
	11		669		1.14	36.00	1568	1980
	7		447		0.55	4.00	130	444
	13		999		1.34	43.00		126
6	10	359	426	0.25	0.41	9.00	527	438
6	10	607	398	0.66	0.62	6.00	975	282

附录3 续表 4

区 名 称	注册护士（人）	在岗职工平均人数（万人）	在岗职工工资总额（万元）	城镇居民人均可支配收入（元）	城镇居民社会养老保险参保人数（人）	城镇居民基本医疗保险参保人数（人）	失业保险参保人数（人）	社会福利院数（个）
沈阳市								
和平	7536	19.38	1312919	41060	4909	107894	298614	8
沈河	3913	23.80	1207460	40987			266423	9
大东	3642	11.39	892684	37142			209700	1
皇姑	4494	12.21	728038	36842			122616	13
铁西	4879	23.00	1226630	37150	443533	799304	366901	10
大连市								
中山	2548	13.53	1176349	39897				13
西岗	2858	9.74	677904	38731				18
沙河口	5607	10.63	807571	38388				28
鞍山市								
铁东	1995	10.09	505664		119343		22612	18
铁西	1034	5.25	182099		8683	91869	15092	3
立山	1465	7.02	253089		83909		13800	17
抚顺市								
新抚	230	7.58	420309	29646	114034	97914	97792	22
东洲	336	4.25	251924	25401	201695	168013	69869	16
望花	416	5.23	232964	23871	105308	110068	72051	
丹东市								
元宝	69			25634				9
振兴	322	10.40	344512	27045				12
锦州市								
古塔	407	3.62	201030		15765	23108	9053	
凌河	77	3.71	168636	29856	17197	25067	10645	8
营口市								
站前	790	4.90	223291		41656		24504	20
西市	279	2.33	91607	30267	18239		12873	17
辽阳市								
白塔	111	5.92	297218	29407	67610		40805	
文圣	160	0.99	46530		20627	16530	5416	7
宏伟	391	4.61	313168		49507	130689	19576	10

社会福利院床位数（张）	社区服务设施数（个）	城市居民最低生活保障人数（人）	交通事故死亡人数（人）	交通事故损失额（万元）	刑事案件立案数（起）	刑事罪犯总数（人）	绿地面积（公顷）	公园绿地面积
844	18865	8455	24	77.9	4596	964	1012.2	535.0
1490	9345	20780	28	106.0	6416	1357	1985.0	450.6
300	106	9702	35	354.6	1151	1288	2229.1	472.0
1627	124	8621	19	70.0	4610	1573	3859.0	668.3
1813	649	15107	63	1400.0	1479	1794	1531.0	679.0
1427	63	3073	4	6.0	478	481		
1506	73	3786	6	23.0	506	446		
1854	100	6284	16	52.0	880	1067		
1758	770	7663			472	606	2500.3	266.6
275	156	10919			408	599	447.4	44.0
1934	98	12334			275	476	237.0	98.4
490	6	14652	18	15.0	302	433	290.0	12.5
1393	378	21780			216	230	1200.0	141.9
		23252	15	2.4	295	374	225.0	95.5
452	35	6616			441	261		
732		7323			630	390	78.0	
		5059					1.0	1.0
150	30	8239						
1528		10296			209	269		
1100		12127						
		17080	5	0.4	473	700		
774	19	2515	10	3.5	121	166		
857		2349	24	6.6	155	271	4124.9	367.4

附录4 沈阳经济区主要经济指标

年 份	年末总人口（万人）	生产总值（亿元）	全社会固定资产投资（亿元）	社会消费品零售总额（亿元）	实际利用外商直接投资（亿美元）	出口总额（亿美元）	地方财政一般预算收入（亿元）
2000	2311.5	2433.5	625.6	1059.7	10.4	24.6	136.0
2001	2316.9	2670.9	720.6	1169.2	13.3	22.6	166.5
2002	2319.1	2985.6	873.1	1299.6	20.0	26.1	182.5
2003	2320.5	3420.2	1173.5	1377.2	29.8	34.9	178.1
2004	2327.8	4161.6	1784.3	1554.8	30.0	52.7	228.0
2005	2334.8	4907.6	2479.2	1762.0	24.1	61.2	289.6
2006	2343.8	5790.6	3256.4	2016.7	34.8	78.5	353.8
2007	2354.1	7059.3	4297.4	2367.3	57.1	97.9	467.0
2008	2359.4	8539.3	5739.0	2899.9	68.0	132.3	601.8
2009	2363.5	9694.9	7237.8	3428.4	81.2	81.6	719.1
2010	2363.3	11737.0	9130.5	3941.0	82.7	112.6	1088.0
2011	2363.6	13939.9	9921.5	4632.5	91.1	138.4	1431.7
2012	2356.8	15297.6	12199.6	5358.1	99.2	165.9	1662.2
2013	2352.7	16555.4	13889.1	6094.3	108.4	192.0	1773.9
2014	2354.6	15966.6	13232.3	6830.7	98.8	198.1	1731.1
2015	2740.0	15799.2	10076.2	7378.0	18.8	181.4	1122.3

附录5 沿海经济带主要经济指标

年 份	年末总人口（万人）	生产总值（亿元）	全社会固定资产投资（亿元）	社会消费品零售总额（亿元）	实际利用外商直接投资（亿美元）	出口总额（亿美元）	地方财政一般预算收入（亿元）
2000	1715.8	2040.7	580.1	807.5	16.4	87.4	125.5
2001	1722.9	2226.3	623.3	888.3	19.4	92.6	154.2
2002	1729.5	2470.3	727.6	985.2	21.0	102.1	160.8
2003	1733.9	2843.3	943.9	987.4	28.2	116.8	176.6
2004	1738.1	3373.2	1260.7	1125.3	25.5	142.6	190.5
2005	1746.1	3915.3	1822.7	1280.0	12.5	180.7	231.8
2006	1757.7	4632.0	2366.2	1466.4	25.9	213.5	304.8
2007	1769.9	5533.2	3176.8	1719.3	34.8	264.9	406.2
2008	1779.6	6726.4	4245.7	2087.5	54.9	300.5	518.0
2009	1784.9	7613.7	5450.5	2467.4	77.5	260.1	636.3
2010	1784.7	9259.9	7349.2	2901.9	132.3	335.4	898.8
2011	1785.9	11150.9	8119.7	3410.6	161.2	401.5	1181.4
2012	1782.5	12606.4	10012.9	3945.5	179.1	448.5	1404.0
2013	1778.3	13742.3	11590.1	4484.3	193.2	492.1	1544.0
2014	1782.3	13614.7	11520.7	5022.9	186.9	413.4	1436.8
2015	1942.2	13534.3	8004.6	5439.4	33.4	358.3	978.1

附录6　辽西北主要经济指标

年　份	年末总人口（万人）	生产总值（亿元）	全社会固定资产投资（亿元）	社会消费品零售总额（亿元）	实际利用外商直接投资（亿美元）	出口总额（亿美元）	地方财政一般预算收入（亿元）
2000	824.8	282.0	98.3	134.8	0.5	0.7	15.8
2001	826.1	310.9	110.0	147.5	0.9	0.8	19.3
2002	827.5	350.6	123.7	159.9	1.1	0.9	20.2
2003	828.9	413.8	160.1	171.4	1.6	1.3	21.4
2004	830.1	514.9	201.6	198.8	1.2	2.5	25.1
2005	834.0	620.0	266.2	226.6	0.3	3.4	39.9
2006	837.6	739.1	443.9	260.7	0.8	4.0	40.2
2007	838.7	936.6	643.3	306.8	1.5	5.3	55.8
2008	839.3	1206.5	1000.3	378.7	2.2	6.1	79.5
2009	841.0	1411.8	1352.9	448.0	3.1	9.0	108.7
2010	836.7	1757.4	1809.5	592.8	4.8	9.9	176.4
2011	838.0	2167.1	1761.2	696.9	6.0	10.0	242.1
2012	834.4	2455.9	2165.2	805.0	7.7	10.5	285.7
2013	832.5	2649.3	2484.3	915.8	9.7	14.1	286.6
2014	833.6	2467.0	1915.3	1026.3	10.6	17.6	266.3
2015	662.5	2121.2	1105.4	1109.3	2.0	15.5	142.2

附录7　2015年各市农业

县　名	行政区域面积(平方公里)	乡(镇)个数(个)	常住户数(户)	常住人口(万人)	户籍人口(万人)	其中：农业户籍人口(万人)	第一产业从业人员(人)	第二产业从业人员(人)
苏家屯区	782		159778	48.3	42.7	19.8	52187	24948
浑南区	800		214901	57.0	36.1	16.2	42812	50679
沈北新区	892		131761	42.8	31.2		52052	105125
于洪区	499		245500	66.2	44.6	20.7	47189	170750
辽中县	1470	15	167608	42.3	52.6	35.9	138134	37762
康平县	2167	12	120218	31.6	34.9	24.8	80618	85540
法库县	2320	19	138233	40.0	44.8	35.4	144920	86646
新民市	3407	24	247655	65.4	68.3	50.2	162887	94950
甘井子区	492		288161	75.0	75.0		6751	
旅顺口区	405		111628	30.6	20.9	1.7		
金州区	1044		229766	68.2	68.2	13.7	41656	
长海县	142	5	27334	8.7	7.2	0.3	20478	4637
瓦房店市	3643	21	349125	99.6	99.7	61.5	227672	169625
普兰店市	3375	8	328068	93.4	91.6	61.1	229289	210938
庄河市	4114	21	282856	89.7	90.1	53.6	192759	121415
千山区	341	3	37356	11.7	11.4	7.7	24262	18638
台安县	1393	10	118579	37.2	37.4	30.3	124779	36830
岫岩满族自治县	4502	21	152697	51.5	51.9	40.6	125058	55905
海城市	2566	21	377281	118.9	107.9	57.3	180766	261721
顺城区	348	3	172091	43.0	43.0	6.0	15586	13248
抚顺县	1701	8	37664	11.2	11.6	9.5	47280	12155
新宾满族自治县	4287	15	101792	30.0	29.8	21.2	90948	19933
清原满族自治县	3921	14	122849	33.2	33.2	22.8	103924	15516
平山区	179		120775	34.9	31.0	1.7	4713	122113
溪湖区	303		24782	6.9	20.3	3.2	12610	20237
明山区	413		129199	42.0	34.0	3.7	11157	17483
南芬区	619		30178	7.4	7.4	2.5	7899	7500
本溪满族自治县	3343	11	99483	28.9	28.9	17.4	44509	26870
桓仁满族自治县	3547	12	105065	30.2	29.8	20.2	64649	32308
元宝区	92	1	74566	21.6	18.3	1.7	3710	8239
振兴区	248	3	172931	47.9	42.6	6.6	13142	91453
振安区	651	5	64209	19.0	17.0	10.0	29845	20552
宽甸满族自治县	6115	22	151849	43.3	49.1	30.9	123583	26094
东港市	2399	15	208001	66.0	60.9	45.4	136800	80210
凤城市	5515	18	195510	58.9	56.8	38.8	142277	59968
太和区	220		36243	10.4	14.6	7.9	25248	22073
黑山县	2497	20	213355	61.3	60.7	45.9	184153	32824
义县	2476	16	134658	42.4	41.9	34.5	118792	36732
凌海市	2585	17	174101	51.5	51.5	36.6	149220	50720
北镇市	1694	15	155836	51.7	51.7	42.0	165680	25553
鲅鱼圈区	259	3	143113	48.1	37.4	12.2	27752	40861

县区基本情况

第三产业从业人员（人）	地区生产总值（万元）	第一产业增加值（万元）	农业（万元）	林业（万元）	牧业（万元）	渔业（万元）	第二产业增加值（万元）	其中：采矿业（万元）	第三产业增加值（万元）
38040	3313357	318576	137697	7754	167941	5184	1977988	1841489	1016793
124561	4090281	67415	46719	3924	16725	47	2525555	2283323	1497311
75533	4220420	321754	130450	1016	182119	8169	3157826	3062251	740840
145042	4815317	118723	88592	4333	20356	5442	3132569	2986768	1564025
60414	4077621	789586	291136	6715	431275	60460	2307997	2277343	980038
33707	1996726	368987	147097	19864	200026	2000	1066309	1003173	561430
56686	3172398	480128	187579	21879	268853	1817	1968576	1933715	723694
71613	4563837	861698	424727	9178	390948	36845	2667692	2531641	1034447
	9840379	87267	23761	805	5943	56758	5495970	4650621	4257142
	2884515	201870	32636	1412	19311	148511	1616450	1504091	1066195
	16112659	490353	173030	2555	92618	222150	9786393	8005801	5835913
16562	869209	470014	1012	138	726	468138	72123	58460	327072
148478	9620162	943210	373472	5652	245959	318127	5909195	5596551	2767757
118477	6872701	980254	358606	15711	327753	278184	3921754	3519522	1970693
152074	6519470	1270383	347428	19557	209068	694330	3078274	2605779	2170813
14939	734878	60440	29690	100	29500	1150	432533	375507	241905
57986	2308090	495350	214400	950	260000	20000	1176777	1047065	635963
71083	1912542	318010	213350	2560	92000	10100	914775	856760	679757
266251	8162023	467300	235043	1257	215000	16000	3790798	3387043	3903925
9161	1620823	90035	34012	11300	39204	5519	400313	207974	1130475
13100	835370	178456	76609	30420	53484	17943	442330	381616	214584
32577	1160032	270462	110389	37336	96251	26486	419143	349751	470427
31671	1288899	272084	112517	38997	93177	27393	555849		460966
43011	2270355	14219	4852	935	8368	64	520609	362127	1735527
38418	1754894	43613	17669	4467	20286	1191	1149409	1099408	561872
7098	1655679	73607	34405	17771	20652	779	658000	505377	924072
8500	640328	42292	10672	5109	21794	4717	433490	398000	164546
32872	1806895	227139	70718	84910	47309	24202	993246	895635	586510
58007	1719043	269230	101555	103518	41352	22805	790523	677926	659290
19989	602579	13316	7277	101	5863	75	169118	90707	420145
83037	1277034	22599	8985	310	3471	9833	445166	67516	809269
22316	450971	68801	52585	2484	10685	3047	238986	120711	143184
42510	1403553	309735	130163	33246	63256	83070	533693	469562	560125
106912	3347171	775879	273206	1518	66777	434378	1325368	1082740	1245924
99502	2548445	321307	133949	35629	114974	36755	1115820	1060282	1111318
24158	1057391	79305	60199		19106		685298	607174	292788
114024	1748353	573017	228237	3848	320011	20921	587021	580337	588315
56524	1286950	282536	110320	4069	165505	2642	564613	559649	439801
71343	2542552	552864	262058	2907	178274	109625	1331563	1300051	658125
57496	1597800	516095	290308	1167	216467	8153	574011	556432	507694
36465	4668260	105459	28877	3501	10671	62410	2212338	1915008	2350463

附录7 续表 1

县 名	行政区域面积(平方公里)	乡(镇)个数(个)	常住户数(户)	常住人口(万人)	户籍人口(万人)	其中：农业户籍人口(万人)	第一产业从业人员(人)	第二产业从业人员(人)
老边区	217	3	43609	11.6	10.8	4.2	16128	17112
盖州市	2946	19	248021	71.2	69.9	46.9	220676	67626
大石桥市	1598	13	264834	70.0	69.9	48.0	141816	86939
海州区	71	1	107942	27.1	27.6	1.9	2756	11593
新邱区	126	1	33866	8.2	8.2	1.6	4299	2496
太平区	95	2	67656	16.1	16.1	1.2	2952	3397
清河门区	98	2	20450	6.8	6.7	2.3	4967	4687
细河区	70	1	54725	14.9	14.9	1.3	2413	27282
阜新蒙古族自治县	6218	35	228419	65.1	72.3	57.5	230173	51904
彰武县	3623	24	144103	40.8	40.8	34.8	130300	18249
文圣区	304	2	60935	14.4	12.8	7.5	20977	11905
宏伟区	150	2	53843	14.5	14.0	4.5	10016	44182
弓长岭区	335	2	38412	9.0	9.0	3.3	8038	4442
太子河区	269	4	54939	15.9	16.0	11.1	36465	22110
辽阳县	2452	15	167204	48.2	47.7	39.4	118427	64242
灯塔市	1156	11	154432	45.6	44.9	35.6	141985	49782
双台子区	127	2	92527	22.3	20.1	4.3	11939	12501
兴隆台区	279		241734	62.9	44.4	2.2	12663	58269
大洼县	1734	15	160417	48.4	38.4	13.5	115800	50406
盘山县	2008	13	96633	29.2	27.7	10.2	104703	27537
银州区	78	1	112409	30.2	31.1	1.7	4140	5631
清河区	480	3	32778	9.6	9.6	3.0	17596	11542
铁岭县	2250	14	136795	37.5	38.8	32.7	110118	38248
西丰县	2683	18	121867	27.9	34.3	26.8	92204	15124
昌图县	4317	33	310982	81.4	102.4	74.9	250160	83107
调兵山市	262	3	95207	23.1	23.5	3.9	16800	59177
开原市	2838	18	198800	51.5	58.0	42.9	115641	50622
双塔区	431	4	134850	44.1	40.4	9.4	20168	15363
龙城区	636	6	65157	20.6	20.6	15.3	36982	23710
朝阳县	3762	26	165931	57.0	56.5	53.6	200457	71169
建平县	4868	24	187312	58.8	58.6	45.4	181790	60743
喀喇沁左翼蒙古族自治县	2238	19	135928	40.8	42.6	34.6	96573	48982
北票市	4419	27	221133	57.3	57.7	37.3	128159	41921
凌源市	3282	22	205048	63.0	68.9	50.2	181986	71733
连山区	1150	9	157222	42.0	42.0	18.0	44796	47249
龙港区	181	1	88466	22.9	22.9	2.9	9552	73661
南票区	993	10	103290	28.5	28.5	20.3	51179	28941
绥中县	2763	25	197241	57.2	64.9	52.2	201585	42560
建昌县	3196	28	189934	62.8	62.8	54.2	156651	44639
兴城市	2119	19	195621	58.3	54.3	34.2	140402	44809

第三产业从业人员（人）	地区生产总值（万元）	第一产业增加值（万元）					第二产业增加值（万元）		第三产业增加值（万元）
			农业（万元）	林业（万元）	牧业（万元）	渔业（万元）		其中：采矿业（万元）	
16460	2052210	163114	27503	2556	41140	91914	1368504	1255802	520592
141791	1967873	377750	180319	10631	88041	98759	775337	659267	814786
90267	4002413	457666	226754	6579	156594	67739	2195003	2090681	1349744
26555	623114	7125	1959		5166		184018	79351	431971
2441	242705	11220	3342		8946		138089	108883	93396
5418	428491	8879	1421		7458		263162	185332	156450
3011	223000	13802	7183	29	6171		147198	129000	62000
45478	430906	7744	1900	1635	3999	210	188173	98620	234989
113600	1456061	602251	289080	12045	295103	6022	279826	251631	573984
54696	1111816	525757	198741	50715	275919	382	258060	180103	327999
14410	485638	50837	25425	233	25040	139	226430	219588	208371
23212	1666218	12735	7292	136	5237		1330363	1246979	323120
7207	650537	23410	7285	2081	12803	1241	375543	365910	251584
23615	590869	73270	36127	2687	26139	8317	283119	257800	234480
53869	2624211	276615	264222	119	11264	1010	1594299	985978	753297
63839	2722765	287799	173060	1739	75725	37275	1572914	1528062	862052
19919	1366323	17579	10355	141	3311	3772	719729	549340	629015
81469	3397188	18577	13977	106	3282	1212	1211309	1015148	2167302
98126	3166017	676612	293680	1659	80154	301119	1793923	1640353	695482
43085	1563431	498065	219867	696	93346	184156	676643	609415	388723
26619	807523	7988	6339	223	1282	144	213246	101027	586289
13868	378463	39452	13678	2085	23278	411	179898	169337	159113
66451	1118716	337327	151430	14594	165181	6122	341655	295823	439734
46271	648271	277967	110635	11170	150685	5477	141121	102491	229183
109010	1927470	828597	391937	13644	416545	6471	480558	265203	618315
33832	949460	59964	31105	948	27370	541	596489	544277	293007
78987	1211704	477263	174031	20449	275674	7109	235805	204287	498636
72792	1333061	60907	30198	4607	26102		326122	203220	946032
20400	643204	129592	58065	16829	54618	80	313843	198843	199769
59139	1226386	381039	221288	23577	135568	606	365786	296491	479561
94652	1404483	374239	154517	74470	145132	120	507942	435651	522302
68398	1067325	358438	242386	18425	97172	455	314332	256332	394555
67422	1670545	474726	283274	24374	166668	410	583815	494322	612004
66913	1471459	441692	303231	10253	126182	2026	409717	341970	620050
40063	1775458	93445	23586	706	68116	1037	1141070	955317	540943
77350	1337500	24360	2990	46	5497	15827	555839	353559	757301
31932	409924	117684	43201	1218	73265		87329	81690	204911
45999	1495833	449281	194420	3249	125841	125771	465476	335677	581076
115928	642437	160060	73145	9960	75293	1662	150011	75522	332366
55285	1239447	198855	48344	4044	54244	92223	431567	380807	609025

附录7 续表 2

县 名	其中：农林牧渔服务业（万元）	公共财政收入（万元）	各项税收（万元）	公共财政支出（万元）	其中：农林水事务支出（万元）	科学技术支出（万元）	医疗卫生支出（万元）	教育支出（万元）
苏家屯区	8497	161286	143317	209290	25240	171	20926	55787
浑南区	3770	698716	657124	477777	34860	40374	25215	48400
沈北新区	20407	267308	246933	399045	39153	950	19547	54559
于洪区	9606	455559	353634	308187	23117	4602	7980	56016
辽中县	47247	81070	60899	234988	25099	169	24878	70081
康平县	12980	58373	44026	204202	53125	117	19842	43373
法库县	17582	88943	71205	238357	59826	47	19275	52764
新民市	25542	99969	80334	330891	73777	291	35065	61197
甘井子区	5503	337337	3496485	386025	6361	2335	17665	112901
旅顺口区	15738	190077	170008	272595	5928	650	17940	33684
金州区	46414	815939	672472	974799	43358	18187	58032	150167
长海县	79825	43609	12369	89664	5212	1095	7022	17032
瓦房店市	72449	376450	268707	621085	28630	1663	29970	144696
普兰店市	97435	224795	154304	379886	21200	292	21069	86399
庄河市	98203	229103	258987	449470	42641	1126	44936	95008
千山区	1160	49825	80628	119253	9311	558	9834	14367
台安县	5650	45990	36510	163182	27000	20	19000	26900
岫岩满族自治县	3990	51028	40546	201174	33492	733	25979	31491
海城市	7700	260161	300019	435029	59102	1534	66226	76971
顺城区	2671	100284	94605	87217	6015	73	9158	15064
抚顺县	4857	32167	19070	97427	24534	94	8938	12179
新宾满族自治县	7824	45511	35913	180979	52676	232	16081	23141
清原满族自治县	7209	51979	30781	188679	50070	100	17981	28311
平山区	587	26493	24560	55495	2405	141	3393	10339
溪湖区	1432	62950	62204	91867	3442	6560	1861	8536
明山区	1575	43300	65257	50409	4863	35	4368	11755
南芬区	1491	11852	9110	43496	6387	110	2406	5337
本溪满族自治县	2434	210629	44851	210629	35267	1244	13431	36654
桓仁满族自治县	2622	50085	32801	195683	40342	4061	11824	34297
元宝区	540	38521	37518	59520	1433	118	4251	8770
振兴区	439	195747	194221	102577	3672	186	8100	20384
振安区	1894	33857	41277	67219	19172	330	6014	15687
宽甸满族自治县	8690	47099	61368	248787	51905	486	24954	53866
东港市	19812	132195	104115	471413	103263	676	32798	68151
凤城市	11857	92078	63246	298087	47648	292	29456	68788
太和区	281	42053	34734	70694	8809	505	7080	10767
黑山县	7988	53000	37738	342785	73271	199	38814	49813
义县	3278	42000	30672	216749	67978	1313	19036	32403
凌海市	8859	85678	66484	308553	99964	489	33159	48261
北镇市	10057	51373	34251	233450	56124	232	27145	39170
鲅鱼圈区	715	283817	249954	259056	17517	244	18719	32816

年末金融机构各项存款余额（万元）	其中：居民储蓄存款余额（万元）	年末金融机构各项贷款余额（万元）	耕地面积（公顷）	设施农业占地面积（公顷）	农业机械总动力（万千瓦特）	化肥使用量（折纯量）（吨）	农药使用量（吨）	地膜使用量（吨）	有效灌溉面积（公顷）
			35850.0	3584.0	38.0	10681.0	297.9	397.0	9031
1152039	975652	512613	24183.0	152.2	16.3	7187.0	161.6	133.4	1569
2796694	1794729	1999640	46562.4	290.0	34.1	8479.0	333.7	765.0	16614
234565	118850	1029464	26364.9	1095.0	27.3	6094.0	223.6	227.7	15180
1507863	1363771	819258	102205.0	9888.0	47.8	29957.4	518.0	721.0	44619
813356	691969	609760	123661.0	277.0	38.0	28220.0	393.0	527.0	17691
1008924	886023	674666	155825.2	2735.0	55.0	41176.0	868.3	1142.0	37460
2035525	1716490	1206661	217244.6	15996.0	118.0	70904.5	1081.9	4296.0	85333
			1487.4	576.0	8.1	804.0	112.0	9.0	696
3171652	2006130	1683203	6365.0	1053.0	34.0	3863.0	301.0	80.0	3260
16416224	8164373	12721171	23333.0	3996.0	33.1	17281.0	815.0	545.0	10510
454502	357953	292371	1364.9	17.2	5.6	198.9	15.5	6.6	212
5759393	4521622	4057333	89308.8	4640.0	126.0	54938.0	4198.0	1939.0	26755
4514960	3512906	2147119	133185.0	7395.0	95.5	38283.0	4362.0	868.0	17053
4694802	3676449	2919413	132493.0	7021.0	83.2	44491.0	2362.0	1274.0	28240
694762	379141	468521	8828.0	68.0	22.5	5269.0	336.0	50.0	5890
1129523	967646	809819	101439.7	11330.0	43.3	30951.0	755.0	515.0	26170
1800452	1657000	873770	57516.0	1729.0	37.6	25977.0	1198.0	453.0	10770
6081340	5298915	2551148	83269.0	7164.0	67.7	42037.0	1302.0	740.0	31280
			8448.2	122.0	5.7	2145.0	80.0	29.0	6271
399565	345263	266530	23577.0	510.0	12.9	3783.0	134.0	90.0	2606
973116	813723	425076	57406.0	424.0	31.4	10403.0	574.0	95.0	7572
1098169	552709	849758	33690.0	232.0	23.1	13471.0	428.0	372.0	15370
1011426	651428	976472	1128.0	66.0	3.0	556.0	19.0	11.0	1128
			2649.2	65.1	3.8	691.0	50.0	40.0	241
136200			4886.0	163.0	5.7	833.0	47.0	152.0	812
362000	295000	95000	5050.0	13.0	3.1	816.0	71.0	20.0	50
1269869	982403	632465	32357.0	35.0	22.7	3911.0	317.0	64.0	1959
1300142	982653	522404	35471.0	269.0	20.4	5868.0	260.0	176.0	7554
			1497.0	64.0	1.7	404.0	9.0	12.0	214
			4527.0	83.0	2.1	1673.6	25.2	22.6	2480
477000		260000	12133.0	844.0	10.6	3071.0	88.0	187.0	2515
1486818	1253113	622327	40513.0	622.0	54.1	12789.0	587.0	606.0	1346
3635985	2889532	2295328	79111.0	9496.0	67.4	35850.0	1083.0	1010.0	53100
2391358	2033164	1254394	59963.5	2162.0	71.0	18594.0	832.0	1597.0	18590
640575	625015	482635	8787.0	743.0	11.0	3042.0	148.0	95.0	3324
1750901	1502228	591984	171816.0	23516.0	85.0	70562.0	1907.0	511.0	51267
1017040	851996	553598	86383.0	2794.0	46.9	19010.0	365.0	199.0	34377
1640739	1378622	1080213	115045.1	4182.0	75.6	30942.0	1965.0	1727.0	42960
1777212	1606139	990458	80971.0	12449.0	75.0	40924.0	2094.0	487.0	56913
5034176	2765891	7389417	4318.0	618.0	12.0	5049.0	504.0	101.0	2860

附录7 续表 3

县　　名	其中：农林牧渔服务业（万元）	公共财政收入（万元）	各项税收（万元）	公共财政支出（万元）	其中：农林水事务支出（万元）	科学技术支出（万元）	医疗卫生支出（万元）	教育支出（万元）
老边区	3451	153430	130529	110870	9925	59	7269	17300
盖州市	4866	101239	87522	306272	35448	177	32478	36301
大石桥市	1153	147756	125920	274058	35206	211	23461	48373
海州区	126	27060	23479	44624	860	216	2318	18412
新邱区	306	12015	9802	21132	1462	11	1832	5679
太平区	133	10691	7269	27731	1424	53	1696	9691
清河门区	419	23000	14500	23000	750	55	525	5190
细河区	268	23920	13748	33931	2173	106	2430	10969
阜新蒙古族自治县	21005	60462	44539	366839	106885	313	39107	76556
彰武县	17833	45314	33399	248589	85671	273	22964	42432
文圣区	128	53584	46910	123654	3939	26	4189	5632
宏伟区	70	100311	95976	96370	4815	1760	4551	12592
弓长岭区	65	34747	31143	69199	4990	88	1891	9992
太子河区	1980	36193	54638	70158	9455	614	3781	4665
辽阳县	1860	79027	76111	216465	40273	426	12918	44675
灯塔市	15881	119279	80940	246101	52959	2812	13201	36734
双台子区	403	53739	47140	93232	5225	294	4145	9414
兴隆台区	419	196699	340705	171209	8731	4173	5623	16004
大洼县	12111	263060	254315	456052	75835	2353	18463	33840
盘山县	4688	76486	82564	286858	55998	3042	18530	43727
银州区	116	66391	62994	98971	3501	121	7123	11882
清河区	381	28194	23357	47842	8812	138	4443	9550
铁岭县	711	46020	39291	196405	55299	907	23039	34591
西丰县	333	33633	22083	150395	43092	1033	15455	32576
昌图县	8153	63907	45251	458200	107558	328	50287	87312
调兵山市	386	60005	52526	92839	9064	1231	7992	24965
开原市	749	74505	54189	152043	22806	522	19410	42699
双塔区	4686	55852	52901	100559	9852	248	8850	18617
龙城区	2958	39605	36038	93376	15850	975	11707	12476
朝阳县	18714	44436	35740	252000	58882	355	24820	42600
建平县	11538	73016	66172	269340	72773	191	30372	41635
喀喇沁左翼蒙古族自治县	6585	35059	37373	205432	51729	196	21374	42073
北票市	2506	60098	43978	314797	72191	312	32075	41975
凌源市	5555	78777	57321	293329	59695	941	36302	57683
连山区	1885	153658	126391	187400	40436	142	14722	47780
龙港区	140	116311	108976	95316		122	5955	
南票区	3749	24077	12141	96147	16050	118	11623	15825
绥中县	10306	90532	79852	312446	77225	1987	28352	56326
建昌县	4952	32558	25405	227537	43594	246	25878	49945
兴城市	5125	119665	91817	318213	46590	176	28005	45331

年末金融机构各项存款余额（万元）	其中：居民储蓄存款余额（万元）	年末金融机构各项贷款余额（万元）	耕地面积（公顷）	设施农业占地面积（公顷）	农业机械总动力（万千瓦特）	化肥使用量（折纯量）（吨）	农　药使用量（吨）	地　膜使用量（吨）	有效灌溉面积（公顷）
815775	588751	611906	6186.0	204.0	20.2	2549.0	155.0	83.0	8000
2543118	1681040	1021961	33906.5	4869.0	40.5	27769.0	2799.0	696.0	21780
3834127	2731189	2290393	67030.5	1250.0	48.0	24207.0	972.2	1020.0	34000
1708604	1102458	1196753	1400.0	25.8	3.3	706.0	7.0	2.0	200
			3066.0	52.0	3.1	2503.0	9.5	1.1	410
			933.0	38.0	2.4		13.0	7.0	280
51000	41000	35000	3814.0	350.0	3.0	1060.0	49.0	16.0	350
			2124.0	206.0	2.0	1228.0	17.0	17.1	630
1355323	1116495	1043931	318664.7	2675.0	186.3	252799.0	2854.0	836.0	72807
944562	794593	728290	130565.0	1134.0	77.3	63783.0	2477.0	382.0	35207
			10416.0	242.2	4.6	3200.0	70.0	71.0	1850
			2972.0	160.0	1.7	490.0	45.0	47.0	229
681976	553172	220473	4863.0	66.0	1.9	503.0	33.0	55.0	98
			14832.0	489.0	7.0	3047.0	200.0	231.0	7746
2178806	1552564	1269510	81640.0	2687.0	30.5	24819.0	863.0	748.0	17125
1866147	1505018	1214965	64000.0	4400.0	30.5	21480.0	30.0	1400.0	25406
3476508	2030900	2086953	4331.1	60.0	4.3	1971.0	79.0	7.0	3731
14666000	9534000	8366000	7028.0	80.0	6.0	6666.0	55.0		6948
1824274	1265885	1088764	71424.1	4157.0	30.5	23057.0	541.0	285.0	53996
1191463	1041496	517902	59127.0	7012.0	31.3	22647.0	533.0	316.0	45151
3150979	617348	1634605	2094.0	264.0	3.7	1813.0	23.0	75.0	796
449615	351640	362083	10514.0	26.0	5.9	3202.0	90.0	19.0	132
1195321	441511	1168003	104354.0	1143.0	42.9	33033.0	1834.0	280.0	25034
687087	581407	582070	80286.6	726.0	45.0	24431.0	784.0	340.0	22586
2026070	1637120	1398071	327019.0	5213.0	106.6	122680.0	4703.0	686.0	71950
1679250	1316615	100857	13926.0	34.2	7.9	4347.0	165.0	136.0	3682
1562382	1376442	1305250	119080.0	2384.0	57.3	39144.0	1131.0	451.0	45390
		94800	7846.0	416.0	4.5	9486.0	9.0	194.0	2987
579842	471795	768507	19645.4	3800.0	9.5	4000.0	92.0	113.0	7780
700986	680141	567400	93434.0	15161.0	37.1	28534.0	87.0	668.0	16912
2048059	1577977	1090695	183466.0	3318.0	66.8	24986.0	312.0	3411.0	37299
1011784	883248	658210	63586.0	7488.0	27.0	11028.0	123.0	809.0	29040
1780770	1398831	865724	116899.0	6509.0	38.8	20701.0	52.3	1715.0	22017
2292875	1838818	1113134	44809.0	22920.0	26.9	13069.0	195.0	2419.0	19290
406710	322694	142009	25043.0	303.0	15.3	21298.0	257.0	72.0	2540
5496900	2812543	3420568	2422.0	25.0	1.1	690.0	19.0	6.0	200
368298	169598	76906	25235.0	834.0	17.2	3242.0	386.0	199.0	6429
2189118	1844228	1267132	81744.5	4997.0	78.2	35924.0	4096.0	486.0	26660
1113288	928499	670271	68517.0	1528.1	37.2	19752.0	345.0	169.0	7085
2273337	1760213	1627553	57530.4	999.0		17041.0	744.0	91.0	17936

附录7 续表 4

县 名	农作物播种面积（公顷）	粮食作物播种面积（公顷）	其中：良种播种面积（公顷）	其中：稻谷（公顷）	小麦（公顷）	玉米（公顷）	大豆（公顷）	油料播种面积（公顷）
苏家屯区	35113	28370	28370	7560		20250	158	275
浑南区	23397	21200	21200	600		20200	400	649
沈北新区	40286	27070	27070	10810		16120	140	100
于洪区	23595	19677	19677	6183	13	13210	81	
辽中县	93686	74700	74700	33520	410	39580	860	2684
康平县	95245	68000	60000	2390	110	58080	2810	19194
法库县	126309	96730	96730	4090	290	88130	1840	7816
新民市	208298	152570	152570	37760	560	107130	1800	4299
甘井子区	1353	306				229	45	1
旅顺口区	4059	1920	1920		90	1640	80	12
金州区	21583	13954	10173	303		11471	1372	495
长海县	690	601	601		0	507	21	3
瓦房店市	90374	75000	73497	800		54000	8700	1420
普兰店市	91518	76020	77093	5980		54530	10810	3391
庄河市	107723	90500	90500	12830		61520	10850	1254
千山区	9448	8153	8153			8004	116	105
台安县	84702	70990	70990	16040	80	54180	520	3026
岫岩满族自治县	59546	49030	47700	1500		43060	2800	1905
海城市	95853	83220	83220	18180		63860	780	397
顺城区	5734	4673	4673	511		3861	151	72
抚顺县	16417	13540	13540	2120		10610	220	262
新宾满族自治县	39767	34130	34130	8300		23280	1830	20
清原满族自治县	43349	33230	32710	7000		24960	700	25
平山区	1095	822		20			18	
溪湖区	2490	1933	559	65		1794	55	123
明山区	3269	2313	2312	121		1896	75	103
南芬区	2544	1977	1977			1810	120	
本溪满族自治县	23755	20700	20700	1210		17060	960	86
桓仁满族自治县	26098	22770	22770	7540		13530	990	94
元宝区	1597	797	797	72		643	54	
振兴区	4393	3763	3763	2153		1588	22	
振安区	9830	6589	4228	344		5610	225	64
宽甸满族自治县	38660	30346	30346	496	70	25789	2339	1058
东港市	89297	69720	69720	43100		24510	500	2181
凤城市	61669	50700	50700	3660		43010	2750	857
太和区	9509	5628	5628			5337	145	86
黑山县	154368	131250	128917	5450		121980	1200	13490
义县	83811	64270	64270			61450	1050	10463
凌海市	101368	81720	81720	14360		61390	1840	4402
北镇市	94662	68570	68570	10690		56300	810	6157
鲅鱼圈区	3552	2720				2406	98	22

花生 (公顷)	蔬菜播 种面积 (公顷)	粮　食 总产量 (吨)	其中：稻谷 (吨)	小麦 (吨)	玉米 (吨)	大豆 (吨)	油料产量 (吨)	花生 (吨)	糖料产量 (吨)
275	5761	219000	68111		148892	462	1114	1114	
649	861	170500	5400		163660	1440	1650	1650	
100	7629	198000	103771		93858	371	390	390	
	3770	178395	63148	77	113501	173			
2684	14817	563100	333140	1845	223999	1895	6993	6993	
19194	5181	531200	18493	298	499068	5618	56084	56084	
7816	9151	593100	36810	870	539806	3312	15231	15231	
3495	31303	1045000	326684	2462	673407	4274	8812	7853	
1	958	553			340	138	1	1	
12	2071	8039		353	7108	110	34	34	
495	5852	29647	1358		23551	1943	694	694	
3	81	1498		2	1160	63	10	10	
1286	10363	218100	9100		150788	11540	4062	2864	
3225	10861	206600	25010		152351	15701	6723	6556	
1254	7205	455000	73856		328028	27100	3335	3335	
105	1142	44545			44267	228	104	104	
3026	9856	489000	128962	372	356895	1872	8434	8434	
1905	8039	261200	10631		242422	3780	5656	5656	
397	11656	562700	154478		404443	2159	1040	1040	
71	789	36343	4700		30060	491	179	175	
262	1976	86300	15249		66525	400	831	831	
20	1881	203000	56647		138455	3381	62	62	
21	2918	205200	42000		158795	1050	77	62	
	266	5538	135		5208	52			
123	258	14974	479		14192	182	704	704	
103	737	17088	993		15358	180	42	42	
	565	14710			14305	302			
59	1253	132342	8531		113876	1728	341	161	
87	1256	146600	58740		83210	1539	229	210	
	721	4004	361		3472	74			
	481	25832	15700		10062	70			
64	2727	35141	1312		31711	466	160	160	
295	2346	185109	2916	196	170660	5254	1800	539	
2165	9963	520500	329715		180561	1130	8125	8119	
856	4567	278000	20816		248753	3616	2630	2629	
86	3745	19244			19098	83	143	143	
13076	8871	1002000	50480		928850	3780	24475	23566	
10450	8679	179000			173820	580	6234	6222	
4142	9332	387900	144318		218300	2855	4671	4284	3581
6157	18492	502000	83632		414388	1203	14944	14944	
22	642	11308			10054	333	64	64	

附录7　续表 5

县　名	农作物播种面积(公顷)	粮食作物播种面积(公顷)						油料播种面积(公顷)
			其中：良种播种面积(公顷)	其中：稻谷(公顷)	小麦(公顷)	玉米(公顷)	大豆(公顷)	
老边区	6687	5797		3416		2355	26	
盖州市	37989	29020		2589		23977	1127	126
大石桥市	56502	51602		33300		17530	510	56
海州区	1558	1337	1337			1305	11	
新邱区	2694	2326	2326	22		2185	20	174
太平区	957	858				842	6	
清河门区	4329	3141	3100			3012	43	118
细河区	2068	1317			7	1203	52	610
阜新蒙古族自治县	332042	228968				208210	5437	85167
彰武县	182185	125751	125751	4292	33	113633	3833	46943
文圣区	9586	9098		1191		7209	43	
宏伟区	3048	2448		12		2400	10	25
弓长岭区	3169	2604		125		2350	32	49
太子河区	16847	13543		5512		7569		435
辽阳县	69063	59047	59047	17125		40011	539	196
灯塔市	74002	51411	80	22360		28101	377	248
双台子区	3993	3731		3580			151	
兴隆台区	7032	6948		6943			5	
大洼县	67215	57842	50153	53996		672	3174	
盘山县	63011	56890		40200		15000	580	107
银州区	2060	1432		602		825	4	1
清河区	10514	10286		132		9642	111	
铁岭县	81109	74160		18520		53080	1630	158
西丰县	55616	48920	48920	4950		42690	440	2
昌图县	299965	250510	250510	10730		230230	400	29475
调兵山市	12095	10607	10607	535		9770	232	
开原市	92871	75490	77997	18970		54520	1800	544
双塔区	10583	7589	7589		98	6712	98	165
龙城区	21340	14043	14040			12861	20	34
朝阳县	85826	69970	69970		800	66380	100	1099
建平县	152968	141310	141310	40	20	93670	1020	1508
喀喇沁左翼蒙古族自治县	54537	40530	38740		460	35520	700	867
北票市	110288	66760	65000		160	64090	350	904
凌源市	67072	37350	29648		90	33230	620	182
连山区	22894	19065	19065			17716	340	1791
龙港区	2518	2417				2397	8	6
南票区	27305	22957	22957	7	27	21818	232	788
绥中县	84233	61010	58968	3500		47490	3160	6262
建昌县	48788	45000	45000			38400	1700	40
兴城市	65032	43280		450		39560	920	19002

花生(公顷)	蔬菜播种面积(公顷)	粮食总产量(吨)	其中：稻谷(吨)	小麦(吨)	玉米(吨)	大豆(吨)	油料产量(吨)	花生(吨)	糖料产量(吨)
	880	46569	31971		14512	86			
126	6346	137688	23894		104500	3127	232	232	
56	4441	463900	362138		99803	765	122	122	
	221	3500			3322	19			
174	194	2021	165		1771	9	52	52	
	99	464			464				
118	716	12719			12383	32	98	98	
610	229	6031		9	5979	39	17	17	
85163	11934	750600			715081	5380	60805	60803	
46518	6691	637900	32812	102	586027	7558	87849	87646	
	732	52171	10235		41078	129			
25	513	12363	108		12085	16	17	17	
17	398	14901	1346		12752	72	124	76	
435	3146	116197	55221		58374	259	294	294	
194	18079	366900	146300		209438	1474	1089	1084	
213	7259	420200	185431		229720	1145	1145	542	
	262	33089	32668			421			
	82	62541	62526			16			
	9373	520500	504817		4271	11412			
106	6139	510000	375000		128000	1600	233	232	2152
1	493	14545	5515		9030		4	4	
	166	90775	1151		87641	308			
118	6514	556300	150010		398100	3668	409	301	
2	3110	326600	31928		288913	1980	6	6	
29475	17655	2214000	105019		2096793	1260	65177	65177	
	1302	96261	5514		89512	736			
544	9730	655000	154412		493276	5668	2115	2115	
17	4281	12334		535	9674	84	873	376	
34	6246	40046			38053	20	127	127	
271	13641	285000		3600	274000	100	2151	512	496
28	4173	802800	240	120	650521	612	1880	20	45866
177	12819	176349		2707	168100	1068	2150	510	
389	30628	514500		972	500820	788	1633	1167	
	29237	135001		555	128881	347	219		
1791	1812	52365			49203	218	1184	1184	
6	95	3788			3785	1			
775	3109	28713	53	184	21775	96	558	558	
6239	16289	380000	26250		298747	7110	14039	13987	
16	3415	151100			134225	1265	12	10	
18871	2750	180000	3375		159213	1805	27371	27174	

附录7 续表 6

县　名	园林水果产量(吨)	肉类总产量(吨)	猪肉产量(吨)	禽蛋产量(吨)	奶类产量(吨)	蔬菜产量(吨)	水产品产量(吨)	规模以上工业总产值(万元)
苏家屯区	66303	133741	31685	74963	27446	320066	12850	5349076
浑南区	24082	11161	8060	9216	7896	73854	100	8604696
沈北新区	26022	95320	27226	129748	137146	510774	6900	11594254
于洪区	7993	14733	11667	7921	8057	322725	9719	8807195
辽中县	87072	239615	99659	89473	22879	1213732	106500	10061403
康平县	31287	132404	67507	28970	4084	304748	4004	5658850
法库县	22874	153577	80279	63403	188142	332200	2050	8537633
新民市	39838	185320	119721	320364	106002	2107069	68230	10340896
甘井子区	24366	5565	4864	270	1160	43538	54519	3538908
旅顺口区	32615	19996	5055	21221	10758	96253	203005	2330116
金州区	76327	36935	16052	38341	40192	334971	378969	20218242
长海县	264	417	344	170		2251	610150	79755
瓦房店市	690796	238012	79424	54349	5711	685637	166553	15937233
普兰店市	341565	279850	85300	94887	13914	643969	220439	8593783
庄河市	291101	201210	65000	63380	1700	420682	611092	7197219
千山区	123826	13098	3033	35818	1034	52800	2127	909468
台安县	103259	400540	91326	104582	1635	697556	28180	2539644
岫岩满族自治县	41130	94734	31146	25705	392	609189	14713	2175820
海城市	170212	127714	54513	227717	4102	978119	22199	9781909
顺城区	15732	28144	17110	10363	3001	44038	955	337987
抚顺县	55004	24767	11437	13651	28030	69910	2372	145899
新宾满族自治县	6106	38598	12286	16747	1550	88930	4253	2083093
清原满族自治县	8530	30034	6458	27839	27	52226	4609	583971
平山区	816	2109	1094	3324		11092	56	943906
溪湖区	9456	7627	3617	3019	1204	14588	121	3062020
明山区	2217	6511	4837	6409	313	39525	450	1668125
南芬区	2326	4504	2334	3988	63	35423	300	1692539
本溪满族自治县	12429	26367	12377	11327	720	60710	5807	3322639
桓仁满族自治县	31940	27291	9069	9938		54051	3380	1388550
元宝区	556	4500	2790	701	3401	30117	225	216830
振兴区	236	7574	4925	3743	912	20214	78840	1495075
振安区	9229	27139	8971	7262	7375	146432	2510	582412
宽甸满族自治县	44324	60062	23661	25152	3900	114115	75815	240492
东港市	140301	104167	38706	97802	8702	552799	443279	1030300
凤城市	13848	153134	33633	24014	5308	176332	23550	633474
太和区	6462	6660	3893	9307	12559	306248	350	3108489
黑山县	100470	326842	215229	373110	11407	884260	11450	4258190
义县	41742	118679	70934	23714	211965	446106	1770	3418849
凌海市	97742	110917	82896	51799	11705	591120	180517	6522281
北镇市	394898	140286	86480	124743	3278	739307	11500	3064819
鲅鱼圈区	108093	7100	3424	6038	800	33180	122000	5340389

规模以上工业企业从业人员年平均人数(人)	规模以上工业企业主营业务收入(万元)	公路里程(公里)	民用汽车拥有量(辆)	固定电话用户(户)	移动电话用户(户)	互联网宽带接入用户(户)	全社会用电量(万千瓦时)	社会消费品零售总额(万元)	出口总额(万美元)
25716	5197794	993.9		96823	329153	55924	146342	1515957	17098
52824	7433182	992.4	21231	130768	114765	13045	199467	1858099	127545
83515	11144017	869.2	9021	84532	589243	56987	160809	969087	60188
33670	8169173	1004.3	28045	110400	131207	69507	149768	1016564	50110
45816	10061338	1562.3	70000	85453	332061	68421	96307	1045834	8785
55850	5514034	1821.0	28900	66400	239000	43000	55994	509622	4322
78345	8553203	1888.0	51824	65000	320000	25000	113130	644254	2497
65818	9785550	2645.4	34731	117900	487000	80100	107366	1323855	14058
50662	2764579			158635	330142	103055	322860	5060165	241733
30731	2350782	287.6	43000	91500	549280	61880	114123	755540	108539
149176	21400869	813.5	265347	361146	1781403	186840	288253	4120294	849103
699	113467	307.2	5717	21300	77200	13090	13402	148229	742
129776	11904631	2633.0	136773	452000	880000	182000	281283	2040812	73843
161186	6575729	3631.0	80254	173717	548988	75570	243125	1928713	147921
77660	6575712	3351.0	97071	180680	547343	53718	110392	1855548	91518
6940	913554	337.0						74938	1292
17023	2443129	1518.0	33867	33200	286100	33600	141888	822041	7144
14039	1936154	2715.0	33744	67100	407400	64600	87500	1149167	4263
60946	9588253	2328.0	129860	161400	970500	143100	635700	2792401	37714
9516	332729	525.0	23329	151788	174625	32508	74285	1313271	11848
2754	140346	1166.6	11839	38467	55527	41226	48846	92379	1162
6536	157420	1963.0	23594	61608	187329	32629	29329	371764	2133
8090	166718	599.7	12710	63572	224163	40539	31581	389966	1919
7585	935871	110.0	9332	92125	121946	16289	391591	1553725	326
23748	3093599	219.0	9371	42551	117221	52547	123246	263565	9032
137	1350097	201.0	27630	119299	191090	7910	211811	7813835	2210
6845	1615100	350.0	420	21000	52000	11500	38000	47601	2013
16946	3348301	1402.0	10147	78201	56896	7300	99204	525754	
11166	1332214	1740.0	8147	48823	279146	45408	39099	462388	3200
4958	203129	56.0						903952	18292
20033	1381459	150.0						1160141	145120
6500	509200	690.0	2900	52910	60990	9899	29993	189770	14256
5200	258600	3443.0	23590	132700	77500	24300	55001	688808	2603
26400	1012100	2163.0	51556	185416	261970	57196	110120	1250524	72282
16707	668077	2871.0	34192	158976	396865	66000	191202	862524	13185
16627	2953699	331.6	16580	33037	73584	37435	79301	224939	49195
26056	4144388	429.0	64013	102522	381038	54282	60309	698447	2687
20723	2958021	1834.0	28265	76263	279309	39342	53515	291710	5924
21965	4318498	1891.7	47963	88785	410424	67818	9	796388	5365
12792	3029889	1673.0	33386	109426	359563	46819	68876	617067	3053
38670	5652949	285.0	17100	97690	96196	9430	584000	1177304	200483

附录7 续表 7

县 名	园林水果产量(吨)	肉类总产量(吨)	猪肉产量(吨)	禽蛋产量(吨)	奶类产量(吨)	蔬菜产量(吨)	水产品产量(吨)	规模以上工业总产值(万元)
老边区	636	24904	8710	9309	2201	81551	89000	3875016
盖州市	523289	88841	21694	51513	2312	291140	197000	2471588
大石桥市	43286	112831	37497	110702	4946	436555	96000	5886035
海州区	151	2183	1503	6129	4653	10922		205686
新邱区	1468	3867	2550	3285	1175	8949		242480
太平区	698	6278	5677	3250	1350	6975		666635
清河门区	3800	9915	2887	540	480	33340		514000
细河区	123	2149	1749	1680	1438	11180		393815
阜新蒙古族自治县	96090	360454	192490	116834	90193	549988	1800	970577
彰武县	229367	223115	133353	118997	253829	415977	5000	665241
文圣区	6313	5755	3337	14314	1260	31480	1560	652553
宏伟区	3505	2860	2451	2244	1024	24248		5114047
弓长岭区	3418	2810	1175	1142	72	5365	500	341890
太子河区	6283	9797	6512	3998	3442	55275		740051
辽阳县	65609	37002	17335	13918	3484	482344	32897	3657840
灯塔市	19613	44474	24468	22080	2500	357646	52172	6155948
双台子区		2270	1914	3606		10364	2400	1145867
兴隆台区	7	2933	2058	2998	490	7711	1180	5230517
大洼县	9840	161800	59097	38745	7987	778156	334200	8334926
盘山县	5413	84999	26194	161476	10754	482322	135262	4559952
银州区	746	1946	612	352	805	26583	219	265508
清河区	940	23274	11909	5932	44148	8039	570	404902
铁岭县	31150	174273	93250	26797	35770	383839	5110	1393197
西丰县	34858	121304	47945	19681	52308	173063	1983	292674
昌图县	35331	446174	282484	157943	34851	922365	5223	454538
调兵山市	5176	25694	12384	7942	10768	84156	376	800969
开原市	85742	303633	115107	44800	20581	522844	6317	580018
双塔区	13562	15101	5608	35566	5214	119774		545100
龙城区	29950	28360	7618	117320	2142	162364	80	1240002
朝阳县	317281	165125	101105	122146	20304	1235498	886	429910
建平县	21502	123195	68133	96450	81450	223313	300	659773
喀喇沁左翼蒙古族自治县	23856	83233	32522	76955	428	1200026	950	1071397
北票市	57516	206909	80346	88628	11972	982852	800	896372
凌源市	65952	132408	37613	47522	5388	1680018	1710	850756
连山区	44668	29554	17174	29174	9581	69186	3000	2686699
龙港区	68	1563	1120	1841	959	8456	40830	1028306
南票区	36920	33310	18174	59419	17619	212723		207305
绥中县	750182	288995	184271	59390	3275	1935633	233050	1214821
建昌县	49094	77868	57765	32504	547	157763	3050	174842
兴城市	55365	74315	48444	12199	10308	154417	167182	1402088

规模以上工业企业从业人员年平均人数(人)	规模以上工业企业主营业务收入(万元)	公路里程(公里)	民用汽车拥有量(辆)	固定电话用户(户)	移动电话用户(户)	互联网宽带接入用户(户)	全社会用电量(万千瓦时)	社会消费品零售总额(万元)	出口总额(万美元)
23348	3132805	407.3		19085	135686	20839	60073	208743	105201
14803	2381775	2052.0	52543	150369	450099	46596	142845	735487	17901
44251	5891689	1632.0	102824	115408	664783	97691	470504	1273087	69275
5990	200901	520.0	8524	45329	422178	25376	13286	1387137	1200
2637	236355	84.2					14009	69037	500
8549	632586	60.0					13589	115781	4737
2870	511000	62.0	3914	9945	52100	9947	22940	41000	
4960	369449	163.9	2730	32575	125450	38317	24963	216414	2147
9079	934008	3619.0	73963	165700	477000	185000	102901	450011	4200
5024	643396	2684.0	40149	110587	132456	26510	39637	181396	2091
4196	659590	187.6						107642	2279
38261	5042300	176.0						198346	15136
2073	341489	294.0	8605	15518	88737	6680	19942	252236	836
11824	697064	284.7	8566	40756	91867	42589		228078	10446
21706	3506131	1582.4	4215	136702	122286	22913	270366	534985	8282
14178	3349511	244.1	42052	72000	274000	55100	229401	2413001	470
3863	888064	755.0	37380	48570	63500	52537	34633	940543	8200
25383	5064237	1010.0	102538	263433	275209	384639	58722	1688129	9604
28991	8048688	1343.0	39855	123000	445000	62400	82667	571289	14253
15657	4426880	1838.9	26244	70695	412847	44300	90091	270143	5757
5167	265290	46.0		106732	901371	157438	52567	551258	5198
4642	403599	381.7	11500	15573	93500	12153	15860	177100	2708
8587	1372079	2331.0	25798	27350	26300	18692	45547	365548	6267
2181	272747	1413.6	10594	40596	190132	23218	24246	340958	2427
7555	457343	4412.3	19210	181705	218539	17120	62710	818461	4924
54537	878685	363.0	21072	26732	137506	34162	21102	468016	4995
5454	602129	2428.0	38192	83842	442260	89137	63011	818299	8382
8600	494900	305.0	8076	30102	179100	22620	76615	835612	
10296	1219328	418.0	1620	31940	23400	3740	183779	322130	
5758	428378	2736.0	15000	72065	268007	30445	60101	582086	9500
8872	638754	3575.0	40134	140010	423500	58200	86827	630159	2580
12318	1062629	779.0	20935	77350	310300	29050	114905	455026	9650
16765	893883	3382.0	60380	111800	300353	59000	124823	685318	
16113	837688	2129.0	72346	298000	374000	153000	80522	769092	3500
22193	2812903	903.0	6530	35331	123403	15639	242619	1417765	40411
14275	799474	210.0	6737	43120	86202	6407	51292	776967	43226
6795	169910	857.2	492	64324	69302	10208	88926	271897	2144
8443	1202412	2488.9	47774	63310	415932	72050	73163	756554	6369
3183	173656	2213.0	23852	98400	383570	44083	52780	262175	
15409	1262745	680.0	42277	121950	365550	24115	81873	774771	10900

附录7 续表 8

县 名	当年实际使用外资金额（万美元）	固定资产投资（万元）	新增固定资产（万元）	房地产开发投资（万元）	住宅（万元）	普通中学（所）	小学数（所）	普通中学专任教师数（人）
苏家屯区	792	3903386	4072148	582990	449900	26	26	1418
浑南区	6007	3615020	1680114	2265394	1877589	6	25	809
沈北新区	4992	2870512	1138295	1547030	1349253	19	9	2217
于洪区	7843	3853204	2533970	2798349	2314438	17	34	891
辽中县		3028060	2713218	270622	253196	24	9	1959
康平县		1815027	1524119	23048	14051	18	7	1286
法库县	6452	2229041	2988258	47093	38975	3	22	752
新民市	3235	3961078	3180405	224766	126075	30	8	1387
甘井子区	19002	4972875	799104	2433170	2206295	22	71	2143
旅顺口区	4682	3121204	2813248	463044	441078	14	27	962
金州区	28978	13124345	8758923	1444502	1103234	39	55	3228
长海县		304907	264894	7450	6663	7	8	290
瓦房店市	13857	6285094	7051426	253318	232701	39	73	3103
普兰店市	4977	5952733	4532330	511828	370572	36	80	2132
庄河市	8155	4200489	2909402	125831	79135	34	135	2739
千山区		462468	407230	23432	14522	9	16	501
台安县	498	1462630	736910	89648	68140	18	100	1068
岫岩满族自治县	3900	1331980	1331980	57476	21940	26	130	1196
海城市	544	6470440	4011672	531703	415599	38	259	2806
顺城区	480	345276	70242	307126	210170	9	16	624
抚顺县	21	398371	384784	1200		10	8	160
新宾满族自治县		706764	672043	34721	34030	18	32	1486
清原满族自治县		784818	700692	84020	72594	16	36	994
平山区		876399	1368466	12211	12211	9	19	1091
溪湖区	4321	1910524	1804894	180315	180315	3	12	183
明山区	404	864434	565009	263797		2	10	72
南芬区	668	451250	281431	5400	5400	1	4	140
本溪满族自治县		834566	609062	89350	65639	10	14	1024
桓仁满族自治县		908025	391746	175674	123884	8	20	485
元宝区	1630	477711	106665	244324	241299	1	10	81
振兴区	12231	1477065	640574	172888	138075	4	28	275
振安区	2123	419104	79498	170801	138391	8	34	427
宽甸满族自治县	1700	573769	798716	86481	68830	24	132	1169
东港市	6150	1472184	1171043	63489	45834	30	113	1871
凤城市	1800	1042295	629374	117341	93212	24	129	1386
太和区	11785	386261	252587	99053	89390	5	24	285
黑山县	29	1249594	1213939	105313	103335	8	80	2077
义县	4000	1225998	1148119	16860	14513	21	112	1073
凌海市	6500	1747219	1625226	7102	4811	30	38	1512
北镇市	559	1340586	702692	81000	36434	20	76	1651
鲅鱼圈区	2149	1866192	2772960	272637	190037	15	32	1602

小学专任教师数(人)	普通中学在校学生数(人)	小学在校学生数(人)	专业技术人员(人)		全年专利授权数(件)	公共图书馆图书总藏量(千册)	医疗卫生机构床位数(床)	医疗卫生机构技术人员(人)	
				农业技术人员(人)					执业(助理)医师(人)
1245	14999	38927			174	139.9	3862	4312	1327
1413	9717	20261	9312	4210		250.0	1920	1036	526
755	20122	19780	10672	220	152	210.0	1827	1526	808
1470	9125	28246	423	310	280	269.0	1573	475	202
1584	18848	22157	5937	180	70	148.0	1178	2001	1234
529	12286	15867	5512	499	10	120.0	1308	1165	485
1534	9359	17450	8543	1179	15	104.5	1191	1460	780
2089	15951	32506	9011	492	164	142.0	2133	1591	695
2954	27567	62246	6980	261		653.0	5259	6534	2631
748	10124	13810	10051	140	74	251.0	2010	1760	565
3049	39994	57197	9187	71	1565	1499.8	4157	3548	1387
288	2880	3274	1793	119	3	158.0	279	297	144
2805	30489	39549	32724	1245	175	1608.2	7800	6911	2602
2543	18109	33288	35926	7421	27	298.0	3596	3357	1236
2360	28646	29670	17394	1182	124	1208.0	3189	3952	1983
474	4920	5123	3615	299		125.0	270	170	80
1906	10400	17214	6004	350	29	49.1	1765	2475	883
2385	14709	27097	7250	500	12	85.0	1706	1613	1053
4876	34299	65887	13277	646	128	200.0	3919	3251	3169
939	4370	11750	4855	52		10.0	362	411	183
470	2392	4347	1452	101	4	34.0	449	277	134
1208	8753	12495	6624	487		65.2	1114	982	328
1206	10508	12951	5485	138	4	85.0	1345	1765	535
1372	7044	12655	3465	26	45	11.0	2670	147	83
447	1497	4413	26	12	80	40.0	167	75	37
1017	490	10455	1322	75	39	130.0	189	201	72
368	1013	1743	587	13		8.0	75	65	21
1071	10581	15753	5270	480	17	18.0	1370	1101	314
1055	5592	12641	4846	103	15	50.0	1192	785	376
346	610	5115	720	14	12	61.0	74	281	45
1083	1740	14423		3	23	2.6	502	417	282
628	2310	5271	1685	87	40	66.0	389	379	185
2139	11506	16640	7410	499	19	97.0	2501	1395	613
1905	18069	25389	11226	470	51	170.0	2867	2233	977
2505	15369	25676	8709	476	45	100.0	3113	2303	1173
596	1649	5513	4454	384	11	110.0	766	514	228
2223	11152	24689	8879	708	15	89.0	1950	1367	756
1715	14183	18574	5814	430	38	108.0	1133	1052	397
1573	19226	19945	7648	625	6	110.0	1747	1120	852
1617	19769	24464	7162	599	10	117.0	1669	1349	1082
1275	22184	29879	4741	128	71	231.0	2574	4321	1885

附录7 续表 9

县　　名	当年实际使用外资金额（万美元）	固定资产投资（万元）	新增固定资产（万元）	房地产开发投资（万元）	住宅（万元）	普通中学（所）	小学数（所）	普通中学专任教师数（人）
老边区	53	1554609	1658357	89798	67663	4	3	383
盖州市	42	1468903	1538515	24910	23630	33	43	2004
大石桥市	1601	1400260	1167341	260198	210818	28	62	2309
海州区	1000	185346	387831	76855	44001	7	10	702
新邱区	500	85322	85322			3	4	104
太平区	87	201000	234252	45865	38813	7	8	302
清河门区		81000		9000	5100	2	8	177
细河区	714	205725	183302	132332	69072	4	9	338
阜新蒙古族自治县	4034	640339	626738	35994	15512	21	43	1659
彰武县	4600	511071	100380	119530	54938	29	26	1580
文圣区		452442	414652	37790	26850	6	10	359
宏伟区	29400	770410	826580	33271	24377	6	10	607
弓长岭区	3059	400496	303949	11100	10100	2	3	206
太子河区		502122	3204	15045	14348	1	12	29
辽阳县		634882		125735	9502	20	81	1035
灯塔市	120	1289602	639778	47341	32501	15	62	1087
双台子区	8330	99	12	48	46	7	13	725
兴隆台区	7300	2362010	2223783	1010338	623047	19	30	1743
大洼县	14066	4737600	4737600	855137	636148	17	21	1992
盘山县	2706	1819299	1636906	45391	34539	15	15	1822
银州区		320121	211771	219121	198241		21	
清河区		339277	193176	26060	19782	4	5	312
铁岭县	7609	1035679	934506	349137	181342	7	43	875
西丰县		229156	140679	41190	26260	13	41	724
昌图县	720	889595	533841	190314	153174	41	123	2708
调兵山市		362772	327201	154802	91797	9	14	548
开原市	8287	581120	614310	171328	131331	26	57	2051
双塔区		251515	100360	161276	119466	4	23	205
龙城区		288540	167529	81056	53830	9	54	417
朝阳县	1459	709216	277707	91260	74009	35	192	1606
建平县	1452	829531	769631	147879	116903	35	102	2230
喀喇沁左翼蒙古族自治县	170	848361	510887	108141	82619	11	45	1926
北票市		1177338		167119	143102	27	150	2368
凌源市	2069	751491	365140	129140	95505	30	136	2531
连山区	593	657564	555709	499697	302319	15	47	1435
龙港区	1680	270126	206266	120613	102483	6	10	760
南票区		61147	20000			12	13	798
绥中县		202351	39122	128494	118461	30	123	2717
建昌县		104437	54052	50385	36015	24	152	2220
兴城市	575	549721	716430	155367	96419	25	100	2418

小学专任教师数(人)	普通中学在校学生数(人)	小学在校学生数(人)	专业技术人员(人)	农业技术人员(人)	全年专利授权数(件)	公共图书馆图书总藏量(千册)	医疗卫生机构床位数(床)	医疗卫生机构技术人员(人)	执业(助理)医师(人)
582	2626	5190	2960	142	68	50.0	390	926	352
2347	15560	27886	6459	480	35	100.0	2420	2945	1394
2035	25519	31778	8348	188	144	1572.0	3106	2894	1907
907	4162	9896	1879	15	31	10643.0	4408	4150	1278
154	1049	2273	753	14	2	10.0	240	147	82
406	2191	4678	1344	46			600	624	185
306	1300	3045	366	31		10.0	116	225	125
474	4427	7129	1357	54	9	35.0	230	700	245
3341	18294	31288	10517	1532	28	70.0	1916	2556	954
2810	14258	29156	7602	410	10	45.0	1449	1564	562
426	2474	4123				15.0	527	438	180
398	6575	6236	1634	46		66.0	975	282	34
348	1656	3644	841	20	4	34.0	1605	511	275
477	184	6409	8051	1655	10	10.0	650	250	243
1612	11065	19545	5355	108	57	50.0	1977	554	550
1791	11256	21099	5738	297	32	5.0	1601	1100	930
568	6642	7614	3382	44		15.0	1560	1358	715
1412	17618	20338	1004	40		57.8	3069	2574	1128
1931	18289	20077	10172	1045	24	242.0	1663	1170	779
1458	16188	11509	6251	272	28	91.0	822	563	279
949		17258	1662	54		9.0	350	460	193
346	2020	3525	1357	10	47	10.3	216	212	93
1322	5925	12242	4776	389	168	56.2	1201	867	632
1115	7209	12738	4827	803	19	46.2	1085	979	481
4572	24701	43857	23611	12307	39	58.0	2778	2179	1519
934	5005	10211	8566	103	57	47.0	1255	1866	846
2140	13138	24982	13477	1570	27	117.0	2346	3365	1754
1841	1307	30998	2500	65		60.0	208	149	138
881	3377	8212	1733	25	34	10.0	480	515	355
2539	21632	35499	9201	317	15	100.1	1103	1107	773
2400	25901	29403	8845	899	39	470.0	1937	2443	1154
2257	21437	21203	8735	891	32	60.0	1519	2482	757
2400	22754	22333	12440	520	6	105.0	2956	2429	1191
3182	30200	41786	9766	769		95.0	3389	4025	1545
1340	11945	25585	4480	163	27	154.0	1157	4587	2117
624	7270	12958	1784	12	171	27.0	2657	1449	601
1224	5900	12659	2354	67		14.0	985	447	207
1486	29516	34500	6058	501	87	73.0	1145	1069	705
3107	26075	37455	9621	168	1	75.0	2498	1332	966
2010	15418	28452	7660	557	14	80.0	1815	1390	450

附录7 续表 10

县 名	城镇居民人均可支配收入（元）	农村居民人均纯收入（元）	各种社会福利收养性单位数（个）	各种社会福利收养性单位床位数（床）	城镇基本养老保险参保人数（人）	城镇基本医疗保险参保人数（人）	失业保险参保人数（人）	新型农村合作医疗参保人数（人）
苏家屯区	33251	15425	15	2144	88900	203400	44476	183939
浑南区	38623	16670	13	2355	98000	85340	113919	159379
沈北新区	33321	15280	10	1117	105413	176059	78200	145059
于洪区	38357	16758	13	1791	79867	98914	67126	106439
辽中县	29530	13495	9	723	25693	63174	23437	355959
康平县		12334	8	1250	134794	43880	12669	244720
法库县			8	1310	220572	61798	19200	323506
新民市		13497	10	2000		89397	34273	508217
甘井子区	36396		66	8800				
旅顺口区	35352		18	2187	134660	176400	39008	50934
金州区	37525		18	2160	311500	844000	217500	
长海县	25649		4	484	14200	44822	8387	1355
瓦房店市		14189	41	6010	105057	288088	62617	599645
普兰店市	26861	13795	32	4436	95000	300000	68000	589990
庄河市	27872	14037	30	5923	93962	225124	42030	622770
千山区		25433	25	2112	56181	24743	25784	93210
台安县		13056	20	2451	62725	50404	5705	302180
岫岩满族自治县		12402	25	1433	106243	87223	8700	374214
海城市		14338	41	3894	221853	115351	41693	761655
顺城区	29853		31	2100	162383	106363	55837	50368
抚顺县			9	686	17368	17533	9371	94655
新宾满族自治县		11003	15	1048	56649	25043	15436	203325
清原满族自治县		11235	24	1865	32485	43350	26010	209971
平山区	30626		4	165	139790	83599	129965	17020
溪湖区	53284		12	2074	1639	993	1051	33963
明山区	30689	16400	42	1820	5905	14530		31980
南芬区	25661		2	330				27384
本溪满族自治县			7	590	66256	73251	22010	159759
桓仁满族自治县	20561	12644	11	1130	63357	49763	18500	175511
元宝区	25634	12493	9	980				17045
振兴区	25885		19	987				64260
振安区	25006	12493	22	1485				94827
宽甸满族自治县		12161	12	1057	88898	30184	13011	290176
东港市			26	2105	175381	124891	23151	441556
凤城市		12757	25	2250	157000	189000	28068	385000
太和区			4	320	17158	20395	6072	70538
黑山县		12744	32	1867	45028	165684	18000	436496
义县			20	1920	37311	48600	12013	312567
凌海市		13123	26	1829	69209	119575	15032	386162
北镇市			23	1420	9001	102046	17364	384549
鲅鱼圈区	34034		6	1100	102671	252340	50097	170231

新型农村社会养老保险参保人数（人）	城镇居民最低生活保障人数（人）	农村居民最低生活保障人数（人）	森林面积（公顷）	自然保护区面积（公顷）	工业二氧化硫排放量（吨）	氮氧化物排放量（吨）	烟(粉)尘排放量（吨）	污水处理厂数（座）	污水处理厂集中处理率（%）
	2169		10995.4	4267	3662.0	4550.0	2656.9	2	80.0
40643	4255	3044	17000		5199.2	1618.7	6523.6	3	99.9
79116	1168	1456	5143.9		4967.0	2313.0	5266.0	6	100.0
66173	4340		8412		7743.3	3917.6	6242.2	7	82.0
186091	3788	14667	30000		2573.8	568.3	2477.0	1	100.0
	3077	9146	90667	12750	3178.2	12952.4	928.1	2	90.0
	3501	9373	66667	30000	1410.0	7818.0	5466.0	2	90.0
276205	5879	11577	64045	467	2587.2	1018.4	2512.3	3	100.0
	7040		23580		20391.7	32322.7	11579.3		
9341	1649	1918	14387	9072	2622.1	815.8	1712.8	3	91.0
	3244	2702	22599.6	128825	6725.1	6308.2	7357.0	4	100.0
516	1378		1720	1720	56.0	56.0		33	2.0
407730	87984	171084	135441		6242.0	3314.0	4452.0	4	90.0
400000	5001	17539	123700		5423.2	9941.2	6007.2	3	
355167	4059	21683	168493	3775	5897.6	2616.8	2848.3	3	75.0
12504	740	2491	9932						
190452	1110	8856	37682	11620	1620.0	542.0	2909.9	5	99.0
131264	965	13934	450205.8	10568	12211.5	5045.5	6348.2	1	90.0
431162	3810	11759	94359	35268	30651.0	6355.0	10760.0	4	95.0
30651	14795	2801	15980		4613.0	5100.0	4141.0	1	92.0
60483	502	4423	112675	10434	163.4	46.7	103.3	19	69.0
126327	5265	13744	338956	10460	1526.0	382.0	1278.0	6	95.0
147439	6967	23102	278904	18931	2679.0	683.2	2435.4	2	50.0
3492	8944	770	10305		1223.5	257.1	101.0	1	90.0
11230	20295	4342	18656.2		558.0	1658.0	810.0	3	99.0
16814	7568	1863	29500		1561.0	528.0	2601.0	1	90.0
14165	1718	1240	50333		1018.0	292.0	1625.0	1	85.0
101478	4943	6098	273322	2524	4900.0	2220.0	16506.0	1	99.0
142359	6024	6173	278000	15200	2579.7	623.0	6358.6	1	83.0
8019	6616	1144	4394		1903.0	730.9	1248.4	1	
19801	6663	3809	4670.8		6646.3	2040.8	6180.3		
18996	2782	2262	40700	2200	1842.0	433.0	944.0	1	
86132	6512	14408	478467	43717	5153.0	1153.6	5281.4	1	94.7
149826	2556	13826	50507	81430	1930.0	290.0	1820.0	2	82.0
128438	10625	12608	296269	84786	5840.0	1785.0	8652.0	2	90.0
35446	891	1121	1894		6373.0	1627.0	4933.7		
180549	4481	15720	24751	8350	6058.0	1203.0	2655.0	1	98.0
178171	4164	19139	87379	6375	2170.5	631.5	730.4	1	99.0
239607	2865	13442	40468.1		11241.9	4174.6	6138.0	1	80.0
262469	1431	11608	3859	3046	2129.0	1094.0	3112.0	2	97.0
24844	6257	6258	2333		2607.0	693.0	2440.0	2	80.0

附录7 续表 11

县 名	城镇居民人均可支配收入(元)	农村居民人均纯收入(元)	各种社会福利收养性单位数(个)	各种社会福利收养性单位床位数(床)	城镇基本养老保险参保人数(人)	城镇基本医疗保险参保人数(人)	失业保险参保人数(人)	新型农村合作医疗参保人数(人)
老边区	32323	13631	5	468	41013	46589	25607	60684
盖州市			28	2540	113000	125590	17000	500128
大石桥市	29228	14341	14	1504	107695	232004	43144	401154
海州区	23968	13600	15	816	46724	56656	12980	12307
新邱区	20795	13816	5	212	20051	17638	9260	16344
太平区	21935		9	1493	21095	31773	10160	11350
清河门区	21837	11792	1	52	3577	2700	1350	17302
细河区	26614	23758	7	900	26799	36015	11349	17014
阜新蒙古族自治县	18700	10000	33	1483	71615	86000	16188	565536
彰武县	20664	10149	16	1116	46971	39897	19325	320962
文圣区	22692	12036	7	774	3130	16530	5416	63698
宏伟区	36094	14454	10	857	49507	130689	19576	35039
弓长岭区	26073		7	700	23678	55000	8527	28320
太子河区	22826		3	378	28872	83795	11145	94927
辽阳县		12681	15	1422	87369	67404	23966	322887
灯塔市		10567	12	1013	100218	123431	17987	348336
双台子区			3	644	38454	139715	16195	
兴隆台区	40372		1	222	82476	225248	52602	
大洼县	34100	14105	14	764	10723	63620	23106	220347
盘山县			10	1543	68175	80142	34387	234042
银州区	25207		7	906	34922		6689	23058
清河区	23487		8	910	12254	21537	1552	48195
铁岭县		12604	7	840	48403	69595	16080	317530
西丰县		10283	8	940	41369	71445	5357	240256
昌图县		11530	18	1950	101622	197000	22610	823310
调兵山市		12829	3	322	56828	98936	66752	53069
开原市		12973	6	3200	82168	162550	32300	394229
双塔区	23570		13	833	1006	15200	10879	91537
龙城区	21944		14	1042	27200	55678	11384	148589
朝阳县			29	2450	75394	41571	26000	474803
建平县		10506	17	1850	77314	133569	27521	437863
喀喇沁左翼蒙古族自治县	24953	10427	6	940	30491	85000	25895	292024
北票市			39	1619	93212	187910	37000	335871
凌源市		10541	22	1300	65800	144267	28530	460825
连山区	20569	10776	14	1260	51560	115601	848	149251
龙港区	31940				51689	92000	18646	33122
南票区	17437		8	634	20730	48365	4210	163684
绥中县			24	2890	55000	131000	16200	440457
建昌县		10065	99	2464	40404	41459	11916	496624
兴城市		10509	10	1628	69953	118862	15709	381652

新型农村社会养老保险参保人数（人）	城镇居民最低生活保障人数（人）	农村居民最低生活保障人数（人）	森林面积（公顷）	自然保护区面积（公顷）	工业二氧化硫排放量（吨）	氮氧化物排放量（吨）	烟(粉)尘排放量（吨）	污水处理厂数（座）	污水处理厂集中处理率（%）
16678	1489	2697	927		731.0	326.0	719.0	1	99.0
332800	12948	42600	186000	31947	1471.2	317.0	1362.8	3	86.5
215728	13390	19794	55568.7	11505					
9287	25887	1102	697		1845.0	1527.0	869.0		
940	9284	603	3289.2		22176.6	1867.7	2763.0		
902	23507	664	2056.5		2500.0	95.0	100.0		93.0
6590	9700	1399	360		1600.0	110.0	2600.0	4	90.0
1045	13979	703	2466		1527.3	316.6	1950.5	2	92.0
247947	3813	29490	150900	22243	26180.7	5447.3	12728.0	6	80.0
142518	2609	16319	4.2		6140.0	420.0	10163.0	1	99.0
12489	2515	3569	255		1485.7	6433.6	1660.8	1	16.6
13514	2349	1343	6466		4351.0	8151.0	6270.0	1	99.0
12026	1873	1723	20039.4		19885.0	1993.0	6581.0	1	96.0
32166	27471	56665	1350					1	100.0
76582	6247	24321	10000	2177	4382.0			2	90.0
123347	3879	21500	19733.5	667	11377.5	10897.5	6254.8	1	99.0
36785	6631		102.9		16754.0	6788.3	7739.3	1	98.0
	2513		479		64.2	52.5	123.3		100.0
84439	4176	7635	7470	17469	691.5	156.3	787.9	9	100.0
92392	10118	8633	10536	400	1393.0	438.8	1145.7	10	70.0
1760	8692	424	564		4167.0	1973.0	7544.0	1	99.0
30752	1933	4589	26797.6		4516.7	11892.9	1972.5	1	80.5
168498	2067	16500	72725	32051	2440.6	2705.5	1143.2		
147168	6868	24146	172000	6667	1810.0	439.0	1121.0	2	95.0
351746	10974	35130	79360		1841.0		5517.0	1	90.0
22745	4381	3020	3232		11396.0	11375.0	6166.0	4	95.6
164179	8393	21069	128200	2536	3204.0	3233.0	3940.0	1	93.0
33049	15730	4087	13516		674.0	760.0	620.0	2	80.0
95093	6037	8022		4857	939.0	59.0		2	
308103	647	11975	76924	37645	1063.0	1132.0		1	
277723	4081	13688	242667	13134	5828.0	2510.0	5022.0	1	80.0
156586	3648	9260	84667	29199	4063.0	904.0	3026.0	1	88.0
155967	23143	16753	36833	3333	2452.0	324.0	6000.0	3	90.0
281116	12737	17536	39579.5	57574	8314.3	2025.0	10768.3	2	99.0
91354	4099	14113	45425	10008	1800.0	120.0	131.0		
11910	1420	1017	3669.4		485.0	171.0	429.0	2	99.0
114605	9188	14286	25600		1460.0	345.0	1069.0	1	81.0
300000	5636	28569	149882.4	13494	8135.0	22350.0	5422.0	3	99.0
315821	8469	25607	111532	22349	1176.4	226.0	355.4	4	86.0
233718	7727	25755	54769.8	15680	1880.0	690.0	2880.0	1	90.0